青岛官报

(1902—1903)

上册

青岛市市南区档案馆　编译

图书在版编目(CIP)数据

  青岛官报.1902—1903 / 青岛市市南区档案馆编译
.-- 南京：东南大学出版社,2022.10
  (青岛市市南区档案资料丛书)
  ISBN 978-7-5766-0323-1

  Ⅰ.①青… Ⅱ.①青… Ⅲ.①报刊-史料-汇编-青岛-1902-1903 Ⅳ.①G219.295.2

  中国版本图书馆CIP数据核字(2022)第207471号

责任编辑：魏晓平　　责任校对：张万莹　　封面设计：毕真　　责任印制：周荣虎

青岛官报(1902—1903)　上册

Qingdao Guanbao (1902—1903) Shangce

| 编　　译：青岛市市南区档案馆
| 出版发行：东南大学出版社
| 社　　址：南京四牌楼2号　邮编：210096　电话：025-83793330
| 网　　址：http://www.seupress.com
| 电子邮件：press@seupress.com
| 经　　销：全国各地新华书店
| 印　　刷：青岛国彩印刷股份有限公司
| 开　　本：889 mm×1194 mm　1/16
| 印　　张：43.25
| 字　　数：956千字
| 版　　次：2022年10月第1版
| 印　　次：2022年10月第1次印刷
| 书　　号：ISBN 978-7-5766-0323-1
| 定　　价：312.00元(全两册)

本社图书若有印装质量问题,请直接与营销部调换。电话(传真):025-83791830

《青岛官报》(全译本)编委会

主　　任　姜永河
副 主 任　刘维书　周兆利　吴大钢
委　　员（按姓氏笔画排序）
　　　　　王艳丽　王蜀鲁　朱轶杰　朱　清　崔圣鹏

《青岛官报(1902—1903)》编辑部

主　　编：吴大钢
副 主 编：朱　清　崔圣鹏　王蜀鲁
执行主编：王艳丽
翻　　译：朱轶杰
编　　审：周兆利
编　　辑：赵凯军　王　军　李姝怡　陈　磊
　　　　　韩　佳　郑明霞
校　　译：刘　炜

Editionsausschuss der übersetzten Ausgabe vom „Amtsblatt für das deutsche Kiautschou-Gebiet"

Direktor:	JIANG Yonghe		
Stellvertretender Direktor:	LIU Weishu	ZHOU Zhaoli	WU Dagang
Mitglied(nach dem Namen geordnet):			
	WANG Yanli	WANG Shulu	ZHU Yijie
	ZHU Qing	CUI Shengpeng	

Edition für das „Amtsblatt für das deutsche Kiautschou-Gebiet 1902–1903"

Chefredakteur:	WU Dagang		
Stellvertretender Chefredakteur:	ZHU Qing	CUI Shengpeng	WANG Shulu
Exekutive Chefredakteurin:	WANG Yanli		
Übersetzer:	ZHU Yijie		
Editionsüberprüfer:	ZHOU Zhaoli		
Redakteur:	ZHAO Kaijun	WANG Jun	LI Shuyi
	CHEN Lei	HAN Jia	ZHENG Mingxia
Lektor:	LIU Wei		

总　序

1880年代,德国作为"迟到者"加入欧美大国争夺海外殖民地的行列,先后在非洲和南太平洋地区攫取多处"保护地"。鉴于德国首相奥托·冯·俾斯麦谨慎和保守的殖民政策,为避免政府承担过多的统治殖民地的责任,这一时期德国的海外殖民地交由殖民地协会等组织进行管理。1884年7月德国在非洲西南部的多哥建立殖民地,德国殖民者试图将其建成为一个"模范殖民地"。所谓"模范殖民地"是殖民者基于自身利益对殖民地建设的一种主观要求和期望,它表现为:殖民地将逐步摆脱对德国政府财政补助的依赖,最终做到财政盈余,经济上盈利;殖民地的统治将保持比较"和平"的方式,不会发生大规模的反殖民抵抗行动;建设以殖民者为中心的高质量的基础设施、卫生系统和文化生活。

1890年3月俾斯麦辞职,德国的内外政策开始发生变化,进行了被称为"新方针"的调整,"新世界政策"成为其外交战略的主要特征。在国内日益高涨的宣扬殖民扩张和发展海军的舆论推动下,德国外交政策试图在海外各个地区实现不同的目标。第一,在非洲获取更多的殖民地,在中国和太平洋地区谋取军事据点;第二,保持和扩大在近东、中东、南美洲的政治及经济影响。莱奥·冯·卡普里维接任首相之后,军方开始在外交战略的决策问题上居于举足轻重的地位,德国的外交政策由此形成了外交政策适应军事战略的结构性特点。

在俾斯麦执政时期,德国经济界在对华贸易方面没有得到政府的有力支持。除了军事工业由于中国有持续的需求能够与英国竞争外,德国经济界开拓中国市场的努力几乎没有进展。进入1890年代,面对长期的通货紧缩和重工业生产过剩,德国经济界和工业界要求政府在对华贸易方面予以支持的呼声不断高涨。甲午战争后,由于要向日本支付巨额赔款,中国购买德国军火的数量急剧下降,德国对华贸易遭受严重打击。经济界在要求政府对此采取行动的同时,明确支持政府在中国建立一个属于德国的势力范围。1890年代后期,德国通过"放手政策"与其他大国争夺海外市场。这一重大变化也反映在这一时期德国的东亚政策和对华政策中。

甲午战争及其后果加深了德国在东亚推行其世界政策的紧迫感,三国干涉还辽成为德国直接参与和其他大国在这一地区角逐的一个契机。德国与俄国、法国在远东政策上结为对日三国同盟,标志着威廉二世推行的对华政策进入了新阶段。这一政策主要表现出三个特点:第一,在东亚及对华政策方面,德国有意靠拢俄国,甚至不惜疏远英国,它对欧洲的大国关系产生了影响。世界政策和欧洲政策的相互交织成为第一次世界大战前国际关系的一个明显的特征。第二,在德国的东亚经济政策方面,中国最终成为其关注的中心。第三,在中国获取海军据点的计划引起了德国政界及军界特别是引起了海军和受海军主义鼓舞的威廉二世的持续关注,并由此成为德国在对华及东亚政策中一个首先需要解决的问题。

早在1895年4月德国与俄法两国联手逼迫日本归还辽东期间,威廉二世就下令尽快完成在中国获取海军据点的计划,并要求迅速予以实施。然而,除了在天津、汉口两处设立租界之外,德国并未因干涉还辽获得清政府更多的实质性"回报",特别是在中国获得一个海军据点。1896年8月德国驻华公使海靖致函首相克洛特维希·霍亨洛厄-谢林,建议以中国人与德国传教士或与德国教官的冲突事件为借口占领胶州湾,德军总司令部12月22日接到通知,威廉二世已批准占领计划。1897年11月14日德国借"巨野教案"事件出兵侵占胶州湾,1898年3月6日中德双方签订《胶澳租借条约》,租借期为99年。在不平等条约背景下胶澳主权的割让,彻底改变了青岛及邻近区域的历史进程,对胶济沿线地区的政治、经济和社会发展也产生了重大影响。

1890年俾斯麦辞职后德国成立了隶属于外交部的殖民司(1907年5月独立为帝国殖民部),由帝国首相直接领导,德国开始由政府承担海外殖民地管理职责,实行总督制。1896年,此前由帝国海军部掌握的海外殖民地保护部队指挥权也划归外交部殖民司。1897年6月阿尔弗雷德·冯·提尔皮茨担任海军大臣,德国占领胶州湾后,在他的强烈要求下胶澳租借地交由帝国海军部管辖,理由是胶州湾的主要功能是海军基地。《胶澳租借条约》签订后,胶澳成为德国唯一不属于帝国殖民司统辖的海外"保护地",其最高民事与军事长官——胶澳总督由海军军官担任并由提尔皮茨任命。这一特殊性决定了提尔皮茨对胶澳租借地政策的制定和实施具有无可争议的决策权,这也决定了租借地中心城市青岛未来发展的军事、商业、文化的多功能定位。

以青岛天然良港作为在太平洋活动的德国东亚舰队的补给站和海军基地,进而扩充在中国的势力范围,是德国攫取胶澳最主要的外交与军事目标。然而,按照提尔皮茨的构想,由帝国海军部统辖和管制的胶澳租借地必须达到重要的现实目标,这就是将青岛建设成一个"模范殖民地",目的是在德国国内宣扬海军的成就,进而证明优先扩建海军的必要性和紧迫性,最终服务于海军的对英战略。因此,提尔皮茨要求青岛不仅要进行军港及防卫要塞等军事设施的建设,而且需要注重城市的基础设施规划和经济及文化发展。首任胶澳总督罗绅达于1898年4月就职,但1899年2月即被提尔皮茨解职,理由是罗绅达只关注军事设施的建设而忽视了青岛作为民用港口的功能,他没有超越一个海军基地军事指挥官的眼界,将租借地的经济快速发展作为城市建设的一个重要目标。

1914年7月第一次世界大战爆发,11月7日胶州湾及青岛被日军占领,胶澳租借地结束了其前后长达17年的历史。按照提尔皮茨的设想和规划,胶澳租借地并未完全实现"模范殖民地"的目标。首先,除了在非洲的多哥和南太平洋的萨摩亚"保护地"之外,德国所有海外殖民地均未实现财政收支平衡,胶澳租借地因军事设施及城市建设和文化发展的大量投入,始终依赖德国政府的财政补助。其次,在胶澳地区殖民化的过程中,租借地以及胶济线沿线铁路、矿山的中国居民和绅商与殖民当局和德国公司的矛盾、斗争和冲突始终没有间断,只是在激烈程度和规模上不及德国在东非和南非的殖民地,且有逐渐缓和的趋势。再次,1898年9月2日,德国宣布向各国开放青岛港,该港成为自由港。1899年7月1日,青岛海关(胶海关)开关,青岛逐步发展为中国特别是中国北方的一个重要贸易港口和商贸中心,但就中德贸易和租借地对外贸易而言,其重要性并不显著。对于"模范殖民地",德国人引以为自豪的是,在文化教育方面,租借地当局通过建立多所不同类型的学校将青岛建设成为一个德国对华文化政策的中心,德华大学的设立是两国政府在租借地的一次成功的教育合作,这在德国海外殖民地中绝无仅有。在城市建设方面,租借地当局对青岛进行了分区规划和建设,其中包括按照德国标准建设的基础设施、卫生系统和典型的欧洲人居住区和别墅区。

1890年后德国在海外的殖民统治具有越来越明显的官方特征,除了由政府任命各殖民地总督之外,殖民司在柏林开始定期出版《德国殖民官报》。此后,德国各海外殖民地当局也出版殖民官报,最早的是1900年胶澳租借地的《青岛官报》和东非保护地的《东非官报》。《青岛官报》连续出版至1914年,且保留完整,是解读和研究胶澳殖民史、青岛城市发展史、中德关系史重要的第一手文献。

《青岛官报》是一份中德双语的官方出版物,但刊登的内容并非完全中德文对应,除总督府公告、相关规定等有中德文对照外,其他信息、广告等均以德文刊出,不熟悉德语的读者和研究者无法了解这一部分信息的具体内容。为了全面和完整地再现胶澳及青岛城市近代史,深入发掘德国文献的史料价值,青岛市市南区档案馆决定全文影印和出版历年《青岛官报》。影印版《青岛官报》不仅对其中的汉语公告、布告等进行点校,更重要的是将原版中仅用德语刊出的内容翻译成中文,以点校及翻译版的形式呈现给读者。对中国读者而言,这项成果极大地丰富了《青岛官报》的信息量,为研究、借鉴和批判不同城市治理模式提供了重要的第一手资料。青岛市市南区档案馆这一极有价值的尝试是对历史的尊重,它体现了中国人的民族自信和文化自信,对促进青岛的历史与文化地位的提升具有十分积极的作用。

李乐曾

2021年10月

Vorwort

In den 1880er Jahren trat das Deutsche Reich als ein „ Spätkommender " den europäischen und amerikanischen Kolonialmächten bei und besetzte in Afrika und in der Südsee mehrere „ Schutzgebiete ". Angesichts der vorsichtigen und konservativen Kolonialpolitik des Reichskanzlers Otto von Bismarck unterstanden die deutschen überseeischen Kolonien in diesem Zeitraum der Verwaltung und Organisationen von Kolonialgesellschaften, damit die Regierung nicht zu viel Verantwortung für die Kolonien tragen musste. Im Juli 1884 errichtete Deutschland im südwestafrikanischen Togo eine Kolonie. Die deutschen Kolonisten versuchten, dieses Gebiet zu einer „Musterkolonie" zu entwickeln. Mit dieser Bezeichnung waren eine subjektive Anforderung und Erwartung auf Grund eigener Interessen der Kolonisten verbunden. Gemeint war, dass die Kolonien nicht mehr von finanziellen Subventionen seitens der deutschen Regierung abhängig sein sollten und allmählich einen Finanzüberschuss und wirtschaftlichen Gewinn erzielen könnten. Die Kolonien sollten auf einer relativ „friedlichen" Weise verwaltet werden, es sollten keine größeren antikolonialen Widerstände aufkommen, und ausgehend von den Kolonisten sollte eine hochqualitative Infrastruktur, Abwassersysteme und ein kulturelles Leben aufgebaut werden.

Im März 1890 trat Bismarck von seinem Posten zurück, damit änderten sich auch die deutsche Innen-und Außenpolitik. Bei dem sog. „neuer Kurs" war die „neue Weltpolitik" das Hauptsymbol der deutschen diplomatischen Strategie. Durch das immer stärkere mediale Vorantreiben der kolonialen Ausdehnungspropaganda im Inland und den Ausbau der Marine versuchte die deutsche Außenpolitik in jenen überseeischen Gebieten diverse Ziele zu erreichen. Erstens sollten in Afrika mehr Kolonien und in China und im pazifischen Raum Militärstützpunkte erworben werden. Zweitens sollten die politischen und wirtschaftlichen Einflüsse im Nahen und Mittleren Osten sowie in Südamerika beibehalten und vergrößert werden. Nachdem Leo von Caprivi das Kanzleramt übernommen hatte, bekam das Militär bei der Festsetzung der diplomatischen Politik eine entscheidende Rolle. Damit wurde die strukturelle Prägung der deutschen Außenpolitik herausgebildet, die sich der militärischen Strategie anpasste.

Während der Amtszeit Bismarcks erhielt die deutsche Wirtschaft im Handel mit

China fast keine Unterstützung. Lediglich die Waffenindustrie konnte wegen des kontinuierlichen Bedarfs aus China mit England konkurrieren, sonst erzielte die Bemühung der deutschen Wirtschaftskreise beim Vordringen in den chinesischen Markt keine Fortschritte. In den 1890er Jahren verlangten die deutsche Wirtschaft und Industrie wegen der langanhaltenden Deflation und Überproduktion der Schwerindustrie immer dringender Unterstützungen im Handel mit China seitens der Regierung. Nach dem Sino-japanischen Krieg musste China Reparationen an Japan zahlen, deswegen sank die Menge der Waffenimporte aus Deutschland drastisch. Dadurch litt auch der deutsche Handel mit China schwer. Wirtschaftskreise verlangten Reaktionen der deutschen Regierung auf diese veränderte Situation. Zur gleichen Zeit unterstützten sie ausdrücklich die Etablierung einer deutschen Einflusszone in China. In den späteren 1890er Jahren konkurrierte Deutschland durch die sog. „Freihandpolitik" mit anderen Mächten auf dem überseeischen Markt. Diese Veränderung spiegeln sich auch in der Ostasien-und Chinapolitik des Deutschen Reiches dieser Periode wider.

DerSino-Japanische Krieg und dessen Folgen drängten die Deutschen dazu, ihre Weltpolitik in Ostasien voranzutreiben. Die Tripel-Intervention mit dem Ziel, Japan zur Rückgabe der Halbinsel Liaodong an China zu zwingen, war eine gute Chance für Deutschland, in dieser Gegend als Konkurrent aufzutreten. Bei der Fernostpolitik verbündeten sich Deutschland, Russland und Frankreich gegen Japan, was eine neue Phase der Chinapolitik unter Wilhelm II. symbolisierte. Es zeigte hauptsächlich drei Merkmale: 1. Deutschland näherte sich bei der Ostasien-und Chinapolitik Russland an, sogar durch die Entfremdung von England, was auch Einfluss auf die Beziehungen zwischen den europäischen Mächten hatte. Die wechselseitige Wirkung von Weltpolitik und Europapolitik wurde zu einer klaren Kennzeichnung der internationalen Beziehungen vor dem Ersten Weltkrieg. 2. China wurde schließlich das Zentrum der deutschen Wirtschaftspolitik in Ostasien. 3. Der Plan, einen Marinestützpunkt in China zu erwerben, rief die Aufmerksamkeit der deutschen Politik-und Militärkreise hervor, dazu zählte insbesondere Wilhelm II., der in seiner Ansicht sehr von der Marine und dem Militär begeistert wurde. Damit wurde der Erwerb eines Marinestützpunkts die erste zu lösende Aufgabe der deutschen China-und Ostasienpolitik.

Schon im Mai 1895, als Deutschland und Russland Japan zwangen, die Liaodong-Halbinsel an China zurückzugeben, befahl Wilhelm II., so schnell wie möglich den Erwerbplan eines Marinestützpunkts in China vorzulegen und den Plan rasch durchzuführen. Jedoch bekam Deutschland durch die Tripel-Intervention neben den Konzessionen in Tientsin und Hankow kein weiteres materielles „Payback"-und damit auch keinen Marinestützpunkt in China. Im August 1896 schrieb der deutsche Gesandte in China, Edmund Friedrich Gustav von Heyking, an Reichskanzler Chlodwig zu Hohenlohe-Schillingsfürst und schlug vor, unter dem Vorwand einer Konfrontation zwischen den Chinesen und den deutschen Missionaren oder Militärlehrern die Kiautschou-Bucht zu besetzen. Das deutsche Oberkommando bekam am 22. Dezember die Mitteilung, dass Wilhelm II. den Plan bereits gebilligt hatte. Am 14. November 1897 erfolgte die deutsche Besetzung der Kiautschou-Bucht mit dem Vorwand des Juye-Zwischenfalls. Am 6. März 1898 schlossen China und Deutschland den „Pachtvertrag zum Kautschou-Gebiet" mit einer Frist von 99 Jahren. Die Abtretung der Kiautschou-Bucht im Zusammenhang dem ungleichen Vertrag änderte die historische Entwicklung von Tsingtau und seiner Umgebung völlig und übte damit auch Einfluss auf die politische, wirtschaftliche und soziale Entwicklung der Zonen entlang der Bahnstrecke zwischen Tsingtau und Jinan aus.

Nach demRücktritt Bismarcks 1890 wurde die Kolonialabteilung im Auswärtigen Amt gegründet (im Mai 1907 wurde daraus das Reichskolonialamt), das direkt vom Reichskanzler geleitet wurde. Damit begann auch die Übernahme der Verwaltung der überseeischen Kolonien durch die deutsche Regierung, die mittels eines Gouverneurssystems praktiziert wurde. 1896 wurde das Kommando der Schutztruppe für die überseeischen Kolonien vom Marineamt an das Kolonialamt übergeben. Im Juni 1897 wurde Alfred von Tirpitz Staatssekretär des Marineamts. Nachdem Deutschland die Kiautschou-Bucht besetzt hatte, wurde das Kiautschou-Pachtgebiet auf sein starkes Drangs dem Marineamt unterstellt. Grund hierfür war die Hauptfunktion der Kiautschou-Bucht als Marinebasis. Nach dem Abschluss des „ Pachtvertrag zum Kautschou-Gebiet" wurde Kiautschou damit das einzige „Schutzgebiet", das nicht dem Reichskolonialamt unterstand. Der Gouverneur, der höchste Zivil-und Militärbeamte, wurde von Tirpitz ernannt. Diese Besonderheit führte dazu, dass Tirpitz das unstreitige Zugriffsrecht auf die Entscheidungen der Politik im Kiautschou-Pachtgebiet hatte. Das Reichsmarineamt hatte damit auch die Befugnis, die multi-funktionale Ausrichtung der zukünftigen militärischen, kommerziellen und kulturellen Entwicklung der Hauptstadt des Pachtgebiets festzulegen.

Mit demTsingtauer Hafen als Proviantstation und Marinebasis für das im Pazifischen Ozean eingesetzte ostasiatische Geschwader und einschließlich der Verstärkung der deutschen Einflusszone in China war das außenpolitische und militärische Hauptziel der Besitzergreifung der Kiautschou-Bucht. Nach der Vorstellung von Tirpitz war jedoch vornehmlich das Ziel zu erreichen, das unter dem Marineamt stehende Kiautschou-Pachtgebiet zu einer „Musterkolonie" aufzubauen.

Dadurch sollte das Prestige der Marine in Deutschland gesteigert und damit die Pläne zum weiteren Ausbau der Flotten befördert werden. Dies sah Tirpitz vor dem Hintergrund der Konkurrenz mit England um die Hoheit der Meere für geboten. Deshalb verlangte Tirpitz, dass Tsingtau nicht nur Militäranlagen wie einen Marinehafenund Fortifikationen baute, sondern auch Wert auf die Planung der städtischen Infrastruktur und die wirtschaftliche und kulturelle Entwicklung legte. Der erste Gouverneur Rosendahl übernahm sein Amt im April 1898, aber schon im Oktober desselben Jahres wurde er von Tirpitz entlassen, weil er nur auf den Bau der Militäranlagen achtete und die Funktion Tsingtaus als Zivilhafen unterschätzte. Rosendahl hatte sein Aufgabenfeld nicht über das eines Militärkommandanten einer Marinebasis hinaus erweitert und nicht die wirtschaftlich rasche Entwicklung des Pachtgebiets als eine der wichtigen Ziele für den Aufbau der Stadt verfolgt.

Im August 1914 brach der Erste Weltkrieg aus, am 7. November wurden die Kiautschou-Bucht und Tsingtau von den Japanern besetzt, damit endete auch die 16jährige deutsche Kolonialherrschaft. Nach der Vorstellung und Planung von Tirpitz hatte das Kiautschou-Pachtgebiet sein Ziel als eine „Musterkolonie" nicht erfüllt. Das lag zum einen daran, dass außer den Schutzgebieten im afrikanischen Togo und auf Samoa in der Südsee alle anderen deutschen Kolonien-und damit auch das Kiautschou-Pachtgebiet-der Ausgleich der Finanzeinnahmen und ausgaben nicht erreicht hatten. Das Kiautschou-Pachtgebiet war wegen des Baus von Militäranlagen sowie wegen des Stadtaufbaus und der Kulturentwicklung immer von der Finanzhilfe der deutschen Reichsregierung abhängig geblieben. Zum anderen gab es im Laufe der Kolonialisierung des Kiautschou-Gebiets ununterbrochene Widersprüche, Kämpfe und Konfrontationen zwischen der chinesischen Bevölkerung, den Geschäftsleuten aus der Kolonie und entlang der Bahn sowie dem deutschen Gouvernement und den Handelshäusern. Nur die Härte und das Ausmaß der Konflikte waren nicht ähnlich groß wie in Deutsch-Ostafrika und Südafrika. Sie entspannten sich auch allmählich. Schließlich konnte Tsingtau auch nicht die erhoffte wirtschaftliche Wirkung entfalten. Deutschland hatte am 2. September 1898 die internationale Öffnung Tsingtaus erklärt, damit wurde dieser Hafen ein Freihafen. Am 1. Juli 1899 war das Tsingtauer Seezollamt (Kiautschou Zoll) eröffnet wurden. Die Stadt entwickelte sich allmählich zu einem wichtigen Handelshafen und -zentrum Chinas, besonders Nordchinas. Für den Handel zwischen China und Deutschland und den Außenhandel des Pachtgebiets war Tsingtau jedoch nicht so bedeutend. Die Deutschen waren trotzdem sehr stolz auf die „Musterkolonie". Im Bereich Kultur-und Bildungswesen hatte das Gouvernement mehrere Schulen unterschiedlicher Art gegründet, Tsingtau war somit auch ein Zentrum der deutschen Kulturpolitik für China geworden. Die Gründung der deutsch-chinesischen Hochschule in Tsingtau war eine erfolgreiche Zusammenarbeit zwischen den beiden Regierungenim Pachtgebiet, was einzigartig in den deutschen Kolonien war. Hinsichtlich des Städtebaus hatte das Gouvernement die Stadt in unterschiedliche Bezirke eingeteilt und dementsprechend aufgebaut. Dazu zählte auch die Infrastruktur, das Abwassersystem und die typischen Europäerwohnviertel und -villenviertel nach deutschem Standard.

Nach 1890 zeigte die deutsche überseeische koloniale Verwaltung immer deutlichere Amtsmerkmale. Neben den von der Regierung ernannten Gouverneurenveröffentlichte die Kolonialabteilung in Berlin regelmäßig „Deutsches Kolonialblatt-Amtsblatt für die Schutzgebiete des Deutschen Reichs". Danach erschienen in den jeweiligen Kolonien auch eigene Amtsblätter, zu den frühesten zählen das von Kiautschou aus dem Jahr 1900 und das von Deutsch-Ostafrika. Das „Amtsblatt für das Deutsche Kiautschou-Gebiet" erschien ununterbrochen bis 1914 und ist komplett erhalten. Es ist eine wichtige Quelle aus erster Hand zur Erforschung und Deutung der Kolonialgeschichte des Kiautschou-Gebiets, der Stadtentwicklungsgeschichte von Tsingtau und der Geschichte der chinesisch-deutschen Beziehungen.

Das „Amtsblatt für das DeutscheKiautschou-Gebiet" ist ein deutsch-chinesisch-sprachiger Amtsanzeiger, aber der Inhalt ist nicht komplett bilingual. Neben einem Teil der Verordnungen, Vorschriften usw. sind die anderen Teile nur auf Deutsch publiziert. Die Forscher und Leser ohne deutsche Sprachkenntnisse können diese nicht verstehen. Um die Geschichte der Kiautschou-Bucht und der Stadt Tsingtau allseitig und vollständig zu präsentieren und den Wert der deutsch-sprachigen Dokumenten als Quelle einschätzen zu können, hat sich das Archiv des Shinan-Bezirks der Stadt Tsingtau dazu entschieden, alle Jahrgänge des „Amtsblatts" in Kopie und Übersetzung neu zu publizieren. Es hat nicht nur Interpunktionszeichen für die chinesisch－sprachigen Bekanntmachungen gesetzt, noch wichtiger ist, dass auch die nur in Deutsch publizierten Inhalte komplett ins Chinesische übersetzt wurden. Für chinesische Leser stellen die Inhalte des „Amtsblatts für das Deutsche Kiautschou－Gebiets" eine wichtige Bereicherung dar. Sie bieten sehr wichtige Materialien aus erster Hand, die für die Erforschung dieser Epoche sehr wichtig sind. Dieses sehr wertvolle Projekt des Archivs des Shinan－Bezirks zollt der Geschichte Respekt und zeigt zugleich das nationale und kulturelle Selbstbewusstsein des chinesischen Volks. Es leistet damit einen sehr positiven Beitrag zur Steigerung der historischen und kulturellen Stellung von Tsingtau.

LI Lezeng
Oktober 2021

"沉静"的官报与律动的青岛

——《青岛官报(1902—1903)》导读

在经历1900、1901年的剧烈动荡之后,整个大清朝的内外局势发生了巨大变化。到了1902年,慈禧太后和光绪皇帝已经还驾京师。各国列强通过不平等条约,获取了各自巨大的利益;同时还通过在华驻扎军队,将自己在华的势力范围和影响力固定下来。中国的半封建、半殖民地境遇严重恶化,也加速了清廷的彻底崩溃。

此时,袁世凯对山东义和团进行武力镇压,从某种程度上配合了德军从青岛向山东高密等地的武装出击,使得山东的局势逐步稳定下来。袁世凯算是为整个大清朝的江山暂时稳固立下大功,从而晋升直隶总督。虽然袁世凯离开了山东,但是他在山东与德国胶澳总督的互动所奠定的双方关系基调却保留了下来。1902年4月,跟随李鸿章在北京参与与列强议和、陪同李鸿章会见过八国联军总司令瓦德西(Graf von Waldersee)的直隶布政使周馥升任山东巡抚。由于山东的威海卫和胶澳各盘踞着英国和德国势力,因此,主政山东尤其需要具有一定的外交能力以及直达朝廷的沟通力,而山东在袁世凯之后经过胡廷干和张人骏的极短时间署理,迎来周馥的人事任命,这也应该是各方势力平衡之后的结果。

周边局势的稳定让此时的青岛转向全面的城市开发建设时期,地理学家李希霍芬对青岛城市发展的定位——成为贸易地和海军据点——逐步落实。城市迎来全面发展时期,从基础设施建设,到城市管理体系的搭建和完善,再到与外部世界的连通,都在全速推进。

一、1902—1903年的《青岛官报》

与之前两年的《青岛官报》比较起来,1902—1903年的《青岛官报》回归到它创建初期的定位:德国海军法令发布平台的一部分。按照德意志帝国的法律,所有法律法规、行政命令和与法律相关的事务均须在媒体上公开发布,其中既有覆盖德国的《帝国报》(Reichsblatt),也有在各地、尤其是德国所属海外领地上发行的代表德国利益的官方或半官方报纸。在当时的中国,具备这个属性的报纸是在上海创办、代表德国在东亚利益的

《德文新报》(Der Ostasiatische Lloyd)。不同于德国的其他殖民地和海外领地，胶澳保护地属于德意志帝国的海军部而不是殖民部管辖，这一隶属性质也体现在了官方信息发布平台上，即胶澳需要有一份隶属于海军部的报纸，以有别于其他具有德国外交部和殖民部属性的媒体。

根据在胶澳总督府担任翻译官、编纂出版了德文和两个中文版本的《青岛全书》的谋乐(Friedrich Mohr)在1911年德文版《胶澳保护地手册》(Handbuch für das Schutzgebiet Kiautschou)的记载，《青岛官报》(Amtsblatt für das Deutsche Kiautschou-Gebiet)的创办源自最初的德国海军部《海军法令报》(Verordnungsblatt für die Marine)上以胶澳为主题的副刊，后又经历了由德商皮卡特洋行(Picker und Pikardt)1898年11月在青岛创办的《德属胶州官报》(Deutsch-Asiatische Warte)和上海《德文新报》上的副刊《来自胶澳的新闻》(Nachrichten aus Kiautschou)，最终于1900年的7月7日在青岛正式创办。1900年和1901年这两个剧烈动荡的特殊年份使得这两年的《青岛官报》关注的内容远远超出了青岛本身，报纸发布的内容实际上也体现出德意志帝国对华政策中对胶澳保护地发展思路的梳理，将这座城市的发展放到了整个世界大格局中审视，通过胶澳总督府主政总督的人事任命，体现出德意志帝国对于这个保护地从一开始就具备的世界视野。在1901年《青岛官报》上刊登的胶澳总督叶世克(Jaeschke)讣告中，着重强调了叶世克从海军舰艇军官到海军武器研发主管、再到德国海军部策划夺取胶州湾的参谋人员的丰富历练，显见其任命与前任总督罗绅达(Rosendahl)不到一年的任期存在着密切的逻辑相关：德意志帝国对于胶澳保护地作为德国在华利益的支点具有极高的期待，因此，作为保护地中心城市青岛的发展，主政者必须具有世界眼光。这种定位，实际上是对李希霍芬对胶澳功能定位设计的拓展和延伸，即李希霍芬的定位是一种原则上的定位，而如何通过胶澳的门户和桥头堡作用，将整个山东乃至整个中国拉入以德国为主导的经济秩序当中，最大限度地确保德国利益，这是一个极高层次的战略想象和目标，而史实也可以证明，整个青岛及周边地区的发展，都是在落实这一目标。

在1901年下半年的《青岛官报》上，体现以上宏观思路的详细事件和人物报道已经大幅减少，直至完全消失。而到了1902年的《青岛官报》，则不再有任何事件评论和报道，报纸完全变成了法令、通告、法律事务以及城市发展信息的发布平台。《青岛官报》的这种变化，一方面可以从腾出相关市场领域、留给民办报纸的理论去解释，而从另一方面更加可以认为，宏观方面的世界局势和中德关系已经不再是影响胶澳发展的主要因素，这方面的内容留给了更具德国外交部性质的《德文新报》以及民间报纸等媒体去探讨和评论。作为总督府本身，其最主要的关注点在于各种城市发展相关的设想和规划的落实。这就让1902年到1903年的《青岛官报》不似之前两年发行的报纸内容那样"热闹"，而变得"沉静"了许多。但是,历史地看,对于当时中德关系中占据极端重要地位的胶澳保护地,不能孤立地看待其相关事务,而应该将其放到整个中德关系中去理解。对待在华德文报纸也是一样,它们都是德意志帝国的中国政策以及德国在华利益的喉舌,各具作用。这两年的《青岛官报》上记录的青岛城市发展信息也尤为重要:它提供了青岛早期城市发展的治理肌理与细节,为理解青岛城市发展的历史脉络和未来走向提供了重要的史料参考。

二、1902—1903年的青岛城市建设与管理

1902、1903年的青岛,从地产、工商业、交通业到司法和行政管理,从科教文卫到建筑业、林业、赋税等,正逐步进入了城市发展的快车道。通过这两年的《青岛官报》大量的貌似枯燥的各类告白中,可以感受到一个律动的青岛正在演绎着宏大的城市交响曲。受篇幅所限,笔者仅从城市交通和城市管理等方面做一概括性的阐述。

青岛定位的属性为一个贸易城市,这就决定了交通对于它的重要性,这也可以从胶澳总督府官方编制、每年向德意志帝国议会呈送并报告的《胶澳发展备忘录》上看出。在这两年的备忘录中,胶澳总督府对于胶澳发展的总结将相当大的篇幅放在了铁路的修建和港口的建设上。也就是说,胶澳影响力向外部的拓展,主要依托交通的发展,即以港口打通胶澳与世界和中国重要的沿海城市(如上海、香港等)的联系,以铁路将胶澳与中国的腹地相连。

环顾胶澳的周边,北方接壤的威海卫为英国殖民地,但是英国人仅将其当作海军据点而并非英国的中国政策和利益支点,因为英国重点经营的是香港、舟山而非华北,军事存在已经足以保证英国的影响力。而另一个接壤城市芝罘(烟台)早已因《天津条约》而开埠,在海洋方向对青岛构成最主要的竞争;南面为沂州府,靠近海洋,但清廷未赋予其大的海洋战略,也没有大型港口,德国人仅将其视为煤炭等原料的产地,而未将其纳入竞争视野。西面和东面就成为胶澳的主要经略方向。西面面向山东腹地,以胶州、即墨和高密这三个地方为中立区域(Neutralzone);再往西走,通过铁路就到了山东的产煤区潍县以及博山,进而连接上山东的行政中心济南,并进一步将影响力辐射到中国的首都北京。东面的海洋则更是德国"世界政策"的主要经略内容,承载了德国的国内生产、产品出口和原材料进口。中国这样一个国土面积巨大、人口众多,并且具有巨大发展潜力的市场,显然会成为德国对华政策的主要内容之一,尽快将德国本土与中国的交通线打通,显然是胶澳的最重要任务。由此在这两年的《青岛官报》中,可以不断地看到关于青岛航道方面放置浮标以及设置灯塔的通告,这样的水面信息标注,实际上就是青岛港口建设的配套内容,是为即将到来的航运大发展所做的准备。

铁路建设则在不断地被推进。对于胶济铁路,从设想、到考察、再到实施,德国方面可

谓煞费苦心。从最早的李希霍芬算起，中间经历了1897年德国海军部的工程师弗朗求斯（Franzius）对胶州湾方面港口、铁路等基础设施建设计划的考察，再到曾经参加了马其顿、罗马尼亚等地铁路线建设的专业铁路工程师盖德兹（Gaedertz）1898年对从青岛直至黄河入海口胶济铁路沿线的非常细致的地质、水文、人文、经济等方面的专业勘察以及具体的铁路线建设建议，提交了题为《关于在山东省建设一条铁路线的考察报告》的长篇考察报告，这条交通大动脉对于整个殖民地的未来是具有全局性和决定性意义的。尤其是从上述几人也可以看出这一项目的不断进展，也就是从地理学家提出理论，到河海工程师现场勘察验证，再到铁路建设专家进行线路考察、提出具体的解决方案，整个铁路的建设经历了提出设想、现场论证和具体实施计划的过程。整个论证过程十分细致严谨，充分体现出当时德国进行大规模战略投资时所遵循的科学性。而到了1903年的9月，铁路线已经开通到距离济南府仅85千米的周村，连接上了山东内陆的这个货物、尤其是丝绸的集散地，进展迅速。

与铁路硬件建设相配套的则是胶澳总督府以及胶海关的制度配合。从总督府方面来看，华人贸易港口小港建成使用后，总督府颁布了重要的关于小港栈桥使用的法规，确定了栈桥上火车车厢装卸货物以及吊机使用方面的流程，极大地促进了铁路和港口设施的连通；城市内部则以信号指挥和水文气象体系建设服务于港口运作。而从胶海关方面来看，对胶澳以外消除了"厘金"、对胶澳以内颁布规定，明确了青岛陆港联运过程中出现的货物仓储、清关以及缴费各项流程，带来极大的物流便利化和经营方面的确定性，构建了十分高效的营商环境，这就为青岛的商贸发展，尤其是与紧邻的烟台港（东海关辖地）的竞争提供巨大优势，为青岛港的迅速崛起奠定了基础。根据截至1903年10月的统计，经过胶海关进出的贸易额已经由过去一年的937万余两白银，一下子接近翻番，增长到将近1730万两白银。这个数字的背后，也昭示着烟台港的衰落，而《胶澳发展备忘录》仍然认为这还不是对青岛的经济地位进行评价的时候，因为整体交通体系仍然没有成型，后来用于大型船舶停靠的大港和胶济铁路全线仍未落成。

伴随着海运和铁路发展的是邮政事业的大发展。在当时的技术条件下，邮政对于整个国家的政治、经济、文化都至关重要，这一点在义和团运动中发生的"东南互保"事件中体现得十分清楚，而《青岛官报》明确地点出邮政中所包含的邮政事业对于德国在华经济利益的重要性。由于当时中国的半封建半殖民地性质，国家邮政主权丧失，各列强纷纷在华开办邮局，发行邮票，即中国邮政史中的客邮局和客邮。德国侵占胶州湾后，马上就在原章高元衙门里面开设了野战邮局，后又正式建立胶澳皇家邮政局，在青岛及周边开设了多所分局。而1903年《青岛官报》上刊登的"邮政连接时间表"则清晰地显示出邮政发展的规模和程度，此时的青岛已经与上海和柏林之间有了固定的邮政连接时间表，并被公之于众。这种确定性无论是对普通百姓还是对行政机构,尤其是对于商人来讲,都发出了明确的信号:青岛这座城市的一切发展都会有条不紊、按部就班地进行。实际上,德国在整个中国设置了一个十分完备的邮政网络,其发达程度较之其他西方列强居于前列。由于德国还有一条自己控制的胶济铁路,除了在铁路沿线城市设立邮局之外,还在火车上开设了火车邮局,这就形成了海、陆、铁联运,中德联通的物流体系。在后来南满铁路开通后,又继而开通了西伯利亚邮路,进一步节省了物流的时间,极大地提高了效率,同时,也将青岛与德国更加紧密地联系起来。

在城市内部建设方面,青岛城市的运营与管理,有赖于财政收入,而作为一个初步设立的城市,财政收入主要来自于城市土地出让和商业投资。为了提高青岛城市在这方面的吸引力,胶澳总督府也做出了制度设计,依据德国国内法律和专门应用于海外属地的地籍法规确立了适用于青岛的地籍制度。从《青岛官报》上看,这一方面的制度主要着眼于土地地产的财产归属、流转和确认,并从文书和程序上予以固定。此外,为了城市总体的发展,确立了土地拍卖后的建设时限,避免土地囤积,并由法律赋予总督府最终决定权,让官方掌握了整个城市土地投放与城市建设的阀门,有控制地引导城市土地的开发方向和范围,让整体地价保持在市场浮动与政府控制的平衡之中,可以不断地为总督府提供收入来源。

在商业投资方面,这两年的《青岛官报》不断刊登有关公司注册、变更以及撤销的公告,并且出现了像缫丝厂和日耳曼尼亚啤酒厂这样的大型私人投资,有别于之前的胶济铁路和港口这样的官方资本投资。这是城市发展的一个重大积极迹象。拉动城市发展的力量,由基本以官方资金投入,转向私人资本对于工商业的投资,是城市健康发展的基本保障,预示了这座城市未来工商业的繁荣。

在青岛的城市内部治理方面也有了各项发展。首先是自来水方面的建设,包括饮用水和消防用水的供给。城市内部部分区域接通自来水管,并在城区内设置消防取水点,在青岛城市历史上第一次划分了城市消防分区,确立了整个城市的消防制度。《青岛官报》1903年第11号刊登的对于青岛的这些城市消防制度设计,来源于德国的消防制度,填补了近代西方向中国转移文化和制度历史研究方面的史料空白。其次,从1902、1903年《青岛官报》上的大量城市设施建设招标公告中,也可以明显看出青岛城市公共设施架构的搭建,例如电厂、路灯、屠宰场、军营、医院、学校、绿化等等设施的开建,让整个城市的服务功能趋向完备,这也为城市吸引人口落户打下良好基础。再次,整个城市的法治制度建设也日趋完善,从程序到人员配备方面愈发齐全,为城市管理方面配备上软件机理。

从1902年和1903年青岛城市内部发生的大事来看,除了铁路线、航运、邮政等交通基础设施建设大发展之外,胶澳督署还发布了各种营生执照续章(详见《青岛官报》1902

年第 28 号),对中西饭庄、酒馆、菜馆、戏园、书馆、当铺等实行分级纳捐,这一方面体现出城市管理方面的精细化,另一方面也恰恰显示了城市发展的欣欣向荣,人口在不断增加,而且作为一个海陆连接的交通枢纽城市,必然会吸引大量商人前来投资兴业,随之也带来服务业的繁荣。1902 年胶澳督署批准设立中华商务公局,颁布《中华商务公局章程》,这标志着华人正越来越多地参与到城市的管理之中,这些也正是李希霍芬对于青岛应该是一个贸易地设想的验证。

这两年里,之前流行的霍乱瘟疫也传入青岛。虽然这次霍乱的传染性并不是很高,总得病人数只有数百人,但是却有高达 50% 的死亡率,让不少华人因为害怕而离开青岛。这种情况引起了德国胶澳督署的高度重视,胶澳督署发布了一系列的防疫法令、章程和布告,同时也开展了疫苗接种工作。在霍乱疫苗方面,当时的德国是世界领先的国家,德国科学家、病原细菌学奠基人罗伯·科赫对霍乱病菌有着极为深入的研究。胶澳总督府对于在青岛的欧洲人疫苗接种颁布了详细的规定,也开展了对华人的疫苗接种工作。《青岛官报》上所体现出来的这段历史,为整个中国的传染病防治历史研究填补了空白。

三、结语

需要指出的是,德国对于青岛的统治是帝国主义和殖民主义属性,其根本是对中国和中国人民侵略和掠夺活动的加深,这一点是毋庸置疑的,《青岛官报(1902—1903)》上刊登的信息,就十分明确地说明了这一点。但是从历史研究的角度看,去芜存菁,《青岛官报(1902—1903)》给我们提供了十分宝贵的历史信息,尤其是在青岛市大力推进的城市历史城区保护与更新以及青岛老城区申报世界文化遗产工作中,原始史料、尤其是青岛早期德文城市历史档案方面的作用愈加突出。在百廿年之后的今天,青岛市老城区作为国家和人民的宝贵财产,将其保护好、利用好,利在当下,泽被后世。感谢青岛市市南区档案馆的盛情邀请和大力支持,笔者有幸参与《青岛官报》的翻译和编纂工作,希望《青岛官报(1902—1903)》的出版,能为青岛历史文化保护和城市发展做出它相应的贡献。

朱轶杰

2022 年 10 月于青岛

Das stille Amtsblatt und die dynamische Tsingtau:

Vorwort zum „Amtsblatt für das Deutsche Kiautschou-Gebiet" 1902—1903

Nach den gewaltsamen Umwälzungen zwischen 1900 und 1901 änderte sich die gesamte innere und äußere Situation der Qing-Dynastie dramatisch. 1902 waren die Kaiserinwitwe Cixi und der Guangxu-Kaiser in die Hauptstadt zurückgekehrt, und die Mächte hatten sich durch ungleiche Verträge einen großen Teil Chinas angeeignet und dabei große Gewinne erzielt; außerdem hatten sie durch die Stationierung von Truppen in China ihre eigene Einflusssphäre und ihren Einfluss in China gefestigt. Die halbfeudale und halbkoloniale Situation Chinas wirkte sich immer negativer auf das Land aus und dies beschleunigte den vollständigen Zusammenbruch des Qing-Hofes. Zu dieser Zeit stabilisierte sich die Lage in Shandong allmählich, da Yuan Shikai den Boxeraufstand in Shandong energisch niederschlug. Dies half in gewisser Weise bei den detachierten militärischen Tätigkeiten der deutschen Truppe von Tsingtau nach Kaumi und anderen Orten in Shandong mit, und somit als großer Beitrag zur provisorischen Stabilität der gesamten Qing-Dynastie angesehen wurde. Er wurde daher zum Gouverneur von Tschili befördert. Obwohl Yuan Shikai Shandong verließ, blieb der Ton, den er im Umgang mit dem deutschen Gouverneur von Kiautschou in Shandong angeschlagen hatte, der gleiche. Im April 1902 wurde Zhou Fu zum Gouverneur von Shandong ernannt. Dieser war Li Hongzhang nach Peking gefolgt, um mit den Mächten über den Frieden zu verhandeln. Er hatte ihn dort zu einem Treffen mit Graf von Waldersee, dem Oberbefehlshaber der alliierten Streitkräfte der Acht Mächte, begleitet. Die Ernennung von Zhou Fu war das Ergebnis eines Kräftegleichgewichts, da es in Shandong jeweils eine britische und deutsche Kolonie in Weihaiwei und Kiautschou. Es erforderte ein gewisses Maß an Diplomatie und direkter Kommunikation mit dem kaiserlichen Hof, die Ernennung von Zhou Fu so kurz nach dem Weggang Yuan Shikais, als Hu Tinggan und Zhang Renjun das Kommando hatten, durchzusetzen. Die Stabilisierung der Lage in der Umgebung von Tsingtau ermöglichte es, eine Phase der umfassenden Stadtentwicklung und des Aufbaus einzuleiten. Die schrittweise Umsetzung der Idee des Geographen Richthofen für einen Handels- und Marinestützpunkt leitete eine Periode der umfassenden Entwicklung ein, vom Aufbau der Infrastruktur über die Einrichtung und Verbesserung des Verwaltungssystems der Stadt bis hin zu ihrer Anbindung an die Außenwelt.

1. „Amtsblatt für das deutsche Kiautschou-Gebiet" von 1902 und 1903

Im Gegensatz zu den beiden vorangegangenen Jahren kehrten die Jahrgänge 1902—1903 zu seiner ursprünglichen Funktion zurück: Es war Teil der Plattform für die Veröffentlichung der deutschen Marineerlasse. So war festgelegt, dass alle Gesetze, Verordnungen, Verwaltungsanordnungen und gesetzesbezogenen Angelegenheiten in der Presse veröffentlicht werden mussten, sowohl im „Reichsblatt", das Deutschland abdeckte, als auch in den amtlichen oder halbamtlichen Zeitungen, die überall die deutschen Interessen vertraten, vor allem in den deutschen Überseegebieten, als auch in dem in Schanghai gegründeten „Ostasiatische Lloyd" (De Wen Xin Bao), der die deutschen Interessen in Ostasien vertrat. Im Gegensatz zu den anderen deutschen Kolonien und Überseegebieten unterstand das Schutzgebiet Kiautschou der Reichsmarine und nicht dem Kolonialamt, und diese Zugehörigkeit spiegelte sich in der offiziellen Plattform für die Informationsverbreitung wider, d. h. Kiautschou brauchte eine Zeitung, die der Marine angegliedert war, um sich von anderen Medien zu unterscheiden, die dem Auswärtigen Amt oder dem Kolonialamt angehörten.

Laut Friedrich Mohr, der als Übersetzer für das Gouvernement in Kiautschou arbeitete und die deutsche und zwei chinesische Ausgaben des „Tsingtau Quan Shu" (Handbuch für Tsingtau) zusammenstellte und herausgab, wurde das „Amtsblatt für das deutsche Kiautschou-Gebiet" in der deutschen Ausgabe des „Handbuchs für das Schutzgebiet Kiautschou" von 1911 als offizielle Zeitung von Tsingtau bezeichnet). Die Zeitung erschien zunächst als Beilage zum „Verordnungsblatt für die Marine" der deutschen Admiralität, dann im November 1898 als Beilage zur Deutsch-Asiatischen Warte des deutschen Kaufmanns Picker und Pikardt in Tsingtau. Die beiden heftig umwälzenden Sonderjahre 1900 und 1901 ermöglichten es dem Amtsblatt, seinen Einfluss über Tsingtau hinaus auszudehnen. Der Inhalt der Zeitung zeigte in der Tat die Art und Weise, wie die Politik des Deutschen Reiches gegenüber China in Bezug auf die Entwicklung des Schutzgebietes Kiautschou formuliert wurde, indem die Entwicklung der Stadt in einen größeren Kontext gestellt wurde. Insbesondere die Ernennung des Gouvernements von Kiautschou spiegelte die globale Vision des

Deutschen Reiches für das Schutzgebiet von Anfang an wider. Im Nachruf auf Jaeschke, den Gouverneur von Kiautschou, der 1901 in dem Amtsblatt veröffentlicht wurde, wird Jaeschkes umfangreiche Erfahrung als Marineoffizier, Leiter der Abteilung für die Entwicklung von Marinewaffen und Mitarbeiter der deutschen Admiralität bei der Planung der Einnahme der Bucht von Kiautschou hervorgehoben. Dies zeigt, dass seine Ernennung logischerweise mit der weniger als einjährigen Amtszeit seines Vorgängers Rosendahl zusammenhing. Das Deutsche Reich setzte hohe Erwartungen in das Schutzgebiet Kiautschou als Stützpunktpunkt der deutschen Interessen in China. Deshalb war es unerlässlich, dass der Verantwortliche für die Entwicklung von Tsingtau, der Stadt im Zentrum des Schutzgebiets, eine weltweite Vision hatte. Diese Positionierung war in der Tat eine Erweiterung und Ausdehnung von Richthofens Entwurf für die funktionale Positionierung von Kiautschou. Richthofens Positionierung war also eine prinzipielle Positionierung, während die Art und Weise, wie ganz Schantung, ja ganz China durch die Tor- und Brückenkopffunktion von Kiautschou in die deutsch dominierte Wirtschaftsordnung einbezogen und die deutschen Interessen maximal gesichert werden sollten, eine strategische Vorstellung und Zielsetzung auf höchstem Niveau war. Die historischen Fakten können beweisen, dass die gesamte Entwicklung von Tsingtau und Umgebung auf die Umsetzung dieses Ziels zurückzuführen ist.

In der zweiten Hälfte des Jahres 1901 wurde die ausführliche Berichterstattung über Ereignisse, die den Makrogedanken über die Welt darstellten, und Persönlichkeiten, die einen gewissen kämpferischen Charakter hatten, so weit reduziert, dass es ganz verschwand: 1902 gab es im „Amtsblatt für das deutsche Kiautschou-Gebiet", das zu einer Plattform für die Veröffentlichung von Erlassen, Bekanntmachungen, Rechtsangelegenheiten und Informationen über die Entwicklung der Stadt geworden war, keine Kommentare oder Berichte mehr. Diese Änderung im Amtsblatt für das deutsche Kiautschou-Gebiet lässt sich zum einen damit erklären, dass der relevante Marktbereich geräumt und der privaten Presse überlassen wurde. Bedeutender war jedoch, dass die makroskopische Weltlage und die deutsch-chinesischen Beziehungen nicht mehr die Haupteinflussfaktoren für die Entwicklung von Kiautschou waren und dieser Aspekt eher dem Auswärtigen Amt, der „Ostasiatische Lloyd" und der privaten Presse selbst zur Diskussion und Kommentierung überlassen wurde. Das Hauptanliegen war die Umsetzung der verschiedenen Ideen und Pläne für die Entwicklung der Stadt. Dadurch war die Ausgabe 1902—1903 des Amtsblattes weniger „lebendig" als die

Ausgaben der beiden vorangegangenen Jahre, sondern viel „rühiger". Aus historischer Sicht können die Angelegenheiten aber im Zusammenhang mit dem Kiautschou-Schutzgebiet, das für die deutsch-chinesischen Beziehungen zu jener Zeit so wichtig war, nicht isoliert betrachtet werden, sondern müssen im Kontext der gesamten deutsch-chinesischen Beziehungen gesehen werden. Auch die deutschen Zeitungen waren Sprachrohr der China-Politik des Deutschen Reiches und der deutschen Interessen in China, wobei jede ihre eigene Rolle spielte. Die Informationen über die Stadtentwicklung von Tsingtau, die in den beiden Jahrgängen des Amtsblattes festgehalten wurden, sind besonders wichtig: Sie liefern die Struktur und die Details der Verwaltung der frühen Stadtentwicklung von Tsingtau und stellen eine wichtige historische Referenz für das Verständnis des historischen Kontextes und der zukünftigen Richtung der Stadtentwicklung dar.

2. Aufbau der Infrastruktur und Stadtverwaltung von Tsingtau während der Jahre 1902—1903

Tsingtau in den Jahren 1902 und 1903, von Grundstückversteigerung, Handel und Industrie, Verkehr, hin bis juristische und administrative Verwaltung, sowie von Wissenschaft, Erziehung, Kultur und Hygiene, bis Bauwesen, Forstwesen, Steuerwesen usw., trat allmählich in die Bahn der raschen Entwicklung ein. Durch die anscheinend trocknen Bekanntmachungen oder Erlässe in dem Amtsblatt für das deutsche Kiautschou-Gebiet ist es deutlich spürbar, dass es in der dynamischen Stadt Tsingtau ein Stück großartige Stadt-Sinfonie abspielte. Wegen der Länge des Vorworts erläutern wir es nur zusammenfassend hinsichtlich des Aufbaus der Stadtverkehrsinfrastruktur und-verwaltung.

Tsingtaus Positionierung als Handelsstadt bedingte die Bedeutung des Verkehrs für die Stadt. Dies geht auch aus der offiziellen „Denkschrift betreffend die Entwicklung des Kiautschou-Gebiets" hervor, das vom Gouvernement Kiautschou ausgearbeitet und dem Deutschen Reichstag jährlich vorgelegt und berichtet wurde. In den Denkschriften dieser beiden Jahre konzentrierten sich die Zusammenfassungen des Gouverneurs von Kiautschou großenteils über die Entwicklung von Kiautschou auf den Bau von Eisenbahnen und Häfen. Das bedeutet, dass die Ausdehnung des Einflusses von Kiautschou auf die Außenwelt in hohem Maße von der Entwicklung des Verkehrswesens abhing, d. h. von den modernsten Eisenbahnen und Häfen der damaligen Zeit, wobei die Häfen Kiautschou mit der Welt und wichtigen chinesischen Küstenstädten wie Schanghai, Hong Kong usw. und die Eisenbahnen Kiautschou mit dem chinesischen Hinterland verbanden.

Weihaiwei, das nördlich an Kiautschou angrenzte, war zwar eine britische Kolonie, aber die Briten nutzten sie nur als Marinestützpunkt und nicht als Dreh- und Angelpunkt der britischen Politik und Interessen in China, da sich die Briten eher auf Hongkong und Chusan als auf Nordchina konzentrierten und die militärische Präsenz ausreichte, um den britischen Einfluss zu sichern; demgegenüber war Tschifu (Yantai), eine weitere angrenzende Stadt, bereits durch den Vertrag von Tientsin geöffnet worden war und die bedeutendste Konkurrenz für Tsingtau in maritimer Hinsicht. Im Süden befand sich die Stadt Itschoufu in Meeresnähe, aber der Qing-Hof hatte da keine große maritime Strategie und keinen bedeutenden Hafen, und die Deutschen sahen in Itschoufu nur eine Quelle für Rohstoffe wie Kohle, nicht aber eine Quelle der Konkurrenz, während der Westen und Osten die Hauptrichtungen für Tsingtau wurden: Im Westen das Hinterland von Shandong mit Kiautschou, Tsimo und Kaumi als Neutrale Zone und weiter westlich mit der Eisenbahn nach Weihsien und Poschan, den Kohlefördergebieten von Schantung, die wiederum mit Tsinanfu, dem Verwaltungszentrum von Shandong, verbunden waren, das wiederum seinen Einfluss bis nach Peking, der Hauptstadt Chinas, ausstrahlte. Im Osten ist das Meer ein wichtiger Teil der deutschen „Weltpolitik", der die deutsche Inlandsproduktion, die Exporte und die Importe von Rohstoffen trägt. Die Öffnung der Verkehrsverbindungen zwischen Deutschland selbst und China war eindeutig die wichtigste Aufgabe für Kiautschou. Im „Amtsblatt" der vergangenen beiden Jahre wurde immer wieder die Aufstellung von Bojen und Leuchttürmen in der Wasserstraße von Tsingtau angekündigt. Diese Informationen über die maritime Infrastruktur waren in der Tat Teil des Ausbaus des Hafens von Tsingtau in Vorbereitung auf den kommenden Schifffahrtsboom.

Auf der anderen Seite wurde der Eisenbahnbau ständig vorangetrieben. Für die Schantung-Bahn hat die deutsche Seite von der Konzeption über die Inspektion bis hin zur Umsetzung ihre ganze Sorgfalt und Erfahrung sehr sorgfältig eingesetzt: Von den Anfängen des Projekts bei Richthofen über den Besuch von Franzius, einem Ingenieur der deutschen Admiralität, im Jahr 1897, den Bau des Hafens und der Eisenbahninfrastruktur in der Bucht von Kiautschou, den Besuch von Gaedertz, einem professionellen Eisenbahningenieur, der am Bau von Eisenbahnstrecken in Mazedonien und Rumänien beteiligt war, im Jahr 1898 bis hin zu der sehr detaillierten geologischen Studie der Schantung-Eisenbahn von Tsingtau bis zur Mündung des Gelben Flusses. Gaedertz legte einen ausführlichen Bericht über eine sehr detaillierte geologische, hydrologische, volkskundlich und wirtschaftliche Untersuchung entlang der Eisenbahnlinie von Tsingtau bis zur Mündung des Gelben Flusses vor und lieferte konkrete Vorschläge für den Bau einer Eisenbahnlinie, einer großen Verkehrsader von entscheidender Bedeutung für die Zukunft der gesamten Kolonie. Der kontinuierliche Fortschritt dieses Projekts lässt sich vor allem an den oben genannten Personen ablesen, d. h. von der Theorie des Geographen über die Vermessung und Überprüfung durch den Fluss- und Meeresingenieur vor Ort bis hin zur Inspektion der Strecke durch den Eisenbahnbauexperten: Der gesamte Eisenbahnbau durchlief den Prozess der Ideenfindung bis hin zur Formulierung konkreter Pläne und deren Umsetzung. Der gesamte Prozess war akribisch und rigoros und spiegelte den wissenschaftlichen Charakter der strategischen Investitionen wider, die Deutschland damals tätigte. Im September 1903 wurde die Eisenbahnlinie nach Tschoutsun, nur 85 Kilometer von Tsinanfu entfernt, eröffnet, die das Landesinnere von Shandong mit dem Verteilungszentrum für Waren, insbesondere Seide, verband. Das Projekt kam schnell voran.

Die Eisenbahnausrüstung wurde durch die institutionelle Unterstützung des Gouvernements von Kiautschou und des Zollamtes von Kiautschou ergänzt. Auf Seiten des Gouvernements führte die Fertigstellung des chinesischen Handelshafens Kleiner Hafen zum Erlass wichtiger Vorschriften für die Nutzung der Xiaogang-Brücke, die Verfahren für das Be- und Entladen von Gütern auf der Brücke und den Einsatz von Kränen festlegten, was die Verbindung zwischen der Eisenbahn und den Hafenanlagen erheblich erleichterte. Auf der anderen Seite diente der Bau eines Signal- und meteorologischen Systems innerhalb der Stadt dem Betrieb des Hafens. Betrachtet von der Seite Zollamt von Kiautschou, die Abschaffungen der „Likin" außerhalb von Kiautschou und der Erlass von Vorschriften innerhalb von Kiautschou haben die Prozesse der Lagerung, der Zollabfertigung und der Gebührenzahlung im Rahmen des intermodalen Gütertransports zwischen dem Landhafen von Tsingtau und dem Hafen geklärt, was eine große logistische Vereinfachung und Betriebssicherheit mit sich brachte und ein sehr effizientes Geschäftsumfeld schuf. Dies verschaffte einen großen Vorteil im Wettbewerb mit dem benachbarten Hafen von Tschifu (der unter die Zuständigkeit des Tschifu-Zolls fiel) und legte den Grundstein für den raschen Aufstieg des Hafens von Tsingtau. Nach den Statistiken bis Oktober 1903 hatte sich das

Handelsvolumen, das den Kiautschou-Zoll passierte, von 9,37 Millionen Haikuan Tael im Vorjahr auf fast 17,3 Millionen Haikuan Tael fast verdoppelt. Hinter dieser Zahl verbarg sich auch der Niedergang des Hafens von Tschifu. Die Denkschrift betreffend die Entwicklung von Kiautschou vertrat immer noch die Auffassung, dass dies nicht der richtige Zeitpunkt sei, um den wirtschaftlichen Status von Tsingtau zu bewerten, da das gesamte Verkehrssystem noch nicht eingerichtet war und der große Hafen, der später für das Anlegen großer Schiffe genutzt werden sollte, sowie die vollständige Strecke der Tsingtau-Tsinanfu-Eisenbahn noch nicht fertig gestellt waren.

Mit der Entwicklung der Schifffahrt und der Bahn ging auch die große Entwicklung des Postwesens einher. Unter den damaligen technologischen Bedingungen war der Postdienst von entscheidender Bedeutung für das politische, wirtschaftliche und kulturelle Wohlergehen des Landes, wie der Vorfall „Gegenseitige Sicherheit im Südosten" während des Boxeraufstandes zeigte. In der letzten Ausgabe des Amtsblatt für das deutsche Kiautschou-Gebiet wurde die Bedeutung des Postwesens für die deutschen Wirtschaftsinteressen in China deutlich herausgestellt. Aufgrund des halbfeudalen und halbkolonialen Charakters Chinas zu dieser Zeit ging die Kontrolle über das Postwesen des Landes verloren. Die Mächte eröffneten Postämter und gaben Briefmarken in China heraus, das waren die sog. Gastpostämter in der chinesischen Postgeschichte. Unmittelbar nach der deutschen Invasion in der Kiautschou-Bucht wurde im ehemaligen Yamen von Zhang Gaoyuan ein Feldpostamt eröffnet. Später wurde das kaiserliche Postamt von Kiautschou formell gegründet, mit einer Reihe von Zweigstellen in und um Tsingtau. Der Umfang und das Ausmaß der Entwicklung des Postwesens werden durch den 1903 im Amtsblatt von Tsingtau veröffentlichten „ Postverbindungsplan" deutlich: Zu diesem Zeitpunkt verfügte Tsingtau bereits über einen festen Postverbindungsplan mit Schanghai und Berlin, der veröffentlicht wurde. Mit dieser Gewissheit wurde sowohl der Öffentlichkeit als auch der Verwaltung, insbesondere den Geschäftsleuten, das klare Signal gegeben, dass alle Entwicklungen in der Stadt Tsingtau in geordneter und systematischer Weise ablaufen würden. Tatsächlich hatte Deutschland in ganz China ein sehr gut entwickeltes Postnetzwerk aufgebaut, das an der Spitze der Entwicklung des Postwesens der gesamten Westmächte stand. Da Deutschland auch die Schantung-Eisenbahn unter seiner Kontrolle hatte, eröffnete es neben Postämtern in den Städten entlang der Bahnlinie auch Bahnpostämter auf den Zügen, wodurch ein Logistiksystem mit kombiniertem See-, Land- und Schienentransport und eine deutsch-chinesische Verbindung geschaffen wurde. Nach der späteren Eröffnung der Südmandschurischen Eisenbahn folgte die Eröffnung der Sibirischen Postroute, was eine weitere Zeitersparnis in der Logistik bedeutete, die Effizienz stark verbesserte und gleichzeitig Tsingtau noch näher an Deutschland heranbrachte.

Um die Attraktivität der Stadt zu steigern, hat das Gouvernement von Kiautschou auch ein Katastersystem für Tsingtau entworfen. Es wurde nach deutschem Recht und den speziell für die überseeischen Besitzungen geltenden Katasterbestimmungen erstellt. In der offiziellen Presse konzentrierte sich dieses System auf den Besitz, die Übertragung und die Anerkennung von Grundeigentum und war in Form von Dokumenten und Verfahren festgelegt. Außerdem wurde für die Gesamtentwicklung der Stadt eine Frist für die Bebauung nach den Grundstücksversteigerungen festgelegt, um das Horten von Grundstücken zu vermeiden. Die endgültige Entscheidung wurde dem Gouvernement per Gesetz übertragen, so dass die Krone die Grundstücksvergabe und den städtischen Bau in der gesamten Stadt kontrollieren, die Richtung und den Umfang der städtischen Grundstücksentwicklung steuern und den Gesamtgrundstückspreis in einem Gleichgewicht zwischen Marktschwankungen und staatlicher Kontrolle halten konnte. Dies verschaffte dem Gouvernement eine kontinuierliche Einnahmequelle.

Was die kommerziellen Investitionen betrifft, so werden die Ankündigungen von Unternehmensregistrierungen, -änderungen und -löschungen weiterhin im Amtsblatt für das Kiautschou-Gebiet veröffentlicht. Das Aufkommen großer privater Investitionen wie der Seidenspinnerei und der Germania-Brauerei im Gegensatz zu den früheren offiziellen Kapitalinvestitionen wie der Tsingtau-Tsinanfu-Eisenbahn und dem Hafen ist ein wichtiges positives Zeichen für die Entwicklung der Stadt, da sich die treibende Kraft von weitgehend offiziellem Kapital zu privatem Kapital entwickelte. Dies war eine grundlegende Garantie für die gesunde Entwicklung der Stadt und ein Vorbote für deren künftigen Wohlstand.

Auch in der internen Verwaltung von Tsingtau gab es verschiedene Entwicklungen. Die erste war der Bau einer Wasserleitung, sowohl für Trink- als auch für Feuerlöschzwecke. Zum ersten Mal in der Geschichte der Stadt wurde die Stadt in Brandschutzzonen eingeteilt und ein Brandschutzsystem für die gesamte Stadt eingerichtet. Das Design dieser städtischen Feuerlöschsysteme in Tsingtau, wie es in Nummer 11 des Amtsblatts für das deutsche Kiautschou-Gebiet 1903 veröffentlicht wurde, ist vom deutschen Feuerlöschsystem abgeleitet. Es füllt eine Lücke in der historischen Forschung über den Transfer von Kultur und Institutionen aus dem Westen nach China in der Neuzeit und ist damit von großem historischen Wert. Zweitens zeigt die große Anzahl von Ausschreibungen für den Bau von städtischen Einrichtungen in den offiziellen Zeitungen auch deutlich den Aufbau der Struktur der öffentlichen Einrichtungen in Tsingtau, wie die Eröffnung von Elektrizitätswerk, Schlachthöfen, Kasernen, Krankenhäusern, Schulen, Grünanlagen und anderen Einrichtungen. Die gesamte Stadt neigte dazu, ihre Dienstleistungsfunktionen zu vervollständigen, was auch eine gute Grundlage für die Stadt war, um Menschen zur Niederlassung zu bewegen. Auch wird das Rechtssystem der Stadt immer weiter komplettiert, von den Verfahren bis zum Personal, das das Knowhow für die Verwaltung der Stadt bereitstellt.

In den Jahren 1902 und 1903 erließ das Gouvernement von Kiautschou neben dem starken Ausbau der Verkehrsinfrastruktur in Form von Eisenbahnlinien, der Schifffahrt und Postdiensten auch die „Vorläufige Verordnung über die Zulassung verschiedener Geschäfte"(Nr. 28 vom Amtsblatt für deutsche Kiautschou-Gebiet), die eine gestaffelte Steuer für chinesische und westliche Restaurants, Tavernen, Gaststätten, Theater, Buchhandlungen und Pfandhäuser vorsah. Dies war ein Zeichen für die prosperierende Entwicklung der Stadt mit einer wachsenden Bevölkerung. Sie war Verkehrsknotenpunkt für Land- und Seeverkehr und zog damit zwangsläufig zahlreiche Kaufleute an, die in der Stadt investierten, was wiederum zu einem Aufschwung des Dienstleistungssektors führte. In diesem Jahr genehmigte der Gouverneur von Kiautschou die Gründung des „Chinesischen Handelsbüros" und die Verkündung der Statuten des Chinesischen Handelsbüros, ein weiteres wichtiges Zeichen für die Teilnahme der Chinesen an der Stadtverwaltung, was gerade ein Beweis für Richthofens Vision von Tsingtau als Ort des Handels darstellte.

In diesen beiden Jahren erreichte die bis dahin vorherrschende Cholera-Pest, die noch nicht ausgestanden war, auch Tsingtau. Obwohl die Cholera sich mit nur wenigen hundert Erkrankten als nicht sehr ansteckend herausstellte, lag die Sterblichkeitsrate bei bis zu 50%, was viele Chinesen dazu veranlasste, Tsingtau aus Furcht vor Infektion zu verlassen. Die Situation war für das deutsche Gouvernement Kiautschou sehr besorgniserregend, das zeigt eine Reihe von Erlassen, Verordnungen und Bulletins zur Epidemieprävention sowie zu Impfkampagnen. Deutschland war damals weltweit führend bei der Entwicklung von Cholera-Impfstoffen. Der deutsche Wissenschaftler und Begründer der pathogenen Bakteriologie, Robert Koch, erforschte den Choleraerreger am gründlichsten, und das Gouvernement Kiautschou erließ detaillierte Vorschriften für die Impfung von Europäern in Tsingtau. Aus den verfügbaren Bildern geht hervor, dass das Gouvernement auch die Impfung der Chinesen durchgeführt hat. Diese Geschichte, die sich im „Amtsblatt für das deutsche Kiautschou-Gebiet" widerspiegelt, füllt eine Lücke in der Geschichte der Bekämpfung von Infektionskrankheiten in China.

3. Schlusswort

Man muss klar sehen, dass die deutsche Herrschaft über Tsingtau imperialistischen und kolonialen Charakter hatte und dass ihre Wurzel eine Vertiefung der aggressiven und ausplündernden Aktivitäten gegen China und das chinesische Volk war. Daran besteht kein Zweifel, wie die im „Amtsblatt für das deutsche Kiautschou-Gebiet 1902—1903" veröffentlichten Informationen sehr deutlich machen. Aus der Sicht der historischen Forschung hat uns diese Zeitung jedoch unschätzbare historische Informationen geliefert, insbesondere im Zusammenhang mit den Bemühungen der Stadt um den Erhalt und die Erneuerung des historischen Stadtviertels und der Erklärung der Altstadt von Qingdao zum Weltkulturerbe, bei der die Rolle historischer Originalmaterialien, insbesondere der frühen deutschsprachigen Archive zur Stadtgeschichte von Qingdao, zunehmend an Bedeutung gewonnen hat. Heute, einhundertzwanzig Jahre später, ist die Erhaltung, Entwicklung und Nutzung der Altstadt von Qingdao als Reichtum des Landes und des Volkes und die Entwicklung dieser schönen Stadt Qingdao zum Besseren eine Aufgabe, die der Gegenwart und den künftigen Generationen obliegt. Ich bedanke mich ganz herzlich für die sehr freundlich Einladung zu diesem Projekt und dabei die kräftige Unterstützung aus dem Archiv des Shinan-Bezirks der Stadt Qingdao, es ist eine große Ehre für mich, an der Übersetzungs- und Editionsarbeit für Amtsblatt für das deutsche Kiautschou-Gebiet teilnehmen zu können. Ich hoffe, dass die Veröffentlichung des „Amtsblattes für das deutsche Kiautschou-Gebiet 1902—1903" ihren angemessenen Beitrag zum Schutz der Geschichte und Kultur sowie der Entwicklung der Stadt Qingdao leisten wird.

ZHU Yijie

Qingdao im Oktober 2022

编辑说明

《青岛官报》作为德国胶澳总督府发行的官方报纸,是中国境内第一份中德双语报纸,具有极其重要的史料和资政价值,对研究青岛城市发展及中外关系具有重要意义,是相关领域研究的重要文献,同时也为青岛城市的保护发展提供了宝贵的资料支撑。

按照青岛市有关加强德文档案整理挖掘的工作部署,青岛市市南区档案馆秉承"立足所在,不拘所有,但施所为,力求所成"的编研理念,接续开展了《青岛官报(1902—1903)》翻译整理和组编出版工作。全书为中德对照本,按年度分为上、下两册,德文部分按照原件影印,原件分别来自青岛市档案馆、德国法兰克福大学图书馆等。中文部分除对原版中的德语部分进行了翻译外,还保留了原版的中文部分,为方便读者阅读,对其进行了繁简体转换和标点句读;对必要的词汇进行了注释;译文中出现的中文地名的外文拼写尽可能采用《青岛官报》时期的德文拼写方式;由于年代久远,原版中的部分地名、人名、洋行、商号等对应中文专有名词难以考证和翻译,编者均保留原文,未加改动;原版中的表格只重点翻译了船运和铁路公司时刻表,潮汛和日升日落时间统计表与前两年相同,相关词汇可参照《青岛官报(1900—1901)》;本书按照原版报纸排版顺序编译,并附录相应年份的青岛大事记。

此次组编出版,得到了青岛市档案馆和东南大学出版社的大力支持,本书由青岛大学外语学院朱轶杰先生翻译整理;中国欧洲学会德国研究会副会长、同济大学德国问题研究所李乐曾教授为本书撰写了总序;周兆利先生参与了本书的策划和编审工作;复旦大学德语系刘炜副教授对全书进行了校对;德国拜罗伊特大学和班贝格大学历史学系教师马库斯·穆尔尼克(Marcus Mühlnikel)博士对本书德文部分做了校对;青岛大学文学院硕士研究生徐沛沛先生对原版中文部分进行了繁简体转换和标点句读。在此一并表示感谢！

  为保持史料原貌，本书编译时尽量不做改动，对于原文中带有殖民主义色彩的语句词汇，请读者甄别阅读与引用。由于时间仓促及编者水平所限，本书的疏漏和不足之处在所难免，敬请读者教正。

本书编委会

2022 年 9 月

Anmerkung zur Edition

„Das Amtsblatt für das Deutsche Kiautschou-Gebiet" als ein von dem deutschen Kiautschou-Gouvernement herausgegebener Amtsanzeiger ist die erste chinesisch-deutsche bilinguale Zeitung in China und eine sehr wichtige Quelle zur Geschichtsforschung und sehr wertvoll für das Stadtverwalten von Qingdao. Es hat besonderen Sinn für die Forschung über die Stadtentwicklung von Qingdao und die chinesisch-ausländischen Beziehungen und zählt damit als ein wichtiges Werk für die diesbezüglichen Forschungen, es liefert auch sehr wertvolle Quellenunterstützungen für den Denkmalschutz der Altstadt von Qingdao.

Aufgrund der Arbeitsplanung der Stadtregierung von Qingdao zur Verstärkung der Bearbeitung und Edition der deutschsprachigen Archivalien setzt sich das Archiv des Shinan-Bezirks der Stadt Qingdao für die Fortsetzung der Übersetzungs- und Editionsarbeit des „Amtsblatts für das Deutsche Kiautschou-Gebiet" (Jahrgänge 1902—03) ein, mit dem Konzept: „Vom Standort losgehend, aber nicht vom Vorhandenen eingeschränkt, wird gearbeitet und versucht, das Ziel zu erreichen". Das ganze Buch ist zweisprachig, in zwei Bänden, jeweils nach dem Jahrgang. Der deutsche Teil ist Kopie der originellen Zeitungen, die teilweise aus dem Stadtarchiv von Qingdao und teilweise aus der Bibliothek der Universität Frankfurt usw. stammen. Im chinesischen Teil sind sowohl chinesische Übersetzungen der deutschsprachigen Texte der Zeitung als auch chinesische Texte in der originellen Zeitung enthalten, deren traditionellen Schriftzeichen wir zur vereinfachten Version gewandelt und in die wir zur Vereinfachung des Lesens Interpunktionszeichen gesetzt haben. Damit das Buch möglichst mit dem Original übereinstimmt, sind im Vorwort sowie in den Begleiteinleitungen vorgekommene Ortsnamen möglichst nach der alten deutschsprachigen Methode zur Zeit des Erscheinens der Zeitung buchstabiert. Aus dem Grund der langen Erscheinungsjahre sind manche Sonderbezeichnungen wie Orts-, Personen- und Firmennamen schwer zu finden bzw. zu übersetzen, dafür haben wir das Original beibehalten und nichts geändert. Von den im Originalblatt erschienenen Tabellen haben wir nur wahlweise die des Schiffsverkehrs und den Fahrplan der Schantung Eisenbahn übersetzt. Die meteorologischen Beobachtungen bzw. die Tabellen für Sonnenauf- und -untergang sind identisch wie im Amtsblatt von den letzten zwei Jahrgängen. Die diesbezüglichen Wörter sind im „Amtsblatt für das deutsche Kiautschou-Gebiet 1900－1901" zu finden. Das Layout des Buches orientiert sich nach der Originalzeitung, dazu ist noch eine Liste der wichtigsten Ereignisse beigefügt.

Bei diesmaliger Editions- und Publikationsarbeit haben wir sehr kräftige Unterstützungen vom Stadtarchiv von Qingdao und von dem Verlag der Universität Südostchinas erhalten. Herr Yijie Zhu von der Fremdsprachenfakultät der Universität Qingdao hat die ganze Zeitung übersetzt und bearbeitet, dazu hat er noch das Vorwort verfasst. Prof. Lezeng Li vom Institut zu Deutschlandstudien der Tongji-Universität, Stellv. Präsident der Gesellschaft für Deutschlandstudien der chinesischen Forschungsgemeinschaft für Europa, hat speziell für das Buch ein Leitvorwort geschrieben. Herr Zhaoli Zhou hat an dem Planen und der Überprüfungsarbeit teilgenommen, Herr Prof. Wei Liu von der Deutschabteilung der Fudan-Universität hat das ganze Buch lektoriert, und Dr. Marcus Mühlnikel der Geschichtsabteilung der Universitäten Bayreuth und Bamberg hat den deutschsprachigen Teil lektoriert. Die Magisterstudenten Herr Peipei Xu von der Literaturfakultät der Universität Qingdao hat die Schriftzeichen der chinesisch-sprachigen Teile umgeschrieben und Interpunktionszeichen dafür gesetzt. Wir bedanken uns ganz herzlich für die Unterstützungen.

Um die Originalität der Geschichtsquellen beizubehalten, haben wir bei der Edition versucht, möglichst keine Änderungen zu machen. Wir bitten unsere Leser, die sehr kolonial geprägten Sätze und Wörter im Originaltext reflektiert und sorgfältig zu lesen und zu benutzen. Wegen Zeitmangel sowie des Niveaus der Herausgeber sind in dem Buch bestimmt noch Fehler und Mangel vorhanden. Wir bitten unsere Leser, darauf hinzuweisen und uns beim Korrigieren zu helfen.

Editionsausschuss

September 2022

目　录

《青岛官报》(全译本)编委会
《青岛官报(1902—1903)》编辑部
总序
"沉静"的官报与律动的青岛——《青岛官报(1902—1903)》导读
编辑说明

第三年　第一号	1902年1月4日(德文版)	001
第三年　第一号	1902年1月4日(中文版)	003
第三年　第二号	1902年1月11日(德文版)	005
第三年　第二号	1902年1月11日(中文版)	007
第三年　第三号	1902年1月18日(德文版)	009
第三年　第三号	1902年1月18日(中文版)	011
第三年　第四号	1902年1月25日(德文版)	013
第三年　第四号	1902年1月25日(中文版)	015
第三年　第五号	1902年2月1日(德文版)	017
第三年　第五号	1902年2月1日(中文版)	022
第三年　第六号	1902年2月8日(德文版)	026
第三年　第六号	1902年2月8日(中文版)	030
第三年　第七号	1902年2月15日(德文版)	035
第三年　第七号	1902年2月15日(中文版)	039
第三年　第八号	1902年2月22日(德文版)	043
第三年　第八号	1902年2月22日(中文版)	045
第三年　第九号	1902年3月1日(德文版)	047
第三年　第九号	1902年3月1日(中文版)	049

第三年	第十号	1902年3月8日（德文版）	052
第三年	第十号	1902年3月8日（中文版）	054
第三年	第十一号	1902年3月15日（德文版）	056
第三年	第十一号	1902年3月15日（中文版）	058
第三年	第十二号	1902年3月22日（德文版）	060
第三年	第十二号	1902年3月22日（中文版）	063
第三年	第十三号	1902年3月29日（德文版）	067
第三年	第十三号	1902年3月29日（中文版）	069
第三年	第十四号	1902年4月5日（德文版）	071
第三年	第十四号	1902年4月5日（中文版）	076
第三年	第十五号	1902年4月12日（德文版）	080
第三年	第十五号	1902年4月12日（中文版）	086
第三年	第十六号	1902年4月19日（德文版）	091
第三年	第十六号	1902年4月19日（中文版）	099
第三年	第十七号	1902年4月21日（德文版）	104
第三年	第十七号	1902年4月21日（中文版）	105
第三年	第十八号	1902年4月26日（德文版）	106
第三年	第十八号	1902年4月26日（中文版）	110
第三年	第十九号	1902年5月3日（德文版）	114
第三年	第十九号	1902年5月3日（中文版）	116
第三年	第二十号	1902年5月10日（德文版）	118
第三年	第二十号	1902年5月10日（中文版）	121
第三年	第二十一号	1902年5月17日（德文版）	124
第三年	第二十一号	1902年5月17日（中文版）	126
第三年	第二十二号	1902年5月24日（德文版）	128
第三年	第二十二号	1902年5月24日（中文版）	130
第三年	第二十三号	1902年5月31日（德文版）	132
第三年	第二十三号	1902年5月31日（中文版）	135
第三年	第二十四号	1902年6月1日（德文版）	139
第三年	第二十四号	1902年6月1日（中文版）	140
第三年	第二十五号	1902年6月7日（德文版）	141

第三年	第二十五号	1902年6月7日（中文版）	143
第三年	第二十六号	1902年6月14日（德文版）	145
第三年	第二十六号	1902年6月14日（中文版）	147
第三年	第二十七号	1902年6月17日（德文版）	149
第三年	第二十七号	1902年6月17日（中文版）	150
第三年	第二十八号	1902年6月21日（德文版）	151
第三年	第二十八号	1902年6月21日（中文版）	162
第三年	第二十九号	1902年6月28日（德文版）	169
第三年	第二十九号	1902年6月28日（中文版）	174
第三年	第三十号	1902年7月5日（德文版）	178
第三年	第三十号	1902年7月5日（中文版）	181
第三年	第三十一号	1902年7月12日（德文版）	184
第三年	第三十一号	1902年7月12日（中文版）	187
第三年	第三十二号	1902年7月26日（德文版）	189
第三年	第三十二号	1902年7月26日（中文版）	191
第三年	第三十三号	1902年8月2日（德文版）	193
第三年	第三十三号	1902年8月2日（中文版）	194
第三年	第三十四号	1902年8月9日（德文版）	195
第三年	第三十四号	1902年8月9日（中文版）	197
第三年	第三十五号	1902年8月23日（德文版）	199
第三年	第三十五号	1902年8月23日（中文版）	202
第三年	第三十六号	1902年8月30日（德文版）	205
第三年	第三十六号	1902年8月30日（中文版）	207
第三年	第三十七号	1902年9月6日（德文版）	208
第三年	第三十七号	1902年9月6日（中文版）	210
第三年	第三十八号	1902年9月13日（德文版）	212
第三年	第三十八号	1902年9月13日（中文版）	214
第三年	第三十九号	1902年9月20日（德文版）	215
第三年	第三十九号	1902年9月20日（中文版）	216
第三年	第四十号	1902年9月27日（德文版）	217
第三年	第四十号	1902年9月27日（中文版）	218

第三年	第四十一号	1902年10月4日（德文版）	220
第三年	第四十一号	1902年10月4日（中文版）	223
第三年	第四十二号	1902年10月11日（德文版）	225
第三年	第四十二号	1902年10月11日（中文版）	229
第三年	第四十三号	1902年10月18日（德文版）	232
第三年	第四十三号	1902年10月18日（中文版）	235
第三年	第四十四号	1902年10月25日（德文版）	237
第三年	第四十四号	1902年10月25日（中文版）	239
第三年	第四十五号	1902年11月1日（德文版）	240
第三年	第四十五号	1902年11月1日（中文版）	243
第三年	第四十六号	1902年11月8日（德文版）	245
第三年	第四十六号	1902年11月8日（中文版）	247
第三年	第四十七号	1902年11月15日（德文版）	249
第三年	第四十七号	1902年11月15日（中文版）	251
第三年	第四十八号	1902年11月22日（德文版）	252
第三年	第四十八号	1902年11月22日（中文版）	255
第三年	第四十九号	1902年11月29日（德文版）	258
第三年	第四十九号	1902年11月29日（中文版）	262
第三年	第五十号	1902年12月6日（德文版）	265
第三年	第五十号	1902年12月6日（中文版）	269
第三年	第五十一号	1902年12月13日（德文版）	272
第三年	第五十一号	1902年12月13日（中文版）	276
第三年	第五十二号	1902年12月20日（德文版）	280
第三年	第五十二号	1902年12月20日（中文版）	283
第三年	第五十三号	1902年12月31日（德文版）	286
第三年	第五十三号	1902年12月31日（中文版）	291

附录　1902年青岛大事记 …… 294

Amtsblatt
für das
Deutsche Kiautschou-Gebiet.

青島官報

Herausgegeben vom Kaiserlichen Gouvernement Kiautschou.

Der Bezugspreis beträgt jährlich $ 0,60=M 1,20.
Bestellungen nehmen sämtliche deutsche Postanstalten entgegen.

Jahrgang III.　Nr. 1　Tsingtau, den 4. Januar 1902.　第五十一號　第三年

Bekanntmachung.

Die deutschen Kabel von Tsingtau nach Shanghai und nach Tschifu sind vor einiger Zeit an einer Stelle, wo sie der Küste ziemlich nahe liegen von den Ankern chinesischer Fahrzeuge beim Ankerwerfen erfasst, beim Ankeraufholen hochgehoben und dann von der Schiffsmannschaft durchgehauen worden, um den Anker klar zu machen.

Zur Vermeidung solcher Kabelbeschädigungen ist zukünftig in folgender Weise zu verfahren:

Wenn ein Schiff beim Ankerwerfen ein Kabel erfasst und der Anker von dem Kabel nicht mehr frei gemacht werden kann, so muss das Kabel mit dem Anker hochgewunden, das Kabel mit einem Tau festgebunden und durch Nachlassen der Ankerkette versucht werden, den Anker von dem Kabel loszumachen. Gelingt dies, so muss das Kabel wieder vorsichtig auf den Grund hinabgelassen werden. Ist dagegen der Anker von dem Kabel nicht freizumachen, so darf keinesfalls das Kabel durchgehauen werden; vielmehr ist der Anker zu opfern und hiervon der nächsten Behörde Meldung zu machen. Die Eigentümer von Schiffen, die beweisen können, dass sie, um das Kabel vor Schaden zu bewahren, ihren Anker geopfert haben, werden schadlos gehalten werden.

Tsingtau, den 30. Dezember 1901

Der Kaiserliche Gouverneur
Truppel.

Verkaufs-Anzeige.

Ca. 800 Stück auf den Lagerplätzen der Bauabtheilung I vorhandene leere eiserne Cementfässer — theils mit, theils ohne Böden — sollen verkauft werden.

大德欽命總督膠澳文武事宜大臣都為

出示剴切曉諭事照得由青島一至上海一至烟台海底電線日前忽於附近海岸之處被中國船隻所拋之錨勾絞當起錨時線亦隨錨而上詎該船水手竟將電線砍斷始得錨線分開茲本大臣特定防患辦法以免將來有此損壞電線弊端凡船拋錨時設若勾絞電線兩末分開應即將電線謹枝起用索緋之徐鬆錨鍊或可分開如能分開即將錨謹偵放落海底倘仍未分開切不准砍斷電線應棄其錨報明就近官員該船主如曾經棄錨救護電線查有確據必償補其錨貲仰各船戶一體凜遵勿違特示

大德一千九百一年十二月三十日

右諭通知

告白

啟者本局料廠現存有裝洋灰之鐵筒數約八百左右該空筒一半倘有欲買者准於西本月十一日早十二點鐘赴總工部局投票面議可也

此佈

大德九百二年正月初二日

2. — Nr. 1.   Amtsblatt—青島官報   4. Januar 1902.

Entsprechende Angebote sind bis zum 11 d. M. Mittags 12 Uhr im Hauptbureau der Bauverwaltung einzureichen.

Tsingtau, den 2. Januar 1902.

Kaiserliche Bauverwaltung.

Verdingungs-Anzeige.

Die Lieferung der Granit-Sockelsteine, sowie der Kellerfenster-Sohlbänke, Sturze und Gewandsteine zum Bau der Mannschaftsgebäude II und III am Ostlager soll vergeben werden.

Die Verdingungsunterlagen liegen im Hauptbureau der Bauverwaltung zur Einsicht aus und sind für $ 1 käuflich.

Angebote sind bis zu dem am 10. d. M. Vorm. 11 Uhr im Hauptbureau der Bauverwaltung stattfindenden Submissionstermin einzureichen.

Tsingtau, den 2. Januar 1902.

Kaiserliche Bauverwaltung.

Verordnung
betreffend Aufhebung der Quarantäne gegen Niutschuang.

Die durch Verordnung vom 29. Oktober 1901 gegen den Hafen von Niutschuang angeordnete Quarantäne wird aufgehoben, da dieser Hafen als pestfrei zu betrachten ist.

Tsingtau, den 28. Dezember 1901.

Der Kaiserliche Gouverneur,
Truppel.

Bekanntmachung.

Um einen genügend grossen Platz für die Lagerung von Petroleum, Öl und ähnlichen Stoffen bestimmen zu können, werden alle beteiligten Kaufleute und Firmen, welche Land zu Petroleumlagern u. s. w. kaufen oder auf längere Zeit pachten wollen, ersucht, bis zum 20. Januar d. J. dem Gouvernement ihren Namen mitzuteilen.

Tsingtau, den 2. Januar 1902.

Kaiserliches Gouvernement.
Der Civilkommissar.

Druck der Missionsdruckerei, Tsingtau.

第三年 第一号

1902 年 1 月 4 日

大德钦命总督胶澳文武事宜大臣都 为

出示剀切晓谕事：照得由青岛一至上海一至烟台海底电线，日前忽于附近海岸之处被中国船只所抛之锚勾绞，当起锚时线亦随锚而上。讵该船水手竟将电线砍断，始得锚线分开。兹本大臣特定防患办法，以免将来有此损坏电线弊端：凡船抛锚时，设若勾绞电线，两未分开，应即将线随锚拔起，用索绑妥徐松锚链，或可分开。如能分开，即将电线谨慎放落海底；倘仍未分开，切不准砍断电线。应弃其锚，报明就近官员。该船主如曾经弃锚救护电线，查有确据，必偿补其锚资。仰各船户一体凛遵勿违。特示。

右谕通知
大德一千九百一年十二月三十日

告白

启者：本局料厂现存有装洋灰之铁筒，数约八百左右。该空筒一半尚有筒底，兹欲拍卖。如有欲买者，准于西本月十一日早十二点钟赴总工部局投票，面议可也。此布。

大德（一千）九百二年正月初二日

招标告白

现发包用于建造东大营[①]2 号和 3 号兵营的花岗石基石以及地下室窗外窗台板、窗楣和窗框石的供货合同。

发包文件张贴于总工部局主办公室内，可供查看，也可以付款 1 元购买。

报价须至迟在本月 10 日上午 11 点前递交至在工程总局主办公室内设立的投标处。

青岛，1902 年 1 月 2 日
皇家总工部局

---

① 译者注：即原中国兵营广武中营所在位置，位于今鱼山路 5 号中国海洋大学鱼山校区内。

关于取消对牛庄进行隔离的命令

现撤销在1901年10月29日颁布的针对牛庄港[①]进行隔离的命令,该港口的瘟疫现已被视为消除。

青岛,1901年12月28日
皇家总督 都沛禄

告白

为了能够找到足够大的地方用于储存火油、油和类似物资,请所有愿意参与购买或者长期租赁土地用于火油仓库的商人和公司,最晚于今年1月20日到总督府报名。

青岛,1902年1月2日
皇家总督府
民政长

[①] 译者注:今辽宁省营口市牛庄镇。第二次鸦片战争后,清政府被迫与英法签订《天津条约》,将牛庄等地设为条约港口,但实际上的牛庄港为当时的没沟营(营口),因此造成了地名的混乱,实为营口代替牛庄开港。

Amtsblatt
für das
Deutsche Kiautschou-Gebiet.

青島官報

Herausgegeben vom Kaiserlichen Gouvernement Kiautschou.

Der Bezugspreis beträgt jährlich $ 0,60 = M 1,20.
Bestellungen nehmen sämtliche deutsche Postanstalten entgegen.

Jahrgang 3.　Nr. 2　Tsingtau, den 11. Januar 1902.

Verordnung.

Für das von dem Unternehmer Hu Tschang keng in Tapautau über sein Vermögen beantragte Konkursverfahren sollen die Bestimmungen der Reichskonkursordnung mit Ausnahme derjenigen über den Offenbarungseid Anwendung finden.

Tsingtau, den 8. Januar 1902.

Der Kaiserliche Gouverneur.
Truppel.

欽命德膠總督都為
鹽定遵辦律例
事照得胡長庚
虧空各項之案
即依德國斷扣
歸償專律辦理
惟設立明誓一
條則不在其內
切切特諭
德九百二年正月
初八日

Bekanntmachung.

In dem Konkurse **Fu tsy an** Nr. 1/01 soll die zweite Abschlags-Verteilung erfolgen. Dazu sind Doll. 2784,53 verfügbar. Zu berücksichtigen sind Doll. 18563,54 nichtbevorrechtigte Forderungen.

Tsingtau, den 8. Januar 1902.

Mootz.
Konkurs-Verwalter.

Bekanntmachung.

Nachbenannte Personen des Beurlaubtenstandes werden aufgefordert, ihre Militärpapiere u. s. w. in dem Geschäftszimmer des Gouvernements „Meldestelle für Militärdienst" in Empfang zu nehmen resp. deren Zusendung unter Angabe Jhrer Adresse nachzusuchen:

Adolf　Müller
Christ.　Näwe
Karl　Dau
Wilh.　Hinney
Wilh.　Giersch
Otto　Dahmke
Fritz　Liedtke
Friedr.　Wegener
Karl　Wilde
Friedr.　Külps
Arthur　Link
Wilh.　Zimmermann
Herm.　Wieland
Peter　Jpsen
Karl　Presser
Fritz　Heidemeier
Otto　Jurisch

Tsingtau, der 7. Januar 1902.

Der Kaiserliche Gouverneur.
Jm Auftrage.
Frhr. v. Liliencron.

Seite 4. — Nr. 2.　　　　Amtsblatt—青島官報　　　　11. Januar 1902.

Bekanntmachung.

Paul Mohrstedt hat ein Gesuch um Genehmigung der Conzession zum Betriebe einer Wein-Probirstube in Tsingtau auf dem Grundstücke der Tsingtauer Industrie- und Handelsgesellschaft, Ecke Prinz Heinrich- und Albertstrasse, eingereicht.

Einwendungen im Sinne der Gouvernements-Bekanntmachung vom 10. October 1899 sind bis zum 31. d. M. an die unterzeichnete Behörde zu richten.

Tsingtau, 10. Januar 1902.

Kaiserliches Polizeiamt

Konkursverfahren.

Ueber das Vermögen des Chinesischen Unternehmers **Hu tsch'ang keng** in Tapautau wird heute am 10 ten Januar 1902 Vormittags 11 Uhr das Konkursverfahren eröffnet, da die Zahlungsunfähigkeit als glaubhaft gemacht anzusehen ist.

Der Dolmetscher Heinrich Mootz wird zum Konkursverwalter ernannt.

Konkursforderungen sind bis zum 10ten Februar 1902 bei dem Gerichte anzumelden.

Es wird zur Beschlußfassung über die Beibehaltung des ernannten oder die Wahl eines andren Verwalters, sowie über die Bestellung eines Gläubigerausschusses und eintretenden Falls über die im § 132 der Konkursordnung bezeichneten Gegenstände und zur Prüfung der angemeldeten Forderungen auf den 25ten Februar 1902, Vormittags 10 Uhr vor dem unterzeichneten Gerichte im Sitzungssaale Termin anberaumt.

Allen Personen, welche eine zur Konkursmasse gehörige Sache in Besitz haben oder zur Konkursmasse etwas schuldig sind, wird aufgegeben, nichts an den Gemeinschuldner zu verabfolgen oder zu leisten, auch die Verpflichtung auferlegt, von dem Besitze der Sache und von den Forderungen, für welche sie aus der Sache abgesonderte Befriedigung in Anspruch nehmen, dem Konkursverwalter bis zum 10ten Februar 1902 Anzeige zu machen.

Tsingtau, den 10. Januar 1902.

Kaiserliches Gericht von Kiautschou.
Wilke.

欽命德膠臬司威為
斷債事茲有大包島包
工人胡長庚因虧空臺包
稱折債攤償據此已定
本年正月初十日上午
十一點鐘准行即慕
老爺承理此事各債主
宜早赴參贊公署報債
至二月初十日為限過
期不准再舉者本年二月
二十五日早十點鐘
債主灣赴臬公堂
議或別舉人主理
領或議照斷債律例
舉各債主內數人作一首公
百三十二欵並查
明所報債數虛實凡
有債戶錢物此後不准
送還與債主自手中已
債戶錢物自算留抵
均速報於主理斷債
人不得過二月初
報各宜懍遵特諭
示
一千九百二年正月初十日

Druck der Missionsdruckerei, Tsingtau.

第三年　第二号

1902年1月11日

钦命德胶总督都　为

厘定遵办律例事：照得胡长庚亏空谷项之案，即依德国"断扣归偿专律"办理。惟设立明誓一条则不在其内。切切特谕。

德（一千）九百二年正月初八日

告白

第1/01号傅子安破产案件中，将实施第二次款项分配，可分配金额为2 784.53元，同时考虑到的还有18 653.54元非优先索款要求。

青岛，1902年1月8日
慕兴立
破产案件管理人

告白

现要求下列处于休假状态的人员前往总督府"兵役报到处"的营业室接收军事证件等物品，或者申明接收地址后待邮寄：（姓名略）

青岛，1902年1月7日
皇家总督
委托　冯·李林可隆男爵负责

告白

保罗·摩尔施泰特递交了在青岛源通洋行所有、位于海因里希亲王街[①]和阿尔伯特街[②]拐角的地块上开办经营葡萄酒品尝室许可证的申请。

根据总督府1899年10月10日颁布的告白,对上述申请的异议须在本月31日前递交至本部门。

青岛,1902年1月10日
皇家巡捕房

钦命德胶澳司威　为

断债事:兹有大包岛[③]包工人胡长庚因亏空禀称折债摊偿。据此,已定本年正月初十日上午十一点钟准行。即慕大老爷[④]承理此事,各债主宜早赴参赞公署报债。至二月初十日为限,过期不准。再者,本年二月二十五日早十点钟,各债主齐赴澳署公堂公议,或别举人主理,或公举各债主内数人作首领,或议照"断债律例"一百三十二款办理,并查明所报债数虚实。凡人有债户钱物,此后不准送还与债主手中;已有债户钱物自算留抵者,均速报于主理断债之人,不得过二月初十呈报。各宜懔遵。特谕。

德一千九百二年正月初十日　示

---

① 译者注:即今广西路。
② 译者注:即今安徽路。
③ 译者注:即大鲍岛。今四方路、海泊路一带,因附近海中有形似鲍鱼的岛屿而得名,为当时青岛内界9个村庄之一,1900年冬被德国人拆除。
④ 译者注:即翻译官慕兴立。

Amtsblatt
für das
Deutsche Kiautschou-Gebiet.

青島官報

Herausgegeben vom Kaiserlichen Gouvernement Kiautschou.

Der Bezugspreis beträgt jährlich $ 0,60 = M 1,20.
Bestellungen nehmen sämtliche deutsche Postanstalten entgegen.

Jahrgang 3. | Nr. 3 | Tsingtau, den 18. Januar 1902.

Nachstehende Bekanntmachung des Kais. Chin. Seezollamtes wird hiermit zur allgemeinen Kenntnis gebracht:

Zollamtliche Bekanntmachung № 19.

Um die Zollabfertigung der im kleinen Hafen zu verschiffenden Waren und die Verzollung des von Passagieren mitgeführten Kleinguts zu erleichtern, ist am kleinen Hafen mit Genehmigung des Kaiserlichen Gouvernements eine Zollstelle eröffnet.

Dort zu verschiffende Waren können nach Wahl des Kaufmannes an dieser Zollstelle oder beim Haupt-Zollamt untersucht und abgefertigt werden. Der Zoll für solche Waren ist wie früher bei der Deutsch-Asiatischen Bank einzuzahlen und der Zollschein im Haupt-Zollamt in Empfang zu nehmen. Der Zollschein muss dem Zollbeamten am kleinen Hafen zur Abfertigung vorgelegt werden und die Waren begleiten.

Das Kleingut der Reisenden u. s. w. kann dort untersucht und nach dem dort aushängenden Tarif verzollt werden. Zahlungen werden entgegengenommen in Dollars (1 Haikuan Tael = Doll. 1,50 = 1200 Käsch). Dort ausgefertigte Zollscheine müssen die Waren begleiten und auf Verlangen vorgezeigt werden.

Kiautschou Zollamt,
Tsingtau, den 2. Januar 1902.

E. Ohlmer,
Kais. Chin. Seezolldirektor.

Tsingtau, den 6. Januar 1902.
Kaiserliches Gouvernement.

Verdingungsanzeige.

Die Lieferung von 12000 — Zwölftausend — Fass guten deutschen Portland-Cements für die Hafenbauten soll vergeben werden. Die Bedingungen liegen im Hauptbureau der Bauverwaltung zur Einsicht aus; auch können dieselben für 1 $ käuflich erworben werden.

Verschlossene und mit der Aufschrift: „Submission auf Portland-Cement" versehene Angebote sind zu dem am 30. d. M. Vorm. 11 Uhr im Hauptbureau der Bauverwaltung stattfindenden Submissionstermine einzureichen.

Tsingtau, den 16. Januar 1902.

Kaiserliche Bauverwaltung

Seite 6. — Nr. 3.　　　　Amtsblatt—青島官報　　　　18. Januar 1902.

Versteigerung.

Am Donnerstag den 23. d. M. Nachmittag 3 Uhr sollen im Strandlager öffentlich meistbietend gegen sofortige Baarzahlung, versteigert werden:

    3 Kisten mit 32 dunkelfarbigen Civil-Anzügen,
    1 Rock,
    1 Weste,
    ein Vorrat chinesischer Gebrauchsgegenstände.

Tsingtau, 10. Januar 1902.

Kaiserliches Polizeiamt.

Bekanntmachung.

Eine dem Gouvernement gehörige ausrangierte Dampfpinnasse soll am 1. Februar d. J. 10 Uhr Vorm. meistbietend versteigert werden. Dieselbe liegt auf der Marine-Werkstatt und kann dort während der Arbeitsstunden besichtigt werden.

Tsingtau, den 15. Januar 1902.

Hafenamt

白 告

啓者現有三箱青色洋衣共計三十二身又洋褂子一件一件各種中華砍肩一件伕均擬於德正月二十三日下午三點鐘本捕房拍賣如有現欲洋交易者屆時到塲購買者可也此佈

德九百二年正月初十日　巡捕房啓

白 告

啓者現有一小輪船一隻因德膠政府不適於用擬於德本年二月初一日上午十點鐘拍賣如有欲買者可赴水師軍工厰作工時查看可也此佈

德九百二年正月初五日　船政局啓

Druck der Missionsdruckerei, Tsingtau.

第三年　第三号

1902年1月18日

胶海关　为

开列章程事：本关为便商起见，特请胶澳德督准于大包岛添设验货房一处。所有查验章程合行开列，以便周知：

所有装运三板货物，如在大包岛上船，可就近在该处查验。

报关货物如愿在大包岛查验，可听商自便。一切完税章程仍照旧办理。

商客随带零星货物可在大包岛查验，完税发给准单，每税银一两，收洋壹元伍角，合大钱壹千贰百文。所发准单不可与货相离，以便海关人查验。

光绪二十七年（1901）十一月二十三日

发包广告

用于建造港口的12 000桶优质德国产波特兰水泥现发包。相关条件可以在总工部局的主办公室内查看，也可以花费1元购买。

报价密封后注明"对波特兰水泥的报价"，最晚在本月30日上午11点前提交至总工部局主办公室举办的招标会。

青岛，1902年1月16日
皇家总工部局

告白

启者：现有三箱青色洋衣，共计三十二身。又洋褂子一件、砍（坎）肩一件，各种中华家伙。均拟于德正月二十三日下午三点钟在本捕房拍卖，现洋交易。如有欲购者，届时到场拍买可也。此布。

德（一千）九百二年正月初十日
巡捕房启

告白

启者：现有一小轮船一只，因德胶政府不适于用，拟于德本年二月初一日上午十点钟拍卖。如有欲买者，可赴水师军工厂作工时查看可也。此布。

德（一千）九百二年正月十五日

船政局启

Amtsblatt
für das
Deutsche Kiautschou-Gebiet.

青島官報

Herausgegeben vom Kaiserlichen Gouvernement Kiautschou.

Der Bezugspreis beträgt jährlich $ 0,60 = M 1,20.
Bestellungen nehmen sämtliche deutsche Postanstalten entgegen.

Jahrgang 3.　Nr. 4　Tsingtau, den 25. Januar 1902.

Bekanntmachung.

In das bei dem unterzeichneten Gericht geführte Handelsregister ist unter Nr. 51 die Firma

Adalbert Larz, Apotheker

mit dem Sitze in Tsingtau eingetragen. Ihr alleiniger Inhaber ist der Apotheker Adalbert Larz in Tsingtau.

Tsingtau, den 20. Januar 1902.

Kaiserliches Gericht von Kiautschou.

Verordnung.

betreffend Aufhebung der Quarantäne gegen die Häfen von Canton, Manila, Hoihow, der Insel Formosa und von Macao.

Die durch Verordnung vom 21. April 1900 gegen die Häfen von Canton, Manila, Hoihow und der Insel Formosa und durch Verordnung vom 25. Mai 1900 gegen den Hafen von Macao angeordnete Quarantäne wird aufgehoben, da diese Häfen als pestfrei zu betrachten sind.

Tsingtau, den 17. Januar 1902.

Der Kaiserliche Gouverneur.
TRUPPEL.

Bekanntmachung.

Bei der unterzeichneten Behörde ist eine Taschenuhr mit Kette und Kapsel abgeliefert worden.

Der Empfangsberechtigte wird hierdurch aufgefordert, seine Rechte bis zum 1. April d. J. hierher anzumelden.

Tsingtau, den 21. Januar 1902.

Kaiserliches Polizeiamt.

Zugelaufen

ist eine schwarze Ziege. Dieselbe kann bei der katholischen Mission in Tapautau vom Eigentümer abgeholt werden.

Tsingtau, den 21. Januar 1902.

Kaiserliches Polizeiamt.

啓者現存有帶錬銀袋時表一枚係遺失經人送至之物如真寒失主確有據者限至西四月初一日期內赴本衙門報明具領可也

德正月二十一日

巡捕衙門啓

啓者今有黑毛山羊一隻跑在大包島天主教士院內恃失主准赴該教士處領囘勿悞

德正月二十一日

巡捕衙門啓

Bekanntmachung.

Das Reichsversicherungsamt hat über die Verpflichtungen von unfallrentenberechtigten Inländern, welche sich im Auslande aufhalten, unter dem 5. Juli 1901 Vorschriften erlassen, welche am 1. Oktober 1901 in Kraft getreten sind. Hierauf wird mit dem Bemerken hingewiesen, dass die im Schutzgebiete oder seinem Hinterlande sich aufhaltenden Rentenempfänger bei der unterzeichneten Behörde die Vorschriften einsehen und nähere Auskunft erhalten können.

Tsingtau, den 23. Januar 1902.

Kaiserliches Gouvernement.

Der Civilkommissar.

Druck der Missionsdruckerei, Tsingtau.

第三年　第四号

1902年1月25日

告白

位于青岛的阿达尔伯特·拉尔茨药房公司①在本法庭经办的商业登记簿上进行了登记,登记号为第51号。其独立经营人为青岛的药剂师阿达尔伯特·拉尔茨。

青岛,1902年1月20日
胶澳皇家审判厅

关于取消针对广州港、马尼拉港、海口港、台湾岛和澳门隔离的命令

1900年4月21日颁布的针对广州港、马尼拉港、海口港、台湾岛隔离的命令,以及1900年5月25日颁布的针对澳门港隔离的命令,因上述港口已可以被视为无瘟疫港口,现撤销。

青岛,1902年1月17日
皇家总督
都沛禄

启者:现存有带链并袋时表一枚,系遗失经人送至之物,如真实失主确有据者,限至西四月初一日期内,赴本衙门报明具领可也。

德正月二十一日
巡捕衙门启

---

① 译者注:中文行名为"贲寿药房"。

启者：今有黑毛山羊一只，跑在大包岛天主教士院内，仰失主准赴该教士处，领回勿误。

德正月二十一日

巡捕衙门启

告白

帝国保险署已于1901年7月5日就停留于国外、享有事故退休金的国内人员的义务颁布规定，该规定已于1901年10月1日生效。对此，提醒停留于保护地或者其腹地的退休金接收人员前往本部门查看上述规定，以便做进一步了解。

青岛，1902年1月23日

皇家总督府

民政长

Amtsblatt
für das
Deutsche Kiautschou-Gebiet.

青島官報

Herausgegeben vom Kaiserlichen Gouvernement Kiautschou.

Der Bezugspreis beträgt jährlich $ 0,60 = M 1,20.
Bestellungen nehmen sämtliche deutsche Postanstalten entgegen.

| Jahrgang 3. | Nr. 5 | Tsingtau, den 1. Februar 1902. |

Verordnung
betreffend Telegraphenschutz.

Da im Schutzgebiete wiederholt Beschädigungen von Telegraphen- und Fernsprechanlagen durch Chinesen vorgekommen sind, wird die chinesische Bevölkerung erneut auf die auch für sie geltenden Paragraphen 317 bis 320 des Reichsstrafgesetzbuches hingewiesen. Jeder Chinese, welcher diesen Bestimmungen zuwider handelt, kann ausser mit den angedrohten Freiheits- und Geldstrafen auch noch mit Prügelstrafe bis zu hundert Hieben und mit Ausweisung aus dem Schutzgebiete bestraft werden und muss ausserdem den angerichteten Schaden ersetzen.

Die genannten Paragraphen lauten, soweit sie den Schutz von Telegraphen- und Fernsprechanlagen betreffen, folgendermassen:

§ 317.

Wer vorsätzlich und rechtswidrig den Betrieb einer zu öffentlichen Zwecken dienenden Telegraphenanlage dadurch verhindert oder gefährdet, dass er Teile oder Zubehörungen derselben beschädigt oder Veränderungen daran vornimmt, wird mit Gefängnis von einem Monat bis zu drei Jahren bestraft.

§ 318.

Wer fahrlässigerweise durch eine der vorbezeichneten Handlungen den Betrieb einer zu öffentlichen Zwecken dienenden Telegraphenanlage verhindert oder gefährdet, wird mit Gefängnis bis zu einem Jahre oder mit Geldstrafe bis zu neunhundert Mark bestraft.

Gleiche Strafe trifft die zur Beaufsichtigung und Bedienung der Telegraphenanlagen und ihrer Zubehörungen angestellten Personen, wenn sie durch Vernachlässigung der ihnen obliegenden Pflichten den Betrieb verhindern oder gefährden.

§ 318ᵃ.

Unter Telegraphenanlagen im Sinne der §§ 317 und 318 sind Fernsprechanlagen mitbegriffen.

§ 319.

Wird einer der in dem § 318 erwähnten Angestellten wegen einer der in den §§ 317 und 318 bezeichneten Handlungen verurteilt, so kann derselbe zugleich für unfähig zu einer Beschäftigung im Telegraphendienste oder in bestimmten Zweigen dieses Dienstes erklärt werden.

§ 320.

Die Vorsteher einer zu öffentlichen Zwecken dienenden Telegraphenanstalt, welche nicht sofort nach Mitteilung des rechtskräftigen Erkenntnisses die Entfernung des Verurteilten bewirken, werden mit Geldstrafe bis zu dreihundert Mark oder mit Gefängnis bis zu drei Monaten bestraft. Gleiche Strafe trifft denjenigen, welcher für unfähig zum Telegraphendienst erklärt worden ist, wenn er sich nachher bei einer Telegraphenanstalt wieder anstellen lässt, sowie diejenigen, welche ihn wieder angestellt haben, obgleich ihnen die erfolgte Unfähigkeitserklärung bekannt war.

Tsingtau, den 20. Januar 1902.

Der Kaiserliche Gouverneur.

Truppel.

Verordnung
betreffend Hausanschlüsse an die Regenwasserkanalisation.

§ 1.

Die Eigentümer derjenigen Grundstücke, die an Strassen mit Regenwasserkanälen liegen, haben auf Ersuchen der Kaiserlichen Bauverwaltung binnen einer von dieser festzusetzenden Frist die für den Kanalanschluss nötigen Zeichnungen einzureichen.

Nach Genehmigung der Zeichnungen hat die Fertigstellung des Anschlusses in einer von der Bauverwaltung zu bestimmenden Frist zu erfolgen.

§ 2.

Jeder Eigentümer hat den Anschluss bis zur Grenze seines Grundstückes auf eigene Kosten auszuführen. Auf fiskalischem Gebiete von der Grenze des Grundstückes an bis zu dem Strassenkanal übernimmt die Bauverwaltung die Herstellung. Zu den dadurch entstehenden Kosten haben die Grundeigentümer einen einmaligen Beitrag zu leisten, dessen Höhe noch besonders festgesetzt und bekannt gegeben werden wird.

§ 3.

Bis zur Fertigstellung einer besonderen Schmutzwasserkanalisation darf das Wirtschaftswasser in die Regenwasserkanalisation abgeleitet werden.

Für die nicht an die Kanalisation angeschlossenen Grundstücke werden in den nächstgelegenen mit Regenwasserkanälen versehenen Strassen Ausgüsse zum Einschütten von Schmutzwasser angelegt werden.

Es ist streng untersagt, in die zur Ableitung der Abwässer bestimmten Ausgüsse Müll oder sonstige Abfälle zu entleeren, welche eine Verstopfung der Leitung hervorrufen können.

Jeder Hausbesitzer ist verpflichtet, auf seinem Gehöfte Müllkästen aufzustellen, welche die in einer Woche sich ergebenden Mengen von Müll und Abfällen zu fassen vermögen und bequem entleert werden können.

§ 4.

Uebertretungen der §§ 1 und 3 werden mit Geldstrafe bis zu einhundertfünfzig Mark oder mit Haft bis zu sechs Wochen bestraft.

Gegen Chinesen kann auf die Geldstrafe oder auf die Freiheitsstrafe oder auf Prügelstrafe bis zu fünfzig Hieben allein oder in Verbindung miteinander erkannt werden.

§ 5.

Diese Verordnung tritt sofort in Kraft.

Tsingtau, den 23. Januar 1902.

Der Kaiserliche Gouverneur.

Truppel.

Verordnung
betreffend Schonzeit der Hasen.

Die Schonzeit für Hasen beginnt in diesem Jahre am 5. Februar.

Wer in der Schonzeit Hasen erlegt oder fängt oder wer nach dem 18. Februar Hasen verkauft oder teilhält, wird mit Geldstrafe bis zu dreissig Dollar, im Unvermögensfall mit Haft bis zu vierzehn Tagen bestraft.

Der Verkauf und das Feilhalten von solchen Hasen, die nachweislich nicht im Schutzgebiete erlegt, sondern von ausserhalb eingeführt sind, bleibt gestattet.

Tsingtau, den 29. Januar 1902.

Der Kaiserliche Gouverneur.

Truppel.

Seite 12. — Nr. 5.   Amtsblatt—青島官報   1. Februar 1902.

Verordnung

betreffend Abänderung der Verordnung über das Apothekenwesen und den Verkehr mit Arzneimitteln vom 7. November 1900.

Der § 7 der Verordnung betreffend das Apothekenwesen und den Verkehr mit Arzneimitteln vom 7. November 1900 erhält vom 1. April 1902 ab folgende Fassung:

Nur in einer konzessionierten Apotheke dürfen diejenigen Zubereitungen und Stoffe feilgehalten oder verkauft werden, die nach der Kaiserlichen Verordnung betreffend den Verkehr mit Arzneimitteln vom 22. Oktober 1901 (Reichsgesetzblatt 1901 Seite 380) in Deutschland ausserhalb der Apotheken nicht feilgehalten oder verkauft werden dürfen.

Tsingtau, den 30. Januar 1902.

Der Kaiserliche Gouverneur.

Truppel.

Bekanntmachung.

Eine Übersicht der für das Publikum bestimmten, auf der Signalstation wehenden Signale ist im Druck erschienen und kann in den Dienststunden unentgeltlich beim Hafenamt empfangen werden.

Tsingtau, den 29. Januar 1902.

Hafenamt.

Bekanntmachung.

Auf Antrag des Herrn Dr. Watson findet am Donnerstag, den 13. Februar d. Js., Nachmittags 3½ Uhr, im Landamte die öffentliche Versteigerung der Zusatz-Parzelle 95/41 Kartenblatt 13 gegen Meistgebot statt.

Grösse der Zusatz-Parzelle: 75 qm.
Mindestpreis: Doll. 97, 50.
Lage: an der Bismarckstrasse.
Bedingung: Umsetzen der Trennungsmauer auf Kosten des Käufers.

Gesuche zum Mitbieten sind bis zum 6. Februar hierher zu richten.

Tsingtau, den 29. Januar 1902.

Landamt.

Verdingungs-Anzeige.

Die Lieferung von gusseisernen Wasserleitungsgegenständen für die hiesige Wasserleitungsanlage soll vergeben werden.

Die Bedingungen und Zeichnungen liegen im Hauptbureau der Bauverwaltung aus; auch sind dieselben für 3 $ käuflich.

Verschlossene und mit der Aufschrift: „Submission auf gusseiserne Wasserleitungsgegenstände" versehene Angebote sind zu dem am 18. Februar d. Js., Vorm. 11 Uhr, im Hauptbureau der Bauverwaltung stattfindenden Submissionstermine einzureichen.

Tsingtau, den 30. Januar 1902.

Kaiserliche Bauverwaltung.

Oeffentliche Ladung.

Der Kaufmann Lin-Hsiu-yün aus Lou-schan-hou klagt gegen die Kaufleute Tschang-P'an-tscheng, Tschang Yüan-tscheng, Tsch'en-Hsiang-p'an, Mitinhaber der Oelmühle Schen-Hsing in Ts'angk'ou, früher daselbst wohnhaft, jetzt unbekannten Aufenthalts, auf Zahlung von 42, 25 Doll. aus einem Darlehn. Termin zur Verhandlung das Rechtsstreites ist auf

Sonnabend den 1. März Vormittags 11 Uhr

im Bezirksamt Lits'un anberaumt.

Beim Nichterscheinen der Beklagten wird Versäumnisurteil ergehen.

Lits'un, den 1. Februar 1902.

Kaiserliches Bezirksamt.

大德駐李村副按察使密爲

傳票專照得樓山後町商人林岫峯控告商人張潤正張伴正陳相洋撥娶欠項洋銀四十二元二角五分而前在滄口開慎興油坊現在歇業無踪無跡無地可傳所以登此傳票宜傳張潤正等三人於西一千九百二年二月初一日早十一點鐘到李村副堂聽審如不來時則直科斷張潤泉等還錢因其不到案故也向其懷遵勿違特傳

西一千九百二年二月初一日

1. Februar 1902. Amtsblatt—青島官報 Nr. 5. — Seite 13.

Verdingung.

Die Lieferung von 130 Strassenlaternen soll vergeben werden. Bedingungen können in den Dienststunden in der Registratur der unterzeichneten Verwaltung eingesehen werden.

Angebote sind im verschlossenen Briefumschlag mit der Aufschrift: „Angebot auf Laternen" bis zum Verdingungstermin am 14. Februar d. Js., Nachmittags 3 Uhr, einzusenden.

Tsingtau, den 29. Januar 1902.

Marine-Garnisonverwaltung.

Verdingungs-Anzeige.

Die Lieferung von rd. 1300 cbm Steinblöcken zum Abdecken der Molenköpfe am Tapautauhafen soll vergeben werden.

Die Bedingungen liegen im Hauptbureau der Bauverwaltung zur Einsicht aus; auch können dieselben für 1 $ abgegeben werden. Verschlossene und mit der Aufschrift: „Submission auf 1300 cbm Steinbloecke für den Tapautauhafen" versehene Angebote sind bis zu dem am 8. Februar d. Js., Vorm. 11 Uhr, im Hauptbureau der Bauverwaltung stattfindenden Submissionstermin einzureichen.

Tsingtau, den 29. Januar 1902.

Kaiserliche Bauverwaltung.

Verdingungs-Anzeige.

Die Lieferung der Tischlerarbeiten für das Leuchtfeuerhaus auf Tschalientau soll vergeben werden.

Die Bedingungen und Zeichnungen liegen im Hauptbureau der Bauverwaltung zur Einsicht aus. Verschlossene und mit der Aufschrift: „Submission auf Tischlerarbeiten für Tschalientau" versehene Angebote sind bis zu dem am 8. Februar d. Js., Mittags 12 Uhr, im Hauptbureau der Bauverwaltung stattfindenden Submissionstermin einzureichen.

Tsingtau, den 29. Januar 1902.

Kaiserliche Bauverwaltung.

啓者本局茲擬在青島創設街燈一百三十盞現欲招人投票凡有意欲包辦此項街燈者可用德文繕票用信封封固封面以德文書明包辦燈票字樣限至西二月十四日下午三點鐘呈遞本局倘欲閱看包燈章程於每日上午自九點鐘至十一點鐘下午自三點鐘至五點鐘可到本局寫字樓查閱此佈

德九百二年正月二十九日
青島軍需局啓

啓者本總局現欲招人投票包辦修築大包島後港石堤面條石一千三百苦必米打所有包辦章程可到本總局閱看亦可出洋一元領囘閱凡欲包辦此項條石者可以備票票用信封封固封面以德文書明礙包大包島後港條石一千三百苦必米打投票字樣限至西二月初八日上午十一點鐘呈遞本總局查核此佈

德九百二年正月二十九日
總工部局啓

啓者本總局現欲招人投票包辦修造岞連島燈樓木匠工程所有章程圖樣可到本總局閱看如有意欲承包者可以備票票用信封封固面以德文書明欲包岞連島燈樓木工字樣限至西二月初八日午上十二點鐘呈遞本總局查核勿悞此佈

德九百二年正月二十九日
總工部局啓

Druck der Missionsdruckerei, Tsingtau.

第三年 第五号

1902年2月1日

大德钦命总督胶澳文武事宜大臣都 为

出示晓谕事：照得德境以内电线及德律风①各物业屡被华民损坏等弊在案。兹特指明，华民应遵德国刑律第三百十七款至二十款内所载各节。因该四款，华民亦应一体恪遵。凡华民犯此律者，除该四款内载之监押暨罚洋各条外，并可板责至一百之多，或驱出德境，其损款亦须赔偿。兹将该四款关护电线以及德律风各物业德文译汉列左。

第三百十七款：凡故意及背法，或损坏，或更易公共电线之物件，或属于电线之物并致阻止或危碍电报行驶，查明即一断监押以一月至三年之久。

第三百十八款：凡误犯上款所载之分类各节，如致阻止或危碍公共电报行驶者，查明或监押至一年之久，或罚洋至九百马克之多。至于职司督察或管理各电线之物者，倘因公事懈怠或致阻止，或致危碍电报行驶，即坐以同罪。

附第三百十八款：

以上二款内载之电线物业，其德律风各物业亦寓其中。

第三百十九款：凡十八款所载之授职各差者，如蹈十七、十八两款内载各弊科以应得之罪，同时亦可定以不令其管理电报各职以及分职。

第三百二十款：其总管公共之电报局者，如报明经官按律科断之后犹迟延，并未将该犯者立即革退，致令其不仍理各差，查明即罚该总管洋至三百马克之多，或监押至三阅月之久。倘经官定不令其管理电线各职之后旋仍谋得管理电线各职者，以及明知经官断定革退故再录用者，均坐以同罪。为此，仰合属诸色人等一体凛遵勿违。特示。

右谕通知

大德一千九百二年正月二十日 告示

大德钦命总督胶澳文武事宜大臣都 为

出示晓谕事：照得兹经议定青包岛各地主修通雨水干筒章程列左。

---

① 译者注：即电话。

第一条：如街道中修有消流雨水干筒，临街各地主若经工部局饬知，限至何时将修通干筒之枝管图样呈验，即应于限内照呈工部。照准图样以后，其修通干筒工程经饬限期完竣，该地主亦应依限蒇事。

第二条：各地主至自属地界边止，所有接修枝管工程应即自办，所有费项亦应自备。由该地边界起直至干筒止系属官地，应归工都局接修，所费款项各地主宜分成捐纳，至分摊若干，嗣后再行定明示谕。

第三条：嗣后尚须另修肮脏水筒，在未成之前，权准将院内之混水引至雨水筒内。至临无雨水筒街之地，附近修有雨水筒街，备有引消秽水之井可以倾倒。惟不准将擸撞①及各种可塞筒道之秽物抛掷于引消井内，各房主应在院内安设擸撞箱，但该箱当能容一礼拜内所积之秽物，亦当做以易于倾倒。

第四条：凡违第一、第三两条内载各节，查明即罚洋至一百五十马克之多，或监押至六礼拜之久。华人背此项章程者，查明科断，或罚洋钱，或定监押，或限责至五十板之多。可以仅罚一端，亦可并罚二三端。

第五条：前项章程仰诸色人等立即一体遵行勿违。特谕。

右谕通知

大德一千九百二年正月二十五日　告示

大德钦命总督胶澳文武事宜大臣都　为

出示禁止事：案查德属境内各处山猫常年猎打，按时历经照办在案。兹者节交春令势宜示禁。现限至西历本年二月初五日，一律停止猎打或用网罗。并限至西历二月十八日，不准在铺或市肆出售。为此示仰阖属诸色人等知悉，倘于西二月初五日以后仍敢用枪燃打或用网罗，以及二月十八日后在铺肆出售者，一经查出，即罚洋银三十元，如无力呈交罚款，即监押十四日。倘山猫来自境外，确有凭据，并非在德境内打之山猫即免禁其出售。本大臣言出法随，决不姑宽，其各凛遵勿违。特示。

右谕通知

大德一千九百二年正月二十九日　告示

修改1900年11月7日颁布的关于药房以及处理药品法令的命令

1900年11月7日颁布的《关于药房以及处理药品法令》第7条，自1902年4月1日

---

① 译者注：垃圾、杂物。

起适用下列版本：

只有拥有许可证的药房才可以制备和销售1901年10月22日颁布的《关于处理药剂方面的皇家法令》（《帝国法书》1901年版，第380页）中规定的德国药房以外不得制备和销售的药物。

青岛，1902年1月30日
皇家总督
都沛禄

告白

用于公众概览信号站信号的册子现已印刷出版，可以在工作时间时在船政局免费领取。

青岛，1902年1月29日
船政局

告白

应沃特森博士申请，将于今年2月13日星期四下午3点30分在地亩局对地籍册13页上的第95/41号附属地块进行公开拍卖，价高者得。

附属地块面积：75平方米

最低价：97.5元

位置：俾斯麦大街[①]

条件：分隔墙由购者出资建造。

出价申请须在2月6日前提交本处。

青岛，1902年1月29日
地亩局

发包广告

用于建造本地供水设施的铸铁水管供货合同现发包。

相关条件和图纸可以在总工部局的主办公室内查看，也可以花费3元购买。

报价密封后注明"对铸铁水管的报价"，最晚在今年2月18日上午11点前提交至总

---

① 译者注：即今江苏路南段。

工部局主办公室举办的招标会。

青岛，1902 年 1 月 30 日
皇家总工部局

大德驻李村副按察使密　为

传票事：照得楼山后町商人林岫云控告商人张润正、张泮正、陈相泮，据要欠项洋银四十二元二角五分。而被告等前在沧口开慎兴油坊，现在歇业，无踪无迹，无地可传。所以登此传票，宣传张润正等三人，于西一千九百二年二月初一日早十一点钟到李村副臬署公堂听审。如不来时即直科断张润正等还钱，因其不到案故也。尚其懔遵勿违。特传。

西一千九百二年二月初一日

启者：本局兹拟在青岛创设街灯一百三十盏，现欲招人投票。凡有意欲包办此项街灯者，可用德文缮票，用信封封固，封面以德文书明"包办灯票"字样，限至西二月十四日下午三点钟呈递本局。倘欲阅看包灯章程，于每日上午自九点钟至十一点钟，下午自三点钟至五点钟，可到本局写字楼查阅。此布。

德（一千）九百二年正月二十九日
青岛军需局启

启者：本总局现欲招人投票，包办修筑大包岛后港石堤面条石一千三百苦必米打[①]，所有包办章程可到本总局阅看，亦可出洋一元领回阅看。凡欲包办此项条石者，可以备票，用信封封固，封面以德文书明"拟包大包岛后港条石一千三百苦必米打"投票字样，限至西二月初八日上午十一点钟，呈递本总局查核。此布。

德（一千）九百二年正月二十九日
总工部局启

启者：本总局现欲招人投票，包办修造岞连岛[②]灯楼木匠工程。所有章程、图样可到本总局阅看。如有意欲承包者，可以备票，票用信封封固，封面以德文书明"欲包岞连岛灯楼木工"字样，限至西二月初八日午上十二点钟，呈递本总局查核。勿误。此布。

德（一千）九百二年正月二十九日
总工部局启

---

① 译者注：德语 Kubikmeter，即立方米。
② 译者注：即今潮连岛，位于青岛东南方向的黄海海域，距青岛市区约有 40 千米，由三个小岛组成。

Amtsblatt
für das Deutsche Kiautschou-Gebiet.

青島官報

Herausgegeben vom Kaiserlichen Gouvernement Kiautschou.

Der Bezugspreis beträgt jährlich $ 0,60 = M 1,20.
Bestellungen nehmen sämtliche deutsche Postanstalten entgegen.

| Jahrgang 3. | Nr. 6 | Tsingtau, den 8. Februar 1902. | 第六號 | 第三年 |

Bekanntmachung.

In der Angelegenheit der Errichtung eines Badehotels in der Auguste Victoriabucht zu Tsingtau sind Beteiligte um Verlängerung der für die Einreichung der Pläne auf den 15. Februar d. J. festgesetzten Frist eingekommen.

Die in der Bekanntmachung vom 18. Dezember 1901 zur Einreichung der erforderlichen Skizze auf den 15. Februar bestimmte Frist wird deshalb bis zum 12. März 1902 als letzten Termin verlängert und der Termin für den Landverkauf auf den 2. April 1902, Vormittags 10 Uhr, verlegt.

Tsingtau, den 1. Februar 1902.

Der Kaiserliche Gouverneur.
Truppel.

Bekanntmachung.

Auf Grund des § 12 der Bahnpolizeiordnung vom 20. Dezember 1901 sind folgende Angestellte der Schantung-Eisenbahn-Gesellschaft zu Bahnpolizeibeamten ernannt worden:
1. Betriebsdirektor Baurat Heinrich Hildebrand
2. Direktor Karl Schmidt,
3. Regierungsbaumeister Hermann Meyer,
4. Stationsassistent Friedrich Wiedermann,
5. Bauaufseher Alois Rauch,
6. Stationsassistent Yen tschang tschen,
7. Aufseher Yang fung ling.

Tsingtau, den 1. Februar 1902.

Der Kaiserliche Gouverneur.
Truppel.

大德一千九百二年二月初一日

告示

大德欽命總督膠澳文武事宜大臣都

為再通行曉諭事照得西歷上年十二月二十日所出之鐵路巡捕學宜章程第十二款內載鐵路巡察均為本大臣豐派然僅委之鐵路總辦員人以
茲已由此項員人中派定七名著為鐵路巡察之員其職名列左

一鐵路總辦樂巴
一官工程師梅雅
一闌站長威德滿
一工程監督何
一闌站楊鳳林
一巡查楊鳳林
以上各員均係本大臣委為巡察德俾蕭色人等一體知悉特諭
一會鐸斯衛德

右諭通知

Seite 16. — Nr. 6.　　　　Amtsblatt 報官島青　　　　8. Februar 1902.

Nachstehende Bekanntmachung des Kais. Chin. Seezollamtes wird hiermit unter Beifügung des provisorischen Tarifs zur allgemeinen Kenntnis gebracht:

Zollamtliche Bekanntmachung № 21.

Nach dem die in § 3 der zollamtlichen Bekanntmachung Nr. 15 vom 1. November 1901 für Verzollungszwecke vorgeschlagenen Wertangaben der 1897er Güterliste in Shanghai nicht angenommen worden sind, wird diese Liste hiermit zurückgezogen.

Dahingegen ist der zwischen dem Shanghai-Zollamt und den Amerikanischen, Britischen, Deutschen und Japanischen kaufmännischen Vereinigungen vereinbarte provisorische Tarif für gewebte Baumwollen- und Wollstoffe, u. s. w. in Kraft gesetzt worden und wird auch vom hiesigen Zollamt den Zollberechnungen zu Grunde gelegt werden. Die detailirte Liste liegt auf dem Zollamt zur Einsicht aus.

Tsingtau, den 31. Januar 1902.

E. Ohlmer,
Zolldirektor.

Tsingtau, den 3. Februar 1902.

Kaiserliches Gouvernement.

Verdingung.

Es ist die Lieferung von etwa 14,0 cbm. bester Granithausteine zu vergeben.

Die Lieferungsbedingungen und Zeichnungen können im Fortifikations-Geschäftszimmer eingesehen, erstere auch gegen Erstattung von 0,55 $ von dort bezogen werden.

Die Angebote müssen die ausdrückliche Anerkennung der Bedingungen enthalten und sind ebenso wie die Proben verschlossen mit der Aufschrift: „Angebot auf Hausteinlieferung" bis zum 18. d. Mts., 11 Uhr vorm., der Fortifikation einzureichen.

Tsingtau, den 7. Februar 1902.

Fortifikation.

Provisional Tariff of Import Duties on Textiles and Yarn.

Classification	Provisional Import Duty.
COTTON PIECE GOODS, COTTON YARN AND THREAD, RAW COTTON.	
Grey Shirtings or Sheetings.	Hk. Tls.
(a.) Exceeding 34" and not exceeding 40" wide and not exceeding 40 yards long, weight $8\frac{1}{2}$ lb. or less	0.08
(b.) Exceeding 34" and not exceeding 40" wide and not exceeding 40 yards long, weight over $8\frac{1}{2}$ lb. and under 11 lb.	0.11
(c.) Exceeding 34" and not exceeding 40" wide and not exceeding 40 yards long, weight 11 lb. or over	0.13
White Shirtings, White Sheetings, White Brocades, and White Striped or Spotted Shirtings.	
Not exceeding 37" wide and not exceeding 40 yards long	$0.13\frac{1}{2}$
Drills, Grey and White.	
Not exceeding 31" wide and not exceeding 40 yards long	$0.12\frac{1}{2}$
Jeans, Grey and White.	
Not exceeding 31" wide and not exceeding 30 yards long	0.10
T-Cloths, Grey and White.	
(a.) Not exceeding 34" wide and not exceeding 24 yards long	$0.06\frac{1}{2}$
(b.) Not exceeding 34" wide and exceeding 24 yards but not exceeding 40 yards long	$0.13\frac{1}{2}$
(c.) Exceeding 34" and not exceeding 37" wide and not exceeding 24 yards long	0.08
White Muslins, White Lawns, White Cambrics.	
Not exceeding 46" wide and not exceeding 12 yards long	0.03
Mosquito Netting of all Kinds.	
Not exceeding 90" wide and not exceeding 9 yards long	5% ad val.
White Lenos.	
Not exceeding 31" wide and not exceeding 30 yards long	0.08
Printed.	
(a.) Printed Muslins, Lawns, or Cambrics, not exceeding 46" wide and not exceeding 12 yards long	$0.03\frac{1}{2}$

8. Februar 1902.   Amtsblatt—清島官報   Nr. 6. — Seite 17.

Classifikation	Provisional Import Duty. Hk. Tls.	Classification.	Provisional Import Duty. Hk. Tls.
(b.) Printed Shirtings, Printed T-Cloths, Printed Crapes, Printed Lenos, Printed Drills, Printed Twills, Printed Furnitures; not exceeding 31" wide and not exceeding 24 yards long; excluding goods in (f.)	0.08	**Dyed Velvet Cords, Dyed Corduroys, and other Dyed Fustians of any Description.** Not exceeding 30" wide and not exceeding 20 yards long	0.30
(c.) Printed Turkey Reds of all kinds not exceeding 31" wide and not exceeding 25 yards long	0.10	**Cotton Handkerchiefs of all Kinds.** Not exceeding 1 yard square	0.02 per dez.
(d.) Printed Sheetings not exceeding 36" wide and not exceeding 43 yards long	0.18½	**Coloured Woven Cottons, i. e., dyed in the Yarn**	5% ad val.
(e.) Printed Sateens, Printed Satinettes, not exceeding 32" wide and not exceeding 32 yards long; including all goods which are both Dyed and Printed except (c.)	0.25	**Dyed Cotton Spanish Stripes.** Not exceeding 60" wide and not exceeding 20 yards long	0.15
(f.) Duplex Prints, or Reversible Cretonnes, over 36" wide	5% ad val.	**Cotton Flannels, Swansdowns, Flannelettes, and Raised Cotton Cloths of all Kinds, Plain, Dyed, and Printed.** Not exceeding 36" wide and not exceeding 30 yards long	0.12½
Dyed.		**Towels of all Kinds.**	
(a.) Dyed Plain, i.e., without woven or embossed figures, not exceeding 32" wide and not exceeding 32 yards long; excluding goods in (c.)	0.22½	(a.) Not exceeding 18" wide and not exceeding 40" long exclusive of fringes	0.02
(b.) Dyed Figured, i.e., with woven or embossed figures, all kinds not exceeding 32" wide and not exceeding 32 yards long; excluding goods in (c.)	0.15	(b.) Exceeding 18" wide and not exceeding 50" long exclusive of fringes	0.03
(c.) Dyed Cotton Piece Goods as above, (a.) and (b.), but with special finish, such as Mercerised Finish, Schreiner Finish, Gassed Finish, Silk Finish, Electric Finish, etc.	5% ad val.	**Plain and Figured Dyed Woollen and Cotton Mixtures of all Kinds, excluding Union Cloth.** Not exceeding 32" wide and not exceeding 32 yards long	0.36
(d.) Dyed Muslins not exceeding 46" wide and not exceeding 12 yards long	0.04½	**Grey or Bleached Cotton Yarn, Single or otherwise.**	
(e.) Dyed Lenos not exceeding 31" wide and not exceeding 30 yards long	0.10	Per 100 catties	0.95
(f.) Dyed Leno Brocades not exceeding 31" wide and not exceeding 30 yards long	5% ad val.	Dyed, Mercerised, or Gassed Cotton Yarn	5% ad val.
		Cotton Thread	5% ad val.
(g.) Dyed Drills not exceeding 31" wide and not exceeding 43 yards long	0.17	**Raw Cotton.**	
(h.) Dyed Shirtings, Dyed Sheetings, not exceeding 36" wide and not exceeding 43 yards long	0.15	Per 100 catties	0.60
(i.) Dyed T-Cloths and Dyed Real and Imitation Turkey Reds, all kinds not exceeding 32" wide and not exceeding 25 yards long	0.10	**WOOLLEN MANUFACTURES AND WOOLLEN YARN.** **Blankets.**	
(j.) Dyed Cotton Cuts, i. e., not exceeding 36" wide and not exceeding 5¼ yards long	5% ad val.	Per lb. weight	5% ad val.
Dyed Cotton Velvets.		**Spanish Stripes.**	
Not exceeding 22" wide and not exceeding 35 yards long	0.25	Not exceeding 62" wide and not exceeding 25 yards long	0.52½
Dyed Cotton Velveteens.		**Broad Cloth, Habit Cloth, Medium Cloth, and Russian Cloth.**	
(a.) Not exceeding 18" wide and not exceeding 50 yards long	0.30	Not exceeding 76" wide	0.05 per yd.
(b.) Exceeding 18" but not exceeding 26" wide and not exceeding 35 yards long	0.30	**Union Cloth and Union Russian Cloth.** Not exceeding 76" wide	0.02½ per yd.

Classifikation	Provisinal Import Duty. Hk. Tls.	Classifikation	Provisional Import Duty. H.k. Tls.
Long Ells.		**Bunting.**	
Not exceeding 31" wide and not exceeding 25 yards long ...	0.24	Not exceeding 24" wide and not exceeding 40 yards long ...	5% ad val.
Camlets.		**Woollen Yarn, including Berlin Wool.**	
Not exceeding 31" wide and not exceeding 61 yards long ...	0.50	Per 100 catties ...	5.30
Lastings.		[If any of the articles above mentioned are imported in *dimensions exceeding those specified*, the Duty is to be calculated in proportion to the measurements stated in the Tariff.]	
Not exceeding 31" wide and not exceeding 32 yards long ...	0.45		
Flannels.			
Not exceeding 32" wide and not exceeding 45 yards long ...	5% ad val.		

Druck der Missionsdruckerei, Tsingtau.

第三年 第六号

1902年2月8日

大德钦命总督胶澳文武事宜大臣都 为

再通行晓谕事：照得西历上年十二月二十日所出之《铁路巡捕事宜章程》第十二款内载，铁路巡察均为本大臣选派。然仅委之铁路总办员人以内等因在案，兹已由此项员人中派定七名，著为铁路巡察之员，其职名列左：

铁路总办锡乐巴、会办斯密德、官工程师梅雅、副站长威德满、工程监督劳何、副站长任章臣、巡查杨凤林。

以上各员均经本大臣委为巡察使，仰诸色人等一体知悉。特谕。

右谕通知
大德一千九百二年二月初一日　告示

告白

在青岛奥古斯特-维多利亚湾①畔建造一座游泳饭店的参与者提出了将今年2月15日递交设计图的期限延长的申请。

1901年12月18日的告白中确定的在2月15日提交必需的设计草图的期限因此延长至1902年3月12日，作为最后期限，土地销售的日期改为1902年4月2日上午10点。

青岛，1902年2月1日
皇家总督
都沛禄

谨向公众公布下列关于临时税率的大清海关告白：

第21号海关告白

1901年11月1日公布的第15号海关告白第3条中为清关目的所建议的1897年上

---

① 译者注：即今汇泉湾。

海货物表未被接受,该表谨此撤回。

然而江海关与美、英、德、日商会之间达成的棉花、羊毛织物等物的临时关税已生效,现也被本地海关作为关税计算的基础。详细清单张贴于海关,以供查看。

胶海关

青岛,1902年1月31日

阿理文

大清海关税务司

青岛,1902年2月3日

皇家总督府

发包

将发包大约 14.0 立方米最优质盖房用大理石的供货合同。

供货条件和图纸可以在炮台局营业室内查看,也可以在那里以 0.55 元购买。

报价必须明确接受各项条件并放入样品密封后,注明"盖房用石"字样,最晚在本月 18 日上午 11 点递交至炮台局。

青岛,1902年2月7日

炮台局

纺织物和纺纱临时进口税率表

分类	临时关税
单件棉织品、棉纱和棉线、生棉	
灰色细布或薄布	海关两
a. 宽度超 34 寸、不超 40 寸,长度不超 40 码,重量为 8.5 磅或更少	0.08
b. 宽度超 34 寸、不超 40 寸,长度不超 40 码,重量为 8.5 磅以上,11 磅以下	0.11
c. 宽度超 34 寸、不超 40 寸,长度不超 40 码,重量为 11 磅或更多	0.13
白色细布、白色薄布、白锦以及白色条纹或点状图案细布	
宽度不超 37 寸,长度不超 40 码	0.135
灰色和白色斜纹布	
宽度不超 31 寸,长度不超 40 码	0.125
灰色和白色粗斜纹布	
宽度不超 31 寸,长度不超 30 码	0.10

灰色和白色粗平布

a. 宽度不超 34 寸,长度不超 24 码 　　　　　　　　　　　　　　　　　　　0.065

b. 宽度不超 34 寸、超 24 寸,长度不超 40 码 　　　　　　　　　　　　　　　0.135

c. 宽度超 34 寸、不超 37 寸,长度不超 24 码 　　　　　　　　　　　　　　　0.08

白色薄纱、白色细麻布和白色细棉布

宽度不超 46 寸,长度不超 12 码 　　　　　　　　　　　　　　　　　　　　0.03

各种蚊帐布

宽度不超 90 寸,长度不超 9 码 　　　　　　　　　　　　　　　　　　　价值的 5%

白色纱罗织布

宽度不超 31 寸,长度不超 30 码 　　　　　　　　　　　　　　　　　　　　0.08

印花布

a. 染花薄纱、细麻布和细棉布宽度不超 46 寸,长度不超 12 码 　　　　　　　0.035

b. 印花细布、印花粗平布、印花黑纱、印花纱罗布、印花斜纹布、印花梭织布、印花衣物,宽度不超 31 寸,长度不超 24 码,含 f. 中商品 　　　　　　　　　　　　0.08

c. 各种印花鲜红色棉布,宽度超 31 寸,长度不超 25 码 　　　　　　　　　　0.10

d. 印花薄布,宽度不超 36 寸,长度不超 43 码 　　　　　　　　　　　　　　0.185

e. 印花棉缎、印花棉毛缎,宽度不超 32 寸,长度不超 32 码,含除 c.中所含商品外的所有印染和印花商品 　　　　　　　　　　　　　　　　　　　　　　　　　　0.25

f. 双面印花布或双面装饰布,宽度超 36 寸 　　　　　　　　　　　　　　价值的 5%

印染布

a. 印染平纹布,即无纺织或浮花形象,宽度不超 32 寸,长度不超 32 码,不包含 c. 中商品 　　　　　　　　　　　　　　　　　　　　　　　　　　　　　　　　0.225

b. 印染形象,即有纺织或浮花形象,各种宽度不超 32 寸,长度不超 32 码,不包含 c. 中商品 　　　　　　　　　　　　　　　　　　　　　　　　　　　　　　　0.15

c. 印染棉质单件货物,如上 a. 和 b.,但不包括特制商品,如经丝光处理、缎光处理、油处理、丝质、电处理等 　　　　　　　　　　　　　　　　　　　　　价值的 5%

d. 印染薄纱,宽度不超 46 寸,长度不超 12 码 　　　　　　　　　　　　　　0.045

e. 印染纱罗织布,宽度不超 31 寸,长度不超 30 码 　　　　　　　　　　　　0.10

f. 印染纱罗锦,宽度不超 31 寸,长度不超 30 码 　　　　　　　　　　　　价值的 5%

g. 印染斜纹布,宽度不超 31 寸,长度不超 43 码 　　　　　　　　　　　　　0.17

h. 印染细布,印染薄布,宽度不超 36 寸,长度不超 43 码 　　　　　　　　　0.15

i. 印染斜纹布,印染真和仿鲜红色棉布,所有宽度不超 32 寸,长度不超 25 码　0.10

j. 印染棉质裁剪布,即宽度不超 36 寸,长度不超 5.25 码 　　　　　　　　价值的 5%

分类	临时关税

印染棉天鹅绒

宽度不超 22 寸,长度不超 35 码	0.25

印染棉绒

a. 宽度不超 18 寸,长度不超 50 码	0.30
b. 宽度超 18 寸、不超 26 寸,长度不超 35 码	0.30

印染绒线和其他各种规格的厚粗棉布

宽度不超 30 寸,长度不超 20 码	0.30

各种棉手绢

面积不超 1 码	每打 0.02
染色棉织物,即用棉纱染色	价值的 5%

印染西班牙条纹棉

宽度不超 60 寸,长度不超 20 码	0.15

棉法兰绒、天鹅绒、棉织法兰绒以及各种增值棉布,含平纹、印染和印花

宽度不超 36 寸,长度不超 30 码	0.125

各类毛巾

a. 宽度不超 18 寸,长度不超 40 码,不包括穗	0.02
b. 宽度不超 18 寸,长度不超 50 码,不包括穗	0.03

各类平纹和印染图案的棉毛混纺,不含棉毛呢

宽度不超 32 寸,长度不超 32 码	0.36

灰色或漂白棉纱,单个或其他

每百斤	0.95
经印染、缎光处理、油处理的棉线	价值的 5%
棉线	价值的 5%

生棉

每百斤	0.60

毛制品和毛线

毛毯

每磅重量	价值的 5%

西班牙条纹棉

宽度不超 62 寸,长度不超 25 码	0.525

分类	临时关税
阔幅布，英国优质呢绒、中厚毛织物和俄罗斯布	
宽度不超 76 寸	每码 0.05
混纺布和混纺俄罗斯布	
宽度不超 76 寸	每码 0.025
长厄尔	
宽度不超 31 寸，长度不超 25 码	0.24
羽纱	
宽度不超 31 寸，长度不超 61 码	0.50
厚斜纹布	
宽度不超 31 寸，长度不超 32 码	0.45
法兰绒	
宽度不超 32 寸，长度不超 45 码	价值的 5%
彩旗布	
宽度不超 24 寸，长度不超 40 码	价值的 5%
毛线，包括柏林毛	
每百斤	5.30

（如果上面提及物品进口时，超出上述单位描述，则关税按照关税表中的计量方式计算。）

 # Amtsblatt
für das
Deutsche Kiautschou-Gebiet.

青島官報

Herausgegeben vom Kaiserlichen Gouvernement Kiautschou.

Der Bezugspreis beträgt jährlich $ 0,60 = M 1,20.
Bestellungen nehmen sämtliche deutsche Postanstalten entgegen.

| Jahrgang 3. | Nr. 7 | Tsingtau, den 15. Februar 1902. | 號七第 | 年三第 |

TODES-ANZEIGE.

Am 30. Dezember 1901 entschlief nach langem, schwerem Leiden in seiner Heimat EGELN bei Magdeburg der Kammergerichts-Referendar

Herr Dr. jur. Erich Wagenführ.

Der Verstorbene hat seit September 1898 dem Gouvernement des Schutzgebietes angehört und in verschiedenen Stellungen als Dolmetscher und Bezirksamtmann hervorragende Dienste geleistet.

Sein ehrenwerter Charakter, seine ausserordentliche Tüchtigkeit und Pflichttreue, die er, auch noch während seiner Erkrankung, solange seine Kräfte reichten, im Interesse des Schutzgebietes bethätigt hat, sichern ihm bei seinen Vorgesetzten, Amtsgenossen und allen Kolonisten ein dauerndes, ehrenvolles Andenken.

Tsingtau, im Februar 1902.

Der Kaiserliche Gouverneur.

Truppel.

Bekanntmachung
über Ableistung der Wehrpflicht bei der Besatzung des Kiautschou-Gebietes.

Es wird hierdurch in Erinnerung gebracht, dass den in der Kolonie, sowie im Auslande sich aufhaltenden Militärpflichtigen die Vergünstigung gewährt wird, ihre gesetzlich vorgeschriebene aktive Dienstpflicht als Ein- bezw. Dreijährig-Freiwillige bei den Besatzungstruppen des Kiautschou-Gebietes abzuleisten. Den freiwillig Eintretenden steht die Wahl des Truppenteils frei.

Diejenigen, welche bei der Marineinfanterie oder Marinefeldartillerie eingestellt zu werden wünschen, haben ihr Gesuch an das Kommando des III. Seebataillons, diejenigen, welche bei der Matrosenartillerie (Küstenartillerie) eingestellt zu werden wünschen, an das Kommando des Matrosenartilleriedetachements und diejenigen, welche als Matrose, Heizer u. s. w. eingestellt zu werden wünschen, an das Gouvernement zu richten.

Dem Gesuche um Einstellung sind beizufügen:
1. ein selbstgeschriebener Lebenslauf,
2. die im Besitz befindlichen Ausweispapiere (Geburtsschein, Loosungsschein, Reisepass pp.) und
3. von den ausserhalb der Kolonie Wohnenden möglichst ein ärztliches Zeugniss über die Diensttauglichkeit.

Die Einstellungen erfolgen in der Regel am 1. Oktober und 1. April, ausser diesen Zeiten nur ausnahmsweise. Ausserhalb der Kolonie Wohnende werden von den Ablösungstransportdampfern aus Häfen, welche diese anlaufen, unentgeltlich hierher befördert, wenn sie bereits von den genannten Kommandos pp. einen Annahmeschein erhalten haben. Nach abgeleisteter Dienstzeit können dieselben auf ihren Wunsch den in die Heimat gehenden Ablösungstransporten angeschlossen werden.

Die in der Kolonie sich aufhaltenden Militärpflichtigen können durch das Gouvernement die Zurückstellung von der Aushebung bis zu ihrem dritten Militärpflichtjahre erlangen; ferner führt das Gouvernement auf Ansuchen von Militärpflichtigen die endgültige Entscheidung über ihre Militärpflicht herbei.

Personen des Beurlaubtenstandes des Heeres und der Marine können nach Massgabe der verfügbaren Mittel die gesetzlichen Uebungen bei den Truppenteilen der Besatzung des Kiautschou-Gebietes ableisten. Diesbezügliche Anträge sind unter Beifügung der Militärpapiere an das Gouvernement zu richten.

Alle Personen des Beurlaubtenstandes des Heeres und der Marine (Reserve, Land- und Seewehr, Ersatzreserve), welche sich länger als drei Monate im Kiautschou-Gebiete aufzuhalten gedenken, haben sich innerhalb 4 Wochen nach ihrem Eintreffen in Tsingtau beim Gouvernement anzumelden und vor ihrem Weggange aus der Kolonie abzumelden.

Auf Grund vorgekommener Fälle wird unter Hinweis auf die in den Militär- pp. Pässen enthaltenen Bestimmungen über Auslandsurlaub, an die rechtzeitige Beantragung der Verlängerung desselben aufmerksam gemacht. Diesbezügliche Gesuche werden auf Antrag vom Gouvernement vermittelt.

Das Geschäftszimmer, an welches sich die Militärpflichtigen und Personen des Beurlaubtenstandes zu wenden haben, hat die Bezeichnung „Meldestelle für Militärdienst" und befindet sich in Zimmer 58 des Yamens. Dienststunden für Meldungen sind von 9 bis 12 Uhr Vormittags und von 3 bis 5 Uhr Nachmittags

Tsingtau, den 12. Februar 1902.

Gouvernement Kiautschou.
Meldestelle
für Militärdienst.

Nachbenannte Personen des Beurlaubtenstandes werden aufgefordert, ihre Militärpapiere u. s. w. in dem Geschäftszimmer des Gouvernements „Meldestelle für Militärdienst" in Empfang zu nehmen bezw. deren Zusendung unter Angabe ihrer Adresse nachzusuchen:

Max Friedrichs
Wilhelm Limbach
Anton Schöpf
Heinrich Dohr
Aurelius Döring.

Tsingtau, den 12. Februar 1902.

Gouvernement KIAUTSCHOU.
Meldestelle
für Militärdienst.

15. Februar 1902.   Amtsblatt—青島官報   Nr. 7. — Seite 21.

Verdingung.

Die Lieferung von
1. Kasernengeräten,
2. Lagerstroh,
3. Petroleum,
4. Piasavabesen, Haarbesen, Besenstielen, Feudeln, Wischbaumwolle, Lichten, Streichhölzern und Dochtband.
5. weisser und grüner Seife, Soda, Kreolin, Kohlentheer und Kalk zu Desinfectionszwecken und
6. Brennholz

für das Rechnungsjahr 1902 ist zu vergeben.

Die Bedingungen können bei der Garnisonverwaltung im Yamenlager während der Geschäftsstunden vom 17. bis 20. Februar d. Js. eingesehen werden.

Angebote sind im verschlossenen Briefumschlag mit der Aufschrift:

zu 1. „Angebot auf Kasernengeräte" bis Montag, den 24. Februar d. Js., Vormittags 11 Uhr,

zu 2. „Angebot auf Lagerstroh" bis Montag, den 24. Februar d. Js., Nachmittags 4 Uhr,

zu 3. „Angebot auf Petroleum" bis Dienstag, den 25. Februar d. Js., Vormittags 11 Uhr,

zu 4. „Angebot auf Besen pp." bis Dienstag, den 25. Februar d. Js., Nachmittags 4 Uhr,

zu 5. „Angebot auf Seife pp." bis Mittwoch, den 26. Februar d. Js., Vormittags 11 Uhr,

zu 6. „Angebot auf Brennholz" bis Mittwoch, den 26. Februar d. Js., Nachmittags 4 Uhr,

an die unterzeichnete Verwaltung einzureichen.

Tsingtau, den 7. Februar 1902.

Marine-Garnisonverwaltung.

Verdingungs - Anzeige.

Die Lieferung eines Apparates zur Pruefung von Wasserleitungsgegenständen auf 15 Atmosphären Druck soll vergeben werden.

Verschlossene und mit der Aufschrift: „Submission auf Pruefungs - Apparat für Wasserleitungsgegenstände" versehene Angebote, denen Zeichnungen und Beschreibungen beizufügen sind, sind bis zu dem am 4. Maerz d. Js., Vorm. 11 Uhr, stattfindenden Submissionstermin einzureichen.

Tsingtau, den 12. Februar 1902.

Der Bau - Director.

白 告

啓者本局現欲買供青島各營盤一千九百二十分需用物料欲轉招商投票承辦用有意包辦者可用德文繕票用信封封固皮面應以德文書明包辦何物投票字樣其包辦章程可於西二月十七十八十九二十等日上午自九點鐘止下午自三點鐘至五點鐘赴衙門營盤本局閱看可也現欲購買物料名目及投票日期自封面書明何等字樣均列於左

四日下午四點鐘止期內投票須書明投辦營盤傢伙票字樣一如欲包辦馬號用草票字樣所用之草者至西二月二十四日下午四點鐘止期內投票須書明投辦馬號草票字樣一如欲包辦煤油者至西二月二十四日上午十一點鐘止期內投票須書明投辦煤油票字樣投辦煤油票字樣一如欲包辦根絲箒毛箒掃箒杆抹布擦油棉蠟蠋自來火及洋燈心各物者至西二月二十五日下午四點鐘止期內投票須書明投辦前項各物票字樣一如欲包辦白胰子青胰子鹽革累俄淋吧瑪油石灰等防患染病之科者至西二月二十六日上午十一點鐘止期內投票須書明投辦前項各物票字樣一如欲包辦柴火者至西二月二十六日下午四點鐘止期內投票須書明投辦柴火票字樣此佈

德九百二年二月初七日

青島軍需局啓

Bekanntmachung.

Von jetzt ab werden für Packete innerhalb des Schutzgebietes, sowie zwischen den im Schutzgebiet und der Interessensphäre gelegenen und an der Schantungeisenbahn eingerichteten deutschen Postanstalten folgende Sätze erhoben:

bei einem Gewicht   bis 5 kg.— 50 Pf.=25 cts.

„   „   „ über 5 „ 10 „ —100 „ =50 „

Tsingtau, den 11. Februar 1902.

Kaiserlich Deutsches Postamt

Henniger.

Seite 22. — Nr. 7.   Amtsblatt—青島官報   15. Februar 1902.

Verdingungs-Anzeige.

Die Lieferung von ca. 8000 cbm Schuettsteinen zum Bau des landseitigen Anschlusses der Westermole am Tapautau-Hafen soll vergeben werden.

Die Bedingungen liegen im Bureau des Bau-Directors zur Einsicht aus und koennen für 0,50 $ bezogen werden.

Verschlossene und mit der Aufschrift: „Submission auf ca. 8000 cbm Schuettsteine" versehene Angebote sind bis zu dem am 25. d. Mts., Vorm. 11 Uhr, stattfindenden Submissionstermin einzureichen.

Tsingtau, den 12. Februar 1902.

Der Bau-Director.

Bekanntmachung

In das bei dem unterzeichneten Gericht geführte Handelsregister ist unter Nr. 37 das Erlöschen der Firma Schoene & Kliene, Inhaber Kaufmann Harald Kliene, und unter Nr. 52 die offene Handelsgesellschaft

H. Kliene & Krogh

mit dem Sitz in Tsingtau eingetragen.

Die alleinigen Inhaber sind der Kaufmann Harald Kliene und der Kaufmann Martin Krogh, beide in Tsingtau. Die Geschäfte haben am 15. Januar 1902 begonnen.

Tsingtau, den 11. Februar 1902.

Kaiserliches Gericht von Kiautschou.

告白

啟者大包島港口西陡岸用亂石

八千苦必米打本局現欲招人投票

承辦凡欲包辦此石者可用德文繕

票用信封封固面書明役辦八千

苦必米打亂石票字樣限至西二月

二十五日上午十一點鐘期內呈

遞本總局其包辦章程可赴本總局

閱有如欲帶回此項章程者須納還

筆資洋五角此佈

青島總⼯部局啟

德九百二年二月十二日

Bekanntmachung.

In dem Konkurse OTTO GRANZOW Nr. 5/01 soll die erste Abschlagsverteilung erfolgen. Dazu sind $ 2069.56 verfügbar. Zu berücksichtigen sind $ 6898,86 nicht bevorrechtigte Forderungen. Verzeichnis derselben liegt auf der Gerichtsschreiberei zur Einsicht der Beteiligten aus.

Tsingtau, den 14. Februar 1902.

Dr. Rapp.

Konkursverwalter.

Druck der Missionsdruckerei, Tsingtau.

第三年 第七号

1902年2月15日

讣告

高等法院见习律师艾里希·瓦根富尔博士在与疾病长期艰苦斗争后，于1901年12月30日在他的家乡马格德堡附近的艾根去世。

逝者自1898年9月起隶属于保护地总督府，在多个职位上担任译员以及区政府成员，做出突出贡献。

他品质高贵，极其干练并忠于职守，致力于保护地的利益，受到了他的上级、同事和所有殖民者们的深切缅怀。

青岛，1902年2月
皇家总督
都沛禄

关于在胶澳地区占领军服兵役的通知

现提醒注意：身居殖民地以及国外的具有服兵役义务的人员现可享受优待，将在胶澳地区执行其按照法律规定履行的一年或三年志愿兵有效服役义务，志愿入役人员可自由选择部队类别。

准备加入海军陆战队或者海军野战炮队的人员，请将申请提交至第三水师营司令部；准备加入水兵炮队（海岸炮队）的人员，请将申请提交至水兵炮队特遣队司令部；准备担任水兵、伙夫等职位的人员，请联系总督府。

加入申请需附带下列文件：

1. 一份自己手写的简历，
2. 所拥有的身份文件（出生证、后备兵员证书、护照等），以及
3. 对于居住在殖民地以外的人员，尽可能提供一份关于服役身体条件的医生证明。

入役一般在10月1日和4月1日，此时间之外入役，须特殊处理。居住于殖民地以外的人员，如已被上述部队司令部等部门签发接收证明，将由部队轮换人员运输船从所停

靠的港口免费运至本地。这些人员在服役期满后可根据本人意愿由前往家乡的轮换运输船运回。

在殖民地停留的服兵役义务人员可通过总督府获得从征召到服役第三年的送回,此外,总督府将根据服兵役人员的申请做出其兵役义务的最终决定。

处于休假状态的陆军和海军人员可根据当时条件在胶澳地区占领军的各部参加法定演习,相关申请可在附上军事证件后,递交至总督府。

陆军和海军的所有休假人员(预备役、陆地后备军、海上后备军和后备兵员)如想在胶澳地区停留超过三个月的时间,须在抵达青岛后四周内向总督府登记,并在离开殖民地前注销登记。

针对易出现的各种情况,提醒有关人员注意军事证件以及护照中包含的关于国外度假的条款,并提醒注意关于及时申请延长度假的要求,相关申请可以由总督府转交。

有服兵役义务的人员以及处于休假状态的人员需要联系的办公室名称为"兵役报到处",位于衙门的 58 号房间。报到的工作时间是上午 9 点到 12 点,下午 3 点到 5 点。

青岛,1902 年 2 月 12 日
胶澳总督府
兵役报到处

现要求下列处于休假状态的人员前往总督府"兵役报到处"的营业室接收军事证件等物品,或者申明接收地址后待邮寄:(姓名略)

青岛,1902 年 2 月 12 日
胶澳总督府
兵役报到处

告 白

启者:本局现欲买供青岛各营盘一千九百二年分(份)需用物料,欲转招商投票承办。凡有意包办者,可用德文缮票,用信封封固,皮面应以德文书明"包办何物投票"字样。其包办章程,可于西二月十七、十八、十九、二十等日,上午自九点钟至十一点钟止,下午自三点钟至五点钟止,赴衙门营盘本局阅看可也。现欲购买物料名目及投票日期并封面书明何等字样,均列于左。

如欲包办各营盘需用家伙者,至西二月二十四日上午十一点钟止,期内投票须书明"投办营盘家伙票"字样。如欲包办马号所用之草者,至西二月二十四日下午四点钟止,期内投票须书明"投办马号用草票"字样。如欲包办煤油者,至西二月二十五日上午十一点钟止,期内投票须书明"投办煤油票"字样。如欲包办根丝帚、毛帚、扫帚杆、抹布、擦油棉、

蜡烛、自来火及洋灯心各物者,至西二月二十五日下午四点钟止,期内投票须书明"投办前项各物票"字样。如欲包办白胰子、青胰子、青盐、革累俄淋吧吗油(乳脂)、石灰等防患染病之科者,至西二月二十六日上午十一点钟止,期内投票须书明"投办前项各物票"字样。如欲包办柴火者,至西二月二十六日下午四点钟止,期内投票须书明"投办柴火票"字样。此布。

德(一千)九百二年二月初七日
青岛军需局启

发包广告

提供一台用于检测水管、最高为15个大气压的设备将发包。

报价密封后注明"对检测水管设备的报价",附带上相关图纸和说明后,最晚在今年3月4日上午11点前提交招标会。

青岛,1902年2月12日
总工部局

告 白

从现在开始,保护地内的包裹、在保护地和利益区之间以及山东铁路线上设置的德国邮局按照下列费率收费：

重量在5公斤以下	50芬尼＝25分
重量在5—10公斤	100芬尼＝50分

青岛,1902年2月11日
皇家德意志邮局
海宁格

告 白

启者：大包岛港口西堤应用乱石约八千苦必米打。本局现欲招人投票承办,凡欲包办此石者,可用德文缮票,用信封封固,皮面书明"役办八千苦必米打乱石票"字样。限至西二月二十五日上午十一点钟,期内呈递本总局,其包办章程可赴本总局阅看。如欲带回此项章程者,须纳还笔资洋五角。此布。

德(一千)九百二年二月十二日
青岛总工部局启

告白

在由本法庭管理的商业登记中撤销登记号为 37 号的勋那和克里纳公司,该公司所有人为商人哈拉尔德·克里纳;将位于青岛、运营中的贸易公司 H.克里纳和克罗格合伙公司登记为第 52 号。

该公司的唯一所有者为商人哈拉尔德·克里纳和商人马丁·克罗格,二人均在青岛。公司业务已于 1902 年 1 月 15 日开始。

青岛,1902 年 2 月 11 日
胶澳皇家审判厅

告白

第 5/01 号奥托·格朗佐夫破产案的第一次资金分配即将举行,可分配金额为 2 069.56 元,同时考虑到的还有 6 898.86 元非优先索款要求,其目录在审判厅书记处,供各债权人查看。

青岛,1902 年 2 月 14 日
拉普博士
破产案件管理人

Amtsblatt
für das
Deutsche Kiautschou-Gebiet.

青島官報

Herausgegeben vom Kaiserlichen Gouvernement Kiautschou.

Der Bezugspreis beträgt jährlich $ 0,60 = M 1,20.
Bestellungen nehmen sämtliche deutsche Postanstalten entgegen.

Jahrgang 3.   Nr. 8   Tsingtau, den 22. Februar 1902.

TODES - ANZEIGE.

Am 14. Februar verstarb im Gouvernements-Lazarett zu Tsingtau der Kaiserliche Major und Kommandeur des III. Seebataillons

Melchior, Andreas, Johannes Christ,

Ritter mehrerer Orden, im 48sten Lebensjahre an den Folgen des Typhus.

Seit Mai 1900 im Schutzgebiet, nahm er sofort mit zwei nach Tschili detachirten Kompagnieen seines Bataillons hervorragenden, durch Verleihung des Kronenordens III. Klasse mit Schwertern Allerhöchst anerkannten Anteil an den Kämpfen zum Entsatz Tientsins und der Seymur-Expedition, legte hier aber auch den ersten Keim zu seiner späteren Erkrankung. Unter den schwierigen Verhältnissen der Chinawirren vertrat er Ende 1900 längere Zeit mit Umsicht und Thatkraft den erkrankten Gouverneur des Kiautschou-Gebietes. Das Gouvernement verliert in ihm einen treuen, verständnissvollen Mitarbeiter, die Truppe einen wohlwollenden Kommandeur und bewährten Führer im Kriege, die Kolonie einen begeisterten Freund und thatbereiten Förderer.

Eine echte, gerade Soldatennatur, ein braver Kamerad, ein Mann von ritterlicher Gesinnung gegen Jedermann, ein Vorbild in Pflichttreue bis zum Tode, wird er hier draussen im fernen Osten wie in der deutschen Heimat in ehrenvollem Andenken fortleben.

Tsingtau, den 15. Februar 1902.

Der Kaiserliche Gouverneur.
Truppel.

Nr. 8. — Seite 24　　　　　Amtsblatt—青島官報　　　　　22. Februar 1902.

Bekanntmachung.

Von der unterzeichneten Behörde ist ein 15 m. langes und 50 cm. starkes Rundholz, welches am Strande bei der Feldbatterie angetrieben ist, geborgen worden.

Der Empfangsberechtigte wird hierdurch aufgefordert seine Rechte bis zum 1. April d. Js. hierher anzumelden.

Tsingtau, den 17. Februar 1902.

Kaiserliches Polizeiamt.

Der Bedarf der Werkstatt an Stückkohlen soll vergeben werden.

Die Lieferungsbedingungen liegen bei der Werkstatt aus und können dort eingesehen werden.

Angebote sind unter der Bezeichnung „Kohlen" bis zum 5. März d. Js., Vormittags 11 Uhr, verschlossen im Geschäftszimmer der Werkstatt abzugeben.

Tsingtau, den 20. Februar 1902.

Marine-Werkstatt.

Der Bedarf der Werkstatt an Material für den Bau von Scheiben soll vergeben werden. Die Lieferungsbedingungen liegen bei der Werkstatt aus und können dort eingesehen werden.

Angebote sind unter der Bezeichnung „Scheiben" bis zum 8. März d. Js., Vormittags 11 Uhr, verschlossen im Geschäftszimmer der Werkstatt abzugeben.

Tsingtau, den 20. Februar 1902.

Marine-Werkstatt.

啓者　昨有圓重十一件打撈海面半米打漂流　近於打炮隊營海岸　穩安如據可矢　有確四明月初一限期至本局領取　西內此報告本局　二月九日百二十年　青島巡捕衙門　啓

Verdingungsanzeige.

Der Neubau eines **massiven Pferdestalls bei den Truppen-Unterkunftsräumen in Kaumi** soll in öffentlicher Submission verdungen werden.

Zeichnungen, Bedingungen und Baubeschreibung liegen im Geschäftszimmer der unterfertigten Bauabteilung IV zur Einsicht aus.

Verdingungsanschläge, welche in Zahlen und Worten auszufüllen sind und den Vermerk tragen, dass Bietungslustige die Grundlagen der Verdingung eingesehen haben und dieselben anerkennen, sind bei der unterfertigten Stelle für 50 Cts. erhältlich.

Dieselben sind verschlossen und mit der Aufschrift „Neubau eines Pferdestalles in Kaumi" versehen, bis zum

Mittwoch, den 26. Februar d. Js., Vormittags 11 Uhr, an die unterfertigte Stelle einzureichen; zum genannten Zeitpunkte findet dortselbst die Eröffnung der Angebote statt.

Tsingtau, den 19. Februar 1902.

Kais. Bauverwaltung Hochbauabteilung IV.

(: im ehemaligen Feldlazarett :)

Druck der Missionsdruckerei, Tsingtau.

第三年　第八号

1902 年 2 月 22 日

讣告

皇家少校和第三水师营营长、多枚勋章获得者梅尔肖尔·安德烈斯·约翰内斯·克里斯特骑士因罹患疟疾，于 2 月 14 日在青岛督署医院①去世，享年 48 岁。

1900 年 5 月来保护地以后，他立即率领本营两个特遣连队前往直隶，出色完成了派遣天津以及西摩尔远征所参加的战斗任务，得到皇帝颁发 3 级饰剑皇冠勋章的奖励，可是他也在那里感染病菌，导致后来生病。在中国动乱时的困难条件下，自 1900 年底有很长时间他代理了患病的胶澳总督职位，展现出他的深思远虑和行动有力。总督府失去了一位忠诚、善解人意的同事，军队失去了一位经过战争洗礼的仁慈的指挥官和领导者，殖民地也失去一位令人鼓舞的朋友和随时准备行动的促进者。

他具有真正的、可靠的战士品质，对每个人而言，他是一位勇敢的战友、一名具有骑士品质的士兵，他是至死履行忠诚义务的楷模，他将在远东、如同在德意志祖国一样的崇敬纪念中永生。

青岛，1902 年 2 月 15 日
皇家总督
都沛禄

告白

启者：昨有圆重木料一件，长十五米打，厚半米打②，漂流海面，搁于炮队营盘附近海岸，由本局稳妥。如失者具有确据，可限至西四月初一期内，报明本局领回。此告。

西（一千）九百二年二月初十日
青岛巡捕衙门启

---

① 译者注：即总督府野战医院，今青岛大学附属医院。位于今江苏路 16 号。
② 译者注：德语 Meter，即米。

工艺局的块煤需求将发包。供货条件张贴在工艺局处供查看。

报价须标明"煤炭"字样后,最晚在今年3月5日上午11点递交至工艺局营业室。

青岛,1902年2月20日
水师工艺局

工艺局的玻璃需求将发包。供货条件张贴在工艺局处,可在那里查看。

报价须标明"玻璃"并密封后,最晚在今年3月8日上午11点递交至工艺局营业室。

青岛,1902年2月20日
水师工艺局

发包广告

高密兵营新建大型马厩的合同将公开发包。

图纸、条件以及建造描述可在第四工部局本处的营业室内查看。

投标布告上须填入数字和文字,并注明投标人已查看过投标的基本条件、对其表示认可的字样。该文件可在本处支付50分后获取。

上述文件须密封并注明"在高密新建马厩"字样后,最晚在今年2月26日星期三上午11点前递交至本处,之后将在那里开标。

青岛,1902年2月19日
皇家总工部局第四工部局地上建筑部
(位于前野战医院处)

Amtsblatt
für das
Deutsche Kiautschou-Gebiet.

青島官報

Herausgegeben vom Kaiserlichen Gouvernement Kiautschou.

Der Bezugspreis beträgt jährlich $ 0,60 = M 1,20.
Bestellungen nehmen sämtliche deutsche Postanstalten entgegen.

| Jahrgang 3. | Nr. 9 | Tsingtau, den 1. März 1902. | 第九號 | 第三年 |

Verordnung
betreffend Quarantäne gegen die Häfen Südchinas und Formosas.

Die Häfen an der chinesischen Küste südlich von Shanghai einschließlich Hongkong und die Häfen auf Formosa werden als pestverdächtig erklärt. Auf die von dort kommenden Schiffe finden die Bestimungen der Verordnung vom 21. April 1900 Anwendung.

Diese Verordnung tritt sofort in Kraft.

Tsingtau, den 27. Februar 1902.

Der Kaiserliche Gouverneur.

Truppel.

Bekanntmachung.

An das Gouvernement ist die Anfrage gerichtet worden, welche Familien in Tsingtau bereit sein würden, auswärtige Schüler, die zum Besuche der deutschen Schule hierher geschickt werden sollten, bei sich in Pension aufzunehmen. Diejenigen Familien, welche zur Aufnahme auswärtiger Schulkinder geneigt sind, werden gebeten, bei Herrn Pfarrer Schüler oder der unterzeichneten Behörde ihre Namen und die Höhe der geforderten Pensionskosten anzugeben.

Tsingtau, den 27. Februar 1902.

Kaiserliches Gouvernement.

Der Civilkommissar.

Bekanntmachung.

Die Lieferung des Bedarfs an Verpflegungsbedürfnissen für Mann und Pferd für die Besatzung des Schutzgebiets im Rechnungsjahr 1902 soll verdungen werden. Die Lieferungsbedingungen sind beim Gouvernement (J) ausgelegt, können auch gegen eine Gebühr von 0,50 $ bezogen werden.

Die Angebote sind in einem besonderen Umschlag, mit der Aufschrift „Angebot auf Verpflegungsbedürfnisse" versehen, mit den etwa einzureichenden Proben bis zum 15. März 1902, 11 Uhr Vormittags, dem Gouvernement (J) einzureichen.

Angebote, die den Bedingungen nicht entsprechen, bleiben unberücksichtigt.

Tsingtau, den 22. Februar 1902.

Der Kaiserliche Gouverneur.

Truppel.

Bei der unterzeichneten Verwaltung sollen die Fuhrleistungen (: Transporte von Munition pp. von den Pulverhäusern nach den Landebrücken und umgekehrt:) für das Rechnungsjahr 1902 vergeben werden.

Besondere Bedingungen liegen im Geschäftszimmer der Verwaltung zur Einsicht aus.

Preisangebote sind mit der Aufschrift „Fuhrleistungen" bis zu dem am 20. März d. Js., Vormittags 11 Uhr, stattfindenden Verdingungstermin bei der Verwaltung einzureichen.

Tsingtau, den 24. Februar 1902.

Artillerie-Verwaltung.

Seite 26 — Nr. 9.   Amtsblatt—青官報報   1. März 1902.

Bekanntmachung.

Bei der unterzeichneten Behörde sind 1 Kiste und 1 Korb mit Konserven als gefunden abgegeben worden.

Der rechtmässige Eigentümer wird aufgefordert, seine Rechte bis spätestens zum 1. April d. J. hierher anzuzeigen.

Tsingtau, den 20. Februar 1902.

Kaiserliches Polizeiamt.

Verdingung.

Der Bau eines Abortgebäudes auf dem Gelände der Artillerieverwaltung, eines Abortgebäudes, sowie Abortanbaues an Revierstube im Artillerielager und zweier Wachthäuschen für die Wasserpolizei ist zu vergeben.

Die Bedingungen können im Geschäftszimmer der Garnisonverwaltung vom 3. — 6. März d. Js. während der Dienststunden eingesehen werden.

Angebote sind im verschlossenen Briefumschlag mit der Aufschrift:

„Angebot auf Abortanlagen pp."

versehen, bis zum 10. März d. Js., Vormittags 11 Uhr, einzureichen.

Tsingtau, den 27. Februar 1902.

Marine Garnison - Verwaltung.

Verdingungsanzeige.

Die Herstellung einer Telephon - und Kontaktanlage für das hiesige Wasserwerk soll vergeben werden.

Die Bedingungen liegen im Geschäftszimmer des Baudirectors zur Einsicht aus und sind auch für $ 0,50 käuflich.

Verschlossene und mit der Aufschrift: „Submission auf die Telephonanlage für das Wasserwerk" versehene Angebote sind zu dem am 8. März d. Js., Vorm. 11 Uhr, stattfindenden Submissionstermin einzureichen.

Tsingtau, den 27. Februar 1902.

Der Baudirector.

告白

啓者現存有箱一隻裝一件內裝糖菓醬茶等物均係遺失經人送至本衙有確據可限至西四月初一日期內具領可也此報明赴本衙門報明

德二月二十日巡捕衙門啓

告白

啓者炮隊軍需局地方現欲建造廁所一座並青島炮隊營廁所一樣以及巡察海面丁役更房兩所均擬招人投票承辦凡欲包辦此項各工者可用德文緘票用信封固封皮面書明投包建造廁所等項字樣限至西三月初十日上午十一點鐘期內呈遞本水師軍需局查核其包建章程自西三月初三日起至初六日止可赴本局閱看此佈

德二月二十七日 水師軍需局啓

Tsingtau Hotel Actien-Gesellschaft.

Am Sonnabend den 15. März d. Js. 4. Uhr Nachmittags, findet im Hotel-Prinz Heinrich die zweite ordentliche Generalversammlung der Aktionäre statt, welcher der Bericht des Aufsichtsrats und Bilanz per 31. Dec. 1901 vorgelegt werden wird.

Die Transfer-Bücher werden vom 9.—15. März inclusive geschlossen sein.

Tages Ordnung.

1. Genehmigung der Jahresbilanz.
2. Gewinnverteilung.
3. Entlastung des Vorstandes und des Aufsichtsrats.
4. Neuwahl des Aufsichtsrats.
5. Neuwahl des Rechnungsführers.

Tsingtau, den 28 Februar 1902.

A. Kriese.
Vorstand.

Druck der Missionsdruckerei, Tsingtau.

第三年　第九号

1902年3月1日

关于对华南和台湾港口进行隔离的命令

包括香港在内的上海以南的中国海岸以及台湾岛上的港口被宣布为疑似发生瘟疫。对于来自那里的船只，适用1900年4月21日颁布的法令。

本项命令立即生效。

青岛，1902年2月27日
皇家总督
都沛禄

告白

总督府收到询问，青岛是否有家庭愿意接收来自外部、准备来这里的德国学校上学的孩子在家里寄宿。请愿意接收这些来自外部的学龄儿童的家庭向舒勒牧师或者本部门报名，并说明所要求的寄宿费用。

青岛，1902年2月27日
皇家总督府
民政长

告白

为1902年会计年度的保护地占领军士兵和马匹提供膳食需求的供货将发标。供货条件张贴在总督府（J部），也可以缴纳0.50元后获得。

报价须放到一个特制信封内，注明"对膳食需求的报价"密封后，附带大概将会交付的样品，最晚在1902年3月15日上午11点前递交至总督府（J部）。

不符合条件的报价不会被考虑。

青岛，1902年2月22日
皇家总督
都沛禄

在本军需局将发标 1902 年会计年度的运输服务（将弹药等物从弹药库和登陆桥之间往返运输）合同。

特殊条件张贴在管理局营业室，供查看。

报价须标明"运输服务"后，最晚在今年 3 月 20 日中午 11 点前递交至军需局举办的发标仪式。

青岛，1902 年 2 月 24 日
炮队军需局

告 白

启者：现存有箱一只、篓一件，内装糖果、酱菜等物，均系遗失经人送至之物。如正失主具有确据，可限至西四月初一日，期内赴本衙门报明具领可也。此告。

德二月二十日
巡捕衙门启

告 白

启者：炮队军需局地方现欲建造厕所一座，并青岛炮队营厕所一橡以及巡察海面丁役更房两所，均拟招人投票承办。凡欲包办前项各工者，可用德文缮票，用信封封固，皮面书明"投包建造厕所等工票"字样，限至西三月初十日上午十一点钟，期内呈递本水师军需局，查核其包建章程。自西三月初三日起，至初六日止，可赴本局阅看。此布。

德二月二十七日
水师军需局启

发包广告

现发包用于本地水厂电话和联系设备的生产合同。

合同条件张贴于总工部局办公室内，可供查看，也可以付款 0.50 元购买。

报价须密封并注明"本地水厂电话和联系设备投标"字样，至迟在今年 3 月 8 日上午 11 点前递交至投标处。

青岛，1902 年 2 月 27 日
总工部局

青岛饭店股份公司

今年 3 月 15 日星期六下午 4 点将在海因里希亲王饭店①举行第二次全体股东例行大会,会上将提交监事会报告和 1901 年 12 月 31 日前的收支报表。

账簿将在 3 月 9 日至 15 日(含)间关闭。

日程安排

1. 通过年度决算。
2. 利润分配。
3. 董事会和监事会解散。
4. 重新选举监事会。
5. 重新选举总会计师。

青岛,1902 年 2 月 28 日
A.克里泽
董事长

---

① 译者注:其旅馆部为今栈桥王子饭店,位于今太平路 31 号。

Amtsblatt
für das Deutsche Kiautschou-Gebiet.

青島官報

Herausgegeben vom Kaiserlichen Gouvernement Kiautschou.

Der Bezugspreis beträgt jährlich $ 0,60 = M 1,20.
Bestellungen nehmen sämtliche deutsche Postanstalten entgegen.

Jahrgang 3. Nr. 10. Tsingtau, den 8. März 1902.

Bekanntmachung.

Auf Grund der Verordnung vom 13. März 1899 hat in diesem Monate die Neuwahl von zwei Vertretern der Civilgemeinde stattzufinden.

Ein Vertreter wird gewählt von den im Handelsregister eingetragenen nichtchinesischen Firmen aus ihrer Mitte. Jede Firma hat nur eine Stimme.

Ein Vertreter wird gewählt von den im Grundbuche eingetragenen steuerpflichtigen Grundbesitzern aus ihrer Mitte. Der jährliche Betrag der Grundsteuer muss mindestens 50 Dollar betragen. Für jedes Grundstück gilt nur eine Stimme; kein Grundbesitzer darf zugleich mehr als eine Stimme haben.

Die Listen der Wähler liegen am Sonnabend, den 15. März d. Js., in dem Geschäftszimmer des Civilkommissars zur Einsicht aus. Einwendungen gegen die Richtigkeit der Listen sind bis zum 20. März d. Js. zulässig und schriftlich einzureichen.

Die Wahl erfolgt durch persönliche Stimmenabgabe

am Dienstag, den 25. März d. Js., im Geschäftszimmer des Civilkommissars in den Stunden von 9 bis 12 Uhr Vormittags.

Derjenige Kandidat, welcher die meisten Stimmen auf sich vereinigt, gilt als gewählt. Bei Stimmengleichheit entscheidet das Loos.

Tsingtau, den 3. März 1902.

Der Kaiserliche Gouverneur

Truppel.

Bekanntmachung.

Auf Grund des § 12 der Bahnpolizeiordnung vom 20. Dezember 1901 ist der Verkehrskontroleur der Schantung-Eisenbahn-Gesellschaft

Hermann Heinrich

zum Bahnpolizeibeamten ernannt worden.

Tsingtau, den 28. Februar 1902.

Der Kaiserliche Gouverneur

Truppel.

Bekanntmachung.

Der am 26. April 1872 zu Fulda geborene Reservist

Franz Adolf Friedrich Knips

Seite 28 — Nr. 10.   Amtsblatt—報官島青   8. März 1902.

wird aufgefordert, sich bei der unterzeichneten Dienststelle unter Vorlage seiner Militärpapiere zu melden.

Tsingtau, den 27. Februar 1902.

Gouvernement Kiautschou.
Meldestelle
für Militärdienst.

Bekanntmachung.

Von der unterzeichneten Behörde ist ein 15 m. langes und 50 cm. starkes Rundholz, welches am Strande bei der Feldbatterie angetrieben ist, geborgen worden.

Der Empfangsberechtigte wird hierdurch aufgefordert, seine Rechte bis zum 1. April d. Js. hierher anzumelden.

Tsingtau, den 27. Februar 1902.

Hafenamt.

啓者昨有圓重木料一件長十五米打厚半米打漂流海面攔於炮隊營盤附近海岸由本局打撈如失者由本局穩安可具有確據明報本局限至西四月初一期內報告此西九百二年二月二十七日青島船政局啓

Druck der Missionsdruckerei, Tsingtau.

第三年 第十号

1902年3月8日

告白

根据1899年3月13日颁布的命令,本月将重新选举两名民政区代表。

其中一名代表将从在商业登记簿中登记的非华民公司选出,每家公司只有一票。

另一名代表将从在地籍册中登记、具有纳税义务的地主中选出,其每年缴纳的地税至少为50元。每地块只有一票,每个地主不能同时拥有超过一票的票数。

候选人名单将于今年3月15日星期六在民政长办公室内张贴,供查看。对于名单真实性的异议须最晚于今年3月20日前获得许可后,书面提交。

选举须本人亲自投票,于今年3月25日星期二上午9点至12点之间在民政长办公室举行。

得票数最多的候选人当选。如果选票相同,则抽签决定。

青岛,1902年3月3日
皇家总督
都沛禄

大德钦命总督胶澳文武事宜大臣都　为

再晓谕事:兹按西历上年十二月二十日所出《铁路巡捕事宜章程》第十二款:续派黑洛满海拿利著为铁路巡察之员。仰诸色人等一体知悉。特谕。

右谕通知
大德一千九百二年二月二十八日　告示

告白

现要求1872年4月26日出生于富尔达的预备役人员弗朗茨·阿道夫·弗里德里希·克尼普斯,携带军事证件到本部门报到。

青岛,1902年2月27日
胶澳总督府
兵役报到处

启者:昨有圆重木料一件,长十五米打,厚半米打,漂流海面,搁于炮队营盘附近海岸,由本局稳妥。如失者具有确据,可限至西四月初一,期内报名本局领回。此告。

西(一千)九百二年二月二十七日
青岛船政局启

Amtsblatt
für das
Deutsche Kiautschou-Gebiet.

青島官報

Herausgegeben vom Kaiserlichen Gouvernement Kiautschou.

Der Bezugspreis beträgt jährlich $ 0,60 = M 1,20.
Bestellungen nehmen sämtliche deutsche Postanstalten entgegen.

Jahrgang 3. Nr. 11 — Tsingtau, den 15. März 1902.

Bekanntmachung.

1. In Ausführung der Verordnung vom 2. September 1898 über die Erhebung von Steuern habe ich eine Neueinschätzung des Landes veranlasst.
2. Der Neueinschätzung sind die Durchschnitte zwischen dem angesetzten Mindestpreis und dem erzielten Meistgebot für alle Landverkäufe, die vom 1. Januar bis zum 31. Dezember 1901 stattgefunden haben, sowie bei Wiederveräusserungen die dafür erzielten Preise innerhalb desselben Zeitraumes zu Grunde gelegt.
3. Die gesetzliche Grundsteuer wird vom 1. April d. Js. ab von den durch diese Neueinschätzung gefundenen Werten erhoben werden.
4. Für alle nach dem 31. Dezember 1901 veräusserten Grundstücke gilt bis zum 1. Januar 1905, bis wohin eine Neueinschätzung nicht beabsichtigt wird, als Wert des Grundstücks der an das Gouvernement bezahlte Kaufpreis.
5. Von einer teilweisen Umänderung der Grundsteuer in eine Mietssteuer wird zur Zeit noch abgesehen.
6. Die in Artikel 3, Absatz 3 der Verordnung, betreffend den Landerwerb, vorgesehene Bebauungsfrist wird für alle bis zum 31. Dezember 1901 verkauften und noch nicht bebauten Grundstücke allgemein bis zum 31. Dezember 1903 verlängert. Eine weitere Verlängerung dieser Frist wird nicht stattfinden.
7. Vorstehendes wird mit der Bemerkung bekannt gegeben, dass die neuen Steuerlisten von Mittwoch, den 19. März d. Js., bis Sonnabend, den 22. März d. Js., auf dem Landamt Nachmittags von 3–5 Uhr zur Einsicht ausliegen und dass Einsprüche gegen ihre Richtigkeit bis zum 29. März d. Js. Berücksichtigung finden.

Tsingtau, den 7. März 1902.

Der Kaiserliche Gouverneur.

Truppel.

Bekanntmachung.

Es wird darauf hingewiesen, dass es im eigenen Interesse des Publikums liegt, sich bei Einstellung von chinesischem Dienstpersonal das Nationale desselben (Name, Alter, Geburts-, Wohnort pp) in chinesischen Schriftzeichen niederschreiben zu lassen, da hierdurch bei etwa vorkommenden strafbaren Handlungen seitens des Dienstpersonals eine Ergreifung desselben sehr erleichtert wird.

Tsingtau, den 12. März 1902.

Kaiserliches Polizeiamt.

Bekanntmachung.

Die im hiesigen Handelsregister unter Nr. 25 verzeichnete Firma E. Kroebel ist heute gelöscht.

Unter Nr. 53 ist eine offene Handelsgesellschaft unter der Firma

E. Kroebel & Co.

mit dem Geschäftsbeginn am 1. Januar 1902 und als deren Gesellschafter die Kaufleute

Ernst Kroebel
und
Johannes Walther,

sowie für den Kaufmann Max Baldow zu Tsingtau Prokura eingetragen.

Tsingtau, den 5. März 1902.

Kaiserliches Gericht von Kiautschou.

Öffentliche Ladung.

Der Kaufmann Schy Tsch'un schan aus Tapautau klagt gegen den Koch Wu Lien scheng, früher zu Tapautau wohnhaft, jetzt unbekannten Aufenthalts, wegen Forderung von $ 148.70.

Termin zur Verhandlung des Rechtsstreits ist auf

Mittwoch den 23. April, vormittags 9 Uhr,

im Bzirksamte zu Tsingtau anberaumt.

Erscheint der Beklagte nicht, wird Versäumnis-Urteil ergehen.

Tsingtau, den 10. März 1902.

Kaiserliches Bezirksamt.

Verdingungsanzeige.

Die Lieferung bearbeiteter Granitwerkstücke zum Bau der **Mannschaftsgebäude II u. III am Ostlager** soll vergeben werden.

Der ungefähre cubische Jnhalt der ganzen Lieferung beträgt 400 cbm.

Der Verdingungsanschlag, die Bedingungen und Zeichnungen liegen im Geschäftszimmer der Bauverwaltung IV (: Feldlazarett :) von Montag, den 17. März d. Js., ab zur Einsicht aus

Verdingungsanschläge, welche von der unterfertigten Stelle bezogen werden können, sind in Zahlen und Worten auszufüllen und bis zu dem am 22. d. M., Vormittags 9 Uhr, im Geschäftszimmer der Bauverwaltung IV (: Feldlazarett :) stattfindenden Submissionstermin einzureichen.

Tsingtau, den 12 März 1902.

Kaiserliche Bauverwaltung

Abteilung IV.

青島副按察使慕為

飭傳事照得大鮑島商人石春山控告廚子吳連生據要欠銀一百四十八元七角而被告前住居大鮑島現今無蹤無跡無地可傳所以登此傳票宣傳吳連生限於德本年四月二十三日早九點鐘到本署聽審如不來時即直科斷吳連生還鐵因其不到案故也尚其懷遵毋違特傳

德一千九百二年三月初十日

Druck der Missionsdruckerei, Tsingtau.

第三年　第十一号

1902 年 3 月 15 日

告白

1. 在执行 1898 年 9 月 2 日颁布的关于征税的法令中，我部署进行了新的土地评估。

2. 在 1901 年 1 月 1 日到 12 月 31 日之间土地购买的预估最低价与最终实现的最高出价之间的平均数，以及这期间的土地在再次转让时实现的价格，为再次评估奠定了基础。

3. 从今年 4 月 1 日起，法定土地税将通过由新评估确定的价值开展征收。

4. 对于所有在 1901 年 12 月 31 日之后转让的地块，在不会计划再次评估的 1905 年 1 月 1 日之前，地块的价值按照向总督府缴纳的购买价计算。

5. 目前不考虑对租赁税中的基本税做部分修订。

6. 针对所有在 1901 年 12 月 31 日之前已出售和未开建地块，法令第 3 条第三段关于土地获取和计划建造期限的规定，将延长至 1903 年 12 月 31 日。

7. 现对上述规定予以公布，并附加备注：新的税表将从今年 3 月 19 日星期三至今年 3 月 22 日星期六在地亩局张贴，以供查看，对于其正确性的争议可以在今年 3 月 29 日之前递交。

青岛，1902 年 3 月 7 日
皇家总督
都沛禄

告白

现提醒注意：为了公众自己的利益，在雇佣华人服务人员时，须将其个人情况（姓名、年龄、性别、居住地等）用汉字同时注明，以便在服务人员可能出现刑事责任行为时，可以更容易将其抓获。

青岛，1902 年 3 月 12 日
皇家巡捕房

告白

本地商业登记为 25 号的 E.克罗拜尔公司今天已注销。

商业登记 53 号名下营业的贸易公司名称为 E.克罗拜尔有限责任公司,自 1902 年 1 月 1 日起开始营业,其股东为恩斯特·克罗拜尔和约翰内斯·瓦尔特,另将青岛的商人马克斯·巴尔多夫登记为代理人。

青岛,1902 年 3 月 5 日
胶澳皇家审判厅

青岛副按察使慕　为

饬传事:照得大鲍岛商人石春山,控告厨子吴连生,据要欠银一百四十八元七角。而被告前住居大鲍岛,现今无踪无迹,无地可传,所以登此传票宣传吴连生。限于德本年四月二十三日早九点钟到本署听审。如不来时即直科断吴连生还钱,因其不到案故也。尚其懔遵毋违。特传。

德一千九百二年三月初十日

发包广告

用于建造东大营 2 号和 3 号兵营、经加工过的大理石块的合同将发包。

总供货数量大约为 400 立方米。

发包布告、条件和图纸张贴于第四工部局的营业室内(野战医院),可在今年 3 月 17 日星期一起查看。

发包布告可以在本单位获得,须用数字和词语填写,最晚在本月 22 日上午 9 点递交至第四工部局(野战医院)营业室举行的投标会上。

青岛,1902 年 3 月 12 日
皇家总工部局
第四工部局

Amtsblatt
für das
Deutsche Kiautschou-Gebiet.

青島官報

Herausgegeben vom Kaiserlichen Gouvernement Kiautschou.

Der Bezugspreis beträgt jährlich $ 0,60 = M 1,20.
Bestellungen nehmen sämtliche deutsche Postanstalten entgegen.

| Jahrgang 3. | Nr. 12 | Tsingtau, den 22. März 1902. | 第十二號 | 第三年 |

德歷一千九百零二年三月廿二號

Bekanntmachung.

Bei Anfertigungen von Uebersetzungen aus dem Chinesischen oder in das Chinesische durch Angestellte des Gouvernements für Private wird als Gebühr 1 Cent für das chinesische Schriftzeichen festgesetzt. Die Gebühr wird an das Gouvernement entrichtet.

Je nach Lage des Falles kann diese Gebühr ermässigt oder ganz erlassen werden.

Uebersetzungen, welche mit den Amtsgeschäften des Gouvernements in Zusammenhang stehen, werden gebührenfrei angefertigt.

Tsingtau, den 13. März 1902.

Der Kaiserliche Gouverneur.

Truppel.

大德欽命總督膠澳文武事宜
大臣都
為
通行曉諭事照得凡人有訂立合同等件欲
請德膠署官將德文繙成華文或將華文繙
成德文者每華文一字應納書費洋一分該
書費欽項歸署厙收領亦可按情亦可減費
或免納繙有關德膠署公事之文均應免
納書費特諭

告示

大德一千九百二年二月十三日

右諭通知

Bekanntmachung.

Bei der unter No. 36 des Handelsregisters verzeichneten Tsingtau Hotel Aktiengesellschaft ist an Stelle des Kaufmanns Albert Kriese der Kaufmann

Hermann Andersen

in Tsingtau als Vorstand der Gesellschaft eingetragen worden.

Tsingtau, den 18. März 1902.

Kaiserliches Gericht von Kiautschou.

Tsingtau Hotel Actien-Gesellschaft.

Bilanz-Conto für das zweite Geschäftsjahr — 1. Januar bis 31. December 1901.

Activa.			Passiva.		
An Immobilien Conto Gebäude. Ultimo December 1900	$ 139025.25		Per Kapital-Conto 2500 Actien á $ 100.—		$ 250000.—
Verbesserungen in 1901	„ 1573.82		„ Reservefonds Vortrag Ultimo December 1900 $ 734.05		
	$ 140599.07		Dotirung Ultimo December 1901 „ 1157.03		„ 1891.08
Abschreibung 5%	„ 7029.95				
	$ 133569.12		Per Tantieme Conto		„ 2750.—
Grundstück. Ultimo December 1900 14938 ☐ m $ 30000.—			„ Dividenden Conto		„ 18750.—
— verkauft 2885 „ 6731.60			„ Gewinn & Verlust Conto Vortrag		„ 509.66
Besitz 12053 ☐ m „ 23268.40			„ H. Mandl & Co. Conto Corrent M 8922.44 à 1.91		„ 4671.43
		$ 156837.52	„ Diverse Creditoren		„ 3372.32
An Mobilien Conto Utimo December 1900	$ 53377.90				
Neuanschaffungen in 1901	„ 4437.13				
	$ 57815.03				
Abschreibung 10%	„ 5781.50				
		$ 52033.53			
„ Waaren Conto Lagerbestand		„ 24666.22			
„ Diverse Debitoren Aussenstände		„ 15653.70			
„ Cassa Conto Baarbestand		„ 296.96			
„ Deutsch-Asiatische Bank, Tsingtau Conto Corrent	$ 47.68				
Depositen	31406.68	„ 31454.36			
„ Deutsch-Asiatische Bank, Schanghai Guthaben		„ 188.57			
„ Feuer Versicherungs Conto nicht abgel. Policen		„ 813.63			
		$ 281944.49			$ 281944.49

22. März 1902.   Amtsblatt—青島官報   Nr. 12 — Seite 33.

Gewinn u. Verlust-Conto für das zweite Geschäftsjahr—1. Januar bis 31. December 1901.

An Löhne-Conto-für-Europäer	$ 7217.—	Per Vortrag Ult. 1900 $ 26.11
„ Löhne-Conto-für-Chinesen	7522.98	„ Betriebs-Conto:
„ Grundsteuer-Conto	1642.—	Ueberschuss „ 52643.26
„ Haus-Reparaturen-Conto	1201.26	„ Zinsen-Conto:
„ Mobilien-Conto:		„ 892.01
Abschreibung 10%	„ 5781.50	
„ Immobilien-Conto:		
Abschreibung 5%	„ 7029.95	
„ Reservefonds:		
5% auf $ 23140.58	„ 1157.03	
„ Tantieme-Conto:		
Aufsichtsrath $ 2000.—		
A. Kriese „ 750.—	„ 2750.—	
„ Dividenden-Conto:		
7½ % auf $ 250000.—	„ 18750.—	
„ Saldo:		
Vorgetragen auf neue Rechnung	„ 509.66	
	$ 53561.38	$ 53561.38

Tsingtau, den 9. März 1902.

Der Vorstand: **Der Aufsichtsrath:**
A. Kriese   Ad. C. Schomburg
                                      C. Rohde

Geprüft und mit den Büchern übereinstimmend gefunden.
F. Schmidt-Decarli.

Druck der Missionsdruckerei, Tsingtau.

第三年　第十二号

1902年3月22日

大德钦命总督胶澳文武事宜大臣都　为

通行晓谕事：照得凡人有订立合同等件，欲请德胶署官，将德文翻成华文，或将华文翻成德文者，每华文一字应纳书费洋一分。该书费款项归署库收领充公，按情亦可减费或免纳。如翻有关德胶署公事之文，均应免纳书费。特谕。

右谕通知

大德一千九百二年二月十三日　告示

告白

商业登记号为第36号的青岛饭店股份公司将商人赫尔曼·安德森登记为公司董事长，替换了商人阿尔伯特·克里泽。

青岛，1902年3月18日

胶澳皇家审判厅

青岛饭店股份公司

第二营业年度的收支账户——1901年1月1日至12月31日

资产

不动产账户
 楼房
  1900年12月月底   139 025.25元
  1901年的改善   1 573.82元
            140 599.07元
  5%折旧   7 029.95元
            133 569.12元

 地块
  1900年12月月底
  14 938平方米   30 000.00元
  售出2 885平方米   6 731.60元
  现有12 053平方米   23 268.40元

 合计：   156 837.52元

动产账户
 1900年12月月底   53 377.90元
 1901年的新购置价值   4 437.13元
            57 815.03元
 10%折旧   5 781.50元
 合计：   52 033.53元

商品账户
 库存价值   24 666.22元

各欠款人
 外部   15 653.70元

现金账户
 现金数额   296.96元

德华银行青岛分行
 经常账户   47.68元

存款账户	31 406.68元	
合计：		31 454.36元
德华银行上海分行		
现有金额		188.57元
火险账户		
未到期保险单		813.63元
总合计金额：		281 944.49元
欧洲人工资账户		7 217.00元
中国人工资账户		7 522.98元
地税账户		1 642.00元
房屋维修账户		1 201.26元
动产账户：		
10%折旧		5 781.50元
不动产账户：		
5%折旧		7 029.95元
储备金：		
23 140.58元的5%		1 157.03元
红利账户：		
监事会	2 000.00元	
A.克里泽	750.00元	合计：2 750.00元
股息账户：		
250 000.00元的7.5%		18 750.00元
结余：		
结转到新的决算		509.66元
总合计：		53 561.38元

负债

股份账户		
每股100元，共2 500股		250 000.00元
备用金		
1900年12月月底结转	734.05元	
1901年12月月底捐款	1 157.03元	
合计：		1 891.08元

红利账户	2 750.00元
股息账户	18 750.00元
盈利 & 损失账户结转	509.66元
H.Mandl 公司	
经常账户8 922.44马克/1.91	4 671.43元
各债权人	3 372.32元
总合计金额：	281 944.49元

结转到1900年底	26.11元
运营账户：	
结余	52 643.26元
利息账户：	892.01元
总合计：	53 561.38元

青岛，1902年3月9日

董事长：

A. 克里泽

监事会：

顾问 C. 绍姆伯格

C. 罗德

经检查，与账本一致。

F. 施密特-德卡利

Amtsblatt
für das
Deutsche Kiautschou-Gebiet.

青島官報

Herausgegeben vom Kaiserlichen Gouvernement Kiautschou.

Der Bezugspreis beträgt jährlich $ 0,60 = M 1,20.
Bestellungen nehmen sämtliche deutsche Postanstalten entgegen.

Jahrgang 3.   Nr. 13   Tsingtau, den 29. März 1902.

Bekanntmachung.

Auf Grund der Verordnung vom 13. März 1899 ist der

Baurat Heinrich Hildebrand

zum Vertreter der Civilgemeinde ernannt worden.

Von den im Handelsregister eingetragenen nichtchinesischen Firmen ist der

Bankdirektor Max Homann

und von den Eigentümern der im Grundbuche eingetragenen steuerpflichtigen Grundstücke der

Kaufmann Richard Weiss

zum Vertreter der Civilgemeinde gewählt worden.

Tsingtau, den 25. März 1902.

Der Kaiserliche Gouverneur

In Vertretung:

Richard Koch.

Bekanntmachung.

Nach einer Mitteilung des Herrn Staatssekretärs des Reichs-Postamts führt die in Shanghai bestehende, von dem Postrat Puche geleitete Verwaltung des gesamten Deutschen Post- und Telegraphenwesens in Ostasien fortan die Bezeichnung „Kaiserlich Deutsche Postdirektion."

Tsingtau, den 27. März 1902.

Der Civilkommissar.

Bekanntmachung.

A. Baumann hat ein Gesuch um Genehmigung der Konzession zum Betriebe einer Hotel- und Schankwirtschaft auf seinem Grundstücke in Tapautau, Kartenblatt 8 Parzelle 98/11, eingereicht.

Einwendungen im Sinne der Gouvernements-Bekanntmachung vom 10. Oktober 1899 sind bis zum 13. April d. J. an die unterzeichnete Behörde zu richten

Tsingtau, den 27. März 1902.

Kaiserliches Polizeiamt.

Tsingtau Hotel Aktien-Gesellschaft.

Infolge eines Formfehlers ist die am 15. März 1902 stattgehabte Generalversammlung ungültig. Es findet daher

am Dienstag, den 22. April 1902

Nachmittags 5 Uhr im Hotel Prinz Heinrich die zweite ordentliche Generalversammlung der Aktionäre statt, welcher der Bericht des Aufsichtsrats und Bilanz per 31. December 1901 vorgelegt werden wird.

Die Bilanz liegt vom 7. April 1902 ab zur Einsicht der Aktionäre im Geschäftslokal der Gesellschaft aus.

Die Transferbücher werden vom 15. bis 22. April einschliesslich geschlossen sein.

Seite 36. — Nr. 13　　　Amtsblatt—青島官報　　　29. März 1902.

Tagesordnung.

1) Genehmigung der Jahresbilanz
2) Gewinnverteilung
3) Entlastung des Vorstandes und des Aufsichtsrats
4) Neuwahl des Aufsichtsrats
5) Neuwahl des Rechnungsführers
6) Antrag des Aufsichtsrates auf Abänderung des § 4 der Gesellschaftsstatuten.

Der Aufsichtsrat beantragt im § 4 statt der Worte: „durch das in Tsingtau erscheinende Amtsblatt" zu setzen: „durch die in Tsingtau erscheinende Deutsch-Asiatische Warte und den in Schanghai erscheinenden Ostasiatischen Lloyd."

Tsingtau, den 25. März 1902.

H. Andersen
Vorstand.

Pferde-Versteigerung.

Am Dienstag, den 1. April d. Js., 11.00 Vormittags, werden im Strandlager für den Polizeidienst nicht mehr brauchbare 9 Pferde bezw. Maultiere öffentlich versteigert.

Tsingtau, 27. März 1902.

Kaiserliches Polizeiamt.

告白

啓者茲有巡捕間騎之騾馬共九正現在不用擬於西四月初一即中二月二十三早十一點鐘在西營盤拍賣如有意欲購買者屆期赴該營盤面議可也此佈

德三月二十七日
中二月十八日
巡捕衙門啓

Druck der Missionsdruckerei, Tsingtau.

第三年 第十三号

1902 年 3 月 29 日

告 白

根据 1899 年 3 月 13 日公布的法令,现任命土木工程监督官海因里希·锡乐巴为民政区代表。

从商业登记的非中国公司中选举出银行经理马克斯·何曼、从地籍册中拥有纳税义务地块的业主中选出商人理查德·魏思为民政区代表。

青岛,1902 年 3 月 25 日
代理皇家总督
理查德·科赫

告 白

根据帝国邮政署国务秘书先生的通知,现位于上海、由邮政顾问普赫所领导的整个东亚的德意志邮政和电报局继续使用"皇家德意志邮政局"名称。

青岛,1902 年 3 月 27 日
民政长

告 白

A. 鲍曼递交申请,利用地籍册第 8 页的 98/11 号位于大鲍岛的地块经营住宿和餐饮。

根据 1899 年 10 月 10 日总督府告白,如对此持有异议,须在今年 4 月 13 日前递交至本部门。

青岛,1902 年 3 月 27 日
皇家巡捕房

青岛饭店股份公司

由于出现了一个形式错误,1902年3月15日举办的全体大会无效。因此,将于1902年4月22日星期二下午5点在海因里希亲王饭店举办第二次正式全体股东大会,会上提交监事会报告以及1901年12月31日前的财务决算。

股东可自1902年4月7日起,在公司营业室查看财务决算。

账本将在4月15日到22日(含)关闭。

日程

1. 通过年度决算。
2. 盈利分配。
3. 解散董事会和监事会。
4. 重新选举监事会。
5. 重新选举财务。
6. 监事会提交关于修订公司章程第4条的动议。

监事会申请替换第4条中的表述:将"通过青岛发行的《青岛官报》"替换为"通过青岛出版的《德属胶州官报》和在上海出版的《德文新报》"。

青岛,1902年3月25日

H. 安德森

董事长

告白

启者:兹有巡捕向骑之骡马共九正(匹),现在不用,拟于西四月初一,即中二月二十三早十一点钟在西营盘拍卖。如有意欲购买者,届期赴该营盘面议可也。此布。

德三月二十七日

中二月十八日

巡捕衙门启

Amtsblatt
für das
Deutsche Kiautschou-Gebiet.

报官岛青

Herausgegeben vom Kaiserlichen Gouvernement Kiautschou.

Der Bezugspreis beträgt jährlich $ 0,60 = M 1,20.
Bestellungen nehmen sämtliche deutsche Postanstalten entgegen.

| Jahrgang 3. | Nr. 14 | Tsingtau, den 5. April 1902. |

Verordnung betreffend Opium.

Unter Aufhebung der Verordnung vom 23. Januar 1900 betreffend die Einfuhr und Kontrolle von Opium und der Ausführungsbestimmungen für den Konsum von Opium im deutschen Gebiet vom 23. Januar 1900 und 15. September 1900 verordne ich mit Geltung vom 1. April 1902 ab folgendes:

I. Allgemeine Bestimmungen.

§ 1.

Der Anbau von Mohn zur Gewinnung von Opium ist im Schutzgebiete verboten. Die verbotswidrig gemachten Anpflanzungen werden vernichtet.

§ 2.

Opium darf nur in Originalverpackung eingeführt werden. Die Einfuhr von kleineren Mengen als einer Kiste und die Einfuhr von zubereitetem Opium ist verboten.

Alles zur See eintreffende Opium muss sofort bei der Ankunft des Schiffes dem Zollamte angezeigt werden, welches die Ueberführung in das Zolllager überwachen wird und berechtigt ist, verdächtige Waren anhalten und untersuchen zu lassen. Der Schiffsführer ist gehalten, in solchem Falle die Untersuchung in jeder Weise zu erleichtern.

Auf dem Landwege darf Opium aus dem Innern Chinas nach dem deutschen Schutzgebiete nur auf Frachtbrief als Eilgut mit der Eisenbahn eingeführt werden. Jede andere Art der Einführung von Opium auf dem Landwege, insbesondere als Reise- oder Handgepäck ist verboten. Die Eisenbahn hat von der Ankunft des Opiums dem Zollamt Mitteilung zu machen, welches die Ueberführung in das Zolllager überwacht.

§ 3.

Opium für den Verbrauch auf deutschem Gebiete zahlt eine Abgabe in Höhe des Einfuhrzolls von Opium in China, nämlich 110 Haikuan Taels für den Pikul fremden Opiums und 60 Haikuan Taels für den Pikul chinesischen Opiums, nach deren Entrichtung es von den Zollbehörden mit einem besonderen Stempel versehen wird. Hierauf dürfen die Importeure das Opium in kleinen Mengen an die mit einem amtlichen Erlaubnisschein versehenen Besitzer von Opiumschenken verkaufen. Der Verkauf geschieht mittels Anweisung auf das Zolllager.

Für den Verbrauch der Einzelraucher wird das Opium unter Aufsicht des Gouvernements und des Zollamts zubereitet, in Dosen verpackt und mit einer amtlichen Aufschrift versehen, durch besonders dazu berechtigte Händler verkauft werden. Einzelraucher dürfen ihr Opium nur von diesen Händlern beziehen.

II. Besondere Bestimmungen.

§ 4.

Wer eine Opiumschenke eröffnen will, hat die Erteilung eines Erlaubnisscheines nachzusuchen. Die Lösung eines solchen gibt ihm das Recht, Opium anzukaufen, zuzubereiten und in seinem Lokale zu sofortigem Genuss zu verkaufen. Der Verkauf zum Verbrauche ausserhalb der Opiumschenke ist verboten.

§ 5.

Die Verabfolgung von Opium aus dem Opiumlager an die Opiumschenken und die zum Vertrieb von zubereitetem Opium berechtigten Händler geschieht gegen Anweisung des Importeurs unter Angabe der Menge, des Namens des Besitzers der Opiumschenke oder des Händlers und Vorzeigung des Erlaubnisscheines.

§ 6.

Die Ausgabeanweisungen werden im Opiumlager gebucht und verwahrt, so dass täglich ersichtlich ist, wie viel lagert und wie viel jede Opiumschenke oder jeder Händler erhalten hat. Der Zollbeamte trägt die jeweilig verabfolgte Menge auf der Rückseite des Erlaubnisscheines ein.

§ 7.

Für Erteilung des Erlaubnisscheines zum Halten einer Opiumschenke wird eine jährliche Abgabe gezahlt, deren Höhe sich nach der Zahl der vorhandenen Lampen richtet. Bis zu 10 Lampen werden $ 10 —, bis zu 20 Lampen $ 20 —, und bis zu 10 Lampen mehr immer $ 10 — mehr bezahlt. Ausserdem ist für jede Opiumlampe am Ersten eines jeden Monats eine Gebühr von 50 cts. zu zahlen.

§ 8.

Der Besitzer der Opiumschenke verpflichtet sich durch Stellung von zwei zuverlässigen Bürgen, die entweder Laden- oder Grundstücksbesitzer sein müssen, dazu, dass

a. nur mit amtlichem Stempel versehenes und direkt vom Zolllager bezogenes Opium in seinem Hause zubereitet wird,

b. in seinem Lokale nur zubereitetes Opium, und auch nur zum sofortigem Gebrauche verkauft wird,

c. genau Buch geführt wird über Ankauf und Verbrauch.

§ 9.

Opiumschenken führen ein besonderes Schild; die Berechtigung wird unter folgenden Bedingungen erteilt:

a. Die Zubereitung des Opiums findet unter Aufsicht des Opiumbeamten statt, dem regelmässig Meldung zu machen ist, falls nicht nach seinen Anordnungen an bestimmten Tagen gekocht wird.

b. Die Erlaubnisscheine gelten nur für die Person, auf deren Namen sie ausgestellt sind, und für den Ort, der in ihnen genannt ist. Sie dürfen daher nicht auf andere Personen übertragen werden; ferner bedarf eine Verlegung der Opiumschenke der Genehmigung des Opiumbeamten.

c. Der Gebrauch von Opiumfälschmitteln ist verboten.

d. Spätestens 12 Uhr Nachts ist das Haus und die Opiumschenke zu schliessen. Solange als bis zu dieser Zeit noch Gäste im Lokale sind, ist der Zutritt zum Lokale offen zu halten.

e. Der Opiumbeamte und die Polizei haben zu jeder Zeit Zutritt zum Hause und zur Opiumschenke. Der Verkauf, sowie jede andere Verabfolgung von Opium an chinesische Mitglieder der Polizei ist verboten.

f. Frauen und Kindern ist der Zutritt zum Lokale verboten.

g. Jede Störung oder Belästigung der Umgebung ist untersagt.

h. Für Sicherung gegen Feuergefahr ist zu sorgen; die Thüren müssen nach Aussen zu öffnen sein.

i. Lampen und sonstige Rauchgeräte dürfen nicht ausserhalb des Hauses verliehen werden.

k. Die das Opium umschliessende, vom Zollamt gestempelte Papierhülle ist dem Opiumbeamten bei seinem jeweiligen Besuche auszuhändigen.

l. Den dienstlichen Anordnungen des Opiumbeamten ist willig Folge zu leisten.

m. Die Schenkenbesitzer sind für die ordnungsmässige Führung des Geschäftes verantwortlich; im Falle sie verreisen oder erkranken, ist ein verantwortlicher Vertreter in der chinesischen Kanzlei des Yamens namhaft zu machen. Der Schenkenbesitzer haftet für die Geldstrafen, welche gegen den Vertreter oder sonstige im Betriebe der Schenke angestellte Personen verhängt werden; die Mithaftung ist im Urteil oder in der Verfügung über die Verhängung einer Ordnungsstrafe auszusprechen.

§ 10.

Einzelraucher, welche Opium zu Hause zu rauchen wünschen, haben gegen eine vierteljährlich im voraus zu zahlende Abgabe von monatlich 50 cts. für jede Lampe einen Erlaubnisschein zu lösen. Der Ankauf von Rohopium, das Aufbewahren von Rohopium, sowie das Kochen von Opium ist ihnen verboten. Sie dürfen zubereitetes Opium nur aus den Geschäften beziehen, welche die Erlaubnis zum Verkauf des unter amtlicher Aufsicht zubereiteten Opiums haben.

§ 11.

Die Erlaubnisscheine zum Einzelrauchen berechtigen nur diejenige Person zum Opiumrauchen, auf deren Namen sie ausgestellt sind. Der Verkauf von Opium, sowie das Verleihen des Erlaubnisscheines, der Opiumlampe und Rauchgeräte ist verboten.

§ 12.

Bei Lösung des Scheines ist die Wohnung genau anzugeben; jeder Wohnungswechsel ist rechtzeitig in der chinesischen Kanzlei des Yamens anzumelden. Die Scheine sind einige Tage vor dem Verfall zur Erneuerung oder Verlängerung daselbst einzureichen.

§ 13.

Wer wegen Umzuges oder aus anderen Gründen auf die Erlaubnis verzichtet, hat dies im Yamen unter Rückgabe des Scheines anzumelden.

§ 14.

Bei Entnahme von Opium aus den Geschäften, welche zum Vertrieb von amtlich zubereitetem Opium zugelassen sind, ist der Erlaubnisschein mitzubringen, auf welchem Menge und Art des gekauften Opiums mit Angabe des Datums verzeichnet wird.

III. Strafbestimmungen.

§ 15.

Wer es unternimmt, entgegen den Bestimmungen des § 2 Opium auf dem Landwege in das Schutzgebiet einzuführen, oder durch das Schutzgebiet durchzuführen, hat die Einziehung des Opiums, in Bezug auf welches das Vergehen verübt worden ist, und zugleich eine Geldstrafe im Betrage des

5. April 1902.   Amtsblatt—青島官報   Nr. 14. — Seite 39.

fünffachen Wertes des Opiums verwirkt. Der Mindestbetrag der Geldstrafe ist 100 $.

Wird Opium auf dem Seewege entgegen den Bestimmungen des § 2 eingeführt, so verfällt das Opium der Einziehung und der Schiffsführer einer Strafe des fünffachen Wertes des Opiums zum Mindestbetrage von 500 $. Für diese Strafe haftet das Schiff.

Anstelle einer nicht beizutreibenden Geldstrafe tritt Gefängnissstrafe bis zu 3 Monaten.

§ 16.

Wird entgegen den Bestimmungen des § 3 in Opiumschenken, bei Einzelrauchern oder sonst im Privatbesitz Opium vorgefunden, ohne dass der Thatbestand des § 15 vorliegt, so treten die Strafen des § 15 mit der Massgabe ein, dass der Mindestbetrag der Geldstrafe 50 $ ist.

§ 17.

Wer die mit amtlicher Aufschrift versehenen Opiumbüchsen mit anderen als den durch die berechtigten Händler verkauften Opiumzubereitungen füllt, wird mit der im § 16 angedrohten Strafe belegt.

§ 18.

Die Entziehung des Erlaubnisscheines für Opiumschenken oder Einzelraucher kann durch Verfügung des Civilkommissars erfolgen, falls der Inhaber des Erlaubnisscheines wegen Vergehens gegen diese Verordnung bestraft ist, oder falls er sich als unzuverlässig erweist, oder gegen die besonderen Bestimmungen dieser Verordnung oder gegen die Anordnungen des Opiumbeamten verstösst. Anstelle der Entziehung des Erlaubnisscheines kann der Civilkommissar eine Ordnungsstrafe bis zu 50 $ verhängen.

Ein Rechtsmittel gegen die Verfügungen über Entziehung des Erlaubnisscheines oder über Verhängung einer Ordnungsstrafe ist nicht gegeben.

Tsingtau, den 11. März 1902.

Der Kaiserliche Gouverneur.
Truppel.

大德欽命總督膠澳文武事宜大臣都爲再曉諭更章專案查西一千九百年正月二十三日及是年九月十五日所定德境進口洋土各藥並查驗章程以及續定德境內售用烟膏之章程一律作廢茲將改定章程列左

總欵

第一欵德境內各處均不准種植罌粟花以製土藥其違者卽一律查獲毀滅其種

第二欵洋土各藥並不准運烟膏進境由海運進境之土藥於船到時卽赴關報明由關一箱之多並不准拆包連德境不得拆包改裝其進境之洋土各藥於船到時卽赴關報明由關監視細存關棧如有情弊可任便將各貨扣留搜查船主均須遵辦以防流弊設別法由陸路進境譬如隨身挾帶行李以內等弊當該藥運到時鐵路進境者祇准開用先運貨單由鐵路裝運公司報明海關由海關監視其卸送關棧

第三欵洋土各藥在德境內銷售其稅釐關平銀一百十兩土藥每百斤關平銀六十兩完納釐釐後由海關發給黏貼印花稅釐關平銀一百十兩土藥每百斤關收數相同其洋藥每百斤徵收此等洋土谷藥准販運進口商人在德境零包售與領有執照之烟館當賣士時該賣主須開一賣士淸單註明分兩分買士持單赴關棧置領至於領有執照自吸之人有德膠督著專准承辦由德著及海關官員監視熬成烟膏裝盒粘貼官票

另欵

第四欵凡欲開設烟館先應請領執照領有執照方准買士熬烟售賣與在本烟館內吸用之人嚴禁於在該烟館外吸用之人

第五欵領有執照開烟館者及承准銷售烟膏商人如欲由關棧領取洋土谷藥應先請該販運進口該士之人開給領置其於內背明買安洋士或以執照買驗始可取士藥若干曁烟館主人姓名或承准售膏商人方可持赴關棧呈遞該安桂內存士多寡每烟館及得

第六欵關棧目將領士膏商人取士之寡並將每次取士多兩註明於照背以杜私弊

第七欵凡請領執照開設烟館者隨按年納費其費均按十盞燈以內均納洋十元自十盞燈以外每加十盞燈另加洋五元盞燈起至十盞燈止按年均納洋二十元以外均可逃加推算另於每西歷月初每盞燈應繳捐費洋五角

第八款 凡稟請發照准開煙館者必須覓有妥保二名須有舖店或有地基該保人等須聲明擔保該館內所熬成之煙膏祇用從開棧領取貼有印花之土並擔保其館內祇賣熬成之煙膏亦祇准賣給在本館內立即吸用之人及每日應將領出及售出之數目詳細登簿以備查驗

第九款 谷煙館門首應懸門牌一面一律遵辦之規矩列左

一凡欲熬土時官先稟明專派臨場監視或由該查煙官定於某月某日熬膏亦可

一由官發給之執照准於照內註明字號姓名及稟明之處開館熬煙售賣不准移交他人接辦如欲遷舘必須先行稟明查煙官

一婦女及小孩隨時均不准入館

一煙館內不准吵鬧及有煩擾四隣情事

一煙館一律務須小心燈火以防火災該館谷門均應向外開放不得向裏開放

一煙燈及谷機吸煙器具不准借與他人在館外使用

一每遇查煙官來舘時應將貼有海關印花之烟七紙包一概呈交

一查烟之職司指示均應甘心遵照辦理

一谷煙舘照章辦事均竭該舘主之責成如欲出外或患病症均應預到督轅文案處報明代理姓名嗣後如查有弊端惟代理人是問遇有科斷代理人或館內夥人等罰欵如難諉卸該舘主亦應諉明該館主某人倈交罰款

第十款 凡願在家中自吸烟者均應納費每月每盞燈捐洋五角其捐欵應按三閱月一次先繳該領照人概不准或買或存洋土各藥亦不准自己熬土成膏必須買用有執照承准銷售膏行內經官監販熬成之煙膏不准向他處買取

第十一款 在家自吸烟照祇准該照上聲明之人自吸不准售賣烟膏及借出該烟燈並谷器具與他人

第十二款 領照之時均應詳細稟明居住何處如欲遷居者應先到督轅文案處報明存案該照上聲明之限則於必滿叙日前斯應呈報督轅文案處重新另換及更限期

第十三款 凡因遷居或因他故欲退執照者均應報明衙門將執照繳銷

第十四款 凡欲承准售賣膏行買取官員監視熬成之烟膏均應携帶所領之執照應註明領取烟膏多寡膏屬何等及何日領取罰欵

第十五款 凡由陵路運土入德境或販運經過德境如不遵以上第二欵內所載之章程者一經查明即將所犯之土全行充公並

5. April 1902. Amtsblatt—青島官報 Nr. 14. — Seite 41

按該土之價值五倍議罰但至少亦須罰洋百元凡由水路運土入德境者如違第二欵內所載之章程除將十罰充入官外其船主亦照土價值五倍加罰至少罰洋五百元該船主若無洋繳清此項罰欵即可將該勒賣歸償再以上所開之罰欵如無力繳清即監禁三閱月之久

第十六欵如未犯第二欵內各章倘烟舘並自吸之人以及無執照者違背第三欵舞弊各端一經查出其罰欵與第十五欵所載之罰欵無異惟至少罰洋五十元

第十七欵凡有黏有官票之烟盒之烟盒另裝無論何烟非承准膏行售賣之烟膏一經查出均按第十六欵內所載之罰欵議罰

第十八欵凡領有開舘及自吸執照者如因此項章程被罰或明見係非安寶之人或違自第四至十四欵內所載各節或違背查烟官之指示即任輔政司之便或將執照撤銷或罰洋至五十元之多但輔政司所定此項罰欵被罰者不得另行懇求減免均應安分遵行此項章程自西歷九百二年四月初一日起仰閣屬諸色人等一律遵行勿違特示

大德一千九百二年三月十一日

Bekanntmachung.

Nachdem der Reichstag die Mittel zur Ausgestaltung der hiesigen Gouvernementsschule durch Etatisierung eines akademisch gebildeten und eines Elementar-Lehrers bewilligt hat, wird die Schule von jetzt ab ausschliesslich als Knabenschule ausgebildet werden. In den Vorschulklassen werden bis auf weiteres auch Mädchen zugelassen.

Die Schulgeldentrichtung und die sonstige Handhabung des Schulbetriebs bleiben bis zum Eintreffen des neuen Schulleiters wie bisher.

Tsingtau, den 2. April 1902.

Der Kaiserliche Gouverneur.

Truppel.

Bekanntmachung.

Andreas Madsen ist zum amtlichen Trichinenschauer bestellt und es ist ihm die Trichinenschau im Schlachthause übertragen worden.

Tsingtau, den 2. April 1902.

Der Civilkommissar.

Bekanntmachung.

Dem Händler San tsching tsch'un in Tapautau ist auf Grund der Verordnung betreffend Opium vom 11. März 1902 die Erlaubnis erteilt worden, im Schutzgebiete zubereitetes Opium in Blechdosen zu vertreiben.

Tsingtau, den 3. April 1902.

Der Civilkommissar.

大德輔政司崑為通行曉諭事照得按西歷本年三月一日所訂進口洋土章程及售賣烟膏各在德境內承賣裝錫盒之烟膏為此諸色人等悉遵特示仰右諭通知

大德一千九百二年四月初三日告白

Verdingung.

Die Lieferung des Bedarfs an Steinkohlen vom Tage der Zuschlagserteilung an bis 31. März 1903 soll vergeben werden.

Die Bedingungen können in unserem Geschäftszimmer vom 8. bis 11. April d. Js. eingesehen werden.

Angebote sind bis zum 14. April d. Js., Vormittags 10 Uhr, einzureichen.

Aufschrift: Angebot auf Steinkohlenlieferung.

Tsingtau, den 30. März 1902.

Marine Garnison Verwaltung.

Druck der Missionsdruckerei, Tsingtau.

第三年 第十四号

1902年4月5日

大德钦命总督胶澳文武事宜大臣都 为

再晓谕更章事：案查西一千九百年正月二十三日，及是年九月十五日，所定《德进口洋土各药并查验章程》以及《续定德境内售用烟膏之章程》，一律作废。兹将改定章程列左：

总款

第一款：德境内各处均不准种植罂粟花以制土药。其违者，即一律查获毁灭其种。

第二款：洋土各药只准原箱原包运进德境，不得拆包改装。其进境之土药，至少必须一箱之多，并不准运烟膏进境。由海运进之洋土各药于船到时，即赴关报明，由关监视卸存关栈。如海关疑有情弊，可任便将各货扣留搜查。该船主均须尽心帮助，以防流弊。凡欲自内地由陆路运土药进德境者，只准开用先运货单，由铁路装运进境。严禁设别法由陛（陆）路进境，譬如随身挟带行李以内等弊。当该药运到时，铁路公司报名海关，由海关监视其卸送关栈。

第三款：洋土各药在德境内销售，其税厘与中国各关收数相同。其洋药每百斤征收税厘关平银一百十两，土药每百斤关平银六十两。完纳税厘后，由海关黏贴印花，此等洋土各药准贩运进口。商人在德境零包售与领有执照之烟馆，当卖土时，该卖主须开一买土清单，注明分两（量），令买主持单赴关栈照单领取。至于领有执照自吸之人，有德胶督署专准承办，由德署及海关官员监视熬成烟膏，装盒粘贴官票。该自吸者，只准由此承准之膏行价买此项烟膏自吸。

另款

第四款：凡欲开设烟馆，先应请领执照。领有执照，方准买土熬烟售卖与在本烟馆内吸用之人，严禁卖于在该烟馆外吸用之人。

第五款：领有执照开烟馆者及承准销售烟膏商人，如欲由关栈领取洋土各药，应先请该贩运进口该土之人开给领单，其单内书明买妥洋土或土药若干，暨烟馆主人姓名或承准售膏商人姓名，方可持赴关栈，呈递该领单及执照，查验可取土。

第六款：关栈官将领土单登簿扣留存案以备日日稽查。栈内存土多寡，每烟馆及得承准售膏商人取土多寡,并将每次取土分两(量)注明于照背,以杜私弊。

第七款：凡请领执照开设烟馆者,应按年纳费,其费均按馆内所设之灯数核计。自一盏灯起至十盏灯止,按年均纳洋十元;自十盏灯以外参差不等以及二十盏灯止,均纳洋二十元;二十盏灯以外均可递加推算。另于每西历月初,每盏灯应缴捐费洋五角。

第八款：凡禀请发照准开烟馆者,必须觅有妥保二名,须有铺店或有地基。该保人等须声明担保该馆内所熬成之烟膏只用从关栈领取贴有印花之土,并担保其馆内只卖熬成之烟膏,亦只准卖给在本馆内立即吸用之人,及每日应将领出及售出之数目详细登簿,以备查验。

第九款：各烟馆门首应悬门牌一面,一律遵办之规矩列左：

凡欲熬土时,宜先禀明,专派查烟之人临场监视,或由该查烟官定于某月某日熬膏亦可;

由官发给之执照准于照内注明字号、姓名及禀明之处。开馆熬烟售卖,不准移交他人接开。如欲迁馆,必须先行禀明查烟官,不准私自擅迁;

严禁用各样料物掺杂熬膏;

晚间至迟于十二点钟时须将烟馆门关闭,如先时有客吸烟不得关闭;

查烟官及巡捕等,该馆主勿论何时,均应听入馆内查验,但不准卖烟及送烟与中国巡捕等人;

妇女及小孩随时均不准入馆;

烟馆内不准吵闹及有烦扰四邻情事;

烟馆一律务须小心灯火,以防火灾。该馆各门均应向外开放,不得向里开放;

烟灯及各样吸烟器具不准借与他人在馆外使用;

每遇查烟官来馆时,应将贴有海关印花之烟土纸包一概呈交;

查烟之职司指示均应甘心遵照办理;

各烟馆照章办事,均属该馆主之责。成如欲出外或患病症,均应预到督辕文案处报明代理姓名。嗣后如查有弊端,惟代理人是问。遇有科断,代理人或馆内同伙人等罚款,如难时,亦均须馆主保交。惟科罚时,亦应谕明该馆主某人保交罚款。

第十款：凡愿在家中自吸烟者,均应领照纳费,每月每盏灯捐洋五角,其捐款应按三阅月一次先缴。该领照人概不准或买或存洋土各药,亦不准自己熬土成膏,必须买用领有执照承准销售膏行内经官员监视熬成之烟膏,不准向他处买取。

第十一款：在家自吸,烟照只准该照上书明之人自吸,不准售卖烟膏及借出该执照、烟灯并各器具与他人。

第十二款：领照之时,均应详细禀明居住何处。如欲迁居者,应先到督辕文案处报明存案。该照上书明之限期,于将满数日前,即应呈报督辕文案处重新另换及更限期。

第十三款：凡因迁居或因他故欲退执照者,均应报明衙门,将执照缴销。

第十四款：凡欲承准售卖膏行买取官员监视熬成之烟膏，均应携带所领之执照。应注明领取烟膏多寡，膏属何等，及何日领取罚款。

第十五款：凡由陵（陆）路运土入德境或贩运经过德境，如不遵以上第二款内所载之章程者，一经查明，即将所犯之土全行充公并按该土之价值五倍议罚，但至少亦须罚洋百元。凡由水路运土入德境者，如违第二款内所载之章程，除将土罚充入官外，其船主亦照土价值五倍加罚，至少罚洋五百元。该船主若无洋缴清此项罚款，即可将该勒卖归偿。再以上所开之罚款如无力缴清，即监禁三阅月之久。

第十六款：如未犯第十五款即第二款内各章，倘烟馆并自吸之人以及无执照者，违背第三款舞弊各端，一经查出，其罚款与第十五款所载之罚款无异。惟至少罚洋五十元。

第十七款：凡有黏（粘）有官票之烟盒，另装无论何烟，非承准膏行售卖之烟膏，一经查出，均按第十六款内所载之罚款议罚。

第十八款：凡领有开馆及自吸执照者，如因犯此项章程被罚，或明见系非妥实之人，或违自第四至十四款内所载各节，或违背查烟官之指示，即任辅政司之便，或将执照撤销，或罚洋至五十元之多。但辅政司所定此项罚款，被罚者不得另行翻求减免，均应安分遵行此项章程。自西历九百二年四月初一日起，仰合属诸色人等一律遵行勿违。特示。

大德一千九百二年三月十一日

告 白

经帝国议会批准，通过预算雇佣一名受过学术训练的教师和一名小学教师来设立一所本地督署学堂，该学校从现在开始只用作男童学校，学前班在另行通知之前也允许招收女童。

在新一任校长抵达之前，学费缴纳和其他事项均按照现行规定执行。

青岛，1902年4月2日
皇家总督
都沛禄

告 白

安德雷亚斯·马森被任命为官方旋毛虫检查官，屠宰场的旋毛虫检查工作已经移交给他处理。

青岛，1902年4月2日
民政长

大德辅政司崮 为

通行晓谕事：照得兹按西历本年三月十一日所订《进口洋土各药及售卖烟膏各章程》，批准三晋春行在德境内承卖装成锡盒之烟膏。为此，仰诸色人等悉遵。特示。

右谕通知
大德一千九百二年四月初三日　告白

发包

从订货到 1903 年 3 月 31 日为止的煤炭供货合同将发包。

供货条件可以从今年 4 月 8 日至 11 日前往我们的营业室查看。

报价须注明"煤炭供货报价"字样后，最晚于今年 4 月 14 日上午 10 点递交。

青岛，1902 年 3 月 30 日
海军管理什物局

Amtsblatt
für das
Deutsche Kiautschou-Gebiet.

青島官報

Herausgegeben vom Kaiserlichen Gouvernement Kiautschou.

Der Bezugspreis beträgt jährlich $ 0,60 = M 1,20.
Bestellungen nehmen sämtliche deutsche Postanstalten entgegen.

Jahrgang 3.　　Nr. 15.　　Tsingtau, den 12. April 1902.

德歷一千九百零二年四月十二號

第三年第十五號

Verordnung
betreffend Hundesteuer.

In Ausführung der Steuerverordnung vom 2. September 1898 wird folgendes bestimmt:

§ 1.

Für jeden nicht mehr saugenden Hund, welcher innerhalb des Stadtgebiets Tsingtau gehalten wird, ist eine jährliche Steuer von 10 $ zu zahlen.

§ 2.

Die Steuer ist für des ganze Rechnungsjahr im voraus bei der Gouvernementskasse zu entrichten und zwar spätestens bis zum 1. Mai. Für die im Laufe des Jahres steuerpflichtig werdenden Hunde ist die Steuer spätestens vier Wochen nach Eintritt der Steuerpflichtigkeit zu zahlen. Tritt die Steuerpflichtigkeit erst nach dem 30. September ein, so ist nur die Hälfte der Steuer zu zahlen.

Hunde von vorübergehend anwesenden Personen bleiben steuerfrei, wenn die Aufenthaltsdauer der Hunde im Stadtgebiete vier Wochen nicht übersteigt.

§ 3.

Als Ausweis über die entrichtete Steuer wird eine mit der laufenden Nummer der Hundesteuerliste versehene Marke ausgehändigt, welche am Halsbande des Hundes sichtbar zu befestigen ist. Bei Verlust dieser Marke ist eine neue gegen Zahlung von 50 cts. bei der Gouvernementskasse zu lösen. Bei Zurückgabe der Marke innerhalb dreier Monate nach Beginn der Steuerpflicht wird die Hälfte der Steuer zurückgezahlt.

大德欽命總督膠澳文武事宜大臣都　為

出示曉諭事照得膠澳德屬境內應行徵收各項稅課章程曾於西一千八百九十八年九月初二日訂明在案茲將續訂第六欵附章列左

一附近青島劃為內界各處畜養之狗其已經脫乳者每隻按年須納稅課洋銀十元

二此項稅洋每於西四月初一日起核至明年西三月三十一日止該稅洋至運須於每西五月初一以前應赴支應局即糧臺先納一年之久在此年內如有脫乳之狗至遲須於四禮拜後報明納稅設若脫乳在西九月三十日以後則僅納半稅其客居內界之人所有之狗如住界內者則毋須納稅

三納稅以後領有准養牌一面懸掛該狗項間皮條以備易見如該牌向上刊明狗稅簿內所列號數以示已納稅倘遺失該牌或狗主任其狗未帶准牌野遊者查出除罰洋費外仍須補繳應納之稅

四凡有於前項限期以內未曾交納罰款即管押至十日之久無力呈繳罰款即管押至十日之久

五凡於青島內界無牌野遊之狗被巡捕擒獲該狗主可以於一禮拜內赴巡捕房繳洋至二十二元之多如無力呈繳罰款即管押該狗主應納稅之日起後三閱月內

五角於應納稅之日起後三閱月內

§ 4.

Wer die Hundesteuer bis zu den festgesetzten Terminen nicht entrichtet hat oder seinen Hund ohne Steuermarke herumlaufen lässt, wird mit einer Geldstrafe bis zu 20 Doll. bestraft, an deren Stelle im Nichtbeitreibungsfalle Haft bis zu 10 Tagen tritt.

Die fällige Steuer ist ausserdem zu zahlen.

§ 5.

Ohne Steuermarke im Stadtgebiete frei herumlaufende Hunde werden von der Polizei eingefangen und können innerhalb einer Woche gegen ein Pflegegeld von 50 cts. für den Tag von dem Besitzer abgeholt werden. Nach Ablauf der Frist verfallen die eingefangenen Hunde dem Verfügungsrecht der Polizei.

§ 6.

Diese Verordnung tritt am 1. Mai 1902 in Kraft.

Die Steuer für das laufende Rechnungsjahr ist zum vollen Betrage von 10 Doll. spätestens bis zum 1. Juni d. J. zu entrichten.

Tsingtau, den 9. April 1902.

Der Kaiserliche Gouverneur

Truppel.

Bekanntmachung.

Der Stationsassistent

August Georg Klewer

ist gemäss § 12 der Bahnpolizeiordnung vom 20. Dezember 1901 zum Bahnpolizeibeamten ernannt worden.

Tsingtau, den 8. April 1902.

Der Kaiserliche Gouverneur.

Truppel.

Bekanntmachung.

Die unter Nr. 22 im Handelsregister eingetragene Firma Rich.ᵈ Pflüger in Tsingtau, Inhaber: Kaufmann Richard Pflüger in Tsingtau ist erloschen.

Tsingtau, den 8. April 1902.

Kaiserliches Gericht von Kiautschou.

囘養費洋每日五角卽
可將狗領囘倘逾期不
領該狗均歸巡捕衙門
管理與原主無涉
六本年應納養狗稅洋之
本月初一日起至本年西六月
初一日止應繳狗稅洋十元
人等自西本年五月初
一日起一律遵行勿違
特示諭通知
大德一千九百二年四月初
九日 告示

Nachstehende Bekanntmachung des Kais. chin. Seezollamtes wird hiermit zur allgemeinen Kenntnis gebracht:

Zollamtliche Bekanntmachung № 24.

Betreffend die zollseitige Abfertigung der mit der Eisenbahn in Tsingtau zu versendenden Waren aller Art.

Im Anschluss an die Zusatzbestimmung betreffend die zollamtliche Abfertigung und Kontrolle der mit der Schantung-Eisenbahn verladenen Waren vom 20. April 1901 werden hiermit folgende Ausführungsbestimmungen bekannt gemacht.

1. Die **Deklarationspflicht** für die mit der Bahn als Eil-oder Frachtgut zu verladenden Waren tritt ein bei Ueberschreitung der Bahnhofseinfriedigung. Werden nach China bestimmte Waren ohne Deklaration oder Zollschein über die Bahnhofseinfriedigung gebracht, so unterliegen sie der Konfiskation. Handgepäck und Passagiergut sind dem in der Gepäckexpedition des Bahnhofs stationierten Zollrevisor vorzuzeigen.

2. **Deklarationsformulare** in deutscher, englischer und chinesischer Sprache werden am Zollschalter des Hauptzollamtes einzeln unentgeltlich verabreicht und können in grösseren Mengen gegen Erstattung der Herstellungskosten entnommen werden.

3. **Dienststunden** des Hauptzollamts sind von 9 Uhr Vormittags bis 4 Uhr Nachmittags, der Zollkasse (Deutsch-Asiatische Bank) von 9—12 Uhr Vormittags und von 2—4 Uhr Nachmittags und der Zollrevisoren auf dem Güterbahnhofe für die Untersuchung der Waren vom 1. 4. bis 30. 9 von Morgens 6 Uhr bis Abends 7 Uhr und vom 1. 10. bis 31. 3. von Morgens 7 Uhr bis Abends 6 Uhr an Werktagen. An Sonn-und Festtagen ist das Zollamt geschlossen für den Warenverkehr auf der Bahn. Die Zollstelle für die Abfertigung von Handgepäck und Passagiergut wird 1 Stunde vor Abgang der fahrplanmässigen Züge geöffnet.

4. Die **Deklarationen** der für den Eisenbahntransport bestimmten Fracht-und Eilgüter sind auf dem Hauptzollamt einzureichen unter Angabe des Bestimmungsortes, der Zeichen, Nummern, Zahl und

12. April 1902.   Amtsblatt—青島官報   Nr. 15. — Seite 45.

Art der Verpackung der Kolli, der Menge, Gattung und des Wertes der Ware, bei verpackten Waren für jedes Kollo nach den Benennungen und Massstäben der Tarifs, sowie nach Möglichkeit des Namens des Einfuhrdampfers und Datums der Ankunft, soweit es sich nicht um Detailwaren oder Getränke, Konserven und dergleichen handelt. Sind in einem Kollo Waren zusammengepackt, welche verschiedenen Zollansätzen unterliegen, so muss in der Deklaration die Menge einer jeden Warengattung nach dem Nettogewicht, bezw. bei Waren, welche einem Stückzoll unterliegen, nach der Stückzahl und bei Waren, welche einem Wertzoll unterliegen, ausser dem Gewicht bezw. der Zahl auch der Wert angegeben werden. Deklarationen, welche nicht in jeder Beziehung nach Massgabe der vorstehenden Bestimmung vollständig sind, werden zurückgewiesen. Falls der Deklarant wegen mangelnder Geschäftspapiere nicht im Stande ist, die Deklaration zu vervollständigen, werden die Kolli auf Risiko und in Gegenwart der Betreffenden geöffnet und auf den Inhalt untersucht werden.

5. Die **Revision** der Fracht-und Eilgüter kann erfolgen im Eisenbahn — Güterschuppen, auf dem Freiladegeleisen des Güterbahnhofs, in den am Anschlussgeleise liegenden Lagerhäusern und an dem Ladeplatze beim Hauptzollamt. Für die Untersuchung der Waren in den am Anschlussgeleise liegenden Lagerhäusern und Ladeplätzen, sowie auf dem Freiladegeleise des Güterbahnhofs ist der Antrag schriftlich auf der Deklaration zu stellen unter Angabe der Zeit, wann die Waren für die Untersuchung bereit sein werden. In solchen Fällen ist die Deklaration möglichst zeitig einzureichen; für Nachmittagsuntersuchungen am Vormittage und für Vormittagsuntersuchungen womöglich schon am Tage vorher. Die Untersuchung der Waren findet in der Reihenfolge statt, in welcher die Deklarationen eingereicht werden und die Waren für die Untersuchung bereit sind. Im Zollbureau wird die Deklaration mit einem Stempel versehen, je nachdem die Untersuchung der Waren im Eisenbahngüterschuppen, im Lagerhause, auf der Ladestelle beim Hauptzollamt oder auf dem Freiladegeleise auszuführen ist. Deklarationen für früh morgens im Güterschuppen zu untersuchende Waren können gleichfalls am Tage vorher eingereicht werden.

6. **Verzollungs-und Abfertigungsmodus.** Nach Untersuchung der Ware und Bescheinigung der Richtigkeit durch den Zollrevisor ist die Deklaration dem Zollbureau zurückzureichen, wo eine Zolldebitnote für den fälligen in die Zollkasse (Deutsch-Asiatische Bank) zu zahlenden Betrag dafür ausgehändigt wird. Nach Einzahlung des Betrages stellt die Bank eine Zollquittung aus, welche im Zollbureau gegen einen Zollschein ausgewechselt wird. Zollschein, Frachtbrief und Ware sind dann dem auf dem Bahnhof stationirten Zollrevisor behufs Abfertigung zu überweisen, worauf die Uebergabe an die Güterexpedition der Bahn erfolgt. Ausserhalb der Bahnhofseinfriedigung ganz oder teilweise beladene Wagen sind auf Verlangen des Zollamts und auf Kosten des Verfrachters mit einem Verschluss zu versehen, welcher erst auf dem Bahnhofe bei Ueberweisung der Ware an die Eisenbahn-Expedition vom Zollrevisor entfernt wird.

Detailwaren oder Konserven, Getränke und dergl. können auch nach den Zollstunden des Hauptzollamtes im Güterschuppen angenommen und abgefertigt werden, falls der Versender bei der Zollbank oder dem Zollamte Sicherheit zu einem in jedem Falle vorher vom Zollamte zu bestimmenden Betrage hinterlegt hat. Die Zahlung ist am folgenden Tage zu leisten, ebenso müssen etwaige ungenügende Angaben am folgenden Tage auf Verlangen vervollständigt werden.

7. Fracht-und Eilgüter **nach Tsangkou oder anderen Stationen auf deutschem Gebiete** sind zollfrei, aber deklarationspflichtig, der dafür ausgestellte Freischein wird dem Frachtbrief angeheftet und am Bestimmungsorte dem Zollbeamten überwiesen. Detailirte Angaben über den Inhalt sind nicht erforderlich.

8. **Handgepäck und Passagiergut** sind dem am Gepäckschalter stationirten Zollbeamten vorzuzeigen und auf Verlangen zu öffnen. Für zollpflichtige Waren ist der Zoll gegen Quittung an der Gepäckzollkasse zu zahlen. Sofern das Handgepäck und Passagiergut aus Waren besteht oder in vernagelten Kisten mitgeführt wird, kann die Untersuchung dieser Gegenstände nach Abfertigung aller anderen Passagiere erfolgen. Zwecks schnellerer Abfertigung liegt es im Interesse der Reisenden, dem revidirenden Zollbeamten ein genaues Inhaltsverzeichnis über dergleichen als Passagiergut mitgeführte Waren oder den Inhalt verschlossener Kisten vorzulegen. Das Recht des Zollamts zur Öffnung solcher Kisten wird hierdurch nicht beeinträchtigt.

9. **Verzögerungen.** Das Zollamt ist nicht verantwortlich für Verzögerungen verursacht durch verspätete Einreichung der Deklaration, durch nichtbereithaltung der zu untersuchenden Waren, falsche Angaben in Deklarationen oder verspätete Zolleinzahlung und in der Abfertigung von zum Handel bestimmten Waren in grösseren Mengen, soweit sie als Passagiergut oder in vernagelten Holzkisten mitgeführt werden.

10. **Kontrebande.** Die Einfuhr nach China von Munition und Kriegsgerätschaften aller Art, von Waffen, Pulver, Sprengstoffen und den zur Herstellung dieser Artikel dienenden Bestandteilen, sowie von Salz ist unter Strafe der Konfiskation verboten. Die Einfuhr von Dynamit für Bergwerks-und Bahnbauzwecke kann nur unter Bürgschaft für sorgfältige Behütung und Nichtabgabe an andere seitens der betreffenden Gesellschaft erfolgen.

Opium kann nur auf Frachtbrief als Eilgut verladen werden, andernfalls unterliegt es der Konfiskation und den in der Opiumverordnung angedrohten Strafen.

11. **Falsche Deklaration.** Waren, welche in Bezug auf Menge und Gattung falsch deklarirt oder auf andere Weise durchzuschmuggeln versucht werden, unterliegen der Konfiskation.

Kiautschou Zollamt

Tsingtau, den 31. März 1902.

E. Ohlmer.
Kaiserlich Chinesischer Seezolldirector.

Tsingtau, den 9. April 1902.

Kaiserliches Gouvernement.

青島裝火車各種貨物海關章程

西歷一千九百一年四月二十號曾定火車運貨章程開列在案現又續定辦法章程開列於後以便週知

一 青島裝火車貨物無論裝快車貨車過車棧過圍柵欄必須報關如赴內地貨物未報關或無收稅單過車棧柵欄即罰充入官或客帶行李或裝車行李均須在火車棧內發行李處由海關人員查驗

二 報單有德文英文中國文者如商人欲領此等報單數張海關可以付給若多領次該罰費價

三 海關每日自早九點鐘至下午四點鐘開關官銀號德華銀行自早九點鐘至十二點鐘下午兩點鐘至四點鐘火車實棧查驗貨物凡辦事之日四月一號至九月三十號自早六點鐘至下午七點鐘十月一號至二月三十一號自早七點鐘至下午六點鐘禮拜及封關日期不辦裝火車貨物查驗客帶行李車棧查驗處於火車所定開行時刻早一點鐘開門辦事

四 裝火車貨物須在大關遞報單報單內註明此貨運赴何處所有貨唛頭號數件數包皮內數包皮內數目樣子估價並每件若干數目均須按照稅則名目分別註明能註明此貨進口船名進口日期尤便零賣及酒箱鐵盒等均無庸照以上分註如一包之內有數種貨物稅則不同者必須於報單內註明或按定數徵稅或按估價徵稅均照稅則完稅之例開報其估價收稅貨物亦須將斤兩定數註明如報單內與以上所列章程不全海關不收若商人無貨物底帳報單不能寫明寫全即由海關開箱查驗以便照貨完稅該商人須同開驗如有損壞與海關無涉

五 查驗貨物或在火車貨棧或在靠鐵路商人棧房或在海關裝貨處均可辦理商人願在棧房或在火車公地遞報關時可以備齊貨物請驗驗均於上午遞報單上午驗貨於前一日報單內盡戳在往查驗後先驗者先驗商人願在火車貨棧或在棧房或在海關前驗貨廠或在火車公地查驗貨物海關在報單內盡戳蓋往查驗

六 貨物查驗後海關驗貨人查驗相符簽字送回大關由大關核明欠若干發給驗單該商待赴官銀號德華銀行完稅由銀行給還號再來大關換給收稅單同鐵路公司裝貨單並貨物一併交火車棧海關裝貨人看明即交車棧人裝車車棧柵欄以外所裝火車或整車或半車海關查驗後將車門十鎖所用花費由商人認繳車到車棧棚欄內再由海關銷開去零貨及酒箱鐵盒等如該商在官銀號或在大關先有存留稅欸亦可在車棧查驗處報稅發裝第二日再行完稅此先存稅欸數目須由大關核定第二日完稅時如大關查得貨色不符或估價不足該商亦須照大關所定改正完稅

七 赴滄口及德境內各車棧貨物均免稅惟須報關海關所發免稅單並鐵路公司裝貨單須一併交該處海關查貨人員此等免稅貨物無庸詳細開報

八 各客行李在火車客棧須給海關人員查驗如海關人員欲開驗何物即須開驗如有應稅貨物在車棧查驗處即可完稅海

12. April 1902.   Amtsblatt—青島官報   Nr. 15. — Seite 47

b) dass die Deklaration für die Wiederausfuhr genaue Angaben über die Einfuhr, sowie die Verpackung angiebt, und dass der Umpackungs—Schein dem Zollamt zurückgestellt wird und

c) dass die Ware, obgleich in eine grössere oder kleinere Zahl von Colli umgepackt, mit der ursprünglich eingeführten Ware identisch ist.

d) Wird nur ein Teil der umgepackten Waren verschifft, so wird der Umpackungs—Schein nach Abschreibung des ausgeführten Quantums dem Kaufmann zurückgestellt.

3. Ergiebt dahingegen die Revision ein Übergewicht oder eine Überzahl der umzupackenden oder umgepackten und zu verschiffenden Ware im Vergleich mit der ursprünglich eingeführten, so wird angenommen, dass die zu verschiffende Ware nicht identisch mit der ursprünglich eingeführten ist und der volle Ausfuhrzoll erhoben.

4. Die Umpackung ohne zollamtliche Erlaubnis, oder das heimliche Oeffnen solcher Waren, oder eines Teils derselben, zieht gleichfalls den Verlust der Zollfreiheit nach sich.

5. Jede Veränderung der Gattung oder Vermehrung der Quantität, möge sie nun in Beipackung anderer Waren oder Auswechselung mit solchen bestehen, zieht bei der Wiederverschiffung die Konfiskation der Ware nach sich. Es ist dabei gleichgültig, ob die Umpackung mit oder ohne Erlaubnisschein erfolgt und ob die Entdeckung vor oder nach der Umpackung eintritt. Ein Aussortiren schlechter Bestandteile wird dagegen nicht als Veränderung der Gattung angesehen; das aussortirte Quantum muss angegeben werden und verfällt für die Wiederausfuhr.

Kiautschou Zollamt,
Tsingtau, den 26. März 1902.

E. Ohlmer,
Kais. Chin. Seezolldirektor.

Tsingtau, den 9. April 1902.
KAISERLICHES GOUVERNEMENT.

Nachstehende Bekanntmachung des Kais. Chin. Seezollamtes wird hiermit zur allgemeinen Kenntnis gebracht:

Zollamtliche Bekanntmachung № 25.

Betreffend die Umpackung Chinesischer Produkte, eingeführt aus chinesischen Häfen unter Zollschein (Duty Paid Certificate) und für Wiederausfuhr bestimmt (Strohborte, Borsten, Felle u. s. w.).

1. Die Umpackung obengenannter Waren ist nur unter amtlicher Kontrolle zulässig. In solchen Fällen ist ein schriftliches Gesuch einzureichen unter Angabe des Herkunftsortes, der Marken, Nummern, des Gewichts und der Zahl der Colli, sowie des Datums und Namens des Einfuhrdampfers. Das Zollamt wird dann einen Beamten mit dem Umpackungs—Erlaubnisschein entsenden, um die Identität der Ware festzustellen, die Umpackung zu beaufsichtigen und das Resultat derselben auf dem Umpackungs—Schein einzutragen.

2. Die zollfreie Wiederausfuhr ist unter folgenden Bedingungen zulässig:
   a) dass die Wiederausfuhr binnen zwölf Monaten erfolgt;

Bekanntmachung.

Am 25. März d. J. ist in Tsimo in dem Geldgeschäft des Hu hsien tschun, Firma Wen tscheng ein Einbruchsdiebstahl verübt worden, bei dem ein Grundbrief über Ankauf eines Grundstückes des Wang kuo tschy durch I tschiau yüan und der Depositenschein Nr. 7 der genannten Firma Wen tscheng über 1080000 Käsch, am 31. Oktober 1902 nebst Zinsen zu zahlen, gestohlen worden sind. Der Depositenschein ist seitens des Magistrats von Tsimo für ungültig erklärt worden. Es wird dringend vor Ankauf oder Eintausch der genannten Papiere gewarnt. Versuche, die Papiere in den hiesigen Geschäften anzubringen, sind sofort unter Zurückhaltung der Papiere und Festhalten der anbietenden Persönlichkeit dem Polizeiamte zu melden.

Tsingtau, den 9. April 1902.

Der Kommissar für chinesische Angelegenheiten.

Nachstehende Bekanntmachung des Kais. Chin. Seezollamtes wird hiermit zur allgemeinen Kenntnis gebracht:

Zollamtliche Bekanntmachung № 28.

Während meiner Abwesenheit von Tsingtau hat der General-Zolldirektor Herrn E. O. Reis mit der Vertretung des Kiautschou Zollamts beauftragt.

Kiautschou Zollamt,

Tsingtau, den 8. April 1902.

E. Ohlmer

Zolldirektor.

Laut Verfügung des General-Zolldirektors habe ich am heutigen Tage die Verwaltung des Kiautschou Zollamts von Herrn Zolldirektor Ohlmer übernommen.

Kiautschou Zollamt,

Tsingtau, den 8. April 1902.

Der Zolldirektor

In Vertretung

E. O. Reis.

Tsingtau, den 9. April 1902.

Kaiserliches Gouvernement

Bekanntmachung.

Der Bedarf der Werkstatt an einigen Materialien soll vergeben werden. Die Lieferungsbedingungen liegen bei der Werkstatt aus und können dort eingesehen werden. Angebote sind unter der Bezeichnung Material bis zum 24. April Vormittags 11 Uhr, verschlossen im Bureau der Werkstatt abzugeben.

Tsingtau, den 10. April 1902.

Marine-Werkstatt

第三年 第十五号

1902年4月12日

大德钦命总督胶澳文武事宜大臣都　为

出示晓谕事：照得胶澳德属境内应行征收各项税课章程，曾于西一千八百九十八年九月初二日订明在案。兹将续订第六款附章列左：

一、附近青岛划为内界各处畜养之狗（狗），其已经脱乳者，每只按年须纳税课洋银十元。

二、此项税洋每于西四月初一日起，核至明年西三月三十一日止。该税洋至迟须于每西五月初一以前，应赴支应局即粮台先纳一年之久。在此年内，如有脱乳之狗，至迟须于四礼拜后报明纳税。设若脱乳在西九月三十日以后，则仅纳半税。其客居内界之人，所有之狗，如住界内，期在四礼拜以内者，则毋须纳税。

三、纳税以后领有准养牌一面，悬挂该狗项间皮条，以备易见。该牌面上刊明狗税簿内所列号数以示已纳税洋。倘遗失该牌者，应赴支应局报请补领，但须缴牌费洋五角。若于应纳税之日起后三阅月，期内狗主将牌缴回，其税洋亦缴还一半。

四、凡有于前项限期以内未曾交纳税课，或狗主任其狗未带准牌野游者，查出除罚洋至二十元之多，如无力呈缴罚款，即管押至十日之久外，仍须补缴应纳之税。

五、凡于青岛内界无牌野游之狗被巡捕擒获，该狗主可以于一礼拜内赴巡捕房缴回养费洋每日五角即可将狗领回。倘逾期不领，该狗均归巡捕衙门管理，与原主无涉。

六、本年应纳养狗税洋之人，至迟于本年西六月初一日止，应缴洋十元。以上所列章程，仰诸色人等，自西本年五月初一日起，一律遵行勿违。特示。

右谕通知

大德一千九百二年四月初九日　告示

告 白

根据1901年12月20日的《铁路警察条例》第12条,警局助理奥古斯特·格奥尔格·柯雷维尔被任命为铁路警官。

青岛,1902年4月8日
皇家总督
都沛禄

告 白

现注销商业登记号为第22号的青岛理查德·普弗吕格公司,其所有人为青岛的商人理查德·普弗吕格。

青岛,1902年4月8日
胶澳皇家审判厅

青岛装火车各种货物海关章程

西历一千九百一年四月二十号曾定《火车运货章程》开列在案,现又续定《办法章程》开列于后,以便周知。

一、青岛装火车货物,无论装快车、货车,过车栈周围栅栏必须报关。如赴内地货物未报关,或无收税单过车栈栅栏,即罚充入官。或客带行李,或装车行李,均须在火车栈内发行李处由海关人员查验。

二、报单有德文、英文、中国文者,如商人欲领此等报单数张,海关可以付给。若多领,须缴该单费价。

三、海关每日自早九点钟至下午四点钟开关,官银号德华银行自早九点钟至十二点钟,下午两点钟至四点钟。火车货栈查验货物,凡办事之日,四月一号至九月三十号,自早六点钟至下午七点钟;十月一号至(次年)二月三十一号,自早七点钟至下午六点钟。礼拜及封关日期,不办装火车货物查验。客带行李、装车行李,车栈查验处于火车所定开行时刻早一点钟开门办事。

四、装火车货物须在大关递报单,报单内注明此货运赴何处。所有该货唛头、号数、件数、包样、包内数目、样子、估价,并每件若干数目,均须按照税则名目分别注明。能注明此货进口船名、进口日期尤便。零货及酒箱铁盒等,均无庸照以上分注。如一包之内有数种货物,税则不同者必须于报单内注明。各样货色照《税则完税章程》,或按斤两征税,或按定数征税,或按估价征税,均照税则。完税之例,开报其估价。收税货物亦须将斤两、定数注明。如报单内与以上所列章程不全,海关不收。若商人无货物底帐(账),报单不能写明写全,即由海关开箱查验,以便照货完税。该商人须眼同开验,如有损坏,与海关无涉。

五、查验货物或在火车货栈,或在火车公地,或在靠铁路商人栈房,或在海关装货处,均可办理。商人愿在栈房或在火车公地查验,几点钟时可以备齐货物请验,均于报单内注明。商人报单均须早递,如下午验货,于上午递报单;上午验货,于前一日递报单。验时分报关先后,先报者先验。商人愿在火车货栈,或在栈房,或在海关前验货厂,或在火车公地查验货物,海关在报单内盖戳,持往查验。如商人愿早间在火车栈查验,于前一日报明,亦可办理。

六、货物查验后,海关验货人查验相符,签字送回大关。由大关核明税款若干,发给验单,该商持赴官银号德华银行完税。由银行给还号收,再来大关换给收税单。此取税单同铁路公司装货单并货物一并交火车栈。海关验货人看明,即交车栈人装车。车栈栅栏以外所装火车,或整车,或半车,海关查验后,将车门上锁,所用花费由商人认缴。车到车栈棚(栅)栏内,再由海关将销开去零货及酒箱铁盒等。如该商在官银号,或在大关先有存留税款,海关下关后亦可在车栈查验处报税发装,第二日再行完税。此先存税款数目须由大关核定,第二日完税时,如大关查得货色不符,或估价不足,该商亦须照大关所定改正完税。

七、赴沧口及德境内各车栈货物均免税,惟须报关。海关所发免税单并铁路公司装货单,须一并交该处海关查货人员。此等免税货物无庸详细开报。

八、各客行李在火车客栈须给海关人员查验。如海关人员欲开验何物,即须开验。如有应税货物,在车栈查验处即可完税,海关收清税饷,给一收税单。若行李中带有多种贸易货物非自用者,或钉固木箱之货,须俟别样客人行李查验完竣后,方能查验。如客人欲从速查验,须将行李内或箱内各货开一清单即可照单完税,亦可由海关开箱查验。

九、或商人呈递报单迟误,或查验之货未曾先备,或报单内有不符,或未及完税,或行李中带有多种贸易货物非自用者,或钉固木箱之货,如因以上各事耽误不能上车,系属该商客自误,与海关无涉。

十、各样兵械与轰爆物,并其制造所需之料,以及咸盐,不准运赴内地。如有私装者,查出罚充入官。矿务公司所用炸药,该公司须具一保结,写明小心收藏,并不给他人,方能赴内地。洋药、土药只能用装货单装车,如不用装货单即罚充入官,或按药土章程究罚。

十一、假报斤两货色,或用别样法子意欲偷漏,查出时均罚充入官。

从通商口来土货,如草缏、猪鬃、皮子等,在青岛改包复出口章程

一、此等货物改包须由海关派人往查,方能拆改。欲改包时,先向海关请发准单,言

明该货系何处运来，唛头、号数、斤两、件数并进口日期，由海关派一官员带同改包准单，在准单内注明查验数目，至商人货栈查验是否原货。

二、准商人将原货免税复出口章程有四：（一）准进口十二个月以内复出口。（二）复出口报单写明进口时情形及包皮式样，将改包准单送回海关。（三）货物无论原包大小，此次改包，大小必须实系原进口之货。（四）原货复出口，如一次不能全出，可报明数目，由海关在准单内批明出口若干，仍发还该商收执。

三、查验时，如改包报出口货物斤两或件数与原进口不同，由海关查明非原进口之货，须令商人完出口正税。

四、未领海关改包准单，私自改包，或私自全行拆开，或未全拆，均不准免税出口。

五、货物改包，如增加调换别色货物，或加增斤两复出口，不论改包有准单无准单，在改包前或在改包后，由海关查出均罚充入官。如包内有损坏货物，准该商捡出。捡出数目须报明，复出口时不准免税。

谨向公众公布下列大清海关告白：

第 28 号海关告白

本人不在青岛期间，由总税务司 E. O. 莱斯先生代理胶海关事务。

胶海关

青岛，1902 年 4 月 8 日

阿理文

海关税务司

根据总税务司令，今日起本人接管胶海关税务司阿理文先生的工作。

胶海关

青岛，1902 年 4 月 8 日

E. O. 莱斯

代理税务司

青岛，1902 年 4 月 9 日

皇家总督府

大德钦命专办中华事宜辅政司单　为

出示晓谕扣留事：照得昨准即墨县函开据，县属监生胡显准禀报，伊文成钱铺于本年二月十六日夜间被贼窃去怡蕉园买王国治田地地契一纸，并文成号壬寅年十月初一第七号村息谷钱壹千零八十吊票回一纸，当将该地契、票回分别按例注销，作为废纸。惟恐不法之徒，执持该地契、票回赴青岛各铺等买物及卖地情事，会请晓谕，前来准此合行出示晓谕，仰阖属各处铺户诸色人等一体知悉，遇有朦用前项注销票回及地契者，务须人脏（赃）概行扣留，立即报明巡捕衙门以凭提案，严讯追究，其各凛遵勿违。特示。

右谕通知
大德一千九百二年四月初九日

告白

工艺局的一些材料需求将公开发包。供货条件张贴在工艺局，可以前往这里查看。报价须注明名称"材料"并密封后，在 4 月 24 日上午 11 点前交至工艺局办公室。

青岛，1902 年 4 月 10 日
水师工艺局

Amtsblatt
für das
Deutsche Kiautschou-Gebiet.

報官島青

Herausgegeben vom Kaiserlichen Gouvernement Kiautschou.

Der Bezugspreis beträgt jährlich $ 0,60 = M 1,20.
Bestellungen nehmen sämtliche deutsche Postanstalten entgegen.

Jahrgang 3. | Nr. 16 | Tsingtau, den 19. April 1902.

Verordnung

betreffend Quarantäne gegen Niutschuang, Manila, Bombay und Calcutta.

Die Häfen von Niutschuang, Manila, Bombay und Calcutta werden für verseucht erklärt. Auf die von dort kommenden Schiffe findet die Verordnung vom 21. April 1900 Anwendung.

Tsingtau, den 15. April 1902.

Der Kaiserliche Gouverneur.

Truppel.

Bekanntmachung.

Bei der unter Nr. 45 im hiesigen Handelsregister verzeichneten Firma Carlowitz & Co. ist folgendes eingetragen:

Der Kommanditist Caesar Erdmann in Hamburg ist mit dem Ablauf des Jahres 1901 aus der Gesellschaft ausgeschieden.

Die Gesellschaft ist seit dem 1. Januar 1902 wieder offene Handelsgesellschaft. Gesellschafter sind die bisherigen 7 persönlichen haftenden Gesellschafter.

Tsingtau, den 12. April 1902.

Kaiserliches Gericht von Kiautschou.

Bekanntmachung.

Auf Antrag des Herrn Seezolldirektors Ohlmer findet am Donnerstag, den 1. Mai d. Js., nachmittags 4 Uhr, auf dem Landamt die öffentliche Versteigerung der Parzelle Kartenblatt 24 Nr. 9 gegen Meistgebot statt.

Lage: Westlich hinter dem Ohlmer'schen Besitztum.

Grösse: 279 qm, Mindestpreis: $ 125,55.
Benutzungsplan: Zusatzparzelle.

Gesuche zum Mitbieten sind bis zum 24. April 1902 hierher zu richten.

Tsingtau, den 11. April 1902.

Das Landamt.

Nachstehende Bekanntmachung des Kais. chin. Seezollamtes wird hiermit zur öffentlichen Kenntnis gebracht:

Zollamtliche
Bekanntmachung No. 29.

Betreffend die Verschiffung von Waren im Hafen von Tsingtau.

Alle im Hafen von Tsingtau auf Kauffahrtei-Schiffen zu verschiffende Waren, einerlei ob fremden oder einheimischen Ursprungs, ob auf Dampfern, Segelschiffen, Dschunken, Leichterfahrzeugen oder Sampans verladen und einerlei ob nach chinesischen Häfen oder nach dem Auslande bestimmt, unterliegen der zollamtlichen Kontrolle und dürfen nicht ohne Deklaration und Zollschein verladen werden. Die Verladung in der Aussenbucht kann erfolgen auf der Strandstrecke zwischen der Yamenbrücke und der Feldbatterie, sowie in der Innenbucht an der Strandstrecke des kleinen Tapautau-Hafens. Für Massenartikel: Kohle, Petroleum, Holz, Getreide u. s. w. sowie auch für andere Waren unter besondern Umständen kann die Verladung auf Sonderantrag auch anderswo erfolgen.

1. Die **Deklarationspflicht** tritt ein für zu verschiffende Waren vor der Verladung an den Ladungsbrücken oder am Strande. Waren ohne Deklaration oder Zollschein verschifft oder verladen unterliegen der Konfiscation.

2. **Deklarationsformulare** in deutscher, englischer und chinesischer Sprache können am Zollschalter des Hauptzollamts einzeln unentgeltlich und in grösseren Mengen gegen Erstattung der Herstellungskosten entnommen werden.

3. **Dienststunden** des Hauptzollamtes sind von 9 Uhr Vormittags bis 4 Uhr Nachmittags, der Zollkasse (Deutsch-Asiatische Bank) von 9 Uhr bis 12 Uhr Vormittags und von 2 bis 4 Uhr Nachmittags und der Zollrevisoren von 6 Uhr Morgens bis 6 Uhr Abends. An Sonn- und Feiertagen ist das Zollamt geschlossen.

4. Die **Deklarationen** sind auf dem Hauptzollamt einzureichen unter Angabe des Namens des Schiffes, des Bestimmungsortes, der Zeichen, Nummern, Zahl und Art der Verpackung der Kolli, der Gattung, Menge und des Wertes der Waren nach den Benennungen und Massstäben des Tarifs. Sind in einem Kollo Waren zusammengepackt, welche verschiedenen Zollsätzen unterliegen, so muss in der Deklaration die Menge einer jeden Warengattung nach dem Nettogewicht bezw. bei Waren, welche einem Stückzoll unterliegen, nach der Stückzahl und bei Waren, welche einem Wertzoll unterliegen ausser dem Gewicht bezw. der Zahl auch der Wert angegeben werden. Deklarationen, welche nicht in jeder Beziehung nach Massgabe der vorstehenden Bestimmungen vollständig sind, werden zurückgewiesen. Falls der Deklarant wegen mangelnder Geschäftspapiere nicht im Stande ist, die Deklaration zu vervollständigen, werden die Kolli auf Risiko und in Gegenwart des Betreffenden geöffnet und auf den Inhalt untersucht werden.

5. Die **Revision der Waren** erfolgt in der Regel an der amtlichen Abfertigungsstelle, für im äusseren Hafen zu verschiffende Waren im Zollschuppen an der Tsingtau Brücke und für in der Innenbucht und dem kleinen Hafen zu verschiffende Waren im Zollschuppen am kleinen Hafen. Das Zollamt trifft unter Berücksichtigung des Verkehrs und der Verhältnisse die Bestimmung darüber ob und unter welchen Umständen und Bedingungen die Abfertigung ausserhalb der gewöhnlichen Amtsstellen auf den Privatlagern u. s. w. erfolgen kann. Der Antrag dafür ist auf der Deklaration zu stellen und ist dieselbe in solchen Fällen für Nachmittags zu untersuchende Waren Vormittags, und für Vormittags zu untersuchende Waren am Tage vorher unter Angabe der Zeit, wann die Waren für die Untersuchung bereit sein werden einzureichen. Die Revisionen finden in der Reihenfolge statt, in welcher die Deklarationen eingereicht worden und die Waren für die Untersuchung bereit sind.

6. **Verzollungs- und Abfertigungsmodus.** Nach Untersuchung der Ware und Bescheinigung der Richtigkeit durch den Zollrevisor ist die Deklaration dem Zollbureau zurückzureichen, wo eine Zolldebitnote für den fälligen, in die Zollkasse (Deutsch-Asiatische Bank) zu zahlenden Betrag dafür ausgehändigt wird. Nach Einzahlung des Betrages stellt die Bank eine Zollquittung aus, welche im Zollbureau gegen einen Zollschein ausgewechselt wird. An Stelle des Zollscheines kann der Verschiffungs- oder Ladeschein treten und vom Zollamt gestempelt werden.

7. **Verzollung von Kleingut am kleinen Hafen.** Um die Zollabfertigung der im kleinen Hafen zu verschiffenden Waren und die Verzollung des von Passagieren mitgeführten Kleinguts zu erleichtern, ist am kleinen Hafen mit Genehmigung des Kaiserlichen Gouvernements eine Zollstelle eröffnet worden.

Dort zu verschiffende Waren können nach Wahl des Kaufmanns an dieser Zollstelle oder beim Hauptzollamt untersucht und abgefertigt werden. Der Zoll für solche Waren ist wie früher bei der Deutsch-Asiatischen Bank einzuzahlen und der Zollschein im Hauptzollamt in Empfang zu nehmen. Der Zollschein muss dem Zollbeamten am kleinen Hafen zur Abfertigung vorgelegt werden und die Waren begleiten.

Das Kleingut der Reisenden u. s. w. kann dort untersucht und nach dem dort aushängenden Tarif verzollt werden. Zahlungen werden entgegengenommen in Dollars (ein Haikuan Tael=$ 1,50=1200 Käsch). Der dort ausgefertigte Zollschein muss die Waren begleiten und auf Verlangen vorgezeigt werden.

Als Kleingut wird jede Ware betrachtet, die nicht mehr als Hk. Tl. 1 Zoll zu zahlen hat.

8. **Verzögerungen.** Das Zollamt ist nicht verantwortlich für Verzögerungen verursacht durch verspätete Einreichung der Deklaration, durch Nichtbereithaltung der zu untersuchenden Waren, falsche Angaben in Deklarationen oder verspätete Zolleinzahlung und in der Abfertigung von zum Handel bestimmten Waren in grösseren Mengen, soweit sie als Passagiergut oder in vernagelten Holzkisten mitgeführt werden.

9. **Falsche Deklaration.** Waren falsch deklariert in Bezug auf Menge und Gattung oder auf andere Weise durchzuschmuggeln versucht, Waren ohne Zollschein oder ausserhalb der Ladegrenzen (siehe Einleitung) verschifft, unterliegen der Konfiscation.

Kiautschou Zollamt,

Tsingtau, 8. April 1902,

E. Ohlmer

Zolldirektor.

Tsingtau, den 14. April 1902.

Kaiserliches Gouvernement.

青島裝出口貨物章程

在青島裝船貨物不論洋貨土貨不論裝輪船夾板民船駁船三板不論赴通商口或赴外洋均須由海關查驗不准無報單或無稅單裝船從青島小碼頭以北至黑蘭管盤以東及大包島小船隄內均可裝船大宗貨物如煤火油木頭糧食等及別樣貨物有格外情形不能在以上所指之處裝船須報明在何處裝船海關亦可照准

一 報關裝船貨物在碼頭或海邊裝船以前必須報關無報單或無准單裝船均將貨物罰充入官

二 報單有德文英文華文者如商人欲領此等報單數張大關可以付給若多領須繳該單費價

三 辦事時刻大關每日自早九點鐘至下午四點鐘開關官銀號德華銀行自早九點鐘至十二點鐘下午兩點鐘至四點鐘驗貨房自早六點鐘至下午六點鐘禮拜及封關日期均不辦事

四 出口貨物在大關遞報單所有出口船名運赴何處以及該貨唛頭號數件數包皮式樣貨色斤兩估價均須按照稅則名目分別註明如一包之內有數種貨物稅則不同者必須於報單內註明各樣貨色或按斤洒徵稅或按估價徵稅均照稅則之例開報其估價收稅貨物亦須將斤兩什數註明如雖單內與以上所列章程不全海關不收若商人無貨物底帳報單內不能寫明貨物完稅該商人須同開箱查驗以便照貨完稅商人須眼同開驗如有損壞與海關無涉

五 海關查驗貨物如澳外裝貨在大鐵碼頭西驗貨房登驗澳內或小船隄裝貨在大包島驗貨房查驗海關看貿易情形可以在驗貨房以外商人棧房查驗如商人有須在驗貨房以外查驗之貨幾點鐘時可以備齊貨物請驗均於報單內註明商人報單均須早遞如下午驗貨於上午遞報單上午驗貨於前一日遞報單驗時分報關先後報驗者先驗

六 完稅辦法貨物查驗後海關驗貨人查報單與貨相符簽字送回大關由大關秘明稅欸若干發給驗單該商持赴官銀號德華銀行完稅由銀行給還號收再來大關換給收稅單如不用收稅單須有下貨單由大關蓋印發還

七 大包島小船隄完零貨稅辦法在小船隄裝貨以及商客隨帶貨物大關為便商起見特請膠澳德督准於大包島添設驗貨房所有在小船隄裝船之貨在大包島驗貨房或在大關前繳貨房查驗聽商自便稅欸仍須在官銀號德華銀行完納在大關領完稅單隨同貨物交大包島海關人員查驗放行客人所帶零貨等物在大包島驗貨房查驗俟照懸掛開列稅則完粉每稅銀壹兩收洋壹元伍角或大錢壹千貳百文發給零貨收稅單此單不可與貨相離以便海關人員查驗凡貨物應徵稅銀不過壹兩者為零貨

八 或商人遞報關遲誤或查驗之貨未曾先備或報單內有不符或未及完稅或行李中帶有多種貿易貨物及釘固木箱之貨如因以上各事耽誤不能裝船係屬該商客自誤與海關無涉

九 假報斤兩貨色或用別樣法子意欲偷漏或無收稅單或裝船不在以上所列界限之內均將貨物罰充入官

膠海關　為開列章程事案奉

上憲文開即墨之青島女姑陰島膠州之陳家島塔埠頭等處暨膠澳全海面作為大德國租界議由中國設關派員徵收各稅並將收稅章程會訂惠條派本稅務司來青設關徵收新常兩關稅釐定於五月二十四日即新關第一百五十六結之首開關徵辦等因奉此查膠州新關係屬創始且在租界以內辦法與他處不同茲將民船辦法章程開列仰來關納稅者熟閱以便無誤遇事即應遵照和約條欵辦理為要茲將章程十三條開後

計開

一　洋貨由民船裝運赴德境外銷售須在青島海關報關查驗徵收進口正稅發給完稅憑單各分口驗放行不再徵稅如運銷德境以內貨物概行免稅惟須來關報明發給免稅憑單

一　由民船運內地土貨來青島者無論由何處分口出口均不徵稅俟在青島出口時徵收出口正稅惟分口出口青島進口均須報明以憑查核

一　常關民船進口出口土貨應徵稅釐暫行改照進商稅則五成徵收連釐金在內所徵之銀以膠平100兩合關平銀壹兩所有從前各局谷尚署一切規費全行裁免無論何人不得擅收

一　民船進口土貨在青島銷售者免稅赴內地銷售者另稅赴內地十貨出口膠澳口者海關徵收出口半稅亦可分別辦理民船裝內地十貨出口膠澳口半稅

一　民船進膠澳口必須在青島停泊來海關呈報貨物總單上註明各貨數目斤兩赴何處分口將船票呈交海關由海關發給號旗一面此旗須插桅上方准在青島御貨或開往膠澳內口俟裝貨出口時仍在青島停泊呈報貨物總單由海關收回號旗將船票發還並給出口總單該船即可放洋

一　民船稅釐必須在青島海關隨報隨繳其進口時先完進口稅釐始能起卸貨物出口時完稅後始能發還船票

一　民船在各分口進口出口均須先遞貨物總單裝貨御貨時各駛船再遞驗貨單聽候查驗如有私裝私御未報關貨物均罰

一　貿易船隻由膠澳此口運貨至膠澳彼口者須在出口時將所裝貨物報明先領准單到彼口赴海關呈繳原領准單聽候查驗

一　民船進口出口所裝貨物無論運銷德境內德境外有稅無稅均須呈報海關由海關分別發給完稅免稅放行憑單始准裝船無論何口如查有無完稅私放行憑單之船即以私貨論罰充入官至空進空出之船亦須一律報明以憑查核

一　民船裝載各貨進口未曾起岸仍以原船裝運出口者呈報海關驗明免徵稅釐

一　民船裝運徵各貨進口來關報明存儲關棧完納稅釐黏貼印花始准運赴內地如船上帶有零包烟土查出時將私土入官船主議罰販私人送請德署究辦其在德境內銷售洋藥土藥分歸專案章程辦理

驗

一凡兵械火藥暨轟爆物料均不准民船裝運進口並運赴內地如私裝私運以上各物者查出時將船物罰充入官並從重議罰究辦如民船帶有防護炮械必須在原出口處請領炮照在青島進口時將所領炮照呈交海關查驗蓋印

一捕魚船如裝貨物亦遵以上章程

一膠海關續定各章程

一爲零貨報稅事查青島進口洋貨有零星運赴內地者成定之布成桶之油成件之貨均須納稅本關爲便商起見另備零稅公事房兩處一在青島大鮑一在大包島小船隻以便投報惟恐不能週知須由行舖來關發給零貨稅單方准外運其每關平銀壹兩收洋壹元伍角以歸簡易如邊界處查有未領稅單之零貨即將私貨罰充入官

一爲水路陸路運貨報關事本關於滄口女姑塔埠紅石崖設立分口並於溝塔亭趙村頭設立分卡專爲稽查起卸如物所有膠澳內運貨各三板必須將青島所領完稅單之貨送至女姑分口或塔埠頭分口或紅石崖分口報關查驗方准起卸如在無分卡各口查有未曾報關及無完稅單之貨即以私論罰之每日自早六點鐘至下午六點由溝塔埠趙村兩處過關查驗如有貪役行走以及繞越山僻小路者有藉端留難需索錢文情事無論多少許即來青島海關或在分口分卡指明稟訴定行重懲該商民等亦不得私用錢文意圖偷漏致干究罰

一爲查獲私貨來關具稟事所有各稽查分卡查獲無准單私運之貨均限十日內來關具稟以憑核辦嗣後如有查獲私貨日內不來關具稟者即將該貨充公商民等切勿自誤

一爲暫發船牌事本關定章凡民船進口須在青島停泊將船票呈交海關乃近來進口民船三板大半均無船票漫無稽查殊非愼重之道茲定由本關暫行發給船牌以便稽核此後民船三板如無船票可取具切實保結來關請領船牌持赴各口貿易可也

一爲設箱收票事本關華洋人等辦事或有不公本稅務司難以周知特設投票箱壹具如本關辦事之人有不公之處准具稟投此箱內以便查辦惟事須實在不得虛詞凟瀆致干未便

一爲改定稅章事光緒二十七年七月二十五日北京條約所訂第六欵和約畫押兩個月後海關進口貨稅增至切實值百抽五所有向例進口免稅各物除外洋所來之米糧麪金銀錢照舊免稅外其餘谷物均應列入值百抽五貨內現定於西歴一月十一日即中歴十月初一日開辦本關自應一律遵辦所有由德境運赴內地洋貨均照此辦理進口洋貨增至切實值百抽五是各貨均須估價進口船名進口日期以及唛頭號數件數包樣貨色估價按照稅則各目均於報單內分別註明並將該貨送關查驗以便徵稅

一爲十貨運德境內地事本關定章凡由德境運入內地貨物均須徵稅乃每有小本商販由內地置買土貨來德境銷售不清仍運內地此等貨物必須安定章程以淸界限此後凡有由內地運土貨來德境銷售者可於入境過趙村流亭溝销售不清仍運內地此等貨物必須安定章程以淸界限此後凡有由內地運土貨來德境銷售者可於入境過趙村流亭溝

Seite 54. — Nr. 16.　　　Amtsblatt—青島官報　　　19. April 1902.

塔單時先行報明貨色如德境銷售不清仍由原處出境查驗放行以歸簡便

一爲懸賞緝私事本關在各處設立分卡稽查偷漏惟因陸路紛歧稽查難周偷漏之弊仍不能免若不嚴行查禁實於稅務有碍爲此懸賞緝拏無論何人如知有未在膠海關完稅之貨私自運赴內地即至外卡報信海關查獲定將該貨全數充公以三成賞給報信之人惟事須確實不得虛妄致擾

一爲發驗單時刻事本關自早九點鐘直至下午四點鐘均可發驗單並無耽擱德華銀行於四點鐘伍分鐘以前收驗單四點五分鐘即閉門不收四點五分鐘以前到德華均可完稅未在德華完稅貨物不能發裝須至第二日完稅後始能發裝所以商人均須早來報稅因貨物查驗後在四點鐘以前方可發驗單也

一爲貨物裝船事赴外洋或赴通商各口出口貨物運赴膠澳內各口或沿海民船各口進口貨物只准在青島小碼頭以北黑欄營盤以東大包島小船隔廠裝貨之處裝船貨物裝船時須有完稅單如查有無完稅單裝船之貨即以私論罰充入官

Übersetzung.

In Ausführung der in Peking getroffenen Vereinbarungen über die Zulassung des chinesischen Seezolls im deutschen Kiautschou-Gebiet mache ich folgende Bestimmungen über die Behandlung der Dschunken bekannt:

§ 1.

Auf Dampfern eingeführte Waren, die auf Dschunken über das Pachtgebiet hinaus gebracht werden sollen, zahlen im Zollamt von Tsingtau vollen Einfuhrzoll, worauf sie einen Ausweis erhalten, auf dessen Vorzeigung sie bei den Teilstellen ohne weitere Zollzahlung passieren. Sollen die Waren im deutschen Gebiete verbleiben, so sind sie zollfrei, müssen aber auf dem Zollamte angemeldet werden, worauf ein Freischein vom Zollamt ausgestellt wird.

§ 2.

Chinesische Waren, die auf Dschunken nach Tsingtau zur Verschiffung auf den Dampfern gebracht werden, sind, woher sie auch immer kommen, zollfrei. Erst bei der Verladung in Tsingtau auf Dampfer zahlen sie den vollen Ausfuhrzoll.

Diese Waren sind beim Ausgang aus den betreffenden Häfen und beim Eingang in Tsingtau beim Zollamt anzumelden.

§ 3.

Anstelle der alten chinesischen Zölle und Likinabgaben für ein- und ausgehende Dschunken wird in allen Häfen gleichmässig eine Abgabe erhoben in Höhe der Hälfte des Seezolls nach dem Vertrags-Tarif, worin der Likin eingeschlossen ist. Dabei wird der Haikuan Tael gleich 1,04955 Kiautschou Tael gerechnet. Alle früheren in Likin- und Zollämtern sonst erhobenen Abgaben fallen fort. Niemand ist berechtigt, ausser dieser Abgabe weitere Gebühren zu erheben.

§ 4.

Auf Dschunken eingeführte chinesische Waren sind, wenn sie in Tsingtau bleiben, zollfrei. Werden sie ins Innere geschafft, so zahlen sie Halbzoll. Bei Ladungen, die teils in Tsingtau, teils in anderen Häfen gelöscht werden, ist eine entsprechende Deklaration zu machen.

Dschunken mit chinesischer Ladung zahlen bei Ausfuhr aus der Bucht Halbzoll.

§ 5.

Einlaufende chinesische Dschunken müssen in Tsingtau ankern und dem Zollamte ein Manifest über Zahl und Gewicht der Ladung, auf dem vermerkt ist, für welchen Teilhafen sie bestimmt ist, überreichen. Ferner müssen sie ihre Schiffspapiere auf dem Zollamte deponiren, worauf dieses eine Fahne gibt, die an dem Mast zu führen ist. Die Dschunke kann dann in Tsingtau löschen oder irgend einen Hafen der Bucht anlaufen.

Später bei der Ausfahrt aus dem Hafen müssen die Dschunken wieder in Tsingtau anlegen und dem Zollamte ein Ausfuhrmanifest einreichen; die Schiffspapiere werden darauf vom Zollamt zurückgegeben und nachdem ihnen die Fahne wieder abgenommen ist, können sie in See gehen.

§ 6.

Zoll und Likin auf Dschunken ist bei dem Seezollamte in Tsingtau mit der Anmeldung zu zahlen. Mit den Löschen der Waren darf bei einkommenden Dschunken erst nach Entrichtung von Zoll und Likin begonnen werden; bei der Ausfahrt werden die Schiffspapiere erst ausgehändigt, nachdem der Ausfuhrzoll vollständig entrichtet ist.

§ 7.

Ein- und auslaufende Dschunken haben in den Teilhäfen zuerst das Manifest einzureichen; beim Löschen und Laden haben die Leichter eine Botnote zur Beifügung der Ware einzureichen. Nicht deklarirte Waren, die heimlich gelöscht oder geladen sind, werden konfiscirt.

§ 8.

Dschunken, die von einem Hafen der Bucht nach einem andern fahren wollen, haben vor der Abfahrt bei der Zollstation die Ausstellung eines Ausfuhr-Erlaubnisscheines nachzusuchen, welcher bei der Ankunft im Bestimmungshafen der dortigen Zollstation auszuliefern ist.

§ 9.

Mit Waren ein- und ausgehende Dschunken müssen, einerlei ob sie für das deutsche Gebiet oder für ausserhalb desselben bestimmt sind, sich beim Zollamt melden, mögen sie zollpflichtig sein oder nicht. Das Zollamt stellt den Zoll- oder Freischein aus, worauf die Dschunke verladen darf. Eine Dschunke, die ohne Zoll- oder Freischein betroffen wird, wird behandelt, als habe sie Schmuggel-Waren an Bord, und die Waren werden konfiscirt. In Ballast ein- oder ausgehende Dschunken haben sich gleichfalls im Interesse der Kontrolle zu melden.

§ 10.

Waren, die auf Dschunken einkommen, und ehe sie gelandet sind, wieder zur Ausfuhr auf derselben Dschunke gelangen, sind zum Zweck der Zollbefreiung dem Zollamte zu melden.

§ 11.

Fremdes und einheimisches Opium darf nur in Originalkisten auf Dschunken eingeführt werden. Es ist beim Zollamte anzumelden, in den Zollschuppen überzuführen und der Zoll zu entrichten. Nachdem es vom Zollamte mit einer Marke versehen ist, ist sein Weitertransport ins Innere gestattet. Wird auf den Dschunken Opium in kleinen Packeten vorgefunden, so wird es als geschmuggelt konfiscirt, der Schiffsführer bestraft und der Händler mit diesem Opium zur Bestrafung den deutschen Behörden zugeführt. Über den Verkauf und Verbrauch von fremden und einheimischen Opium im deutschen Gebiete es Sonderbestimmungen.

§ 12.

Die Einfuhr in das deutsche Gebiet von Waffen, Pulver und Sprengstoffen auf Dschunken ist verboten, ebenso der Transport in das Innere. Wird entdeckt, dass die oben genannten Gegenstände als Schmuggelwaren geladen, oder ins Innere gebracht werden, so werden die Dschunken mitsamt den Waren konfiscirt und die Schuldigen schwer bestraft.

Führen die Dschunken Waffen zu eigener Verteidigung, so haben sie in dem Ausgangshafen einen Waffenschein zu lösen, der bei der Ankunft in Tsingtau dem Zollamt zur Prüfung und Abstempelung vorzuweisen ist.

§ 13.

Fischerdschunken, die Waren geladen haben, sind ebenfalls den vorstehenden Bedingungen unterworfen.

Ausführungsbestimmungen für das Kiautschou-Zollamt.

§ 14.

Anmeldung von Detailwaren

Falls fremde Waren nach ihrer Einfuhr in Tsingtau in kleinern Quantitäten ins Innere verschickt werden, so sind ganze Stückgüter, ganze Tons etc., und ganze Kolli zollpflichtig. Im Interesse des Handels sind zwei besondere Amtsräume eingerichtet, einer im Hauptzollamt in Tsingtau und einer am kleinen Hafen bei Tapautau, wo die Meldung erstattet werden kann.

Auswärtige Händler, die mit den Bestimmungen nicht vertraut sind, müssen die Anmeldung durch hiesige Firmen besorgen lassen. Erst nach Ausstellung des Detailwaren-Zollscheines dürfen sie die Waren über die Grenze befördern.

Der grösseren Bequemlichkeit halber wird dabei der Tael in $ 1,50 umgerechnet werden. Werden Waren an der Grenze ohne diesen Zollschein getroffen, so unterliegen sie der Konfiscation.

§ 15.

Anmeldung von Waren die auf dem Seeweg oder dem Landweg verschickt werden.

Für die Kontrolle der nach dem Innern bestimmten Waren sind in Tsangkou, Nüku, Taputou, Hungschy-yai Zollstellen und bei Koutapu-Liuting und Tschautsun Zoll-Barrieren errichtet. Sampans, die in der Bucht nach anderen nicht oben erwähnten Häfen der Bucht Waren verschiffen, dürfen erst nach Vorzeigung des in Tsingtau ausgestellten Zollscheines in Nüku, Taputou oder Hung schy yai ihre Waren verladen.

Unangemeldete Waren ohne Zollschein, die an Plätzen, die keine Zollstelle haben, gefunden werden, gelten als Schmuggelwaren und unterliegen der Konfiscation.

Waren, die auf dem Landwege auf Karren transportirt werden, werden beim Passiren der Zollschranken von Koutapu und Tschautsun untersucht.

Waren, die in der Nacht zwischen 6 Uhr Abends und 6 Uhr Morgens oder unter Umgehung der Zollstellen transportirt werden, gelten als Schmuggel-Ware und unterliegen der Konfiscation.

Es wird darauf hingewiesen, dass an den Zollstellen und Barrieren lediglich Waren und Zollscheine revidirt werden, wofür keine Abgaben zur Erhebung gelangen.

§ 16.
Reklamation mit Beschlag belegter Waren.

Für sämtliche an den Grenzkontrollstationen mit Beschlag belegten Waren, die ohne Zollschein über die Grenze geschmuggelt werden sollten, sind Gesuche um Freigabe innerhalb von 10 Tagen beim Zollamt einzureichen. Mit Beschlag belegte Waren, die innerhalb von 10 Tagen nicht reklamirt sind, unterliegen der Konfiscation.

§ 17.
Ausstellung provisorischer Schiffspapiere.

Den vom Zollamt veröffentlichten Bestimmungen, dass bei der Ankunft in Tsingtau von den Dschunken die Schiffspapiere dem Zollamte einzureichen sind, zuwider ist häufig der Fall vorgekommen, dass Dschunken und Sampans ohne Schiffspapiere kommen. Zur Vermeidung dieses die Kontrolle erschwerenden Übelstandes werden nunmehr vom Zollamt provisorische Bescheinigungen gegen Leistung einer Bürgschaft ausgestellt.

§ 18.
Beschwerden.

Beschwerden gegen Unregelmässigkeiten des Zollamt-Personals sind als Eingabe in die zu diesem Zweck angebrachten Petitions-Kästen zu werfen. Die Einreichung unbegründeter Beschwerden ist zwecklos.

§ 19.
Zollabänderung.

Die in Artikel VI des Friedensprotokolls vom 7 September 1901 festgesetzte Erhöhung des Einfuhrzolles auf thatsächlich 5% einschliesslich der bisher zollfreien Artikel jedoch mit Ausnahme von Reis, Getreide und Mehl fremder Herkunft, sowie gemünzten oder ungemünzten Gold und Silber, welche einer Bestimmung desselben Artikels zufolge, zwei Monate nach Unterzeichnung des Protokolls, mithin am 7. November in Kraft treten sollte, nach neuerer Bestimmung erst am 11. November 1901 in Kraft getreten ist, findet auf Waren fremder Herkunft, die nach dem Innern gehen, Anwendung.

Der Berechnung des Einfuhrzolles liegt von nun ab der Wert zu Grunde. In der dem Zollamt einzureichenden Deklaration ist in Zukunft der Name des einfahrenden Schiffes, Datum der Einfuhr, Zeichen, Nummer, Zahl und Art der Verpackung, Gattung und Wert der Ware nach den Benennungen und Massen des Tarifs anzugeben und die Ware beim Zollamt zur Verzollung zu bringen.

§ 20.
Rücktransport unabgesetzter Waren.

Waren, die aus dem deutschen Gebiete ins Innere ausgeführt werden, zahlen Einfuhrzoll. Händlern, welche Waren aus dem Innern in das deutsche Gebiet bringen und die dort nicht abgesetzten Waren ins Innere zurückführen wollen, wird zur Erleichterung des Verkehrs gestattet, die bei der Einführung in Tschautsun, Liuting und Koutapu angemeldete Ware auf dem ursprünglichen Einfuhrwege frei wieder auszuführen.

§ 21.
Belohnung für Anzeige von Schmuggel.

Um den Überhandnehmen des Schmuggels zu steuern, wird bekannt gegeben, dass für Anzeigen über Schmuggel beim Zollamt, die zur Entdeckung und Konfiskation der geschmuggelten Ware führen, eine Belohnung von $3/10$ des Netto=Wertes der Ware ausgesetzt wird.

§ 22.
Zeit der Zollabfertigung.

Das Zollamt stellt von morgens 9 Uhr bis nachmittags 4 Uhr Zoll-Certifikate aus. Die Deutsch-Asiatische Bank fertigt bis 4 Uhr 5 Minuten nachmittags Zollcertifikate ab.

Waren dürfen nicht verladen werden, bevor der Zollbetrag auf der Deutsch-Asiatischen Bank eingezahlt ist. Es liegt deshalb im Interesse des Publikums, die Deklaration so früh als möglich zu besorgen.

§ 23.
Verladung von Waren.

Ausfuhrwaren für das Ausland oder für die dem Handel geöffneten Häfen oder Einfuhrwaren für die Häfen im Innern der Bucht oder für die Dschunkenhäfen dürfen nur an der Ladestelle am kleinen Hafen bei Tapautau und auf der Strecke von der Yamen Brücke bis zur Feldbatterie der Aussenbucht verladen werden. Beim Verladen muss der Zollschein vorhanden sein. Waren, die ohne Zollschein verladen werden, gelten als Schmuggelwaren und werden konfiscirt.

Druck der Missionsdruckerei, Tsingtau.

第三年　第十六号

1902 年 4 月 19 日

关于针对牛庄、马尼拉、孟买和加尔各答隔离的命令

牛庄、马尼拉、孟买和加尔各答港口已被定为染疫。对于从那里驶来的船只,适用 1900 年 4 月 21 日公布的法令。

青岛,1902 年 4 月 15 日

皇家总督

都沛禄

告白

本地商业登记为第 45 号的礼和洋行现登记下列事项:

汉堡的有限责任股东凯撒·艾德曼已于 1901 年底离开公司。

公司自 1902 年 1 月 1 日起再次成为运营中的贸易公司,股东为目前的 7 名个人全责股东。

青岛,1902 年 4 月 12 日

胶澳皇家审判厅

告白

应海关税务司阿理文先生申请,将于今年 5 月 1 日星期四下午 4 点在地亩局公开拍卖地籍册第 24 页第 9 号地块,价高者得。

位置:阿理文物业后部的西面。

面积:279 平方米,最低价:125.55 元。

使用规划:附属建筑。

出价申请须最晚 1902 年 4 月 24 日交至本处。

青岛,1902 年 4 月 11 日

地亩局

青岛装出口货物章程

在青岛装船货物，不论洋货、土货，不论装轮船、夹板、民船、驳船、三板，不论赴通商口或赴外洋，均须由海关查验，不准无报单或无收税单装船。从青岛小码头以北至黑兰营盘以东，及大包岛、小船岛内，均可装船。大宗货物，如煤、火油、木头、粮食等及别样货物，有格外情形不能在以上所指之处装船，须报明在何处装船，海关亦可照准。

一、报关装船货物，在码头或海边装船以前必须报关，无报单或无准单装船，均将货物罚充入官。

二、报单有德文、英文、华文者，如商人欲领此等报单数张，大关可以付给。若多领，须缴该单费价。

三、办事时刻：大关每日自早九点钟至下午四点钟开关。官银号德华银行自早九点钟至十二点钟，下午两点钟至四点钟。验货房自早六点钟至下午六点钟。礼拜及封关日期均不办事。

四、出口货物在大关递报单，所有出口船名，运赴何处，以及该货唛头、号数、件数、包皮式样、货色、斤两、估价，均须按照税则名目分别注明。如一包之内有数种货物，税则不同者，必须于报单内注明各样货色，或按斤两征税，或按定数征税，或按估价征税，均照税则完税之例，开报其估价。收税货物亦须将斤两、件数注明。如报单内与以上所列章程不全，海关不收。若商人无货物底帐（账），报单内不能写明写全，即由海关开箱查验，以便照货完税，该商人须眼同开验，如有损坏，与海关无涉。

五、海关查验货物，如澳外装货，在大铁码头西验货房查验。澳内或小船岛装货，在大包岛验货房查验。海关看贸易情形，可以在验货房以外商人栈房查验，如商人有须在验货房以外查验之货，几点钟时可以备齐货物请验，均于报单内注明。商人报单均须早递。如下午验货，于上午递报单；上午验货，于前一日递报单。验时分报关先后，先报报者先验。

六、完税办法：货物查验后，海关验货人查报单与货相符，签字送回大关，由大关核明税款若干，发给验单。该商持赴官银号德华银行完税，由银行给还号收，再来大关换给收税单，如不用收税单，须有下货单，由大关盖印发还。

七、大包岛、小船岛完零货税办法：在小船岛装货以及商客随带货物，大关为便商起见，特请胶澳德督准于大包岛添设验货房。所有在小船岛装船之货，在大包岛验货房，或在大关前验货房查验，听商自便，税款仍须在官银号德华银行完纳。在大关领收税单，此收税单随同货物交大包岛海关人员查验放行。客人所带零货等物在大包岛验货房查验，按照悬挂开列税则完税。每税银壹两，收洋壹元伍角，或大钱壹千贰百文，发给零货收税单。此单不可与货相离，以便海关人员查验。凡货物应征税银不过壹两者为零货。

八、或商人递报单迟误,或查验之货未曾先备,或报单内有不符,或未及完税,或行李中带有多种贸易货物及钉固木箱之货,如因以上各事耽误不能装船,系属该商客自误,与海关无涉。

九、假报斤两货色,或用别样法子意欲偷漏,或无收税单,或装船不在以上所列界限之内,均将货物罚充入官。

胶海关　为开列章程事案奉

上宪文开即墨之青岛、女姑、阴岛,胶州之陈家岛、塔埠头等处,暨胶澳全海面作为大德国租界,议由中国设关派员征收各税,并将收税章程会订专条,派本税务司来青设关征收新、常两关税厘,并定于五月二十四日,即新关第一百五十六结之首开关征办等因。奉此查胶州新关,系属创始,且在租界以内,办法与他处不同,兹将民船办法章程开列。仰来关纳税者,熟阅以便无误,遇事即应遵照合约条款办理为要。兹将章程十三条开后。

计开

洋货由民船装运赴德境外销售,须在青岛海关报关查验,征收进口正税,发给完税凭单。各分口验单放行,不再征税。如运销德境以内货物,概行免税。惟须来关报明,发给免税凭单。

由民船运内地土货来青岛者,无论由何处分口出口,均不征税。俟在青岛出口时,征收出口正税。惟分口出口,青岛进口时,均须报明,以凭查核。

常关民船进口、出口土货应征税厘,暂行改照《通商税则》五成征收。连厘金在内,所征之银以胶平□合开平银一两。所有从前各局、各衙署一切规费全行裁免,无论何人不得擅收。

民船进口土货在青岛销售者免税,赴内地销售者,青岛海关征收半税。如一船之货半卸青岛,半卸别口,须与(于)进口时报明,亦可分别办理,民船装内地土货出胶澳口者,海关征收出口半税。

民船进胶澳口,必须在青岛停泊,来海关呈报货物总单。单上注明各货数目、斤两、赴何处。分口将船票呈交海关,由海关发给号旗一面。此旗须常插桅上方,准在青岛卸货,或开往胶澳内别口俟装货。出口时,仍在青岛停泊,呈报货物总单。由海关取回号旗,将船票发还,并给出口总单,该船即可放洋。

民船税厘必须在青岛海关随报随缴。其进口时,先完进口税厘,始能起卸货物。出口时,完税后始能发还船票。

民船在各分口进口、出口均须先递货物总单。装货、卸货时各驳船再递验货单,听候查验。如有私装、私卸,未报关货物均罚充入官。

贸易船只由胶澳此口运货至胶澳彼口者,须在出口时将所装货物报明。先领准单,到彼口赴海关呈缴原领准单,听候查验。

民船进口、出口所装货物,无论运销德境内、德境外,有税、无税,均须呈报海关。由海关分别发给完税免税放行凭单,始准装船。无论何口,如查有无完税免税放行凭单之船,即以私货论,罚充入官。至空进空出之船,亦须一律报明,以凭查核。

民船装载各货进口,未曾起岸,仍以原船装运出口者,呈报海关验明,免征税厘。

民船装运洋药、土药,只准原箱进口。来关报明存储关栈,完纳税厘,黏贴印花,始准运赴内地。如船上带有零包烟土,查出时,将私土入官,船主议罚,贩私人送请德署究办其在德境内销售洋药、土药,另归专案章程办理。

凡兵械、火药暨轰爆物料,均不准民船装运进口并运赴内地。如私装私运以上各物者,查出时将船物罚充入官,并从重议罚究办。如民船带有防护炮械,必须在原出口处请领炮照,在青岛进口时,将所领炮照呈交海关查验盖印。

捕鱼船如装货物亦遵以上章程。

胶海关续定各章程

为零货报税事：查青岛进口洋货有零星运赴内地者,成疋之布、成桶之油、成件之货均须纳税。本关为便商起见,另备零税公事房两处,一在青岛大关,一在大包岛、小船岛,以便投报。惟恐客贩不能周知,须由行铺来关报税。由本关发给零货税单,方准外运。其税款每关平银壹两,收洋壹元伍角以归简易。如边界处所查有未领税单之零货,即将私货罚充入官。

为水路陆路运货报关事：本关于沧口、女姑、塔埠头、红石崖设立分口,并于沟塔埠、流亭、赵村设立分卡,专为稽查赴内地货物。所有胶澳内运货各三板必须将青岛所领完税单送至女姑分口,或塔埠头分口,或红石崖分口报关查验,方准起卸。如在无分卡各口查有未曾报关及无完税单之货,即以私论,罚充入官。陆路车运货物,每日自早六点钟至下午六点,由沟塔埠、赵村两处过关查验,如有黉夜行走以及绕越山僻小路者,查获即以私论,罚充入官。该商民等须知,各处分口、分卡专为稽查货物验收凭单之处,并无分文费用。如差役人等有借端留难、需索钱文情事,无论多少,许即来青岛海关,或在分口、分卡指明禀诉,定行重惩。该商民等亦不得私用钱文意图偷漏,致于究罚。

为查获私货来关具禀事：所有各稽查分卡查获无准单私运之货,均限十日内来关具禀,以凭核办。嗣后如有查获私货,十日内不来关具禀者,即将该货充公。商民等切勿自误。

为暂发船牌事：查本关定章,凡民船进口须在青岛停泊,将船票呈交海关。乃近来进口民船三板,大半均无船票,漫无稽查,殊非慎重之道。兹定由本关暂行发给船牌,以便稽核。此后,民船三板如无船票,可取具切实保结,来关请领船牌,持赴各口贸易可也。

为设箱收禀事：本关华洋人等办事,或有不公,本税务司难以周知。特设投票箱壹具。如本关办事之人有不公之处,准具禀投此箱内,以便查办。惟事须实在,不得虚词禀渎,致干未便。

为改定税章事:光绪二十七年(1901)七月二十五日《北京条约》所订(定)第六款,和约画押两个月后,海关进口货税增至切实值百抽五。所有向例进口免税各物,除外洋所来之米粮面金银钱照旧免税外,其余各物均应列入值百抽五货内。现定于西历十一月十一日,即中历十月初一日开办,本关自应一律遵办。所有由德境运赴内地洋货均照此办理。进口洋货增至切实值百抽五,是各货均须估价,方能征税。嗣后各商来关报税,必须将该货进口船名、进口日期以及唛头、号数、件数、包样、货色、估价,按照税则名目,均于报单内分别注明,并将该货送关查验,以便征税。

为土货运德境仍运内地事:本关定章,凡由德境运入内地货物,均须征税。乃每有小本商贩由内地置买土货来德境销售,销售不清,仍运内地。此等货物必须妥定章程,以清界限。此后凡有由内地运土货来德境销售者,可于入境过赵村、流亭、沟塔埠时,先行报明货色,如德境销售不清,仍由原处出境,查验放行,以归简便。

为悬赏缉私事:本关在各处设立分卡,稽查偷漏。惟因陆路纷歧,稽查难周,偷漏之弊仍不能免。若不严行查禁,实于税务有碍,为此悬赏缉拿,无论何人,如知有未在胶海关完税之货私自运赴内地,即至分卡报信,海关查获,定将该货全数充公,以三成赏给报信之人。惟事须确实,不得虚妄致扰。

为发验单时刻事:本关自早九点钟直至下午四点钟,均可发验单,并无耽搁。德华银行于四点零伍(五)分钟以前收验单,四点五分钟即闭门不收,四点五分钟以前到德华(银行)均可完税。未在德华(银行)完税,货物不能发装,须至第二日完税后,始能发装。所以商人均须早来报税,因货物查验后在四点钟以前,方可发验单也。

为货物装船事:赴外洋或赴通商各口,出口货物运赴胶澳内各口或沿海民船各口。进口货物只准在青岛小码头以北,黑兰营盘以东,大包岛、小船岛应装货之处装船,货物装船时须有完税单,如查有无完税单装船之货,即以私论,罚充入官。

Amtsblatt
für das
Deutsche Kiautschou-Gebiet.

青島官報

Herausgegeben vom Kaiserlichen Gouvernement Kiautschou.

Der Bezugspreis beträgt jährlich $ 0,60 = M 1,20.
Bestellungen nehmen sämtliche deutsche Postanstalten entgegen.

| Jahrgang 3. | Nr. 17 | Tsingtau, den 21. April 1902. | 第十七號 | 第三年 |

Polizeiverordnung
betreffend Hundesperre.

§ 1.

Nachdem bei einem Hunde Tollwut festgestellt worden ist, wird für das Stadtgebiet Tsingtau die Festlegung aller Hunde angeordnet. Der Festlegung ist das Führen der mit einem sicheren Maulkorbe versehenen Hunde an der Leine gleich zu achten. Hunde, welche frei umherlaufend betroffen werden, werden durch die Polizei sofort getötet.

§ 2.

Hunde oder sonstige Haustiere, welche der Seuche verdächtig sind, müssen von dem Besitzer sofort getötet oder bis zum Einschreiten der sofort zu benachrichtigenden Polizei in einem sicheren Behältnisse eingesperrt werden.

§ 3.

Die Kadaver der gefallenen oder getöteten wutkranken oder der Seuche verdächtigen Tiere müssen sofort unschädlich beseitigt werden. Das Abhäuten derselben ist verboten.

§ 4.

Wer den Vorschriften dieser Verordnung zuwiderhandelt, wird sofern er nicht nach den sonst bestehenden gesetzlichen Bestimmungen eine höhere Strafe verwirkt hat, mit Geldstrafe bis zu einhundertfünfzig —150— Mark oder mit Haft bis zu sechs Wochen bestraft.

§ 5.

Diese Verordnung tritt sofort in Kraft.

Tsingtau, den 19. April 1902.

Der Kaiserliche Gouverneur,

Truppel.

大德欽命總督膠澳文武事宜大臣都為
曉諭事照得現查有瘋狗一隻為害不淺嗣後青島包島等處養狗之家必須用繩
拴在家裡不得外跑倘必欲在街游歷必得令人用繩子拴住牽領狗嘴上必須用
籠頭將嘴籠好方可在街上遊行不得任其亂跑倘倘見有散遊之狗立
即我斃凡豢狗養牲口之家若疑似有瘋症自宜先拴在屋內報明巡捕或自行殺
斃該狗與牲口殺死後不得剝皮立即埋在地下以免沾染倘有不遵者查出罰洋
至一百五十馬克之多或盡禁至六禮拜之久若按律例亦可重罰為此曉諭各宜
遵照勿違特示

大德一千九百二年四月十九日

右諭通知

告示

第三年　第十七号

1902 年 4 月 21 日

大德钦命总督胶澳文武事宜大臣都　为

晓谕事：照得现查有疯狗一只，为害不浅。嗣后青岛、包岛等处，养狗之家必须用绳拴在家里，不得外跑。倘必欲在街游历，必得妥人用绳子拴住牵领，狗嘴上必须用笼头将嘴笼好，方可在街上游行，不得任其乱跑。倘巡捕衙门若见有散游之狗，立即戕毙。凡养狗、养牲口之家，若疑似有疯症，自宜先拴在屋内，报明巡捕，或自行杀毙。该狗与牲口杀死后不得剥皮，立即埋在地下，以免沾染。倘有不遵者，查出罚洋至一百五十马克之多，或尽押至六礼拜之久，若按律例，亦可重罚。为此晓谕，各宜遵照勿违。特示。

右谕通知

大德一千九百二年四月十九日　告示

Amtsblatt
für das
Deutsche Kiautschou-Gebiet.

青島官報

Herausgegeben vom Kaiserlichen Gouvernement Kiautschou.

Der Bezugspreis beträgt jährlich $ 0,60 = M 1,20.
Bestellungen nehmen sämtliche deutsche Postanstalten entgegen.

Jahrgang 3. Nr. 18. Tsingtau, den 26. April 1902.

Verordnung
betreffend die provisorische Errichtung eines chinesischen Kommittees.

§ 1.
Zur Mithülfe bei der Verwaltung der chinesischen Stadtgemeinde und zur Beratung des Gouvernements in chinesischen Angelegenheiten wird ein chinesisches Kommittee gebildet.

§ 2.
Das Kommittee besteht aus 12 Mitgliedern, von denen 6 aus Schantung, 3 aus anderen Provinzen stammende Kaufleute und 3 Compradors bei europäischen Firmen im Stadtgebiete sind. Die aus Schantung und anderen Provinzen stammenden Kaufleute müssen in Tsingtau oder Tapautau ein kaufmännisches Geschäft betreiben und Grundbesitzer sein.

§ 3.
Das Kommittee wird erstmalig vom Gouverneur ernannt. Jährlich zu Chinesisch-Neujahr scheiden 4 Mitglieder, nämlich 2 Schantung Kaufleute, 1 Nicht-Schantung-Kaufmann und 1 Comprador durch Losen aus, die nach einem Jahre wieder wählbar werden. Die Ersatzmitglieder werden durch Stimmenmehrheit der anwesenden Mitglieder des Kommittees in der ersten Woche des Januar festgesetzt und dem Gouverneur zur Bestätigung vorgeschlagen. Die Namen der vorgeschlagenen Mitglieder sind mindestens 8 Tage vor der Bestätigung im Amtsblatte bekannt zu machen, während welcher Zeit Einsprüche gegen die Bestätigung seitens der zahlenden Haus- und Ladenbesitzer an das Gouvernement gerichtet werden können. Im Falle der Nichtbestätigung eines Ersatz-Mitgliedes erfolgt eine Neuwahl. Erst nach der Bestätigung sämtlicher Ersatzmitglieder findet die Auslosung der scheidenden Mitglieder statt.

§ 4.
Das Kommittee wählt einen Vorsitzenden und dem Gouvernement mitzuteilen sind. Der Vorsitzende beraumt die Sitzungen an und führt die geschäftliche Leitung. Bei gleicher Stimmenabgabe gibt seine Stimme den Ausschlag. Dem Kommissar für chinesische Angelegenheiten oder irgend einem vom Gouverneur besonders ernannten Beamten steht das Recht zu, an den Sitzungen des Kommittees teilzunehmen oder sich vertreten zu lassen. Durch seine Vermittelung erfolgt der Verkehr des Kommittees mit dem Gouvernement oder anderen Behörden.

§ 5.
Die Aufgaben des Kommittees umfassen insbesondere:
a) Registrierung der Häuser in Tsingtau und Tapautau, soweit sie von Chinesen bewohnt sind, und deren Bewohner;
b) Mitwirkung zum Schlichten streitiger Handelssachen unter Chinesen, soweit dieses beansprucht wird;
c) Mitwirkung in Fragen des chinesischen Familien- und Erbrechts, soweit dieses beansprucht wird;
d) Beratung des Gouvernements in Fragen wirtschaftlicher Natur und in Bezug auf Wohlfahrtseinrichtungen unter den Chinesen.

§ 6.
Das Kommittee wird einen ständigen Sekretär und einen oder mehrere Hausinspektoren zur Durchführung der Registrierung ernennen. Die Ernennung der Inspektoren bedarf der Genehmigung des Gouvernements.

Die Aufgaben des Hausinspektors bestehen in der Anfertigung der Haus- und Bewohnerlisten und der Erhebung der Beträge. Die Listen sind monatlich zu vervollständigen und bis zum 5. jeden Monats dem Gouvernement einzureichen.

§ 7.
Zur Bestreitung der Unkosten ist das Kommittee ermächtigt, eine Abgabe von den ausschliesslich von Chinesen bewohnten Häusern in Tsingtau und

Hauses und dem Umfange des darin betriebenen Geschäftes zwischen $ 2 und $ 0,50 für den Monat berechnet wird.

Eine genaue Aufstellung der Abgaben ist monatlich dem Gouvernement zur Bestätigung vorzulegen. Der Inspektor führt die Beträge an eine vom Gouvernement bestimmte Kasse ab. Ueber die Verwendung dieser Fonds wird jährlich an Chinesisch-Neujahr Rechnung abgelegt und dem Gouvernement zur Entlastung des Kommittees und zur Veröffentlichung im Amtsblatte überreicht.

Diesen Fonds werden alle etwa dem chinesischen Tempel in Tsingtau, so lange dort die Sitzungen des Kommittees abgehalten werden, durch Stiftungen oder durch Theateraufführungen zufallenden Beträge überwiesen.

§ 8.

Die Kommitteefonds werden verwendet:
a) zur Auszahlung von Gehältern der Angestellten,
b) zur Unterhaltung des Tempels in Tsingtau und anderer öffentlicher Anstalten (Friedhöfe und dgl.),
c) zu Wohlthätigkeitszwecken.

§ 9.

Bei Verhaftungen von Chinesen in Fällen von Uebertretungen genügt die Bürgschaft des Kommittees oder eines Mitgliedes desselben zur vorläufigen Freilassung des Verhafteten.

§ 10.

Nähere Bestimmungen über Geschäftsführung und Beteiligung des Kommittees bei Rechtssachen bleiben vorbehalten.

Tsingtau, den 15. April 1902.

Der Kaiserliche Gouverneur
Truppel.

大德欽命總督膠澳文武事宜大臣都 爲

出示曉諭事照得茲將釐訂暫行設立中華商務公局章程逐款列左

一本衙門現在批准設立中華商務公局以佐整理青島內界及商酌德署所行中華事宜

二該公局董事共有一十二人以籍隸山東商人居其六外省商人居其三並青島內界各洋行買辦居其三惟蒙幫商人及外省商人必須在青島或包島設有行舖置有地基始可

三各局董事第一次概由本署選定屆後每居中國年節應拈鬮暗定玆卸四人該四人中以東幫辭其一外省商人辭其一但玆卸之四人越一年始可再行應舉每逢西歷正月初旬頭一禮拜內由十二局公舉接充新董之四人開單呈請本署可否批准然必於批准四新董前八日登明旦報倘有納捐之各房主或該各舖主等意不佩服可在此八日內報明本署查照設本署於局董公舉內批駁一名必須另行補選務於四新董批准後始可舉行拈閗定卸之事

四該局董等須公舉首領一人並另舉候署首領一人應將姓名報明本署每遇訂有聚議之期該首領須先報明以便屆時督會議倘所議之事會議之時輔政司或該司派之員或本大臣特派之員皆可仕便臨場總議或該司派人代往亦可該局凡遇須票本署及各德署

五該局應辦之事有四

一青島包島華人房屋及房內居住之人必須造册

二商人中有因買賣口角如報明該局後該局須相助調楚

三華人設因承受産業或因家務齟齬報到該局亦可襄助理清

四凡有關繫與旺本埠商務使華民安順利便等均可相助商酌

六該局須延嘉賓一人造稽查房屋一人或數人造稽册事宜但該稽查人亦應預稟本署批准而該司檔查房屋及房內人口並按收捐項所造之清戶册須將每月各戶留去增減註明於西歷每月初五以前呈送本署查閱

26. April 1902. Amtsblatt—青島官報 Nr. 18. — Seite 61.

七本署准該公局在於青包島僅住華人之房酌收捐資以備該局一切經費其捐資當以房屋多寡生息大小核收然每月不過從三角起至兩元此捐資的定應捐之戶每月宜先開單呈請本署批准始可該稽查人將此捐項送交本署論定之處存放每中華年節開一經費總留呈查符否始能分別局董去留然本署亦將此登入官報示衆青島天后宮或廟演戲勸簽之款均歸併此厙

八該存項用法有三
一該公局所用之人新工
二保全青島之廟或公產一切經費
三賑恤款項

九如有華人違章在未定案若經該公局或局董一人出名担保權可暫免管押以待後訊

十嗣後本署如欲另定該局辦法及規撫訟事官章程亦應一體遵行勿違須至章程者

大德一千九百二年
四月十五日 立

傅炳昭 董永生
王作謨 梁雲浦
金祚孫 嚴德祥
徐錫三 邱六齋
朱子與 張少坡
柴竹蓀 李承恩

大清光緒二十八年
三月初八日

Meldung Militärpflichtiger.

Gemäss § 106,7 der Wehrordnung ist das Gouvernement zur Kontrolle über die im Schutzgebiete befindlichen Wehrpflichtigen verpflichtet.

Die Meldepflicht der Wehrpflichtigen beginnt mit der Militärpflicht, d. i. in demjenigen Kalenderjahre, in welchem der Betreffende 20 Jahre alt wird. Diese Anmeldungen finden bestimmungsgemäss in der Zeit vom 15. Januar bis 1. Februar statt und zwar bei der Ortsbehörde desjenigen Ortes, an welchem der Militärpflichtige seinen dauernden Wohnsitz hat. Liegt dieser Ort im Auslande, so erfolgt die Meldung am Geburtsort, und wenn auch dieser Ort im Auslande liegt, am letzten Wohnsitz der Eltern oder Familienhäupter im Deutschen Reichsgebiete. Der Anmeldung ist ein Geburtszeugnis beizufügen.

Um den hier befindlichen Militärpflichtigen diese Anmeldung zu vereinfachen, wird die Meldestelle für Militärdienst des Gouvernements diese Anmeldung im Laufe des Monats Oktober des, dem ersten Jahre der Militärpflicht vorangehenden Jahres behufs Uebermittlung an die zuständige heimische Behörde entgegennehmen.

Auf die pünktliche Erfüllung der Militärpflichten wird besonders hingewiesen, um einer zwangsweisen Anhaltung hierzu durch die Behörden vorzubeugen.

Hierbei wird erneut die Vergünstigung in Erinnerung gebracht, dass der Militärpflicht durch reiwilligen Eintritt bei den hiesigen Besatzungstruppen genügt werden kann. Vergl. auch die diesbezügliche Bekanntmachung im Amtsblatt Nr. 7 vom 15. Februar 1902.

Tsingtau, den 19. April 1902.

Der Kaiserliche Gouverneur,
Truppel.

Bekanntmachung.

Seitens des Gouvernements werden am 1. Mai d. Js. 2 Uhr Nachmittags auf dem Platze vor dem Höhenlager eine grössere Anzahl Pferde und Maultiere verkauft. Dieselben sind für den Truppendienst nicht mehr geeignet und sollen nach den bekannten Bestimmungen meistbietend verkauft werden. Der Kaufpreis ist sofort zu entrichten.

Tsingtau, den 22. April 1902.

Kaiserliches Gouvernement.

告白

啓者茲有兵隊內不騎之騾馬數匹現擬於西五月初一日下午兩點鐘在小泥窪營盤前場地內按照向章拍賣其價洋須立即交清如有意欲購買者屆期赴該處面議可也此佈

德九百二年四月
二十二日
青島大衙門啓

Bekanntmachung.

Auf Antrag der Firma Sietas, Plambeck & Co. findet am Freitag, den 9. Mai 1902, nachmittags 4 Uhr, im Landamt die öffentliche Versteigerung des Grundstücks Kartenblatt 8 Nr $^{151}/_{134}$ gegen Meistgebot statt.

Lage des Grundstücks an der Prinz Heinrichstrasse, westlich gegenüber dem Gebäude der Bauverwaltung.

Grösse: 2135 qm, Mindestpreis: $ 2818, 20.
Benutzungsplan: Godowns.
Frist zur Ausführung: bis zum 1. April 1904. Gesuche zum Mitbieten sind bis zum 2. Mai d. Js. hierher zu richten.

Tsingtau, den 22. April 1902.

Kaiserliches Landamt.

大德管理青島地畝局 為

拍賣地畝事茲據哈利洋行票稱擬買工部總
局西邊第八號第壹百伍拾壹塊地壹段共計
貳千壹百叁拾伍米打暫議價洋貳千捌百
八元貳角茲定於西歷本年五月初九日下午
四點鐘在本局拍賣定後限至壹千九百四
四月初壹日期內修葺成功不得遲緩如有亦
欲買者定於五月初弍日投票屆期同赴本局
面議可也特諭

大德壹千九百弍年四月二十二日

告示　　　右諭通知

Bekanntmachung für Seefahrer.

Zur Bezeichnung des Fahrwassers auf der Aussenrhede sind 2 Bojen ausgelegt worden. Die eine derselben liegt am Südende des Nordflachs in 14,0 m Wasser und trägt in weissen Buchstaben die Bezeichnung $\frac{NF}{S}$. Die Zweite Boje liegt am Nordende des Südflachs in 13,5 m Wasser und trägt in weissen Buchstaben die Bezeichnung $\frac{SF}{N}$.

Beide Bojen haben konische Gestalt und sind rot gemalt. Erstere hat als Toppzeichen zwei mit der Spitze nach unten, letztere zwei mit der Spitze nach oben gekehrte Dreiecke.

Die geographische Lage der beiden Bojen ist:
$\frac{NF}{S}$ = S. = 36° 1′ 55,7″ N $\curlywedge$ = 120° 22′ 49,0″ O.
$\frac{SF}{N}$ = S. = 35° 59′ 47,0″ N $\curlywedge$ = 120° 22′ 13,5″ O.

Tsingtau, den 21. April 1902.

Kaiserliches Hafenamt.

Bekanntmachung.

In dem Konkurse der offenen Handelsgesellschaft Mertzsch & Ahlers soll eine Abschlagsverteilung von $33^1/_3$ % erfolgen. Hierzu sind $ 2859,05 verfügbar. Zu berücksichtigen sind $ 8577,15 nicht bevorrechtigte Forderungen. Das Verzeichnis derselben liegt auf der Gerichtsschreiberei zur Einsicht der Beteiligten aus.

Tsingtau, d. 21. April 1902.

K. Behrend,

Konkursverwalter.

Bei Nr. 36 des Handelsregisters betr. die Tsingtau Hotel Actien-Gesellschaft ist die Änderung des § 4 der Statuten eingetragen.

Die von der Gesellschaft ausgehenden Bekanntmachungen erfolgen fortan durch die in Tsingtau erscheinende Deutsch-Asiatische Warte und den in Shanghai erscheinenden Ostasiatischen Lloyd.

Tsingtau, den 23. April 1902.

Kaiserliches Gericht von Kiautschou.

Druck der Missionsdruckerei, Tsingtau.

第三年　第十八号

1902年4月26日

大德钦命总督胶澳文武事宜大臣都　为

出示晓谕事：照得兹将厘订《暂行设立中华商务公局章程》逐款列左：

一、本衙门现在批准设立中华商务公局，以佐整理青岛内界及商酌德署所行中华事宜。

二、该公局董事共有一十二人，以籍隶山东商人居其六，外省商人居其三，并青岛内界各洋行买办居其三。惟东帮商人及外省商人，必须在青岛或包岛（鲍）设有行铺、置有地基始可。

三、各局董第一次概由本署选定，嗣后每届中国年节应拈阄暗定交卸四人。该四人中，以东帮辞其二，外省商人辞其一，洋行买办辞其一。但交卸之四人，越一年始可再行应举。每逢西历正月初旬头一礼拜内，由十二局董公举接充新董之四人，开单呈请本署可否批准，然必于批准，该四新董前八日登明官报。倘有纳捐之各房主或各铺主等意不佩服，可在此八日内报明本署。查照设本署于局董公举数内批驳一名，必须另行补选，务于四新董批准后，始可举行拈阄定卸之事。

四、该局董等须公举首领一人，并另举候署首领一人，应将姓名报明本署。每遇订有聚议之期，该首领须先报明，以便届时督率会议。倘所议之事各执意见，人数两不上下，即以该首领之意为主。每当聚议之时，辅政司或署理该司之员，或本大臣特派之员，皆可任便临场听议，或该司派人代往亦可。该局凡遇须禀本署及各德署事件，必须先经该员之手。

五、该局应办之事有四：

（一）青岛、包岛华人房屋及房内居住之人，必须造册。

（二）商人中有因买卖口角，如报明该局后，该局须相助调楚。

（三）华人设因承受产业或因家务轇轕报到该局，亦可襄助理清。

（四）凡有关系兴旺本埠商务，使华民安顺利便等举，均可相助商酌。

六、该局须延幕宾一人，并稽查房屋一人或数人，并须伙办缮册事宜。但该稽查人亦应预禀本署批准，而该人等职司稽查房屋及房内人口，并按收捐项所造之清户册，须将每月各户留去增减注明,于西历每月初五以前,呈送本署查阅。

七、本署准该公局在于青包岛仅住华人之房,酌收捐资以备该局一切经费。其捐资当以房屋多寡、生意大小核收,然每月不过从三角起至两元止。该局酌定应捐之户,每月宜先开单呈请本署批准始可。该稽查人将此捐项送交本署谕定之处存放,每中华年节,开一经费总单呈查符否,始能分别局董去留。然本署亦将此单登入官报示众。青岛天后宫乃该局之公所,嗣如有人捐资入庙,或在庙演戏劝签之款,均归并此库。

八、该存项用法有三:

(一)该公局所用之人薪工。

(二)保全青岛之庙或公产一切经费。

(三)赈恤款项。

九、如有华人违章,在未定案以前被押,若经该公局或局董一人出名担保,权可暂免管押,以待后訊(讯)。

十、嗣后本署如欲另定该局办法及帮办构讼事宜章程,亦应一体遵行勿违须至章程者。

大德一千九百二年四月十五日
大清光绪二十八年三月初八日
立
傅炳昭　董永生
王作谟　梁云浦
金香孙　严德祥
徐锡三　邱六斋
朱子兴　张少坡
柴竹荪　李承恩

义务服兵役人员报到

根据《军队条令》第106条第7款的规定,总督府有义务检查身处保护地的义务兵役人员。

义务兵役人员的报到义务始于兵役义务,也就是相关人员在月历年度时年满20岁。根据规定,报名时间为1月15日至2月1日,前往服兵役义务人员持续居住地所在的地方政府。如该地位于国外,则到出生地报到,无论该地位于国外还是位于德意志帝国区域内父母或户主的居住地,均需如此。报名时须携带出生证明。

为了简化身处本地的服兵役义务人员报名手续,总督府兵役报到处将在10月份期间接受在去年为服役第一年的人员报名,并将其转交给家乡的负责部门。

尤其要指出的是，必须准时履行服兵役义务，以避免政府进行强制性的敦促。

在此再次提醒，服兵役义务人员具有可通过志愿加入本地占领军履行兵役义务的便利，可以参看《青岛官报》1902年2月15日出版的第七号上的告白。

青岛，1902年4月19日
皇家总督
都沛禄

告白

启者：兹有兵队内不骑之骡马数匹，现拟于西五月初一日下午两点钟，在小泥洼营盘前场地内，按照向章拍卖，其价洋须立即交清。如有意欲购买者，届期赴该处面议可也。此布。

德（一千）九百二年四月二十二日
青岛大衙门启

大德管理青岛地亩局　为

拍卖地亩事：兹据哈利洋行禀称，拟买总工部局西边第八号第一百五十一块地一段，共计二千一百三十五米打，暂拟价洋二千八百十八元二角。兹定于西历本年五月初九日下午四点钟在局拍卖。买定后，限至一千九百四年四月初一日期内修盖成功，不得迟缓。如有亦欲买者，定于五月初二日投票，届期同赴本局面议可也。特谕。

右谕通知
大德一千九百二年四月二十二日　告示

向船员的告白

为了标明在外海的水道，已放置了两个浮标。其中一个位于北部浅湾南端14米水中，上有白色标记NF/S。第二个浮标位于南浅湾的北端13.5米水中，上有白色标记SF/N。

两个浮标均为圆锥外形，涂成红色。第一个有两个尖部向下的三角作为顶部标志，第二个有两个尖部向上的三角。

两个浮标的地理坐标为：

NF/S：北纬36度1分55.7秒，东经120度22分49.0秒

SF/N：北纬35度59分47.0秒，东经120度22分13.5秒

青岛，1902年4月21日
皇家船政局

告白

营业中的贸易公司梅尔茨和阿勒斯公司的破产案件,将进行财产分配,额度为总额的 33.33%,可用金额为 2 859.05 元,需要顾及的非优先索款要求为 8 577.15 元。索款目录张贴在审判厅书记处,以供债权人查看。

青岛,1902 年 4 月 21 日
K. 贝伦德
破产案件管理人

商业登记号为第 36 号的青岛饭店股份公司将其公司章程第 4 条的变化进行了登记。

由该公司发出的告白继续在青岛出版的《青岛官报》和在上海出版的《德文新报》发布。

青岛,1902 年 4 月 23 日
胶澳皇家审判厅

Amtsblatt
für das
Deutsche Kiautschou-Gebiet.

報官島青

Herausgegeben vom Kaiserlichen Gouvernement Kiautschou.

Der Bezugspreis beträgt jährlich $ 0,60 = M 1,20.
Bestellungen nehmen sämtliche deutsche Postanstalten entgegen.

Jahrgang 3. | Nr. 19. | Tsingtau, den 3. Mai 1902.

Bekanntmachung.

Auf Ersuchen des chinesischen Auswärtigen Amtes hat die Kaiserlich Deutsche Gesandtschaft in Peking mitgeteilt, dass während der Boxer-Unruhen verloren gegangene Geld-Depositen-Scheine künftighin in jedem einzelnen Falle auf den Antrag des berechtigten Eigentümers von den chinesischen Behörden für kraftlos erklärt werden würden.

Es wird hierauf hingewiesen und vor dem Erwerbe derartiger Scheine gewarnt, da auf Grund ihrer Vorweisung Zahlung nicht mehr erfolgt.

Tsingtau, den 29. April 1902.

Der Kaiserliche Gouverneur,

Truppel.

Bekanntmachung.

Auf Antrag des Herrn Ingenieurs Stickforth findet am Donnerstag, den 15. Mai d. Js., nachmittags 4 Uhr, im Landamt die öffentliche Versteigerung der Parzelle Kartenblatt 17 No. 2 gegen Meistgebot statt.

Lage des Grundstücks auf der Höhe westlich von Hsiaupautau.

Grösse 1440 qm.; Mindestpreis $ 720,00.
Benutzungsplan: Wohnhaus.
Frist zur Ausführung bis 1. Mai 1904.
Gesuche zum Mitbieten sind bis zum 8. Mai d. Js. hierher zu richten.

Tsingtau, den 1. Mai 1902.

Das Landamt

Bekanntmachung.

W. Lampe, wohnhaft in Tapautau, hat ein Gesuch um Übertragung der Konzession zum Betriebe einer Gastwirtschaft auf seinen Namen für das von Madsen in Tapautau, Tsimostr., bisher innegehabte Local eingereicht.

Einwendungen im Sinne der Gouvernements-Bekanntmachung vom 10. October 1899 sind bis zum 21. d. M. an die unterzeichnete Behörde zu richten.

Tsingtau, den 1. Mai 1902.

Kaiserliches Polizeiamt.

Bekanntmachung.

In dem Konkursverfahren über das Vermögen des Unternehmers Hu Tschang Keng findet am

16. Mai 1902, Vormittags 10 Uhr,

im Gerichtsgebäude auf Antrag des Verwalters Gläubiger-Versammlung statt. Gegenstand: Beschlussfassung über den Verkauf des Grundstücks des Gemeinschuldners.

Tsingtau, den 28. April 1902.

Kaiserliches Gericht von Kiautschou.

Verdingungsanzeige.

Die Erd-, Maurer-, Staaker-, Steinhauer- und Zimmer-Arbeiten zu einem Unterbeamten-Wohngebäude der Garnison-Waschanstalt sollen in öffentlicher Submission vergeben werden.

Die Verdingungsunterlagen liegen im Bureau der Kaiserlichen Bauverwaltung, Abteilung IV (:ehemal. Feldlazaret:) zur Einsicht aus und können dieselben auch gegen Erstattung von $ 2 dortselbst bezogen werden.

Angebote sind verschlossen und mit der Aufschrift „Neubau eines Unterbeamten-Wohnhauses der Garnison-Waschanstalt" zu dem am **Montag, den 12 d. Mts, Vormittags 11 Uhr,** stattfindenden Submissionstermin an die unterfertigte Stelle einzureichen; zum genannten Zeitpunkte findet auch dortselbst die Eröffnung der Angebote statt. Zuschlagsfrist 4 Wochen.

Tsingtau, den 1. Mai 1902.

Kaiserliche Bauverwaltung, Hochbauabteilung IV.

(:im ehemaligen Feldlazaret:)

Druck der Missionsdruckerei, Tsingtau.

第三年 第十九号

1902年5月3日

告白

应大清外务部请求,德国驻北京皇家公使馆通知,在义和团动乱期间丢失的银票,在今后的每一个别案件中,将根据合法物主的申请,由中方朝廷宣布失效。

现提醒注意:警告公众不要获取这类钞票,因为据此规定,它们不会兑现。

青岛,1902年4月29日
皇家总督
都沛禄

告白

应工程师斯迪克福特先生申请,将于今年5月15日星期四下午4点在地亩局公开拍卖地籍册第17页第2号地块,价高者得。

地块位于小鲍岛西面的高地上。

面积:1 440平方米;最低价:720.00元。

使用规划:居住楼。

规划执行期限:1904年5月1日。

出价申请须于今年5月8日递交本处。

青岛,1902年5月1日
地亩局

告白

居住于大鲍岛的W.兰姆帕递交申请,将大鲍岛即墨街的马森目前经营的饭店转移至自己名下,用于经营餐饮。

如根据1899年10月10日总督府告白对此持有异议，须在本月21日前递交至本部门。

青岛，1902年5月1日
皇家巡捕房

告白

对企业主胡长庚破产案的财产处理债权人大会，应管理人申请，将在1902年5月16日上午10点在法院楼内举行。大会内容：对于出售共同负债人拥有地块的决议。

青岛，1902年4月28日
胶澳皇家审判厅

发包广告

用于建造军营洗衣房下级官员宿舍的土方、泥瓦活、打桩、石头雕花和房间内部活的合同将发包。

发包文件张贴于第四工部局的营业室内（前野战医院），以供查看，也可以在那里以2元购买。

报价须密封并注明"军营洗衣房下级官员宿舍新建筑"字样，最晚在本月12日上午11点递交至本单位，这也是开标的时间。中标期限为4个月。

青岛，1902年5月1日
皇家总工部局
第四工部局
（位于前野战医院）

Amtsblatt
für das
Deutsche Kiautschou-Gebiet.

青島官報

Herausgegeben vom Kaiserlichen Gouvernement Kiautschou.

Der Bezugspreis beträgt jährlich $ 0,60 = M 1,20.
Bestellungen nehmen sämtliche deutsche Postanstalten entgegen.

Jahrgang 3. | Nr. 20. | Tsingtau, den 10. Mai 1902. | 第二十號 | 第三年

Verordnung
betreffend Fäkalien- und Müllabfuhr

§ 1.

Die Abfuhr der Fäkalien in Tsingtau und Tapautau ist vom Tage des Inkrafttretens dieser Verordnung an ausschliesslich durch die Firma Bernick & Pötter hier auszuführen. Diese hat vorschriftsmässige, verschliessbare Tonnen, welche mindestens einen um den anderen Tag ausgewechselt werden sollen, unentgeltlich zu Verfügung zur stellen.

Die Zahl der für jedes Grundstück erforderlichen Tonnen wird von der Polizei festgesetzt und den Beteiligten bekannt gegeben.

Verlust und Beschädigungen von Tonnen, welche die Firma für die Aborte eines Grundstücks zur Verfügung stellt, hat der Grundstückseigentümer und bei Privathäusern auf fiskalischem Boden der Hauseigentümer vorbehaltlich seiner Regressansprüche gegen die schuldigen Personen zu vertreten, sofern er nicht nachweist, dass die Beschädigungen oder der Verlust durch Zufall entstanden oder durch den ordnungsmässigen Gebrauch der Tonnen oder durch das Abfuhrpersonal herbeigeführt sind.

§ 2.

Die Firma Bernick & Pötter ist verpflichtet, auch die Abfuhr des Mülls zu bewirken. Jeder Eigentümer eines Hausgrundstückes hat für Aufstellung ausreichender und leicht zu entleerender Müllkästen zu sorgen.

§ 3.

Für die Fäkalienabfuhr ist monatlich für jede Tonne eine Gebühr von 1.35 $ zu zahlen. Hierin ist die Vergütung für die Abfuhr des trockenen Mülls eingeschlossen.

Die Gebühr ist ohne besondere Aufforderung in den ersten vier Tagen eines Monats für den verflossenen Monat auf dem Polizeiamt gegen Quittung zu bezahlen.

大德欽命總督膠澳文武事宜大臣都

為

出示通諭專辦倒糞事照得青島包島地方各院內應倒棄之糞茲自西歷本年六月初一日起一律均由博 白尼克 洋行經理該行宜無費可以蓋南之恭筒至少兩日更換一次每所房內應有筒數多寡概由巡捕衙門核定飭知各該地主或租主遵辦查該行所送之恭筒係為潔淨廁所起見如有損壞或失去等事除查有確據係屬出於意外或寒按章應用無他以及被該行所派之人損失外餘皆惟該地主或在官地蓋房主是問然亦准該地主等轉究得咎之人該行亦須將存集擾穢帶去仰各地主如有房屋應即設備寬闊及易於提倒糞之髒箱海恭筒每月將倒糞費洋一元三角五分至倒乾擾搖糧費洋亦在其內此項費洋無逾期未交納抽脚加洋五角該欵均歸谷地主或租已地蓋房各房主待催討西歷每月自初一起至初四止投赴巡捕衙門交納上月之費洋單問收單倘繳納如租已等人允納亦可如未按納仍向地主索償而該行倘不按章倒糞立宜報

Bei nicht rechtzeitiger Zahlung holt die Polizei die Gebühr ab, wofür eine besondere Holgebühr von 50 Cents zu entrichten ist.

Als zahlungspflichtig gilt der Grundstückseigentümer und bei Privathäusern auf fiskalischen Grundstücken der Hauseigentümer. Soweit andere Personen (Mieter, Pächter, Hausverwalter, Bauunternehmer) die Zahlungspflicht übernommen haben, wird die Gebühr bei ihnen eingezogen; der Grundstückseigentümer bleibt aber neben ihnen für die Zahlung haftbar.

Sofern die Unternehmerin die Abfuhr nicht ordnungsmässig bewirkt, ist sofort beim Polizeiamt Beschwerde zu führen, widrigenfalls ein Einspruch gegen die Zahlung der Gebühr nicht berücksichtigt wird.

§ 4.

Diese Verordnung tritt am 1. Juni 1902 in Kraft. Mit dem Einstellen der neuen Tonnen wird im Laufe des Monats Mai begonnen werden.

Tsingtau, den 1. Mai 1902.

Der Kaiserliche Gouverneur,

Truppel.

Tsingtau, d. 5. Mai 1902

Das unter dem höchsten Protektorate Ihrer Königlichen Hoheiten des Prinzen und der Frau Prinzessin Heinrich von Preussen erbaute Seemannshaus wird am Sonnabend, den 10ten dieses Monats, Nachmittags 4 Uhr, eröffnet werden. Das Seemannshaus hat den Zweck, den Unteroffizieren und Mannschaften der Besatzungstruppen, des Kreuzergeschwaders und der sonstigen in Ostasien stationirten Marine- und Truppenteile ein Heim für ihre Erholungszeit zu bieten und ist im Allgemeinen nur diesen geöffnet. Mannschaften der Kauffahrteimarine können nach Einholung der Erlaubnis durch die Vermittelung des Hafenkapitäns zugelassen werden. Die Teilnahme an der Eröffnungsfeier und an den daran anschliessenden Aufführungen der Mannschaften ist Zivilpersonen gestattet. Alle Interessenten werden somit zu der Eröffnungsfeier freundlichst eingeladen.

Der Kaiserliche Gouverneur,

Truppel.

明 因 設 示 主 統 月 遵
巡 未 未 洋 仰 各 於 初 照
捕 報 傾 行 安 房 一 初
衙 明 倒 即 青 主 日 壹
門 亦 免 於 恭 包 歷 千
查 不 納 西 筒 島 起 九
照 准 費 為 各 各 本 百
　 　 　 五 知 等 一 二
　 　 　 月 此 地 年 年
　 　 　 　 悉 六 五
　 　 　 　 體 　 月
大德壹千九百二年五月　右諭通知

Bekanntmachung.

Frau A. Stolz hat ein Gesuch um Übertragung der Konzession zum Betriebe einer Gastwirtschaft auf ihren Namen für das von W. Mertzsch in Tapautau, Tientsinstrasse, bisher innegehabte Lokal eingereicht.

Einwendungen im Sinne der Gouvernements-Bekanntmachung vom 10. October 1899 sind bis zum 25. d. Mts. an die unterzeichnete Behörde zu richten.

Tsingtau, den 5. Mai 1902.

Kaiserliches Polizeiamt.

Bekanntmachung.

Aus Schanghai und neuerdings auch aus Tschifu kommen Nachrichten von dem Ausbruch bösartiger Scharlachepidemien, die unter Europäern wie Chinesen zahlreiche Opfer gefordert haben.

In Schanghai soll die Epidemie ziemlich erloschen sein.

Tsingtau ist bisher verschont geblieben. Doch ist bei dem nicht unbedeutenden Verkehr, der mit den vorgenannten Orten über See, wie mittelbar auch über Land besteht, und bei der Übertragbarkeit der Krankheit damit zu rechnen, dass sie auch hier zum Ausbruch kommt.

Die Bevölkerung wird deswegen darauf aufmerksam gemacht, dass Scharlach ausserordentlich ansteckend ist, eine schwere, allgemeine, jetzt anscheinend besonders bösartige Krankheit darstellt und die Absonderung des Kranken fordert.

Im öffentlichen Interesse wird deswegen aufgefordert, Scharlachkranke möglichst einem Krankenhause zu überweisen, oder wenigstens für ärztliche Behandlung und sorgfältige Absonderung im Hause zu sorgen, sowie jeden Krankheitsfall dem Gouvernement anzuzeigen.

Tsingtau, den 8. Mai 1902.

Der Civilkommissar.

10. Mai 1902.   Amtsblatt—青島官報   Nr. 20. — Seite 67.

Verdingungsanzeige.

Die Einrichtung der Wasser- Zu- und Ableitung für das Kasernement in der Auguste-Victoria-Bucht soll in öffentlicher Submission vergeben werden.

Die Verdingungsunterlagen liegen im Bureau der Kaiserlichen Bauverwaltung, Hochbauabteilung IV. (:ehemal. Feldlazaret:) zur Einsicht aus und können dortselbst die Verdingungsanschläge gegen Erstattung von $ 2.00 bezogen werden.

Angebote sind verschlossen und mit der Aufschrift „Wasser- Zu- und Ableitung für das Kasernement in der Auguste-Victoria-Bucht" zu dem am

Dienstag, den 20. ds. Mts., Vormittags 11 Uhr,

stattfindenden Submissionstermine an die unterfertigte Stelle einzureichen; zum genannten Zeitpunkte findet auch dortselbst die Eröffnung der Angebote statt. Zuschlagsfrist 4 Wochen.

Tsingtau, den 8. Mai 1902.

**Kaiserliche Bauverwaltung,
Hochbauabteilung IV.**

(: im ehemaligen Feldlazaret :)

Konkursverfahren.

Über das Vermögen des Maurerpoliers Wilhelm Mertzsch in Tsingtau wird heute, am 9. Mai 1902, mittags 11 Uhr, das Konkursverfahren eröffnet, da feststeht, dass derselbe seine Zahlungen eingestellt hat, mithin seine Zahlungsunfähigkeit anzunehmen ist.

Der Dolmetscher-Eleve Dr. Krieger in Tsingtau wird zum Konkursverwalter ernannt.

Konkursforderungen sind bis zum 19. Juni 1902 bei dem Gerichte anzumelden.

Es wird zur Beschlussfassung über die Beibehaltung des ernannten oder die Wahl eines anderen Verwalters, sowie über die Bestellung eines Gläubigerausschusses und eintretendenfalls über die im § 132 der Konkursordnung bezeichneten Gegenstände zur Prüfung der angemeldeten Forderungen auf den 4. Juli 1902, vormittags 10 Uhr, vor dem unterzeichneten Gerichte Termin anberaumt.

Allen Personen, welche eine zur Konkursmasse gehörige Sache im Besitz haben oder zur Konkursmasse etwas schuldig sind, wird aufgegeben, nichts an den Gemeinschuldner zu verabfolgen oder zu leisten, auch die Verpflichtung auferlegt, von dem Besitze der Sache und von den Forderungen, für welche sie aus der Sache abgesonderte Befriedigung in Anspruch nehmen, dem Konkursverwalter bis zum 19. Juni 1902 Anzeige zu machen.

Tsingtau, den 9. Mai 1902.

Kaiserliches Gericht von Kiautschou.

Druck der Missionsdruckerei, Tsingtau.

第三年 第二十号

1902 年 5 月 10 日

大德钦命总督胶澳文武事宜大臣都　为

出示通谕专办倒粪事：照得青岛、包岛地方各院内应倒弃之粪，兹自西历本年六月初一日起一律均由白尼克博特洋行经理。该行宜送，按章无费，可以盖闭之。恭筒至少两日更换一次，每所房内应有筒数多寡，概由巡捕衙门核定，饬知各该地主或租主遵办。查该行所送之恭筒，系为洁净厕所起见，如有损坏或失去等事，除查有确据，系属出于意外，或实按章应用无他以及被该行所派之人损失外，余皆惟该地主或在官地盖房该房主是问。然亦准该地主等转究得咎之人。

该行亦须将存集攡搽带去。仰各地主如有房屋，应即设备宽阔及易于提倒之脏箱。每恭筒每月原纳倾倒费洋一元三角五分，至倒干攡搽费洋亦在其内。此项费洋无待催讨，西历每月自初一起至初四止，投赴巡捕衙门交纳上月之费洋□回收单。倘逾期未交，派捕往收，即须另纳脚力洋五角。该款均归各地主，或租官地盖房各房主缴纳，如租户等人允纳亦可。如未按纳，仍向地主索偿。而该行倘不按章倒粪，立宜报明巡捕衙门查照。设未报明，亦不准因未倾倒免纳费洋。该行即于西五月间安设恭筒，为此示仰青包岛各地主、各房主等知悉。统于西历本年六月初一日起，一体遵照勿违。特示。

右谕通知

大德一千九百二年五月初一日

青岛，1902 年 5 月 5 日

由普鲁士亲王海因里希和亲王妃殿下赞助建造的水师饭店①将在本月 10 日星期六下午 4 点开业。水师饭店的用途是为占领军、巡洋舰队以及驻扎东亚的海陆军士官和士兵提供一处修养之地，而且一般只对他们开放。商业船队的人员可以通过港务局长介绍，取得许可后进入，允许民间人员参加与士兵相关的演出，诚挚邀请所有对此感兴趣的人员

---

① 译者注：即今 1907 光影俱乐部，位于今湖北路 17 号。

参加开业仪式。

皇家总督
都沛禄

告白

A.施多尔茨女士申请将目前由大鲍岛天津街的 W.梅尔茨拥有的饭店转让到自己名下,用于饭店经营。

对此持有异议者,根据1899年10月10日颁布的总督府告白,最晚于本月25日联系本部门。

青岛,1902年5月5日
皇家巡捕房

告白

从上海以及最近从芝罘传来恶性猩红病流行的消息,大量欧洲人和中国人死亡。

上海的流行已经在相当程度上被扑灭。

青岛到目前为止平安无恙。然而,可以预料,通过经海路以及间接经陆路与上述地点进行的并非不重要的交通往来,疾病传播也会在本地爆发。

因此请市民注意,猩红热传播力强,是一种严重的、普遍性的,目前又是十分恶性的疾病,要求隔离病人。

为了公众利益,因此要求尽可能将猩红病病人转运至医院,或者尽可能地要有医生诊疗,在家中小心隔离,并将每例病例上报总督府。

青岛,1902年5月8日
民政长

发包广告

为奥古斯特-维多利亚湾兵营建设给排水设施的工程将公开发包。

发包文件张贴在皇家第四工部局(前野战医院)的办公室内,以供查看,也可以支付2元后购买发包告示。

报价须密封并注明"为奥古斯特-维多利亚湾兵营建设给排水设施"字样后,最晚在本月20日星期二上午11点递交至投标会的签名处。在上述时间点当场开标,中标期限为

4周。

青岛，1902年5月8日
皇家总工部局
第四工部局地上建筑部
（位于前野战医院）

破产程序

对青岛的泥瓦匠包工头威廉·梅尔茨的财产，将于今天，1902年5月9日上午11点，启动破产程序，原因是，已经确定当事人停止支付款项，因此可以认为他已经没有支付能力。

任命青岛的口译见习克里格博士为破产管理人。

破产索款请求需最晚于1902年6月19日向审判厅报告。

为了保留所任命的管理人或者挑选另外一名管理人并组建债权人委员会，以及在发生上述情况时，需要对《破产法》第132条中规定的用于审查登记索款要求的物品做出决定，现确定相关日期为1902年7月4日上午10点，地点是本法院。

所有占有属于破产案件范围内的物品或者在破产案件范围内欠款的人员，都不应再向该名破产者偿还或支付任何款项，负有强制性义务满足交出物品和款项的要求，并在1902年6月19日前通知破产管理人。

青岛，1902年5月9日
胶澳皇家审判厅

Amtsblatt
für das
Deutsche Kiautschou-Gebiet.

青島官報

Herausgegeben vom Kaiserlichen Gouvernement Kiaurschou.

Der Bezugspreis beträgt jährlich $ 0,60=M 1,20.
Bestellungen nehmen sämtliche deutsche Postanstalten entgegen.

| Jahrgang 3. | Nr. 21. | Tsingtau, den 17. Mai 1902. | 第二十一號 | 第三年 |

德歷一千九百零二年五月十七號

Bekanntmachung.

Aus Schanghai und neuerdings auch aus Tschifu kommen Nachrichten von dem Ausbruch bösartiger Scharlachepidemieen, die unter Europäern wie Chinesen zahlreiche Opfer gefordert haben.

In Schanghai soll die Epidemie ziemlich erloschen sein.

Tsingtau ist bisher verschont geblieben. Doch ist bei dem nicht unbedeutenden Verkehr, der mit den vorgenannten Orten über See, wie mittelbar auch über Land besteht, und bei der Uebertragbarkeit der Krankheit damit zu rechnen, dass sie auch hier zum Ausbruch kommt.

Die Bevölkerung wird deswegen darauf aufmerksam gemacht, dass Scharlach ausserordentlich ansteckend ist, eine schwere, allgemeine, jetzt anscheinend besonders bösartige Krankheit darstellt und die Absonderung des Kranken fordert.

Im öffentlichen Interesse wird deswegen aufgefordert, Scharlachkranke möglichst einem Krankenhause zu überweisen, oder wenigstens für ärztliche Behandlung und sorgfältige Absonderung im Hause zu sorgen, sowie jeden Krankheitsfall dem Gouvernement anzuzeigen.

Tsingtau, den 8 Mai 1902.

Der Civilkommissar.

Bekanntmachung.

Auf der Rhede von Tsingtau in 14,5 m. Wasser, 600 m südlich der Arkona-Insel ist eine Festmachertonne für Kriegsschiffe ausgelegt worden.

Die genaue geographische Lage wird bekannt gegeben, nachdem in etwa 14 Tagen Schleppversuche stattgefunden haben.

Tsingtau, den 13. Mai 1902.

Kaiserliches Hafenamt.

大德輔政司崑 為

曉諭示禁傳染事照得近獲上海煙台等處報載皆云瘟疫症盛行中外人等患是症歿者實繁有徒邇聞紫疹症盛行中外人等患是症歿者實繁有徒邇聞上海此症漸消幸青島至今未染惟水陸兩路與上海煙臺紛至沓來故本單難保無傳染亟宜示明此症係屬重大之症且易於染患者須知悉倘遇有染患前項疹症者或送至醫院或邀醫生來家調治症於屋內安為隔絕以解公眾關礙切莫延緩勿違特示

大德一千九百二年五月初八日示

右諭通知

青島船政局 為

曉諭事茲於青島口外距秤錘島向南六百米打水面設立停泊兵船浮椿一具該處水深十四米打半俟兩禮拜後先試拖船再行示明該處經緯各度此諭

德一千九百二年五月十五日示

Uebersicht
über den Stand des Vermögens der Kaisers-Geburtstagsstiftung am Schlusse des Rechnungsjahres 1901.

Einnahme	$		Ausgabe	$	
Vortrag laut Abschluss vom 4./V. 01.	3290	11	Gewährte Unterstützungen 130 $		
Kaisers-Geburtstagsbeiträge	450	75	27 „		
Zinsen von 750. $	37	50	80 „		
„ „ 500. „	25	—	300 „		
„ „ 1000. „	50	—	200 „	737	
„ „ 800. „	40	—	Verwaltungsunkosten	0	70
„ „ Konto Kurrent	9	97			
Sonstige Einnahmen (25+6,50+0,51.)	32	01	SUMMA:	737	70
SUMMA:	3935	34			
Ab Ausgaben	737	70			
Bestand am 12. April 1902	3197	64			
Erläuterung des Bestandes:					
Guthaben bei der Deutsch-Asiatischen Bank:					
a) auf Depositenkonto zu 5% Zinsen 2787,50 $					
b) auf laufendem Konto zu 2% Zinsen 410,14 $	3197	94			

Summe wie oben stehend.

Tsingtau, den 12. April 1902.

Der Kassenwart,

Solf.

Geprüft und richtig befunden
Tsingtau, den 14. April 1902.

Schrameier,
Schriftführer.

Tsingtau, den 5. Mai 1902.

Vorstehende Uebersicht wird gemäss § 4 der Statuten der Kaisers-Geburtstagsstiftung bekannt gegeben.

Am 20. Mai, 12 Uhr Mittags, findet im Sitzungssaale des Yamens eine Versammlung der Zeichner der Kaisers-Geburtstagsstiftung statt. Zweck der Versammlung: Entlastung des Kassenwarts, Neuwahl von vier Vorstandsmitgliedern.

Der Kaiserliche Gouverneur.

Truppel.

Druck der Missionsdruckerei, Tsingtau.

第三年　第二十一号

1902年5月17日

大德辅政司崑　为

晓谕示禁传染事：照得近获上海、烟台等处报载，皆紫痧症盛行中外人等，患是症殁者实繁。有徒迩闻上海此症渐消，幸青岛至今免染。惟水陆两路与上海、烟台纷至沓来故，本埠难保嗣后不无传染。亟宜示明此症系属重大之症且易于染患，须将患者妥为分隔，不令与他人相近。为此仰诸色人等知悉，倘遇有染患前项痧症者，或送至医院，或邀医生来家调治，并于屋内妥为隔绝，以解公众关碍。总之，遇患是症立宜报明本署，切莫延缓。勿违。特示。

右谕通知
大德一千九百二年五月初八日　示

青岛船政局　为

晓谕事：兹于青岛口外距秤锤岛向南六百米打，水面设立停泊兵船浮椿一具。该处水深十四米打半，俟两礼拜后先试拖船，再行示明该处经纬各度。此谕。

德一千九百二年五月十五日　示

概览

皇帝诞辰基金会在1901年会计年度年底财产状况

收入	元		支出	元	
1901年5月4日决算后的结转	3 290	11	已承诺资助130元		
皇帝诞辰交费	450	75	27元		
750元的利息	37	50	80元		
500元的利息	25	—	300元		

(续表)

收入	元		支出	元	
1 000元的利息	50	—	200元	737	
800元的利息	40	—	管理费	0	70
现账户利息	9	97	总计：	737	70
其他收入(25＋6.50＋0.51)	32	01			
总计：	3 935	34			
扣除支出	737	70			
1902年4月12日存款	3 197	64			
存款状况备注：					
在德华银行的款项：					
5%利息的定期存款账户 2 785.50元					
2%利息的活期账户 410.14元	3 197	94			

总金额如上所示。

青岛，1902年5月5日

青岛，1902年4月12日
出纳员：佐尔夫

经过检查，确认无误。

青岛，1902年4月14日
书记官　单威廉

根据皇帝诞辰基金会章程，上述概览将公开发布。5月20日12点将在衙门会议室举办皇帝基金会认捐者大会。大会目的：任免出纳员，重新选举四名董事会成员。

皇家总督
都沛禄

Amtsblatt
für das
Deutsche Kiautschou-Gebiet.

青 島 官 報

Herausgegeben vom Kaiserlichen Gouvernement Kiautschou.

Der Bezugspreis beträgt jährlich $ 0,60=M 1,20.
Bestellungen nehmen sämtliche deutsche Postanstalten entgegen.

Jahrgang 3. Nr. 22. Tsingtau, den 24. Mai 1902.

Bekanntmachung.

Zum Aufstellen von Badehäusern am Strande der Auguste-Viktoria-Bucht ist die Genehmigung des Gouvernements erforderlich. Die Genehmigung erstreckt sich nur auf das Jahr 1902. Für die bereits bestehenden Badehäuser ist die Genehmigung für die diesjährige Badesaison wieder neu zu beantragen.

Als Beitrag zur Deckung der Unkosten, welche durch die Säuberung und Instandhaltung des Strandes entstehen, wird in diesem Jahre bei der Genehmigungserteilung für jedes Badehaus die Summe von 10 $ erhoben werden.

Bei günstiger Witterung werden regelmässig am Sonnabend Nachmittag von 5 bis $1/_2 7$ Uhr Konzerte am Strande stattfinden.

Für das Baden am westlichen Teile des Strandes bleibt wie bisher vollständiger Badeanzug vorgeschrieben. Während der Badesaison ist das Reiten zwischen der Strandstrasse und dem Wasser, sowie das Baden von Hunden untersagt.

Tsingtau, den 17. Mai 1902.

Kaiserliches Gouvernement
Der Civilkommissar.

Aufgebot.

Es wird hiermit bekannt gemacht, dass **Wilhelm** Johannes Emil Scheel, seines Standes Kaufmann, geboren in Hamburg, 29 Jahre alt, wohnhaft in Tsingtau, Sohn des Schlossermeisters Johann Friedrich Heinrich Scheel und seiner Ehefrau Franzisca Caroline Sophia, geborenen Bartz, beide in Hamburg verstorben,

und

Henriette **Auguste** Steffen, geboren in Gaarden bei Kiel, 24 Jahre alt, wohnhaft in Tsingtau, Tochter des Schuhmachermeisters Adolph Christian Steffen und seiner Ehefrau Sophie Dorothea Christine, geborenen Hauschildt, beide in Kiel verstorben,

beabsichtigen, sich mit einander zu verheiraten und diese Ehe in Gemässheit des Reichsgesetzes vom 4. Mai 1870 vor dem unterzeichneten Beamten abzuschliessen.

Tsingtau, den 21. Mai 1902.

Der Kaiserliche Standesbeamte
Günther.

Verdingungsanzeige.

Die Lieferung von Thonrohren für die Kanalisation in Tsingtau soll öffentlich vergeben werden. Angebote mit der Aufschrift „Thonrohre für die Kanalisation in Tsingtau" sind bis zum 27. d. Mts., Vormittags 11 Uhr, bei der unterzeichneten Abteilung einzureichen. Die Öffnung der Angebote findet $11^1/_4$ Uhr statt. Zuschlagsfrist: 14 Tage.

Tsingtau, den 22. Mai 1902.

Kaiserliche Bauverwaltung,
Abteilung II.

Versteigerung.

Am Freitag, den 30. d. Mts., sollen Altmaterialien öffentlich meistbietend verkauft werden. Interessenten werden ersucht, sich am genannten Tage im Geschäftszimmer der unterzeichneten Abteilung um 10 Uhr Vormittags einzufinden, woselbst eine Zusammenstellung der Gegenstände bereits vorher eingesehen werden kann.

Tsingtau, den 22. Mai 1902.

Kaiserliche Bauverwaltung,
Abteilung II.

Am 9. Mai 1902 ist beim Torpedoschiessen S. M. S. „Seeadler" vor Anker in der Richtung auf Kap Jaeschke ein bronzener Torpedo verloren gegangen. Der Wind war zur Zeit SO. Stärke 1.

Derjenige, welcher diesen Torpedo bei dem unterzeichneten Kommando abliefert, bezw. demselben mitteilt, dass der Torpedo aufgefunden ist und abgeholt werden kann, erhält, wenn dies innerhalb der ersten acht Tage nach erfolgter Bekanntmachung geschieht, eine Belohnung von 200 Mark, wenn es nach den weiteren drei Wochen, d. h. 28 Tage nach erfolgter Bekanntmachung geschieht, 150 Mark und später nur noch eine Belohnung von 100 Mark.

Tsingtau, den 20. Mai 1902.

Kommando S. M. S. „Seeadler"
Hoffmann
Korvettenkapitän und Kommandant

賞　格

大德海鷹兵輪管帶赫　爲

懸賞曉諭事照得本兵輪於西歷五月初九日即中四月初二日在青島停泊演放魚雷誤失去紅銅質魚雷一具至施放方向係向海西惟風屬果南意必沉淪水底凡有能撈獲送至本兵輪或探明報信尋獲令本兵輪派人往起者如在出示後八日內即賞洋二百馬克如在二十八日以外或送至或報信只賞洋一百馬克決不食言仰諸色人等一體知悉特示

右諭通知

大德一千九百零二年五月二十日

第三年　第二十二号

1902 年 5 月 24 日

告白

在维多利亚湾沙滩上设置更衣室须获得总督府的许可,该许可只适用于 1902 年。已经设立的更衣室必须像新更衣室一样申请本年游泳季的许可证。

为支付清理和恢复沙滩状况可能产生的额外支出,本年将在签发许可证时,按照每更衣室 10 元收费,用作费用分摊。

在天气状况良好时,将定期于周六下午 5 点至 7 点 30 分在沙滩上举行音乐会。

在沙滩西半部分游泳时,执行现行规定,游泳者须穿全身泳衣。游泳季期间,禁止在沙滩街和海水之间骑马,也禁止带狗游泳。

青岛,1902 年 5 月 17 日
皇家总督府
民政长

公告

威廉·约翰内斯·埃米尔·希尔,职业为商人,出生于汉堡,现年 29 岁,居住地为青岛,为钳工约翰·弗里德里希·海因里希·希尔和出生时姓巴茨的妻子弗朗切斯卡·卡罗琳·索菲亚的儿子,两人均已在汉堡去世。

海恩里艾特·奥古斯特·史特芬,出生于基尔附近的加登,现年 24 岁,居住地为青岛,是鞋匠阿道夫·克里斯蒂安·史特芬与出生时姓韩西尔特的妻子索菲·多罗特亚·克里斯汀的女儿,二人均已在基尔去世。

谨此宣布二人结婚,这一婚约按照 1870 年 5 月 4 日颁布的法律规定在本官员前缔结。

青岛,1902 年 5 月 21 日
皇家户籍官
冈特

招标告白

为青岛的下水道提供陶土管件的合同将公开发包。报价须密封后注明"提供给青岛下水道的陶土管件"字样,最晚在本月 27 日上午 11 点递交至本处。开标在 11 点 15 分举行,中标期限 14 天。

青岛,1902 年 5 月 22 日
皇家总工部局
第二工部局

拍卖

本月 30 日星期五公开拍卖旧材料,价高者得。感兴趣者请于当日 10 点前往本处营业室,可以提前亲自前往那里查看各项拍品。

青岛,1902 年 5 月 22 日
皇家总工部局
第二工部局

大德海鹰兵轮管带赫　为

悬赏寻觅事:照得本兵轮于西历五月初九日即中四月初二日,在青岛停泊演放鱼雷,讵失去红铜质鱼雷一具。至施放方向系向海西,惟风属东南,意必沉沦水底。凡有能捞获送至本兵轮,或探明报信寻获,令本兵轮派人往起者,如在出示后八日内,即赏洋二百马克;如在二十八日内,即赏洋一百五十马克;如在二十八日以外,或送至报信,只赏洋一百马克。决不食言。仰诸色人等一体知悉。特示。

右谕通知
大德一千九百零二年五月二十日

Amtsblatt
für das
Deutsche Kiautschou-Gebiet.

青島官報

Herausgegeben vom Kaiserlichen Gouvernement Kiautschou.

Der Bezugspreis beträgt jährlich $ 0,60=M 1,20.
Bestellungen nehmen sämtliche deutsche Postanstalten entgegen.

Jahrgang 3. — Nr. 23. — Tsingtau, den 31. Mai 1902.

Danksagung.

Die Mutter des verstorbenen Majors Christ, verwitwete Frau Baurat Christ in Frankfurt / Oder hat mich gebeten, allen denen, welche dem Verstorbenen während seiner Krankheit liebevolle Teilnahme bewiesen, und allen, welche ihm das Geleit zu seiner letzten Ruhestätte gegeben haben, ihren herzlichsten Dank auszusprechen.

Gleichzeitig bringe ich zur Kenntniss, dass nach einer Mitteilung des Bruders, Herrn Dr. G. Christ, in Berlin, Freunde des Verstorbenen, der sich so lebhaft und liebevoll für unsere Schuljugend und die Entwicklung der Schule interessierte, zusammengetreten sind zu einer Schulstiftung, aus deren Zinsen alljährlich Belohnungen für fleissige Schüler bezw. Schülerinnen oder auch Unterstützungen für kranke Kinder gegeben werden sollen.

Ich habe den hochherzigen Gebern, die ihrem heimgegangenen Freunde dadurch ein schönes Denkmal nach seinem Sinne stiften, durch den Bruder den Dank der Kolonie, besonders der Lehrer, Eltern und Kinder, aussprechen lassen.

Der Kaiserliche Gouverneur,
Truppel.

Bekanntmachung.

In der Umgegend von Litsun und in Tengyau bei Schatzykou sind bei chinesischen Kindern mehrfach Fälle von schwarzen Pocken festgestellt worden.

Wenn auch alle Vorkehrungen getroffen sind, um eine Ausbreitung der Krankheit zu verhindern, so wird doch dem Publikum angeraten, Ausflüge in die von der Krankheit betroffenen Gegenden bis auf weiteres zu unterlassen.

Tsingtau, den 29. Mai 1902.

Der Civilkommissar.

Bekanntmachung.

Der Spediteur Julius Richardt in Tsingtau ist zum

Auctionator, Aufmesser und Wieger

amtlich bestellt worden.

Tsingtau, den 23. Mai 1902.

Der Civilkommissar.

Bekanntmachung.

Auf Antrag des Herrn F. Vogt findet am Donnerstag, den 12. Juni 1902, nachmittags 4 Uhr, im Landamt die öffentliche Versteigerung der Parzelle $\frac{153}{133}$ des Kartenblattes 8 gegen Meistgebot statt.

Seite 74. Nr. 23. Amtsblatt — 青島官報 31. Mai 1902.

Lage des Grundstücks: Ecke Irene- und Hamburgerstrasse.
Gröse: 1423 qm., Mindestpreis: $ 1878,40.
Benutzungsplan: Wohnhaus und Lagerräume.
Frist zur Ausführung bis zum 1. Mai 1904.
Gesuche zum Mitbieten sind bis zum 5. Juni hierher zu richten.

Tsingtau, den 29. Mai 1902.

Das Landamt.

大德管理青島地畝局 爲
拍賣地畝事今據本德人稟稱欲買
工部局西北第八塊第一百五十三號
地一段共計一千四百二十三米打㕧定
擬償洋一千八百七十八元四角茲定
於西歷六月十二日下午四點鐘在局
拍賣買定後限至一千九百四年五月
初一日期內修蓋成功勿得遲緩如有
亦欲買者限於六月初五日投票屆期
同赴本局面議可也特諭

右諭通知
大德一千九百二年五月二十九日
告示

Bekanntmachung.

Auf Antrag des Herrn F. Vogt findet am Donnerstag, den 12. Juni 1902, nachmittags $4^1/_4$ Uhr im Landamt die öffentliche Versteigerung der Parzelle 4 des Kartenblattes 23 gegen Meistgebot statt.

Lage des Grundstücks: hinter der Mineralwasserfabrik.
Grösse: 1387 qm. Mindestpreis: $ 360,70
Benutzungsplan: Zubehör zu Parzelle 1, Lagerplatz mit eventuellem Anbau.
Gesuche zum Mitbieten sind bis zum 5. Juni hierher zu richten.

Tsingtau, den 29. Mai 1902.

Das Landamt.

Verdingungsanzeige.

Die Befestigung von 2175 laufenden Metern der Chausee vom Yamen nach der Auguste Victoria-Bucht soll öffentlich vergeben werden.

Die Verdingungsunterlagen liegen in der Registratur der unterzeichneten Abteilung aus, bezw. können dort gegen Erlegung von $ —,50 in Empfang genommen werden. Die Angebote sind bis Dienstag, den 3. Juni ds. Js., Vormittags 11 Uhr, versiegelt mit der Aufschrift „Strassenbefestigung Yamen-Auguste Victoria-Bucht" hier einzureichen. Die Oeffnung der Angebote erfolgt $11^1/_4$ Uhr. Zuschlagsfrist: 14 Tage.

Tsingtau, den 26. Mai 1902.

Kaiserliche Bauverwaltung.

Abteilung II.

Verdingungsanzeige.

Die Herstellung von Gullies und Gullyanschlüssen soll öffentlich vergeben werden.

Die Verdingungsunterlagen liegen im Geschäftszimmer der unterzeichneten Abteilung zur Einsicht aus, bezw. können daselbst gegen Erlegung von $ —,50 in Empfang genommen werden. Angebote mit der Aufschrift „Gullies" sind versiegelt bis zum Mittwoch, den 4. Juni ds. Js., Vormittags 11 Uhr, einzureichen.

Die Oeffnung der Angebote findet $11^1/_4$ Uhr statt. Zuschlagsfrist: 14 Tage.

Tsingtau, den 27. Mai 1902.

Kaiserliche Bauverwaltung,

Abteilung II.

Verdingungsanzeige.

Die Lieferung von Schotter und Packlagesteinen soll öffentlich vergeben werden.

Die Verdingungsunterlagen liegen im Geschäftszimmer der unterzeichneten Abteilung zur Einsicht aus, bezw. können daselbst gegen Erlegung von $ 0,50 in Empfang genommen werden. Angebote mit der Aufschrift „Schotter und Packlagesteine" sind versiegelt bis zum Mittwoch, den 4. Juni d. Js., Vormittags 11 Uhr, einzureichen.

Die Oeffnung der Angebote findet $11^1/_2$ Uhr statt. Zuschlagsfrist 14 Tage.

Tsingtau, den 27. Mai 1902.

Kaiserliche Bauverwaltung,

Abteilung II.

31. Mai 1902.   Amtsblatt—報官島青   Nr. 23. — Seite 75.

Verdingungsanzeige.

Die Lieferung von gusseisernen Gully- und Schachtabdeckungen soll öffentlich vergeben werden.

Die Verdingungsunterlagen liegen im Geschäftszimmer der unterzeichneten Abteilung aus, bezw. können daselbst gegen Erlegung von $ 0,50 in Empfang genommen werden.

Angebote mit der Aufschrift „Gusseiserne Abdeckungen" sind versiegelt bis zum Dienstag, den 3. Juni ds., Vormittags 11 Uhr, einzureichen.

Die Oeffnung der Angebote findet 11½ Uhr statt. Zuschlagsfrist: 14 Tage.

Tsingtau, den 27. Mai 1902.

Kaiserliche Bauverwaltung,

Abteilung II.

Bekanntmachung.

Im hiesigen Handelsregister ist heute unter No. 56 die Firma

K. Menju Nachfolger
Hatsutaro Fujii

mit dem Sitz in Tsingtau
und als deren Inhaber der japanische Photograph

Hatsutaro Fujii

eingetragen worden.

Tsingtau, den 28. Mai 1902.

Kaiserliches Gericht von Kiautschou.

Bekanntmachung.

Der Termin für die Eingabe der Angebote auf Lieferung von Gully- und Schachtabdeckungen wird auf Wunsch bis zum Dienstag, den 10. Juni d. Js., verlängert.

Tsingtau, den 29. Mai 1902.

Kaiserliche Bauverwaltung,

Abteilung II.

Bekanntmachung.

Der Bedarf der Werkstatt an einigen Materialien soll vergeben werden. Die Lieferungsbedingungen liegen bei der Werkstatt aus und können dort eingesehen werden.

Angebote sind unter der Bezeichnung „Material" bis zum 12. Juni Vormittags 11 Uhr verschlossen im Büreau der Werkstatt abzugeben.

Marine-Werkstatt.

Druck der Missionsdruckerei, Tsingtau.

第三年　第二十三号

1902年5月31日

致谢

去世的克里斯特少校的母亲，是来自奥德河畔寡居的土木技术监理克里斯特的遗孀，她请求我向在克里斯特少校生病期间关心同情，以及陪同他前往最后安息地的所有人，表达衷心的感谢。

同时请各位知悉：在我通知他的兄弟、柏林的G.克里斯特博士先生以及逝者的朋友之后，之前一直充满爱心地积极关注我们的学童以及学校发展的克里斯特先生和朋友们一起成立了学校基金会，用基金会的利息每年奖励勤奋学童并为患病儿童提供支持。

来自家乡的这些朋友们通过赞助，建立起一座体现克里斯特少校精神的美丽丰碑，我通过克里斯特少校的兄弟向他们表达了殖民地，尤其是教师、家长和孩子们的谢意。

帝国总督
都沛禄

告白

在李村和沙子口附近的登窑（Tengyau）周边的中国儿童确诊多例黑天花。

尽管做了各方面预防，但是为了避免疾病蔓延，建议公众不要前往疾病涉及的地区游玩，等候进一步通知。

青岛，1902年5月29日
民政长

大德辅政司崑　为

通行晓谕批准事：照得所有拍卖度量秤称等事，现已经官准德人李退提承辨（办），仰各周知。特谕。

右谕通知
大德一千九百二年五月二十三日　告示

大德管理青岛地亩局　为

拍卖地亩事：今据本德人禀称，欲买总工部局西北第八块第一百五十三号地一段，共计一千四百二十三米打，暂拟价洋一千八百七十八元四角。兹定于西历六月十二日下午四点钟在局拍卖，买定后限至一千九百四年五月初一日期内修盖成功，勿得迟缓。如有亦欲买者，限于六月初五日投票，届期同赴本局面议可也。特谕。

右谕通知
大德一千九百二年五月二十九日　告示

告白

应 F. 佛格特先生请求，1902 年 6 月 12 日星期四下午 4 点 15 分将在地亩局公开拍卖地籍册第 23 页第 4 号地块，价高者得。

地块位置：矿泉水工厂[①]后。

面积：1 387 平方米；最低价：360.70 元。

使用规划：1 号地块的附属地块，仓库，可能也会加盖建筑。

参与报价须最晚 6 月 5 日提交本处。

青岛，1902 年 5 月 29 日
地亩局

发包广告

加固从衙门到奥古斯特-维多利亚湾的 2 175 米连续公路的合同将公开发包。

发包文件张贴于本登记处，或者也可以在那里以 0.50 元购买。密封并标明"衙门-奥古斯特-维多利亚湾街道加固"字样的报价须最晚在今年 6 月 3 日星期二上午 11 点递交至本处，开标时间为 11 点 15 分，中标期限 14 天。

青岛，1902 年 5 月 26 日
皇家总工部局
第二工部局

---

① 译者注：即伊尔蒂斯矿泉水和发泡酒厂，今青岛饮料集团所属崂山矿泉水有限公司。

发包广告

建造古力[①]以及古力连接的合同将公开发包。

发包文件张贴于本登记处,或者也可以在那里以 0.50 元购买。

密封并标明"古力"字样的报价须最晚在今年 6 月 4 日星期三上午 11 点递交至本处。

开标时间为 11 点 15 分,中标期限 14 天。

青岛,1902 年 5 月 27 日
皇家总工部局
第二工部局

发包广告

供应碎石和路基大石块的合同将公开发包。

发包文件张贴于本登记处,或者也可以在那里以 0.50 元购买。

密封并标明"碎石和路基大石块"字样的报价须最晚在今年 6 月 4 日星期三上午 11 点递交至本处。

开标时间为 11 点 30 分,中标期限 14 天。

青岛,1902 年 5 月 27 日
皇家总工部局
第二工部局

发包广告

供应铸铁古力盖和井盖的合同将公开发包。

发包文件张贴于本登记处,或者也可以在那里以 0.50 元购买。

密封并标明"铸铁盖"字样的报价需最晚在今年 6 月 3 日星期二上午 11 点递交至本处。

开标时间为 11 点 30 分,中标期限 14 天。

青岛,1902 年 5 月 27 日
皇家总工部局
第二工部局

---

① 译者注:德语 Gully,即下水道。

告 白

本地商业登记号为第 56 号的青岛公司毛受写真馆接手人藤井裕久将日本照相师藤井裕久登记为其所有人。

青岛,1902 年 5 月 28 日

胶澳皇家审判厅

告 白

根据大家的要求,现将递交供应古力盖和井盖的投标日期延长至今年 6 月 10 日星期二。

青岛,1902 年 5 月 29 日

皇家总工部局

第二工部局

告 白

工艺局对一些材料的需求将公开发包。供货条件张贴在工艺局,可在那里查看。

报价须密封并注明"材料"字样后,最晚在 6 月 12 日上午 11 点递交至工艺局办公室。

水师工艺局

für das
Deutsche Kiautschou-Gebiet.

青島官報

Herausgegeben vom Kaiserlichen Gouvernement Kiautschou.

Der Bezugspreis beträgt jährlich $ 0,60 = M 1,20.
Bestellungen nehmen sämtliche deutsche Postanstalten entgegen.

| Jahrgang 3. | Nr. 24. | Tsingtau, den 1. Juni 1902. | 第二十四號 | 第三年 |

Verordnung

betreffend Aufhebung der Hundesperre.

Die Verordnung betreffend Hundesperre vom 19. April 1902 (Amtsblatt 1902. Seite 57) wird hiermit aufgehoben.

Tsingtau, den 31. Mai 1902.

Der Kaiserliche Gouverneur,

In Vertretung

Richard Koch.

大德欽命護理總督膠澳文武事宜大臣葛 爲
曉諭註銷告示
事案查前因有瘋狗一隻故於西本年四月十九日出示凡養狗者必須用繩拴住及籠其嘴現擬將告示註銷弛禁仰各週知特諭
右諭通知
大德一千九百二年五月三十一日
告示

第三年 第二十四号

1902年6月1日

大德钦命护理总督胶澳文武事宜大臣葛　为

晓谕注销告示事：案查前因有疯狗一只，故于西本年四月十九日出示：凡养狗者，必须用绳拴住及笼其嘴。现拟将告示注销弛禁，仰各周知。特谕。

右谕通知

大德一千九百二年五月三十一日　告示

Amtsblatt
für das
Deutsche Kiautschou-Gebiet.

青島官報

Herausgegeben vom Kaiserlichen Gouvernement Kiautschou.

Der Bezugspreis beträgt jährlich $ 0,60=M 1,20.
Bestellungen nehmen sämtliche deutsche Postanstalten entgegen.

| Jahrgang 3. Nr. 25. | Tsingtau, den 7. Juni 1902. | 第二十五號 第三年 |

Bekanntmachung.

Das Reiten und Fahren auf dem westlichen Teile des Exerzirplatzes in der Auguste Victoria-Bucht, sowie jedes Betreten dieses Teiles ist wegen der dort vorgenommenen Planierungs- und Ansäungsarbeiten im Interesse einer guten Berasung bis auf Weiteres verboten.

Tsingtau, den 3. Juni 1902.

Kaiserliches Gouvernement,
Der Civilkommissar.

Bekanntmachung.

In der Konkurssache Fu tsy an wird die Vornahme der Schlussverteilung genehmigt.

Termin zur Abnahme der Schlussrechnung, Erhebung von Einwendungen gegen das Schlussverzeichnis und Beschlussfassung über etwa nicht verwertbare Gegenstände wird auf den

1. Juli 1902, Vormittags 11 Uhr,

anberaumt.

Tsingtau, den 3. Juni 1902.

Kaiserliches Gericht von Kiautschou.

Bekanntmachung.

Paul Müller hat ein Gesuch um Uebertragung der Konzession zum Betriebe einer Gastwirtschaft auf seinen Namen für das von J. Beermann in Tsingtau, Tirpitzstrasse, bisher innegehabte Lokal eingereicht.

Einwendungen im Sinne der Gouvernementsbekanntmachung vom 10. Oktober 1899 sind bis zum 22. d. Mts. an die unterzeichnete Behörde zu richten.

Tsingtau, den 4. Juni 1902.

Kaiserliches Polizeiamt.

大德輔政司崑 為

告示

大德一千九百零二年六月初七號

特諭

此仰諸色人等一體懍遵勿違

出示禁止事照得會前灣近岸之練兵操場其西半邊現在有平地及種草之工該處暫行嚴禁馳馬走車以及行人往來為

右諭通知

大德一千九百零二年六月初三日

欽命德膠奧署 為

曉諭斷債事前有包工人傳子安魠空一案現准了此案定於德歷七月初一日即華五月二十六日上午十一點鐘在公堂分給未發之錢各債主應齊赴奧署公堂公議斷結了案特諭

德一千九百零二年六月初三日示

Verdingungsanzeige.

Der Neubau eines Wirtschaftsgebäudes beim Kasernement am Ostlager soll in öffentlicher Versteigerung vergeben werden.

Verdingungsunterlagen liegen im Geschäftszimmer der Hochbauabteilung zur Einsicht aus und können dortselbst auch Verdingungsanschläge gegen Erstattung von 2 $ käuflich erworben werden.

Verschlossene und mit der Aufschrift: „Verdingung von Bauarbeiten eines Wirtschaftsgebäudes am Ostlager" versehene Angebote sind bis zu dem am **Dienstag, den 17. d. Mts., Vormittags 10 Uhr,** stattfindenden Termin einzureichen.

Zuschlagsfrist 4 Wochen.

Tsingtau, den 7. Juni 1902.

Hochbauabteilung.

Druck der Missionsdruckerei, Tsingtau.

第三年　第二十五号

1902年6月7日

大德辅政司崑　为

出示禁止事：照得会前湾近岸之练兵操场，其西半边现在有平地及种草之工，该处暂行严禁驰马、走车以及行人往来。为此仰诸色人等一体懔遵勿违。特谕。

右谕通知
大德一千九百二年六月初三日　告示

钦命德胶澳署　为

晓谕断债事：前有包工人傅子安亏空一案，现准了此案，定于德历七月初一日，即华五月二十六日上午十一点钟在公堂分给未发之钱。各债主应齐赴澳署公堂，公议断结了案。特谕。

德一千九百零二年六月初三日　示

告白

保罗·穆勒申请将目前为止由青岛提尔皮茨大街①的J.贝尔曼拥有的饭店转让到自己名下，用于饭店经营。

凡根据1899年10月10日颁布的总督府告白对此持有异议者，最晚于本月22日联系本部门。

青岛，1902年6月4日
皇家巡捕房

---

① 译者注：即今莒县路。

发包广告

在东大营附近修建一座杂用建筑的合同将公开投标。

发包文件张贴在地上建筑部以供查阅,也可以在那里支付2元购买。

报价须密封并注明"投标东大营旁杂用建筑"字样后,最晚于本月17日星期二上午10点递交至投标会。

中标期限为4周。

青岛,1902年6月7日
地上建筑部

Amtsblatt
für das
Deutsche Kiautschou-Gebiet.

青島官報

Herausgegeben vom Kaiserlichen Gouvernement Kiautschou.

Der Bezugspreis beträgt jährlich $ 0,60=M 1,20.
Bestellungen nehmen sämtliche deutsche Postanstalten entgegen.

| Jahrgang 3. Nr. 26. | Tsingtau, den 14. Juni 1902. | 第二十六號 第三年 |

Bekanntmachung.

Zur Verhütung der Einschleppung der Cholera ist für die Schiffe, welche aus Schanghai oder aus Tientsin, Tongku und den weiter nördlich gelegenen Häfen der chinesischen Küste kommen, ärztliche Untersuchung angeordnet worden.

Vor Beendigung dieser Untersuchung darf niemand das Schiff ohne Erlaubnis verlassen oder Sachen von Bord geben.

Der Schiffsführer ist verpflichtet, dem Arzt genaue Auskunft über den Gesundheitszustand an Bord zu geben, und in jeder Weise die ärztliche Untersuchung der Passagiere und der Schiffsmannschaft zu erleichtern.

Ergiebt die Untersuchung, dass sich an Bord cholerakranke oder choleraverdächtige Personen befinden, so werden je nach Lage des Falls besondere Anordnungen getroffen werden, welche strenge zu beachten sind.

Es wird darauf hingewiesen, dass wissentliche Verletzung von Absperrungs- oder Aufsichtsmassregeln nach § 327 des Reichsstrafgesetzbuches mit Gefängnis bis zu zwei Jahren und für den Fall, dass infolge der Verletzung der Massregeln ein Mensch von der Krankheit ergriffen ist, mit Gefängnis von drei Monaten bis zu drei Jahren bestraft wird.

Tsingtau, den 13. Juni 1902.

Der Kaiserliche Gouverneur,
Truppel.

Bekanntmachung.

Auf Antrag des Konkursverwalters Heinrich Mootz in Tsingtau soll das dem Gemeinschuldner Hu Tschang keng gehörige, in Tsingtau an der Ecke der Tsimo- und Tsining-Strasse belegene Haus-Grundstück an der Gerichtsstelle am Sonnabend,

den 28. Juni 1902, Vormittags 10 Uhr,

an den Meistbietenden im Wege der Zwangsversteigerung veräussert werden.

Das Grundstück ist im Grundbuche von Tsingtau Band III Blatt Nr. 137 eingetragen. Es ist als Parzelle 53 des Kartenblattes 9, Hofraum an der Tsimostrasse, im Kataster vermerkt und 465 qm. gross.

Das Gebäude ist ein noch unvollendeter Ziegelbau mit Dachpappe gedeckt. Der Jahresbetrag der Grundsteuer beträgt $ 26,80. Das Gebäude besteht aus Erdgeschoss und einem Stockwerke und besteht aus dem Vordergebäude und 2 Flügeln, die einen Hof umschliessen.

Die näheren Kaufbedingungen und das Mindestgebot werden bei Beginn des Versteigerungstermines bekannt gemacht werden. Auf alle Fälle muss der Ersteher die Gewinnauskehrungspflicht und das auf dem Grundstück haftende Vorkaufsrecht und die Grundsteuer auch für die Zukunft übernehmen. Die Kosten der Umschreibung im Grundbuch muss er ausser seinem Meistgebot zahlen, desgleichen die Summe, welche an den Staat als Gewinnanteil auszukehren ist. Die Höhe derselben wird im Termin bekannt gegeben werden.

Kein Gebot wird zugelassen werden, wenn nicht der Bieter zehn Prozent des baar zu zahlenden Preises in Geld oder in sicherem Wert hinterlegt. Ob die Werte sicher sind, entscheidet der Richter. Die volle Zahlung des Kaufpreises hat in einem Termin bei Gericht zu erfolgen, welcher etwa 14 Tage nach dem Versteigerungstermin anberaumt werden wird. Bis

Seite 82. — Nr. 26.　　　Amtsblatt—青島官報　　　14. Juni 1902.

zu diesem Tage ist der Kaufpreis mit fünf vom Hundert seit dem Zuschlagstage zu verzinsen. Wird das Kaufgeld in dem dazu bestimmten Termin nicht gezahlt, so ist die Sicherheit verfallen und es findet von Neuem Zwangsversteigerung statt.

Der Zuschlag wird am Tage der Versteigerung nach Abgabe des Meistgebotes verkündet werden.

Rechte auf das Grundstück, die nicht in das Grundbuch eingetragen sind, sind spätestens bis zum 26. Juni 1902, Mittags 12 Uhr, auf dem Gericht anzumelden, widrigenfalls sie nicht berücksichtigt werden.

Wer ein die Zwangsversteigerung hinderndes Recht hat, muss vor der Erteilung des Zuschlages die Einstellung des Verfahrens herbeiführen, widrigenfalls an die Stelle des Grundstücks der Erlös tritt.

Tsingtau, den 9. Juni 1902.

Kaiserliches Gericht von Kiautschou.

Verdingungsanzeige.

Die Unterhaltung der Brunnenanlagen im Yantschiatsunthale, sowie in Tsingtau und Tapautau für die Zeit bis zum 1. April 1903 soll vergeben werden.

Die Verdingungsunterlagen liegen im Bureau der unterzeichneten Behörde zur Einsicht aus und werden auch für 0,50 $ pro Satz abgegeben.

Verschlossene und mit der Aufschrift „Submission auf Unterhaltung der Brunnenanlagen" versehene Angebote sind zu dem am 18. Juni ds. Js., Vorm. 11 Uhr, stattfindenden Submissionstermin einzureichen.

Tsingtau, den 11. Juni 1902.

Bauabteilung II.

欽命德膠臬署

拍賣樓房事茲據委派管理廉空事慕容呈胡長庚欠債未償總將伊青島樓房一處入官拍賣等因准此本署定於德歷六月二十八日上午十一點半在公堂拍賣查此地基在本署地冊第三本一百三十七章即大量局圖之第五十三塊第九號地界濟密與即墨二街樓南有空院一區地面共計四百六十五米打上帶樓房一正兩廂皆用紅磚頂鋪沙紙屋內有上下二級屆期本署營業緊要欲限以定價拍賣有增無減價高者得買安後照舊利計繳地錢歸公此後每年須繳壹欽銀二十六圓八角外有政寫地冊費所賺餘利計繳分交庫房或銀或票兌條粉係買主承當無論價值多寡當時即按十分之一先交本署收仍存或於本月二十六明皆儀餘俟定期交清自實此樓房有暗中攙股分者須於本年五分利扣水署派員辦明眞傷即另行拍賣樓房有礙理阻止本願拍賣者宜早來聲明銷案日若期不交本署票明過期不准倘有礙理阻止本願拍賣者宜早來聲明銷案若因事躭誤未來聲明者經本署查實仍照原激給回恐未週知特此曉諭
大德一千九百二年六月初九日示

第三年　第二十六号

1902年6月14日

告白

为防止引入霍乱，现要求对来自上海或者天津、塘沽以及其他北部中国沿海港口的船只进行卫生检查。

在检查结束前，未经许可，不准任何人或物品离开船只。

各船长有义务向医生提供船上卫生状况的信息，并全力协助医生检查乘客及船员。

如果经检查确定船上有感染霍乱或者疑似感染人员，将视情况发出特别指令，必须严格遵守。

需要提醒注意的是，有意违反隔离或者监控措施的人员，将按照《帝国刑法》第327条判刑，最高两年；如果出现传染其他人员的情况，将判刑三个月至最高三年。

青岛，1902年6月13日
皇家总督
都沛禄

钦命德胶澳署　为

拍卖楼房事：兹据委派管理亏空事慕咨呈，胡长庚欠债未偿，应将伊青岛楼房一处入官拍卖等因，准此本署定于德历六月二十八日上午十点钟至十一点半在公堂拍卖。查此地基在本署地册第三本一百三十七章，即丈量局画图之第五十三块第九号地界。济密[①]与即墨二街楼南有空院一区，地面共计四百六十五米打，上带楼房一正，两厢墙皆红砖，顶用沙纸，屋内有上下二级。届期，本署言一紧要条款，限以定价拍卖，有增无减，价高者得。买妥后应照旧例将地钱归公，此后每年兑税银二十六元八角。外有改写地册书费并转卖所赚余利，计数抽分交库。届时，言明皆系买主承当，无论价值多寡，当时即按十分之一先交本署收存。或银或票，须本署派员辨明真伪，余俟定期交清。自买时起首，至交齐之日，

---

① 译者注：疑为即墨。

亦照一年五分利扣算。若至期拖欠不交,本署即另行拍卖此楼房。有暗中摊股分者,须于本月二十六日上午十二钟来署禀明,过期不准。倘有据理阻止,不愿拍卖者,宜早来声明销案。若因事耽误未来声明者,经本署查实,仍照原数给回。恐未周知,特此晓谕。

大德一千九百二年六月初九日　示

发包广告

对闫家村河谷以及青岛和大鲍岛的水井设备进行维护的合同将发包,维护时间为至1903年4月1日止。

发包文件张贴于本处的办公室内,以供查看,也可以按照每份0.50元的价格购买。

报价须密封并标注"对水井设备进行维护的报价"后,最晚在今年6月18日上午11点递交至投标会。

青岛,1902年6月11日
第二工部局

Amtsblatt
für das
Deutsche Kiautschou-Gebiet.

青島官報

Herausgegeben vom Kaiserlichen Gouvernement Kiautschou.

Der Bezugspreis beträgt jährlich $ 0,60=M 1,20.
Bestellungen nehmen sämtliche deutsche Postanstalten entgegen.

| Jahrgang 3. Nr. 27. | Tsingtau, den 17. Juni 1902. |

Polizeiverordnung
betreffend Hundesperre.

§ 1.

Nachdem bei einem Hunde im Stadtgebiete ein neuer Fall von Tollwut festgestellt worden ist, wird für das Stadtgebiet Tsingtau die Festlegung aller Hunde angeordnet. Der Festlegung ist das Führen der mit einem sicheren Maulkorbe versehenen Hunde an der Leine gleich zu achten. Hunde, welche frei umherlaufend betroffen werden, werden durch die Polizei sofort getötet.

§ 2.

Hunde oder sonstige Haustiere, welche der Seuche verdächtig sind, müssen von dem Besitzer sofort getötet oder bis zum Einschreiten der sofort zu benachrichtigenden Polizei in einem sicheren Behältnisse eingesperrt werden.

§ 3.

Die Kadaver der gefallenen oder getöteten wutkranken oder der Seuche verdächtigen Tiere müssen sofort unschädlich beseitigt werden. Das Abhäuten derselben ist verboten.

§ 4.

Wer den Vorschriften dieser Verordnung zuwiderhandelt, wird, sofern er nicht nach den sonst bestehenden gesetzlichen Bestimmungen eine höhere Strafe verwirkt hat, mit Geldstrafe bis zu einhundertfünfzig —150— Mark oder mit Haft bis zu sechs Wochen bestraft.

§ 5.

Diese Verordnung tritt sofort in Kraft.
Tsingtau, den 16. Juni 1902.

Der Kaiserliche Gouverneur,
In Vertretung
Hofrichter.

第三年　第二十七号

1902年6月17日

大德钦命护理总督胶澳文武事宜大臣赫　为

再晓谕事：照得近在青岛内界又有疯狗一只，为害不浅。嗣后青岛、包岛等处，养狗之家必须用绳拴在家里，不得外跑。倘必欲在街游历，必得妥人用绳子拴住牵领，狗嘴上必须用笼头将嘴笼好，方可在街上游行。不得任其乱跑。倘巡捕衙门若见有散游之狗，立即戕毙。凡养狗、养牲口之家，若疑似有疯症，自宜先拴在屋内，报明巡捕，或自行杀毙。该狗与牲口杀死后不得剥皮，立即埋在地下，以免沾染。倘有不遵者，查出罚洋至一百五十马克之多，或监押至六礼拜之久，若按律例，亦可重罚。为此晓谕，各宜立即遵照勿违。特示。

右谕通知

大德一千九百二年六月十六日　告示

Amtsblatt
für das
Deutsche Kiautschou-Gebiet.

青島官報

Herausgegeben vom Kaiserlichen Gouvernement Kiautschou.

Der Bezugspreis beträgt jährlich $ 0,60=M 1,20.
Bestellungen nehmen sämtliche deutsche Postanstalten entgegen.

Jahrgang 3.   Nr. 28.   Tsingtau, den 21. Juni 1902.

Verordnung betreffend Gewerbescheine.

In Ausführung des Artikels 8 der Verordnung betreffend die Erhebung von Steuern und Abgaben vom 2. September 1898 bestimme ich über die Ausgabe von Gewerbescheinen folgendes:

§ 1.
Versteigerungen.

Zum gewerbsmässigen Ankündigen und Abhalten von Versteigerungen ist ein Gewerbeschein zu lösen, für welchen eine Gebühr von $ 25 vierteljährlich erhoben wird.

§ 2.
Bote.

Zum Betriebe von Boten in den Häfen und Küstengewässern des Schutzgebietes in Ausübung eines Gewerbes ist ein Gewerbeschein zu lösen. Die Gebühr beträgt halbjährlich für

a) Leichterfahrzeuge, Fracht- und Wasserbote
   1. europäischer Bauart $ 20,—
   2. chinesischer   „   „ 7,50
b) Ruderbote für den Personenverkehr, Sampans und Hökerbote   „ 3,—
c) Fischerbote mit Ausnahme der steuerfreien Flösse   „ 0,50
d) Dampfbote unter 60 Tonnen Ladefähigkeit   „ 7,50

§ 3.
Rikschas.

Zur gewerbsmässigen Personenbeförderung mit einem Riksha im Stadtgebiet ist ein Gewerbeschein zu lösen. Die Gebühr dafür beträgt bis auf weiteres $ 0,50 halbjährlich.

§ 4.
Lastwagen, Schieb- und Zieh-Karren.

Zum Gewerbebetriebe mit Schieb- und Zieh-Karren und Lastwagen jeder Art innerhalb des Stadtgebietes ist ein Gewerbeschein zu lösen. Die Gebühr dafür beträgt halbjährlich $ 1.

§ 5.
Europäische Schank- und Hotelbetriebe.

Zum Betriebe von Hotels und Schankwirtschaften für Europäer ist abgesehen von der besonders einzuholenden Genehmigung des Gouvernements auch die Lösung eines Gewerbescheines erforderlich.

Die Gebühr beträgt vierteljährlich:
    in Klasse   I   Doll. 90
    „   „   II   „ 60
    „   „   III   „ 40
    „   „   IV (Familienpensionen ohne öffentliches Restaurationszimmer)   „ 20

Die Einreihung in eine dieser Klassen erfolgt durch den Civilkommissar nach Anhörung der Vertreter der Civilgemeinde.

§ 6.
Ausschank und Verkauf chinesischer Getränke.

Zum Betriebe von chinesischen Restaurants und Theehäusern, sowie von Läden zum Verkauf oder Ausschank von chinesischen Spirituosen ist ein Gewerbeschein zu lösen. Die Gebühr beträgt vierteljährlich:
    in Klasse   I   Doll. 30
    „   „   II   „ 10
    „   „   III   „ 3

Die Einreihung in eine dieser Klassen erfolgt durch das Polizei-Amt und für den Bereich des Bezirksamtes Litzun durch das Bezirksamt daselbst.

§ 7.
Apotheken.
Zum Betrieb einer Apotheke ist ein Gewerbeschein zu lösen. Die Gebühr dafür beträgt vierteljährlich Doll. 25. —

Apotheken in öffentlichen Krankenhäusern sind frei.

§ 8.
Chinesische Theater und Konzert-Häuser.
Zum Betriebe von chinesischen Theatern und Konzerthäusern ist ein Gewerbeschein zu lösen. Die Gebühr beträgt für ein Vierteljahr
in Klasse I   Doll. 75
„   „   II   „   50
„   „   III   „   25

Die Einreihung in eine dieser Klassen erfolgt durch den Kommissar für chinesische Angelegenheiten.

§ 9.
Pfandhäuser.
Zum Betriebe von chinesischen Pfandhäusern ist ein Gewerbeschein zu lösen. Die Gebühr dafür beträgt vierteljährlich:
in Klasse I   Doll. 100
„   „   II   „   50

Die Einreihung in eine dieser Klassen erfolgt durch den Kommissar für chinesische Angelegenheiten.

§ 10.
Ausgabe-Stelle der Gewerbescheine.
Die Gewerbescheine werden erteilt im Falle
a) der §§ 1, 5 und 7 (Versteigerungen, Schank- und Hotelbetriebe, Apotheken) durch den Civilkommissar;
b) der §§ 8 und 9 (Theater und Konzerthäuser, Pfandhäuser) durch den Commissar für chinesische Angelegenheiten;
c) des § 2 (Bote), soweit es sich um chinesische Fahrzeuge handelt durch das Polizeiamt, im übrigen durch das Hafen-Amt;
d) der §§ 3 und 4 (Rikschas, Wagen, Karren) durch das Polizeiamt;
e) des § 6 (Ausschank und Verkauf chinesischer Getränke) durch das Polizei-Amt, und für den Bereich des Bezirksamts Litsun durch das Bezirksamt daselbst.

§ 11.
Die Gewerbescheine sind nicht übertragbar und werden für ein Kalender-Vierteljahr oder -Halbjahr ausgestellt; sie sind vor Beginn des steuerpflichtigen Betriebes zu lösen und nach Ablauf der Frist, für welche sie erteilt sind, rechtzeitig, spätestens innerhalb der ersten fünf Tage des neuen Kalender-Vierteljahres oder -Halbjahres zu erneuern.

Die Gebühren sind im Voraus, spätestens bei Aushändigung des Scheines, zu zahlen.

In besonderen Fällen kann die Gebühr herabgesetzt oder ganz erlassen werden.

§ 12.
Strafbestimmungen.
Wer entgegen den Vorschriften der §§ 1—11 ohne den erforderlichen Gewerbschein einen steuerpflichtigen Betrieb beginnt oder fortsetzt, hat eine Geldstrafe in Höhe des ein bis vierfachen Betrages der hinterzogenen Gebühr, mindestens jedoch eine Geldstrafe von Doll. 3 verwirkt. An Stelle der Geldstrafe tritt im Nichtbeitreibungsfalle Haft bis zu sechs Wochen. Ausserdem ist die hinterzogene Gebühr noch besonders zu zahlen.

§ 13.
Der erteilte Gewerbeschein kann wieder entzogen, oder es kann die Erteilung versagt werden:
a) wenn die Gebühr nicht rechtzeitig bezahlt ist,
b) wenn der Antragsteller bereits wegen Verstosses gegen diese Verordnung bestraft ist,
c) wenn Thatsachen vorliegen, welche die Fortdauer oder Erneuerung der Erlaubnis aus Gründen der öffentlichen Sicherheit und Ordnung ausschliessen,
d) wenn der Antragsteller wegen Übertretung der sonst für die steuerpflichtigen Gewerbe bestehenden polizeilichen Vorschriften oder Anordnungen bestraft ist.

§ 14.
Diese Verordnung tritt am 1. Juli 1902 in Kraft.

Tsingtau, den 10. Juni 1902.

Der Kaiserliche Gouverneur,

Truppel.

大德欽命總督膠澳文武事宜大臣都為

出示通諭章程事照得膠澳德屬境內應徵各項稅課章程曾於西曆一千八百九十八年九月初二日訂明在案茲將第八欵所出各種營生執照續章列左

一、凡欲操代出告白及代行拍賣等事生業者均須領有營生執照每三閱月一季應納捐洋二十五元

二、凡在德屬境內各口及近海邊之處駕駛各種船隻領有營生執照其駁照運船造裝水船如係西式者每隻每六閱月一季納捐洋二十元華式者每六閱月納洋七元五角至戴客之渡船杉板及售賣雜貨船隻每六閱月納洋三元惟捕魚船隻除筏子毋須納捐其餘每六閱月納洋五角

三、凡欲用東洋車在青島內界各處拉客謀生者均應領有營生執照每輛每六閱月懸納捐洋七元五角

四、凡在內界各處能淮之車能拉之車及運物之車能左者均應鎮有營生執照每輛每六閱月納車捐洋五角

五、凡欲開設泰西飯店並酒館者除仍先須票請本署允淮後均應領有營生執照分作四等交納費洋其頭等店館每三閱月納洋九十元二等納洋六十元三等納洋四十元至四等飯廳便家每三閱月納洋二十元至該各飯店酒館應列之等次均歸輔政司先邀公舉之商董領袖互相參酌後核定

六、凡欲開設中國飯店及茶館並自造或售賣中國酒鋪以及在內沽飲之酒舖皆宜領有營生執照分列三等其頭等每三閱月應納捐費洋三十元二等納洋十元三等納洋三元至該各飯店酒館應列之等序概歸巡捕衙門斟酌

七、凡欲開設中華當舖者均應領有營生執照分作二等其頭等每三閱月應納捐費洋一百元二等納洋五十元至各該舖應列之等序慨由管理中華事宜輔政司酌核

八、凡欲設立中華戲園及書館者應領營生執照分為三等其頭等每三閱月應納捐費洋七十五元二等納洋五十元三等納洋二十五元至各該園書館應列之等序概歸管理中華事宜輔政司酌核

九、凡欲設立藥房除官醫院內所有之藥房免納捐費外其餘統宜領有營生執照每三閱月納捐費洋二十五元

十、所領之營生執照如第一第五第七各載之拍賣飯店酒館藥房各照均由輔政司簽發第八第九各載之中華戲園書館當舖各照皆由管理中華事宜輔政司簽發第二所載華式船隻執照則由巡捕衙門發給其餘均由船政局簽發第二第四所載之各車照皆由巡捕衙門發給第六所載售賣中華酒舖及可沽飲酒舖各照亦皆由巡捕衙門發給或在李村副臬司屬境即由該副臬司衙門簽發

十一、此項營生執照應在各項生意開張以前預領嗣後亦不准移交他人矇用該照均按三閱月一季或六閱月一季限滿後至遲於五日內應投該管各署更換新照其捐費至遲亦於領照時先行交納但該捐費度情間可酌減或全豁免

十二、凡有違背以上自第一至第十一內載各章或於應納捐費之買賣在未領執照以前即行開張或已開之買賣未領照續作

者一經查明均按應
納之數自一倍至四
倍擬罰但至少亦須
罰洋三元倘該犯者
無力繳洋即監押至
六禮拜之久惟仍應
納之捐費仍須照繳

十三如有至期未納捐
費或因違此章程被
罰有案或恐岳及公
眾之妨碍往來之
便當未便發給或
新照或因違章另訂
納捐費買賣章程或
規條已罰在案者各
該衙門不給執照或
將已發之照撤回均
可

此此項章程定於西
歷一千九百零二年
七月初一日起一律
遵行爲此仰閭屬諸
色人等凛遵勿違特
諭

大德一千九百零二年
六月初十日

Polizei-Verordnung

betreffend den Verkehr von Fahrzeugen, sowie den Betrieb von Schank- und Hotelwirtschaften, chinesischen Theatern und Konzerthäusern und Pfandhäusern im Schutzgebiet Kiautschou.

§ 1.

Fahrzeuge.

Für Dampfbote unter 60 Tonnen Ladefähigkeit gelten folgende Bestimmungen:

1. Jedes Dampfbot hat seinen Namen am Bug in lateinischer und am Schornstein in chinesischer Schrift leicht sichtbar zu tragen.

2. Jedes Dampfbot darf nur soviel Fahrgäste aufnehmen und befördern, als das Hafenamt gestattet. Die zu gestattende Anzahl wird in der Weise ermittelt, dass für jeden Fahrgast und Botangestellten ein Raum von 0,65 qm der nutzbaren Fläche des Ober- und unmittelbar darunter gelegenen Decks zu Grunde gelegt wird. Die Zahl muss auf einer an Bord befindlichen leicht sichtbaren Tafel deutsch und chinesisch angeschrieben sein.

3. Die Zahl der zu führenden Rettungsgürtel und -Bote, der Anker und Ketten, der Lichter, des Maschinen- und Steuer-Personals unterliegt der Kontrolle des Hafen-Amts, wie auch die gesamte Maschinen- und Kessel-Einrichtung und die der Sicherheits-Ventile.

Eingehende Bestimmungen hierüber bleiben vorbehalten.

4. Der Führer und Maschinist des Botes müssen, falls sie keine vom Hafenamt für ausreichend erachteten Fähigkeitsausweise besitzen, sich vor dem Hafenamt über ihre Befähigung ausweisen.

Eingehende Bestimmungen bleiben vorbehalten.

5. Von Dunkelwerden bis Tagesanbruch ist ein Licht an sichtbarer Stelle zu führen.

6. Beim Verlassen der deutschen Küstengewässer für länger als 72 Stunden und bei der Rückkehr in diese ist dem Hafenamt Mitteilung zu machen.

§ 2.

Für Leichter, Frachtbote, Sampans, Höker-, Wasser- und Fischer-Bote gelten folgende Bestimmungen:

1. Jedes Fahrzeug hat die Register-Nummer in Zahlen, die mindestens 7 cm hoch sind, leicht sichtbar zu tragen.

2. Von Dunkelwerden bis Tagesanbruch ist ein Licht an sichtbarer Stelle zu führen.

3. Beim Verlassen der deutschen Küstengewässer für länger als 72 Stunden und bei der Rückkehr in diese ist dem Hafenamt und bei chinesischen Boten dem Polizeiamt Meldung zu erstatten.

§ 3.

Für Sampans gelten ausserdem folgende besondere Bestimmungen:

1. Die Sampans sind stets sauber zu halten und den Anordnungen der Polizei gemäss regelmässig zur Kontrolle vorzuführen.

2. Die Höchstzahl der Fahrgäste wird vom Polizeiamt festgesetzt.

3. In den Sampans von Fahrgästen zurückgelassene Gegenstände sind unverzüglich der Polizei auszuhändigen.

4. Es ist nachstehender Tarif innezuhalten, welchen die Sampanführer stets bei sich zu führen haben:

a. für eine halbe Stunde und 1—2 Fahrgäste 0,10 $

b. für den dritten und jeden weiteren Fahrgast für jede halbe Stunde 0,05 $

c. für die Zeit von Mitternacht bis Sonnenaufgang doppelte Taxe

d. für den ganzen Tag bis zu 24 Stunden 1,00 $

§ 4.
Wagen, Rikschas, Schieb- und Zieh-Karren.

Für sämtliche auf den Strassen des Stadtgebietes verkehrende Fahrzeuge gelten folgende Bestimmungen:

1. Sie dürfen sich nur auf dem Fahrdamm bewegen.
2. Sie müssen rechts fahren; von hinten kommende, in derselben Richtung fahrende Fahrzeuge müssen beim Überholen links fahren und das vordere Fahrzeug rechts lassen.
3. Von Dunkelwerden bis Sonnenaufgang haben sie ein Licht an sichtbarer Stelle zu führen.
4. Schiebkarren müssen die dafür bestimmten eingepflasterten Steinbahnen auf den Strassen benutzen und hintereinander in der Reihe fahren.
5. Fahrzeuge, für welche ein Gewerbeschein zu lösen ist, haben diesen stets bei sich zu führen.

§ 5.

Für Rikschas gelten ausserdem noch folgende besondere Bestimmungen:

1. Als Rikschafahrer sollen nur kräftige und gesunde, über 18 Jahre alte Leute verwandt werden. Ihre Anzüge sollen sauber gehalten sein.
2. Jede Belästigung des Publikums durch Anrufen oder Anrennen von Passanten oder dergleichen ist verboten.
3. Von den Fahrgästen in den Rikschas zurückgelassene Gegenstände sind unverzüglich der Polizei auszuantworten.
4. Es ist nachstehender Tarif innezuhalten:
a. Mit einem Fahrer:

Fahrt bis zur Dauer von einer Viertelstunde	0,05 $
Jede weitere Viertelstunde	0,05 „
Mithin die erste volle Stunde	0,20 „
Jede weitere Stunde	0,10 „

b. Mit zwei Fahrern:

Fahrt bis zur Dauer von einer Viertelstunde	0,10 $
Jede weitere Viertelstunde	0,05 „
Mithin die erste volle Stunde	0,25 „
Jede weitere Stunde	0,15 „

Von Mitternacht bis Tagesanbruch tritt Verdoppelung der Taxe ein.

Tagesfahrten nach Übereinkunft.

§ 6.
Befolgung von Anordnungen der Polizei.

Den Anordnungen, welche die Polizei zur Aufrechterhaltung der Ordnung und Sicherheit des Verkehrs auf den öffentlichen Wegen, Strassen, Plätzen oder Wasserstrassen trifft, ist unbedingte Folge zu leisten.

§ 7.
Schanklokale.

Für Lokale, in denen geistige Getränke ausgeschenkt werden, gelten folgende Bestimmungen:

1. Der Gewerbeschein ist der Polizei stets auf Verlangen vorzuzeigen.
2. Belästigungen des Publikums durch ruhestörenden Lärm sind untersagt.
3. Besondere Rettungsvorrichtungen für den Fall von Feuersgefahr können vorgeschrieben werden.
4. Solange das Lokal geöffnet ist, ist nach Dunkelwerden der Eingang genügend zu erleuchten.
5. An chinesische Angestellte der Polizei dürfen alkoholische Getränke nicht verabfolgt werden.

§ 8.
Chinesische Theater und Konzerthäuser.

Für chinesische Theater und Konzerthäuser gelten folgende Bestimmungen:

1. Theater und Konzerthallen dürfen nicht später als Mitternacht schliessen.
2. Die zur Aufführung gelangenden Theaterstücke sind vorher dem Kommissar für chinesische Angelegenheiten zur Kenntnis zu unterbreiten. Unanständige oder politisch aufreizende Aufführungen sind nicht gestattet.
3. Störungen der Nachbarschaft durch Lärm, Schlagen von Gongs und dergleichen sind verboten.
4. Beleuchtungskörper sind mindestens 0,50 m vom Holzwerk entfernt anzubringen.
5. Alle Thüren müssen nach aussen zu öffnen sein.
6. Es sind auf Erfordern besondere Rettungsvorrichtungen für den Fall einer Feuersgefahr anzubringen.
7. Angehörige der Polizei im Dienst haben jederzeit Zutritt.

§ 9.
Pfandhäuser.

Für chinesische Pfandhäuser gelten folgende Bestimmungen:

1. Über alle Leihgeschäfte ist genau Buch zu führen.

Aus den Büchern muss zu ersehen sein:

a. das Datum des Geschäfts und die dem beliehenen Gegenstande entsprechende Buchnummer,

b. die Höhe der geliehenen Summe,
c. die Höhe des Zinsfusses und
d. Name und Wohnort des Versetzers.

2. Über jeden versetzten oder beliehenen Gegenstand ist unter der Buchnummer eine Quittung für den Versetzer auszustellen, die Datum und Namen des Geschäfts, Beschreibung des Gegenstandes, Höhe des Darlehns und der Verzinsung, sowie genaue Angabe, auf wie lange der Gegenstand versetzt sein soll, enthält. Dieselbe muss die Bestimmung enthalten, was nach der Fälligkeit des Darlehns mit den Pfändern geschieht.

3. Die Polizei ist berechtigt, jederzeit Einsicht in die Bücher zu nehmen und, soweit rechtlich zulässig, Pfänder zu beschlagnahmen.

4. Kleider und und sonstige Gegenstände, die nur bei Europäern gebraucht werden, dürfen zum Versatze nur angenommen werden, wenn sie ein Europäer versetzt.

5. Werden Gegenstände zum Kauf oder Versatz angeboten, von denen den Umständen nach anzunehmen ist, dass sie mittels einer strafbaren Handlung erlangt sind, so ist die Polizei sofort zu benachrichtigen.

6. Verpfändete Sachen müssen nach Verfall in öffentlicher Versteigerung verkauft werden. Hierzu bedarf der Pfandhausinhaber keiner besonderen Erlaubnis zum Ankündigen und Abhalten von Auktionen. Der Mehrerlös fällt den Verpfändern und, falls diese sich nicht binnen 6 Monaten nach Aufforderung im Amtsblatte melden, dem Pfandhaus zu.

§ 10.
Strafbestimmungen.

Jede Zuwiderhandlung gegen die in den §§ 1—9 dieser Verordnung aufgeführten Bestimmungen zieht eine Geldstrafe bis zu 150 M., im Nichtbeitreibungsfalle Haft bis zu 6 Wochen nach sich.

Bei Chinesen kann daneben auch auf Prügelstrafe bis zu 50 Hieben erkannt werden.

§ 11.

Diese Verordnung tritt am 1. Juli 1902 in Kraft.

Tsingtau, den 10. Juni 1902.

Der Kaiserliche Gouverneur,
Truppel.

大德欽命總督膠澳文武事宜大臣都爲出示通行曉諭事照得釐訂膠澳德境以內各項車輛船隻往來並開設飯店酒館中國戲園書館當舖各條規列左

第一欵重六十噸以下小輪船條規列左

一輪船每隻應用西字書其名於船首並用華字書其名於烟筒

二每輪能容搭客多寡均由船政局定奪其核定客數之法按該船船面上下兩層板除佔用處外之空隙核算空隙每方六十五桑的米達准容或船工一名或搭客一名惟該船必須有准載客數目德華文字易見之牌一面

三每輪應配帶若干救生泡救生船並船錨錨鍊燈籠機器手舵工等均歸船政局考察其船上一切機器氣鍋以及內藏之洩汽筒亦皆由船政局察驗至詳細條規嗣後可以另行擬訂

四船主及機器師原有之執照若船政局意似不足憑信其堪勝管帶任即可由該局先行考試方准至詳細條規嗣後可以另訂

第二欵所有駁船運船杉板賣雜貨船裝水船及捕魚等船各條規列左

一每隻須將其船照號數書明於船身易見之處惟此等數目字式至小亦須七桑之米達之高

二每日自日沒起至日出止務於易見處懸燈一盞

三該各船如欲駛出德屬海面以外時過七十二點鐘者須於行及進口時報明船政局查核

第三欵渡客杉板專條列左

一每日自日沒起至日出止應於易見處燃燈一盞

二每日自日出至日沒於德屬海面以外時過七十二點鐘者須於出口進口時西式船報明船政局華式船報明巡捕衙門

一 各該杉板均宜時常潔淨並遵從巡捕衙門飭知按期到塲備驗
二 每杉板堪儎搭客若干均歸巡捕衙門核定
三 如客人在杉板遺下物件立送交巡捕衙門轉給
四 杉板儎客船貲則當隨時帶在杉板該則例列下
一 裝客一二人至半點鐘之久該船戶收洋一角
一 客人在一二人以外每客每半點鐘即各授洋五分
一 晚自十二點鐘起至日出止船貲洋兩倍
一 晝夜二十四點鐘之久收洋一元

第四欵在青島內界街道往來各種車輛條規列左
一 各項車輛僅准在馬路偏中往來不准在馬路兩翼行駛
二 各車往來必於馬路右手邊行走如遇兩車相併其尾車宜從左幅稍許繞越
三 自日沒起至日出宜於易見處然點燈籠
四 所有單輪小車應於馬路邊另砌之石條上往來如數車同道必須先後連串行走不得爭越
五 所領之營生執照應隨時在車以便呈驗

第五欵東洋車專條列左
四 東洋車定價則例列左
一 車夫一人每拉一客時至一刻之久車夫受洋五分時逾一刻每一刻加洋五分一點鐘共應受洋二角但一點鐘以外每點鐘則加洋一角譬如兩點鐘只受洋三角三點鐘只受洋四角餘可照推
一 車夫二人每拉一客全一刻之久車夫受洋一角一刻以外每一刻加洋五分一點之久應受洋二角五分一點以外每點則加洋一角五分譬如兩點鐘只受洋四角
三 點鐘只受洋五分五分餘可悲推夜自十二點鐘起至日出止車貲兩倍如欲竟日之久先應自與該車夫商議車貲
二 嚴禁各車夫吼喊或圍樸兜攬生意等弊致使擾及路人
三 車客如有遺下物件立當送至巡捕衙門查明轉給

第六欵往來官路官街官塲及水道等處查有窒碍之虞一經巡捕衙門指示悉當凜遵勿違
第七欵可以沽飲各酒舖店條規照呈驗
一 巡捕查詢時須將所領營生執照呈驗
二 不准喧譁及煩擾他人情事

第八欵中國戲園及講館條規列左

一各該戲園書館夜晚至遲須於十二點鐘閉門

二每擬演唱之齣頭應先呈明管理中華事宜輔政司查核但不准演唱淫戲及關涉國家要事足資蠱惑人民等戲

三不准喧鬧及鑼聲樓及四獸

四該園舘需用之燈並各項有光器具務相離木器至近半米達

五該園舘之門扇慨湏一律向外開放

六如格外防患火災逃生使處經飭懲備

七應准在差巡捕隨時出入戲園書館察查

第九欵開設中華當舖條規列左

一每遇當物應將當物號數本利各多寡當物人姓名居址以及某年某月某日所當必湏逐一詳細登簿

二每遇人當該當舖應予一當票收執該當票應列與舖存簿內註明相同之號數亦應註明寔係當物及於某年某月某日所當至於當物之樣式本利各若干滿號之日期以及限滿後如未贖回宜如何辦理皆湏逐一書明於票

三巡捕可以臨時調簿查看亦可將當物按律追回或調存

四凡西人衣服及他項需用各物非西人自己來當不准收當

五每遇有人到各該當舖欲當當物或賣物如查形跡可疑其物非從正道而來立應報明巡捕衙門

六期滿未贖存號各物應可公然拍賣此項拍賣事體該當舖勿湏票准代登告白及代拍賣一節惟拍賣所得價值除原當本利外餘仍歸原當主領回登明官報佈告原當主領價六閱月內尙未來領即歸當舖收留

第十欵各項罰端

凡有犯自第一至第九等欵內載之條規一經查出即罰洋至一百五十馬克之多如無力繳洋即監押至六禮拜之久而華人亦可責至五十板之多

第十一欵以上各章統自西歷一千九百二年七月初一日起一律遵行爲此仰闔屬諸色人等悉遵勿違特示

大德一千九百二年六月初十日

告示

右諭通知

21. Juni 1902. Amtsblatt—青島官報 Nr. 28. — Seite 91.

Bekanntmachung.

Zur Verhütung der Einschleppung der Cholera ist für die Schiffe, welche aus Schanghai oder aus Tientsin, Tongku und den weiter nördlich gelegenen Häfen der chinesischen Küste kommen, ärztliche Untersuchung angeordnet worden.

Vor Beendigung dieser Untersuchung darf niemand das Schiff ohne Erlaubnis verlassen oder Sachen von Bord geben.

Der Schiffsführer ist verpflichtet, dem Arzt genaue Auskunft über den Gesundheitszustand an Bord zu geben, und in jeder Weise die ärztliche Untersuchung der Passagiere und der Schiffsmannschaft zu erleichtern.

Ergiebt die Untersuchung, dass sich an Bord cholerakranke oder choleraverdächtige Personen befinden, so werden je nach Lage des Falls besondere Anordnungen getroffen werden, welche strenge zu beachten sind.

Es wird darauf hingewiesen, dass wissentliche Verletzung von Absperrungs- oder Aufsichtsmassregeln nach § 327 des Reichsstrafgesetzbuches mit Gefängnis bis zu zwei Jahren und für den Fall, dass infolge der Verletzung der Massregeln ein Mensch von der Krankheit ergriffen ist, mit Gefängnis von drei Monaten bis zu drei Jahren bestraft wird.

Tsingtau, den 13. Juni 1902.

Der Kaiserliche Gouverneur,

Truppel.

Bekanntmachung.

Die Bekanntmachung von 22. Juli 1901 (Amtsblatt 1901, Seite 245), welche lautet:

„Um eine Aufsicht über die in den Hafen von Tsingtau einlaufenden chinesischen Fahrzeuge dahin zu ermöglichen, ob an Bord Fälle von Pest oder sonstigen ansteckenden Krankheiten vorgekommen sind, wird bis auf Weiteres bestimmt, dass alle hier einlaufenden chinesischen Fahrzeuge zunächst auf der Aussenrhede westlich der Tsingtaubrücke vor Anker gehen müssen.

Sie dürfen diesen Ankerplatz nicht eher verlassen, als bis festgestellt ist, dass ein Verdacht des Vorhandenseins ansteckender Krankheiten an Bord nicht vorliegt. Während der Nacht haben die Fahrzeuge an sichtbarer Stelle ein weisses Licht zu zeigen.

Seite 92. — Nr. 28.　　　Amtsblatt—青島官報　　　21. Juni. 1902.

Es wird darauf hingewiesen, dass wissentliche Verletzung dieser Aufsichtsmassregeln gemäss § 327 des Reichsstrafgesetzbuches schwere Bestrafung nach sich zieht."
wird erneut in Erinnerung gebracht mit der Massgabe, dass bis auf weiteres chinesischen Fahrzeugen verboten ist, während der Nacht in die innere Bucht einzulaufen oder ihren Ankerplatz auf Innen-oder Aussenrede zu ändern.

Tsingtau, den 18. Juni 1902.

Der Kaiserliche Gouverneur,

Truppel.

Bekanntmachung.

Am Sonnabend, den 28. d. Mts, Vorm. 11 Uhr, findet eine Versteigerung der gemäss der Verordnung vom 9. April 1902 dem Polizei-Amt verfallenen Rassehunde im Strandlager statt.

Tsingtau, den 19. Juni 1902.

Kaiserliches Polizeiamt.

Bekanntmachung.

Zugelaufen: ein kleiner grauer Reitesel-Hengst. Derselbe kann von dem Eigentümer gegen Erstattung der Futterkosten im Strandlager abgeholt werden.

Tsingtau, den 19. Juni 1902.

Kaiserliches Polizeiamt.

Bekanntmachung.

Bei der unterzeichneten Behörde sind als gefunden abgegeben worden:

1 Kompass, kleine Handform,
1 Cigarettenspitze aus weissem Metall — chinesische Arbeit —.

Die Eigentümer werden hierdurch aufgefordert, ihre Rechte bis zum 10. Juli d. J. hierher anzumelden.

Tsingtau, den 17. Juni 1902.

Kaiserliches Polizeiamt.

告　白

啓者按西四月初九
所出養狗稅課章程
該狗載逾期不領
第五丙
管理與原主無涉等
語查以前搶獲逾期
未領各狗茲擬於西
十一點鐘在西營盤
拍賣此佈
德九百二年六月十九
日
巡捕衙門啓

告　白

啓者傾有灰色一毛頭小
跑至本營
主准即繳
該領回養費勿悞
六徳月九百二十九日
巡捕衙門啓

告　白

啓者現存有小
指南針一個白
金華式紙烟嘴
一根俱係遺失
經人送至之物
如真正矢主
有憑據者限至
西七月初十日
期內來本衙門
報明具領可也
德九百二年六月十七日
巡捕衙門啓

In der Granzow'schen Konkurssache wird nach Genehmigung der Schlussverteilung Termin zur Abnahme der Schlussrechnung, Erhebung von Einwendungen gegen das Schlussverzeichnis und Beschlussfassung über nicht verwertbare Gegenstände auf den

11. Juli 1902, Vormittags 10 Uhr, anberaumt.

Tsingtau, den 14. Juni 1902.

Kaiserliches Gericht von Kiautschou.

21. Juni 1902.   Amtsblatt—青島官報   Nr. 28. — Seite 93.

Verdingungs-Anzeige.

Der Neubau eines Wärterhauses bei dem Leuchtturme auf Yu-nui-san soll in öffentlicher Verdingung vergeben werden.

Verdingungsunterlagen liegen im Geschäftszimmer der Hochbauabteilung zur Einsicht aus und können dortselbst auch Verdingungsanschläge gegen Erstattung von Doll. 1,00 erworben werden.

Verschlossene und mit der Aufschrift: „Verdingung von Bauarbeiten eines Wärterhauses bei dem Leuchtturme auf Yu-nui-san" versehene Angebote sind bis zu dem am 30. d. M., Vormittags 10 Uhr, stattfindenden Termine einzureichen.

Zuschlagsfrist vier Wochen.

Tsingtau, den 21. Juni 1902.

Hochbauabteilung.

Druck der Missionsdruckerei, Tsingtau.

第三年　第二十八号

1902年6月21日

大德钦命总督胶澳文武事宜大臣都　为

出示通谕章程事：照得胶澳德属境内应征各项税课章程曾于西历一千八百九十八年九月初二日订明在案，兹将第八款所出各种营生执照续章列左：

一、凡欲操代出告白及代行拍卖等事生业者，均须领有营生执照，每三阅月[①]一季，应纳捐费洋二十五元。

二、凡在德属境内各口及近海边之处，驾驶各种船只谋生者，概当领有营生执照，其驳船、运船并装水船，如系西式者，每只每六阅月一季，纳捐洋二十元；华式者，每六阅月纳洋七元五角；至载客之渡船、杉板及售卖杂货船只，每六阅月纳洋三元；惟捕鱼船只，除筏子免纳捐费外，其余每六阅月，均纳洋五角；至轮船，重在六十吨以内者，每六阅月应纳捐洋七元五角。

三、凡欲用东洋车在青岛内界各处拉客谋生者，均应领有营生执照，每辆每六阅月纳车捐洋五角。

四、凡在内界各处用各项能推之车、能拉之车及运物之车谋生者，均应领有营生执照，每辆每六阅月纳洋一元。

五、凡欲开设泰西[②]饭店并酒馆者，除仍先须禀请本署允准后，均应领有营生执照，分作四等交(缴)纳费洋。其头等店馆每三阅月应纳洋九十元，二等纳洋六十元，三等纳洋四十元，至四等饭店，即无公大饭厅便家每三阅月纳洋二十元。至该各饭店酒馆应列之等次，均归辅政司先邀公举之商董领袖互相参酌后核定。

六、凡欲开设中国饭店及茶馆，并自造或售卖中国酒铺以及在内沽饮之酒铺，皆宜领有营生执照，分列三等。其头等每三阅月应纳捐费洋三十元，二等纳洋十元，三等纳洋三元。至该各饭店酒馆应列之等序，概归巡捕衙门斟酌，如在李村副臬司属境，即归该衙门参酌。

[①]　译者注：经一月。
[②]　译者注：犹极西。旧泛指西方国家，一般指欧美各国。

七、凡欲设立药房,除官医院内所有之药房免纳捐费外,其余统宜领有营生执照,每三阅月纳捐费洋二十五元。

八、凡欲设立中华戏园及书馆者,应领营生执照,分为三等。其头等每三阅月应纳捐费洋七十五元,二等纳洋五十元,三等纳洋二十五元。至各该戏园、书馆应列之等序,概由管理中华事宜辅政司酌核。

九、凡欲开设中华当铺者,均应领有营生执照,分作二等。其头等每三阅月应纳捐费洋一百元,二等纳洋五十元,至各该铺应列之等序,概由管理中华事宜辅政司酌核。

十、所领之营生执照,如第一、第五、第七各载之拍卖、饭店、酒馆、药房,各照均由辅政司签发;第八、第九各载之中华戏园、书馆、当铺,各照皆由管理中华事宜辅政司签发;第二所载华式船只执照则由巡捕衙门发给,其余均由船政局签发;第二、第四所载之各项车照皆由巡捕衙门发给;第六所载售卖中华酒铺及可沽饮酒各照亦皆由巡捕衙门发给,或在李村副臬司属境,即由该副臬司衙门签发。

十一、此项营生执照应在各项生意开张以前预领,嗣后亦不准移交他人朦用,该照均按三阅月一季或六阅月一季。限满后,至迟于五日内应投该管各署更换新照,其捐费至迟亦须于领照时先行交纳,但该捐费度情间可酌减或全豁免。

十二、凡有违背以上自第一至第十一内载各章,或于应纳捐费之买卖在未领执照以前即行开张,或已开之买卖未领照续作者,一经查明,均按应纳之数自一倍至四倍拟罚,但至少亦须罚洋三元,倘该犯者无力缴洋,即监押至六礼拜之久,惟其应纳之捐费仍须照缴。

十三、如有至期未纳捐费,或因违此章程被罚有案,或恐危及公众之安并碍往来之便当未便发给,或换新照,或因违另订应纳捐费买卖章程,或规条已罚在案者,各该衙门不给执照,或将已发之照撤回均可。

十四、此项章程定于西历一千九百零二年七月初一日起一律遵行。为此,仰阖属诸色人等凛遵勿违。特谕。

大德一千九百零二年六月初十日

大德钦命总督胶澳文武事宜大臣都 为

出示通行晓谕事:照得厘订胶澳德境以内各项车辆船只往来,并开设饭店、酒馆、中国戏园、书馆、当铺各条规列左:

第一款:重六十吨以下小轮船条规列左。

一、轮船每只应用西字书其名于船首,并用华字书其名于烟筒,以期显而易见。

二、每轮能容搭客多寡,均由船政局定夺。其核定客数之法,按该船船面上下两层板除占用处外之空隙核算,该空隙每方六十五桑的米达①,准容或船工一名,或搭客一名,惟该船必须有准载客数目德华文字易见之牌一面。

三、每轮应配带若干救生泡、救生船,并船锚、锚链、灯笼,机器手、舵工等均归船政局考察,其船上一切机器、气锅以及内藏之泄汽筒,亦皆由船政局察验,至详细条规,嗣后可以另行拟订。

四、船主及机器师原有之执照,若船政局意似不足凭信其堪胜管带等任,即可由该局先行考试方准。至详细条规,嗣后可以另订。

五、每轮每日自日没起至日出止,务于易见处悬灯一盏。

六、该各轮如欲驶出德属海面以外时,过七十二点钟者,须于开行及进口时,报明船政局查核。

第二款:所有驳船、运船、杉板、卖杂货船、装水船及捕鱼等船,各条规列左。

一、每只须将其船照、号数书明于船身易见之处,惟此等数目字式至小亦须七桑的米达之高。

二、每日自日没起至日出止,应于易见处燃灯一盏。

三、该各船如欲驶出德属海面以外时,过七十二点钟者,均应于出口、进口时,西式船报明船政局,华式船报明巡捕衙门。

第三款:渡客杉板专条列左。

一、各该杉板均宜时常洁净,并遵从巡捕衙门饬知按期到场备验。

二、每杉板堪载搭客若干,均归巡捕衙门核定。

三、如客人在杉板遗下物件,立宜送交巡捕衙门转给。

四、杉板载客船资则例当随时带在杉板,该则例列下:

装客一二人至半点钟之久,该船户收洋一角。

客人在一二人以外,每客每半点钟即各授洋五分。

晚自十二点钟起至日出止,船资洋两倍。

昼夜二十四点钟之久收洋一元。

第四款:在青岛内界街道往来各种车辆条规列左。

一、各项车辆仅准在马路偏中往来,不准在马路两翼行驶。

二、各车往来必于马路右手边行走,如遇两车相并,其尾车宜从左幅稍许绕越。

三、自日没起至日出止,宜于易见处然(燃)点灯笼。

四、所有单轮小车应于马路边另砌之石条上往来,如数车同道,必须先后连串行走,不得争越。

五、所领之营生执照,应随时在车,以便呈验。

---

① 译者注:德语 Centimeter,即厘米。

第五款：东洋车专条列左。

一、各车夫皆应年在十八岁以上，气力强壮、身无病症者始可，其衣服亦当洁净。

二、严禁各车夫叫喊或围扑兜揽生意等弊致使扰及路人。

三、车客如有遗下物件，立当送至巡捕衙门，查明转给。

四、东洋车定价则例列左：

车夫一人每拉一客时至一刻之久，车夫受洋五分。时逾一刻，每一刻加洋五分。一点钟共应受洋二角，但一点钟以外，每点钟则加洋一角。譬如两点钟只受洋三角，三点钟只受洋四角，余可照推。

车夫二人每拉一客至一刻之久，车夫受洋一角。一刻以外，每一刻加洋五分。一点钟之久共应受洋二角五分。一点钟以外，每点则加洋一角五分。譬如两点钟只受洋四角，三点钟只受洋五角五分，余可悉推。夜自十二点钟起至日出止，车资两倍。如遇竟日之久，先应自与该车夫商议车资。

第六款：往来官路、官街、官场及水道等处查有窒碍之虞，一经巡捕衙门指示，悉当凛遵勿违。

第七款：可以沽饮各酒铺店条规列左。

一、巡捕查询时须将所领营生执照呈验。

二、不准喧哗及烦扰他人情事。

三、如经饬备格外防避火患逃命之益处，即宜遵行。

四、日没后，各铺店在未闭门以先，必须然（燃）灯足资照及入径。

五、各该铺店不准卖酒或赠酒与中国巡捕等人。

第八款：中国戏园及书馆条规列左。

一、各该戏园、书馆夜晚至迟须于十二点钟闭门。

二、每拟演唱之出头，应先呈明管理中华事宜辅政司查核，但不准演唱淫戏及关涉国家要事足资蛊惑人民等戏。

三、不准喧闹及锣声扰及四邻。

四、该园馆需用之灯并各项有光器具，务相离木器至近半米达。

五、该园馆之门扇概须一律向外开放。

六、如格外防患火灾逃生便处，经饬应备。

七、应准在差巡捕随时出入戏园、书馆察查。

第九款：开设中华当铺条规列左。

一、每遇当物，应将当物号数，本利各多寡，当物人姓名、居址以及某年某月某日所当，必须逐一详细登簿。

二、每遇人当当，该当铺应予一当票收执。该当票应列与铺存簿内，注明相同之号数，亦应注明实系当物，及于某年某月某日所当，至于当物之样式、本利各若干、满号之日期,以及期满后未赎回宜如何办理,皆须逐一书明于票。

三、巡捕可以随时调簿查看,亦可将当物按律追回或调存。

四、凡西人衣服及他项需用各物,非西人自己来当,不准收当。

五、每遇有人到各该当铺欲当物或卖物,如查形踪可疑,其物非从正道而来,立应报明巡捕衙门。

六、期满未赎存号各物,应可公然拍卖。此项拍卖事体,该当铺勿须禀准代登告白及代拍卖一节。惟拍卖所得价值,除原当本利外,余仍归原当主领回,登明官报布告原当主领价,六阅月内尚未来领,即归当铺收留。

第十款:各项罚端。

凡有犯自第一至第九等款内载之条规,一经查出,即罚洋至一百五十马克之多。如无力缴洋,即监押至六礼拜之久,而华人亦可责至五十板之多。

第十一款:以上各章统自西历一千九百二年七月初一日起,一律遵行。为此,仰阖属诸色人等悉遵勿违。特示。

右谕通知

大德一千九百二年六月初十日　告示

大德钦命总督胶澳文武事宜大臣都　为

出示通行晓谕事:照得迩来外埠霍乱症流行,死亡相继,亟宜防患未然。兹拟凡自上海、天津、塘沽及中国北洋沿海各口来青船只抵埠,均应听候医生查验,以防染及德境之虞。当未曾查竣以前,非特准之人外,无论何人不得擅自离船或将物件上岸。该船主应将船上有无是症详细报明医生,亦当襄理各节以期查验。船客、船工人等易于从事,如在船查出有实患是症或疑患是症者,一经按情指示,悉应力遵。倘有故犯拟定之防杜并管察之法,查出即按德律第三百二十七款科罚监禁至二年之久。若因而传染著有实迹者,即监禁自三阅月至三年之久。为此仰诸色人等悉遵勿违。特示。

右谕通知

大德一千九百零二年六月十三日　告示

大德钦命总督胶澳文武事宜大臣都　为

再行通行晓谕事:案查西历一千九百一年七月二十二日已出示云:照得免传染者宜防患于未然,兹各埠时疫流行,凡中国船只进口,必须查明有无瘟疫以及各传染病症。嗣各船入口时,宜在青岛码头迤西停泊,听候查验。如在未经查明此等危险情事之前,该船不得擅驶。每夜须悬白色警灯一盏。为此仰各船户知悉,倘有不遵此章者,查出按德律科押至二年之久。若因而传染著有实迹者，即按德律监押由三阅月至三年之久等由在案。兹更并谕，暂拟各华船于夜间不准驶进内口或将抵埠停泊处所擅行迁移。仰各船户人等一体凛遵勿违。特示。

右谕通知

大德一千九百二年六月十八日　告示

告 白

启者：按西四月初九所出《养狗税课章程》第五内载"逾期不领该狗，即归巡捕衙门管理，与原主无涉"等语，查以前擒获逾期未领各狗，兹拟于西本月二十八日上午十一点钟，在西营盘拍卖。此布。

德（一千）九百二年六月十九日
巡捕衙门启

告 白

启者：倾有灰色毛小叫驴一头跑至西营盘，仰该失主准即赴该营缴还养费，将驴领回。勿误。

德（一千）九百二年六月十九日
巡捕衙门启

告 白

启者：现存有小指南针一个，白金华式纸烟嘴一根，俱系遗失经人送至之物。如真正失主确有凭据者，限至西七月初十日期内来本衙门报明具领可也。

德（一千）九百二年六月十七日
巡捕衙门启

在格兰佐夫的破产案件中，根据最终分配案的许可，将1902年7月11日上午10点确定为最终决算验收、对最终清单异议进行调查以及对无法估值物品做出最终决定的日期。

青岛，1902年6月14日
胶澳皇家审判厅

发包广告

在游内山[①]上为灯塔看守人新建一座房屋的合同将公开发包。

发包文件张贴在地上建筑部的营业室内，以供查看，也可以在那里以 1.00 元购买。

报价须密封后注明"游内山灯塔看守人房屋建造工作的发包"字样后，最晚于本月 30 日上午 10 点递交。

中标期限为 4 周。

青岛，1902 年 6 月 21 日
地上建筑部

---

① 译者注：即今团岛山。

Amtsblatt
für das Deutsche Kiautschou-Gebiet.

青島官報

Herausgegeben vom Kaiserlichen Gouvernement Kiautschou.

Der Bezugspreis beträgt jährlich $ 0,60=M 1,20.
Bestellungen nehmen sämtliche deutsche Postanstalten entgegen.

| Jahrgang 3. Nr. 29. | Tsingtau, den 28. Juni 1902. | 第二十九號 第三年 |

Bekanntmachung.

Die Auszahlung der Entschädigungsansprüche deutscher Staatsangehöriger gegen die chinesische Regierung aus Anlass der Wirren im Jahre 1900 findet im Monat Juli dieses Jahres von einem noch näher zu bestimmenden Tage ab in Schanghai durch die Deutsch-Asiatische Bank in Höhe von etwa zwei Fünfteln des anerkannten Betrages unter Abzug von $1/5\ ^0/_0$ Provision und zwar in Markcheck auf Berlin oder nach Wahl zum Tageskurse in Silber statt. Forderungen unter 5000 M. werden voll ausbezahlt.

Schanghai, den 22. Juni 1902.

Knappe.

Vorstehendes Telegramm des Generalkonsulats in Schanghai ist heute dem Gouvernement mit der Bitte um Bekanntmachung zugegangen.

Tsingtau, den 24. Juni 1902.

Kaiserliches Gouvernement.

Bekanntmachung für Seefahrer.

Zur besseren Kennzeichnung des Hufeisenriffs ist auf dem Betonblock desselben eine hölzerne Bake als Tagmarke aufgestellt worden.

Dieselbe ist pyramidenförmig, 4 m hoch und schwarz gestrichen. Die Mitte der Bake ist mit Brettern benagelt, welche auf allen drei Seiten die Zeichen HR in weisser Schrift tragen.

Tsingtau, den 25. Juni 1902.

Kaiserliches Hafenamt.

Bekanntmachung.

Im Konkursverfahren über das Vermögen des Otto Granzow No. $^5/_{01}$ ist die Schlussverteilung genehmigt. Zu berücksichtigen sind $ 6973,86 nicht bevorrechtigte Forderungen, zur Verteilung stehen zur Verfügung $ 627,65 ($9^0/_0$). Verzeichnis der Forderungen nebst Belegen liegt zur Einsicht der Beteiligten auf der Gerichtsschreiberei aus.

Tsingtau, den 21. Juni 1902.

Dr. Rapp,

Konkursverwalter.

大德管理青島船政局為

出示通行曉諭事查得大包島西海原有馬掌礁石卽昨日輪所築之洋灰石墩茲於其上復設黑色木椿一架以作日間警船標記查該椿高四米達其形三角上尖該架中間釘有木板並於該板三面書有白色HR洋文字樣爲此仰各船戶人等一體知悉特示

右諭通知

大德一千九百二年六月二十五日告示

Verdingungsanzeige.

Die Lieferung von 20000 — Zwanzigtausend — Fass besten Deutschen Portland Cements soll vergeben werden.

Die Verdingungsunterlagen liegen im Geschäftszimmer der Bauabteilung I — Tapautau — zur Einsicht aus.

Verschlossene und mit der Aufschrift
„Cement"
versehene Angebote sind unter ausdrücklicher Anerkennung der Verdingungsunterlagen bis zu dem, am **7. Juli d. J., Vorm. 11 Uhr,** im Geschäftszimmer der unterzeichneten Bauabteilung stattfindenden Verdingungstermine einzureichen.

Tapautau, den 23. Juni 1902.

Bauabteilung I.

Verdingungsanzeige.

Die Lieferung von 3000 Werksteinen aus bestem Granit soll vergeben werden.

Die Verdingungsunterlagen liegen im Geschäftszimmer der Bauabteilung I — Tapautau — zur Einsicht aus.

Verschlossene und mit der Aufschrift
„Werksteine"
versehene Angebote sind, unter ausdrücklicher Anerkennung der Verdingungsunterlagen, bis zu dem
am 14. Juli d. Js., Vorm. 11 Uhr,
im Geschäftszimmer der unterzeichneten Bauabteilung stattfindenden Verdingungstermin einzureichen.

Tapautau, den 26. Juni 1902.

Bauabteilung I.

Cementlieferung.

Die Lieferung von 5500 Fass deutschen Portlandcements soll am Montag, den **7. Juli d. Js., Vormittags 11 Uhr,** öffentlich verdungen werden.

Die Lieferungsbedingungen liegen auf dem Geschäftszimmer der Fortification zur Einsicht aus oder können von dort gegen Erstattung der Kosten bezogen werden. Die Angebote müssen ausdrückliche Anerkennung der Bedingungen enthalten und sind mit der Aufschrift „Angebot auf Cementlieferung" zum Verdingungstermin einzureichen.

Tsingtau, den 25. Juli 1902.

Fortification.

大德第二工部局為曉諭招人承辦石塊事茲本局欲買頭等青石質料鑿成之石三千塊如有意欲承辦者可到大包島本局投標所有包辦章程在局可以閱看但擬包以德文書明德歷本年七月十四日早十一點鐘止用信封封固以德文書明須聲明認照包辦章程始可特諭

成石塊字樣來局投標惟該標必鑒

大德一千九百二年六月二十六日示

Prospect
Schantung-Eisenbahn-Gesellschaft.

EMISSION von
Nom. M. 15,000,000 Actien
der Serien A, B und eines Teils der Serie C.

Die Schantung-Eisenbahn-Gesellschaft ist eine Deutsch-Chinesische Gesellschaft, welcher die Kaiserlich Deutsche Regierung nach Maassgabe der in dem Deutsch-Chinesischen Vertrag vom 6. Maerz 1898 getroffenen Vereinbarungen die Koncession zum Bau und Betrieb einer Eisenbahn von Tsingtau nach Tsinanfu mit einer Zweiglinie nach Poschan in einer Länge von insgesammt ca. 450 km erteilt hat. Auf Grund dieser Concession ist am 14. Juni 1899 in Berlin die Eisenbahn-Gesellschaft als eine Actien-Gesellschaft errichtet worden.

Die Bahn durchläuft den verkehrreichsten Teil der Provinz Schantung; sie erschliesst der Ausbeutung die drei Kohlenreviere von Weihsien, von Poschan und von Putsun und wird durch den Bau der von der Kaiserlich Chinesischen Regierung geplanten Eisenbahn von Tientsin über Tsinanfu nach dem Yangtse eine wichtige, ihre eigenen Interessen wesentlich fördernde Verkehrsverbindung erhalten.

Der Betrieb der Strecke bis Weihsien und damit der Verkehr mit dem der Küste am nächsten liegenden Kohlenrevier ist am 1. Juni d. J. eröffnet worden. Nach Tsinanfu muss die Bahn nach den Bedingungen der Concession bis zum 1. Juni 1904 vollendet und in Betrieb gesetzt werden.

Das Grundkapital der Gesellschaft beträgt nom. M. 54 Millionen, wovon 3 Serien A, B und C zu je 6 Millionen Mark = nom. M. 18 Millionen vollgezahlt sind und auf nom. M. 36 Millionen eine Einzahlung von 35% geleistet ist, sodass gegenwärtig das eingezahlte Actienkapital M. 30,600,000.=

Während der Bauzeit werden die Einzahlungen der Actionäre mit 4% fürs Jahr zu Lasten der Baurechnung verzinst. Die Bauzinsen sind vom 2. Januar des auf die betreffende Bauperiode folgenden Jahres ab zahlbar gegen Einlieferung des Dividendenscheines, dessen Nummer von der Direction bekannt gegeben wird.

Es steht der Gesellschaft frei, die Linie Tsingtau-Weihsien vor der Beendigung der anderen Eisenbahnstrecken aus der Baurechnung in die regelmässige Betriebsrechnung zu übernehmen, in welchem Falle der verbleibenden Baurechnung 4% Zinsen fürs Jahr bis zur Beendigung der Bauzeit belastet werden, welche der zu eröffnenden Betriebsrechnung gutzubringen sind.

Die ersten Zeichner des Actien-Kapitals, welche das Eisenbahn Unternehmen vorbereitet haben, erhielten auf jede Actie einen Genussschein, im Ganzen 54000 Genussscheine, welche an dem über 5% Dividende an die Actionäre hinaus zur Verteilung kommenden Gewinn teilnehmen.

Aus dem nach Beendigung der Bauzeit der Gesammtlinien sich ergebenden Reingewinn, einschliesslich etwaiger Zinsen aus einer Baurechnung, werden:

1) 5% dem zu bildenden gesetzlichen Reservefonds so lange überwiesen, als derselbe den zehnten Teil des Grundkapitals nicht überschreitet,

2) bis zu 5% nach dem Vorschlage des Aufsichtsraths einer zu bildenden Special-Reserve überwiesen,
3) eine Dividende bis auf Höhe von 5% auf das eingezahlte Actien-Kapital gewährt. Der Rest ist mit

$33\tfrac{1}{3}$% auf die Genussscheine und

$66\tfrac{2}{3}$% auf das eingezahlte Actienkapital als Superdividende zu verteilen, nachdem 5% für den Aufsichtsrath und die in der Concessionsurkunde vom 1. Juni 1899 vorgesehene Beitragszahlung zu den Aufwendungen des Reichs für die Hafenanlagen an der Kiautschou-Bucht und zu den allgemeinen Verwaltungskosten des Schutzgebietes vorweg genommen sind.

Sofern die Gesellschaft den Betrieb der Strecke Tsingtau-Weihsien vor Vollendung der gesammten Bahnlinie eröffnet, so wird der sich ergebende Reingewinn entsprechend vertheilt, jedoch unter Fortfall der Beitragszahlungen an das Reich.

Die Dividende ist spätestens im Laufe des Juli des auf das Geschäftsjahr folgenden Jahres zu zahlen, und zwar geschieht die Einlösung der Dividendenscheine in China bei der Deutsch-Asiatischen Bank in Schanghai und Tsingtau in Gemässheit der von uns zu erlassenden Bekanntmachungen.

Hinsichtlich der vorerwähnten Beitragszahlung an das Deutsche Reich bestimmt § 11 der Concessionsurkunde Folgendes:

„Wenn nach Eröffnung des Betriebes auf der Bahnlinie Tsingtau — Tsinanfu der aus den Erträgnissen der Eisenbahnunternehmungen zu verteilende Reingewinn die Auszahlung einer Jahresdividende von mehr als 5% des für die Eisenbahnunternehmungen eingezahlten und verwendeten Actienkapitals gestatten würde, so ist für das betreffende Betriebsjahr von dem Mehrbetrage über 5% bis zu 7% der zwanzigste Teil, von dem Mehrbetrage über 7% bis zu 8% der zehnte Teil, von dem Mehrbetrage über 8% bis zu 10% der fünfte Teil, von dem Mehrbetrage über 10% bis zu 12% der dritte Teil und von dem Mehrbetrage über 12% die Hälfte an die Kasse des Gouvernements des Kiautschou-Gebiets zu zahlen,"

Berlin, im Juni 1902.

Schantung-Eisenbahn-Gesellschaft.

Subscriptions-Bedingungen.

Auf die vollgezahlten Serien **A, B** und eines Teiles der Serie **C** der Actien der Schantung-Eisenbahn-Gesellschaft im Nominalbetrage von M. 15.000.000. — wird gleichzeitig in China und Deutschland die Subscription am

Mittwoch, den 2. Juli 1902,

und zwar in China bei der Deutsch-Asiatischen Bank in Schanghai, Tsingtau und Tientsin zu folgenden Bedingungen eröffnet:

1) Der Zeichnungspreis beträgt $103\tfrac{1}{2}$ % in deutschen Reichsmark zuzüglich der Stückzinsen zu 4% vom 1. Januar 1902 bis zum Tage der Abnahme.
2) Bei der Zeichnung ist eine Caution von 10 % in Baar zu hinterlegen; dieselbe wird bei der Abnahme der Stücke verrechnet oder zurückgegeben.
3) Die Zuteilung, welche dem Ermessen jeder Zeichnungsstelle überlassen bleibt, wird baldmöglichst nach Schluss der Zeichnung erfolgen. Im Falle die Zuteilung weniger als die Anmeldung beträgt, wird die überschiessende Caution unverzüglich zurückgegeben.

28. Juni 1902.   Amtsblatt—青島官報   Nr. 29. — Seite 99.

4) Die Abnahme der zugeteilten Stücke kann gegen Zahlung des Preises vom Eintreffen der Stücke ab geschehen, muss aber spätestens bis zum 31. August 1902 bewirkt werden. Die Versendung der mit deutschem Reichsstempel versehenen definitiven Stücke wird mit der auf die Zuteilung folgenden nächsten Post aus Berlin erfolgen; das Eintreffen hierselbst wird von uns bekannt gemacht werden.

Die Zahlung der Reichsmark hat zu dem Verkaufs-Tageskurse der Deutsch-Asiatischen Bank, für telegraphische Zahlung auf Berlin in Ortswährung zu erfolgen.

Tsingtau, im Juni 1902.

Deutsch-Asiatische Bank.

Druck der Missionsdruckerei, Tsingtau.

第三年　第二十九号

1902年6月28日

告白

德籍公民向中国政府就1900年动乱时的赔偿要求，其支付将于今年7月在上海由德华银行履行，具体日期还须进一步确定。支付金额为所认可金额的1/5，其中0.2%作为佣金，可以选择用马克支票汇往柏林，或者按照当日汇率兑换为银元。5 000马克以下的求偿将全额支付。

上海，1902年6月22日
科那倍

上述上海总领事的电报于今日发到总督府，请求予以公布。

青岛，1902年6月24日
皇家总督府

大德管理青岛船政局　为

出示通行晓谕事：查得大包岛西海原有马掌礁石（即昨日轮碰搁之处）所筑之洋灰石墩，兹于其上复设黑色木桩一架，以作日间警船标记。查该桩高四米达，其形三角上尖，该架中间钉有木板，并于该板三面书有白色"HR"洋文字样。为此仰各船户人等一体知悉。特示。

右谕通知
大德一千九百二年六月二十五日　告示

告白

第5/01号奥托·格兰佐夫破产案的财产最终分配案已获通过。其中要考虑的是6 973.86元非优先权的付款要求，而可用于分配的金额为627.65元（9%）。付款要求清单

及其证明张贴在审判厅书记处,供相关人员查看。

青岛,1902年6月21日
拉普博士
破产案件管理人

发包广告

现发包供货20 000桶最优质的德国产波特兰水泥的合同。

发包文件放在第一工部局(位于大鲍岛)的营业室内,以供查看。

报价须密封并注明"水泥"字样,并书面认可发包条件后,最晚于今年7月7日上午11点举办的发包仪式上递交至本总工部局。

大鲍岛,1902年6月23日
第一工部局

大德第一工部局 为

晓谕招人承卖石块事:兹本局欲买头等青石质料錾成之石三千块。如有意欲承办者,可到大包岛本局投标,所有包办章程在局可以阅看。但拟包此项石块者,限至德历本年七月十四日早十一点钟止,用信封封固,以德文书明"錾成石块"字样,来局投标。惟该标必须声明认照包办章程始可。特谕。

大德一千九百二年六月二十六日 示

水泥供货

5 500桶德国产波特兰水泥的供货将在今年7月7日星期一上午11点公开发包。

供货条件放在炮台局营业室内,以供查看,也可以支付费用后取走。

报价须书面认可发包条件,标注"对水泥供货的报价"后在发包日期递交。

青岛,1902年6月25日
炮台局

山东铁路公司广告

发行

A、B和一部分C系列

总面值为15 000 000马克的股票

山东铁路公司是一家德华公司,由皇家德意志政府根据在1898年3月6日条约中达成的协议获得许可权,建造和运营一条从青岛到济南府的铁路,另有一条通往博山的支线,总长度达 450 千米。根据这一许可,1899 年 6 月 14 日在柏林设立了此公司,为股份制公司。

铁路穿越山东省交通繁忙的区域,联结了潍县、博山和埠村的三个煤田开采区域。由于清政府已计划修建从天津经济南府通往长江的铁路,它将得到一个重要的、极大提升自身利益的交通连接。

这条交通线路直到潍县以及与之相邻煤田旁边的海岸,将于今年 6 月 1 日开通。根据许可权中规定的条件,该铁路必须在 1904 年 6 月 1 日前完成到达济南的建设,并投入运营。

公司资本金为 5 400 万马克,其中面值均为 600 万的 A、B、C 三个系列共计 1 800 万马克已经完全缴付,剩余 3 600 万马克资金已支付 35%,这样,目前已经交付的资本共计 3 060 万马克。

在铁路建造期间将向股东支付每年 4% 的利息,计入铁路建造成本账单。这一建造利息将从相应建造期下一年开始的 1 月 2 日起支付,须提供股权证书,其编号现正由公司总部发布。

公司可随时将青岛—潍县段在其他路段结束之前从建造账单中纳入一般账单,在这种情况下,剩余建造账单中的 4% 利息将一直从当年偿付至建造期结束,计入之后开始的运营账单。

铁路公司已经为最先的股票认购者准备了股票的权益证书,共计 54 000 张,他们将享有对超过 5% 之外的红利的分配。

整条线路建造期结束后产生的纯利润,包括可能来自建造账单的利息分配:

1. 只要储备基金未超过资本金的 1/10,就要向法律规定的储备基金汇去 5%。
2. 根据监事会建议,向将成立的特别储备金汇去 5%;
3. 确保向已支付股本汇去最高金额为 5% 的红利。

剩余资金有 1/3 分配给权益证书,2/3 在扣除给监事会的 5%,和 1899 年 6 月 1 日的许可证要求的帝国为胶州湾港口设施所付费用分摊,以及预先扣除保护地一般性管理费用之后,作为超级红利进行分配。

只要公司在整条铁路线完成之前运营青岛—潍县段,就会将产生的纯利润进行相应分配,但是在向帝国支付费用分摊之后进行。

红利须最晚在营业年度下一年的 7 月间分配,即根据本公司发布的通知,在中国的德华银行上海总部和青岛分行赎回分红证书之时。

《许可证》第 11 条做出了之前提到的关于向德意志帝国支付费用分摊方面的下列规定:

"在胶济铁路开通运营之后,如果允许从铁路经营收益中有超过为铁路经营支付和使用股本的5%纯利润用于年度红利分配,则需将1/20股本部分盈余的5%－7%、1/10股本部分盈余的7%－8%、1/5股本部分盈余的8%－10%、1/3股本部分盈余的10%－12%以及一半股本盈余的超过12%部分上缴胶澳保护地总督府财务处。"

柏林,1902年6月
山东铁路公司

认购条件

对山东铁路公司面值为1500万马克全额支付的A、B和一部分C系列股票的认购,将于1902年7月2日星期三同时在中国和德国开启,中国的认购地点为上海、青岛和天津的德华银行,条件如下:

1. 德意志帝国马克的认购价为103.5%,每股年利息为从1902年1月1日开始到赎回期间的4%。

2. 认购时须缴付10%的保证金,在完成购买时进行核销或退还。

3. 为每个认购点预估的分配数量会在认购结束后尽快公布。如分配数量少于报名数量,则会立即退回多余保证金。

4. 从股份到达之日起,可通过支付购买价格取走所分配的股份,但是须在最晚于1902年8月31日完成。有关盖有德意志帝国公章的已确定股份的寄送,将通过距离分配股份最近的邮局从柏林寄出,我们将告知其到达情况。

使用帝国马克支付须按照德华银行的当日收购汇率、并用当地货币支付向柏林的电报费用之后完成。

青岛,1902年6月
德华银行

Amtsblatt
für das Deutsche Kiautschou-Gebiet.

Herausgegeben vom Kaiserlichen Gouvernement Kiautschou.

Der Bezugspreis beträgt jährlich $ 0,60=M 1,20.
Bestellungen nehmen sämtliche deutsche Postanstalten entgegen.

Jahrgang 3.   Nr. 30.   Tsingtau, den 5. Juli 1902.

Verordnung
betreffend
Schutzpockenimpfung.

§ 1.

Der Impfung mit Schutzpocken soll unterzogen werden
a. jedes Kind vor dem Ablaufe des auf sein Geburtsjahr folgenden Kalenderjahres,
b. jeder Zögling einer öffentlichen Lehranstalt oder einer Privatschule innerhalb des Jahres, in dem er das 12. Lebensjahr zurücklegt, sofern er nicht nach ärztlichem Zeugnis in den letzten 5 Jahren die natürlichen Blattern überstanden hat oder mit Erfolg geimpft ist.

§ 2.

Die Impfung eines Impfpflichtigen ist vorläufig auszusetzen, wenn sie nach ärztlichem Zeugnis nicht ohne Gefahr für sein Leben oder seine Gesundheit an ihm ausgeführt werden kann. In diesen ärztlichen Zeugnissen wird unter der für den Impfschein (§ 14) vorgeschriebenen Bezeichnung der Person bescheinigt, aus welchem Grunde und auf wie lange Zeit die Impfung unterbleiben darf oder muss. Sie ist dann spätestens 1 Jahr nach Aufhören des die Gefahr begründenden Zustandes nachzuholen. In zweifelhaften Fällen hat der Impfarzt (§ 11) endgiltig zu entscheiden, ob diese Gefahr fortbesteht.

§ 3.

Ist eine Impfung nach ärztlichem Urteile erfolglos geblieben, so muss sie spätestens im folgenden Jahre und, falls sie auch dann erfolglos bleibt, auch im 3. Jahre wiederholt werden.

§ 4.

Bei zuziehenden Impfpflichtigen ist die Impfung spätestens in Jahresfrist nach der Ankunft vorzunehmen, sofern nicht die Impfung bereits am früheren Aufenthaltsorte erfolgreich ausgeführt ist.

§ 5.

Jeder Impfling ist in der Zeit vom 6. bis 8. Tage nach der Impfung dem impfenden Arzte wieder vorzustellen.

§ 6.

Zur Impfung darf nur Tierlymphe aus einer unter amtlicher Aufsicht stehenden Anstalt verwendet werden.

§ 7.

Die Impfung darf nur von Ärzten ausgeführt werden, die die Approbation als Arzt für das Gebiet des Deutschen Reiches oder, wenn sie fremder Staatsangehörigkeit sind, die gleiche Approbation für ihren Heimatsstaat besitzen.

§ 8.

Das Polizeiamt hat eine Liste über die nach § 1a und § 4 impfpflichtigen Kinder anzulegen und auf dem Laufenden zu halten.

In diese Liste trägt der Impfarzt (§ 11) oder, wenn die Impfung seitens eines andern Arztes vorgenommen ist, das Polizeiamt die Zeit und den Erfolg der Impfung oder den Grund ein, weshalb sie ganz oder vorläufig unterblieben ist.

§ 9.

Die Liste über die nach § 1b impfpflichtigen Schulkinder ist gleicherweise von dem betreffenden Schulvorsteher anzulegen und auf dem Laufenden zu halten.

§ 10.

Alljährlich zum 1. Oktober haben das Polizeiamt bezw. die Schulvorsteher die Namen der noch impfpflichtigen Kinder festzustellen und die Eltern, Pflegeeltern und Vormünder, zu benachrichtigen, dass die Kinder im Januar des kommenden Jahres der öffentlichen Zwangsimpfung unterzogen werden, wenn sie bis dahin nicht anderweitig geimpft worden sind.

§ 11.

Für diesen öffentlichen Impftermin, zu dem das Polizeiamt die Ladung ergehen lässt, wird vom Gouvernement ein Impfarzt bestellt, sowie der erforderliche geeignete Raum zur Verfügung gestellt, ebenso zur Nachschau (§ 5). Die Impfung und Nachschau erfolgen in diesem Falle unentgeltlich.

§ 12.

Der Nachweis der stattgehabten Impfung wird durch amtliche oder ärztliche Bescheinigungen, sowie durch die vorgeschriebenen Listen geführt. Ihre Einrichtung bestimmt der Civilkommissar im Einvernehmen mit dem Gouvernementsarzt.

§ 13.

Zur Führung von Listen (§§ 8, 9 und 12) sind ausser den genannten Behörden und Schulvorständen alle Ärzte verpflichtet, die Impfungen ausführen. Die Listen sind alljährlich am 31. Dezember abzuschliessen und dem Gouvernement vorzulegen.

§ 14.

Über jede Impfung wird nach Feststellung ihrer Wirkung (§ 5) von dem Arzte ein Impfschein ausgestellt. Auf dem Impfschein wird unter Angabe des Vor- und Familiennamens, sowie des Jahres und Tages der Geburt des Impflings bescheinigt:

entweder, dass durch die Impfung der durch diese Verordnung festgesetzten Pflicht genügt ist,

oder, dass die Impfung im nächsten Jahre wiederholt werden muss.

Das Muster für diesen Impfschein setzt der Civilkommissar im Einvernehmen mit dem Gouvernementsarzt fest.

Die ersten Ausfertigungen dieser Bescheinigung erfolgen gebühren- und stempelfrei.

§ 15.

Eltern, Pflegeeltern und Vormünder sind gehalten, auf amtliches Erfordern vermittels der vorgeschriebenen Bescheinigungen (§§ 1 b, 2, 12 und 14) den Nachweis zu führen, dass die Impfung erfolgt oder aus einem nach dieser Verordnung zulässigen Grunde unterblieben ist.

§ 16.

Die Listen und die Muster zum Impfschein werden vom Gouvernement gedruckt vorrätig gehalten und gegen Quittung nach Bedarf unentgeltlich abgegeben.

§ 17.

Bei Zuwiderhandlungen gegen diese Verordnung kommen folgende Strafbestimmungen zur Anwendung:

1.) Eltern, Pflegeeltern und Vormünder, welche den nach § 15 ihnen obliegenden Nachweis zu führen unterlassen, werden mit einer Geldstrafe bis zu 20 Mark bestraft. Eltern, Pflegeeltern und Vormünder, deren Kinder und Pflegebefohlene ohne gesetzlichen Grund und trotz erfolgter amtlicher Aufforderung der Impfung und der ihr folgenden Gestellung (§ 5) entzogen geblieben sind, werden mit Geldstrafe bis zu 50 Mark oder mit Haft bis zu 3 Tagen bestraft.

2.) Ärzte und Schulvorsteher, welche den durch diese Verordnung ihnen auferlegten Verpflichtungen nicht nachkommen, werden mit Geldstrafe bis zu 100 Mark bestraft.

3.) Wer unbefugter Weise (§ 7) Impfungen vornimmt, wird mit Geldstrafe bis zu 150 Mark oder mit Haft bis zu 14 Tagen bestraft.

5. Juli 1902.   Amtsblatt—青島官報   Nr. 30. — Seite 103.

4.) Wer bei der Ausführung fahrlässig handelt, wird mit Geldstrafe bis zu 500 Mark oder mit Gefängniss bis zu 3 Monaten bestraft, sofern nicht nach dem Strafgesetzbuch eine härtere Strafe eintritt.

§ 18.

Diese Verordnung tritt am 1. Oktober 1902 in Kraft. Sie gilt nicht für Eingeborene.

Tsingtau, den 17. Juni 1902.

Der Kaiserliche Gouverneur.

Truppel.

Nachstehende Bekanntmachung des Kaiserlich Chinesischen Seezollamtes wird hierdurch zur allgemeinen Kenntnis gebracht:

Zollamtliche
Bekanntmachung № 31.

Vom heutigen Tage ab habe ich die Geschäfte des Kiautschou-Zollamts wieder übernommen.

Kiautschou-Zollamt.

Tsingtau, den 25. Juni 1902.

E. Ohlmer
Zolldirector.

Tsingtau, den 28. Juni 1902.
Kaiserliches Gouvernement.

Druck der Missionsdruckerei, Tsingtau.

第三年　第三十号

1902 年 7 月 5 日

关于接种牛痘疫苗的命令

第 1 条

即将开始接种牛痘疫苗。

a. 每名出生后第二个月历年之内的儿童；

b. 每名公立教育机构或者私立学校的住校生,只要在过去 5 年里,无医生证明其自然水痘痊愈或者已成功接种,在年满 12 岁的当年之内均须接种。

第 2 条

有接种义务的人员,只要根据医生证明,接种可能会有生命或者健康危险,则暂不接种。医生证明必须在接种证书规定(第 14 条)的人员姓名下证明,该疫苗出于何种原因以及在多长时间范围内允许或者必须不能接种。在这一由上述危险证明的不接种情况结束之后,必须最晚一年之内补种。在不确定的情况出现时,由接种医生(第 11 条)做出该危险是否继续存在的最终决定。

第 3 条

如根据医生判断,接种不成功,那必须在第二年再次接种。如仍然无效,则须在第三年继续接种。

第 4 条

外地有接种义务的人员,只要在之前的停留地未成功接种,则必须最晚在抵达之后的当年内接种。

第 5 条

每名接种儿童在接种后 6 到 8 天内,须再次前往接种医生处查看情况。

第 6 条

痘苗只允许在有官方监管的机构使用。

第 7 条

只允许由具有在德意志帝国领土上执业许可的医生实施疫苗接种,如果是外籍医生,则必须拥有其所属国的医生执业许可。

第 8 条

巡捕房须编制并持续更新根据第 1 条 a 款和第 4 条规定的必须接种儿童名单。

接种医生(第 11 条)须将接种时间、是否接种成功以及没有接种或者暂时不接种的原因填入该表。如果接种是由其他医生实施,则由巡捕房填写。

第 9 条

关于第 1 条 b 款中规定的有接种义务的学童同样须由相关学校主管编制并持续更新名单。

第 10 条

每年 10 月 1 日前由警方或者学校主管确定仍然有接种义务的儿童名单,并通知其父母、养父母和监管人。如该儿童在该时间之前没有在其他地方接种,须在来年 1 月份进行强制性疫苗接种。

第 11 条

警方将对这一公共接种日期发布接种公告,由总督府聘任接种医生并提供必需的合适房间,同时也进行监管(第 5 条)。此时的接种和监管均免费。

第 12 条

由政府或医师出具证书,或者通过规定的名单填写,作为已接种证明。该项安排由民政长与督署医师协商一致后确定。

第 13 条

为了填写这些名单(第 8 条、第 9 条和第 12 条),除上述政府部门和学校领导之外,所有医生均有义务执行接种工作。名单须在每年 12 月 31 日制作完成,并提交总督府。

第 14 条

医生在确定每起接种效果后,签发接种证书。接种证书上注明姓名以及接种人的出生日期,并证明通过接种已完成本法令规定的义务,或者明年将再次接种。

由民政长与督署医师协商一致后,确定该接种证书的样式。

第一批签发的证书免费,无需盖章。

第 15 条

父母、养父母和监护人须根据政府要求(第 1 条 b 款、第 2 条、第 12 条和第 14 条),凭规定的证书证明已成功接种或者出于哪条本法令许可的原因而未实施接种。

第 16 条

名单和接种证书由总督府印刷并保有存量,可根据需要,凭收据免费领取。

第 17 条

对于违反本项法令的行为,适用下列惩罚条款:

1. 未按照第 15 条规定获得必要证明的父母、养父母和监护人,最高罚款 20 马克。子女和被监护人如无合法原因并在政府敦促后仍未接种或者接种后未前往医生处查看(第

5条)的父母、养父母和监护人,最高罚款50马克,或最长关押三天。

2. 未履行本项法令托付任务的医生和学校主管,最高罚款100马克。

3. 以未经批准的方式(第7条)进行接种的人员,最高罚款150马克,或者关押最长14天。

4. 执行时的失职人员,只要《刑法》未规定更严厉处罚,则最高罚款500马克,或关押三个月。

第18条

此项法令于1902年10月1日生效,不适用于本地人。

青岛,1902年6月17日

皇家总督

都沛禄

现公布下列大清海关告白:

第31号海关告白

本人从今天开始再次接管胶海关的业务。

胶海关

青岛,1902年6月25日

阿理文

税务司

青岛,1902年6月28日

皇家总督府

Amtsblatt
für das Deutsche Kiautschou-Gebiet.

青島官報

Herausgegeben vom Kaiserlichen Gouvernement Kiautschou.

Der Bezugspreis beträgt jährlich $ 0,60=M 1,20.
Bestellungen nehmen sämtliche deutsche Postanstalten entgegen.

Jahrgang 3.   Nr. 31.   Tsingtau, den 12. Juli 1902.

Bekanntmachung.

Nachdem mehrere Jahre die Blattern dem deutschen Schutzgebiete ferngeblieben sind, haben sie sich in diesem Jahre wieder in vielen Dörfern gezeigt.

Besonders Kinder sind von dieser Krankheit ergriffen worden und ihr oft erlegen. Viele behalten dauernde Entstellung ihres Aussehens oder schweres, körperliches Siechtum, wie Blindheit, Ohreneiterung, davon zurück.

Schon in China ist bekannt geworden, dass die Blattern den fernerhin verschonen, den sie vorher einmal befallen haben, und man hat deswegen künstlich durch Uebertragung von Pockeneiter oder = krusten die Krankheit an Gesunden erzeugt, um sie für ihr späteres Leben davor zu schützen. Diese Uebertragung ruft aber oft so gefährliche Krankheitszustände hervor, dass der Tod die Folge davon ist.

In Europa hat man deswegen eine mildere, fast ganz ungefährliche Art der Schutzimpfung eingeführt, die den Menschen fast in der gleichen Weise vor der Erkrankung an Blattern schützt, wie das einmalige Ueberstehen dieser Krankheit.

Die Schutzimpfung wird aber nicht mit dem Material von Menschenpocken, sondern mit solchem von Kuhpocken ausgeführt.

Es werden deswegen zweimal im Jahre unentgeltlich öffentliche Schutzpockenimpfungen in Tsingtau und in Litsun stattfinden, damit möglichst viel Personen vor der Erkrankung an Blattern und schwerer Lebensgefahr bewahrt werden. Die Zeit und der Ort werden noch bekannt gegeben werden

Die Kinder sollen mindestens 1 Jahr alt sein, wenn sie zur Impfung gebracht werden. Alle sollen den Oberkörper, namentlich die Oberarme, gut mit Seife gewaschen haben und reines Zeug auf dem Leibe tragen, damit nicht durch Eindringen von Schmutz in die Impfstellen gefährliche Wundkrankheiten entstehen.

Wer schon die Blattern überstanden hat, bedarf der Impfung nicht mehr.

Tsingtau, den 17. Juni 1902.

Der Kaiserliche Gouverneur

Truppel.

Bekanntmachung.

Es ist häufig vorgekommen, dass chinesische Verträge, Quittungen und sonstige Willenserklärungen vor Gericht als unecht von der Gegenpartei bezeichnet worden sind. Der Beweis der Echtheit ist schwer, und zuweilen hat deshalb derjenige, der sich auf das Schriftstück berief dadurch Nachteile erleiden müssen, dass er diesen Beweis nicht führen konnte.

Um diesem Uebelstande abzuhelfen, sind die Bezirksämter in Tsingtau und Litsun angewiesen worden, auf Verlangen solche Schriftstücke zu stempeln, damit der Beweis der Echtheit gesichert sei.

Wenn also jemand eine bindende Erklärung schriftlich abgeben, eine Quittung erteilen will, oder wenn mehrere Personen einen Vertrag schliessen wollen, so können sie auf das Bezirksamt gehen und diesem das Schriftstück vorlegen. Sie müssen dann ausser den Exemplaren, welche sie für sich behalten wollen, ein Weiteres mitbringen, welches der Bezirksamtmann verwahren wird. Dieser Beamte wird dann die Schriftstücke vergleichen und auf denjenigen, die er den Parteien wieder aushändigt mit seinem Siegel den Tag vermerken, an welchem dieselben vorgelegt sind, und seinen Namen darunter setzen.

Auf dem Exemplare, welches er verwahrt, wird er gleichfalls den Tag der Vorlegung und die Namen derjenigen Personen vermerken, welchen die gestempelten Verträge ausgehändigt sind. Dieses Exemplar wird er fünf Jahre verwahren.

Jeder, der mit dem Antrage auf Stempelung eines Schriftstückes zum Bezirksamte geht, muss

12. Juli 1902.   Amtsblatt—青島官報   Nr. 31. — Seite 107.

durch einen glaubhaften Mann sich dem Bezirksamtmann vorstellen lassen, damit derselbe darüber Gewissheit hat, dass der Erschienene mit der im Vertrage genannten Person identisch ist.

Von jeder Person, welche in dem Schriftstück eine Willenserklärung abgiebt, wird eine Abgabe von fünfzig Cents erhoben werden, die zu zahlen ist, bevor die Schriftstücke ausgehändigt werden.

Auch Europäer können sich auf diese Weise Quittungen von Chinesen erteilen lassen.

Tsingtau, den 8. Juli 1902.

Der Kaiserliche Gouverneur

In Vertretung

Hofrichter

Bekanntmachung.

Die Auszahlung der deutschen Entschädigungen aus Anlass der Wirren beginnt auf der Deutsch-Asiatischen Bank in Schanghai am Donnerstag, den 10. Juli ds. Js.

Schanghai, den 8. Juli 1902.

Dr. Knappe.

Generalkonsul.

Vorstehendes Telegramm ist dem Gouvernement mit der Bitte um Bekanntmachung zugegangen.

Tsingtau, den 10. Juli 1902.

Kaiserliches Gouvernement.

Aufgebot.

Es wird hiermit bekannt gemacht, dass
Paul Hermann Müller, seines Standes Kaufmann, geboren in Krimmitschau im Königreich Sachsen, 25 Jahre alt, wohnhaft in Tsingtau, Sohn des Handelsgärtners Karl August Müller und seiner Ehefrau Klara Amalie, geborenen Schenk, beide in Krimmitschau verstorben,

und

Marie Christine Adelheid Bode, geboren in Bremerhaven, 26 Jahre alt, wohnhaft in Tsingtau, Tochter des verstorbenen Tischlers Johann Peter Bode und seiner in Weimar lebenden Ehefrau Henriette Sophie Louise, geborenen Krüger,

beabsichtigen, sich mit einander zu verheiraten und diese Ehe in Gemässheit des Reichsgesetzes vom 4. Mai 1870 vor dem unterzeichneten Beamten abzuschliessen.

Tsingtau, den 9. Juli 1902.

Der Kaiserliche Standesbeamte

Günther

Druck der Missionsdruckerei, Tsingtau.

第三年 第三十一号

1902年7月12日

大德钦命总督胶澳文武事宜大臣都　为

通谕华民种痘事：照得天花一症，数年来幸于德境尚未盛行，讵本年乡间患此症者甚伙，且多有婴孩因出痘而夭殁，或痘痊后终身麻皮，或目失明，或耳常流脓，种种遗害不胜枚举。粤稽中国自古亦悉，一次染患终身即免再患，是以有于身体平安时，故将痘浆痘痂施种于身，期保后患。惟此项办法仍未尽善，亦多有生疾身死者。查泰西另有种痘良法，其法不仅身体无危，亦能保护后患与已患一次者大约无异，但此项办法非用人痘浆痂，专用牛痘浆痂。本大臣痛痒相关，情深保赤，俾得人民免患痘症，业经分饬青岛、李村，每年两次可以前投请种牛痘，并无费项，至准于何时何处，嗣后再行晓谕。其抱往种痘之孩，年岁至小亦须一周，凡于抱往以先，应该孩身体胳臂以及膀子皆用胰子冲洗清净，即所穿衣服亦宜洁净，以免污秽射入种痘伤□致生他病。至已经出过痘者，则勿须重种牛痘。为此仰阖属诸色人等一体知悉。切切特示。

右谕通知

大德一千九百二年六月十七日　告示

大德钦命护理总督胶澳文武事宜大臣贺　为

出示晓谕盖印事：照得欲辨真伪须先清其源，即如华人投臬司衙门控告案件所呈关涉之华文合同、收单、契据，以及各项文约，竟有彼此互相称伪，莫衷一是。虽经该衙门竭力研究，微末而终，难判其真伪。因未明其真伪，间或屈枉势所难免。兹本护理大臣有鉴于此，兹拟订盖用关防，以杜流弊。故已分饬青岛、李村副臬司衙门遵照，嗣后如有华人持前项华文合同、收单、契据及各项文约投各该署禀请盖印时，即著盖用官印以凭无伪。所有详条列左：

凡有华人，或一人或数人，订立华文合同、收单、契据及各约者，似宜缮两分（份，下文同）送呈该管副臬司衙门，一分存于该署，一分原人领回。其领回之一分，该管副臬司先行校对明晰，应于其上盖印签字及注明某年某月某日呈递。至存留之一分，亦注明某年月日呈递。及某华人领回盖印之一分,其留署之一分,应存五年之久。当未赴该副臬司衙门禀请盖印以前,应先觅有名望殷实之人一名,随同投署佐证其人姓名,俾得该管副臬司确悉投到之人本名与所立文约内书写之姓名实属相符无讹。

凡欲订立前列各件者,或一人或数人,均当按名,每名纳捐费洋五角。此款应于未曾领回盖印之一分以前缴清。至于西人欲令华人给予收单,亦可仿此办法。为此仰诸色人等一体知悉,切勿自误。特示。

右谕通知

大德一千九百零二年七月初八日　告示

告白

向德方赔偿因动乱造成的损失将在今年7月10日星期四开始,地点为上海的德华银行。

上海,1902年7月8日
科纳佩博士
总领事

上述电报发至总督府,请求公开发布。

青岛,1902年7月10日
皇家总督府

婚姻启事

谨此宣布:

保罗·赫尔曼·穆勒,商人职业,出生于萨克森王国的克里米肖市,现年25岁,为均已去世的园丁卡尔·奥古斯特·穆勒和出生时姓申克的妻子克拉拉·阿玛莉之子;

玛丽·克里斯汀·阿德尔海特·博德,出生于不来梅港,现年26岁,居住于青岛,为已去世的木匠约翰·彼得·博德和他居住于魏玛、出生时姓克鲁格的妻子海丽埃特·索菲·路易泽的女儿。

二人将结为连理,根据1870年5月4日的帝国法律,将在本官员面前缔结婚约。

青岛,1902年7月9日
皇家户籍官
冈特

Amtsblatt
für das Deutsche Kiautschou-Gebiet.

青島官報

Herausgegeben vom Kaiserlichen Gouvernement Kiautschou.

Der Bezugspreis beträgt jährlich $ 0,60=M 1,20.
Bestellungen nehmen sämtliche deutsche Postanstalten entgegen.

Jahrgang 3.   Nr. 32.   Tsingtau, den 26. Juli 1902.

Bekanntmachung.

Die durch die Strassen führenden elektrischen Leitungen mit ihren Isolatoren, Lampen und übrigen Zubehörteilen dürfen von Unbefugten in keiner Weise zu irgend welchen Zwecken benutzt werden. Im Besonderen wird davor gewarnt, metallische Körper in Berührung mit den Leitungen zu bringen, weil dadurch das elektrische Verteilungsnetz zerstört und das Leben von Personen gefährdet werden kann.

Für allen Schaden, welcher durch unbefugte Eingriffe in das elektrische Verteilungsnetz entsteht, sind die schuldigen Personen ersatzpflichtig, ausserdem aber setzen sie sich unter Umständen auch strafrechtlicher Verfolgung aus.

Tsingtau, den 23. Juli 1902.

Der Civilkommissar.

Bekanntmachung.

Kassenstunden beim Polizei-Amt sind von 9 bis 12 Uhr Vormittags.

Zu den übrigen Zeiten wird Geld nicht angenommen.

Tsingtau, den 19. Juli 1902.

Kaiserliches Polizei-Amt.

大德輔政司崑 為

通行曉諭禁用事照得青島包島等處各街道中設立之電燈其各柱接通之電線及相涉電燈器具他人一概不准無論如何藉用尤不得令各種五金料器與電汽各具以致寒損電汽往來通路抑或觸發電汽擾動電擊遞害人命為此論後倘有擅動擅用如電線各具因而損壞者一經查出即罰將所損賠償或按勢傳案照律懲治亦可仰諸色人等一體凜遵勿遠特示

告示

大德一千九百二年七月二十三日

右諭通知

啓者本衙門每日早自九點鐘起至上午十二點鐘止可收捐凡有項他時不可收捐照者欲領營生是時執凡往投納准於可也此佈

德九百二年七月十八日

巡捕衙門啓

告白

Seite 110. — Nr 32.   Amtsblatt—青島官報   26. Juli 1902.

Verdingungsanzeige.

Die Lieferung und das Verbauen von
  ca. 3000 cbm. Bruchsteinen und
  „ 5000 „ groben Kies für Arbeiten
im kleinen Hafen sollen vergeben werden.

Die Verdingungsunterlagen liegen im Geschäftszimmer der Bauabteilung I. — Tapautau — zur Einsicht aus.

Verschlossene und mit der Aufschrift

„Bruchsteine und Kies"

versehene Angebote sind unter ausdrücklicher Anerkennung der Verdingungsunterlagen bis zu dem **am Donnerstag, den 31. d. M., Vormittags 10 Uhr,** im Geschäftszimmer der unterzeichneten Bauabteilung stattfindenden Verdingungstermin einzureichen.

Tapautau, den 23. Juli 1902.

Bauabteilung I.

Die Konkurse über das Vermögen
 1) des Unternehmers Fu tsy an
 2) des Gastwirts Otto Granzow
sind nach Abhaltung der Schlusstermine aufgehoben.

Tsingtau, den 18. Juli 1902.

Kaiserliches Gericht von Kiautschou.

Nachstehende Bekanntmachung des Kais. Chin. Seezollamts wird hiermit zur allgemeinen Kenntnis gebracht:

Zollamtliche Bekanntmachung № 32.

Einer Verfügung des General-Zolldirektors entsprechend wird hiermit bekannt gemacht, dass die Kaiserlich Chinesische Regierung den Ausfuhrzoll auf Thee von Haikuan Taels $2\frac{500}{}$ auf Haikuan Taels $1\frac{250}{}$ per Picul herabgesetzt hat.

Kiautschou Zollamt

Tsingtau, den 21. Juli 1902.

E. Ohlmer

Zolldirektor.

Tsingtau, den 23. Juli 1902.

Kaiserliches Gouvernement.

Versteigerung.

Am Sonnabend, der 2. August d. Js., Vorm. 11 Uhr, werden im Strandlager
  1 grauer Reitesel (Hengst),
  4 chinesische Schiebkarren,
  1 Nickel-Taschenuhr,
  1 kleiner Kompass,
  1 Cigarettenspitze
zur Versteigerung gelangen.

Tsingtau, den 24. Juli 1902.

Kaiserliches Polizeiamt.

Druck der Missionsdruckerei, Tsingtau.

第三年　第三十二号

1902 年 7 月 26 日

大德辅政司崐　为

通行晓谕禁用事：照得青岛、包岛等处，各街道中设立之电灯，其各柱接通之电线及相涉电灯器具，他人一概不准无论如何藉（借）用，尤不得令各种五金料器与电汽（气）各具扰动，以至塞损电汽（气）往来通路，抑或触发电汽（气），如电掣然（燃）遗害人命。为此，谕后倘有擅动擅用电线各具因而损坏者，一经查出，即罚将所损赔偿，或按势传案，照律惩治亦可。仰诸色人等一体凛遵勿违。特示。

右谕通知
大德一千九百二年七月二十三日　告示

告白

启者：本衙门每日早自九点钟起至上午十二点钟止可收取捐项，他时不收。凡有欲领营生执照者，准于是时往投纳费可也。此布。

德（一千）九百二年七月十八日
巡捕衙门启

发包广告

供应和开采用于建造小港①的大约 3 000 立方米碎石料以及大约 5 000 立方米粗砂的合同将公开发包。

发包文件张贴在大鲍岛的第一工部局营业室内，以供查看。

报价须密封后注明"碎石料和粗砂"字样并书面认可发包条件后，最晚于本月 31 日星

---

① 译者注：小港即专用于小型中式船只的港口，今青岛邮轮母港。

期四上午10点递交至本总工部局营业室，参加举行的发包。

大鲍岛，1902年7月23日
第一工部局

关于1)企业主傅子安；2)饭店店主奥托·格兰佐夫的财产破产程序在举行最终会面后结案。

青岛，1902年7月18日
胶澳皇家审判厅

谨将下列大清海关的告白公之于众：

第32号海关告白

根据大清海关总税务司发布的一项命令，谨此告知，大清朝廷已将茶叶的出口关税从每担2.500海关两降至每担1.250海关两。

胶海关
青岛，1902年7月21日
阿理文
胶海关税务司
青岛，1902年7月23日
皇家总督府

拍卖

在今年8月2日星期六上午11点将在小泥洼兵营①拍卖下列物品：

灰色的骑乘用驴（种驴）	1匹
中式推车	4辆
镍质怀表	1个
小指南针	1个
雪茄架	1个

青岛，1902年7月24日
皇家巡捕房

---

① 译者注：位于团岛附近小泥洼村附近。

Amtsblatt
für das
Deutsche Kiautschou-Gebiet.

青島官報

Herausgegeben vom Kaiserlichen Gouvernement Kiautschou.

Der Bezugspreis beträgt jährlich $ 0,60=M 1,20.
Bestellungen nehmen sämtliche deutsche Postanstalten entgegen.

| Jahrgang 3. | Nr. 33. | Tsingtau, den 2. August 1902. |

Gericht des Gouvernements Kiautschou.   Tsingtau, den 29. Juli 1902.

Steckbrief.

Gegen den unten beschriebenen Heizer Johann Kruse vom Hafenamt 3. Komp der II. Werft-Division, welcher flüchtig ist, ist die Untersuchungshaft wegen Fahnenflucht verhängt. Es wird ersucht, ihn zu verhaften und an den nächsten Deutschen Konsul oder die nächste Militärbehörde zum Weitertransport hierher abzuliefern.

Der Gerichtsherr
Hofrichter.

Beschreibung:
- Alter: 22 Jahre
- Statur: kräftig
- Augen: braun
- Mund: gewöhnlich
- Gesicht: länglich
- Grösse: 1 m 74,5 cm
- Haare: dunkelblond
- Nase: gewöhnlich
- Bart: —
- Sprache: deutsch, vermutlich auch englisch.

Besondere Kennzeichen: Tätowierungen:
Auf dem linken Unterarm: Ein Matrose mit Flagge und englischer Marineflagge.
Auf dem rechten Unterarm: Eine weibliche Figur und ein Armband. Anker auf einem der Mittelfinger. Auf der Brust: Ein Matrosenkopf.

Druck der Missionsdruckerei, Tsingtau.

第三年 第三十三号

1902年8月2日

胶澳总督府
　审判厅　　　　　　　　　　　　　　　　　青岛,1902年7月29日

通缉令

在逃逃兵伙夫约翰·克鲁泽,服役地点为第二船厂师3连船政局,现下令对其通缉,须将其关押调查。

请将其抓获并递解至最近的德国领事处或者就近的军事部门,以便将其继续运至本处。

有审判权的人员

皇家法官

描述:

年龄:22岁	身高:174.5厘米
体型:健壮	头发:深黄
眼睛:棕色	鼻子:普通
嘴型:普通	胡子:—
脸型:长脸	语言:德语,可能也会英语

特别标志:纹身:

左臂下部:纹有拿着旗帜的水兵和英国海军旗。

右臂下部:一个白人女性和一个手镯。在一个中指上纹有水锚。胸口纹有水兵头。

Amtsblatt
für das
Deutsche Kiautschou-Gebiet.

青島官報

Herausgegeben vom Kaiserlichen Gouvernement Kiautschou.

Der Bezugspreis beträgt jährlich $ 0,60 = M 1,20.
Bestellungen nehmen sämtliche deutsche Postanstalten entgegen.

Jahrgang 3.   Nr. 34.   Tsingtau, den 9. August 1902.

Polizeiverordnung
betreffend Rechtspflege in Chinesensachen.

Nichtchinesen, welche den an sie als Zeugen oder Sachverständige ergangenen Ladungen des Gerichts oder eines Bezirksamtes nicht nachkommen oder grundlos ihr Zeugnis oder Gutachten verweigern, werden mit Geldstrafe bis zu 150 Mark oder mit Haft bis zu vier Wochen bestraft.

Tsingtau, den 7. August 1902.

Der Kaiserliche Gouverneur.

In Vertretung

Hofrichter.

Bekanntmachung
betreffend Schutz von Vermessungszeichen.

Vom Katasteramt werden in der nächsten Zeit auf dem Gelände zwischen Kuschan und dem Pai scha ho Vermessungen ausgeführt werden.

Auf hochgelegenen Punkten werden dabei Steine als Festpunkte für die Vermessung in die Erde eingesetzt und auf diesen 3—5 m lange, am oberen Ende durch rot-weisses Flaggentuch gekennzeichnete Stangen aufgestellt werden.

Diese Vermessungszeichen dürfen nicht weggenommen oder beschädigt werden.

Die Gemeindevorsteher haben hierüber zu wachen und sofort beim Bezirksamt Litsun Anzeige zu erstatten, wenn Beschädigungen vorkommen sollten.

Tsingtau, den 1. August 1902.

Der Kaiserliche Gouverneur.

In Vertretung

Hofrichter.

大德欽命護理總督膠澳文武事宜大臣

賀爲

通行曉諭禁止事照得青島丈量局現在欲自孤山地方起直至白沙河等處止舉行量地工作並於沿途各高崗或山嶺以上均安放石塊再於其上豎立三米達至五米達高之木杆該杆懸掛紅白兩色旗幟爲此諭仰沿途人民知悉此項標記不得擅自移動以及損壞等弊該各李長皆宜一律防查倘出有挪移損壞各事立當報明村副皁司衙門核辦仰各該地方居民人等其各凜遵勿違特示

告示

大德一千九百二年八月初一日

右諭通知

Seite 114. — Nr 34.   Amtsblatt—報官島青   9. August 1902.

Bekanntmachung.

In das Handelsregister ist heute bei № 47, Schantung - Handelsgesellschaft mit beschränkter Haftung, Folgendes eingetragen worden:

Die Gesellschaft ist durch Beschluss der Generalversammlung vom 15. März 1902 aufgelöst. Als Liquidator wirkt der bisherige Geschäftsführer Kaufmann Viktor ROEHR in Tsingtau.

Tsingtau, den 1. August 1902.

Kaiserliches Gericht von Kiautschou.

Bekanntmachung.

F. Lehmann hat ein Gesuch um Genehmigung der Konzession zum Betriebe einer Speise- und Schankwirtschaft auf dem Grundstücke Ecke Haipo- und Schantungstrasse, Kartenblatt 9 Nr. 105, eingereicht.

Einwendungen im Sinne der Gouvernements-Bekanntmachung vom 10. Oktober 1899 sind bis zum 24. August d. Js. an die unterzeichnete Behörde zu richten.

Tsingtau, den 7. August 1902.

Kaiserliches Polizeiamt.

Bekanntmachung.

Im Handelsregister des unterzeichneten Gerichts ist unter Nr. 55 die Firma „Max Fischer", Verlag der Kiautschou Pau in Tsingtau und als deren Inhaber der Verleger Max Fischer in Schanghai eingetragen worden.

Tsingtau, den 2. August 1902

Kaiserliches Gericht von Kiautschou.

Einem des wiederholten Diebstahls überführten Chinesen sind zwei Photographien, älteren Herrn mit Orden und Dame darstellend, abgenommen worden. Der Eigentümer wird aufgefordert, die Bilder innerhalb 2 Wochen abzuholen.

Tsingtau, den 6. August 1902.

Kaiserliches Bezirksamt.

Versteigerung.

Am Sonabend, den 16. August d. Js., Vorm. 11. Uhr, werden an der Tsingtaubrücke 2 Sampans
zur Versteigerung gelangen.

Tsingtau, den 7. August 1902.

Kaiserliches Polizeiamt.

Druck der Missionsdruckerei, Tsingtau.

第三年 第三十四号

1902年8月9日

警方关于华民案件司法管辖的命令

凡对不接受审判厅或者华民审判厅发出的作证或鉴定的传讯，或者无理由拒绝作证及出具鉴定的非华民，将最高罚款150马克或者监禁最长4周时间。

青岛，1902年8月7日
代理皇家总督
霍夫里希特

大德钦命护理总督胶澳文武事宜大臣贺　为

通行晓谕禁止事：照得青岛丈量局现在欲自孤山地方起，直至白沙河等处止，举行量地工作。并于沿途各高冈或山岭以上均安放石块，再于其上竖立三米达至五米达高之木杆。该杆悬挂红白两色旗帜。为此谕，仰沿途人民知悉此项标记，不得擅自移动以及损坏等弊。该各庄长皆宜一律防查，倘查出有挪移损坏各事，立当报明李村副臬司衙门核办。仰各该地方居民人等其各凛遵勿违。特示。

右谕通知
大德一千九百二年八月初一日　告示

告白

今天商业登记号为第47号的山东贸易有限责任公司登记了下列事项：

该公司根据1902年3月15日召开的全体大会所作决议解散，由到目前为止担任经理的青岛商人维克多·罗尔担任清算人。

青岛，1902年8月1日
胶澳皇家审判厅

告白

F.雷曼递交申请,请求许可在海泊路和山东路街角、地籍册第 9 页第 105 号地块上开办餐饮业务。

如根据总督府 1899 年 10 月 10 日所颁布的告白对此有异议,须于今年 8 月 24 日递交至本部门。

青岛,1902 年 8 月 7 日
皇家巡捕房

告白

本法庭商业登记号为第 55 号的"马克斯·费舍尔"公司,也就是发行人为上海的马克斯·费舍尔的青岛《胶州报》登记人。

青岛,1902 年 8 月 2 日
胶澳皇家审判厅

现抓获一名多次盗窃的中国人,查获两张照片,其中有一位带勋章的老先生,另一张为一位夫人。现请所有者在两周内将其领走。

青岛,1902 年 8 月 6 日
皇家华民审判厅

拍卖

今年 8 月 16 日礼拜六上午 11 点将在青岛桥桥边拍卖两艘舢板。

青岛,1902 年 8 月 7 日
皇家巡捕房

Amtsblatt
für das
Deutsche Kiautschou-Gebiet.

青島官報

Herausgegeben vom Kaiserlichen Gouvernement Kiautschou.

Der Bezugspreis beträgt jährlich $ 0,60=M 1,20.
Bestellungen nehmen sämtliche deutsche Postanstalten entgegen.

Jahrgang 3. | Nr. 35. | Tsingtau, den 23. August 1902.

Nachstehende Bekanntmachung des Kais. Chin. Seezollamts wird hiermit zur allgemeinen Kenntnis gebracht:

Zollamtliche Bekanntmachung № 33.

Mit Bezugnahme auf die zollamtliche Bekanntmachung Nr. 32 vom 21. Juli d. Js. wird hiermit, einer Verfügung des General Zolldirektors entsprechend, folgendes bekannt gemacht:

a) Thee, vor obigem Datum gekauft, zahlt einen Wertzoll von 5%; alle späteren Ankäufe unterliegen der neuen Zollrate von Hk. Tls. 1. 2. 5. 0 pro Picul;
b) Thee-Staub unterliegt einem Zoll von Hk. Tls. 1. 2. 5. 0 pro Picul;
c) Ziegel-Thee unterliegt einem Zoll von Hk. Tls. 1. 2. 5. 0 pro Picul:
d) Die „Ching-chien" genannte Abart des Pai-liang Thees zahlt Hk. Tls. 1. 2. 5. 0 pro Picul;
e) Chien-liang Thee zahlt Hk. Tls. 0. 5. 0. 0 pro Picul;
f) Die „Kung-chien" genannte Abart des Pai-liang Thees zahlt Hk. Tls. 0. 8. 0. 0 pro Picul; und
g) Die „Tien-chien" genannte Abart des Pai-liang Thees zahlt Hk. Tls. 1. 0.0.0 pro Picul.

Kiautschou Zollamt.

Tsingtau, den 14. August 1902.

E. Ohlmer.
Zolldirektor.

Tsingtau, den 15. August 1902.

Kaiserliches Gouvernement.

Nachstehende Bekanntmachung des Kais. Chin. Seezollamtes wird hiermit zur allgemeinen Kenntnis gebracht:

Zollamtliche Bekanntmachung № 34.

Im Interesse der schnelleren Abfertigung der Frachtgüter im Eisenbahn-Güterschuppen wird nochmals auf die Zoll- und Eisenbahnbestimmungen vom 20. April 1901 aufmerksam gemacht: dass Zolldeklarationen und Frachtbrief mit den Gütern zusammen dem im Eisenbahn-Güterschuppen stationierten Zollbeamten vorzulegen sind; dass die Güter durch das Nordthor des Schuppens einzupassieren haben, und **dass Güter ohne Zolldeklaration nicht angenommen werden können.**

Kiautschou Zollamt.

Tsingtau, den 18. August 1902.

E. Ohlmer.
Zolldirektor.

Tsingtau, den 22. August 1902.

Kaiserliches Gouvernement.

膠海關 為開列章程事青島裝火車貨物無論裝快車貨車過車棧週圍柵欄時必須先報關將貨送至火車貨棧由棧房北門而入貨物進棧時必須呈驗報單或收稅單此係定章如此合再申明齊進棧貨各商即行遵照所有裝火車貨物必須報關持有報單或收稅單與貨物同送貨棧是為至要

特諭

光緒二十八年七月十五日

Seite 116. — Nr 35.   Amtsblatt—青島官報   23. August 1902.

Öffentliche Ladung.

Der chinesische Hausverwalter Teng tschien ming in Tapautau klagt gegen den chinesischen Gastwirt Lou schan fu aus Ningpo, jetzt unbekannten Aufenthalts, früher in Tapautau Gasthaus Yung scheng, auf Zahlung von $ 48.00 Mietsentschädigung.

Termin zur Verhandlung des Rechtsstreits ist auf den

2. September 1902, vormittags 10 Uhr, anberaumt.

Beim Nichterscheinen des Beklagten ergeht Versäumnisurteil.

Tsingtau, den 18. August 1902.

Kaiserliches Bezirksamt.

青島副臬署 為

飭傳事茲據經理房租人鄧劍銘
呈控婁順福欠伊房租洋銀四拾
捌元一案查被告前在大鮑島高
密街開設永昇館現今無踪無跡
無地可傳限於德九月初二日上
午十點鐘到署聽訊如屆期不到
告婁順福限還錢因其不
即直科斷婁順福還錢因其不
案故也尚其凜遵勿違特傳

德一千九百二年八月十八日

Verdingungsanzeige.

Die Tischler,-Schlosser- und Glaserarbeiten an den Mannschaftsgebäuden II und III beim Ostlager sollen in öffentlicher Submission vergeben werden.

Zeichnungen und Bedingungen liegen im Geschäftszimmer der Hochbauabteilung zur Einsicht aus und können Verdingungsanschläge gegen Erstattung von $ 2.— dortselbst bezogen werden.

Angebote sind verschlossen und mit der Aufschrift „Tischler p. p. Arbeiten an den Mannschaftsgebäuden II und III am Ostlager" zu dem am

Sonnabend, den 30. August d. J., 10 Uhr Vorm., stattfindenden Submissionstermine an die unterfertigte Stelle einzureichen; zum genannten Zeitpunkte findet auch die Eröffnung der Angebote statt.

Zuschlagsfrist 4 Wochen.

Tsingtau, den 20. August 1902.

Hochbauabteilung.

Verdingungsanzeige.

Der Anschluss der Wasserzuleitung und die Herstellung von Spülclosets, Pissoirs p. p. sowie Anschluss der einzelnen Bauten des Gouvernements-Lazaretts an die Entwässerungsanlage soll in öffentlicher Submission vergeben werden.

Zeichnung und Bedingungen liegen im Geschäftszimmer der Hochbauabteilung zur Einsicht aus und können Verdingungsanschläge gegen Erstattung von $ 2.— dortselbst bezogen werden.

Angebote sind verschlossen und mit der Aufschrift „Be- und Entwässerungsanlage im Gouvernementslazarett" zu dem am

Sonnabend, d. 30. August d. J., 10 ½ Uhr Vorm., stattfindenden Submissionstermin an die unterfertigte Stelle einzureichen. Zum genannten Zeitpunkte findet auch die Eröffnung der Angebote statt.

Zuschlagsfrist 4 Wochen.

Tsingtau, den 20. August 1902.

Hochbauabteilung.

Verdingung.

Der Bau eines Chinesenabortes soll öffentlich verdungen werden.

Bedingungen können während der Dienststunden eingesehen werden.

Geschlossene Angebote mit der Aufschrift „Angebot auf Chinesenabort" sind bis Sonnabend, den 30. d. Ms., 10 Uhr Vorm., —Verdingungstermin — an die unterzeichnete Verwaltung einzusenden.

Tsingtau, den 21. August 1902.

Kaiserliche Marine-Garnisonverwaltung.

Bekanntmachung.

Die Lieferungen des Bedarfes an Kartoffeln für die Truppenküchen und an Futter für die Zeit vom 1. November 1902 bis zum 30. September 1903 soll verdungen werden. Die Lieferungsbedingungen sind im Geschäftszimmer des Gouvernementsintendanten ausgelegt, können auch gegen eine Gebühr von 0,50 $ bezogen werden.

Die Angebote müssen in einem besonderen Umschlag, mit der Aufschrift „Angebot für Verpflegungsbedürfnisse" versehen, den Proben bis zum 5. September 1902, vormittags 11 Uhr, eingegangen sein.

Angebote, die den Bedingungen nicht entsprechen, bleiben unberücksichtigt.

Der Kaiserliche Gouverneur.
I. V.
Hofrichter.

Druck der Missionsdruckerei, Tsingtau.

第三年　第三十五号

1902年8月23日

现公布下列大清海关告白：

第33号海关告白

查照本年7月21日第32号海关告白，兹遵照海关总税务司令，公布下列事宜：

a) 上述日期之前购买的茶叶，按照价值的5%征收关税，所有之后购买的茶叶，均按照新的海关税率征收，即每担1.250海关两；

b) 茶叶末的关税为每担1.250海关两；

c) 砖茶的关税为每担1.250海关两；

d) 被称作"Ching-chien"①的一种百两茶（Pai-liang）关税为每担1.250海关两；

e) 千两茶的关税为每担0.500海关两；

f) 被称作"Kung-chien"的一种百两茶关税为每担0.800海关两；

g) 被称作"I'ien-chien"的一种百两茶关税为每担1.000海关两。

胶海关

青岛，1902年8月14日

阿理文

税务司

青岛，1902年8月15日

皇家总督府

胶海关为开列章程事：青岛装火车货物，无论装快车、货车，过车栈周围栅栏时，必须先报关，将货送至火车货栈，由栈房北门而入。货物进栈房时，必须海关报单或收税单、火车货单并货物三者一齐进栈，此系定章，如此合再申明，仰运货各商即行遵照，所有装火车货物必须报关，持有报单或收税单与货物同送货栈是为至要。特谕。

光绪二十八年（1902）七月十五日

---

① 译者注：chien即茶，清末茶叶的商品名称与现代不同，不可考。

青岛副臬署　为

饬传事：兹据经理房租人邓剑铭呈控娄顺福欠伊房租洋银四拾捌元一案。查被告前在大鲍岛高密街开设永升馆，现今无踪无迹，无地可传，是以登此传票宣传。被告娄顺福限于德九月初二日上午十点钟到署听讯(讯)。如届期不到，即直科断娄顺福还钱，因其不到案故也。尚其凛遵勿违。特传。

德一千九百二年八月十八日

发包广告

东大营附近 2 号和 3 号兵营的木匠活、铁匠活和玻璃处理事项将公开发包。

图纸和条件张贴于地上建筑部的营业室内，以供查看，或者也可以支付 2.00 元购买。

报价须密封并注明"东大营旁 2 号和 3 号兵营的木匠活等"字样后，最晚在今年 8 月 30 日星期六上午 10 点前递交至本部门举办的招标会，这一时间点也是开标时间。中标期限为 4 周。

青岛，1902 年 8 月 20 日
地上建筑部

发包广告

给水连接和制作抽水马桶、男厕所等以及督署野战医院单个建筑与排水设施相连接的事项将公开发包。

图纸和条件张贴于地上建筑部的营业室内，以供查看，或者也可以支付 2.00 元购买。

报价须密封并注明"督署野战医院里的给排水设施"字样后，最晚在今年 8 月 30 日星期六上午 10 点 30 分前递交至本部门举办的招标会，这一时间点也是开标时间。中标期限为 4 周。

青岛，1902 年 8 月 20 日
地上建筑部

发包

建造中国人厕所的事项将公开发包。

条件可以在工作时间查看。

报价须密封并注明"对中国人厕所的报价"字样后，最晚在本月 30 日星期六上午 10

点前递交至本部门举办的招标会。

青岛，1902年8月21日
皇家海军管理什物局

告白

为军队厨房供应土豆以及为1902年11月1日至1903年9月30日供应饲料的合同即将发包。供货条件张贴在总督府军需处营业室内，也可以在那里支付0.50元购买。

报价必须放入特制信封中，注明"对给养的报价"字样，并含有样品，最晚在1902年9月5日上午11点前送达。

不符合这些条件的报价，将不被考虑。

代理皇家总督
霍夫里希特

Amtsblatt
für das
Deutsche Kiautschou-Gebiet.

青島官報

Herausgegeben vom Kaiserlichen Gouvernement Kiautschou.

Der Bezugspreis beträgt jährlich $ 0,60=M 1,20.
Bestellungen nehmen sämtliche deutsche Postanstalten entgegen.

| Jahrgang 3. Nr. 36. | Tsingtau, den 30. August 1902. | 第三十六號 第三年 |

Bekanntmachung.

Der Unterricht der Gouvernementsschule beginnt wieder am Montag, den 1. September d. Js.

Tsingtau, den 28. August 1902.

Der Civilkommissar.

Öffentliche Ladung.

Der Händler Tschi yü t'ang, Tapautau, Tsimostrasse klagt gegen den Händler Yang-hung scheng, früher Tapautau, Tsimostrasse, jetzt unbekannten Aufenthaltes auf Zahlung von 75, 75 $ für Selterwasser, das Beklagter für klägerische Rechnung verkauft hat.

Termin zur Verhandlung des Rechtsstreits ist auf den

25. September 1902, vormittags 10 Uhr,

im Bezirksamt anberaumt.

Beim Nichterscheinen des Beklagten wird Versäumnisurteil ergehen.

Tsingtau, den 23. August 1902.

Kaiserliches Bezirksamt.

青島副臬署

為

飭傳事茲據紀玉堂呈控楊鴻盛與伊舊買荷蘭水觔欠原告洋銀七拾伍元七角五分一案而被告前在大鮑島生理現在無踪無跡無地可傳是以登此傳票宣傳被告楊鴻盛限於德九月二十五日即中八月二十四日卜午十點鐘到案聽訊倘屆期不到即直科斷楊鴻盛還錢因其不到案故也尚期凜遵勿違特傳

德一千九百二年八月二十三日

欽命護理總督膠澳文武事宜大臣賀

為

緝獲事案查水師炮隊德兵名普魯挪包耳代撒高司咯者忽然離營逃走大千軍今理應拏獲重懲此人年二十一歲肥粗合官眼睛灰色口鼻如常髮係紅色面白無鬚身高一米七十外語德音與波蘭文惟左眼有疤易認論逃至何處仰軍民人等一體嚴拏或扭送靠近領事衙門與各營盤再飭差押解來青島本署訊辦自示之後其各遵照勿違

特示

德壹千九百二年八月二十七日

Seite 120. — Nr 36.　　　　　Amtsblatt—青島官報　　　　　30. August 1902.

Steckbrief.

Gegen den unten beschriebenen Marinefeldartilleristen **Bruno**, Paul TAISAKOWSKI, welcher flüchtig ist, ist die Untersuchungshaft wegen Fahnenflucht verhängt.

Es wird ersucht, ihn zu verhaften und an den unterzeichneten Gerichtsherrn, an das nächste Deutsche Konsulat oder an die nächste Militärbehörde zum Weitertransport hierher abzuliefern.

Der Gerichtsherr.
Hofrichter.

Beschreibung:

Alter: 21 Jahre.　　Grösse: 1m 70cm.
Statur: schlank　　Haare: rötlich
Augen: grau　　　　Nase: gewöhnlich
Mund: gewöhnlich　Bart: -- — --
Sprache: Deutsch und Polnisch.
Besondere Kennzeichen:
Narbe am linken Auge.

Tsingtau, den 27. August 1902.

Gericht des Gouvernements Kiautschou.

Druck der Missionsdruckerei, Tsingtau.

第三年　第三十六号

1902 年 8 月 30 日

告白

督署学校的课程将于今年 9 月 1 日礼拜一再次开班。

青岛，1902 年 8 月 28 日
民政长

青岛副臬署　为

饬传事：兹据纪玉堂呈控杨鸿盛与伊旧买荷兰水亏欠原告洋银七十五元七角五分一案。而被告前在大鲍岛生理，现在无踪无迹，无地可传，是以登此传票宣传。被告杨鸿盛限于德九月二十五日，即中八月二十四日上午十点钟到署听訊（讯）。倘届期不到，即直科断杨鸿盛还钱，因其不到案故也。尚期凛遵勿违。特传。

德一千九百二年八月二十三日

钦命护理总督胶澳文武事宜大臣贺　为

缉获事：案查水师炮队德兵名普鲁挪包耳代撒高司喀者，忽然离营逃走，大干军令，理应拿获重惩。此人年二十一岁，肥瘦合宜，眼睛灰色，口鼻如常，发系红色，面白无须，身高一米打零七十分，语操德音与波兰文，惟左眼有疤易认。无论逃至何处，仰军民人等一体严拿，或扭送靠近领事衙门与各埠营盘，再饬差押解来青，俟本署訊（讯）明办理。自示之后，其各遵照勿违。特示。

德一千九百二年八月二十七日

Amtsblatt
für das
Deutsche Kiautschou-Gebiet.

Herausgegeben vom Kaiserlichen Gouvernement Kiautschou.

Der Bezugspreis beträgt jährlich $ 0,60=M 1,20.
Bestellungen nehmen sämtliche deutsche Postanstalten entgegen.

Jahrgang 3. | Nr. 37. | Tsingtau, den 6. September 1902.

Bekanntmachung für Seefahrer.

Zur besseren Kennzeichnung des Barkass- und Tapautau-Felsens in der Kiautschou-Bucht sind auf beiden Felsen aus grauem Granitstein gemauerte Baken als Tagmarken aufgestellt.

Die auf dem Barkass-Felsen stehende Bake ist kegelförmig und hat als Toppzeichen eine Kugel. Die Oberkante der Kugel befindet sich 9,0 m. über Springniedrigwasser. Die geographische Lage ist:

φ = †36° 4' 18",0 ; λ = 120° 17' 32",0 Ost.

Die Bake des Tapautau-Felsens ist eine vierseitige Pyramide, deren Spitze sich 9,0 m. über Springniedrigwasser befindet. Die geographische Lage ist:

φ = †36° 4' 53",5 ; λ = 120° 17' 53",0 Ost.

Tsingtau, den 1. September 1902.

Kaiserliches Hafenamt.

Bekanntmachung.

Im Konkursverfahren über das Vermögen des Maurerpoliers Wilhelm Mertzsch ist die Schlussverteilung genehmigt.

Zu berücksichtigen sind $ 11867,09 nicht bevorrechtigte Forderungen, zur Verteilung stehen zur Verfügung $ 2742,81 (23,11%). Verzeichnis der Forderungen nebst Belegen liegt zur Einsicht der Beteiligten auf der Gerichtsschreiberei aus.

Tsingtau, den 30. August 1902.

Der Konkursverwalter

Dr. Krieger.

Bekanntmachung.

In dem Konkursverfahren über das Vermögen des Maurerpoliers Wilhelm **Mertzsch** in Tsingtau ist zur Abnahme der Schlussrechnung, Erhebung von Einwendungen gegen das Schlussverzeichnis, Beschlussfassung über die Gebühr des Gläubigerausschusses und etwaige unverwertbare Vermögensstücke Termin vor dem unterzeichneten Gericht auf den

24. September 1902, Vormittags 10 Uhr,

bestimmt.

Tsingtau, den 27. August 1902.

Kaiserliches Gericht von Kiautschou.

Bei der unter Nr. 47 des Handelsregisters vermerkten „Schantung Handelsgesellschaft mit beschränkter Haftung" in Liquidation ist eingetragen, dass die Vertretungsbefugnis des Liquidators Kaufmanns Viktor ROEHR erloschen und der Kaufmann Arnold Berg in Tsingtau zum Liquidator ernannt ist.

Tsingtau, den 1. September 1902.

Kaiserliches Gericht von Kiautschou.

Verdingung.

Der Bau eines Polizeigebäudes in Tai hsi tschen soll öffentlich verdungen werden.

Bedingungen können während der Dienststunden eingesehen werden.

Geschlossene Angebote mit der Aufschrift „Angebot auf Polizeigebäude" sind bis Sonnabend, den 13. d. M., 10 Uhr Vormittags, — Verdingungstermin — an die unterzeichnete Verwaltung einzusenden.

Tsingtau, den 6. September 1902.

Kaiserliche Marine-Garnisonverwaltung.

Bei der unter Nr. 31 des Handelsregisters eingetragenen Tsingtau Cementwarenfabrik, Gesellschaft mit beschränkter Haftung, ist Folgendes vermerkt:

Die Vertretungsbefugnis des Liquidators Roland **Behn** ist beendet.

Tsingtau, den 29. August 1902.

Kaiserliches Gericht von Kiautschou.

Verdingung.

Die gesamten Bauarbeiten eines Wohnhauses für 2 Forstbeamte am Iltisberge hierselbst sollen öffentlich vergeben werden. Die Verdingungsunterlagen liegen im Geschäftszimmer der Hochbauabteilung vom Montag, den 8. d. M., ab zur Einsicht aus; auch können dieselben ebendaher gegen Einzahlung von 2, 50 $ bezogen werden. Versiegelte und mit entsprechender Aufschrift versehene Angebote sind bis zu dem auf:

„**Sonnabend, den 13. September d. Js., Vormittags 11 Uhr,**"

festgesetzten Eröffnungstermin an die unterzeichnete Behörde einzureichen. Zuschlagsfrist 3 Wochen.

Tsingtau, den 4. September 1902.

Hochbauabteilung.

Druck der Missionsdruckerei, Tsingtau.

第三年　第三十七号

1902年9月6日

对海员的告白

为了更好地标记救生艇礁和胶州湾内的大鲍岛礁，已在两处礁石上用灰色大理石筑起航标，用作标记。

救生艇礁上的航标为锥形，其上部为球体，作为标志。球体的上角位于大潮低水位以上9米。地理坐标为：

东经36度4分18秒0；北纬120度17分32秒0，东部。

大鲍岛礁的航标为四面金字塔状，其顶部位于大潮低水位以上9米。地理坐标为：

东经36度4分53秒5；北纬120度17分53秒0，东部。

青岛，1902年9月1日
皇家船政局

告白

泥瓦匠领班威廉·灭持破产案的财产最终分配案已获通过。

其中要考虑的是11 867.09元非优先权的付款要求，而可用于分配的金额为2 742.81元（23.11%）。付款要求清单及其证明张贴在审判厅书记处，供各位相关人员查看。

青岛，1902年8月30日
破产案件管理人
克里格博士

钦命德胶澳署　为

清结案件事：前据灭持亏空一案，兹定于西历九月二十四日，即华八月二十三日早十点钟，各债主齐赴本署公堂分领末次未发余款，并酌议酬谢债主首领银元几何，至所剩难售物件亦应设法出脱。议毕，即将此案断结。特谕。

大德一千九百二年八月二十七日

商业登记号为第 47 号的"山东贸易有限责任公司"现登记清算,撤销给商人维克多·罗尔的清算人代表权,任命青岛的商人阿诺德·伯格为清算人。

青岛,1902 年 9 月 1 日
胶澳皇家审判厅

发包

在台西镇①建造巡捕房建筑的合同将公开发包。

相关条件可以在办公时间查看。

报价密封并注明"对巡捕房建筑的报价"字样后,最晚在本月 13 日星期六上午 10 点的发包日递交至本管理部门。

青岛,1902 年 9 月 6 日
皇家海军管理什物局

商业登记号为第 31 号的青岛水泥制品厂有限责任公司备注了下列事项:

罗兰德·贝恩的清算人代表权现已终结。

青岛,1902 年 8 月 29 日
胶澳皇家审判厅

发包

在伊尔蒂斯山②上为两名林业官员修建住房的全部建造工作将会公开发包。相关条件的文件将于本月 8 日星期一起张贴在地上建筑部的营业室内,以供查看,也可以在该处支付 2.50 元后取走。报价需密封并注明相应字样后最晚在今年 9 月 13 日星期六上午 11 点确定的开标日前递交至本部门。开标期限为 3 周。

青岛,1902 年 9 月 4 日
地上建筑部

---

① 译者注:德租青岛时期的划区之一。
② 译者注:即今太平山。

Amtsblatt
für das Deutsche Kiautschou-Gebiet.

報官島青

Herausgegeben vom Kaiserlichen Gouvernement Kiautschou.

Der Bezugspreis beträgt jährlich $ 0,60=M 1,20.
Bestellungen nehmen sämtliche deutsche Postanstalten entgegen.

Jahrgang 3.   Nr. 38.   Tsingtau, den 13. September 1902.   第三十八號   第三年

Verordnung

betreffend Aufhebung der Hundesperre.

Die Polizeiverordnung vom 16. Juni d. Js. betreffend Hundesperre (Amtsblatt 1902 Nr. 27, Seite 83.) tritt vom 16. September d. Js. ab ausser Kraft.

Tsingtau, den 11. September 1902.

Der Kaiserliche Gouverneur.

Truppel.

Nachstehende Bekanntmachung des Kaiserlich Chinesischen Seezollamtes wird hiermit zur allgemeinen Kenntnis gebracht:

Zollamtliche Bekanntmachung № 35.

Seit Eröffnung des Zollamts ist kein Zoll erhoben worden auf Passagiergepäck, sowie auf gebrauchte Möbel, Bücher und Bilder für den persönlichen Gebrauch der Reisenden und nicht für den Verkauf bestimmt. Auch ist eine Änderung in dieser Beziehung nicht eingetreten bei Einführung des neuen Tarifs. Nach wie vor werden obige Artikel frei passiert, doch wird darauf aufmerksam gemacht, dass von Reisenden mitgeführte Weine, Biere, Spirituosen, Conserven und dergleichen in zollpflichtigen Quantitäten, sowie neue Haushaltungsgegenstände, Bücher und Bilder zollpflichtig sind, sowie dass mit deutschem Zollstempel versehenes Opium nicht ohne vorherige Anmeldung und Verzollung bei dem am Gepäckschalter stationierten Zollrevisor mitgeführt werden darf.

Kiautschou Zollamt.

Tsingtau, den 6. September 1902.

E. Ohlmer.
Zolldirektor.

Tsingtau, den 8. September 1902.

Kaiserliches Gouvernement.

Verdingungsanzeige.

Die Herstellung eines Cementschuppens auf dem Platz vor der eisernen Brücke am Handelshafen soll vergeben werden.

Die Bedingungen und Skizze liegen im Geschäftszimmer der Bauabteilung I zur Einsicht aus.

Angebote sind verschlossen mit der Aufschrift „Cementschuppen" bis zu dem am

Dienstag, den 16. d. Mts., 10 Uhr Vorm., im Geschäftszimmer der unterzeichneten Bauabteilung stattfindenden Verdingungstermin einzureichen.

Tsingtau, den 10. September 1902.

Bauabteilung I.

膠海關爲

開列章程事目光緒貳拾伍年五月二十四日本關開辦以來所有往來客商所帶舖蓋衣服以及自用舊像伙概不徵稅至坐火車客商行李之外攜帶新像伙新書籍字畫酒盒子裝盛物件必須先至鐵路西紅樓內查驗完稅發給准單方能上車所有在青島購買鴉片煙膏若有客商帶往內地者必須先在鐵路驗貨房完稅方能攜帶上車若有意存偷漏私自攜帶者被本關查出定行詰究並將煙膏充公仰客商人等一體遵照不可懍切切特諭

光緒貳拾捌年八月初五日

Druck der Missionsdruckerei, Tsingtau.

第三年　第三十八号

1902年9月13日

大德钦命总督胶澳文武事宜大臣都　为

出示弛禁事：案查前因时有疯狗为害，曾于西本年六月十六日出示禁止狗自游荡，须人牵行在案。兹拟自西九月十六日起，一律弛禁，前示注销。仰各狗主知悉。特示。

右谕通知
大德一千九百二年九月十一日　告示

胶海关　为

开列章程事：自光绪二十五年五月二十四日本关开办以来，所有往来客商所带铺盖、衣服以及自用旧家伙概不征税。至坐火车客商，除行李之外，携带新家伙、新书籍、字画、酒盒子、装盛物件必须先至铁路西红楼内查验完税，发给准单方能上车。所有在青岛购买鸦片烟膏，若有客商带往内地者，必须先在铁路验货房完税方能携带上车。若有意存偷漏、私自携带者被本关查出，定行罚究，并将烟膏充公。仰客商人等一体遵照，不可自误。切切特谕。

光绪二十八年（1902）八月初五日

发包合同

在贸易港前的一座铁桥前面建造一座水泥大棚的合同将要发包。

合同条件和草图张贴在第一工部局营业室内。

报价须密封后注明"水泥大棚"字样，最晚在本月16日星期二上午10点递交至在总工程局本部门举行的发包仪式。

青岛，1902年9月10日
第一工部局

Amtsblatt
für das Deutsche Kiautschou-Gebiet.

Herausgegeben vom Kaiserlichen Gouvernement Kiautschou.

Der Bezugspreis beträgt jährlich $ 0,60=M 1,20.
Bestellungen nehmen sämtliche deutsche Postanstalten entgegen.

Jahrgang 3.   Nr. 39.   Tsingtau, den 20. September 1902.

Bekanntmachung.

Der gegen den Marinefeldartilleristen Bruno Taisakowski erlassene Steckbrief vom 27. August 1902 ist erledigt.

Tsingtau, den 11. September 1902.

Der Gerichtsherr

Truppel.

Versteigerung.

Verschiedene für die Marine-Verwaltung nicht mehr brauchbare Gegenstände sollen am

1. Oktober d. J., vormittags 10 Uhr,

in der Marine-Werkstatt öffentlich meistbietend versteigert werden.

Unter anderem gelangen zum Verkauf:
- 1 Eisapparat,
- 21 Pumpen,
- 1 Kochherd,
- Ventilatoren für Schiffe,
- Blechgefässe,
- verschiedene eiserne Rohre
- Leitungsdraht,
- Eisen und Stahlabfälle,
- u. s. w.

Die Gegenstände können täglich in der Zeit von 9—12 Uhr vormittags und 3—6 nachmittags besichtigt werden.

Tsngtau, den 17. September 1902.

Marine-Werkstatt.

Druck der Missionsdruckerei, Tsingtau.

第三年　第三十九号

1902 年 9 月 20 日

钦命总督胶澳文武事宜大臣都　为

停止缉获事：前缘水师炮队德兵普鲁挪代撒高司喀①离营逃走，出示严缉。现已拿回归案审办矣。恐未周知，特谕。

大德一千九百二年九月十一日

拍卖

谨定于今年 10 月 1 日上午 10 点在水师工艺局举办公开拍卖，物品为海军什物局不再需要的各项物品，价高者得。

拍卖物品为：

1 台制冰机

21 个水泵

1 个做饭用火炉

多件船用风扇

多个铁皮桶

各种铁管

管线

废钢铁及其他物品

拍卖物品可以在每天上午 9 点至 12 点、下午 3 点至 6 点亲自查看。

青岛，1902 年 9 月 17 日
水师工艺局

---

① 译者注：即《青岛官报》第三年第三十六号中"普鲁挪包耳代撒高司喀"者。

Amtsblatt
für das
Deutsche Kiautschou-Gebiet.

青島官報

Herausgegeben vom Kaiserlichen Gouvernement Kiautschou.

Der Bezugspreis beträgt jährlich $ 0,60 = M 1,20.
Bestellungen nehmen sämtliche deutsche Postanstalten entgegen.

Jahrgang 3.   Nr. 40.   Tsingtau, den 27. September 1902.

Bekanntmachung für Seefahrer.

Die am Eingang zur Kiautschou-Bucht an den Rändern des Nord- und Südflachs ausgelegten Bojen sind abgeändert.

Die am Südrande des Nordflachs liegende Boje ist jetzt eine rote Spierentonne ohne Toppzeichen und trägt in weissen Buchstaben die Bezeichnung $\frac{N.F.}{S.}$.

Die am Nordrande des Südflachs liegende Boje ist eine schwarze Spitztonne und trägt in weissen Buchstaben die Bezeichnung $\frac{S.F.}{N.}$.

An der Lage der Bojen ist nichts geändert.

Tsingtau, den 20. September 1902.

Kaiserliches Hafenamt.

Ein vor längerer Zeit am Badestrande der Auguste Victoria-Bucht stehen gebliebener, gestrichener Rohrkorbstuhl kann vom rechtmässigen Eigentümer vom Polizeiamt abgeholt werden.

Tsingtau, den 22. September 1902.

Kaiserliches Polizeiamt.

Bekanntmachung.

Bei No. 15 des Handelsregisters: „Deutsch Asiatische Bank" ist die Ernennung des Direktors Karl Michalowsky in Berlin und des Kaufmanns Theodor Rehm in Schanghai zu Vorstandsmitgliedern, ferner die Ernennung der Bankbeamten Karl Lauroesch und Arnold von Kusserow in Schanghai zu Prokuristen eingetragen worden.

Tsingtau, den 20. September 1902

Kaiserliches Gericht von Kiautschou.

Bekanntmachung.

Bei der unter No. 10 des hiesigen Handelsregisters verzeichneten Firma Diederichsen, Jebsen & Co. ist heute Gesammtprokura für die Kaufleute Emil Walckhoff und Werner Geim, beide in Tsingtau, eingetragen worden.

Tsingtau, den 23. September 1902.

Kaiserliches Gericht von Kiautschou.

Druck der Missionsdruckerei, Tsingtau.

第三年　第四十号

1902年9月27日

对海员的告白

放置在胶州湾入口北面和南面浅滩边缘的浮标现已更改。

位于北面浅滩南部边缘的浮标现在为红色圆柱浮标，无顶部标志，有白色字母名称 N.F./S.。

位于南面浅滩北部边缘的浮标现在为黑色尖状浮标，有白色字母名称 S.F./N.。

浮标的位置没有变化。

青岛，1902年9月20日
皇家船政局

现有一个之前放置在奥古斯特-维多利亚湾沙滩上刷过漆的柳条椅，其合法所有者可以从巡捕房处取回。

青岛，1902年9月22日
皇家巡捕房

告白

商业登记号为第15号的"德华银行"现任命柏林的行长卡尔·米夏洛夫斯基和上海的商人特奥多·雷姆为董事会成员，此外登记任命银行职员卡尔·劳罗施和上海的阿诺德·冯·库瑟罗夫为代理人。

青岛，1902年9月20日
胶澳皇家审判厅

告白

  本地商业登记号为第 10 号的捷成洋行今日登记青岛的两名商人爱米尔·瓦尔克霍弗和维尔纳·盖姆为总代理。

青岛,1902 年 9 月 23 日
胶澳皇家审判厅

Amtsblatt
für das
Deutsche Kiautschou-Gebiet.

青島官報

Herausgegeben vom Kaiserlichen Gouvernement Kiautschou.

Der Bezugspreis beträgt jährlich $ 0,60=M 1,20.
Bestellungen nehmen sämtliche deutsche Postanstalten entgegen.

Jahrgang 3. Nr. 41. Tsingtau, den 4. Oktober 1902.

Bekanntmachung.

Anstelle des Kaufmanns Richard Weiss hat die Ersatzwahl eines Vertreters der Civilgemeinde stattzufinden.

Der Vertreter wird gewählt von den im Grundbuche eingetragenen steuerpflichtigen Grundbesitzern aus ihrer Mitte. Der jährliche Betrag der Grundsteuer muss mindestens 50 Dollar betragen. Für jedes Grundstück gilt nur eine Stimme; kein Grundbesitzer darf zugleich mehr als eine Stimme haben.

Die Liste der Wähler liegt am Montag, den 6. October d. Js., in dem Geschäftszimmer des Civilkommissars zur Einsicht aus. Einwendungen gegen die Richtigkeit der Liste sind bis zum 8. October d. Js. zulässig und schriftlich einzureichen.

Die Wahl erfolgt durch persönliche Stimmenabgabe

am Freitag, den 10. Oktober d. Js.,

im Geschäftszimmer des Civilkommissars in den Stunden von 9-12 Uhr vormittags.

Derjenige Kandidat, welcher die meisten Stimmen auf sich vereinigt, gilt als gewählt. Bei Stimmengleichheit entscheidet das Loos.

Tsingtau, den 30. September 1902.

Der Kaiserliche Gouverneur.

Truppel.

Aufgebot.

Es wird hiermit bekannt gemacht, dass Friedrich Biber, seines Standes Architekt, geboren in Karlsruhe, Grossherzogtum Baden, 27 Jahre alt, wohnhaft in Tsingtau, Sohn des Baumeisters und Dampfziegeleibesitzers Josef Biber und seiner Ehefrau Dorothea, geborenen Kern, beide in Landau, Rheinpfalz, wohnhaft,

und

Helene Jähnigen, ohne Gewerbe, geboren in Oschatz, 26 Jahre alt, wohnhaft in Tsingtau, Tochter des Revisionsaufsehers Friedrich Hermann Jähnigen und seiner Ehefrau Anna Bertha, geborenen Thomasius, beide in Dresden wohnhaft,

beabsichtigen, sich mit einander zu verheiraten und diese Ehe in Gemässheit des Reichsgesetzes vom 4. Mai 1870 vor dem unterzeichneten Beamten abzuschliessen,

Tsingtau, den 1. Oktober 1902.

Der Kaiserliche Standesbeamte.

Günther.

Seite 130. — Nr. 41.   Amtsblatt—膠州官報   4. Oktober 1902.

Bekanntmachung.

Das Konkursverfahren über das Vermögen des Maurerpoliers Wilhelm Mertzsch wird nach erfolgter Schlussverteilung aufgehoben.

Tsingtau, den 30. September 1902.

Kaiserliches Gericht von Kiautschou.

Bekanntmachung.

Die unter Nr. 55 des hiesigen Handelsregisters eingetragene Firma

Max Fischer

Verlag der Kiautschou Pau

ist erloschen.

Tsingtau, den 2. Oktober 1902.

Kaiserliches Gericht von Kiautschou.

Meteorologische Beobachtungen.

Meteorologische Station   Tsingtau, den 3. Oktober 1902.

Datum Sept.	Barometer (mm) reduz. auf 0°C., Seehöhe 24,03m			Temperatur (Centigrade)								Dunstspannung in mm			Relat. Feuchtigkeit in Prozenten		
				tr. Therm.			f. Therm.			Min.	Max.						
	7^ha	2^hp	9^hp	7^ha	2^hp	9^hp	7^ha	2^hp	9^hp			7^ha	2^hp	9^hp	7^ha	2^hp	9^hp
26	766,0	763,6	764,4	14,3	21,7	18,5	10,5	16,2	13,8	11,9	22,0	7,2	10,4	8,9	59	54	56
27	63,8	61,3	61,0	14,9	23,1	18,8	13,5	18,6	15,7	12,7	24,5	10,7	13,2	11,4	85	63	70
28	58,2	54,9	55,3	13,9	24,4	18,9	11,9	18,0	15,5	12,2	23,5	9,2	11,4	11,0	78	50	68
29	54,9	54,6	55,9	18,5	25,7	21,3	15,3	18,9	18,5	11,2	24,7	11,0	22,1	14,1	70	49	75
30	56,8	57,3	59,0	21,7	23,3	20,6	18,9	20,1	19,6	12,8	25,8	14,5	15,5	16,4	76	73	91
Oct. 1	61,4	61,5	63,7	18,1	20,7	18,2	15,5	16,9	16,1	11,0	24,7	11,5	12,0	12,3	75	67	79
2	64,6	63,8	64,4	17,5	22,9	19,8	16,3	19,1	17,0	11,2	21,6	13,1	14,1	12,7	88	68	74

Wind Richtung & Stärke nach Beaufort (0—12)			Bewölkung						Niederschläge in mm		
			7^ha		2^hp		9^hp				
7^ha	2^hp	9^hp	Grad	Form	Grad	Form	Grad	Form	7^ha	2^ho	9^hp
N W 1	N W 3	N 1	—	—	4	cum	—	—			
W N W 1	W 1	Stille	—	—	5	cum	—	—			
N 1	N W 2	Stille	1	str.	3	cir cu	3	cum str		6,1	12,3
Stille	S S E 2	S S E 1	—	—	2	cum	—	—			
S E 1	E S E 3	E 4	6	ci str	10	cum cir	10	cum			
N 1	N N W 2	N N E 1	2	cu str	1	cum	—	—	6,2		
N W 2	S S E 2	S 1	3	cir cu	2	cum	—	—			

4. Oktober 1902.　　　　　　　　Amtsblatt—青島官報　　　　　　　　Nr. 41.— Seite 131.

Schiffsverkehr.

Angekommen am	Name	Kapitän	Flagge	Von	Abgefahren am	Name	Kapitän	Flagge	Nach
26.9.	D. Jakob Diederichsen	Ohlsen	Deutsch	Tschifu	27.9.	D. Hidiryoshi Maru		Japanisch	Niutschuang
28.9.	D. Nagata Maru		Japanisch	Kobe	27.9.	D. Jacob Diederichsen	Ohlsen	Deutsch	Canton
30.9.	D. Vorwärts	Sohnemann	Deutsch	Schanghai	28.9.	D. Nagata Maru		Japanisch	Port Arthur
	S. Nesaia	Gerkens	Deutsch	Bremen	30.9.	D. Omba	Barnes	Englisch	Karatzu
1.10.	D. Thea	Öhlrich	Deutsch	Hongkong	1.10.	D. Vorwärts	Sohnemann	Deutsch	Tschifu
3.10.	D. Gouv. Jäschke	Schuldt	Deutsch	Schanghai	2.10.	D. Thea	Öhlrich	Deutsch	Tschifu

Druck der Missionsdruckerei, Tsingtau.

第三年　第四十一号

1902年10月4日

告白

为替换商人理查德·魏思，须举行替换民政区代表的选举。

代表从地籍册登记的有纳税义务的业主中选出。每年的地税必须至少为50元。每一地块只有一票，业主不能同时拥有超过一票的票数。

选举人名单在今年10月6日星期一张贴在民政长办公室，以供查看。对于名单正确性的争议须最晚在今年10月8日之前获得许可并书面递交。

选举以本人投票方式举行，时间为今年10月10日星期五上午9点至12点，地点为民政长办公室。

得票最多的候选人当选。如果票数相同，则抽签决定。

青岛，1902年9月30日

皇家总督

都沛禄

结婚启事

弗里德里希·比伯，职业为建筑师，出生于巴登大公国卡尔斯鲁厄，现年27岁，居住地为青岛，为现建筑师和蒸汽砖瓦厂业主约瑟夫·比伯和他出生时姓科恩的妻子多罗特亚的儿子，二人均居住于莱茵普法尔茨的蓝道。

海伦·叶尼根，无业，生于奥夏茨，现年26岁，居住地为青岛，是审计主管弗里德里希·赫尔曼·叶尼根与他的出生时姓托马修斯的安娜·贝尔塔的女儿，二人均居住于德累斯顿。

现宣布：二人将结为连理，根据1870年5月4日的帝国法律，在本官员面前缔结婚姻。

青岛，1902年10月1日

皇家民政官

冈特

告白

对泥瓦匠包工头威廉·梅尔茨破产案的财产在进行了最终分配之后,现结案。

青岛,1902 年 9 月 30 日

胶澳皇家审判厅

告白

本地商业登记第 55 号的公司马克斯·费舍尔,胶州报出版社,已注销。

青岛,1902 年 10 月 2 日

胶澳皇家审判厅

船运

到达日	轮船船名	船长	挂旗国籍	来自	出发日	船名	船长	挂旗国籍	目的地
9月26日	捷成号	奥尔森	德国	芝罘	9月27日	Hidiryoshi 丸		日本	牛庄
9月28日	新潟丸		日本	神户	9月27日	捷成号	奥尔森	德国	广州
9月30日	前进号	索纳曼	德国	上海	9月28日	新潟丸		日本	旅顺
	内塞亚号	葛尔肯斯	德国	不来梅	9月30日	奥姆巴号	巴恩斯	英国	唐津
10月1日	忒亚号	厄乐李希	德国	香港	10月1日	前进号	索纳曼	德国	芝罘
10月3日	叶世克总督号	舒尔特	德国	上海	10月2日	忒亚号	厄乐李希	德国	芝罘

第三年　第四十二号

Amtsblatt
für das
Deutsche Kiautschou-Gebiet.

青島官報

Herausgegeben vom Kaiserlichen Gouvernement Kiautschou.

Der Bezugspreis beträgt jährlich $ 0,60=M 1,20.
Bestellungen nehmen sämtliche deutsche Postanstalten entgegen.

| Jahrgang 3. | Nr. 42. | Tsingtau, den 11. Oktober 1902. | 第四十二號 | 第三年 |

Verordnung

betreffend die Feststellung derjenigen Tage, welche im Schutzgebiete Kiautschou als allgemeine Feiertage zu gelten haben.

Als allgemeine Feiertage gelten im Schutzgebiete Kiautschou

 der Neujahrstag,
 der Charfreitag,
 der erste und zweite Ostertag,
 der Himmelfahrtstag,
 der erste und zweite Pfingsttag,
 der erste und zweite Weihnachtstag,
  ausserdem
 der Geburtstag Seiner Majestät des deutschen Kaisers und
 der chinesische Neujahrstag, sowie der Tag vor und nach diesem.

Diese Verordnung tritt mit dem Tage der Verkündung in Kraft.

  Tsingtau, den 6. Oktober 1902.

Der Kaiserliche Gouverneur

Truppel.

告示

大德欽命總督膠澳文武事宜大臣都為
示曉諭事照得現已酌訂德境內應遵德曆每年星期停公各日逐
一列左
德曆年節即立耶穌聖名之日休息一日
耶穌受難即耶穌死日休息一日
耶穌復活節休息二日
耶穌升天節休息一日
聖神降臨節休息二日
耶穌降生即耶穌聖誕節休息二日
德國皇帝萬壽聖節休息一日
中國年節前後共休息三日
以上各日除年節外餘難預擬必須臨期核定自此示後仰合屬人等一體遵照勿違特示

大德一千九百二年十月初六日

右諭通知

Nachstehende Bekanntmachung des Kais. Chin. Seezollamtes wird hiermit zur öffentlichen Kenntnis gebracht:

Zollamtliche Bekanntmachung Nr. 37.

Zur Erleichterung des Vertriebs von Detailwaren nach dem Hinterland wird die Bestimmung, dass im Falle der Hinterlegung von Sicherheit Detailwaren, Konserven, Getränke, u. s. w. von dem im Eisenbahn — Güterschuppen stationierten Warenrevisor auch ausser den Bureaustunden abgefertigt werden können (Bekanntmachung Nr. 24, Paragraph 6, zweiter Absatz), wie folgt, erweitert:

1, Bei Hinterlegung einer runden Summe in baar, in der Höhe der Gefälle eines Monats, jedoch nicht unter hundert Dollars, wird der betreffenden Firma auf schriftlichen Antrag in vorschriftsmässiger Form ein laufendes Zollkonto gewährt. Der hinterlegte Betrag wird vom Zollamt in dem Kontobuch der Firma gutgeschrieben und der fällige Zoll für jede Deklaration vom Warenrevisor darin eingetragen. Am 25. jeden Monats, Vormittag, oder falls Sonn-oder Feiertag, am folgenden Werktag, ist das Kontobuch dem Zollamt einzusenden behufs Abschluss des Monatskontos. Für die Gesammtsumme des fälligen Zolls wird ein Zollzahlungsschein ausgestellt; der Betrag muss am selben Tag auf der Bank eingezahlt und die Bankquittung dafür dem Zollamt am selben Tage zugestellt werden, worauf ein neues Monatskonto unter Vortrag des ursprünglich deponierten Betrags eröffnet wird.

2, Deklarationen für Detailwaren, Konserven, Getränke, u. s. w. von Firmen, welche Sicherheit in obiger Form hinterlegt haben, sind dem im Zollabteil des Eisenbahn-Güterschuppens stationierten Warenrevisor unter Beilegung der Rechnungen, des Zollkontobuches und des Frachtbriefs einzureichen.

3. Falsche Deklaration von Waren zieht Schliessung des Zollkontos nach sich.

Kiautschou Zollamt
Tsingtau, den 9. Oktober 1902.
E. Ohlmer
Zolldirektor.
Tsingtau, den 9. Oktober 1902.
Kaiserliches Gouvernement.

Nachstehende Bekanntmachung des Kaiserlich chinesischen Seezollamtes wird hiermit zur öffentlichen Kenntnis gebracht:
Zollamtliche Bekanntmachung № 38.

Einer Verfügung des Wai Wu Pu entsprechend wird hiermit bekannt gemacht, dass gedruckte chinesische Bücher bei Versandt zwischen chinesischen Häfen hinfort zollfrei passiert werden.

Kiautschou Zollamt.
Tsingtau, den 9. Oktober 1902.
E. Ohlmer
Zolldirektor.
Tsingtau, den 9. Oktober 1902.
Kaiserliches Gouvernement.

Bekanntmachung

Die Bekanntmachungen vom 13. und 18. Juni 1902 (Amtsblatt 1902, S. 81 und 91), durch welche die ärztliche Untersuchung der einlaufenden Schiffe und sonstige den Schiff-und Dschunkenverkehr beschränkende Massregeln mit Rücksicht auf die Choleragefahr angeordnet waren, werden hiermit aufgehoben. Unter Hinweis auf § 6 der Hafenordnung für Tsingtau wird ausdrücklich darauf aufmerksam gemacht, dass der Schiffsführer ohne Weiteres verpflichtet ist, dem Hafenamt eine wahrheitsgemässe Erklärung darüber abzugeben, ob sich Kranke an Bord befinden.

Tsingtau, den 9. Oktober 1902
Der Kaiserliche Gouverneur
Truppel.

11. Oktober 1902.   Amtsblatt—報官島青   Nr 42. — Seite 135.

Verordnung

betreffend Aufhebung von Quarantänemassregeln.

Die Verordnungen betreffend Quarantäne gegen die Häfen Südchinas und Formosas vom 27. Februar 1902 (Amtsblatt 1902, S. 25) und betreffend Quarantäne gegen Niutschuang, Manila, Bombay und Calcutta vom 15. April 1902, (Amtsblatt 1902, S. 49) werden aufgehoben mit der Massgabe, dass die Verordnung vom 15. April 1902 noch weiter Geltung behält, soweit es sich um Manila handelt.

Tsingtau, den 9. Oktober 1902
Der Kaiserliche Gouverneur
Truppel

Verdingung.

Die Anlage einer Wasserzuleitung auf dem Grundstück des Gouverneurs — Dienstwohngebäudes hierselbst soll öffentlich vergeben werden.

Die Verdingungsunterlagen liegen im Geschäftszimmer der Hochbauabteilung zur Einsicht aus; auch können dieselben ebendaher gegen Einzahlung von $.1. — bezogen werden.

Versiegelte und mit entsprechender Aufschrift versehene Angebote sind bis zu dem auf:
Donnerstag, den 16. Oktober d. Js., Vormittag 11 Uhr,
festgesetzten Eröffnungstermine an die unterzeichnete Behörde einzureichen. Zuschlagsfrist 14 Tage.

Tsingtau, den 6. Oktober 1902.

Hochbauabteilung.

Verdingung.

Die gesamten Bauarbeiten zu einem Nebengebäude für das Lazarettverwaltungsgebäude hieselbst sollen öffentlich vergeben werden.

Zeichnungen und Bedingungen liegen im Geschäftszimmer der Hochbauabteilung zur Einsicht aus; auch können Verdingungsanschläge dortselbst für $.2.—bezogen werden.

Versiegelte und mit entsprechender Aufschrift versehene Angebote sind bis zu dem auf
Sonnabend, den 18. Oktober d. Js., Vorm. 10 Uhr,
festgesetzten Eröffnungstermine an die unterzeichnete Behörde einzureichen. Zuschlagsfrist 3 Wochen.

Tsingtau den 6. Oktober 1902.

Hochbauabteilung.

Schiffsverkehr
in der Zeit vom 3.—9. Oktober 1902

Angekommen am	Name	Kapitän	Flagge	von	Abgefahren am	Nach
3.10.	D. Gouv. Jaeschke	Schuldt	Deutsch	Schanghai	4.10.	Schanghai
4.10.	D. Knivsberg	Kayser	„	Tschifu	6.10.	„
5.10.	D. Tsingtau	Hansen	„	Schanghai	6.10.	Tschifu
7.10.	D. Vorwärts	Sohnemann	„	Tschifu	8.10.	Schanghai
(18.9.)	S. Fred J. Wood	Meyer	Amerik.	Portland	5.10.	Hakodati
(20.9.)	D. Java	Stipanovich	Österr.	Antwerpen	8.10.	Tacoma
9.10.	D. Gouv. Jaeschke	Schuldt	Deutsch	Schanghai		

Seite 136. — Nr. 42.   Amtsblatt—青島官報   11. Oktober 1902.

Meteorologische Beobachtungen.

Datum Oct.	Barometer (mm) reduz auf 0°C., Seehöhe 24,03m			Temperatur (Centigrade)								Dunstspannung in mm			Relat. Feuchtigkeit in Prozenten		
				trock. Therm.			feucht. Therm.			Min.	Max.						
	7 Vm	2 Nm	9 Nm	7 Vm	2 Nm	9 Nm	7 Vm	2 Nm	9 Nm			7 Vm	2 Nm	9 Nm	7 Nm	2 Nm	9 Nm
3	764,0	763,1	763,8	17,5	25,3	19,9	15,3	19,5	17,5	12,0	23,2	11,6	13,3	13,4	78	56	78
4	64,5	64,1	65,4	19,5	22,9	19,6	15,9	17,5	16,4	13,5	26,0	11,3	11,6	11,9	67	56	70
5	68,0	66,6	67,2	13,9	21,3	16,7	11,8	14,5	11,5	12,7	23,2	9,1	8,2	7,0	77	43	50
6	67,4	65,5	65,4	14,8	21.2	18,2	11,4	15,4	16,0	12,7	22,0	8,0	9,5	12,2	64	51	78
7	65,6	64,6	65,1	15,7	22,6	18,7	13,9	16,5	15,3	13,5	21,5	10,7	10,3	10,9	81	50	68
8	65,1	65,0	66,0	18,5	22,2	19,3	14,9	17,3	16,3	15,0	22,6	10,4	11,7	12,0	66	59	72
9	67,3	66,5	67,9	16,7	22,5	18,9	14,9	17,5	15,6	15,5	22,2	11,5	11,8	11,2	81	59	69

Datum Oct.	Wind Richtung & Stärke nach Beaufort (0—12)			Bewölkung						Niederschläge in mm		
				7 Vm		2 Nm		9 Nm				
	7 Vm	2 Nm	9 Nm	Grad	Form	Grad	Form	Grad	Form	7 Vm	2 Nm	9 Nm
3	N 1	SSE 2	SE 1	—	—	3	cir	—	—			
4	W 1	NW 3	N 1	3	cir-str	7	cir-cu	—	—			
5	N 1	NW 2	NNW 3	1	cir-str	9	cum	—	—			
6	NE 1	NNW 2	SSW 2	3	cir-cu	8	cir-cu	3	cum			
7	NNW 1	NNW 1	S 1	3	cir-cu	—	—	—	—			
8	Stille 0	SSE 1	S 1	5	cir-str	6	cir-cu	1	cir			
9	SSE 1	S 1	SSE 2	2	cum	3	cum	—	—			

Druck der Missionsdruckerei, Tsingtau.

第三年 第四十二号

1902年10月11日

大德钦命总督胶澳文武事宜大臣都 为

出示晓谕事：照得现已厘订德境内应遵德历每年星期停公各日逐一列左：

德历年节即立耶稣圣名之日休息一日；

耶稣受难即耶稣死日休息一日；

耶稣复活节休息二日；

耶稣升天节休息一日；

圣神降临休息二日；

耶稣降生即耶稣圣诞节休息二日；

德国皇帝万寿圣节休息一日；

中国年节前后共休息三日。以上各日除年节外，余难预拟，必须临期核定，自此示后仰合属人等一体遵照勿违。特示。

右谕通知

大德一千九百二年十月初六日　告示

现公布下列大清海关告白：

第37号海关告白

为简化面向腹地的零售商品销售，现对由商品检验员在工作时间以外对存放于货物大棚的零售商品、罐头食品、饮料等物品开具保证金的规定（第24号海关告白，第6章第2段）予以增补，内容如下：

1.在留存月度落差不少于100元的取整金额时，将根据用符合规定的形式提出的书面申请，提供给相关公司一个活期海关账户。留存金额将由海关记账到公司的账户上，商品检验员的每次报关产生的关税登记其中。每月的25日上午，或者当该日为周日或节日时，延至下一工作日，该账户存折寄给海关，以进行月度结算。对于产生关税的总金额，将签发海关付款证明，这一金额必须在当日支付给银行，并于当日将银行付款证明投递至海关,在这之后将开启一个新的月度账户,并结转存储金额。

2. 以上述形式留存保证金的公司,其零售商品、罐头食品、饮料等物品的报关,须递交至驻于铁路货物大棚海关部的商品检验员处,并附上账单、海关账户存折以及提货单。

3. 对商品虚假报关的行为将导致海关账户关闭。

胶海关

青岛,1902年10月9日

阿理文

税务司

青岛,1902年10月9日

皇家总督府

现公布下列大清海关告白:

第38号海关告白

根据外务部的一项命令,现公布,在中国港口间运输印刷的中文书籍继续免税。

胶海关

青岛,1902年10月9日

阿理文

税务司

青岛,1902年10月9日

皇家总督府

告白

1902年6月13日和18日发布的告白(1902年《青岛官报》,第81页和第91页),对因霍乱传播危险对进港船只进行医学检查以及对船只和舢板交通进行限制方面做出了规定,上述告白现撤销。现根据青岛港口规定第6条,提醒注意,在进一步通知前,船长有义务向船政局提交关于船上是否有病人的真实声明。

青岛,1902年10月9日

皇家总督

都沛禄

关于取消隔离规定的告白

1902年2月27日发布的关于针对华南和台湾岛进行隔离的告白(1902年《青岛官

报》,第25页),以及1902年4月15日发布的关于针对牛庄、马尼拉、孟买和加尔各答进行隔离的告白(1902年《青岛官报》,第49页),现撤销,附加补充规定,即如果涉及马尼拉,则1902年4月15日发布的法令仍继续有效。

青岛,1902年10月9日
皇家总督
都沛禄

发包

在总督府地块上修建自来水设施的合同将公开发包。

发包文件张贴于地上建筑部营业室内,以供查看,也可以支付1.00元后获得。

密封并进行相应标注的报价须最晚于今年10月16日星期四上午11点这个已确定的开标时间之前递交至本部门。中标期限为14天。

青岛,1902年10月6日
地上建筑部

发包

为本地野战医院管理大楼修建一座附属建筑的全部工作的合同将公开发包。

图纸和条件张贴于地上建筑部营业室内,以供查看,也可以支付2.00元后获得。

密封并进行相应标注的报价须最晚于今年10月18日星期六上午10点这个已确定的开标时间之前递交至本部门。中标期限为3周。

青岛,1902年10月6日
地上建筑部

船运

1902年10月3日—9日期间

到达日	轮船船名	船长	挂旗国籍	出发港	出发日	到达港
10月3日	叶世克总督号	舒尔特	德国	上海	10月4日	上海
10月4日	柯尼夫斯堡号	凯瑟	德国	芝罘	10月6日	上海
10月5日	青岛号	韩森	德国	上海	10月6日	芝罘
10月7日	前进号	索纳曼	德国	芝罘	10月8日	上海
(9月18日)	弗雷德·伍德号	迈耶尔	美国	波特兰	10月5日	函馆
(9月20日)	爪哇号	施蒂潘	奥地利	安特卫普	10月8日	达科马
9月10日	叶世克总督号	舒尔特	德国	上海		

Seite 137.

Amtsblatt
für das
Deutsche Kiautschou-Gebiet.

青島官報

Herausgegeben vom Kaiserlichen Gouvernement Kiautschou.

Der Bezugspreis beträgt jährlich $ 0,60=M 1,20.
Bestellungen nehmen sämtliche deutsche Postanstalten entgegen.

Jahrgang 3.   Nr. 43.   Tsingtau, den 18. Oktober 1902.

Verordnung
betreffend Hasenjagd.

Die Jagd auf Hasen wird vom 22. Oktober d. Js. an freigegeben.

Mit dem gleichen Tage tritt die Verordnung betreffend Schonzeit der Hasen vom 29. Januar d. Js. ausser Kraft.

Tsingtau, den 16. Oktober 1902.

Der Kaiserliche Gouverneur

Truppel.

Bekanntmachung.

Anstelle des Kaufmannes Richard Weiss ist der

Kaufmann Conrad Miss

von den Eigentümern der im Grundbuche eingetragenen steuerpflichtigen Grundstücke zum Vertreter der Civilgemeinde erwählt worden.

Tsingtau, den 15. October 1902

Der Kaiserliche Gouverneur

Truppel.

Bekanntmachung.

Die in Tsingtau Praxis ausübenden Ärzte haben beschlossen, für ärztliche Bemühungen folgende Taxe in Anwendung zu bringen:

1. Konsultation in der Wohnung des Arztes:
   Doll. 3. für wenig Bemittelte 2. Doll.
2. Besuch in der Wohnung des Kranken:
   Doll. 5. für wenig Bemittelte 3. Doll.
3. Nachtbesuche von abends 9—früh 7 Uhr:
   Die Hälfte mehr.
4. Bei Dauer des Besuchs über 1 Stunde:
   für die Stunde Doll 1. - mehr.
5. Abonnement für 1 Jahr und 1 Person
   Doll. 70. für wenig Bemittelte Doll. 50.
6. Abonnement für 1 Jahr für 1 Familie bis
   Doll. 300. für wenig Bemittelte bis Doll. 100.
7. Geburten Doll. 50. wenig Bemittelte $. 30.
8. Abonnement für Firmen für 1 Jahr und eine
   Person Doll. 70.
9. Grössere Operationen werden besonders berechnet.
10. Abonnement für 1 Monat und eine Person
    Doll. 25.
11. Atteste und Gutachten Doll. 5. —15.

Dies wird hierdurch zur allgemeinen Kenntnis gebracht.

Tsingtau, den 16. Oktober 1902

Der Civilkommissar.

18. Oktober 1902. Amtsblatt—青島官報 Seite 138.— Nr. 43.

Bekanntmachung.

Am 13. Oktober d. J. hat der Oberlehrer Tuczek die Leitung der Gouvernementsschule übernommen.

Tsingtau, den 16. Oktober 1902

Der Civilkommissar.

Bekanntmachung.

In dem Konkurse der offenen Handelsgesellschaft Mertzsch & Ahlers soll eine zweite Abschlagsverteilung von 10 % erfolgen.

Hierzu sind $ 833,72 verfügbar. Zu berücksichtigen sind $. 8337,15 nicht bevorrechtigte Forderungen. Das Verzeichniss derselben liegt auf der Gerichtsschreiberei zur Einsicht der Beteiligten aus.

Tsingtau, den 10. October 1902.

K. Behrend.
Konkursverwalter.

Meteorologische Beobachtungen.

Datum Oct.	Barometer (mm) reduz. auf 0°C., Seehöhe 24,03m			Temperatur (Centigrade)								Dunstspannung in mm			Relat. Feuchtigkeit in Prozenten		
				trock. Therm.			feucht. Therm.			Min.	Max.						
	7 Vm	2 Nm	9 Nm	7 Vm	2 Nm	9 Nm	7 Vm	2 Nm	9 Nm			7 Vm	2 Nm	9 Nm	7 Vm	2 Nm	9 Nm
10	768,8	768,0	768,5	18,5	20,6	19,1	15,1	16,6	16,5	15,7	22,5	10,7	11,6	12,4	68	64	75
11	68,6	67,1	67,4	17,7	23,0	19,1	15,7	17,8	18,4	16,6	21,7	12,1	12,0	15,3	80	58	93
12	66,7	64,5	64,4	18,7	20,3	19,7	15,7	17,1	14,6	17,5	23,0	11,5	12,6	9,3	71	71	54
13	63,4	63,4	63,6	18,1	18,9	14,7	15,5	15,5	12,1	17,5	22,0	11,5	11,0	8,9	75	68	72
14	63,3	62,6	64,1	9,9	12,8	12,9	8,1	10,2	10,6	9,8	20,6	6,9	7,7	8,1	76	70	74
15	64,4	62,9	63,4	12,2	18,1	15,1	10,1	14,3	10,9	9,1	13,7	8,0	9,8	7,2	75	63	56
16	63,6	63,2	64,3	14,9	20,2	16,5	12,7	16,5	13,9	11,7	18,2	9,6	11,7	10,3	76	66	73

Datum Oct.	Wind Richtung & Stärke nach Beaufort (0—12)			Bewölkung						Niederschläge in mm		
	7 Vm	2 Nm	9 Nm	7 Vm		2 Nm		9 Nm		7 Vm	9 Nm	9 Nm / 7 Vm
				Grad	Form	Grad	Form	Grad	Form			
10	SE 1	SE 1	SE 2	6	cir-cu	10	cum-ni	9	cum			
11	Stille 0	SE 2	S 2	3	cum	6	cir-cu	5	cir-str			
12	SSE 1	SSW 2	S 1	10	cum-ni	8	cum	4	cum			
13	NW 1	NNE 4	NE 4	4	cir-cu	8	cum-ni	6	cir-cu			1,7
14	NNE 2	NNE 3	NNW 1	10	nim	6	cir-cu	—	—	1,7	6,1	6,1
15	N 1	SSW 2	SW 1	—	—	—	—	—	—			
16	SW 1	WNW 1	NNE 1	—	—	7	cir-cu	—	—			

18. Oktober 1902.   Amtsblatt—青島官報   Nr 43. — Seite 139.

Schiffsverkehr
in der Zeit vom 9.—16. Oktober 1902

Ange-kommen am	Name	Kapitän	Flagge	von	Abgefahren am	nach
9.10.	D. Gouv. Jaeschke	Schuldt	Deutsch	Schanghai	11.10.	Schanghai
11.10.	D. Knivsberg	Kayser	„	„	11.10.	Tschifu
11.10.	D. Wangeroog	Mathiessen	„	Bremen		bleibt in Tsingtau
13.10.	D. Tsintau	Hansen	„	Tschifu	13.10.	Schanghai

Druck der Missionsdruckerei, Tsingtau.

第三年　第四十三号

1902 年 10 月 18 日

关于猎取兔子的命令

从今年 10 月 22 日起将开放猎兔。

今年 1 月 29 日颁布的关于兔子禁猎期的命令也于同日失效。

青岛，1902 年 10 月 16 日
皇家总督
都沛禄

告白

由在地籍册登记了有纳税义务地块的商人康拉德·密斯替代商人理查德·魏思，获选为民政区代表。

青岛，1902 年 10 月 15 日
皇家总督
都沛禄

告白

在青岛开办诊所的医生们决定按照下列费率收费：

1. 在医生住处问诊，收费 3 元，如耗材消耗不多，则收费 2 元。
2. 到病人住处出诊，收费 5 元，如耗材消耗不多，则收费 3 元。
3. 晚 9 点至次日早 7 点的夜间出诊：增收一半。
4. 出诊时间超过 1 小时：每多出 1 小时加收 1 元。
5. 每年每人包年收费为 70 元，如耗材消耗不多，则收费 50 元。
6. 每年每家庭包年收费最高 300 元，如耗材消耗不多，则最高收费 100 元。
7. 接生费 50 元，如耗材消耗不多，则收费 30 元。

8. 公司每年每人包年收费70元。

9. 大型手术收费单独计算。

10. 每月每人包月收费为25元。

11. 出具诊断证明和鉴定收费5至15元。

现将此发布公众知晓。

青岛，1902年10月16日
民政长

告白

今年10月13日，高级教师图切克接管了督署学校的领导工作。

青岛，1902年10月16日
民政长

告白

营业中的贸易公司梅尔茨和阿勒斯的破产案件中，将进行第二次款项分配，金额为总额的10%。

这次分配可用金额为833.72元，需要考虑的是8 337.15元的非优先权索款，其目录张贴于审判厅书记处，以供查看。

青岛，1902年10月10日
K.贝伦德
破产案件管理人

船运

1902年10月9日—16日期间

到达日	轮船船名	船长	挂旗国籍	出发港	出发日	到达港
10月9日	叶世克总督号	舒尔特	德国	上海	10月11日	上海
10月11日	柯尼夫斯堡号	凯瑟	德国	上海	10月11日	芝罘
10月11日	万格隆号	马蒂森	德国	不来梅		停在青岛
10月13日	青岛号	韩森	德国	芝罘	10月13日	上海

Seite 141.

Amtsblatt
für das
Deutsche Kiautschou-Gebiet.

青島官報

Herausgegeben vom Kaiserlichen Gouvernement Kiautschou.

Der Bezugspreis beträgt jährlich $ 0,60=M 1,20.
Bestellungen nehmen sämtliche deutsche Postanstalten entgegen.

| Jahrgang 3. Nr. 44. | Tsingtau, den 25. Oktober 1902. |

Bekanntmachung.

Am Mittwoch, den 29. Oktober 1902, vormittags 10 Uhr, sollen im Strandlager zwei Dienstpferde öffentlich meistbietend gegen Baarzahlung versteigert werden.

Tsingtau, den 22. Oktober 1902.

Kaiserliches Polizeiamt

啓者茲有騾馬兩匹擬於西本月二十九即中曆九月二十八日早十點鐘在包島西營盤拍賣如有欲買者屆時前往該處面議可也此佈
德一千九百二年十月二十三日
青島巡捕衙門啓

Schiffsverkehr

in der Zeit vom 16.—23. Oktober 1902.

Ange-kommen am	Name	Kapitän	Flagge	von	Abgefah-ren am	nach
16.10.	D. Thea	Öhlerich	Deutsch	Tschifu	17.10.	Hongkong
17.10.	D. Gouv. Jaeschke	Schuldt	„	Schanghai	18.10.	Schanghai
„	D. Vorwärts	Sohnemann	„	„	17.10.	Tschifu
20.10.	D. Han Sung	Benzenius	Korean.	Moji	21.10.	„
„	D. Knivsberg	Kayser	Deutsch	Tschifu	„	Schanghai
22.10.	D. Kinai Maru		Japan.	Moji		
23.10.	D. Tsintau	Hansen	Deutsch	Schanghai		

Seite 142.— Nr. 44. Amtsblatt—報官島青 25 Oktober. 1902.

Nachstehende Bekanntmachung des Kaiserlich Chinesischen Seezollamtes wird hiermit zur öffentlichen Kenntnis gebracht:

Zollamtliche Bekanntmachung Nr. 39.

Gemäss einer Verfügung des General — Zolldirektors tritt der revidierte Einfuhr—Tarif am 1ten Tage des 10ten chinesischen Monats (31. Oktober) in Kraft.

Exemplare des Tarifs werden auf dem Zollamt zu $. 1.00 abgegeben.

Kiautschou Zollamt.

Tsingtau, den 23. October 1902.

E. Ohlmer

Zolldirektor.

Tsingtau, den 23. October 1902.

Kaiserliches Gouvernement

Meteorologische Beobachtungen.

Datum Oct.	Barometer (mm) reduz. auf 0°C., Seehöhe 24,03m			Temperatur (Centigrade)								Dunstspannung in mm			Relat. Feuchtigkeit in Prozenten		
				trock. Therm.			feucht. Therm.			Min.	Max.						
	7 Vm	2 Nm	9 Nm	7 Vm	2 Nm	9 Nm	7 Vm	2 Nm	9 Nm			7 Vm	2 Nm	9 Nm	7 Vm	2 Nm	9 Nm
17	766,4	765,4	765,9	12,3	20,0	16,3	10,7	13,1	11,5	12,0	21,3	8,6	7,0	7,2	82	41	53
18	66,3	65,1	65,7	10,7	22,4	19,5	7,7	15,5	15,1	10,7	20,5	6,0	8,9	10,1	63	44	60
19	65,5	64,5	65,8	16,9	22,2	19,3	15,1	17,2	15,1	15,8	22,5	11,7	11,5	10,2	82	58	61
20	67,0	66,9	67,6	17,1	21,2	17,5	15,9	17,5	14,5	17,0	22,4	12,7	12,6	10,5	88	67	70
21	66,6	64,8	64,4	17,7	20,1	19,5	15,3	16,7	17,0	15,9	21,8	11,5	12,1	12,9	76	69	77
22	62,6	60,2	59,7	19,8	21,1	19,9	17,8	18,9	18,7	18,3	21,2	13,9	14,9	15,3	81	80	89
23	58,1	57,4	59,0	16,9	18,7	16,9	16,3	16,7	13,7	16,8	22,0	13,4	12,9	9,7	94	81	68

Datum Oct.	Wind Richtung & Stärke nach Beaufort (0—12)			Bewölkung						Niederschläge in mm		
				7 Vm		2 Nm		9 Nm				9 Nm / 7 Vm
	7 Vm	2 Nm	9 Nm	Grad	Form	Grad	Form	Grad	Form	7 Vm	9 Nm	
17	N° 2	WNW 1	WSW 2	—	—	—	—	—	—			
18	NW 1	S 2	SSW 2	4	cir	—	—	—	—			
19	S 1	S 2	S 2	2	cir	2	cir-str	—	—			
20	NNW 1	E 2	E 3	—	—	1	cum	—	—			
21	SE 1	SSE 2	SE 3	3	cum	8	cum-ni	5	cum-str			
22	S 3	SSE 2	ESE 2	10	cum-ni	10	cum-ni	10	cum-ni	0,1	0,1	
23	NNW 5	NW 3	NW 3	10	cum-ni	9	cum-ni	10	cum-ni			

Druck der Missionsdruckerei, Tsingtau.

第三年　第四十四号

1902 年 10 月 25 日

启者：兹有骒马两匹，拟于西本月二十九，即中九月二十八日早十点钟，在包岛西营盘拍卖。如有欲买者，届时前往该处面议可也。此布。

德一千九百二年十月二十三日
青岛巡捕衙门启

船运

1902 年 10 月 16 日—23 日期间

到达日	轮船船名	船长	挂旗国籍	出发港	出发日	到达港
10 月 16 日	忒亚号	厄乐李希	德国	芝罘	10 月 17 日	香港
10 月 17 日	叶世克总督号	舒尔特	德国	上海	10 月 18 日	上海
10 月 17 日	前进号	索纳曼	德国	上海	10 月 17 日	芝罘
10 月 20 日	Han Sung 号	本岑纽斯	韩国	门司	10 月 21 日	芝罘
10 月 20 日	柯尼夫斯堡号	凯瑟	德国	芝罘	10 月 21 日	上海
10 月 22 日	Kinai 丸		日本	门司		
10 月 23 日	青岛号	韩森	德国	上海		

现公布下列大清海关告白：

第 39 号海关告白

根据总税务司的命令，修订后的进口税率在中国农历十月初一（公历 10 月 31 日）生效。

税率表可以在海关购买，价格 1.00 元。

胶海关
青岛，1902 年 10 月 23 日
阿理文
税务司
青岛，1902 年 10 月 23 日
皇家总督府

Seite 143.

Amtsblatt
für das Deutsche Kiautschou-Gebiet.

青島官報

Herausgegeben vom Kaiserlichen Gouvernement Kiautschou.

Der Bezugspreis beträgt jährlich $ 0,60=M 1,20.
Bestellungen nehmen sämtliche deutsche Postanstalten entgegen.

Jahrgang 3. Nr. 45.   Tsingtau, den 1. November 1902.   第四十五號   第三年

Bekanntmachung.

10 810	kg	altes Eisen
270	„	altes Zinkblech
85	„	altes Messing
340	„	Lumpen

sollen am Mittwoch, den 5. November ds. Js., vorm. 9 Uhr, an den Meistbietenden gegen sofortige, baare Bezahlung verkauft werden.

Besichtigung täglich von 9—11 Uhr vorm. im Brückenlagermagazin.

Tsingtau, den 28. Oktober 1902.

Marine - Garnison - Verwaltung.

Bekanntmachung.

Auf Antrag des Kasernen-Inspektors Schulz findet am Freitag, den 14. November d. Js. vormittags 10 Uhr, im Landamte die öffentliche Versteigerung der Parzelle Kartenblatt 13 № 96/41 gegen Meistgebot statt.

Grösse der Parzelle: 1173 qm.
Mindestpreis: $. 973,59.
Lage: an der Bismarckstrasse.
Benutzungsplan: Wohnhaus in landhausmässiger Bauart.
Frist zur Ausführung: bis zum 1. November 1904.
Gesuche zum Mitbieten sind bis zum 7 November d. Js. hierher zu richten.

Tsingtau, den 30. Oktober 1902.

Das Landamt.

白告

啓者本局存有舊銕一萬零八百一十啓羅舊鉛七十啓羅破碎德銅八十五啓羅擬於十月十五日即中歷十一月初六日上午九點鐘在碼頭營盤拍賣如有欲先觀看者每日早九點鐘至十一點鐘可到此盤查現洋交易須赴碼頭購營面議

青島軍需局啓

德歷一千九百零二年十月二十九日

Seite 144. — Nr 45.　　　Amtsblatt—青島官報　　　1. November 1902.

Bekanntmachung.

Bei der im hiesigen Handelsregister unter Nr. 7 eingetragenen Firma Sietas, Plambeck & Co. ist folgendes eingetragen worden:

Dem Kaufmann Hans Peter Hansen in Tsingtau ist Prokura erteilt.

Tsingtau, den 21. October 1902.

Kaiserliches Gericht von Kiautschou.

Bekanntmachung.

In dem Konkurse Hu tschang keng wird zur Abnahme der Schlussrechnung des Verwalters und Erhebung von Einwendungen gegen das Schlussverzeichnis der zu berücksichtigenden Forderungen Schlusstermin auf den

18. November 1902, vormittags 10 Uhr,

im Sitzungssaale des Gerichts anberaumt.

Tsingtau, den 24. Oktober 1902

Kaiserliches Gericht von Kiautschou.

In dem Konkurse Hu Tschang keng soll die Schlussverteilung erfolgen. Dazu sind $ 370, 97 verfügbar; zu berücksichtigen sind $ 17907, 75 nichtbevorrechtigte Forderungen. Das Verzeichnis liegt auf der Gerichtsschreiberei zur Einsicht aus.

Tsingtau, den 30. Oktober 1902.

Mootz,
Konkurs-Verwalter.

Bekanntmachung.

In das Handelsregister des unterzeichneten Gerichts ist heute unter Nr. 56 die Firma „Hermann Wolf" mit dem Sitze in Tsingtau eingetragen. Alleiniger Inhaber ist der Kaufmann Hermann Wolf in Tsingtau.

Tsingtau, den 25. Oktober 1902.

Kaiserliches Gericht von Kiautschou.

Schiffsverkehr

in der Zeit vom 23.—30. Oktober 1902.

Angekommen am	Name	Kapitän	Flagge	von	Abgefahren am	nach
23.10.	D. Tsintau	Hansen	Deutsch	Schanghai	23.10.	Tschifu
(30.9.)	S. Nesaia	Gerkens	„	Bremen	24.10.	Portland (Oregon)
23.10.	D. Gouv. Jaeschke	Schuldt	„	Schanghai	24.10	Tschifu
24.10.	D. Norah	Stampe	Englisch	Weihaiwei	27.10.	Schanghai
(22.10.)	D. Kinai Maru		Japan.	Moji	28.10.	Niutschuang
26.10.	D. Vorwärts	Sohnemann	Deutsch	Tschifu	28.10.	Schanghai
28.10.	D. Carl Diederichsen	Schlaikier	„	Hongkong	29.10.	Tschifu
29.10.	D. Knivsberg	Kayser	„	Schanghai	30.10.	„
„	D. Gouv. Jaeschke	Schuldt	„	Tongku		

Meteorologische Beobachtungen.

Datum Oct.	Barometer (m m) reduz. auf 0°C., Seehöhe 24,03m			Temperatur (Centigrade)								Dunstspannung in mm			Relat. Feuchtigkeit in Prozenten		
				trock. Therm.			feucht. Therm.										
	7 Vm	2 Nm	9 Nm	7 Vm	2 Nm	9 Nm	7 Vm	2 Nm	9 Nm	Min.	Max.	7 Vm	2 Nm	9 Nm	7 Vm	2 Nm	9 Nm
24	761,0	762,3	765,0	14,9	19,5	14,7	11,7	11,6	8,1	14,9	19,5	8,3	5,4	4,1	66	32	33
25	64,3	63,0	63,4	16,3	20,1	18,7	12,1	15,3	15,3	13,5	20,2	8,0	10,0	10,9	58	57	68
26	63,6	62,8	63,5	16,7	20,9	18,5	14,3	16,0	14,8	16,6	20,5	10,7	10,5	10,3	75	57	64
27	63,7	62,7	63,4	17,3	22,3	19,5	16,0	17,7	17,1	17,0	21,0	12,7	12,3	13,0	87	62	78
28	62,7	60,6	61,8	16,9	22,2	18,7	14,1	16,9	16,3	16,5	22,6	10,3	11,1	12,3	72	56	77
29	60,9	62,0	67,0	17,3	18,7	10,7	13,9	12,3	6,4	16,5	22,7	9,8	6,8	4,6	67	42	48
30	67,9	67,2	68,1	11,3	17,2	14,9	7,3	14,1	12,0	9,5	20,2	5,2	10,1	8,7	52	69	69

Datum Oct.	Wind Richtung & Stärke nach Beaufort (0—12)			Bewölkung						Niederschläge in mm		
				7 Vm		2 Nm		9 Nm				9 Nm + 7 Vm
	7 Vm	2 Nm	9 Nm	Grad	Form	Grad	Form	Grad	Form	7 Vm	9 Nm	
24	N W 3	N N E 3	N E 2	5	cir-str	3	cir	—	—			
25	S 3	S S W 4	S 4	—	—	5	cum	—	—			
26	S S W 2	S S W 4	S S W 3	7	cir-str	8	cir-cu	—	—			
27	S S W 1	S S W 3	S S W 2	1	str	5	cir-cu	—	—			
28	S W 3	S S W 2	S S W 4	9	cu-ni	3	cum	—	—			
29	N W 1	N N E 6	N E 1	2	cum	—	—	—	—			
30	Stille 0	S S E 2	S S E 3	—	—	—	—	—	—			

Druck der Missionsdruckerei, Tsingtau.

第三年　第四十五号

1902 年 11 月 1 日

告白

启者：本局存有旧铁一万零八百一十启罗[①]、旧铅七十启罗、旧夹铜八十五启罗、破碎布衣三百四十启罗。拟于德十一月初五日，即中十月初六日上午九点钟，在码头营盘拍卖。如有欲先观看者，每日早自九点钟至十一点钟赴码头营盘查看可也。惟届期往购，须面交现洋。此布。

德一千九百二年十月二十九日
青岛军需局启

告白

应兵营监察员舒尔茨申请，将于今年 11 月 14 日星期五上午 10 点在地亩局公开拍卖地籍册第 13 页第 96/41 号地块，价高者得。

地块面积：1 173 平方米

最低价：973.59 元。

位置：俾斯麦兵营[②]旁。

使用规划：乡村别墅风格的居住楼。

规划实施期限：1904 年 11 月 1 日。

出价申请须最晚于今年 11 月 7 日前递交本处。

青岛，1902 年 10 月 30 日
地亩局

告白

本地商业登记为第 7 号的哈利洋行现登记下列事项：

[①] 译者注：德语 Kilo，即公斤。
[②] 译者注：位于今鱼山路 5 号中国海洋大学鱼山校区内。

青岛的商人汉斯·彼得·行森现获得代理权。

青岛，1902年10月21日
胶澳皇家审判厅

告 白

胡长庚破产案中,为了验收管理人的最终决算并收取被考虑纳入的索款要求的最终目录收费,现确定1902年11月18日上午10点为听证会举办时间,地点为审判厅会议室。

青岛，1902年10月24日
胶澳皇家审判厅

胡长庚破产案将开始最终分配。其中现有可分配金额为370.97元,需要考虑的非优先索款要求为17 907.75元。目录张贴于审判厅书记处,以供查看。

青岛，1902年10月30日
慕兴立
破产案件管理人

告 白

位于青岛的公司"赫尔曼·伍尔夫"在本地进行商业登记,登记号为第56号。公司唯一所有人为青岛的商人赫尔曼·伍尔夫。

青岛，1902年10月25日
胶澳皇家审判厅

船 运

1902年10月23日—30日期间

到达日	轮船船名	船长	挂旗国籍	出发港	出发日	到达港
10月23日	青岛号	韩森	德国	上海	10月23日	芝罘
(9月30日)	内塞亚号	葛尔肯斯	德国	不来梅	10月24日	波特兰
10月23日	叶世克总督号	舒尔特	德国	上海	10月24日	芝罘
10月24日	诺亚号	施塔姆佩	英国	威海卫	10月27日	上海
(10月22日)	Kinai 丸		日本	门司	10月28日	牛庄
10月26日	前进号	索纳曼	德国	芝罘	10月28日	上海
10月28日	蒂德森号	施莱吉尔	德国	香港	10月29日	芝罘
10月29日	柯尼夫斯堡号	凯瑟	德国	上海	10月30日	芝罘
10月29日	叶世克总督号	舒尔特	德国	塘沽		

Amtsblatt
für das
Deutsche Kiautschou-Gebiet.

Herausgegeben vom Kaiserlichen Gouvernement Kiautschou.

Der Bezugspreis beträgt jährlich $ 0,60=M 1,20.
Bestellungen nehmen sämtliche deutsche Postanstalten entgegen.

| Jahrgang 3. | Nr. 46. | Tsingtau, den 8. November 1902. |

Bekanntmachung.

Am 14. d. Mts., 10 Uhr vormittags, findet die Grundsteinlegung der ersten Kaimauer am grossen Hafen statt.

Zutrittskarten zur Tribüne sind zu haben in der Hauptregistratur des Gouvernements und im Bureau der Hafenbau-Abteilung am kleinen Hafen. Die Karten sind zur Feier mitzubringen und zum Vorzeigen bereit zu halten.

Tsingtau, den 6. November 1902.

Kaiserliches Gouvernement.

Bekanntmachung.

O. Köhler hat ein Gesuch um Genehmigung der Konzession zum Betriebe einer Gastwirtschaft auf dem Grundstücke Ecke Hohenzollern- und Wilhelmshavener-Strasse, Kartenblatt 8 № $98/60$, eingereicht.

Einwendungen im Sinne der Gouvernementsbekanntmachung vom 10. Oktober 1899 sind bis zum 22. d. Mts. an die unterzeichnete Behörde zu richten.

Tsingtau, den 1. November 1902.

Kaiserliches Polizeiamt.

Bekanntmachung.

Die Lieferung von 310 cbm. Eis frei Eiskeller des hiesigen Gouvernementslazaretts soll öffentlich verdungen werden. Hierzu ist Termin am Dienstag, den 18. November 1902, Vormittags 10 Uhr, im Geschäftszimmer des Gouvernementslazaretts festgesetzt. Angebote sind versiegelt mit der Aufschrift „Eislieferung" zum Termin einzureichen. Die Bedingungen können während der Dienststunden im Geschäftszimmer eingesehen werden.

Tsingtau, den 1. November 1902.

Kaiserliches Gouvernementslazarett.

Bekanntmachung.

Die Versteigerung der Parzelle Kartenblatt 13 Nr. $96/41$ findet nicht am Freitag, den 14. November d. Js. (Bekanntmachung vom 30. Oktober 1902 - Amtsblatt Seite 143), sondern am Sonnabend, den 15. November d. Js., vormittags 10 Uhr, statt.

Tsingtau, den 7. November 1902.

Das Landamt.

Seite 148. — Nr. 46. Amtsblatt—青島官報 8. November 1902

Meteorologische Beobachtungen.

Datum Oct.	Barometer (mm) reduz. auf 0°C., Seehöhe 24,03m			Temperatur (Centigrade)								Dunstspannung in mm			Relat. Feuchtigkeit in Prozenten		
				trock. Therm.			feucht. Therm.			Min.	Max.						
	7 Vm	2 Nm	9 Nm	7 Vm	2 Nm	9 Nm	7 Vm	2 Nm	9 Nm			7 Vm	2 Nm	9 Nm	7 Vm	2 Nm	9 Nm
31	766,4	764,1	763,5	15,5	18,2	16,3	11,4	13,3	13,1	12,5	17,5	7,6	8,4	9,3	58	54	67
Nov. 1	65,5	63,2	64,0	14,9	19,4	17,4	13,4	14,9	14,1	14,9	18,5	10,5	9,9	9,9	84	59	68
2	64,9	65,0	65,1	15,3	19,7	17,3	14,0	14,9	14,5	14,8	20,1	11,1	9,7	10,6	86	57	72
3	65,3	65,7	68,3	14,9	14,8	11,1	13,7	12,6	8,5	14,9	19,8	10,9	9,5	6,7	87	76	68
4	69,1	67,6	68,1	7,9	15,1	10,5	6,2	9,1	5,7	7,2	15,4	6,1	5,0	4,0	76	40	42
5	67,3	65,7	66,0	10,7	16,9	14,7	5,5	9,1	8,7	8,3	15,1	3,6	3,9	4,8	38	28	39
6	67,3	67,7	69,3	10,7	17,7	13,1	6,7	9,9	9,7	9,7	17,3	4,9	4,4	6,9	51	29	62

Datum Oct.	Wind Richtung & Stärke nach Beaufort (0—12)			Bewölkung						Niederschläge in mm		
				7 Vm		2 Nm		9 Nm				9 Nm + 7 Vm
	7 Vm	2 Nm	9 Nm	Grad	Form	Grad	Form	Grad	Form	7 Vm	9 Nm	
31	SSE 4	SSE 4	S 4	5	cum	6	cum	—	—			
Nov. 1	Stille 0	SSW 1	S 1	2	cir	3	cum	—	—			
2	Stille 0	SSE 3	SSE 5	7	cum	9	cum-ni	6	cum			
3	NNW 2	NW 5	NE 1	10	cum-ni	8	cum-ni	—	—			
4	N 1	WNW 1	N 1	2	cir-str	1	str	—	—			
5	W 1	NNW 2	NNW 1	—	—	—	—	—	—			
6	NW 1	NNW 1	WSW 1	—	—	—	—	—	—			

Schiffsverkehr

in der Zeit vom 30. Oktober—6. November 1902.

Angekommen am	Name	Kapitän	Flagge	von	Abgefahren am	nach
(29.10.)	D. Gouv. Jaeschke	Schuldt	Deutsch	Tongku	1.11.	Schanghai
31.10.	D. Tsintau	Hansen	”	”	1.11.	”
3.11.	S. Forest Home	Everson	Amerik.	Portland (Oregon)		
4.11.	D. Vorwärts	Sohnemann	Deutsch	Schanghai	5.11.	Tschifu
6.11.	D. Gouv. Jaeschke	Schuldt	”	”		

Druck der Missionsdruckerei, Tsingtau.

第三年　第四十六号

1902年11月8日

告白

本月14日上午10点将在大港举行第一个码头海堤的奠基仪式。

出席门票可以在总督府的主登记处和小港港口建造局办公室领取。出席庆典时须带好门票,现场出示。

青岛,1902年11月6日
皇家总督府

告白

许可O.科勒申请,在霍亨索伦街[①]和威廉港街[②]街角地块上经营饭店,地籍册编号为第8页第93/60号。

如根据1899年10月10日颁布的总督府告白对此持有异议,可在本月22日前递交至本部门。

青岛,1902年11月1日
皇家巡捕房

告白

为本地的督署野战医院供货310立方米冰、并将其运送至冰窖的合同将公开发包。相关日期确定为1902年11月18日星期二上午10点,地点为督署野战医院营业室。报价须密封后注明"供货冰"字样,在相应日期递交。供货条件可以在工作时间到营业室内查看。

青岛,1902年11月1日
皇家督署野战医院

---

① 译者注:即今兰山路。
② 译者注:即今郯城路。

告白

地籍册第 13 页第 96/41 号地块的拍卖不在今年 11 月 14 日星期五（1902 年 10 月 30 日发表的《青岛官报》第 143 页）举行，改为在今年 11 月 15 日星期六上午 10 点。

青岛，1902 年 11 月 7 日

地亩局

船运

1902 年 10 月 30 日—11 月 6 日期间

到达日	轮船船名	船长	挂旗国籍	出发港	出发日	到达港
（10 月 29 日）	叶世克总督号	舒尔特	德国	塘沽	11 月 1 日	上海
10 月 31 日	青岛号	韩森	德国	塘沽	11 月 1 日	上海
11 月 3 日	弗雷斯特号	艾佛逊	美国	波特兰		
11 月 4 日	前进号	索纳曼	德国	上海	11 月 5 日	芝罘
11 月 6 日	叶世克总督号	舒尔特	德国	上海		

Seite 149.

Amtsblatt
für das
Deutsche Kiautschou-Gebiet.

青島官報

Herausgegeben vom Kaiserlichen Gouvernement Kiautschou.

Der Bezugspreis beträgt jährlich $ 0,60=M 1,20.
Bestellungen nehmen sämtliche deutsche Postanstalten entgegen.

| Jahrgang 3. Nr. 47. | Tsingtau, den 15. November 1902. |

Meteorologische Beobachtungen.

Datum Nov.	Barometer (mm) reduz. auf 0°C., Seehöhe 24,03m			Temperatur (Centigrade)								Dunstspannung in mm			Relat. Feuchtigkeit in Prozenten		
				trock. Therm.			feucht. Therm.										
	7 Vm	2 Nm	9 Nm	7 Vm	2 Nm	9 Nm	7 Vm	2 Nm	9 Nm	Min.	Max.	7 Vm	2 Nm	9 Nm	7 Vm	2 Nm	9 Nm
7	769,9	768,9	769,0	10,3	17,8	15,5	6,9	13,4	10,1	10,2	17,8	5,4	8,8	6,0	58	58	46
8	68,1	66,6	66,3	12,9	18,1	16,5	9,7	11,9	12,8	10,5	19,0	7,0	6,6	8,8	64	43	63
9	64,4	62,1	64,0	14,3	18,1	14,5	12,3	14,1	12,1	14,0	18,7	9,4	9,5	9,1	78	62	74
10	64,4	63,5	64,1	9,9	16,9	15,5	7,6	9,3	10,1	8,5	19,1	6,4	4,2	6,0	70	29	46
11	62,2	60,7	60,8	14,8	17,6	17,7	12,3	13,8	14,4	10,5	17,9	9,1	9,4	10,2	73	63	68
12	61,1	60,8	60,2	16,6	19,7	18,6	14,6	16,6	16,9	15,5	18,7	11,2	12,2	13,3	79	71	84
13	59,5			17,1			16,1			17,1	19,8	13,0			90		

Datum Nov.	Wind Richtung & Stärke nach Beaufort (0—12)			Bewölkung						Niederschläge in mm		
				7 Vm		2 Nm		9 Nm				
	7 Vm	2 Nm	9 Nm	Grad	Form	Grad	Form	Grad	Form	7Vm	9Nm	9 Nm + 7 Vm
7	N W 1	S 1	S S W 2	1	cir	—	—	3	cir			
8	W S W 3	S S W 3	S S W 4	—	—	—	—	—	—			
9	S S W 2	S S W 3	N N E 2	5	cum	—	—	—	—			
10	N N W 1	N N W 1	S W 2	—	—	—	—	2	cir-str			
11	S 1	S S W 3	S S W 4	8	cir-cu	8	cir-cu	6	cum			
12	S 2	S 4	S 2	3	cum	6	cum	7	cir-cu			
13	S 1	S 3	N N W 7	2	cir-cum	8	cum	10	cum			

Schiffsverkehr

in der Zeit vom 8.—13. November 1902.

Ange-kommen am	Name	Kapitän	Flagge	von	Abgefahren am	nach
(6.11.)	D. Gouv. Jaeschke	Schuldt	Deutsch	Schanghai	8.11.02	Schanghai
8.11.	D. Knivsberg	Kayser	„	Tschifu	8.11.02	„
9.11.	D. Carl Diederichsen	Shlaikier	„	„	11.11.02	Hongkong
10.11.	D. Tsintau	Hansen	„	Schanghai	11.11.02	Tschifu
„	D. Setsuyo Maru	—	Japanisch	Kobe	12.11.02	Niutschuang
„	D. Aragonia	Först	Deutsch	via Manila		
13.11.	D. Vorwärts	Sohnemann	„	Tschifu		

Druck der Missionsdruckerei, Tsingtau.

第三年　第四十七号

1902年11月15日

船运

1902年11月8日—13日期间

到达日	轮船船名	船长	挂旗国籍	出发港	出发日	到达港
（11月6日）	叶世克总督号	舒尔特	德国	上海	1902年11月8日	上海
11月8日	柯尼夫斯堡号	凯瑟	德国	芝罘	1902年11月8日	上海
11月9日	蒂德森号	施莱吉尔	德国	芝罘	1902年11月11日	香港
11月10日	青岛号	韩森	德国	上海	1902年11月11日	芝罘
11月10日	三菱丸		日本	神户	1902年11月12日	牛庄
11月10日	阿拉贡号	佛斯特	德国	经马尼拉		
11月13日	前进号	索纳曼	德国	芝罘		

Seite 151.

Amtsblatt
für das
Deutsche Kiautschou-Gebiet.

青島官報

Herausgegeben vom Kaiserlichen Gouvernement Kiautschou.

Der Bezugspreis beträgt jährlich $ 0,60=M 1,20.
Bestellungen nehmen sämtliche deutsche Postanstalten entgegen.

Jahrgang 3.   Nr. 48.   Tsingtau, den 22. November 1902.

Ermächtigung des Königlich Preussischen Amtsrichters Dr. jur. Crusen zur Ausübung der Gerichtsbarkeit im Schutzgebiete Kiautschou.

Auf Grund des Schutzgebietgesetzes vom 10. September 1900 (Reichsgesetzblatt Seite 812) bestimme ich:

Dem zur Wahrnehmung richterlicher Geschäfte nach Kiautschou entsandten Königlich Preussischen Amtsrichter Dr. jur. Crusen wird die Ermächtigung zur Ausübung der Gerichtsbarkeit in allen zur Zuständigkeit des Kaiserlichen Gerichts von Kiautschou gehörigen Angelegenheiten erteilt. Die durch meinen Erlass vom 5. März 1900 dem Kaiserlichen Oberrichter Wilke in Tsingtau erteilte Ermächtigung zur Ausübung der Gerichtsbarkeit bleibt in Kraft; in Fällen rechtlicher oder thatsächlicher Behinderung wird derselbe durch den Amtsrichter Dr. Crusen und, wenn auch dieser behindert ist, durch den Kaiserlichen Civilkommissar vertreten.

Die Verteilung der Geschäfte unter die beiden Richter behalte ich mir vor; der Gouverneur wird ermächtigt, vorläufige Anordnungen zu treffen.

Berlin, den 20. September 1902.

Der Reichskanzler

gez: v. Bülow

Vorläufige Anordnung.

Auf Grund der Ermächtigung des Herrn Reichskanzlers vom 20. September 1902 setze ich folgende Geschäftsverteilung fest:

Der Königliche Amtsrichter Dr. Crusen übernimmt von heute an folgende Geschäfte des Kaiserlichen Gerichts von Kiautschou:

1. sämtliche Strafsachen;
2. die Chinesensachen mit Ausnahme der Berufungen gegen die Urteile der Bezirksämter;
3. die Geschäfte des Gefängnisvorstehers für das Europäergefängnis.

Die übrigen Geschäfte verbleiben dem Kaiserlichen Oberrichter Wilke.

Beide Richter vertreten sich gegenseitig.

Tsingtau, den 12. November 1902.

Der Kaiserliche Gouverneur

Truppel.

Bekanntmachung
für Seefahrer.

Die auf dem Betonblock des Hufeisenriffs in der Kiautschou-Bucht errichtete Bake hat einen weissen Anstrich und eine Trommel als Topp-Zeichen erhalten und trägt die Bezeichnung H R in schwarzer Schrift.

Tsingtau, den 21. November 1902.

Kaiserliches Hafenamt.

Aufgebot.

Es wird hiermit bekannt gemacht, dass

Malte Franz Gustav **Hass**, seines Standes Kaiserlicher Gouvernements-Oberförster, geboren zu Ruda, Provinz Westpreussen, 31 Jahre alt, wohnhaft in Tsingtau, Sohn des 65 Jahre alten Königlichen Forstmeisters Gustav Hass und seiner 55 Jahre alten Ehefrau Klara, geborenen Gierse, beide wohnhaft in Cummersdorf bei Sperenberg, Provinz Brandenburg,

und

Emilie Anna **Kulle**, ohne Gewerbe, geboren zu Hildesheim, Provinz Hannover, 25 Jahre alt, wohnhaft in Tsingtau, Tochter des zu Hildesheim verstorbenen Oberlehrers Georg Kulle und seiner 53 Jahre alten, in Hildesheim wohnhaften Ehefrau Emilie, geborenen Ohlmer,

beabsichtigen, sich mit einander zu verheiraten und diese Ehe in Gemässheit des Reichsgesetzes vom 4. Mai 1870 vor dem unterzeichneten Beamten abzuschliessen.

Tsingtau, den 20. November 1902.

Der Kaiserliche Standesbeamte

Günther.

Verdingung.

Die Gesamtarbeiten zum Ausbau der Chinesenkaserne in Litsun zu einem Gefängnis sollen öffentlich vergeben werden. Die Verdingungsunterlagen liegen im Geschäftszimmer der Hochbauabteilung zur Einsicht aus; auch können Verdingungsanschläge, solange vorhanden, ebendaher gegen Einzahlung von $ 2 bezogen werden.

Versiegelte und mit entsprechender Aufschrift versehene Angebote sind bis zu dem auf

**Sonnabend, den 29. ds. Mts.,
vormittags 10 Uhr,**

festgesetzten Eröffnungstermine an die unterzeichnete Behörde einzureichen.

Zuschlagsfrist: 3 Wochen.

Tsingtau, den 14. November 1902.

Hochbauabteilung.

Aufgebot.

Es wird hiermit bekannt gemacht, dass

Hans Walter Titus **von Koslowski**, seines Standes Kaufmann, geboren zu Danzig, 27 Jahre alt, wohnhaft in Tsingtau, Sohn des zu Elbing verstorbenen Kaufmannes Franz von Koslowski und seiner zu Danzig verstorbenen Ehefrau Maria, geborenen Grünfeld.

und

Haru Yashina, genannt Minnie Flint, Witwe des Kaufmannes Berger, geboren zu Osaka, 25 Jahre alt, wohnhaft in Tsingtau, Tochter des 65 Jahre alten Kaufmannes Shusuke Yashina und seiner 54 Jahre alten Ehefrau Mutsu Yashina, beide in Osaka wohnhaft,

beabsichtigen, sich mit einander zu verheiraten und diese Ehe in Gemässheit des Reichsgesetzes vom 4. Mai 1870 vor dem unterzeichneten Beamten abzuschliessen.

Tsingtau, den 21. November 1902.

Der Kaiserliche Standesbeamte.

Günther.

Aufgebot.

Es wird hiermit bekannt gemacht, dass

Georg Heinrich **Koch**, seines Standes Gefangenen-Oberaufseher, geboren zu Bischofroda im Grossherzogtum Sachsen-Weimar-Eisenach, 26 Jahre alt, wohnhaft in Tsingtau, Sohn des Einwohners und Tagelöhners Johann Adam Koch und seiner Ehefrau Martha Elisabeth, geborenen Lindenlaub, beide in Bischofroda verstorben,

und

Bertha Emilie Auguste **Dupke**, ihres Standes Schneiderin, geboren zu Gollnow, Provinz Pommern, 30 Jahre alt, wohnhaft in Gollnow, Tochter des 77 Jahre alten Bäckermeisters Carl Friedrich Wilhelm Dupke und seiner 65 Jahre alten Ehefrau Dorothea Marie Charlotte, geborenen Fuhr, beide in Gollnow wohnhaft,

beabsichtigen, sich mit einander zu verheiraten und diese Ehe in Gemässheit des Reichsgesetzes vom 4. Mai 1870 vor dem unterzeichneten Beamten abzuschliessen.

Tsingtau, den 19. November 1902.

Der Kaiserliche Standesbeamte.

Günther.

22. November 1902. Amtsblatt—青島官報 Nr. 48.—Seite 153.

Schiffsverkehr
in der Zeit vom 13.—20. November 1902.

Ange-kommen am	Name	Kapitän	Flagge	von	Abgefah-ren am	nach
13.11.	D. Vorwärts	Sohnemann	Deutsch	Tschifu	14.11	Schanghai
16.11.	S. Amaranth	Bowes	Amerik.	Portland		
„	D. Knivsberg	Kayser	Deutsch	Schanghai	18.11.	Tschifu
(3.11.)	S. Forest Home	Everson	Amerik.	Portland	18.11.	Hakadati
20.11.	D. Gouv. Jaeschke	Schuldt	Deutsch	Schanghai		

Druck der Missionsdruckerei, Tsingtau.

第三年　第四十八号

1902 年 11 月 22 日

对普鲁士王国皇家法官、司法博士克鲁森在胶澳保护地执行司法权的授权

根据 1900 年 9 月 10 日颁布的《保护地法》(《帝国法书》第 812 页)，本人决定：

为执行法律事务而派往胶澳的皇家普鲁士王国法官、司法博士克鲁森被授权执行所有胶澳皇家审判厅所属事务。本人在 1900 年 3 月 5 日下令对青岛的皇家高等法官维尔克关于执行司法权的授权仍然有效，在出现法律上或者事实上的干扰时，由法官克鲁森博士代理他，如果克鲁森也出现被干扰状况，则由皇家民政长代理。

本人保留对两位法官业务的分配，授权总督做临时安排。

柏林，1902 年 9 月 20 日
帝国总理
签名：冯·布洛夫

临时安排

根据帝国总理先生在 1902 年 9 月 20 日的授权，本人确定皇家法官克鲁森博士从即日起接管胶澳皇家审判厅的下列业务：

1. 全部刑事案件；
2. 除对华民审判厅判决抗诉之外的华民案件；
3. 欧人监狱监狱长的业务。

其他业务仍由皇家高等法官维尔克办理。

两位法官相互代理。

青岛，1902 年 11 月 12 日
皇家总督
都沛禄

对海员的告白

胶州湾内马蹄铁礁石水泥块上设置的浮标涂抹为白色,顶部标志为圆筒,有黑色的名称 HR。

青岛,1902 年 11 月 21 日
皇家船政局

结婚启事

马尔特·弗朗茨·古斯塔夫·哈斯,职业为皇家督署高等林业官,出生于西普鲁士省鲁达,现年 31 岁,居住地为青岛,为 65 岁的皇家林业师古斯塔夫·哈斯和他出生时姓基尔泽的 55 岁妻子克拉拉的儿子,二人均居住于勃兰登堡省施佩伦伯格附近的库默尔斯多夫。

艾米莉安娜·库勒,无业,生于汉诺威省的希尔德斯海姆,现年 25 岁,居住地为青岛,是亡于希尔德斯海姆的高级教师格奥尔格·库勒与他的出生时姓奥尔默、居住于希尔德斯海姆的妻子艾米莉的女儿,二人均居住于德累斯顿。

现宣布:二人将结为连理,根据 1870 年 5 月 4 日的帝国法律,在本官员面前缔结婚姻。

青岛,1902 年 11 月 20 日
皇家民政官
冈特

发包

将李村的中国兵营扩建成监狱的全部工程将公开发包。发包文件张贴于地上建筑部的营业室内,以供查看,如果数量足够,也可以支付 2 元购买发包布告。

报价须密封并注明相应字样后,最晚在本月 29 日星期六上午 10 点半前递交至本部门的开标仪式,中标期限为 3 周。

青岛,1902 年 11 月 14 日
地上建筑部

结婚启事

汉斯·瓦尔特·提图斯·冯·柯斯洛夫斯基,职业为商人,出生于但泽,现年 27 岁,居住地为青岛，为亡于艾尔冰的商人弗朗茨·冯·柯斯洛夫斯基和他出生时姓格伦菲尔德、亡于但泽的妻子玛丽亚的儿子。

Haru Yashina（日本人），又名米妮·弗林特，为商人贝尔格遗孀，出生于大阪，现年25岁，居住地为青岛，是65岁的商人Shusuke Yashina与他54岁的妻子Mutsu Yashina的女儿，二人均居住于大阪。

现宣布：二人将结为连理，根据1870年5月4日的帝国法律，在本官员面前缔结婚姻。

青岛，1902年11月21日
皇家民政官
冈特

结婚启事

格奥尔格·海因里希·科赫，职业为高级监狱看守，出生于萨克森-魏玛-埃森那赫大公国的毕晓芙洛达，现年26岁，居住地为青岛，为当地居民和零工约翰·亚当·科赫和他出生时姓林登劳普的妻子玛塔·伊丽莎白的儿子，二人均亡故于林登劳普。

贝尔塔·艾米莉·奥古斯特·杜普克，职业为裁缝，生于波莫瑞省的葛尔诺夫，现年30岁，居住地为葛尔诺夫，是77岁的面包师卡尔·弗里德里希·威廉·杜普克与他的出生时姓富尔的65岁妻子多罗特亚·玛丽·夏洛特的女儿，二人均居住于葛尔诺夫。

现宣布：二人将结为连理，根据1870年5月4日的帝国法律，在本官员面前缔结婚姻。

青岛，1902年11月19日
皇家民政官
冈特

船运

1902年11月13日—20日期间

到达日	轮船船名	船长	挂旗国籍	出发港	出发日	到达港
11月13日	前进号	索纳曼	德国	芝罘	11月14日	上海
11月16日	阿拉兰特号	博伊斯	美国	波特兰		
11月16日	柯尼夫斯堡号	凯瑟	德国	上海	11月18日	芝罘
（11月3日）	弗雷斯特号	艾佛逊	美国	波特兰	11月18日	函馆
11月20日	叶世克总督号	舒尔特	德国	上海		

Seite 155.

Amtsblatt
für das
Deutsche Kiautschou-Gebiet.

青島官報

Herausgegeben vom Kaiserlichen Gouvernement Kiautschou.

Der Bezugspreis beträgt jährlich $ 0,60=M 1,20.
Bestellungen nehmen sämtliche deutsche Postanstalten entgegen.

| Jahrgang 3. | Nr. 49. | Tsingtau, den 29. November 1902. |

Bekanntmachung für Seefahrer.

Sämtliche in der Kiautschou-Bucht ausgelegten Fahrwasserbojen sollen des bevorstehenden Treibeises wegen anfangs Dezember ds. Js. aufgenommen werden. Dieselben werden im nächsten Frühjahr, sobald die Witterung dieses gestattet, wieder ausgelegt.

Tsingtau, den 25. November 1902.

Kaiserliches Hafenamt.

Bekanntmachung.

Zwischen Luitpold- und Albertstrasse ist eine Änderung der Blockeinteilung vorgenommen worden. Der Plan der neuen Strassenführung kann auf dem Landamte eingesehen werden.

Tsingtau, den 27. November 1902.

Das Landamt.

Aufgebot.

Es wird hiermit bekannt gemacht, dass
Max Johannes Hermann Carl **Breitenfeldt**, seines Standes Warenkontrolleur, geboren zu Stettin, 35 Jahre alt, wohnhaft zu Ling schan wei bei Kiautschou, Sohn des 61 Jahr alten, zu Görlitz in Schlesien wohnhaften Invaliden und Militäranwärters Johann Friedrich Ludwig Breitenfeldt und seiner zu Stettin verstorbenen Ehefrau Elise Emilie Auguste, geborenen Fischer,
und
Li jui tsai, ohne Gewerbe, geboren in Lung hsi hsiang, Kreis Pan yü hsien, Präfektur Kuang tschou, Provinz Kuang tung, 32 Jahre alt, wohnhaft zu Ling schan wei bei Kiautschou, Tochter des Kaufmannes und Geldwechslers Li po und der Wu, beide zu Honam, Canton, verstorben,

beabsichtigen, sich mit einander zu verheiraten und diese Ehe in Gemässheit des Reichsgesetzes vom 4. Mai 1870 vor dem unterzeichneten Beamten abzuschliessen.

Tsingtau, den 26. November 1902.

Der Kaiserliche Standesbeamte.
Günther.

Bekanntmachung.

Auf Antrag der Herren Lieb & Leu findet am Donnerstag, den 11. December 1902, vormittags 11 Uhr, im Landamt die öffentliche Versteigerung der Parzelle $\frac{16\frac{1}{2}}{21}$ des Kartenblatts 8 gegen Meistgebot statt.

Lage des Grundstücks: Ecke der Albertstrasse und der verlegten Kronprinzenstrasse (siehe besondere Bekanntmachung vom heutigen Tage).

Grösse: 1594 qm, Mindestpreis: $ 1323 ∞,

Benutzungsplan: Wohnhaus in landhausartiger Bebauung.

Frist zur Ausführung bis zum 1. Oktober 1904.

Gesuche zum Mitbieten sind bis zum 4. December 1902 hierher zu richten.

Tsingtau, den 27. Vovember 1902.

Das Landamt.

Seite 156. — Nr. 49.   Amtsblatte—青島官報   29. November 1902.

Bekanntmachung.

Gestohlene bezw. verlorene Gegenstände:

1.) Silberne Cylinderuhr, glatte Hinterseite, Zifferblatt etwas gesprungen;
2.) Silberne Remontoiruhr mit beschädigtem Goldrand, gesprungenem Glas und dreigliedriger Nickelkettet;
3.) Silberne Damenuhr (Remontoir), Goldrand, ohne Glas, vom Stundenzeiger ein Stück abgebrochen, Zifferblatt gesprungen;
4.) Schwarz Stahluhr (Remontoir), hintere Seite goldverziertes Wappen, goldene Zeiger, weisses Zifferblatt mit arabischen Zahlen;
5.) Fernglas (Trieder Binocle) im schwarzen Futteral;
6.) 12 Taschenmesser mit Elfenbein bezw. Perlmutter und Schildkröten Schalen.

Mitteilungen sind an die unterzeichnete Behörde zu richten. Vor Ankauf der Sachen wird gewarnt.

Tsingtau, den 26. November 1902.

Kaiserliches Polizei-Amt.

Bekanntmachung.

Besitzer von Pferden, Hunden p.p., denen Tiere abhanden gekommen sind, werden in ihrem eigenen Interesse ersucht, hiervon dem Polizeiamt persönlich, schriftlich oder durch Fernspruch unverzüglich Mitteilung zu machen. Hier eingelieferte Tiere werden dem rechtmässigen Eigentümer nur gegen Erstattung der Futterkosten und Pflegekosten ausgeliefert.

Im Laufe einer Woche zugelaufene oder eingefangene Hunde werden, wenn sich der Besitzer nicht meldet oder ermitteln lässt, Montags, vormittags 10 Uhr, im Strandlager öffentlich meistbietend versteigert. Hunde, welche bei der Versteigerung einen Erlös, welcher mindestens der Höhe der Futterkosten entsprechen muss, nicht bringen, werden getödtet.

Zu demselben Termine werden Pferde oder andere Tiere, deren Besitzer sich innerhalb einer Woche nach erfolgter Bekanntmachung im Amtsblatt nicht gemeldet haben, versteigert.

Tsingtau, den 26. November 1902.

Kaiserl. Polizei-Amt.

29. November 1902.   Amtsblatt—青島官報   Nr. 49.—Seite 157.

Amtliche Mitteilungen

Hafen-Kapitän Albinus ist zu einer Informationsreise nach Schanghai bis zum 11. December ds. Js. entsandt. Mit der Vertretung ist Oberleutnant z. S. Buchholz beauftragt.

Marinehafenbaumeister Rollmann hat am 22. ds. Mts. die Geschäfte des Baudirektors und des Vorstandes der gesamten Bauverwaltung von dem in die Heimat zurückkehrenden Marine-Baurat und Hafenbaubetriebsdirektor Gromsch übernommen.

Regierungsbaumeister Probst hat die Leitung der Geschäfte der Bauverwaltung, Abteilung I von dem Wasserbauinspektor Born übernommen.

Diplom-Ingenieur Steinmetz hat die Dienstgeschäfte der Bauverwaltung, Abteilung II von Regierungsbaumeister Sievert übernommen.

Sonnen-Auf- und Untergangs-Tabelle für Monat Dezember 1902

Tag	Mittlere Zeit des scheinbaren Sonnen-Aufgangs.		Sonnen-Untergangs.	
1.	6 Uhr.	50.5 Min.	5 Uhr.	47.0 Min.
2.	—	51.4	—	47.0
3.	—	52.3	—	47.0
4.	—	53.2	—	46.9
5.	—	54.1	—	46.9
6.	—	55.0	—	46.8
7.	—	55.8	—	46.8
8.	—	56.6	—	46.9
9.	—	57.4	—	46.9
10.	—	58.2	—	47.0
11.	—	59.0	—	47.0
12.	—	59.8	—	47.2
13.	7 —	0.6	—	47.4
14.	—	1.3	—	47.6
15.	—	2.0	—	47.8
16.	—	2.7	—	48.1
17.	—	3.3	—	48.5
18.	—	3.9	—	48.9
19.	—	4.5	—	49.3
20.	—	5.1	—	49.7
21.	—	5.7	—	50.1
22.	—	6.2	—	50.6
23.	—	6.7	—	51.1
24.	—	7.2	—	51.6
25.	—	7.6	—	52.2
26.	—	8.0	—	52.8
27.	—	8.3	—	53.4
28.	—	8.6	—	54.0
29.	—	8.9	—	54.7
30.	—	9.2	—	55.4
31.	—	9.5	—	56.1

Hochwassertabelle für Tsingtau, Taputou und Nükukou. für den Monat December 1902.

Datum	Tsingtau Vormittags	Nachmittags	Taputou Vormittags	Nachmittags	Nükukou Vormittags	Nachmittags
1.	5 U. 13 M.	5 U. 31 M.	6 U. 03 M.	6 U. 21 M.	6 U. 13 M.	6 U. 31 M.
2.	5 „ 49 „	6 „ 06 „	6 „ 39 „	6 „ 56 „	6 „ 49 „	7 „ 06 „
3.	6 „ 24 „	6 „ 41 „	7 „ 14 „	7 „ 31 „	7 „ 24 „	7 „ 41 „
4.	6 „ 58 „	7 „ 15 „	7 „ 48 „	8 „ 05 „	7 „ 58 „	8 „ 15 „
5.	7 „ 32 „	7 „ 49 „	8 „ 22 „	8 „ 39 „	8 „ 32 „	8 „ 49 „
6.	8 „ 08 „	8 „ 26 „	8 „ 58 „	9 „ 16 „	9 „ 08 „	9 „ 26 „
7.	8 „ 48 „	9 „ 09 „	9 „ 38 „	9 „ 59 „	9 „ 48 „	10 „ 09 „
8.	9 „ 35 „ ●	10 „ 01 „	10 „ 25 „	10 „ 51 „	10 „ 35 „	11 „ 01 „
9.	10 „ 33 „	11 „ 05 „	11 „ 23 „	11 „ 55 „	11 „ 33 „	—
10.	11 „ 40 „	—	—	0 „ 30 „	0 „ 05 „	0 „ 40 „
11.	0 „ 14 „	0 „ 50 „	1 „ 04 „	1 „ 40 „	1 „ 14 „	1 „ 50 „
12.	1 „ 25 „	1 „ 58 „	2 „ 15 „	2 „ 48 „	2 „ 25 „	2 „ 58 „
13.	2 „ 31 „	3 „ 01 „	3 „ 21 „	3 „ 51 „	3 „ 31 „	4 „ 01 „
14.	3 „ 31 „	3 „ 58 „	4 „ 21 „	4 „ 48 „	4 „ 31 „	4 „ 58 „
15.	4 „ 26 „ ○	4 „ 52 „	5 „ 16 „	5 „ 42 „	5 „ 26 „	5 „ 52 „
16.	5 „ 18 „	5 „ 43 „	6 „ 08 „	6 „ 33 „	6 „ 18 „	6 „ 43 „
17.	6 „ 09 „	6 „ 33 „	6 „ 59 „	7 „ 23 „	7 „ 09 „	7 „ 33 „
18.	6 „ 56 „	7 „ 19 „	7 „ 46 „	8 „ 09 „	7 „ 56 „	8 „ 19 „
19.	7 „ 42 „	8 „ 04 „	8 „ 32 „	8 „ 54 „	8 „ 42 „	9 „ 04 „
20.	8 „ 26 „	8 „ 48 „	9 „ 16 „	9 „ 38 „	9 „ 26 „	9 „ 48 „
21.	9 „ 10 „	9 „ 34 „ ◉	10 „ 00 „	10 „ 24 „	10 „ 10 „	10 „ 34 „
22.	9 „ 58 „	10 „ 27 „	10 „ 48 „	11 „ 17 „	10 „ 58 „	11 „ 27 „
23.	10 „ 56 „	11 „ 29 „	11 „ 46 „	—	11 „ 56 „	—
24.	—	0 „ 03 „	0 „ 19 „	0 „ 53 „	0 „ 29 „	1 „ 03 „
25.	0 „ 39 „	1 „ 15 „	1 „ 29 „	2 „ 05 „	1 „ 39 „	2 „ 15 „
26.	1 „ 47 „	2 „ 19 „	2 „ 37 „	3 „ 09 „	2 „ 47 „	3 „ 19 „
27.	2 „ 46 „	3 „ 13 „	3 „ 36 „	4 „ 03 „	3 „ 46 „	4 „ 13 „
28.	3 „ 36 „	3 „ 58 „	4 „ 26 „	4 „ 48 „	4 „ 36 „	4 „ 58 „
29.	4 „ 17 „	4 „ 37 „ ◐	5 „ 07 „	5 „ 27 „	5 „ 17 „	5 „ 37 „
30.	4 „ 55 „	5 „ 13 „	5 „ 45 „	6 „ 03 „	5 „ 55 „	6 „ 13 „
31.	5 „ 31 „	5 „ 49 „	6 „ 21 „	6 „ 39 „	6 „ 31 „	6 „ 49 „

1) ● = Vollmond. 2) ○ = Letztes Viertel. 3) ◉ = Neumond. 4) ◐ = Erstes Viertel.

Meteorologische Beobachtungen.

Datum Nov.	Barometer (mm) reduz. auf 0°C., Seehöhe 24,03m			Temperatur (Centigrade)								Dunstspannung in mm			Relat. Feuchtigkeit in Prozenten		
				trock. Therm.			feucht. Therm.										
	7 Vm	2 Nm	9 Nm	7 Vm	2 Nm	9 Nm	7 Vm	2 Nm	9 Nm	Min.	Max.	7 Vm	2 Nm	9 Nm	7 Vm	2 Nm	9 Nm
21	767,0	767,0	769,0	4,3	7,5	4,1	2,9	4,4	2,4	4,3	16,5	4,8	4,4	4,4	77	58	72
22	69,2	69,2	71,5	2,7	6,9	5,7	1,5	4,9	3,3	2,7	8,0	4,4	5,3	4,4	79	72	64
23	72,0	72,0	73,1	4,7	8,7	3,9	3,3	5,1	2,6	3,0	8,5	5,0	4,4	4,8	78	72	78
24	71,9	70,1	70,5	5,0	11,3	8,7	3,0	7,1	5,6	3,5	9,0	4,5	5,0	5,0	69	50	59
25	72,1	71,6	73,0	5,9	11,7	7,9	3,7	7,9	4,6	5,9	11,5	4,7	5,7	4,4	68	55	56
26	72,4	70,3	69,0	5,5	11,7	11,4	4,2	9,9	9,9	5,0	12,0	5,4	7,1	8,2	80	69	82
27	69,5	65,4	68,7	9,1	15,3	11,0	8,3	11,0	9,3	5,8	11,9	7,6	7,2	7,7	89	56	79

Datum Nov.	Wind Richtung & Stärke nach Beaufort (0—12)			Bewölkung						Niederschläge in mm		
				7 Vm		2 Nm		9 Nm				9 Nm
	7 Vm	2 Nm	9 Nm	Grad	Form	Grad	Form	Grad	Form	7 Vm	9 Nm	7 Vm
21	NNW 6	N 5	NNE 5	8	cum	10	cir-cu	—	—			
22	NNE 4	NNE 3	NE 4	3	cum	2	cir	2	cum			
23	N 3	N 3	NE 1	5	cir-cu	4	cum	—	—			
24	Stille 0	SW 2	SSW 1	2	cum	3	cir-str	—	—			
25	NNE 1	NW 1	NNE 1	3	cum	—		—	—			
26	NNE 1	E 2	NNE 1	8	cum	10	cum-ni	10	cum			
27	Stille 0	WSW 1	SW 1	—	—	2	cum	4	cir-cu			

Schiffsverkehr

in der Zeit vom 20.—27. November 1902.

Angekommen am	Name	Kapitän	Flagge	von	Abgefahren am	nach
20.11.	D. Gouv. Jaeschke	Schuldt	Deutsch	Schanghai	20.11.	Schanghai
20.11.	D. Kwang Sang	Lake	Englisch	Hamburg	27.11.	Tientsin
20.11.	D. Tsintau	Hansen	Deutsch	Tschifu	22.11.	Schanghai
22.11.	D. Vorwärts	Sohnemann	„	Schanghai	23.11.	Tschifu
(11.11.)	D. Aragonia	Först	„	via Manila	26.11.	Moji
26.11.	D. Gouv. Jaeschke	Schuldt	„	Schanghai		

Druck der Missionsdruckerei, Tsingtau.

第三年 第四十九号

1902年11月29日

对水手的告白

所有在胶州湾内铺设的水道浮标,由于面临浮冰,将在今年12月初收回。只要天气情况允许,它们会在明年春天再度铺设。

青岛,1902年11月25日
皇家船政局

告白

现调整在路易波德大街①和阿尔伯特大街之间的地块分配,新的街道图可以在地亩局查看。

青岛,1902年11月27日
地亩局

结婚启事

马克斯·约翰内斯·赫尔曼·卡尔·布莱顿费尔德,职业为商品检验员,出生于史特汀,现年35岁,居住地为胶州附近的灵山卫,为现年61岁、居住于施莱新州格里茨的残疾文职候选军人约翰·弗里德里希·路德维希·布莱顿费尔德和他在史特汀去世、出生时姓费舍尔的妻子艾莉泽·艾米莉·奥古斯特的儿子。

李玉彩(音译),无业,生于广东省广州府番禺县龙溪乡,现年32岁,居住地为胶州附近的灵山卫,是商人和货币兑换商李博(音译)与吴氏(音译)的女儿,二人均来自广州河南道,已故。

---

① 译者注:即今浙江路。

现宣布：二人将结为连理，根据 1870 年 5 月 4 日的帝国法律，在本官员面前缔结婚姻。

青岛，1902 年 11 月 26 日

皇家民政官

冈特

告白

应李普和罗伊先生申请，将于 1902 年 12 月 11 日星期四上午 11 点在地亩局公开拍卖地籍册第 8 页第 162/21 号地块，价高者得。

地块位置：阿尔伯特大街与经过迁移的皇太子大街①（参见今日的特别告白）拐角。

面积：1 594 平方米，最低价：1 323.00 元。

使用规划：乡村别墅风格的居住楼。

规划执行期限：1904 年 10 月 1 日。

出价申请须最晚于 1902 年 12 月 4 日递交至本处。

青岛，1902 年 11 月 27 日

地亩局

告白

启者：据报被偷、被拾各物列左：

一、银壳时表一只，后面光滑玻璃稍坏；

二、银壳尾上弦表一只，金表墙稍损，玻璃坏，并有二股连环钢链一条；

三、银壳尾上弦女表一只，金表墙，无玻璃，时针断，半字码有损；

四、黑色尾上弦钢表一只，后壳镶有金线玩意，白色阿拉巴字码；

五、千里镜一具，外有黑色套；

六、小刀十二把，柄镶象牙、牛角、云母石等物。前列各物应报本衙门，不得干究售卖。特谕。

大德一千九百二年十一月二十六日

青岛巡捕衙门启

---

① 译者注：即今湖北路。

告白

启者：所有马、狗等兽一经走失，该东主宜速亲到，或致函，或由德律风报明本衙门。

凡一切牲口被获，须先交还养费始能领回。如狗被获一礼拜内无人报领，即于下礼拜一早十点钟在西营盘拍卖。倘所订卖价不足养费，即行致毙弗售。至马及他项牲口被获后，必登官报，若一礼拜无人来领，同于是早拍卖。特布。

德一千九百二年十一月二十六日
青岛巡捕衙门启

官方消息

港务局长阿尔比努斯被派遣前往上海了解情况，至今年12月11日。

海军筑港工程师罗尔曼于本月22日接手了由正返回家乡的海军建设顾问和筑港工程经理格罗姆施的建造经理和建造管理局董事会主席职务。

政府建筑师普罗普斯特接手了之前由水上建筑监查员伯恩担任的总工部局第一工部局领导工作。

硕士工程师施坦梅茨接手了之前由政府建筑师西维特担任的总工部局第二工部局的领导工作。

船运

1902年11月20日—27日期间

到达日	轮船船名	船长	挂旗国籍	出发港	出发日	到达港
11月20日	叶世克总督号	舒尔特	德国	上海	11月20日	上海
11月20日	光桑号	雷克	英国	汉堡	11月27日	天津
11月20日	青岛号	韩森	德国	芝罘	11月22日	上海
11月22日	前进号	索纳曼	德国	上海	11月23日	芝罘
（11月11日）	阿拉贡号	佛斯特	德国	经马尼拉	11月26日	门司
11月26日	叶世克总督号	舒尔特	德国	上海		

Amtsblatt
für das
Deutsche Kiautschou-Gebiet.

青島官報

Herausgegeben vom Kaiserlichen Gouvernement Kiautschou.

Der Bezugspreis beträgt jährlich $ 0,60=M 1,20.
Bestellungen nehmen sämtliche deutsche Postanstalten entgegen.

Jahrgang 3.	Nr. 50.	Tsingtau, den 6. December 1902.

Verordnung

betreffend die Einrichtung und Führung des Güterrechtsregisters beim Kaiserlichen Gericht von Kiautschou.

Das Güterrechtsregister beim Kaiserlichen Gericht von Kiautschou ist bis auf Weiteres unter sinnentsprechender Anwendung der Allgemeinen Verfügung des Preussischen Justizministers vom 6. November 1899 (Preuss. Justizministerialblatt S. 299) einzurichten und zu führen.

Tsingtau, den 27. November 1902.

Der Kaiserliche Gouverneur
Truppel.

Bekanntmachung.

Den Beamten der Baupolizei sind Erkennungskarten ausgestellt worden, um zu vermeiden, dass, wie es bisher bei baupolizeilichen Besichtigungen von Neubauten wiederholt vorgekommen ist, Zweifel über die amtliche Eigenschaft entstehen können.

Tsingtau, den 1. December 1902.

Der Kaiserliche Civilkommissar.

Bekanntmachung.

Die verlängerte Prinz Heinrichstrasse ist zwecks ihrer Befestigung vom 8. d. M. ab bis auf weiteres gesperrt.

Tsingtau, den 4. December 1902.

Kaiserliche Bauabteilung II.

大德輔政司崑為

給發憑單事照得工部局員有
監查房屋責誠恐房主未明其
故合亟予以憑單嗣後該員等
往查新建房屋時隨帶在身用
示據實而免歧視須至准單者
右單給

大德一千九百二年十二月一日給

Seite 160. — Nr. 50.   Amtsblatt—報官島青   6. December 1902.

Bekanntmachung.

Am Montag, den 8. December 1902, vormittags 10 Uhr, sollen im Strandlager zwei Dienstpferde öffentlich meistbietend gegen Baarzahlung versteigert werden.

Tsingtau, den 3. December 1902.

Kaiserliches Polizei-Amt.

Verdingungs-Anzeige.

Die Abtragung der Felskuppe auf der Hafeninsel soll vergeben werden.

Die Verdingungsunterlagen liegen im Geschäftszimmer der Bauabteilung I zur Einsicht aus.

Angebote sind verschlossen und mit der Aufschrift „Abtrag der Felskuppe auf der Hafeninsel" unter Anerkennung der Verdingungsunterlagen bis zu dem am **Donnerstag, den 11. Dezember 1902, vorm. 10 Uhr,** im Geschäftszimmer der unterzeichneten Bauabteilung stattfindenden Verdingungstermin einzureichen.

Tapautau, den 4. December 1902.

Bauabteilung I.

Bekanntmachung.
Gestohlene bezw. verlorene Gegenstände.

1. Silberne Remontoiruhr № 55550 mit Sprungdeckel und Stahlkette;
2. Goldene Uhr mit Goldkette, auf dem Zifferblatt steht: „Americain Waltham Watch companie"; auf der Innenseite des Deckels ist der Vermerk: „Faylis 14 K. Monarch" eingraviert;
3. Silberne Uhr, auf der Innenseite des Deckels steht der Name Leo Schulz;
4. 2 Elfenbeinbillardbälle mit 1 bezw. 2 Punkten.

Mitteilungen sind an die unterzeichnete Behörde zu richten. Vor Ankauf der Sachen wird gewarnt.

Tsingtau, den 3. December 1902.

Kaiserliches Polizei-Amt.

6. December 1902.   Amtsblatt—青島官報   Nr. 50.—Seite 161.

Bekanntmachung.

Am 18. November 1902 ist in der Mitte der Fuschanso-Bucht ein Torpedo verloren gegangen. Derjenige, welcher den Torpedo bei dem unterzeichneten Kommando abliefert, beziehungsweise mitteilt, dass der Torpedo abgeholt werden kann, erhält eine Belohnung von 50 Dollar

Tsingtau, den 27. November 1902.

Kommando S. M. Torpedoboot „Taku".

Amtliche Mitteilungen.

Das Kaiserlich Chinesische Seezollamt in Tschifu hat am 21. November 1902 für Seefahrer folgende Bekanntmachung erlassen:

Lokal-Nachricht für Seefahrer.

Treibgefahr.

Es wird bekannt gemacht, dass sich in letzter Nacht in Port Arthur ausserhalb des Hafens ein hölzerner Leichter von hundert Tonnen von seinem Pfahl losgerissen hat und jetzt vermutlich irgendwo in der Bucht zwischen hier und Port Arthur treibt. Schiffsführer, welche nach Norden fahren, werden hiermit auf diese Gefahr aufmerksam gemacht.

賞格

啓者本輪前於德十一月十八日即中十月十九日在浮山所灣中央失去水雷一具現尙未獲爲此懸賞如有人能尋獲送交本輪或知踪報信經本輪派人撈獲者均賞花紅洋銀五十元決不食言特佈

德一千九百二年十一月二十七日

大沽魚雷船啓

Schiffsliste

in der Zeit vom 27. November—4. Dezember 1902.

Angekommen am	Name	Kapitän	Flagge	von	Abgefahren am	nach
27.11.	D. Knivsberg	Kayser	Deutsch	Tschifu	28.11.	Schanghai
(26.11.)	D. Gouv. Jaeschke	Schuldt	„	Schanghai	29.11.	Schanghai
29.11.	D. Tsintau	Hansen	„	„	„	Tschifu
2.12.	D. Jacob Diederichsen	Ohlsen	„	Hongkong	2.12.	„
„	D. Vorwärts	Sohnemann	„	Tschifu	„	Schanghai
„	D. Alesia	Schönfeldt	„	„		

Meteorologische Beobachtungen.

Da-tum Nov.	Barometer (mm) reduz. auf 0°C., Seehöhe 24,03m			Temperatur (Centigrade)								Dunst-spannung in mm			Relat. Feuchtigkeit in Prozenten		
				trock. Therm.			feucht. Therm.			Min.	Max.						
	7 Vm	2 Nm	9 Nm	7 Vm	2 Nm	9 Nm	7 Vm	2 Nm	9 Nm			7 Vm	2 Nm	9 Nm	7 Vm	2 Nm	9 Nm
28	769,9	769,1	769,4	8,1	9,9	7,4	6,9	6,9	5,3	8,0	15,5	6,7	5,6	5,4	83	62	70
29	67,4	65,3	64,9	4,1	10,3	11,1	3,1	8,3	9,0	4,1	10,5	5,1	6,9	7,3	84	74	74
30	63,8	62,5	63,3	11,5	15,4	13,8	10,7	12,3	12,8	4,5	12,0	9,1	8,8	10,4	91	67	90
Dez. 1	61,9	62,5	66,7	11,9	13,1	7,7	10,8	10,9	5,5	11,9	15,5	9,0	8,4	5,4	87	75	69
2	69,7	68,3	67,1	2,3	9,3	9,9	1,1	6,1	7,1	2,3	13,2	4,3	5,1	5,8	79	58	64
3	64,2	62,8	66,2	10,1	13,1	6,5	8,3	11,9	5,3	2,8	11,0	7,0	9,7	6,0	76	87	83

Da-tum Nov.	Wind Richtung & Stärke nach Beaufort (0—12)			Bewölkung						Niederschläge in mm		
				7 Vm		2 Nm		9 Nm				
	7 Vm	2 Nm	9 Nm	Grad	Form	Grad	Form	Grad	Form	7 Vm	9 Nm	9 Nm / 7 Vm
28	NNO 6	NNW 3	NNO 5	3	cir-cu	10	cum	8	cu-ni			
29	NNW 1	SSW 1	SW 1	1	cir-str	10	cu-ni	7	cu-ni			
30	SW 1	SSW 4	SSW 1	2	cum	—		—				
Dez. 1	NNW 2	NNO 3	NNO 5	10	cu-ni	10	cu-ni	—				
2	N O 1	O 3	SSW 3	1	cum	2	cu	3	cum			
3	SW 1	SW 3	N O 4	3	cir-cu	8	cum	3	cu-str			

Druck der Missionsdruckerei, Tsingtau.

第三年 第五十号

1902年12月6日

关于在胶澳皇家审批厅设立并运营物权登记的命令

暂时按照普鲁士司法部在1899年11月6日颁布的一般性命令（普鲁士司法部法书第299页），在胶澳皇家审判厅设立并运营物权登记。

青岛，1902年11月27日
皇家总督
都沛禄

大德辅政司崑　为

给发凭单事：照得工部局员有监查房屋责，诚恐房主未明其故，合亟予以凭单。嗣后，该员等往查新建房屋时随带在身，用示据实而免歧视，须至准单者右单给收执。

大德一千九百二年十二月一日给

告白

海因里希亲王街的延长部分因为加固，从本月8日起封闭。

青岛，1902年12月4日
皇家总工部局第二工部局

告白

启者：本处兹有骟马两匹，拟于西本月初八，即中本月初九日早十点钟在西营盘拍卖。如有意欲购买者，届时赴该营盘面议可也。此布。

德一千九百二年十二月初三日
巡捕衙门启

告白

启者：本局现欲将蔓菁岛①上参差不齐尖石一律划平，故特招人包打。至于如何包打，章程可赴本局阅看。如有意愿按照章程包打者，即用信封封固，书明"包打蔓菁岛尖石事"，限至德本月十一日早十点钟止，届特往候可也。此布。

德一千九百二年十二月初四日
第一工部局启

告白

启者：据报被偷、被拾各物列左：一、银壳柄上弦时表一枚，刻有 55550 号码，带有钢练（链）一条，开放表壳钢簧一处。二、金壳金练（链）时表一枚，刻有美国字号四字，后壳亦有四美字。三、银表一枚，壳上刻有姓名，即 Leo Schulz。四、桌面斗打象牙圆弹二个，一有一点，一有二点。以上所列各物如有应报明本衙门，不得干究售卖。特谕。

德一千九百二年十二月初三日
巡捕衙门启

赏格

启者：本轮前于德十一月十八日，即中十月十九日在浮山所湾中央失去水雷一具，现尚未获，为此悬赏。如有人能寻获送交本轮，或知踪报信，经本轮派人捞获者，均赏花红洋银五十元，决不食言。特布。

德一千九百二年十一月二十七日
大沽鱼雷船启

官方消息

大清东海关于 1902 年 11 月 21 日向海员公布下列告白：

提供给海员的本地新闻

驾驶危险

现公布：昨日夜，旅顺港外的一艘百吨驳船脱离了固定木桩，估计现在在位于本地与旅顺港之间的海湾漂流。在此提醒驶往北边的船长注意该危险。

---

① 译者注：大港附近海域的岛礁。据谋乐的《山东德邑村镇志》记载，建设大港时，通过此岛礁为大港浇注了防波堤和码头，后同陆地相连，又称"港口岛"。

船运

1902年11月27日—12月4日期间

到达日	轮船船名	船长	挂旗国籍	出发港	出发日	到达港
11月27日	柯尼夫斯堡号	凯瑟	德国	芝罘	11月28日	上海
(11月26日)	叶世克总督号	舒尔特	德国	上海	11月29日	上海
11月29日	青岛号	韩森	德国	上海	11月29日	芝罘
12月2日	捷成号	奥尔森	德国	香港	12月2日	芝罘
12月2日	前进号	索纳曼	德国	芝罘	12月2日	上海
12月2日	阿莱西亚号	熏菲尔德	德国	芝罘		

Amtsblatt
für das Deutsche Kiautschou-Gebiet.

青島官報

Herausgegeben vom Kaiserlichen Gouvernement Kiautschou.

Der Bezugspreis beträgt jährlich $ 0,60=M 1,20.
Bestellungen nehmen sämtliche deutsche Postanstalten entgegen.

Jahrgang 3.   Nr. 51.   Tsingtau, den 13. December 1902.

Bekanntmachung.

In letzter Zeit ist es wiederholt vorgekommen, dass Radfahrer während der Dunkelheit nicht das vorgeschriebene Licht an ihren Rädern geführt haben.

Nach § 4 der Polizeiverordnung vom 10. Juni ds. Js. (Amtsblatt 1902 Seite 86) müssen sämtliche auf den Strassen des Stadtgebiets verkehrende Fahrzeuge von Dunkelwerden bis Sonnenaufgang ein Licht an sichtbarer Stelle führen. Zuwiderhandlungen werden mit Geldstrafe bis zu 150 Mark bestraft; im Falle die Geldstrafe nicht beizutreiben ist, tritt Haftstrafe bis zu 6 Wochen ein.

Unter die Bestimmung des § 4 der genannten Verordnung fallen, wie das Kaiserliche Gericht hier bereits mehrfach entschieden hat, selbstverständlich auch Fahrräder, obgleich diese in der Ueberschrift des § 4 nicht ausdrücklich aufgeführt sind.

Alle Radfahrer werden deshalb dringend ersucht, nicht nur im eigenen Interesse, um ihre Bestrafung zu vermeiden, sondern auch im Interesse des allgemeinen Verkehrs, um Unfälle zu verhüten, während der Dunkelheit für die Beleuchtung ihrer Fahrräder zu sorgen.

Tsingtau, den 5. December 1902.

Der Civilkommissar.

Seite 164.—Nr. 51.   Amtsblatt—青島官報   13. December 1902.

Bekanntmachung.
Gestohlene Gegenstände.

56 Khakiröcke für ostasiatische Besatzungstruppen.

Mitteilungen sind an die unterzeichnete Behörde zu richten. Vor Ankauf der Sachen wird gewarnt.

Tsingtau, den 10. December 1902.

Kaiserliches Polizei-Amt.

Bekanntmachung.

In das bei dem unterzeichneten Gericht geführte Güterrechtsregister ist folgendes eingetragen worden:

Zwischen dem Kaufmann Hans von Koslowski und seiner Ehefrau Haru, geborenen Jashina, verwitweten Berger, beide in Tsingtau wohnhaft, ist durch gerichtlichen Vertrag vom 19. November 1902 die Gütertrennung vereinbart.

Tsingtau, den 2. December 1902.

Kaiserliches Gericht von Kiautschou.

Verdingungsanzeige.

Die Lieferung der für das Rechnungsjahr 1903 erforderlichen Wasserleitungsgegenstände—**Deutschen Fabrikats**—für den weiteren Ausbau der hiesigen Wasserversorgungsanlage soll vergeben werden.

Die Bedingungen liegen im Geschäfts-Zimmer der Bauabteilung II zur Einsicht aus und werden auch für 2,00 $ abgegeben.

Submissionstermin: 2. Februar 1903, vormittags 11 Uhr.

Verschlossene und mit der Aufschrift: „Submission auf Wasserleitungsgegenstände" versehene Angebote sind bis zu dem genannten Termin einzureichen.

Tsingtau, den 11. December 1902.

Bauabteilung II.

告白

啓者留戍兵丁所穿之灰色絨襖被人竊去五十六件諭仰諸色人等切勿輕買此項賍物如有知踪報明本署可也此佈

德一千九百二年十二月初十日

青島巡捕衙門啓

Verdingung.

Für den Neubau eines Wohnhauses für 3 Unterbeamte (Garnisonwaschanstalt) sollen im öffentlichen Verfahren vergeben werden:

Loos I: Tischler-, Schlosser- und Glaserarbeiten,
„ II: Anstreicherarbeiten.

Die Verdingungsunterlagen liegen im Geschäftszimmer der Hochbauabteilung vom 15. d. Mts. ab zur Einsicht aus; Bietungsformulare und Bedingungen können ebendaher gegen Erstattung von $ 1,50 für je ein Loos, solange vorrätig, bezogen werden.

Die Angebote, welche verschlossen, versiegelt und mit entsprechender Aufschrift versehen, nebst den erforderlichen Proben

für Loos I bis zum 20. Dezember 1902, vorm. 10 Uhr,

für Loos II bis zum 20. Dezember 1902, vorm. 11 Uhr,

an die unterzeichnete Stelle einzureichen sind, werden zum angegebenen Zeitpunkte in Gegenwart der erschienenen Bewerber eröffnet werden.

Zuschlagsfrist drei Wochen.

Tsingtau, den 10. Dezember 1902.

Hochbauabteilung.

13. December 1902.   Amtsblatt—青島官報   Nr. 51. — Seite 165.

Bekanntmachung.

Die öffentlichen Bekanntmachungen des unterzeichneten Gerichts erfolgen im Jahre 1903 durch den Ostasiatischen Lloyd in Schanghai und das Amtsblatt für das deutsche Kiautschou-Gebiet und — soweit die Veröffentlichung durch den deutschen Reichsanzeiger erfolgen muss —, auch durch diesen.

Tsingtau, den 8. Dezember 1902.

Kaiserliches Gericht von Kiautschou.

Verdingung.

Die Herstellung und Anbringung von inneren Doppelfenstern an der Nordseite der Lazarettgebäude soll öffentlich vergeben werden.

Die Verdingungsunterlagen liegen im Geschäftszimmer der Hochbauabteilung zur Einsicht aus; auch können Verdingungsanschläge, solange vorhanden, ebendaher gegen Einzahlung von $ 2 bezogen werden.

Versiegelte und mit entsprechender Aufschrift versehene Angebote sind bis zu dem auf Sonnabend, den 20. ds. Mts, vormittags 10 ½ Uhr, festgesetzten Eröffnungstermine an die unterzeichnete Behörde einzureichen.

Zuschlagsfrist: 3 Wochen.

Tsingtau, den 10. December 1902.

Hochbauabteilung.

Amtliche Mitteilungen.

Dem Gouverneur Truppel ist nach einer telegraphischen Nachricht des Reichsmarineamts der Kronenorden II Klasse verliehen worden.

*   *   *

*Marine-Generaloberarzt König hat die Dienstgeschäfte des Gouvernementsarztes von Marine-Oberstabsarzt Lerche übernommen.

Schantung-Eisenbahn.
Fahrplan
für die Strecke
Tsingtau-Weihsien-Changlohsien.
gültig ab 10. Dezember 1902.

8.00	Vm.	ab	Tsingtau	an	3.46 Nm.
8.14	„	an	Syfang	ab	3.33 „
8.17	„	ab	„	an	3.30 „
8.48	„	an	Tsangkou	ab	2.59 „
8.50	„	ab	„	an	2.57 „
9.05	„	an	Tschoutsun	ab	2.42 „
9.06	„	ab	„	an	2.41 „
9.16	„	an	Tschengyang	ab	2.31 „
9.18	„	ab	„	an	2.29 „
9.39	„	an	Nantschuan	ab	2.08 „
9.48	„	ab	„	an	1.58 „
10.06	„	an	Lantsun	ab	1.41 „
10.08	„	ab	„	an	1.39 „
10.17	„	an	Likotschuang	ab	1.30 „
10.18	„	ab	„	an	1.29 „
10.33	„	an	Tahuang	ab	1.15 „
10.34	„	ab	„	an	1.14 „
10.48	„	an	Kiautschou	ab	1.00 „
10.58	„	ab	„	an	12.50 „
11.12	„	an	Tahang	ab	12.37 „
11.13	„	ab	„	an	12.36 „
11.22	„	an	Tselantschuang	ab	12.27 „
11.24	„	ab	„	an	12.25 „
11.34	„	an	Yaukotschuang	ab	12.15 „
11.35	„	ab	„	an	12.14 „
11.49	„	an	Kaumi	ab	12.00 „
12.09	Nm.	ab	„	an	11.50 Vm.
12.35	„	an	Tsaitschiatschuang	ab	11.24 „
12.36	„	ab	„	an	11.23 „
12.48	„	an	Taerl pu	ab	11.12 „
12.50	„	ab	„	an	11.10 „
1.02	„	an	Tschiangling	ab	10.59 „
1.05	„	ab	„	an	10.56 „
1.20	„	an	Tai bautschuang	ab	10.44 „
1.21	„	ab	„	an	10.43 „
1.31	„	an	Tso schan	ab	10.31 „
1.41	„	ab	„	an	10.21 „
1.53	„	an	Huantschipu	ab	10.08 „
1.54	„	ab	„	an	10.07 „
2.02	„	an	Nanliu	ab	9.59 „
2.05	„	ab	„	an	9.56 „
2.29	„	an	Hamatun	ab	9.38 „
2.30	„	ab	„	an	9.37 „
2.46	„	an	Tschangloyuen	ab	9.19 „
3.01	„	ab	„	an	9.04 „
3.15	„	an	Erlschilipu	ab	8.48 „
3.16	„	ab	„	an	8.47 „
3.27	„	an	Weihsien	ab	8.36 „
3.42	„	ab	„	an	8.21 „
4.10	„	an	Tayüho	ab	7.53 „
4.11	„	ab	„	an	7.52 „
4.31	„	an	Tschulitien	ab	7.32 „
4.32	„	ab	„	an	7.31 „
5.00	„	an	Changlohsien	ab	7.03 „

Von oben nach unten zu lesen. Von unten nach oben zu lesen.

Meteorologische Beobachtungen.

Datum. Dez.	Barometer (m m) reduz. auf 0°C., Seehöhe 24,03m 7 Vm		9 Nm	Temperatur (Centigrade) trock. Therm. 7 Vm	2 Nm	9 Nm	feucht. Therm. 7 Vm	2 Nm	9 Nm	Min.	Max.	Dunstspannung in mm 7 Vm	2 Nm	9 Nm	Relat. Feuchtigkeit in Prozenten 7 Vm	2 Nm	9 Nm
		2 Nm															
4	768,9	768,7	69,6	2,5	7,3	5,1	0,4	4,5	3,1	2,5	14,0	3,5	4,6	4,5	63	61	69
5	70,5	69,3	69,7	-1,5	-1,1	-2,1	-2,1	-1,3	-2,4	-1,3	7,3	3,6	4,1	3,7	88	96	94
6	69,6	69,5	69,0	-4,9	-2,3	-4,4	-5,1	-3,5	-5,6	-5,7	-1,0	3,0	2,9	2,3	95	75	73
7	68,0	65,9	66,4	-3,7	4,1	-0,1	-4,1	2,2	-2,5	-5,6	-2,0	3,1	4,2	2,5	91	69	56
8	67,4	67,8	68,7	-4,3	1,8	-0,3	-4,7	-2,6	-1,7	-4,5	4,5	3,0	1,5	3,3	91	28	74
9	68,1	65,8	66,2	-1,0	6,7	7,1	-1,5	5,5	5,5	-3,9	2,0	3,9	6,1	5,6	90	83	74
10	66,0	65,9	68,0	7,3	10,6	8,6	6,2	7,2	6,2	-0,5	8,6	6,4	5,5	5,7	85	58	68

Datum. Dez.	Wind Richtung & Stärke nach Beaufort (0—12) 7 Vm	2 Nm	9 Nm	Bewölkung 7 Vm Grad	Form	2 Nm Grad	Form	9 Nm Grad	Form	Niederschläge in mm 7Vm	9Nm	9 Nm + 7 Vm
4	N O 2	N N W 1	O 4	3	cu-ni	5	cu-ni	10	cu-ni			
5	N O 7	N N O 6	N N W 5	10	nim	10	nim	10	nim			
6	N W 4	N W 4	N N O 1	6	cum	7	cum	—	—			
7	Stille 0	W 1	N 1	4	cum	3	cum	—	—			
8	N W 2	N N W 3	N N W 2	1	cum	—	—	1	cum			
9	N 1	N W 1	O 1	7	cu-ni	7	cum	8	cum			2,7
10	O 1	O S O 2	O S O 1	10	cu-ni	9	cum	8	cu-ni	2,7		

Schiffswerkehr

in der Zeit vom 5.—11. Dezember 1902.

Angekommen am	Name	Kapitän	Flagge	von	Abgefahren am	nach
5.12.	D. Gouv. Jaeschke	Schuldt	Deutsch	Schanghai	6.12.	Schanghai
8.12.	D. Jacob Diederichsen	Ohlsen	„	Tschifu	10.12.	Hongkong
9.12.	D. Vorwärts	Sohnemann	„	Schanghai	10.12.	Tschifu
(2.12.)	D. Alesia	Schönfeldt	„	Tschifu	11.12.	Kuchinotzu
(16.11)	S. Amaranth	Bowes	Amerik.	Portland (Oregon)	11.12.	Portland (Oregon)

Druck der Missionsdruckerei, Tsingtau.

第三年　第五十一号

1902年12月13日

大德辅政司崐　为

　　出示重申前章事：照得所有骑自行车即脚踏车者，往往于夜间行驶，多不悬应挂之灯，查西历本年六月初十日所出章程第四款内载："欲在青岛内界街道往来各种车辆自日没起至日出止，宜于易见处然（燃）点灯笼。"并末载："凡有犯此项章程者，查出罚洋至一百五十马克之多。如无力缴洋，即监押至六礼拜之久"在案。惟该章第四款，虽未特以指出脚踏车一项，而亦自然包括在内。刻经臬司衙门迭次按照科断，故特晓谕。仰有脚踏车各人知悉。此后，夜间行驶，务须车上挂灯。此举不仅于自己得免受罚，即于公众各人亦免伤损之虞。仰各懔遵勿违。特示。

右谕通知
大德一千九百二年十二月初五日　告示

告白

　　启者：留戍兵丁所穿之灰色绒袄被人窃去五十六件。谕仰诸色人等，切勿轻买此项赃物。如有知踪，报明本署可也。此布。

德一千九百二年十二月初十日
青岛巡捕衙门启

告白

　　由本法庭实施的物权登记现记入下列事项：
　　商人汉斯·冯·柯斯洛夫斯基和其出生时姓石垣的妻子哈露，商人贝尔格的遗孀，通过1902年11月19日的法庭协议，就物品分割达成一致。二人均居住于青岛。

青岛，1902年12月2日
胶澳皇家审判厅

发包广告

为1903年会计年度继续扩建本地的供水设施供应必需的自来水管的合同将公开发包。

条件张贴于第二工部局的营业室内,以供查看,或者也可以支付2.00元购买。

投标日期:1903年2月2日上午11点。

报价须密封并注明"对自来水管的投标"字样后,在上述日期前递交。

青岛,1902年12月11日
第二工部局

发包

为3名下级官员(军营洗衣房)新建一座居住楼的事项将公开发包。

项目1:木匠、铁匠和玻璃活。

项目2:粉刷活。

发包文件张贴于地上建筑部的营业室内,从本月15日起可以查看。投标表格和文件如果数量足够,同样可以在那里购买,每项目价格1.50元。

报价须密封并注明相应字样并附上必需样品后,项目1最晚在1902年12月20日上午10点、项目2最晚在1902年12月20日上午11点前递交至本部门,届时在申请者当面开标。

青岛,1902年12月10日
地上建筑部

告白

凡通过《德意志帝国报》发布的本法庭的公开告白,在1903年也必须通过上海的《德文新报》和《青岛官报》发布。

青岛,1902年12月8日
胶澳皇家审判厅

发包

为野战医院楼房北面制作并安装双窗的事项将公开发包。

发包文件张贴于地上建筑部的营业室内,以供查看,如果数量足够,也可以支付2元购买。

报价须密封并注明相应字样后,最晚在本月20日星期六上午10点30分前递交至本部门的开标仪式,中标期限为3周。

青岛,1902年12月10日
地上建筑部

官方消息

根据一则帝国海军的电讯,总督都沛禄获颁二等皇冠勋章。

海军高等全科医师柯尼希接手了海军少校军医莱尔歇的业务。

山东铁路公司

青岛—潍县—昌乐段时刻表

1902年12月10日生效

到达	出发		到达	出发
	8.00	青岛	3.46下午	3.33
8.14	8.17	四方	3.30	3.33
8.48	8.50	沧口	2.57	2.59
9.05	9.06	赵村	2.41	2.42
9.16	9.18	城阳	2.29	2.31
9.39	9.48	南泉	1.58	2.08
10.06	10.08	蓝村	1.39	1.41
10.17	10.18	李哥庄	1.29	1.30
10.33	10.34	大荒	1.14	1.15
10.48	10.58	胶州	12.50	1.00
11.12	11.13	腊行	12.36	12.37
11.22	11.24	芝兰庄	12.25	12.27
11.34	11.35	姚哥庄	12.14	12.15
11.49	12.09	高密	11.50	12.00

(续表)

到达	出发		到达	出发
12.35	12.36	蔡家庄	11.23	11.24
12.48	12.50	塔耳堡	11.10	11.12
1.02	1.05	丈岭	10.56	10.59
1.20	1.21	大堡庄	10.43	10.44
1.31	1.41	岞山	10.21	10.31
1.53	1.54	黄旗堡	10.07	10.08
2.02	2.05	南流	9.56	9.59
2.29	2.30	虾蟆屯	9.37	9.38
2.46	3.01	昌乐	9.04	9.19
3.15	3.16	二十里堡	8.47	8.48
3.27	3.42	潍县	8.21	8.36
4.10	4.11	大圩河	7.52	7.53
4.31	4.32	朱刘店	7.31	7.32
5.00		昌乐		7.03

船运

1902年12月5日—11日期间

到达日	轮船船名	船长	挂旗国籍	出发港	出发日	到达港
12月5日	叶世克总督号	舒尔特	德国	上海	12月6日	上海
12月8日	捷成号	奥尔森	德国	芝罘	12月10日	香港
12月9日	前进号	索纳曼	德国	上海	12月10日	芝罘
(12月2日)	阿莱西亚号	熏菲尔德	德国	芝罘	12月11日	口之津町
(11月16日)	阿马兰特号	博伊斯	美国	波特兰	12月11日	波特兰

Seite 167.

Amtsblatt
für das
Deutsche Kiautschou-Gebiet.

青 島 官 報

Herausgegeben vom Kaiserlichen Gouvernement Kiautschou.

Der Bezugspreis beträgt jährlich $ 0,60=M 1,20.
Bestellungen nehmen sämtliche deutsche Postanstalten entgegen.

Jahrgang 3.   Nr. 52.   Tsingtau, den 20. December 1902.

Bekanntmachung.

Das für den Besuch der Kaiserlichen Gouvernementsschule in Tsingtau zu entrichtende Schulgeld beträgt jährlich:

für die drei Vorschulklassen	60 $
„ Sexta, Quinta und Quarta	81 „
„ Unter- und Obertertia und Untersekunda	102 „
„ Obersekunda und Unter- und Oberprima	120 „

Dasselbe ist in Dritteilen im voraus an die Gouvernementskasse zu entrichten und zwar innerhalb der ersten 14 Tage nach Schulanfang nach den Sommer-Weinachts- und Osterferien.

Bei Geschwistern ist für das zweite und dritte die Schule besuchende Kind die Hälfte des Schulgeldes zu entrichten; das vierte Kind ist von Zahlung des Schulgeldes befreit.

In besonderen Fällen kann Ermässigung oder Erlass des Schulgeldes eintreten. Dahingehende Gesuche sind mit eingehender Begründung vor Beginn des Schuljahres einzureichen und alljährlich zu erneuern.

Das Schulgeld für die Zeit von September d. Js. bis Weihnachten ist nach den obengenannten Sätzen spätestens bis zum 30. d. M. bei der Gouvernementskasse einzuzahlen.

Tsingtau, den 15. Dezember 1902.

Der Civilkommissar.

Nachstehende Bekanntmachung des Kais. Chin. Seezollamtes wird hiermit zur allgemeinen Kenntnis gebracht:

Zollamtliche Bekanntmachung № 40

Die folgenden Verfügungen des Wai wu Pu werden hiermit bekannt gemacht:

1. Angehörige derjenigen Nationen, welche den revidierten Import-Tarif nicht angenommen haben, können entweder nach diesem Tarif oder nach der in dem Pekinger Protokoll festgesetzten Rate - also einen Wertzoll von 5% - Zoll entrichten. Unter der Meistbegünstigungsklausel steht auch den Angehörigen derjenigen Nationen, welche den revidierten Import-Tarif angenommen haben, diese Wahl frei,— soweit es sich um Waren handelt, für welche diese Vergünstigung seitens Angehöriger der Nationen, welche den Tarif nicht angenommeu haben, bereits verlangt worden ist.

2. Vorschriftsgemäss angemeldetes, bereits bestelltes Morphium darf zu der alten Tarif-Rate —5% vom Werte—bis Ende April 1903 eingeführt werden. Kaufleute, welche Morphium bestellt haben, müssen ihre Bestellungen innerhalb drei Tagen nach der Veröffentlichung dieser Bekanntmachung dem Zollamt bekannt geben und einschreiben lassen. Alles nicht angemeldete Morphium zahlt den neuen Zoll von Tls. 3 für die Unze.

3, Der Zoll auf ungeröstete Theeblätter ist auf Tls. 1. 0. 0. 0. für den Pikul herabgesetzt.

Es wird ausserdem darauf aufmerksam gemacht, dass in der Chinesischen Ausgabe des neuen Tarifs der Zoll auf Socken unrichtig angegeben ist, und dass es, wie in der Englischen Ausgabe, heissen muss:

1. Qualität Tls. 0. 0. 7. 5
2.   „   Tls. 0. 0. 3. 2

In der Englischen Ausgabe ist die chinesische Bezeichnung für

Garnelen (prawns) 蝦乾 und Granatkrebse (shrimps) 蝦米 vertauscht worden.

Kiautschou Zollamt,

Tsingtau, den 12. December 1902.

E. Ohlmer
Kaiserlich Chinesischer Seezolldirector.

Tsingtau, den 16. December 1902.

Kaiserliches Gouvernement.

Amtliche Mitteilungen.

Kapitänleutnant Albinus ist von der Informationsreise nach Schanghai zurückgekehrt und hat die Geschäfte des Hafen- und Seemannsamts wieder übernommen.

*   *   *

Die Stationärgeschäfte hat S. M. S. Thetis übernommen.

*   *   *

Diplom-Ingenieur Steinmetz hat die Leitung der Geschäfte der Bauverwaltung, Abteilung II, übernommen.

*   *   *

Die Betriebsdirektion der Schantung-Eisenbahn-Gesellschaft hat folgende Bestimmungen erlassen:

I. Die Frachtberechnung für Kupferkäsch in Wagenladung erfolgt bis auf Weiteres nach Tarifklasse V ohne weitere Zuschläge.

Für jeden Wagen muss vom Absender ein Begleiter gestellt werden, eine Haftung seitens der Eisenbahn für entstehende Verluste findet nicht statt.

Für Kupferkäsch als Stückgut aufgegeben wird die Eilgutfracht nach Tarifklasse I erhoben.

II. Bis auf weiteres erfolgt die Frachtberechnung für Kohlen von Tschangloyuen nach Tarif Klasse IV.

Bei gleichzeitiger Abfertigung von mehr als 2 Wagen eines Absenders nach demselben Bestimmungsorte wird ein Frachtnachlass von 10%, bei mehr als 5 Wagen 20%, bei mehr als 15 Wagen 45% gewährt.

Nachstehende Bekanntmachung des Kais. Chin. Seezollamtes wird hiermit zur allgemeinen Kenntnis gebracht:

Zollamtliche Bekanntmachung № 41.

Die Einnahme der Zollgelder erfolgt von Montag, den 13. December d. Js. ab auf dem Zollamte.

Einzahlungen können erfolgen in Kiaochow Sycee und Dollars zu den folgenden Raten:
Hk. Tls. 100 = Kiaochow Tls. 105 = $ 152,00.

Kiautschou-Zollamt,

Tsingtau, den 18. December 1902.

E. Ohlmer,
Kais. Chin. Seezolldirecktor.

Tsingtau, den 19. December 1902

Kaiserliches Gouvernement.

20. December 1902.   Amtsblatt—青島官報   Nr 52.—Seite 169

Meteorologische Beobachtungen.

Da-tum. Dez.	Barometer (mm) reduz. auf 0°C., Seehöhe 24,03m			Temperatur (Centigrade)								Dunst-spannung in mm			Relat. Feuchtigkeit in Prozenten		
				trock. Therm.			feucht. Therm.										
	7 Vm	2 Nm	9 Nm	7 Vm	2 Nm	9 Nm	7 Vm	2 Nm	9 Nm	Min.	Max.	7 Vm	2 Nm	9 Nm	7 Vm	2 Nm	9 Nm
11	769,1	768,6	769,0	5,9	6,7	10,3	4,9	3,7	7,1	5,9	11,2	5,9	4,4	5,6	86	60	60
12	67,7	66,3	65,8	4,9	7,1	5,5	4,2	6,6	5,3	4,9	12,0	5,7	7,0	6,5	89	93	97
13	64,9	64,4	65,2	3,3	4,5	2,7	2,9	3,7	2,1	3,3	7,5	5,4	5,5	5,0	93	87	89
14	63,3	62,0	63,0	2,9	4,0	1,9	1,8	2,1	0,7	2,7	4,5	4,6	4,2	4,1	80	69	78
15	62,9	62,2	62,3	0,3	4,5	1,1	-0,7	2,9	0,1	0,3	4,5	3,8	4,7	4,0	81	74	81
16	61,6	60,6	61,6	3,1	4,0	4,7	1,7	2,6	2,3	0,5	4,6	4,4	4,7	4,0	76	77	62
17	65,8	68,9	72,0	3,8	2,8	3,7	2,5	0,8	2,7	2,5	4,7	4,7	3,7	5,0	78	66	83

Da-tum. Dez.	Wind Richtung & Stärke nach Beaufort (0—12)			Bewölkung						Niederschläge in mm		
				7 Vm		2 Nm		9 Nm				9 Nm + 7 Vm
	7 Vm	2 Nm	9 Nm	Grad	Form	Grad	Form	Grad	Form	7 Vm	9 Nm	
11	N O 1	O N O 1	O 2	9	cu-ni	1	cum	7	cir. str			
12	N W 2	N N W 4	N 4	10	cu-ni	10	nim	10	nim		5,2	16,9
13	N 6	N W 6	N W 5	10	nim	10	nim	10	nim	11.7	2,0	2,0
14	N N W 6	N W 6	N W 6	10	cum-ni	10	cu-ni	—	—			
15	N W 6	N W 6	Stille 0	1	cum	7	cum	2	cum			
16	Stille 0	N W 2	N N O 1	3	cum	10	cu-ni	10	cu-ni			
17	N N W 1	N N W 5	N N O 5	10	cu-ni	8	cu-ni	2	cum			

Schiffsverkehr

in der Zeit vom 11.—18. Dezember 1902.

Ange-kommen am	Name	Kapitän	Flagge	von	Abgefah-ren am	nach
11.12.	D. Gouv. Jaeschke	Schuldt	Deutsch	Schanghai	12.12.	Schanghai
12.12.	D. Tsintau	Hansen	„	Tschifu	12.12.	„
13.12.	D. Hino Maru		Japanisch	Kobe		
17.12.	D. Vorwärts	Sohnemann	Deutsch	Tschifu	17.12.	Schanghai
18.12	D. Gouv Jaeschke	Schuldt	„	Schanghai		

Druck der Missionsdruckerei, Tsingtau.

第三年　第五十二号

1902年12月20日

告白

青岛皇家督署学校每年学费为：

三个学前年级	60元
四、五、六年级	81元
文理中学四、五、六年级	102元
文理中学七、八、九年级	120元

上述费用须分为三部分，提前向总督府财务处缴纳，即开学后在暑假、圣诞假和复活节放假后缴纳。

对于兄弟姐妹共同上学的情况，第二、三名学童减半缴纳，第四名免除学费。

特殊情况下，可以减免学费。相关请求须附带详细说明，在每学年开始前递交，并每年更新。

从今年9月到圣诞节的学费须按照上述收费标准，最晚在本月30日之前缴纳至总督府财务处。

青岛，1902年12月15日

民政长

谨向公众公布下列大清海关告白：

第40号海关告白

谨此公布下列外务部的命令：

1. 那些未接受修订后进口税率国家的公民，可以按照这一税率或者按照北京协议确定的税率，即按照货值5%缴纳。在最正当理由条款下，那些已接受修订后进口税率国家的公民，如涉及对未接受这一税率国家公民的优惠时，也可以要求自由选择缴纳方式。

2. 按照规定申报的已订购吗啡可以按照货值5%的旧税率，在1903年4月份之前进口。已经订购了吗啡的商人，必须在本告白公布三天内告知海关订货情况，并进行登记。

所有未申报的吗啡均按照每盎司 3 海关两交税。

3. 对未烘制茶叶的关税已经降至每担 1 海关两。

此外还提醒注意：中文版短袜关税税率的表述不正确，应该以英文版的表述为准：

一等品关税为 0.075 海关两

二等品关税为 0.032 海关两

英文版中的名称混淆，正确的应为：

虾干（prawns）和虾米（shrimps）。

胶海关
青岛，1902 年 12 月 12 日
阿理文
大清海关税务司
青岛，1902 年 12 月 16 日
皇家总督府

官方消息

阿尔比努斯中尉出差至上海了解情况，现已返回，重新接手了船政局和水兵局的工作。

"忒蒂斯"号军舰接手了驻站工作。

硕士工程师施坦梅茨接手了总工部局第二工部局的领导工作。

山东铁路公司运营管理处公布了下列规定：

1. 火车运输对铜钱的运费按照费率表第 5 条计算，不增加其他附加费用，如有更改，另行通知。

每节车厢必须由发货人派出一名押运人员，铁路方面不承担任何货物丢失责任。

对于将铜钱按照单件托运货物交付处理的情况，按急件根据税率表第 1 条收费。

2. 对于从昌乐县运出煤炭的运费，按照费率表第 4 条收费，如有更改，另行通知。

如同一名发货人同时办理多于两节、同一目的地的车厢，运费减收 10%，如多于 5 节，则减收 20%，多于 15 节，按照 45% 的比例收费。

谨向公众公布下列大清海关告白：

第 41 号海关告白

从今年 12 月 31 日星期一起，在海关办理关税缴纳。

在胶海关，关税可以用银两或银元按照下列汇率缴纳：

100 海关两＝105 胶州两＝152 元。

胶海关

青岛,1902 年 12 月 18 日

阿理文

大清海关税务司

青岛,1902 年 12 月 19 日

皇家总督府

船运

1902 年 12 月 11 日—18 日期间

到达日	轮船船名	船长	挂旗国籍	出发港	出发日	到达港
12 月 11 日	叶世克总督号	舒尔特	德国	上海	12 月 12 日	上海
12 月 12 日	青岛号	韩森	德国	芝罘	12 月 12 日	上海
12 月 13 日	Hino 丸		日本	横滨		
12 月 17 日	前进号	索纳曼	德国	芝罘	12 月 17 日	上海
12 月 18 日	叶世克总督号	舒尔特	德国	上海		

Seite 171.

Amtsblatt
für das
Deutsche Kiautschou-Gebiet.

青島官報

Herausgegeben vom Kaiserlichen Gouvernement Kiautschou.

Der Bezugspreis beträgt jährlich $ 0,60=M 1,20.
Bestellungen nehmen sämtliche deutsche Postanstalten entgegen.

Jahrgang 3. | Nr. 53. | Tsingtau, den 31. December 1902.

Bekanntmachung.

Steckbrief.

Gegen den unten beschriebenen, früheren Aufseher der Firma C. Vering zu Tsingtau, Johann Blaumeiser, früher zu Tsingtau, welcher flüchtig ist und sich verborgen hält, ist die Untersuchungshaft wegen versuchter Nötigung, Körperverletzung, Sachbeschädigung, Widerstandes gegen die Staatsgewalt und Diebstahls verhängt.

Es wird ersucht, ihn zu verhaften und an das unterzeichnete Gericht oder die nächste deutsche Behörde zum Weitertransport hierher abzuliefern.

Beschreibung:

Alter 27 Jahre, ungefähre Grösse 1m 65 cm, Statur mittel, Haare und Schnurrbart schwarz, blasse gelbliche Gesichtsfarbe, drei Vorderzähne fehlen, heisere Stimme, Sprache deutsch, Kleidung: wahrscheinlich schwarzer Ueberzieher und schwarzer weicher Filzhut.

Die von Blaumeiser zur Abwendung der Vollstreckung des Haftbefehls vom 3. Dezember 1902 bei der Gerichtskasse hinterlegte Sicherheit von 120 mexik. Dollars soll für der Staatskasse des Schutzgebietes Kiautschou verfallen erklärt werden, nachdem Blaumeiser auf die an ihn am 20. Dezember 1902 ergangene gerichtliche öffentliche Aufforderung zur Angabe seines jetzigen Aufenthaltsortes sich nicht gemeldet hat und daher anzunehmen ist, dass der Angeschuldigte sich der Untersuchung entzieht. Gemäss § 122 der Reichs-Straf-Prozess-Ordnung wird der Angeschuldigte zu einer Erklärung hierüber bis zum 1. Februar 1903 aufgefordert.

Tsingtau, den 23. Dezember 1902.

Kaiserliches Gericht von Kiautschou

Bekanntmachung.

Die Lieferung des Bedarfs an Verpflegungsbedürfnissen für die Besatzung des Schutzgebietes im Rechnungsjahre 1903 soll verdungen werden. Die Lieferungsbedingungen sind beim III. Seebataillon (Rechnungsamt—Iltis-Kaserne) ausgelegt, können auch gegen eine Gebühr von $ 0.50 bezogen werden.

Die Angebote sind in einem besonderen Umschlag mit der Aufschrift „Angebot auf Verpflegungsbedürfnisse" versehen mit den etwa einzureichenden Proben bis zum 10. Januar 1903, vormittags 11 Uhr, dem III. Seebataillon einzureichen.

In dem Angebote sind die Lieferungsbedingungen ausdrücklich anzuerkennen.

Angebote, die den Bedingungen nicht entsprechen, bleiben unberücksichtigt.

Tsingtau, den 22. December 1902.

Kommando III. Seebataillons.

Seite 172. — Nr. 53.   Amtsblatt—青島官報   31. Dezember 1902.

Bekanntmachung.

Beschluss.

Das Konkursverfahren über das Vermögen des Chinesischen Unternehmers Hu tschang keng wird nach Abhaltung des Schlusstermins und Verteilung der Masse aufgehoben.

Tsingtau, den 22. Dezember 1902.

Kaiserliches Gericht von Kiautschou

Gefundene Gegenstände.

1. Ein schwarzledernes Cigarren-Etui mit 8 Cigarren, auf der Innenseite Monogramm D. H.
2. Eine Brosche (Jubiläums - Zweimarkstück mit silbernem Eichenkranz und vergoldeter Schleife)
3. Ein Sack enthaltend:
   4 rote Holzkisten mit chinesischem Backwerk, 1 kleinen Sack mit Reis und 1 kleinen Sack mit 12 Packeten.

Gestohlene Gegenstände.

1 Wanduhr mit schwarzem achteckigen Kasten, das Zifferblatt hat einen Durchmesser von ungefähr 30 cm.

Mitteilungen sind an die unterzeichnete Behörde zu richten.

Tsingtau, den 29. Dezember 1902.

Polizei Amt.

Verdingungsanzeige.

Der Bau zweier Brücken im Haipothal (Fundamentierungsarbeiten, sowie aufgehendes Mauerwerk) soll in öffentlicher Verdingung vergeben werden.

Zeichnungen und Bedingungen liegen im Geschäftszimmer der Fortifikation zur Einsicht aus und können gegen Erstattung der Kosten dortselbst bezogen werden.

Angebote sind verschlossen und mit der Aufschrift:

„Bau zweier Brücken im Haipothal"

zu dem am Montag, den 12. Januar n. J., 11 Uhr vormittags, stattfindenden Verdingungstermin an die unterzeichnete Stelle einzureichen.

Tsingtau, den 29. December 1902.

Fortifikation.

欽命德膠澳署出示曉諭了結案虧空一事照得胡長庚虧空一案經判斷自後分發無庸置議恐各償鋪案此週知右諭諭通知

主尚未

大德壹千九百二年十二月二十二日告示

白告

啓者茲將被拾被竊各物列左

黑皮烟捲夾子一個內有雪伽烟八隻
該皮夾上並印有DH二德字
口袋一件內裝有針
器皿一件式用兩馬克
內有中國點心又有紅色木盒四個該盒
丙有米一條內又有小袋兩條
口袋一條內有小包十二個該鏟高矮
一架外帶八角木盒打起如C止
長三十桑的米

如有人得前列各物懸報明本署並諭明諸人切勿輕買致干未便特諭

青島巡捕衙門啓

德一千九百二年十二月二十四日

31. December 1902.   Amtsblatt—青島官報   Nr. 53. - Seite 173.

Amtliche Mitteilungen.

Zufolge telegraphischer Mitteilung des Reichsmarineamts ist verliehen worden:

Die Königliche Krone zum roten Adlerorden IV. Klasse:
dem Marine-Oberstabsarzt Lerche;

Der Rote Adlerorden IV. Klasse:
dem Marine-Stabsarzt Dr. Martin;

Der Kronenorden IV. Klasse:
dem Oberleutnant Schell und den Marine-Oberassistenzärzten Fittje und Dr. Pohl.

Eine Allerhöchste Belobigung ist dem Marine-Oberassistenzarzt Dr. Tillmann zu Teil geworden.

* * *

Organisation der Bauverwaltung.

Bauverwaltung.
  Vorstand: Baudirektor Rollmann.
  Bureau: Yamen.
Der Bauverwaltung unterstehen:
1. Das technische Bureau.
  Vorstand: Regierungsbaumeister Pohl, zugleich Assistent des Baudirektors.
  Bureau: Yamen.
2. Bauabteilung I. (Hafen-und Wasserbauten).
  Vorstand: Regierungsbaumeister Probst.
  Bureau: Tapautau am kleinen Hafen.
3. Bauabteilung II. (Städtischer Strassen-und Tiefbau).
  Vorstand: Diplomingenieur Steinmetz.
  Bureau: Friedrichstrasse gegenüber dem Seemannshaus.
4. Bauabteilung III. a. (Hochbauten).
  Vorstand: Regierungsbaumeister Köhn.
  Bureau: Bureaubaracke Bismarckstrasse.
5. Bauabteilung III. b. (Hochbauten und Baupolizei).
  Vorstand: Regierungsbaumeister Mahlke.
  Bureau: Bureaubaracke Bismarckstrasse.

Sonnen-Auf-und Untergangs-Tabelle für Monat Januar 1903.

Datum	Mittlere Zeit des scheinbaren	
	Sonnen-Aufgangs.	Sonnen-Untergangs.
1.	7 Uhr. 10.3 Min.	4 Uhr. 56.9 Min.
2.	— 10.3	— 57.6
3.	— 10.4	— 58.3
4.	— 10.4	— 59.1
5.	— 10.5	— 59.9
6.	— 10.5	5 — 0.7
7.	— 10.4	— 1.5
8.	— 10.4	— 2.3
9.	— 10.3	— 3.2
10.	— 10.2	— 4.1
11.	— 10.2	— 5.0
12.	— 10.0	— 6.0
13.	— 9.8	— 7.0
14.	— 9.6	— 8.0
15.	— 9.4	— 9.0
16.	— 9.2	— 10.0
17.	— 8.9	— 11.0
18.	— 8.6	— 12.0
19.	— 8.2	— 13.0
20.	— 7.8	— 14.0
21.	— 7.4	— 15.0
22.	— 6.9	— 16.0
23.	— 6.4	— 17.0
24.	— 5.9	— 18.1
25.	— 5.3	— 19.2
26.	— 4.7	— 20.3
27.	— 4.1	— 21.3
28.	— 3.4	— 22.4
29.	— 2.7	— 23.5
30.	— 2.0	— 24.6
31.	— 1.3	— 25.7

Schiffsverkehr
in der Zeit vom 18.—28. Dezember 1902.

Angekommen am	Name	Kapitän	Flagge	von	Abgefahren am	nach
18.12	D. Gouv. Jaeschke	Schuldt	Deutsch	Schanghai	19.12	Schanghai
(13.12)	D. Hino Maru		Japanisch	Kobe	20.12	Tschifu
19.12	D. Aichi Maru		„	Moji	25.12	„
23.12	D. Tsintau	Hansen	Deutsch	Schanghai	23.12	„
26.12	D. Knivsberg	Kayser	„	„	27.12	Schanghai
„	D. Amur		Russisch	Kobe	„	Tschifu

Seite 174.—Nr. 53.　　Amtsblatt—報官島青　　31. December 1902.

Hochwassertabelle für Tsingtau, Taputou und Nükukou.
für den Monat Januar 1903.

Datum	Tsingtau Vormittags	Tsingtau Nachmittags	Taputou Vormittags	Taputou Nachmittags	Nükukou Vormittags	Nükukou Nachmittags
1.	6 U. 06 M.	6 U. 22 M.	6 U. 56 M.	7 U. 12 M.	7 U. 06 M.	7 U. 22 M.
2.	6 „ 38 „	6 „ 55 „	7 „ 28 „	7 „ 45 „	7 „ 38 „	7 „ 55 „
3.	7 „ 11 „	7 „ 28 „	8 „ 01 „	8 „ 18 „	8 „ 11 „	8 „ 28 „
4.	7 „ 45 „	8 „ 03 „	8 „ 35 „	8 „ 53 „	8 „ 45 „	9 „ 03 „
5.	8 „ 23 „	8 „ 43 „	9 „ 13 „	9 „ 33 „	9 „ 23 „	9 „ 43 „
6.	9 „ 05 „	9 „ 26 „ ●	9 „ 55 „	10 „ 16 „	10 „ 05 „	10 „ 26 „
7.	9 „ 53 „	10 „ 21 „	10 „ 43 „	11 „ 11 „	10 „ 53 „	11 „ 21 „
8.	10 „ 55 „	11 „ 29 „	11 „ 45 „	—	11 „ 55 „	—
9.	—	0 „ 08 „	0 „ 19 „	0 „ 58 „	0 „ 29 „	1 „ 08 „
10.	0 „ 47 „	1 „ 26 „	1 „ 37 „	2 „ 16 „	1 „ 47 „	2 „ 26 „
11.	2 „ 05 „	2 „ 39 „	2 „ 55 „	3 „ 29 „	3 „ 05 „	3 „ 39 „
12.	3 „ 12 „	3 „ 42 „	4 „ 02 „	4 „ 32 „	4 „ 12 „	4 „ 42 „
13.	4 „ 11 „	4 „ 38 „ ○	5 „ 01 „	5 „ 28 „	5 „ 11 „	5 „ 38 „
14.	5 „ 05 „	5 „ 30 „	5 „ 55 „	6 „ 20 „	6 „ 05 „	6 „ 30 „
15.	5 „ 54 „	6 „ 17 „	6 „ 44 „	7 „ 07 „	6 „ 54 „	7 „ 17 „
16.	6 „ 40 „	7 „ 01 „	7 „ 30 „	7 „ 51 „	7 „ 40 „	8 „ 01 „
17.	7 „ 22 „	7 „ 43 „	8 „ 12 „	8 „ 33 „	8 „ 22 „	8 „ 43 „
18.	8 „ 04 „	8 „ 24 „	8 „ 54 „	9 „ 14 „	9 „ 04 „	9 „ 24 „
19.	8 „ 43 „	9 „ 04 „	9 „ 33 „	9 „ 54 „	9 „ 43 „	10 „ 04 „
20.	9 „ 25 „ ◐	9 „ 49 „	10 „ 15 „	10 „ 39 „	10 „ 25 „	10 „ 49 „
21.	10 „ 13 „	10 „ 43 „	11 „ 03 „	11 „ 33 „	11 „ 13 „	11 „ 43 „
22.	11 „ 13 „	11 „ 49 „	—	0 „ 03 „	—	0 „ 13 „
23.	—	0 „ 24 „	0 „ 39 „	1 „ 14 „	0 „ 49 „	1 „ 24 „
24.	1 „ 01 „	1 „ 38 „	1 „ 51 „	2 „ 28 „	2 „ 01 „	2 „ 38 „
25.	2 „ 10 „	2 „ 42 „	3 „ 00 „	3 „ 32 „	3 „ 10 „	3 „ 42 „
26.	3 „ 08 „	3 „ 34 „	3 „ 58 „	4 „ 24 „	4 „ 08 „	4 „ 34 „
27.	3 „ 55 „	4 „ 16 „ ●	4 „ 45 „	5 „ 06 „	4 „ 55 „	5 „ 16 „
28.	4 „ 34 „	4 „ 53 „ ●	5 „ 24 „	5 „ 43 „	5 „ 34 „	5 „ 53 „
29.	5 „ 11 „	5 „ 28 „	6 „ 01 „	6 „ 18 „	6 „ 11 „	6 „ 28 „
30.	5 „ 45 „	6 „ 01 „	6 „ 35 „	6 „ 51 „	6 „ 45 „	7 „ 01 „
31.	6 „ 18 „	6 „ 34 „	7 „ 08 „	7 „ 24 „	7 „ 18 „	7 „ 34 „

1) ○ = Vollmond. 2) ◐ = Letztes Viertel. 3) ● = Neumond. 4) ◑ = Erstes Viertel.

Meteorologische Beobachtungen.

Datum Dez.	Barometer (m m) reduz. auf 0°C., Seehöhe 24,03m 7 Vm	2 Nm	9 Nm	Temperatur (Centigrade) trock. Therm. 7 Vm	2 Nm	9 Nm	feucht. Therm. 7 Vm	2 Nm	9 Nm	Min.	Max.	Dunstspannung in mm 7 Vm	2 Nm	9 Nm	Relat. Feuchtigkeit in Prozenten 7 Vm	2 Nm	9 Nm
18	772,5	770,4	770,0	-1,7	1,1	-1,0	-2,9	-0,9	-2,9	-1,7	4,0	3,1	3,3	2,7	76	65	63
19	69,6	69,3	71,2	-0,5	4,2	2,6	-1,9	1,0	0,8	-1,5	1,1	3,2	3,0	3,8	73	49	69
20	70,7	68,2	67,4	-1,1	5,7	4,7	-1,7	3,7	2,5	-1,1	4,5	3,7	4,8	4,2	88	70	65
21	65,7	65,7	68,8	0,9	1,7	2,3	0,7	0,6	1,5	-0,1	6,0	4,7	4,1	4,7	96	80	85
22	71,6	71,1	71,3	-0,3	0,7	1,7	-0,3	-0,5	0,8	-0,5	3,0	4,5	3,8	4,3	100	78	84
23	70,7	71,3	70,9	-0,5	5,9	3,9	-0,7	4,7	1,7	-0,7	2,3	4,3	5,7	3,9	96	83	64
24	63,1	62,8	66,9	4,1	6,5	1,1	2,9	5,1	-0,9	-0,2	5,9	4,9	5,7	3,3	80	80	65
25	69,4	69,0	71,9	-3,6	-1,3	-3,3	-4,7	-2,5	-4,5	-3,6	7,0	2,6	3,2	2,6	76	76	74
26	73,0	71,6	70,8	-4,5	0,4	-1,5	-4,9	-0,3	-3,3	-4,5	-1,3	2,9	4,1	2,6	90	87	64
27	68,4	67,8	66,8	-1,5	6,1	0,9	-2,5	2,7	-0,8	-4,5	0,5	3,3	3,5	3,5	80	50	70
28	65,7	63,6	65,6	-1,3	3,6	0,5	-1,5	-0,1	-3,3	-2,2	6,2	4,0	2,6	4,1	96	44	85

31. December 1902.   Amtsblatt—青島官報   Nr 53.—Seite 175.

Da-tum. Dez.	Wind Richtung & Stärke nach Beaufort (0—12)			Bewölkung						Niederschläge in mm		
	7 Vm	2 Nm	9 Nm	7 Vm		2 Nm		9 Nm		7 Vm	9 Nm	9 Nm + 7 Vm
				Grad	Form	Grad	Form	Grad	Form			
18	N W 3	N W 4	W N W 2	2	cum	2	cu-str	—	—			
19	W N W 2	N W 4	N W 3	1	cum	—	—	—	—			
20	N N O 1	S S W 1	Stille 0	9	cu-str	7	cu-ni	10	nim			5,1
21	N N O 2	N N W 4	N N W 5	10	nim	8	cu-ni	9	cu-ni	5,1	0,1	0,1
22	N N W 3	N N W 3	N 1	10	nim	9	nim	5	cum			
23	N 1	S S W 1	S S W 2	3	cu-str	1	cum	—	—			
24	S S W 3	N W 6	N W 8	2	cir-cu	—	—	—	—			
25	N W 7	W N W 8	N W 7	2	rir.	5	cum	—	—			
26	N W 6	N W 3	N W 2	2	cir-cu	—	—	—	—			
27	N W 1	W N W 1	W 1	1	cir-str	—	—	—	—			
28	N N W 1	N 1	N O 1	1	cir-str	—	—	—	—			

Druck der Missionsdruckerei, Tsingtau.

第三年　第五十三号

1902 年 12 月 31 日

告白

通缉令

现因如下文所描述的尝试强迫、人身伤害、财产损失、反抗司法机关以及盗窃等行为，命令拘留青岛维林洋行前看管人，之前居住于青岛、现躲藏逃匿的约翰·布劳迈泽尔。

请将其抓获后，移送至本法庭或者最近的政府部门，以将其继续转递本地。

描述

现年 27 岁，身高约 165 厘米，中等身材，头发及小胡子均为黑色，面部肤色为浅黄色，声音沙哑，讲德语，衣服为：可能为黑色外套，头戴黑色软毡帽。

布劳迈泽尔原需于 1902 年 12 月 3 日向地方审判厅财务处缴纳的 120 鹰洋保证金会被宣布归属于胶澳保护地国库，而为了逃避执行，他没有按照 1902 年 12 月 20 日签发的公开要求，报告其现停留地点，因此可以认为，该被诉人试图逃脱调查。根据《帝国刑事审判法》第 122 条，要求被诉人在 1903 年 2 月 1 日之前对此做出解释。

青岛，1902 年 12 月 23 日

胶澳皇家审判厅

告白

为 1903 会计年度的保护地占领军提供膳食需求的供货将发标。供货条件张贴在第三水师营（伊尔蒂斯兵营的会计处），也可以缴纳 0.50 元后获得。

报价需要放到一个特制信封内，注明"对膳食需求的报价"密封后，附带大概将会交付的样品，最晚在 1903 年 1 月 10 日中午 11 点前递交至第三水师营处。

报价中须明确接受供货条件。不符合条件的报价不会被考虑。

青岛，1902 年 12 月 22 日

第三水师营司令部

钦命德胶臬署 为

出示晓谕了结亏空事：照得胡长庚亏空一案，本署业已判断。自分发钱项之日，即行销案，此后无庸置议。恐各债主尚未周知，特谕。

大德一千九百二年十二月二十二日　告示

告白

启者：兹将被拾、被窃各物列左：黑皮烟卷夹子一个，内有雪伽（茄）烟八只，该皮夹上并印有DⅡ二德字；女人银器一件，式用一两马克，另镶有针；口袋一条，内装有红色木盒四个，该盒内有中国点心，外又有小袋两条，一条内有米，一条内有小包十二个；挂钟一架，外带八角木盒，查该钟高矮，半边伸长三十桑的米打，如起"C"止。如有人得前列各物，应报明本署，并谕明诸人，切勿轻买，致干未便。特谕。

德一千九百二年十二月二十四日
青岛巡捕衙门启

发包广告

海泊河河谷上将要建造两座桥（地基活以及上面的砌砖活），这个合同将会公开发包。图纸和条件张贴在炮台局营业室内，以供查看，也可以在缴纳费用后获取。

报价须密封后注明"海泊河河谷上两座桥梁的建造"，递交至今年1月12日星期一上午11点举行的招标会本处。

青岛，1902年12月29日
炮台局

官方消息

根据帝国海军部的电报消息，现授予：
海军少校军医莱尔歇四级红鹰勋章上的皇冠加饰；
海军上尉军医马丁博士、海军高级助理医师菲杰以及波尔博士四级红鹰勋章。
海军高级助理医师蒂尔曼博士受到皇帝赞誉。

总工部局的组织结构

总工部局：

    局长：建造总监罗尔曼

    办公地点：衙门

总工部局下辖：

1. 技术处。

    处长：政府建筑师波尔，同时担任建造总监助理。

    办公地点：衙门

2. 第一工部局（港口和水上建筑）。

    局长：政府建筑师普罗普斯特。

    办公地点：小港旁边的大鲍岛。

3. 第二工部局（城市街道和地下设施建造）。

    局长：硕士工程师施坦麦茨。

    办公地点：弗里德里希大街①，水师饭店对面。

4. 第三工部局一部（地上建筑部）。

    部长：政府建筑师科恩。

    工作地点：俾斯麦街上的办公营房内。

5. 第三工部局二部（地上建筑与建设警察部）。

    部长：政府建筑师马尔科。

    工作地点：俾斯麦街上的办公营房内。

船运

1902年12月18日—28日期间

到达日	轮船船名	船长	挂旗国籍	出发港	出发日	到达港
12月18日	叶世克总督号	舒尔特	德国	上海	12月19日	上海
（12月13日）	Hino 丸		日本	横滨	12月20日	芝罘
12月19日	Aichi 丸		日本	门司	12月25日	芝罘
12月23日	青岛号	韩森	德国	上海	12月23日	芝罘
12月26日	柯尼夫斯堡号	凯瑟	德国	上海	12月27日	上海
12月26日	阿穆尔号		俄国	横滨	12月27日	芝罘

---

① 译者注：即今中山路南段。

附录

1902年青岛大事记

1月20日,胶澳督署发布《保护电线章程》,要求华民不得损坏电线及电话等。

1月25日,胶澳督署发布《修通雨水干筒章程》,对青包岛各地主修通雨水干筒进行了规定。

1月29日,青岛军需局公开招标,要在青岛设立130盏街灯。7月23日,辅政司发布告示,禁止擅动擅用电灯、电线及相涉电灯器具。

3月11日,胶澳督署发布《进口洋土各药及售卖烟膏各章程》,对洋土各药进口查验及开设烟馆和自吸进行了规定。4月3日,辅政司发布告示,批准三晋春行在德境内承卖装成锡盒之烟膏。

3月31日,胶澳督署发布《青岛装火车各种货物海关章程》,对青岛装火车各种货物的报关查验进行了规定。

春,柏林第一新教传教会办的德华中学堂开学。

4月8日,胶澳督署发布《青岛装出口货物章程》,要求所有在青岛装船货物均须由海关查验。

4月9日,胶澳督署发布《养狗纳费章程》,内界各处养狗者须按年纳税。此后,针对疯狗为害,胶澳督署又多次发布告示,要求城区养狗必须拴绳,遛狗必须佩戴嘴笼头,疯狗必须杀死深埋等。

4月15日,胶澳督署颁布《中华商务公局章程》,批准设立中华商务公局,公局设于天后宫,董事有傅炳昭等12人。

4月,天主教方济各会的玛利亚修士在青岛创建圣心修道院,位于今浙江路28号。

4月,天主教教会开办的女子学校开学,女子大多在由方济各会修女们授课的女子学校读书。

4月,青岛船坞工艺厂徒工学校(又称水师工务局学校)正式开办,在山东省招募80名徒工,是青岛最早的职业教育学校。学校规定学徒时间为4年,课程有德文、中文、计算、工程和工艺实践。

5月1日,胶澳督署发布《出示通谕专办倒粪事》,青岛城区倒粪及倒垃圾工作包给一家欧籍企业。青岛城区厕所清洁始行招标承包。

5月10日,位于今湖北路17号的水师饭店举行开业仪式。

6月1日，胶济铁路通车至潍县。

6月10日，胶澳督署发布《各种营生执照续章》，对中西饭庄、酒馆、菜馆、戏园、书馆、当铺等实行分等级纳捐。

6月10日，胶澳督署发布《车辆船只往来并开设饭店、酒馆、中国戏园、书馆、当铺各条规》，对车辆船只的装备、行驶、收费以及开设饭店、酒馆、中国戏园、书馆、当铺等的具体要求进行了规定。

6月17日，胶澳督署发布《关于接种牛痘疫苗的命令》，要求本地人以外的适龄儿童接种牛痘疫苗。同日，胶澳督署发布《通谕华民种痘事》，华民儿童可以每年两次前往青岛、李村免费种牛痘。

6月，山东铁路公司发行A、B和一部分C系列总面值为1 500万马克的股票。

夏，上海、天津等地游客携家眷到今汇泉湾一带游历，是青岛第一次出现成批量的外地游客。

8月7日，胶澳督署发布《华人事务司法管理法令》，强制为欧人作证。

8月，霍乱传入胶澳租借地，发病247例，死亡116人。其中，欧洲人发病12例，死亡6人。这是青岛开埠后的第一次大规模瘟疫。德国胶澳督署发布了《防护染疫章程》《报明传染病章程》《防疫告示》等一系列预防传染病的法令、章程和布告。

9月，德国胶澳督署首次公布青岛人口统计数字，青岛市区除驻军外，共计有欧洲人688人，其中男性532人，女性108人，10岁以下儿童48人。市区内华人总数为14 905人，其中男性13 161人，女性1 016人，10岁以下儿童728人。在这次人口统计登记期间，有大量华人或因秋收需要，或因害怕霍乱离开青岛。

10月6日，胶澳督署发布《德境内应遵德历每年星期停公各日》，全年公共假期一共13天。

10月9日，德国造船技师奥斯特在青岛湾东岸创办的机器制造厂和造船所生产的青岛第一艘汽艇建成下水，该艇的所有部件，包括机器、锅炉和螺丝都是在青岛制造的。

10月30日，首列运煤火车由坊子到达青岛。德国胶澳督署举行了隆重的庆祝仪式。

11月14日，第一个码头海堤的奠基仪式在大港举行。

11月14日，李村监狱全部工程公开发包。

11月21日，德皇颁布《关于在德国保护地的土地权益的皇家法令》。11月30日，帝国总理发布《关于执行1902年11月21日＜关于在德国保护地的土地权益的皇家法令＞的命令》。

12月，《青岛官报》第53期公布了《总工部局的组织结构》，总工部局下辖技术处、第一工部局（港口和水上建筑）、第二工部局（城市街道和地下设施建造）、第三工部局一部（地上建筑部）和第三工部局二部（地上建筑与建设警察部）。

12月，山东巡抚周馥访问青岛，是为山东巡抚访问青岛之始。德国胶澳总督都沛禄接待了周馥。周馥在青岛参观考察了青岛港、胶济铁路、礼贤书院等设施、机构。

同年,德华丝绸工业公司在青岛落户,开始兴建一座大型缫丝厂。

同年,山东黄县(今龙口)人祥泰号经理傅炳昭创办山东会馆。1922年改名为齐燕会馆,地址在今馆陶路13号。

同年,德商经营的夫劳司西点店在斐迭里街(今中山路南段)开业,主营面包、西点、咖啡等,成为青岛第一家西式糕点店。

同年,山东巡抚周馥由省库拨支25万两白银认购胶济铁路和山东矿务公司股票各300股,每股1 000马克,共计60万马克。

同年,位于今芝罘路的公和兴工程局创办,主营建筑承包、工程施工,创办人系华人建筑商宫世云。

同年,德国胶澳督署成立参事会,作为咨询机构,总督兼任议长。华人代表称"信任",皆系商界首脑,他们是瑞泰协经理胡存约、成通木行经理朱杰、周锐记经理周宝山、大成栈经理古成章。

同年,位于伊尔蒂斯山南部海岬(海拔32米)的汇泉炮台始建。该炮台是德军扼守青岛外海入口最重要的海防炮台。

同年,禅臣洋行在青岛设立分行。地址在霍亨索伦街(今兰山路)。主要经营进出口业务。

同年,德国在崂山柳树台兴建麦克伦堡疗养院,1904年建成,并辟为疗养避暑胜地,是崂山现代旅游的标志性建筑。

同年,青岛直达香港的轮船航线开辟。

同年,根据1898年的法令规定,胶澳督署首次定期对土地税进行重新定价,对地价进行重新评估。

同年,位于四方的铁路工场的厂房建筑已全部竣工。

同年,四方铁路工场为山东铁路订制的贵宾车厢装备结实而适用,在夏季和秋季于杜塞尔多夫举办的莱茵工业展览会上获得普遍好评。

青岛官报

(1902—1903)

下册

青岛市市南区档案馆 编译

东南大学出版社
·南京·

图书在版编目(CIP)数据

青岛官报.1902—1903 / 青岛市市南区档案馆编译
.－－南京：东南大学出版社,2022.10
(青岛市市南区档案资料丛书)
ISBN 978-7-5766-0323-1

Ⅰ.①青… Ⅱ.①青… Ⅲ.①报刊-史料-汇编-青岛-1902-1903 Ⅳ.①G219.295.2

中国版本图书馆CIP数据核字(2022)第207471号

责任编辑：魏晓平　　责任校对：张万莹　　封面设计：毕真　　责任印制：周荣虎

青岛官报(1902—1903)　下册
Qingdao Guanbao (1902—1903) Xiace

| 编　　译：青岛市市南区档案馆
| 出版发行：东南大学出版社
| 社　　址：南京四牌楼2号　邮编：210096　电话：025-83793330
| 网　　址：http://www.seupress.com
| 电子邮件：press@seupress.com
| 经　　销：全国各地新华书店
| 印　　刷：青岛国彩印刷股份有限公司
| 开　　本：889 mm×1194 mm　1/16
| 印　　张：43.25
| 字　　数：956千字
| 版　　次：2022年10月第1版
| 印　　次：2022年10月第1次印刷
| 书　　号：ISBN 978-7-5766-0323-1
| 定　　价：312.00元(全两册)

本社图书若有印装质量问题,请直接与营销部调换。电话(传真):025-83791830

目　录

第四年　　第一号　　1903年1月10日（德文版）…………………………… 297

第四年　　第一号　　1903年1月10日（中文版）…………………………… 301

第四年　　第二号　　1903年1月17日（德文版）…………………………… 305

第四年　　第二号　　1903年1月17日（中文版）…………………………… 309

第四年　　第三号　　1903年1月24日（德文版）…………………………… 313

第四年　　第三号　　1903年1月24日（中文版）…………………………… 321

第四年　　第四号　　1903年2月4日（德文版）……………………………… 329

第四年　　第四号　　1903年2月4日（中文版）……………………………… 334

第四年　　第五号　　1903年2月14日（德文版）…………………………… 337

第四年　　第五号　　1903年2月14日（中文版）…………………………… 343

第四年　　第六号　　1903年2月21日（德文版）…………………………… 348

第四年　　第六号　　1903年2月21日（中文版）…………………………… 352

第四年　　第七号　　1903年2月28日（德文版）…………………………… 355

第四年　　第七号　　1903年2月28日（中文版）…………………………… 361

第四年　　第八号　　1903年3月7日（德文版）……………………………… 365

第四年　　第八号　　1903年3月7日（中文版）……………………………… 368

第四年　　第九号　　1903年3月14日（德文版）…………………………… 370

第四年　　第九号　　1903年3月14日（中文版）…………………………… 373

第四年　　第十号　　1903年3月21日（德文版）…………………………… 375

第四年　　第十号　　1903年3月21日（中文版）…………………………… 378

第四年　　第十一号　1903年3月28日（德文版）…………………………… 380

第四年　　第十一号　1903年3月28日（中文版）…………………………… 395

第四年　　第十二号　1903年3月31日（德文版）…………………………… 412

第四年　　第十二号　1903年3月31日（中文版）…………………………… 414

第四年　　第十三号　1903年4月11日（德文版）…………………………… 417

第四年　　第十三号　1903年4月11日（中文版）…………………………… 422

第四年	第十四号	1903年4月18日（德文版）	427
第四年	第十四号	1903年4月18日（中文版）	431
第四年	第十五号	1903年4月25日（德文版）	434
第四年	第十五号	1903年4月25日（中文版）	438
第四年	第十六号	1903年5月2日（德文版）	440
第四年	第十六号	1903年5月2日（中文版）	442
第四年	第十七号	1903年5月9日（德文版）	443
第四年	第十七号	1903年5月9日（中文版）	450
第四年	第十八号	1903年5月16日（德文版）	456
第四年	第十八号	1903年5月16日（中文版）	458
第四年	第十九号	1903年5月23日（德文版）	460
第四年	第十九号	1903年5月23日（中文版）	464
第四年	第二十号	1903年5月30日（德文版）	467
第四年	第二十号	1903年5月30日（中文版）	471
第四年	第二十一号	1903年6月6日（德文版）	473
第四年	第二十一号	1903年6月6日（中文版）	477
第四年	第二十二号	1903年6月13日（德文版）	481
第四年	第二十二号	1903年6月13日（中文版）	484
第四年	第二十三号	1903年6月20日（德文版）	487
第四年	第二十三号	1903年6月20日（中文版）	490
第四年	第二十四号	1903年6月27日（德文版）	492
第四年	第二十四号	1903年6月27日（中文版）	497
第四年	第二十五号	1903年7月4日（德文版）	501
第四年	第二十五号	1903年7月4日（中文版）	504
第四年	第二十六号	1903年7月11日（德文版）	507
第四年	第二十六号	1903年7月11日（中文版）	510
第四年	第二十七号	1903年7月18日（德文版）	512
第四年	第二十七号	1903年7月18日（中文版）	515
第四年	第二十八号	1903年7月25日（德文版）	518
第四年	第二十八号	1903年7月25日（中文版）	522
第四年	第二十九号	1903年8月1日（德文版）	524
第四年	第二十九号	1903年8月1日（中文版）	526

第四年	第三十号	1903年8月8日（德文版）	528
第四年	第三十号	1903年8月8日（中文版）	531
第四年	第三十一号	1903年8月15日（德文版）	533
第四年	第三十一号	1903年8月15日（中文版）	536
第四年	第三十二号	1903年8月22日（德文版）	538
第四年	第三十二号	1903年8月22日（中文版）	542
第四年	第三十三号	1903年8月29日（德文版）	545
第四年	第三十三号	1903年8月29日（中文版）	551
第四年	第三十四号	1903年9月5日（德文版）	555
第四年	第三十四号	1903年9月5日（中文版）	557
第四年	第三十五号	1903年9月12日（德文版）	558
第四年	第三十五号	1903年9月12日（中文版）	562
第四年	第三十六号	1903年9月19日（德文版）	565
第四年	第三十六号	1903年9月19日（中文版）	568
第四年	第三十七号	1903年9月26日（德文版）	570
第四年	第三十七号	1903年9月26日（中文版）	575
第四年	第三十八号	1903年10月3日（德文版）	579
第四年	第三十八号	1903年10月3日（中文版）	582
第四年	第三十九号	1903年10月10日（德文版）	584
第四年	第三十九号	1903年10月10日（中文版）	587
第四年	第四十号	1903年10月17日（德文版）	590
第四年	第四十号	1903年10月17日（中文版）	592
第四年	第四十一号	1903年10月24日（德文版）	594
第四年	第四十一号	1903年10月24日（中文版）	598
第四年	第四十二号	1903年10月31日（德文版）	602
第四年	第四十二号	1903年10月31日（中文版）	604
第四年	第四十三号	1903年11月7日（德文版）	605
第四年	第四十三号	1903年11月7日（中文版）	607
第四年	第四十四号	1903年11月14日（德文版）	609
第四年	第四十四号	1903年11月14日（中文版）	611
第四年	第四十五号	1903年11月21日（德文版）	612
第四年	第四十五号	1903年11月21日（中文版）	614

第四年 第四十六号 1903年11月28日（德文版）	615
第四年 第四十六号 1903年11月28日（中文版）	618
第四年 第四十七号 1903年12月5日（德文版）	619
第四年 第四十七号 1903年12月5日（中文版）	622
第四年 第四十八号 1903年12月12日（德文版）	624
第四年 第四十八号 1903年12月12日（中文版）	627
第四年 第四十九号 1903年12月19日（德文版）	629
第四年 第四十九号 1903年12月19日（中文版）	631
第四年 第五十号 1903年12月31日（德文版）	633
第四年 第五十号 1903年12月31日（中文版）	639
附录 1903年青岛大事记	644

Amtsblatt
für das
Deutsche Kiautschou-Gebiet.

青島官報

Herausgegeben vom Kaiserlichen Gouvernement Kiautschou.

Der Bezugspreis beträgt jährlich $ 0,60 = M 1,20.
Bestellungen nehmen sämtliche deutsche Postanstalten entgegen.

Jahrgang 4.   Nr. 1.   Tsingtau, den 10. Januar 1903.

Bekanntmachung.

Vom 15. Januar 1903 ab gilt für das ganze Schutzgebiet Kiautschou die Zeit des 120. Längengrades östlich von Greenwich. Demgemäss fällt der Zeitball (Mittagsschuss) vom 15. Januar 1903 ab um 1 Minute 13½ Sekunde später als dies bisher der Fall war.

Diese „mittlere Zeit der hiesigen Küste" ist bereits in Schanghai und auf den Philippinen eingeführt und wird voraussichtlich auch in allen anderen Hafenplätzen Chinas Geltung erlangen.

Tsingtau, den 5. Januar 1903.

Der Kaiserliche Gouverneur
Truppel.

Bekanntmachung.

Die Auszahlung von weiteren 39% der Entschädigungsansprüche deutscher Staatsangehöriger gegen die chinesische Regierung aus Anlass der Wirren im Jahre 1900 findet vom 4. d. Mts. ab in Schanghai durch die Deutsch-Asiatische Bank in Markcheck auf Berlin oder nach Wahl zum Tageskaufkurs in Silber statt.

Schanghai, den 1. Januar 1903.

Der Kaiserliche Generalkonsul
Dr. Knappe.

Vorstehendes Telegramm ist dem Gouvernement mit der Bitte um Bekanntmachung zugegangen.

Tsingtau, den 2. Januar 1903.

Kaiserliches Gouvernement.

Aufgebot.

Es wird hiermit bekannt gemacht, dass

Albert Carl Wilhelm **Schütz**, seines Standes Hallenmeister am Schlachthause, geboren zu Praetenow, Kreis Usedom-Wollin, 23 Jahre alt, wohnhaft in Tsingtau, Sohn des 59 Jahre alten, in Berlin wohnhaften Maurers Carl Schütz und seiner 53 Jahre alten, ebendaselbst wohnhaften Ehefrau Elwine Schütz, geborenen Meier

und

Martha Rafalska, ohne Gewerbe, geboren zu Henriettenhof, Provinz Posen, 21 Jahre alt, wohnhaft in Tsingtau, Tochter des zu Henriettenhof verstorbenen Landwirts Adalbertus Rafalski und seiner 49 Jahre alten, in Broniewice wohnhaften Ehefrau Josepha Rafalski, geborenen Garczynska,

beabsichtigen, sich mit einander zu verheiraten und diese Ehe in Gemässheit des Reichsgesetzes vom 4. Mai 1870 vor dem unterzeichneten Beamten abzuschliessen.

Tsingtau, den 5. Januar 1903.

Der Kaiserliche Standesbeamte.
Günther.

Bekanntmachung.
Gestohlene Gegenstände.

Ein Herrenfahrrad (Marke Corona) mit gebogener Lenkstange, linker Griff beschädigt, am Vorderrade fehlt das Schmutzblech.

Vor Ankauf wird gewarnt. Mitteilungen sind an die unterzeichnete Behörde zu richten.

Tsingtau, den 7. Januar 1903.

Kaiserliches Polizei-Amt.

Bekanntmachung.

In das Handelsregister des hiesigen Gerichts ist unter № 57 die Firma

Paul Behrens

mit dem Sitze zu Tsingtau eingetragen. Alleiniger Inhaber ist der Kaufmann Paul Behrens hier.

Tsingtau, den 30. December 1902.

Kaiserliches Gericht von Kiautschou.

Bekanntmachung.

In das Handelsregister des hiesigen Gerichts ist unter № 58 die Firma

Iulius Richardt

mit dem Sitze zu Tsingtau eingetragen. Alleiniger Inhaber ist der Spediteur Julius Richardt hier.

Tsingtau, den 30. December 1902.

Kaiserliches Gericht von Kiautschou.

白 告

啓者茲據人報稱被竊去男人脚踏車卽自行車一輛其式車前橫柄形勢彎曲左手握處損壞前輪上亦無他泥白銅板爲此仰諸色人等知悉切勿輕買此車致干未便如有人見獲此車亦宜報明

德一千九百三年正月初七日

青島巡捕衙門啓

Bekanntmachung.

Bei der unter № 10 des Handelsregisters eingetragenen Firma

Diederichsen, Jebsen & Co.

ist vermerkt, dass die Prokura des Kaufmanns Richard Weiss hier erloschen ist.

Tsingtau, den 3. Januar 1903.

Kaiserliches Gericht von Kiautschou.

10. Januar 1903.

Amtliche Mitteilungen.

Vom 1. Januar 1903 ab sind für Telegramme erhöhte Worttaxen in Kraft getreten.

Es beträgt die Wortgebühr für Telegramme nach

Europa	$ 3,25
Hongkong	„ 0,71
Amoy	„ 0,51
Foochow	„ 0,51
Japan	„ 1,06
Macao	„ 0,60
Korea (Fusan, Söul, Chemulpo)	„ 1,71
„ (übrige Stationen)	„ 1,86

Über die Worttaxen für Telegramme nach den übrigen asiatischen Stationen, sowie nach Amerika, Afrika, und Australien erteilt das Kaiserliche Postamt — Annahmestelle für Telegramme Auskunft.

* * *

Auf die vom Herrn Gouverneur im Namen der Kolonie und der Garnison anlässlich des Jahreswechsels abgesandten Glückwunschtelegramme sind folgende Antworttelegramme eingegangen:

Von Sr. Excellenz dem Herrn Staatssekretär des Reichsmarineamts:

Rastlos vorwärts und Gottes Segen der Kolonie 1903;

Von dem stellv. Gesandten in Peking, Herrn Legationsrat Freiherrn von der Goltz:

Gesandtschaft und Schutzwache erwidern herzlichst Glückwünsche an Gouvernement und Garnison;

Von Sr. Excellenz dem Chef des Kreuzergeschwaders, Herrn Vize-Admiral Geissler:

Der Kolonie und ihrem Gouverneur herzlichen Glückwunsch zum Jahreswechsel;

Von dem Kommandeur der ostasiatischen Besatzungsbrigade, Herrn Generalmajor von Rohrscheidt:

Herzlichen Glückwunsch senden wir Kameraden allen Angehörigen Kolonie. Floreat!

Meteorologische Beobachtungen.

Datum. Dez.	Barometer (m m) reduz. auf 0°C., Seehöhe 24,03m			Temperatur (Centigrade)								Dunstspannung in mm			Relat. Feuchtigkeit in Prozenten		
				trock. Therm.			feucht. Therm.			Min.	Max.						
	7 Vm	2 Nm	9 Nm	7 Vm	2 Nm	9 Nm	7 Vm	2 Nm	9 Nm			7 Vm	2 Nm	9 Nm	7 Vm	2 Nm	9 Nm
29	766,2	765,6	767,8	-0,9	2,9	-1,8	-1,7	0,3	-2,6	-1,0	4,5	3,6	3,2	3,4	84	56	84
30	66,9	65,2	66,9	-2,0	3,5	3,5	-2,8	1,5	2,5	-2,9	3,8	3,3	3,9	4,0	84	67	83
31	69,2	68,9	71,4	-1,1	2,7	-0,9	-2,1	0,7	-2,9	-2,0	4,5	3,4	3,7	2,6	80	65	61
Jan.																	
1	72,2	71,5	73,3	-4,1	-0,3	-2,4	-5,1	-1,1	-3,1	-5,0	2,7	2,6	3,8	3,2	77	85	85
2	74,5	74,7	77,1	-5,5	-2,6	-5,3	-5,7	-3,1	-6,4	-5,5	1,0	2,9	3,4	2,2	96	89	73
3	75,8	73,9	72,4	-6,7	-2,7	-5,1	-6,9	-3,1	-6,3	-7,0	-2,5	2,6	3,4	2,2	95	92	71
4	70,4	69,6	70,8	-4,3	2,1	-0,7	-4,4	1,7	-2,7	-6,2	-2,7	3,2	5,0	2,7	98	93	62
5	69,4	67,2	71,7	0,3	3,4	-2,7	-1,1	1,2	-4,5	-4,3	2,5	3,5	3,7	2,3	74	63	62
6	73,1	73,3	75,3	-8,7	-5,1	-4,3	-9,5	-6,0	-5,1	-8,7	4,0	1,8	2,4	2,7	75	78	81
7	73,9	70,4	69,3	-4,9	3,7	3,9	-5,2	2,9	2,4	-8,5	-4,0	2,9	5,2	4,6	93	87	75

4. Amtsblatt—青島官報 10. Januar 1903.

Da-tum. Dez.	Wind Richtung & Stärke nach Beaufort (0—12)			Bewölkung						Niederschläge in mm		
	7 Vm	2 Nm	9 Nm	7 Vm		2 Nm		9 Nm		7 Vm	9 Nm	9 Nm / 7 Vm
				Grad	Form	Grad	Form	Grad	Form			
29	N 1	N O 3	N O 2	9	cu-ni	5	cir	—	—			
30	NNW 1	WSW 1	W 1	9	cu-ni	10	cu-ni	10	nim			
31	NNW 5	NW 4	N O 3	1	cu-str	4	cir-cu	—	—			
Jan.												
1	NNO 1	NNW 2	NW 7	2	cum	—	—	6	cum			
2	NW 7	NW 6	NNO 3	2	cum	3	cum	4	cum			
3	NNO 2	NNW 1	NW 1	4	cir-cu	10	cu-ni	10	cu-ni			
4	NW 1	NW 2	NNO 1	1	str	—	—	—	—			
5	WSW 1	NW 2	NW 8	4	cir-str	10	nim	—	—			
6	NW 9	WNW 8	NW 5	1	cir-cu	—	—	—	—			
7	WNW 1	SW 4	SSW 5	—	—	—	—	3	cir-str			

Schiffsverkehr

in der Zeit vom 30. December 1902.—8. Januar 1903.

Ange-kommen am	Name	Kapitän	Flagge	von	Abgefah-ren am	nach
30.12	D. Kobe.	Micalicick	Österreichisch	Antwerpen		
„	D. Tsintau	Hansen	Deutsch	Tschifu	30.12	Schanghai
31.12	D. Vorwärts	Sohnemann	„	Schanghai	1.1	Tschifu
„	D. Amazon	Aas	Amerik.	Portland		
2.1	D. Jacob Diederichsen	Ohlsen	Deutsch	Hongkong	3.1	Tschifu
5.1	D. Knivsberg	Kayser	„	Schanghai	6.1	„
„	D. Gouv. Jaeschke	Schuldt	„	„		

Druck der Missionsdruckerei, Tsingtau.

第四年　第一号

1903年1月10日

告白

从1903年1月15日起，整个胶澳保护地使用东经120度的格林威治时间。与之相应，报时球（中午升起）从1903年1月15日起，要比目前执行的时间晚1分钟又13秒半。

这一"本地海岸的中段时间"已经在上海和菲律宾岛上施行，预计也会引入中国所有港口城市。

青岛，1903年1月5日
皇家总督
都沛禄

告白

中国政府因1900年动乱而向德国公民赔偿的剩余39％的部分将从本月4号开始在上海支付，可以通过德华银行向柏林开具以马克为单位的支票，或者选择按照每日汇率兑付银两。

上海，1903年1月1日
皇家总领事
科纳佩博士

上述电报发送到了总督府，请求予以公告。

青岛，1903年1月2日
皇家总督府

公告

阿尔伯特·卡尔·威廉·舒茨，职业为屠宰场的车间管理员，出生于乌瑟多姆－沃林县的普莱特诺夫，现年 23 岁，居住地为青岛，是现年 59 岁、居住于柏林的泥瓦工卡尔·舒茨，与现年 53 岁、居于同处的出生时姓迈耶尔的妻子埃尔温纳·舒茨的儿子。

玛塔·拉法斯卡，无业，出生于博森省的亨利腾霍夫，现年 21 岁，居住地为青岛，是在亨利腾霍夫去世的农场主阿达尔博图斯，与现年 49 岁、居住于布洛尼维切、出生时姓佳蕾金斯卡的妻子约瑟法·拉法斯基的女儿。

谨此宣布二人结婚，这一婚约按照 1870 年 5 月 4 日颁布的法律规定在本官员前缔结。

青岛，1903 年 1 月 5 日
皇家户籍官
冈特

告白

启者：兹据人报称被窃去男人脚踏车，即自行车一辆。其式车前横柄形势弯曲，左手握处损坏，前轮上亦无拖泥白铜板，为此仰诸色人等知悉，切勿轻买此车，致干未便。如有人见获此车，亦宜报明本衙门。特布。

德一千九百三年正月初七日
青岛巡捕衙门启

告白

位于青岛的保罗·贝伦斯公司在本地审判厅登记，商业登记号为 57 号。本地商人保罗·贝伦斯为公司独立所有人。

青岛，1902 年 12 月 30 日
胶澳皇家审判厅

告白

位于青岛的尤利乌斯·李夏特公司在本地审判厅登记，商业登记号为 58 号。本地运输商尤利乌斯·李夏特为公司独立所有人。

青岛，1902 年 12 月 30 日
胶澳皇家审判厅

告白

位于青岛、商业登记号第 10 号的捷成洋行添加备注,取消本地商人理查德·魏思的代理权。

青岛,1903 年 1 月 3 日
胶澳皇家审判厅

官方消息

从 1903 年 1 月 1 日起,电报每字收费标准提高。

电报每字收费按照下列费率收取:

发往

欧洲	3.25 元
香港	0.71 元
厦门	0.51 元
福州	0.51 元
日本	1.06 元
澳门	0.60 元
韩国(釜山、汉城、济物浦①)	1.71 元
韩国(其他电报局)	1.86 元

关于向亚洲其他电报局,以及向美洲、非洲和澳大利亚发送电报的收费情况,请咨询皇家邮局电报接收部。

对于总督以殖民地和军队名义就新年到来发送的电报,现收到下列回电:

发自海军部国务秘书阁下:

祝愿殖民地在 1903 年不断前进,愿上帝保佑。

发自驻北京副公使、参赞冯·德·戈尔茨男爵:

公使馆与使馆卫队向总督府和军队致以最诚挚的祝愿。

发自巡洋舰队司令盖斯勒海军中将阁下:

向殖民地和总督致以衷心的新年祝福。

发自东亚占领军司令罗尔晒特陆军少将:

我们的将士向殖民地所有人致以衷心祝福。祝繁荣昌盛!

---

① 译者注:济物浦为汉城外港,今名仁川。

船运

1902 年 12 月 30 日—1903 年 1 月 8 日期间

到达日	轮船船名	船长	挂旗国籍	出发港	出发日	到达港
12 月 30 日	横滨号	米卡里奇	奥地利	安特卫普		
12 月 30 日	青岛号	韩森	德国	芝罘	12 月 30 日	上海
12 月 31 日	前进号	索纳曼	德国	上海	1 月 1 日	芝罘
12 月 31 日	亚马逊号	阿斯	美国	波特兰		
1 月 2 日	捷成号	奥尔森	德国	香港	1 月 3 日	芝罘
1 月 5 日	柯尼夫斯堡号	凯瑟	德国	上海	1 月 6 日	芝罘
1 月 5 日	叶世克总督号	舒尔特	德国	上海		

Amtsblatt
für das
Deutsche Kiautschou-Gebiet.

青島官報

Herausgegeben vom Kaiserlichen Gouvernement Kiautschou.

Der Bezugspreis beträgt jährlich $ 0,60=M 1,20.
Bestellungen nehmen sämtliche deutsche Postanstalten entgegen.

| Jahrgang 4. | Nr. 2. | Tsingtau, den 17. Januar 1903. | 第二號 | 第四年 |

Bekanntmachung.

In letzter Zeit sind wiederholt, namentlich von Chinesen, Anfragen betreffend die Bebauungsfrist der bis zum 31. Dezember 1901 gekauften Grundstücke eingegangen. Es wird deshalb erneut auf die Bestimmung der Ziffer 6 der Bekanntmachung des Kaiserlichen Gouverneurs vom 7. März 1902 (Amtsblatt Nr. 11 vom 15. März 1902) hingewiesen.

Tsingtau, den 9. Januar 1903.

Der Kaiserliche Civilkommissar.

大德輔政司崑為

再曉諭通知事案查新政地價估抽地稅章程曾經督憲於德歷一千九百二年三月初七日鈐訂在案內載為緻定章程事照得一千八百九十八年九月初二日所出置買地基章程第八端載有地價一層追至一千九百二年正月初一日止與衙門買價一律嗣後隨時估計另行新訂地價等因茲本大臣已飭核定新價所有自一千九百一年正月初一日起至是年十二月三十一日止衙門所寶之地擬由原定之價再加拍賣米打數目按百抽六定於九人之地按賣價原數核算皆照半核算又地主轉賣與他百二十一日以後至一千九百五年正月初一日止期內所賣

之地仍照原買地價按百抽六納稅限期以前不另定價且現在尚不改地稅章程为稅再該章程第三端之三歉內戴購定擬用之地蓋房限現戴至一千九百三年十二月三十一日期內所買之地皆展限至一千九百三年十二月三十一日期屆後不再寬展云云在按詢邇來婆有華人地主投署請示概未悉其修造房屋限期業已寬展爰為此合再亞行曉諭仰各地主一體週知勿惧特示

右諭通知

大德一千九百三年正月初九日

告示

6.   Amtsblatt—青島官報   17. Januar 1903.

Bekanntmachung.

Gestohlene bezw. verlorene Gegenstände.

1.) 19 Schweinshäute.
2.) Eine Eiderdaunendecke in rotem Zwillich, 1 Kopfkissen mit Lederüberzug, 1 dunkelgrauer Tuchrock. Die Sachen waren in eine schwarze Reisedecke eingewickelt und mit 2 Lederriemen zusammengeschnürt.

Gefunden:

Eine Kiste mit chinesischen Medizinfläschchen und Gläsern zu Opiumlampen, sowie ein Pack chinesisches Bettzeug.

Entlaufen:

Ein Pony (Fuchs) mit starker Mähne und weisser Stirn.

Vor Ankauf wird gewarnt. Mitteilungen sind an die unterzeichnete Behörde zu richten.

Tsingtau, den 14. Januar 1903.

Kaiserliches Polizei-Amt.

Verdingungsanzeige.

Der Bau eines Dienstgebäudes für die Bauabteilung I soll öffentlich verdungen werden.

Die Verdingungsunterlagen liegen im Geschäftszimmer der Bauabteilung I zur Einsicht aus, auch können dieselben daselbst gegen Einzahlung von 3,00 $ bezogen werden.

Versiegelte und mit entsprechender Aufschrift versehene Angebote sind bis zu dem auf **Freitag, den 30. Januar d. J., vorm. 10 Uhr,** im Geschäftszimmer der unterzeichneten Bauabteilung stattfindenden Eröffnungstermin einzureichen. Zuschlagsfrist: 3 Wochen.

Tapantau, den 15. Januar 1903.

Bauabteilung I.

白 告

德一千九百三年正月青島巡捕衙門啓

未便至送存各諭明物亦可領特諭

明本署各並論明諸人或切勿輕買

以上各箱華人如有諸人或見得皆宜報

具一料各物玻璃瓶蓋並一包所需玻璃器

中國送存各物馬駒左一匹

白額布紅掛鬃一毛件

黑色羽被一件有皮條兩根一綢緋丙色有

各物列左被一件有皮面枕頭一個灰

啓者茲將被窃或失去以及拾獲送署

Verkaufsanzeige.

Am **Dienstag, den 20. Januar d. J., vorm. 11 Uhr,** soll eine, auf der Hafeninsel stehende, gebrauchte Lokomobile an Ort und Stelle öffentlich versteigert werden.

Tsingtau, den 15. Januar 1903.

Bauabteilung I.

Bekanntmachung.

In das Handelsregister des hiesigen Gerichts ist unter Nr. 59 die Firma

Haru Berger

eingetragen, deren alleinige Inhaberin die Ehefrau des Kaufmanns Hans von Koslowski, Haru, geborene Yashima, verwittwete Berger, ist.

Tsingtau, den 10. Januar 1903.

Kaiserliches Gericht von Kiautschou.

17. Januar 1903. Amtsblatt—青島官報 7.

Meteorologische Beobachtungen.

Da- tum. Jan.	Barometer (m m) reduz. auf 0°C., Seehöhe 24.03m			Temperatur (Centigrade)								Dunst- spannung in mm			Relat. Feuchtigkeit in Prozenten		
				trock. Therm.			feucht. Therm.			Min.	Max.						
	7 Vm	2 Nm	9 Nm	7 Vm	2 Nm	9 Nm	7 Vm	2 Nm	9 Nm			7 Vm	2 Nm	9 Nm	7 Vm	2 Nm	9 Nm
8	764,9	763,1	767,9	3,5	4,1	-1,3	2,3	0,9	-3,0	-4,3	4,5	4,7	3,0	2,8	80	49	67
9	73,1	73,4	73,7	-8,8	-2,7	-5,9	-9,6	-3,5	-6,6	-8,8	4,8	1,7	3,1	2,4	75	83	82
10	73,3	71,5	72,0	-4,6	3,7	-1,7	-5,0	2,9	-2,5	-8,9	2,4	2,9	5,2	3,4	90	87	84
11	70,3	68,9	68,6	-3,3	4,5	0,1	-3,7	3,7	-1,1	-4,0	3,7	3,3	5,5	3,6	91	87	78
12	68,5	67,9	68,7	-2,5	4,5	1,7	-3,9	0,5	-0,5	-3,5	4,5	2,7	2,4	3,3	70	37	63
13	68,2	67,5	68,0	-1,4	4,9	1,1	-2,8	2,4	0,5	-1,5	4,7	3,0	4,0	4,4	72	61	89
14	68,5	67,5	68,2	-2,9	2,2	1,4	-3,7	0,7	0,0	-3,0	5,0	3,0	3,9	3,8	83	74	74

Da- tum. Jan.	Wind Richtung & Stärke nach Beaufort (0—12)			Bewölkung						Niederschläge in mm	
				7 Vm		2 Nm		9 Nm			9 Nm
	7 Vm	2 Nm	9 Nm	Grad	Form	Grad	Form	Grad	Form	7 Vm 9 Nm	7 Vm
8	SSW 3	NW 4	NNW 8	3	cir-str	9	cu-ni	—	—		
9	NNW 9	NW 8	NW 5	1	str.	3	cum	—	—		
10	WNW 4	WNW 1	WSW 1	—	—	—	—	—	—		
11	NW 1	SW 1	Stille 0	3	cir-str	—	—	4	cir-cu		
12	Stille 0	SSO 1	SW 1	3	cir-str	10	cum	10	cum		
13	NNW 1	NW 1	NW 1	3	cir-cu	1	cir	2	cum		
14	NNW 2	NNW 1	Stille 0	6	cir-str.	9	cu-ni	—	—		

Schiffsverkehr

in der Zeit vom 9.—15. Januar 1903.

Ange- kommen am	Name	Kapitän	Flagge	von	Abgefah- ren am	nach
9.1.03	D. Vorwärts	Sohnemann	Deutsch	Tschifu	9.1.	Schanghai
9.1.03	D. Ambria	Duckstein	„	Hongkong		
(5.1.03)	D. Gouv. Jaeschke	Schuldt	„	Schanghai	9..1	Schanghai
10.1.03	D. Knivsberg	Kayser	„	Tschifu	11.1.	„
11.1.03	D. Tsintau	Hansen	„	Schanghai	12.1.	Tschifu
12.1.03	D. Jacob Diederichsen	Ohlsen	„	Tschifu	13.1.	Hongkong
(30.12.02)	D. Kobe.	Micalicick	Österreichisch	Antwerpen	15.1.	Moji

Schantung-Eisenbahn.
Fahrplan
für die Strecke
Tsingtau-Weihsien-Tschanglo
gültig ab 14. Januar 1903.

An	Aufenthalt. Min.	Ab		An	Aufenthalt. Min.	Ab
		8.00	Tsingtau	6.08		
8.14	3	8.17	Syfang I. (Sautschutan)	5.52	3	5.55
8.23	2	8.25	Syfang II.	5.44	2	5.46
8.51	5	8.56	Tsangkou	5.16	2	5.18
9.11	5	9.16	Tschoutsun	5.00	1	5.01
9.26	5	9.31	Tschengyang	4.48	2	4.50
9.52	5	9.57	Nantschuan	4.22	5	4.27
10.14	3	10.17	Lantsun	4.02	3	4.05
10.26	1	10.27	Likotschuang	3.52	1	3.53
10.42	2	10.44	Tahuang	3.36	2	3.38
10.58	30	11.28	Kiautschou	2.52	30	3.22
11.42	1	11.43	Tahang	2.38	1	2.39
11.52	2	11.54	Tse'antschuang	2.24	5	2.29
12.04	5	12.09	Yaukotschuang	2.09	5	2.14
12.23	50	1.13	Kaumi	1.05	50	1.55
1.39	1	1.40	Tsaitschiatschuang	12.38	1	12.39
1.52	5	1.57	Taerlpu	12.24	3	12.27
2.09	5	2.14	Tschiangling	12.09	7	12.13
2.29	3	2.32	Taibautschuang	11.53	1	11.54
2.42	30	3.12	Tsoschan	11.11	30	11.41
3.24	2	3.26	Huantschipu	10.53	5	10.58
3.34	5	3.39	Nauliu	10.40	5	10.45
4.03	10	4.13	Hamatun	10.20	2	10.22
4.29	10	4.39	Tschanloynen	9.52	10	10.02
4.53	1	4.54	Erlschilipu	9.35	1	9.36
5.05	30	5.35	Weihsien	8.54	30	9.24
6.03	2	6.05	Tayuho	8.24	2	8.26
6.25	2	6.27	Tschulitien	8.02	2	8.04
6.55			Tschanglo			7.36

Druck der Missionsdruckerei, Tsingtau.

第四年　第二号

1903年1月17日

告白

近期，不断有来自华人关于1901年12月31日为止所购地产建造期限方面的问询。因此再次提醒注意皇家总督在1902年3月7日发出的告白（参见《青岛官报》1902年3月15日第11号）第6条的规定。

青岛，1903年1月9日
皇家民政长

大德辅政司崑　为

再晓谕通知事：案查新改地价估抽地税章程曾经督宪于德历一千九百二年三月初七日厘订，在案内载为续定章程事。照得一千八百九十八年九月初二日所出置买地基章程第八端载有"地价一层，迨至一千九百二年正月初一日止，与交衙门买价，一律嗣后随时估计，另行新订地价"等因。兹本大臣已饬核定新价，所有自一千九百一年正月初一日起至是年十二月三十一日止，衙门所卖之地，拟由原定之价再加拍卖之价按半核算，又地主转卖与他人之地按卖价原数核算，皆照米打数目按百抽六。定于（一千）九百二年四月初一日分别交纳。其自一千九百一年十二月三十一日以后至一千九百五年正月初一日止，期内所卖之地仍照原买地价按百抽六纳税，限期以前不另定价。且现在尚不改地税为房税，再该章程第三端之三款内戴（载）"购定拟用之地，盖房限期现截至一千九百一年十二月三十一日，期内所买之地皆一律展限至一千九百三年十二月三十一日，届期后不再宽展"云云，各在按讵。迩来屡有华人地主投署请示，概未悉其修造房屋限期业已宽展，为此合再亟行晓谕，仰各地主一体周知。勿误。特示。

右谕通知
大德一千九百三年正月初九日　告示

告 白

启者：兹将被窃或失去以及拾获送署各物列左：

猪皮十九张；黑色棉被一件，有皮条两根捆绑，内有红羽毛被一床、皮面枕头一个、灰色布裯一件；白额长鬃马驹一匹。

送存各物列左：

中国药料玻璃瓶并吸烟所需玻璃器具一箱，华人铺盖一包。

以上各物如有人或见或得，皆宜报明本署，并谕明诸人，切勿轻买，致干未便。至送存各物，亦可具领。特谕。

德一千九百三年正月十四日
青岛巡捕衙门启

发包广告

有关第一工部局建造办公楼的合同，将公开发包。

文件张贴在第一工部局营业室内提供查看，也可以在那里支付 3.00 元购买。

报价须密封并标注相应字样后，最晚在今年 1 月 30 日星期五上午 10 点本工部局营业室内举办的开标仪式前递交。中标期限：3 周。

青岛，1903 年 1 月 15 日
第一工部局

销售广告

今年 1 月 20 日星期二上午 11 点将就地公开拍卖停放于海港岛①上的二手蒸汽机。

青岛，1903 年 1 月 15 日
第一工部局

告 白

哈露·贝尔格公司在本地审判厅登记，商业登记号为 59 号。商人汉斯·冯·柯斯洛夫斯基的妻子哈露②为公司独立所有人，她出生时姓石垣，是贝尔格的遗孀。

青岛，1903 年 1 月 10 日
胶澳皇家审判厅

---

① 译者注：此为临时命名的港口内部设施名称，而非正式登记的地名。
② 译者注：此人为日裔，其名"哈露"在日语中意为"春"。

船运

1903年1月9日—15日期间

到达日	轮船船名	船长	挂旗国籍	出发港	出发日	到达港
2003年1月9日	前进号	索纳曼	德国	芝罘	1月9日	上海
2003年1月9日	阿穆布利亚	达克斯坦	德国	香港		
(2003年1月5日)	叶世克总督号	舒尔特	德国	上海	1月9日	上海
2003年1月10日	柯尼夫斯堡号	凯瑟	德国	芝罘	1月11日	上海
2003年1月11日	青岛号	韩森	德国	上海	1月12日	芝罘
2003年1月12日	捷成号	奥尔森	德国	芝罘	1月13日	香港
(2002年12月30日)	横滨号	米卡里奇	奥地利	安特卫普	1月15日	门司

山东铁路公司时刻表

适用于青岛—潍县—昌乐段
1903年1月14日起施行

到达	停车时间/分钟	出发		到达	停车时间/分钟	出发
		8.00	青岛	6.08		
8.14	3	8.17	四方一站(扫寻滩)	5.52	3	5.55
8.23	2	8.25	四方二站	5.44	2	5.46
8.51	5	8.56	沧口	5.16	2	5.18
9.11	5	9.16	赵村	5.00	1	5.01
9.26	5	9.31	城阳	4.48	2	4.50
9.52	5	9.57	南泉	4.22	5	4.27
10.14	3	10.17	蓝村	4.02	3	4.05
10.26	1	10.27	李哥庄	3.52	1	3.53
10.42	2	10.44	大荒	3.36	2	3.38
10.58	30	11.28	胶州	2.52	30	3.22
11.42	1	11.43	腊行	2.38	1	2.39
11.52	2	11.54	芝兰庄	2.24	5	2.29

(续表)

到达	停车时间/分钟	出发		到达	停车时间/分钟	出发
12.04	5	12.09	姚哥庄	2.09	5	2.14
12.23	50	1.13	高密	1.05	50	1.55
1.39	1	1.40	蔡家庄	12.38	1	12.39
1.52	5	1.57	塔耳堡	12.24	3	12.27
2.09	5	2.14	丈岭	12.09	7	12.16
2.29	3	2.32	大堡庄	11.53	1	11.54
2.42	30	3.12	岞山	11.11	30	11.41
3.24	2	3.26	黄旗堡	10.53	5	10.58
3.34	5	3.39	南流	10.40	5	10.45
4.03	10	4.13	虾蟆屯	10.20	2	10.22
4.29	10	4.39	昌乐	9.52	10	10.02
4.53	1	4.54	二十里堡	9.35	1	9.36
5.05	30	5.35	潍县	8.54	30	9.24
6.03	2	6.05	大圩河	8.24	2	8.26
6.25	2	6.27	朱刘店	8.02	2	8.04
6.55			昌乐			7.36

Amtsblatt
für das
Deutsche Kiautschou-Gebiet.

青島官報

Herausgegeben vom Kaiserlichen Gouvernement Kiautschou

Der Bezugspreis beträgt jährlich $ 0,60=M 1,20.
Bestellungen nehmen sämtliche deutsche Postanstalten entgegen.

Jahrgang 4.   Nr. 3.   Tsingtau, den 24. Januar 1903.

Im Reichs-Gesetzblatt № 47 ist die nachstehende Kaiserliche Verordnung vom 21. November 1902, betreffend die Rechte an Grundstücken in den deutschen Schutzgebieten, veröffentlicht:

Wir Wilhelm,
von Gottes Gnaden Deutscher Kaiser, König von Preussen etc.

verordnen auf Grund des §. 3 des Schutzgebietsgesetzes (Reichs-Gesetzbl. 1900 S. 813) in Verbindung mit §. 21 des Gesetzes über die Konsulargerichtsbarkeit vom 7. April 1900 (Reichs-Gesetzbl. S. 213) für die deutschen Schutzgebiete, im Namen des Reichs, was folgt:

I. Allgemeine Vorschriften.

§. 1.

Die im §. 19 des Gesetzes über die Konsulargerichtsbarkeit bezeichneten, dem bürgerlichen Rechte angehörenden Vorschriften über die Rechte an Grundstücken finden nach Massgabe des §. 20 Abs. 1 des genannten Gesetzes Anwendung, soweit sich nicht aus dieser Verordnung ein Anderes ergiebt.

Die nach den §§. 2, 85 bis 92 der Grundbuchordnung vom 24. März 1897 (Reichs-Gesetzbl. 1897 S. 139, 1898 S. 754) durch landesherrliche Verordnung zu erlassenden Vorschriften werden vom Reichskanzler oder mit dessen Genehmigung vom Gouverneur erlassen.

§. 2.

Die Vorschriften der Artikel 186, 189 des Einführungsgesetzes zum Bürgerlichen Gesetzbuche, des §. 82 der Grundbuchordnung und der preussischen Verordnung, betreffend das Grundbuchwesen, vom 13. November 1899 (Gesetz-Samml. S. 519) finden keine Anwendung.

Die im §. 1 Abs. 1 bezeichneten Vorschriften finden auf das Bergwesen, die Zwangsversteigerung und die Zwangsverwaltung nur soweit Anwendung, als der Reichskanzler oder mit seiner Genehmigung der Gouverneur sie für anwendbar erklärt.

Der Reichskanzler und mit seiner Genehmigung der Gouverneur können Vorschriften über den Erwerb, die dingliche Belastung und das Erlöschen des Bergwerkseigentums sowie dessen Verhältnis zu anderen Rechten erlassen.

§. 3.

Bei der Auflassung bedarf es nicht der gleichzeitigen Anwesenheit beider Teile; auch brauchen diese ihre Erklärungen nicht mündlich vor dem Grundbuchamt abzugeben.

§. 4.

Ins Grundbuch einzutragende Geldbeträge können in der im Schutzgebiete geltenden Währung angegeben werden.

§ 5.

Der Reichskanzler und mit seiner Genehmigung der Gouverneur bestimmen die Voraussetzungen für den Erwerb von Rechten an herrenlosem Lande und an Kronland. Die hierauf bezüglichen, in den einzelnen Schutzgebieten bestehenden Vorschriften bleiben in Kraft, bis sie nach Massgabe der vorstehenden Bestimmungen aufgehoben werden. Entgegen den bestehenden oder zu erlassenden Vorschriften findet ein Erwerb von Rechten nicht statt.

§. 6.

In Anschung der den Eingeborenen oder anderen Farbigen gehörigen Grundstücke gelten folgende Vorschriften:

1. Wenn und insoweit es im öffentlichen Interesse notwendig erscheint, sind der Reichskanzler und mit seiner Genehmigung der Gouverneur ermächtigt, den Erwerb des Eigentums oder dinglicher Rechte an solchen Grundstücken sowie ihre Benutzung durch Dritte an besondere Bedingungen oder an eine obrigkeitliche Genehmigung zu knüpfen oder zu untersagen. Das Gleiche gilt von dem Erwerb und der Belastung dieser Grundstücke im Wege der Zwangsvollstreckung. Die Vorschriften des §. 5 Satz 2 und 3 finden entsprechende Anwendung.

2. Im Uebrigen finden die Vorschriften dieser Verordnung auf die bezeichneten Grundstücke nur dann Anwendung, wenn für das Grundstück ein Grundbuchblatt angelegt oder das Grundstück in ein Landregister (§. 19) eingetragen ist. Inwieweit Eingeborene oder andere Farbige zur Eintragung ihrer Grundstücke in das Grundbuch berechtigt sind oder hierzu angehalten werden können, bestimmen der Reichskanzler und mit seiner Genehmigung der Gouverneur.

3. Der Reichskanzler und mit seiner Genehmigung der Gouverneur können bestimmen, dass zu Gunsten Eingeborener oder anderer Farbiger

   a) andere Formen der dinglichen Belastung für die bezeichneten Grundstücke, als die des Dritten Buches des Bürgerlichen Gesetzbuchs und des Artikel 40 des preussischen Ausführungsgesetzes zum Bürgerlichen Gesetzbuche, zulässig sind.

   b) gewisse Nutzungsrechte, selbst wenn sie unvererblich oder unübertragbar sind, Grundbuchblätter erhalten können, und dass auf diese Nutzungsrechte, die auf Grundstücke Eingeborener sich beziehenden Vorschriften Anwendung finden.

II. Anlegung neuer Grundbuchblätter.

§. 7.

Die Anlegung eines Grundbuchblatts ist nur statthaft, soweit Flurkarten bereits angelegt oder die Vermessung des Grundstücks und die Aufnahme einer Karte ausführbar sind. Die Voraussetzungen, unter denen die Vermessung als ausführbar zu erachten ist, bestimmt der Reichskanzler. Derselbe kann die Anlegung für einzelne Fälle auch zulassen, wenn eine Vermessung im Sinne dieses Paragraphen nicht ausführbar oder mit Kosten verbunden sein würde, die zum Werte des Grundstücks in keinem Verhältnisse stehen.

§. 8.

Die Anlegung des Grundbuchblatts erfolgt auf Antrag des Eigentümers oder desjenigen, welcher auf Grund eines gegen den Eigentümer vollstreckbaren Titels eine Eintragung im Grundbuche verlangen kann, sofern die Zulässigkeit dieser Eintragung von der vorgängigen Eintragung des Eigentümers abhängt.

Der Reichskanzler und mit seiner Genehmigung der Gouverneur können vorschreiben, dass, in welcher Weise und mit welcher Wirkung der Eigentümer von Amtswegen zur Stellung des Antrags (Abs. 1) anzuhalten ist. Die hierauf bezüglichen, in den einzelnen Schutzgebieten bestehenden Vorschriften bleiben in Kraft, bis sie nach Massgabe der vorstehenden Bestimmung aufgehoben werden.

§. 9.

Mit dem Antrage hat der Antragsteller durch Urkunden, Bescheinigungen öffentlicher Behörden oder auf andere Weise glaubhaft zu machen, dass er das Grundstück als Eigentümer erworben oder in ungestörtem Besitze hat.

In dem Antrag ist das einzutragende Grundstück nach Lage und Begrenzung, nach seinem etwaigen besonderen Namen und sonstigen Kennzeichen sowie thunlichst nach Kultur oder Art der Benutzung und Grösse zu bezeichnen.

Dem Antrag ist eine das Grundstück veranschaulichende Karte beizufügen. Die Vorschrift des §. 7 Satz 3 bleibt unberührt.

§. 10.

Der Anlegung des Grundbuchblatts muss ein Aufgebot vorhergehen.

§. 11.

Das Aufgebot wird von dem Grundbuchamt erlassen. In das Aufgebot ist aufzunehmen:

1. die Bezeichnung des Antragstellers,
2. die Bezeichnung des aufgebotenen Grundstücks,
3. die Aufforderung an alle diejenigen, welche das Eigentum oder ein anderes zur Eintragung in das Grundbuch geeignetes Recht an dem Grundstück in Anspruch nehmen, ihre Rechte und Ansprüche bis zu einem bestimmten Termin anzumelden und glaubhaft zu machen, widrigenfalls die Anlegung des Grundbuchblatts ohne Rücksicht auf ihre Rechte und Ansprüche erfolgen werde.

Das Aufgebot ist durch Aushang an der für öffentliche Bekanntmachungen bestimmten Stelle und in sonst geeigneter Weise bekannt zu machen.

Zwischen der ersten öffentlichen Bekanntmachung und dem Termine muss eine Frist von mindestens drei Monaten liegen.

§. 12.

Ist bis zum Ablaufe des Termins ein anderweitiger Eigentumsanspruch nicht angemeldet oder nicht glaubhaft gemacht, so erfolgt die Anlegung des Grundbuchblatts. Das Grundbuchamt ist auch befugt, ihm bekannt und glaubhaft gewordene Ansprüche Dritter von Amtswegen zu berücksichtigen. Bei widerstreitenden Ansprüchen kann die Anlegung erst erfolgen, nachdem die Beteiligten ihre Ansprüche zum Austrage gebracht haben.

§. 13.

Die bis zum Ablaufe des Termins angemeldeten Rechte (§. 11 Nr. 3) werden bei der Anlegung des Grundbuchblatts eingetragen, wenn der Antragsteller das beanspruchte Recht anerkennt oder wenn die Voraussetzungen der Eintragung gemäss den Vorschriften dieser Verordnung vorliegen.

Anderenfalls wird, sofern das beanspruchte Recht glaubhaft gemacht ist, zur Sicherung ein Widerspruch eingetragen.

Die Festsetzung der Rangordnung der bis zum Ablaufe des Termins angemeldeten Rechte erfolgt, falls sich die Beteiligten nicht einigen, im Rechtswege.

§. 14.

Das Grundbuchamt kann ohne Erlass eines Aufgebots die Anlegung eines Grundbuchblatts bewirken:
1. wenn dem Antrag auf Eintragung des Grundstücks eine Ueberweisung von früher herrenlosem Lande zu Grunde liegt und die Ueberweisung und Besitzergreifung nach Massgabe eines mit dem Fiskus abgeschlossenen Vertrags oder einer von Regierungswegen erteilten Berechtigung erfolgt ist.
2. wenn die Anlegung gemäss §. 8 von einem Berechtigten beantragt wird, dessen Anspruch nach Massgabe einer der folgenden Vorschriften als rechtsgültig festgestellt worden ist:
   a) in den Schutzgebieten der Südsee, mit Ausnahme von Samoa, nach Massgabe der Nr. IV der Erklärung, betreffend die gegenseitige Handels- und Verkehrsfreiheit in den deutschen und englischen Besitzungen und Schutzgebieten im westlichen Stillen Ozean, vom 10. April 1886,
   b) in Deutsch-Neu-Guinea nach Massgabe der §§. 6 bis 11 der Verordnung, betreffend den Eigentumserwerb und die dingliche Belastung der Grundstücke im Schutzgebiete der Neu-Guinea-Kompagnie, vom 20. Juli 1887 (Reichs-Gesetzbl. S. 379),
   c) in Samoa nach Massgabe des Artikel IV der Generalakte der Samoakonferenz in Berlin vom 14. Juni 1889,
   d) im Schutzgebiete der Marschallinseln nach Massgabe der §§ 6, 7 der Verordnung, betreffend den Eigentumserwerb und die dingliche Belastung der Grundstücke im Schutzgebiete der Marschallinseln, vom 22. Juni 1889 (Reichs-Gesetzbl. S. 145),
   e) in Deutsch-Südwestafrika nach Massgabe der Verordnung, betreffend das Bergwesen im südwestafrikanischen Schutzgebiete, vom 6. September 1892 (Reichs-Gesetzbl. S. 789) und der Verordnung, betreffend das Aufgebot von Landansprüchen im südwestafrikanischen Schutzgebiete, vom 2. April 1893 (Reichs-Gesetzbl. S. 143).
   f) im Inselgebiete der Karolinen, Palau und Marianen nach Massgabe des §. 13 der Verordnung, betreffend die vorläufige Regelung der Verwaltung und Rechsverhältnisse im Inselgebiete der Karolinen, Palau und Marianen, vom 26. September 1998.

§. 15.

Im Falle des §. 14 erfolgt nach Anlegung des Grundbuchblatts eine Aufforderung an alle diejenigen, welche zur Eintragung in das Grundbuch geeignete Rechte an dem Grundstück in Anspruch nehmen, ihre Rechte bis zu einem bestimmten Termin anzumelden und glaubhaft zu machen, widrigenfalls sie bei etwaigen anderweitigen Anträgen auf Eintragungen nicht berücksichtigt werden würden. Hierbei finden die Vorschriften des §. 11 Abs. 2, 3 und des §. 12 entsprechende Anwendung.

Der Reichskanzler und mit seiner Genehmigung der Gouverneur können vorschreiben, dass, und unter welchen Voraussetzungen die Vorschrift des Abs. 1 ausser Anwendung bleibt.

§. 16.

Die Vorschriften der §§. 14 und 15 finden auch Anwendung, wenn die Ansprüche aus Ueberweisungen von früher herrenlosem Lande oder die als rechtsgültig anerkannten Ansprüche im Wege der Rechtsnachfolge auf den Antragsteller übergegangen sind.

§. 17.

Im Schutzgebiete Kiautschou finden die Vorschriften des §. 8, des §. 9 Abs. 1 und der §§. 10 bis 16 keine Anwendung. Daselbst gelten die folgenden Bestimmungen:

Die Anlegung des Grundbuchblatts für ein Grundstück erfolgt entweder für den Fiskus auf den Antrag der dazu berechtigten Behörde oder für denjenigen, welcher das Grundstück von dem Fiskus erworben hat. Bei der Anlegung ist zur Legitimation des Fiskus als Eigentümer dem Grundbuchamte gegenüber die schriftliche Erklärung des Gouverneurs, dass der Fiskus das Eigentum erworben hat, erforderlich und ausreichend.

Zur Verfügung über ein dem Fiskus gehöriges Grundstück, welches im Grundbuche nicht eingetragen ist, bedarf es der vorgängigen Anlegung eines Grundbuchblatts nicht.

III. Vorschriften, betreffend Grundstücke, für die ein Grundbuchblatt noch nicht angelegt worden ist.

§. 18.

Die im § 1 Abs. 1 bezeichneten Vorschriften, welche die Uebertragung des Eigentums an Grundstücken betreffen, finden auf Grundstücke, für welche ein Grundbuchblatt nicht angelegt ist, keine Anwendung.

Zur Uebertragung des Eigentums an einem solchen Grundstück ist die Einigung des Veräusserers und des Erwerbers erforderlich und ausreichend. Die Erklärungen müssen in öffentlich beglaubigter Form abgegeben werden. Es genügt die Beglaubigung durch eine öffentliche Behörde des Schutzgebiets.

Die Uebertragung des Eigentums kann nicht unter einer Bedingung oder einer Zeitbestimmung erfolgen.

§. 19.

Der Eigentümer kann sein Eigentum in ein von dem zuständigen Grundbuchamte zu führendes Landregister eintragen lassen. Dasselbe Recht steht demjenigen zu, welcher auf Grund eines gegen den Eigentümer vollstreckbaren Titels die Anlegung eines Grundbuchblatts verlangen kann (§. 8 Abs. 1). Die Vorschrift des §. 8 Abs. 2 findet entsprechende Anwendung.

§. 20.

Bei dem Antrag auf Eintragung des Eigentums ist dessen Erwerb nachzuweisen.

Das Grundstück ist so genau wie möglich zu bezeichnen. Das Grundbuchamt befindet darüber, ob die Bezeichnung genau genug ist oder nicht.

§. 21.

Ist im Landregister Jemand als Eigentümer eines Grundstücks eingetragen, so wird vermutet, dass er der Eigentümer ist.

§. 22.

Die im §. 18 Abs 1 bezeichneten Grundstücke können mit anderen Rechten als mit Hypotheken und Grundschulden nicht belastet werden.

In Ansehung der Hypotheken und Grundschulden tritt das Landregister an die Stelle des Grundbuchs; der öffentliche Glaube des Landregisters erstreckt sich jedoch auch in Ansehung der Hypotheken und Grundschulden nicht darauf, dass der als Eigentümer des Grundstücks in das Register Eingetragene der wirkliche Eigentümer ist.

§. 23.

Eine Hypothek oder Grundschuld kann nur in der Weise bestellt werden, dass die Erteilung eines Hypotheken- oder Grundschuldbriefs ausgeschlossen ist.

24. Januar 1903.   Amtsblatt—青島官報   13.

§. 24.

Im Schutzgebiete Kiautschou finden die Vorschriften der §§. 18 bis 23 keine Anwendung.

IV. Schlussbestimmungen.

§. 25.

Das Eigentum an denjenigen Grundstücken, welche dem Reich nach gesetzlicher Vorschrift, insbesondere nach §. 1 der Verordnung über die Schaffung, Besitzergreifung und Veräusserung von Kronland und über den Erwerb und die Veräusserung von Grundstücken in Deutsch-Ostafrika im Allgemeinen vom 26. November 1895, und nach §. 1 der Verordnung über die Schaffung, Besitzergreifung und Veräusserung von Kronland und über den Erwerb und die Veräusserung von Grundstücken im Schutzgebiete von Kamerun vom 15. Juni 1896, oder in Folge Erwerbes durch Rechtsgeschäft zur Zeit der Verkündung dieser Verordnung gehören, gilt als dem Fiskus des Schutzgebiets erworben, in welchem das betreffende Grundstück liegt. Das Gleiche gilt in Ansehung dinglicher Rechte an Grundstücken.

Die Vorschrift des Abs. 1 findet auf marine- und postfiskalische Grundstücke sowie auf Grundstücke im Schutzgebiete der Marschallinseln keine Anwendung.

§. 26.

Der Reichskanzler und mit seiner Genehmigung der Gouverneur haben die zur Ausführung dieser Verordnung erforderlichen Bestimmungen, insbesondere über die Einrichtung und Führung der Grundbücher und Landregister, zu erlassen.

§. 27.

Die in dieser Verordnung dem Reichskanzler zugewiesenen Obliegenheiten werden in dessen Vertretung für die Schutzgebiete Afrikas und der Südsee durch das Auswärtige Amt (Kolonial-Abteilung), für das Schutzgebiet Kiautschou durch das Reichs-Marine-Amt wahrgenommen.

Der Ausdruck Gouverneur bezieht sich im Sinne dieser Verordnung auch auf den Landeshauptmann des Schutzgebiets der Marschallinseln und den Vizegouverneur im Inselgebiete der Karolinen, Palau und Marianen.

§. 28.

Diese Verordnung tritt am 1. April 1903 in Kraft. Gleichzeitig treten, soweit sich nicht aus den §§. 5, 6, 8, 14 ein Anderes ergiebt, ausser Kraft:

1. die Verordnung, betreffend den Eigentumserwerb und die dingliche Belastung der Grundstücke im Schutzgebiete der Neu-Guinea-Kompagnie, von 20. Juli 1887 (Reichs-Gesetzbl. S. 379).

2. die Verordnung, betreffend den Eigenthumserwerb und die dingliche Belastung der Grundstücke im Schutzgebiete der Marschallinseln, vom 22. Juni 1889 (Reichs-Gesetzbl. S. 145).

3. die Verordnung, betreffend die Begründung von Pfandrechten an Grundstücken in Deutsch-Ostafrika, vom 18. März 1892,

4. die Verordnung, betreffend die Registrirung vom Landtiteln auf Samoa, vom 19. Januar 1894.

5. die Verordnung, betreffend die Rechtsverhältnisse an unbeweglichen Sachen in Deutsch-Ostafrika, vom 24. Juli 1894.

6. die Verordnung, betreffend Regelung des Grunderwerbs in Kiautschou, vom 2. September 1898.

7. die Verordnung, betreffend die Rechtsverhältnisse an unbeweglichen Sachen in Deutsch-Südwestafrika, vom 5 Oktober 1898 (Reichs-Gesetzbl. S. 1063),

8. die Vorschrift des §. 3 Satz 1 der Verordnung, betreffend die Rechtsverhältnisse in den deutschen Schutzgebieten, vom 9. November 1900 (Reichs-Gesetzbl. S. 1005),

9. die Verordnung, betreffend die Rechtsverhältnisse an Grundstücken in Kamerun, vom 24. Juni 1901,

10. die Verordnung, betreffend die Rechtsverhältnisse an Grundstücken in Togo, vom 5. November 1901,

11. die zu den unter Ziffer 1 bis 7, 9, 10 aufgeführten Verordnungen ergangenen Ausführungsvorschriften.

Urkundlich unter Unserer Höchsteigenhändigen Unterschrift und beigedrucktem Kaiserlichen Insiegel.

Gegeben an Bord Meiner Yacht „Hohenzollern", Helgoland, den 21. November 1902.

(L. S.)   *Wilhelm.*

Graf von Bülow.

14. Amtsblatt—青島官報 24. Januar 1903.

Verordnung

betreffend Schonzeit der Hasen.

Die Schonzeit für Hasen beginnt in diesem Jahre am 1. Februar.

Wer in der Schonzeit Hasen erlegt oder fängt, oder wer nach dem 14. Februar ds. Js. Hasen verkauft oder feilhält, die nicht nachweislich ausserhalb des Schutzgebiets erlegt sind, wird mit Geldstrafe bis zu 60 Mark, im Unvermögensfalle mit Haft bis zu 14 Tagen bestraft.

Tsingtau, den 20. Januar 1903.

Der Kaiserliche Gouverneur

Truppel

Bekanntmachung.

Zu der am 27. Januar d. Js, vorm. 9 Uhr, stattfindenden

Schulfeier

werden die Angehörigen der Schüler und die Freunde der Anstalt hiermit ergebenst eingeladen.

Tsingtau, den 22. Januar 1903.

Kaiserliche Gouvernements-Schule.

Bekanntmachung.

In das Handelsregister des unterzeichneten Gerichts ist unter Nr. 60 die Firma

Otto Rose,

Buch- und Papierhandlung eingetragen worden.

Alleiniger Inhaber ist der Buchhändler Otto Rose in Tsingtau.

Tsingtau, den 15. Januar 1903.

Kaiserliches Gericht von Kiautschou.

大德欽命總督膠澳文武事宜大臣都為

出示禁止事照得一案際茲節交春令谷處山貓常年獵打有特在四月經二十四月准於二月不倘於市售舖即悉在仍知者歷歷本年十二月歷歷打羅現目自獵打諸色人等知悉即不准於二月四日後仍敢為此示諭仰以或用或網羅現目自西西歷打二本年特示力呈繳罰售

大德一千九百三年正月二十日

右諭通知

款即監押至十四日之久其各凜遵勿違特示

出示禁止事案查德境內或在德境打獵賣月舖日初者初或起初一在非市有肆確一經日以後出售係為獵此示境打六暨二諸打色日等知仍敢

告示

Amtliche Mitteilungen.

Das in Syfang stationierte III. Bataillon des I. ostasiatischen Infanterie-Regiments hat die Benennung „I. Bataillon des I. ostasiatischen Infanterie-Regiments" erhalten.

24 Januar 1903.   Amtsblatt—青島官報   15.

Bekanntmachung.
Gestohlene Gegenstände.

1 schwarze halbseidene Jacke, 1 blauer langer halbseidener Rock, 1 langer weisser Rock, 1 wattirte schwarze halbseidene Weste, 1 seidener blauer Gürtel, 1 gelbe halbseidene Kniehose, 1 hellblaue wattirte halbseidene Kniehose, 2 grüne halbseidene Hosen, 1 weisse blaugestreifte Flanellhose, 1 schwarze seidene Jacke, 1 schwarze gefütterte Tuchjacke, 1 grüner langer seidener Rock, 2 leinene blaue Hosen, 1 blaue wattirte Decke, 1 blauer wattirter Rock und 1 weisse wattirte Hose.

Gefunden:
1 geflochtene Reitgerte mit Ledergriff.
   Vor Ankauf wird gewarnt. Mitteilungen sind an die unterzeichnete Behörde zu richten.

   Tsingtau, den 21. Januar 1903.

Kaiserliches Polizei-Amt.

Nachstehende Bekanntmachung des Kaiserl. Chines. Seezollamtes wird hiermit zur öffentlichen Kenntnis gebracht:

Zollamtliche Bekanntmachung № 42.

Das Kaiserlich Chinesische Seezollamt bleibt geschlossen für den Dschunken-und Warenverkehr am Dienstag, den 27. Januar, dem Geburtstage Seiner Majestät des Deutschen Kaisers; ferner während der Chinesischen Neujahrs-Feiertage. von Mittwoch, den 28. bis Sonnabend, den 31. Januar d. Is.

Dampfer und Segelschiffe können an diesen 4 Tagen nach vorheriger Anmeldung, ein-und ausklariert werden wie an Wochentagen. Auf Sonderantrag werden auch Ausfuhrwaren, sowie Eisenbahnfrachtgut zwischen 11 und 12 Uhr Mittags passiert.

Kiautschou Zollamt,

Tsingtau, den 22. Januar 1903.

E. Ohlmer,
Kaiserlich Chinesischer Seezolldirektor.

Tsingtau, den 23. Januar 1903.

Kaiserliches Gouvernement.

白 告

啓者茲將據報被窃及拾獲各物列左
青羽紬小掛一件
藍羽紬長掛一件
藍巴細帶一條
白布長衫一件
青羽紬砍肩一件
藍羽紬套褲一雙
黃羽紬棉套褲一雙
青布裕襖一件
藍道白地布棉被一床
綠綢子長衫一件
黑綢掛一件
綠布褲兩條
青布褲兩條
白布褲一條
竹布褲一條
皮柄馬鞭一根
送存之物列左
以上各物如有人或見得皆宜報明本署並諭明諸人切勿輕買致干未便至送存之物亦可具領特諭

一千九百三年正月十四日
青島巡捕衙門啓

Verdingungsanzeige.

Die Lieferung und das Verbauen von ca 1300 000 cbm Sand für die Auffüllung von Flächen hinter den Kaimauern und Steindämmen, sowie für die Abdeckung der durch Baggerbodenspülung aufgehöhten Flächen, für Anschüttung grösserer Werk-und Kohlenlagerplätze, für Herstellung von Dämmen, für Strassen und Gleise und ähnliche Arbeiten im grossen Hafen in der Kiautschoubucht, soll verdungen werden.

Die Verdingungsunterlagen liegen im Geschäftszimmer der Bauabteilung I zur Einsicht aus, auch sind dieselben von dort gegen Einzahlung von 2 $ zu beziehen.

Versiegelte Angebote sind unter ausdrücklicher Anerkennung der Verdingungsunterlagen und mit entsprechender Aufschrift versehen, bis zu dem auf

Dienstag, den 10. Maerz 1903, vorm. 10 Uhr,

festgesetzten Eröffnungstermin der unterzeichneten Bauabteilung einzureichen.

Tapautau, den 20. Januar 1903.

Bauabteilung I.

Meteorologische Beobachtungen.

Datum. Jan.	Barometer (mm) reduz. auf 0°C. Seehöhe 24,03m			Temperatur (Centigrade)								Dunstspannung in mm			Relat. Feuchtigkeit in Prozenten		
				trock. Therm.			feucht. Therm.			Min.	Max.						
	7 Vm	2 Nm	9 Nm	7 Vm	2 Nm	9 Nm	7 Vm	2 Nm	9 Nm			7 Vm	2 Nm	9 Nm	7 Vm	2 Nm	9 Nm
15	768,2	767,5	768,1	-2,5	3,8	0,9	-2,9	1,9	1,9	-3,0	3,5	3,5	4,1	3,5	92	69	80
16	66,8	65,8	65,4	-3,8	1,7	-1,3	-4,1	-0,3	-3,3	-3,9	4,0	3,2	3,4	2,5	93	66	61
17	64,4	62,7	64,3	-4,1	-1,7	-4,0	-4,4	-2,7	-4,4	-4,1	2,2	3,1	3,2	3,1	94	80	91
18	63,3	63,5	63,3	-4,1	2,9	-0,1	-4,5	2,3	-0,9	-4,5	-1,0	3,0	5,1	3,9	91	90	85
19	63,3	62,5	64,0	-3,1	6,0	2,7	-3,4	2,9	1,5	-3,9	3,2	3,4	3,8	4,4	94	55	79
20	64,1	63,2	65,7	1,7	7,3	5,9	0,3	4,6	3,7	-2,5	6,0	3,9	4,8	4,7	75	64	68
21	66,0	65,1	67,1	2,9	7,5	5,1	2,5	5,2	1,2	1,2	7,3	5,2	5,2	5,9	93	68	90

Datum. Jan.	Wind Richtung & Stärke nach Beaufort (0—12)			Bewölkung						Niederschläge in mm		
				7 Vm		2 Nm		9 Nm				9 Nm
	7 Vm	2 Nm	9 Nm	Grad	Form	Grad	Form	Grad	Form	7 Vm	9 Nm	7 Vm
15	NNW 2	N 1	NNO 2	—	—	2	cir-cu	4	cum			
16	NNO 2	N 2	NO 1	2	str.	1	str	3	cu-str			
17	N 2	N 3	N 5	4	cu-str	10	cu-ni	—	—			
18	NW 7	NNW 6	NW 3	2	cir-str							
19	NNW 1	SSW 1	SSO 1	—	—							
20	S 1	S 2	SSO 2	3	cir-str.	1	str	—	—			
21	SSO 1	S O 2	OSO 2	1	cum	1	cum					

Schiffsverkehr
in der Zeit vom 15.—22. Januar 1903.

Angekommen am	Name	Kapitän	Flagge	von	Abgefahren am	nach
15.1	D. Aikoku Maru		Japanisch	Moji	16.1	Tschifu
17.1	D. Vorwärts	Sohnemann	Deutsch	Schanghai	18.1	„
18.1	D. Gouv. Jaeschke	Schuldt	„	„	19.1	Schanghai
18.1.	D. Tsintau	Hansen	„	Tschifu	18.1	„
19.1.	D. C. Ferd. Laeisz	Fuchs	„	Hongkong		
*31.12.02)	S. Amazon	Aas	Amerik.	Portland	22.1	Portland

Druck der Missionsdruckerei, Tsingtau.

第四年　第三号

1903年1月24日

在《帝国法律报》第47期上发布了下列1902年11月21日颁布的《关于在德国保护地的土地权益的皇家法令》：

我们威廉

受上帝眷顾的德意志皇帝、普鲁士国王等

根据《保护地法》(《帝国法律报》，1900年第813页)第3条，并结合1900年4月7日的适用于德国保护地的《领事裁判权法》(《帝国法律报》第213页)第21条，以帝国的名义，命令如下：

第一章　一般性规定

第1条

在《领事裁判权法》第19条中所说明的、属于地产权益方面的公民权益规定，只要本法令无其他规定，则适用上述法律的第20条第一段。

根据1897年3月24日的《地籍册法》(《帝国法律报》1897年第139页、1898年第754页)第2条、第85条至92条通过君主令颁布的规定，将由帝国总理或由总督在帝国总理准许后发布。

第2条

《公民法书实施法》第186和189条、《地籍册法》第82条和1899年11月13日颁布的涉及地籍册事务的普鲁士法令(《法律集》第519页)不适用。

在第1条第一段中所说明的规定，只有当帝国总理或者总督在帝国总理准许后声明其适用时，才适用于矿业、强制拍卖以及强制管理方面。

帝国总理以及总督在帝国总理准许后，可以颁布关于获取、物权抵押、取消矿场财产权和与其他权益的关系方面的规定。

第3条

进行转让时，不需要双方同时在场，也不需要他们在地籍处口头发布声明。

第 4 条

地籍册中登记的金额可以使用在保护地认可的货币单位。

第 5 条

由帝国总理以及总督在帝国总理准许后,来确定获取无主土地和王室领地上土地权益的先决条件。与此相关的各保护地现有规定均有效,直至按照协议撤销之前存在的规定为止。如果违反现有或将要公布的规定,则不会取得这些权益。

第 6 条

属于本地人或者其他肤色人士的土地方面,适用下列规定:

1. 如涉及公众利益必要时,由帝国总理以及总督在帝国总理准许后授权,将这些地块的财产权或者物权以及它们由第三方的使用,与特别条件或者政府许可进行关联,或者否决。同样的情况也适用于这些地块在强制执行途径时的获取和抵押。相应的适用规定为第 5 条第 2 款和第 3 款。

2. 此外,只有当需要为地块编制地籍页或者将地块登记入土地登记(第 19 条)时,才对所述地块适用本法令的规定。由帝国总理以及总督在帝国总理准许后,确定或阻止本地人或其他肤色人士在其地块登记入地籍册的权益。

3. 帝国总理以及总督在取得帝国总理准许后可以决定,为了有利于本地人或者其他肤色人士,采取下列措施:

a) 允许对所述地块使用与《公民法书》第 3 册和《普鲁士公民法书执行法》第 40 条规定的不同物权抵押形式;

b) 特定使用权益也可以获得地籍页,即使其不可继承或转让,也可以决定对这些使用权益适用于本地人所有地块相关的规定。

第二章　新地籍页的编制

第 7 条

只有在已经做好地籍图或者对地块做完测绘,可以编制地图时,才能进行地籍页的编制。由帝国总理确定该测绘被视为可执行的先决条件。当本条款意义上的测绘无法实施,或者该测绘的费用与地块价值不成比例时,也可以由帝国总理视个别情况,单独许可地籍页的编制。

第 8 条

由业主提出申请,进行地籍页的编制,或者有人针对业主提出来可执行的权利,据此提出在地籍册中进行登记,其登记是否通过,有赖于业主之前做过的登记。

帝国总理和总督在帝国总理准许后,可以做出规定,以何种方式、何种效果阻止业主通过官方途径提出申请(第一段)。与此相关的各个保护地已有的规定,前述规定发布后在被取消前,保持有效。

第 9 条

申请人申请时,须以证书、官方部门出具的证明或者其他方式证实其作为业主获得土地,或者无争议占有该地块。

在申请中,登记的地块须标明位置和边界、准备使用的专用名称和其他特征,并尽可能标上使用性质或类型、面积。

申请中须附上可说明地块的地图,此处不涉及第 7 条第 3 款的规定。

第 10 条

编制地籍页之前必须进行公告。

第 11 条

公告由地籍处发布。公告中需要包含的内容:

1. 申请者的名称;
2. 公告地块的名称;
3. 要求所有主张地块财产权或者其他对地籍册登记适用权益的人员在特定期限内登记并举证,如有违反,将不考虑其权益和主张而实施地籍页的编制。

公告通过在规定公开发布信息的地方张贴,以及其他适合途径实施。

第一次公告与约定日期之间的期限为至少三个月。

第 12 条

如该期限过期前没有登记其他财产主张,或者该主张不可信,则进行地籍页的编制。地籍处有权考虑其已知或认可的通过正式途径提出的第三方要求。在要求出现冲突时,只有在相关方解决了争议之后,才会进行地籍页的编制。

第 13 条

这一期限过后提出的权益(第 11 条第 3 款),如果申请人认可所要求的权益,或者如果根据本法令的规定,存在登记的先决条件时,也将在地籍页编制时进行登记。

其他情况下,只要所主张的权益被证明可信,则登记上异议,可备查。

期限过后提出权益等级次序,如果相关方意见不一致,则通过法律途径确定。

第 14 条

地籍处可以不发布公告就进行地籍页编制的情况:

1. 对地块登记的申请基于之前无主土地的转移,以及根据与国库订立的合同或者由政府渠道分配的权益而实施的土地的转移和占有。
2. 根据第 8 条,地籍页编制是由根据下列规定被确定为合法有效的权益人所申请的:

a) 在除萨摩亚之外的南太平洋保护地,根据 1886 年 4 月 10 日颁布的涉及西太平洋德国和英国拥有和保护区域的双边贸易和交通自由声明方面的第 4 款;

b) 在德属新几内亚,根据 1887 年 7 月 20 日颁布的涉及新几内亚保护地中的土地财产获得和物权抵押的法令(《帝国法律报》第 379 页)第 6 条至 11 条;

c) 在萨摩亚，根据1889年6月14日柏林举办的萨摩亚会议一般性文件第4款；

d) 在马绍尔群岛保护地，根据1889年6月22日颁布的关于在马绍尔群岛保护地内的土地财产获得和物权抵押的法令（《帝国法律报》第145页）第6、7条；

e) 在德属西南非洲，根据1892年9月6日颁布的关于西南非洲保护地内的矿业方面的法令（《帝国法律报》第789页）和1893年4月2日颁布的关于在西南非洲保护地内土地要求进行公告的法令（《帝国法律报》第143页）；

f) 在加洛林、帕劳和马里亚纳的岛屿区域，根据1898年9月26日颁布的关于在加洛林、帕劳和马里亚纳的岛屿区域内施行的管理和法律条件方面临时规定的法令第13条。

第15条

出现第14条的情况时，要求所有主张对地块的适宜权益登记入地籍册的人员，在特定期限内申报并证明其权益，否则其他可能出现的登记申请将不被考虑。此处适用第11条第二、三段和第12条的规定。

帝国总理和总督在帝国总理准许后，可以规定第1条中不适用的前提条件。

第16条

如果这些要求来自于之前无主土地的移交，或者在移交给申请者法律程序中被法律认为有效的要求，则适用第14和15条中的规定。

第17条

在胶澳保护地不适用第8条、第9条第1段和第10条至16条的规定。相应地适用以下规定：

地块地籍页根据有关负责部门提出的申请，为国库编制，或者为从国库处获得该地块的人员编制。在编制时，为了证明国库的业主地位，由总督书面声明国库获取了该项财产，该声明为必需且充分条件。

地籍册中未登记的属于国库的财产，不需要拥有之前编制的地籍页。

第三章 关于尚未编制地籍页的地产的规定

第18条

在第1条第一段中所说明的涉及转移地块财产权的规定，不适用于未编制地籍页的地块。

对该类地块财产权进行转移，让渡人和获取人协商一致，为充要条件。声明必须以公开认证的方式提交。保护地的公共部门出具的认证具有足够效力。

财产权的转移时，不能有先决条件或时间限制。

第19条

业主可以委托他人将其财产权登记入由相关地籍处处理的土地登记。根据业主提出的可执行权利安排地籍册编制的人，有权处理该项权益。

第 20 条

申请登记财产权时，须证明其获取有效。

地块须尽可能准确标注名称，由地籍处决定该项名称是否准确。

第 21 条

如果某人被当作土地业主被登记入土地登记中，则该人即被视为业主。

第 22 条

第 18 条第一段所述地块除抵押和地产债外，不可与其他权益一起抵押。

在出现抵押和地产债时，以土地登记代替地籍册，但在抵押和土地债中，对土地登记的公共信任，并不能视为土地业主登记到土地登记者，即为真正的业主。

第 23 条

抵押或者地产债只能以排除签发地产抵押权证书或者地产债证书的方式处理。

第 24 条

第 18 条至 23 条的规定不适用于胶澳保护地。

第四章　结束条款

第 25 条

根据法律规定，尤其是根据 1895 年 11 月 26 日颁布的关于皇家土地设立、占领和让渡方面法令第 1 条以及关于在德属东非的土地获取和让渡法令规定，并根据 1896 年 6 月 15 日颁布的关于皇家土地设立、占领和让渡方面法令第 1 条和在喀麦隆的土地获取和让渡法令，或者在发布本项法令时通过法律业务产生的土地获取，这些土地的财产权均被视为由相应土地所在的保护地国库所有。同样的情况也适用于土地的物权权益。

第一段中的规定不适用于海军和邮局所有土地以及在马绍尔群岛保护地内的土地。

第 26 条

帝国总理以及总督经帝国总理许可后，须为执行该项命令公布必需的条款，尤其是关于编制和执行地籍册以及土地登记方面的条款。

第 27 条

本法令中分配给帝国总理的管辖权，在非洲和南太平洋保护地由外交部（殖民局）代理，在胶澳殖民地由帝国海军部代理。

"总督"这个名称，在本法令方面亦指马绍尔群岛的行政首长和加洛林、帕劳和马里亚纳的岛屿区域副总督。

第 28 条

本法令于 1903 年 4 月 1 日生效。同时，下列法令中，与本法令第 5、6、8、14 条相同的规定均失效：

1. 1887 年 7 月 20 日颁布的关于在新几内亚保护地内的土地获取和物产抵押方面的法令（《帝国法律报》第 379 页）；

2. 1889年6月22日颁布的关于在马绍尔群岛保护地内的土地获取和物产抵押方面的法令(《帝国法律报》第145页);

3. 1892年3月18日颁布的关于在德属东非的土地抵押权证明方面的法令;

4. 1894年1月19日颁布的关于在萨摩亚岛上的土地权益登记方面的法令;

5. 1894年7月24日颁布的关于在德属东非不动产法律关系方面的法令;

6. 1898年9月2日颁布的关于在胶澳的土地获取方面的法令;

7. 1898年10月5日颁布的在德属西南非洲的不动产法律关系方面的法令(《帝国法律报》第1063页);

8. 1900年11月9日颁布的关于在德国保护地内的法律关系方面的法令,其中第3条第1款的规定(《帝国法律报》第1005页);

9. 1901年6月24日颁布的在喀麦隆内的土地法律关系的法令;

10. 1901年11月5日颁布的在多哥内的土地关系方面的法令;

11. 对上述第1号至7号、第9号、第10号法令所编制的执行规定,由皇帝陛下亲笔签名并加盖皇家钢印认证。

在本人的游轮"霍恩佐伦"号上发布,黑尔戈兰岛

1902年11月21日

(L.S.)威廉

冯·布洛夫伯爵

大德钦命总督胶澳文武事宜大臣都　为

出示禁止事:案查德境内各处山猫常年猎打,有特历经照办在案际,兹节交春令,势宜示禁。现自西历本年二月初一日起,一律停止猎打或用网罗。并自西历二月十四日起,非有确据系在德境内以外所打之山猫者,即不准在铺或在市肆出售。为此示仰阖属诸色人等知悉,倘于二月初一日以后仍敢猎打,暨(即)二月十四日后仍在铺市售卖者,一经查出,即罚洋至六十马克之多,如无力呈缴罚款,即监押至十四日之久,其各凛遵勿违。特示。

右谕通知

大德一千九百三年正月二十日　告示

告白

今年1月27日上午9点将举办学校庆典,在此诚邀各学生亲属以及学校之友参加。

青岛,1903年1月22日

皇家督署学校

告白

奥托·罗泽书籍与纸张商店公司在本法庭的商业登记中注册,商业登记号为60号。其独立所有人为青岛书商奥托·罗泽。

青岛,1903年1月15日
胶澳皇家审判厅

官方消息

驻扎在四方的第1东亚步兵团第3营现已更名为"第1东亚步兵团第1营"。

告白

启者:兹将据报被窃及拾获各物列左:

青羽䌷小褂一件、蓝羽䌷长褂一件、白布长衫一件、青羽绸棉坎肩一件、蓝色䌷带一条、黄羽䌷套裤一双、蛋青羽䌷棉套裤一双、绿羽䌷裤两条、蓝道白地布裤一条、黑绸褂一件、青布夹袄一件、绿绸子长衫一件、蓝竹布裤两条、蓝布棉被一床、蓝布棉袄一件、白布棉裤一条。

送存之物列左:

皮柄马鞭一根。

以上各物如有人或见或得,皆宜报明本署,并谕明诸人,切勿轻买,致干未便。至送存之物亦可具领。特谕。

德一千九百三年正月十四日
青岛巡捕衙门启

谨向公众公布下列大清海关告白:

第42号海关告白

1月27日星期二为德国皇帝陛下的诞辰,大清海关将关闭帆船和货物交通业务。此外,在中国农历新年期间,即从今年1月28日星期三到1月31日星期六,同样如此。

胶海关
青岛,1903年1月22日
阿理文
大清海关税务司
青岛,1903年1月23日
皇家总督府

发包广告

供应和开采大约 1 300 000 立方米沙子的合同将要发包,用途为填充码头堤案与石头坝后面的区域,以及填充因疏浚地面冲刷形成的坑洞,回填大型工场和煤炭堆场,用于建造堤岸、街道和轨道,以及在胶州湾内的大港里进行的类似工程。

发包文件张贴在第一工部局的营业室内,以供查看,也可以在那里支付 2 元后取走。

经密封的报价须明确接受发包文件,注明相应字样后,最晚于 1903 年 3 月 10 日星期二上午 10 点前递交至已定好的本工程局开标仪式。

大鲍岛,1903 年 1 月 20 日

第一工部局

船运

1903 年 1 月 15 日—22 日期间

到达日	轮船船名	船长	挂旗国籍	出发港	出发日	到达港
1 月 15 日	Aikoka 丸		日本	门司	1 月 16 日	芝罘
1 月 17 日	前进号	索纳曼	德国	上海	1 月 18 日	芝罘
1 月 18 日	叶世克总督号	舒尔特	德国	上海	1 月 19 日	上海
1 月 18 日	青岛号	韩森	德国	芝罘	1 月 18 日	上海
1 月 19 日	莱茨上尉号	福克斯	德国	香港		
(1902 年 12 月 31 日)	亚马逊号	阿斯	美国	波特兰	1 月 22 日	波特兰

Amtsblatt
für das
Deutsche Kiautschou-Gebiet.

青島官報

Herausgegeben vom Kaiserlichen Gouvernement Kiautschou.

Der Bezugspreis beträgt jährlich $ 0,60=M 1,20.
Bestellungen nehmen sämtliche deutsche Postanstalten entgegen.

Jahrgang 4.   Nr. 4.   Tsingtau, den 4. Februar 1903.

Nachruf.

Am 3. December 1902 ist im Sanatorium zu Berlin der Marine-Oberstabsarzt

Dr. Max Wilm

an einer Herzerkrankung verstorben. Er hat dem Sanitätsoffizierskorps des Gouvernements nur kurze Zeit angehört, da er, bereits auf der Ausreise erkrankt, bald nach Ankunft wieder nach der Heimat geschickt werden musste. Mit eiserner Energie und in unbegrenzter Liebe zu seinem Beruf hat er dennoch in der kurzen Zwischenzeit seinen Dienst beim Gouvernementslazarett angetreten und seine ausgezeichneten Eigenschaften als Arzt und als Kamerad bethätigt, die ihm ein ehrendes Andenken in der Kolonie sichern. Aber auch weit über die Kreise der Kolonie und der Marine hinaus ist ihm in Ostasien ein bleibendes Gedenken sicher, da er während früherer Kommandierungen als Schiffsarzt in den ostasiatischen Gewässern durch erfolgreiche ärztliche Thätigkeit und seinen liebenswürdigen Charakter sich den Dank und die Achtung weiter Kreise erworben hat. Während der Pestepidemie in Hongkong im Jahre 1896 war er dem englischen Gouvernement zu Verfügung gestellt und entfaltete dort eine aufopfernde und verdienstvolle Thätigkeit, die ihm, den deutschen Aerzten und dem deutschen Namen in Ostasien zur Ehre gereichte.

Tsingtau, den 23. Januar 1903.

Der Kaiserl. Gouverneur

Truppel.

Bekanntmachung.

Die unter Nr. 49 des Handelsregisters eingetragene offene Handelsgesellschaft

Mertzsch und Ahlers

ist gelöscht.

Tsingtau, den 21. Januar 1903.

Kaiserliches Gericht von Kiautschou.

Bekanntmachung.

W. Hinney hat ein Gesuch um Genehmigung der Konzession zum Betriebe einer Hotel- und Schank-Wirtschaft auf dem Grundstücke Ecke Friedrich- und Prinz Heinrichstrasse, Kartenblatt 8 Nr. 38, (Kiautschou-Hotel), eingereicht.

Einwendungen im Sinne der Gouvernementsbekanntmachung vom 10. Oktober 1899 sind bis zum 18. Februar d. Js. an die unterzeichnete Behörde zu richten.

Tsingtau, den 28. Januar 1903.

Kaiserliches Polizeiamt.

18.   Amtsblatt—青島官報   4. Februar 1903.

Bekanntmachung.

Am 26. Januar 1903, nachmittags 3 Uhr, hat im Tempel zu Tsingtau die Wahl von 4 Ersatz-Mitgliedern des chinesischen Comitees stattgefunden. Gewählt wurden:

Tschang yen schan, Schantung-Kaufmann,
Tschang tschung lien, Schantung-Kaufmann,
Liu tsu tsch'ien, Kuangtung-Kaufmann,
Lo tsy ming, Comprador.

Einsprüche im Sinne des §. 3 der Verordnung betreffend die provisorische Errichtung eines chinesischen Comitees vom 15. April 1902 (Amtsblatt 1902, Nr. 18.) sind von den dazu Berechtigten bis zum 11. Februar d. Js. in der chinesischen Kanzlei einzureichen.

Tsingtau, den 30. Januar 1903.

Der Commissar für chinesische Angelegenheiten.

Bekanntmachung.

Der Bedarf an Seife für das Rechnungsjahr 1903 soll verdungen werden.

Bedingungen liegen während der Dienststunden im Geschäftszimmer der Garnison-Verwaltung zur Einsicht aus.

Angebote mit der Aufschrift:

„Angebot auf Lieferung von Seife"

sind bis zum 10. März d Js., 12 Uhr mittags, an die Garnison-Verwaltung einzureichen.

Tsingtau, den 2. Februar 1903.

Marine-Garnison-Verwaltung.

Anzeige.

Der für die Verdingung der Lieferung und des Verbauens von ca. 1300000 cbm. Sand für den Handelshafen in der Kiautschoubucht auf den 10. März d. J. angesetzte Eröffnungstermin wird auf den **10. April 1903, vorm. 10 Uhr**, verlegt.

Tsingtau, den 2. Februar 1903.

Bauabteilung I.

4. Februar 1903   Amtsblatt—青島官報   19.

Gestohlene Gegenstände.

154 m Bronceleitungsdraht;
1 chinesische Standuhr;
1 schwarzseidener Pelzrock;
1 schwarze Pelzunterjacke;
1 blauseidene Hose.

Vor Ankauf wird gewarnt. Mitteilungen sind an die unterzeichnete Behörde zu richten.

Tsingtau, den 28. Januar 1903.

Kaiserliches Polizei-Amt.

Verdingung.

Die Lieferung der maschinellen Einrichtungen für die Garnison-Waschanstalt soll in Berlin an einem durch das Reichs-Marine-Amt noch näher festzusetzenden Termine, jedoch nicht vor dem 1. August d. Js., öffentlich vergeben werden. Die Unterlagen liegen vom 5. Februar d Js. ab im Geschäftszimmer der Bauverwaltung III^a zur Einsicht aus und können ebendaher gegen Einsendung von 3 $ bezogen werden.

Versiegelte und mit entsprechender Aufschrift versehene Angebote sind rechtzeitig direkt an das Reichs-Marine-Amt in Berlin (Leipzigerplatz) einzureichen.

Tsingtau, den 31. Januar 1903.

Bauverwaltung III a.

白 告

啓者茲將被窃各物列左

架米打中國造坐鐘一
黃銅電線一百五十四
黑紬青洋總皮襖一件藍紬子一件
套褲皮褂一件雙
如有人得或見前列各
物立懇報明本署並曉
諭諸人切勿輕買致干
未便特佈

德一千九百三年正月二十八日

青島巡捕衙門啓

Sonnen-Auf-und Untergangs-Tabelle
für Monat Februar 1903.

Dt.	Mittlere ostchines. Zeit des			
	wahren Sonnen-Aufgangs.	scheinbaren Sonnen-Aufgangs	wahren Sonnen-Unterganges	scheinbaren Sonnen-Unterganges
1.	7 U. 5.0 M.	6 U. 59.7 M.	5 U. 20.0 M.	5 U. 25.3 M.
2.	4.2	58.9	21.1	26.4
3.	3.4	58.1	22.2	27.5
4.	2.5	57.2	23.2	28.5
5.	1.6	56.3	24.2	29.5
6.	0.8	55.5	25.2	30.5
7.	6 U. 59.8	54.6	26.3	31.6
8.	59.0	53.7	27.3	32.6
9.	58.0	52.7	28.4	33.7
10.	57.0	51.7	29.4	34.7
11.	56.0	50.7	30.4	35.7
12.	55.0	49.7	31.5	36.8
13.	53.9	48.6	32.5	37.8
14.	52.8	47.5	33.5	38.8
15.	51.7	46.4	34.6	39.9
16.	50.6	45.3	35.6	40.9
17.	49.4	44.1	36.7	42.0
18.	48.2	42.9	37.8	43.1
19.	47.0	41.7	38.9	44.2
20.	45.8	40.7	39.9	45.2
21.	44.5	39.2	40.9	46.2
22.	43.3	38.0	41.8	47.1
23.	42.1	36.8	42.7	48.0
24.	40.9	35.6	43.6	48.9
25.	39.7	34.4	44.5	49.8
26.	38.5	33.2	45.4	50.7
27.	37.3	32.0	46.4	51.7
28.	36.0	30.7	47.3	52.6

20. Amtsblatt—報官島青 4. Februar 1903.

Hochwassertabelle für Tsingtau, Taputou und Nükukou.
für den Monat Februar 1903.

	Tsingtau.		Taputou.		Nükukou.	
Datum	Vormittags	Nachmittags	Vormittags	Nachmittags	Vormittags	Nachmittags
1.	6 U. 51 M.	7 U. 08 M.	7 U. 41 M.	7 U. 58 M.	7 U. 51 M.	8 U. 08 M.
2.	7 „ 25 „	7 „ 43 „	8 „ 15 „	8 „ 33 „	8 „ 25 „	8 „ 43 „
3.	8 „ 02 „	8 „ 22 „	8 „ 52 „	9 „ 12 „	9 „ 02 „	9 „ 22 „
4.	8 „ 43 „	9 „ 04 „	9 „ 33 „	9 „ 54 „	9 „ 43 „	10 „ 04 „
5.	9 „ 30 „ ●	9 „ 56 „	10 „ 20 „	10 „ 46 „	10 „ 30 „	10 „ 56 „
6.	10 „ 29 „	11 „ 02 „	11 „ 19 „	11 „ 52 „	11 „ 29 „	—
7.	11 „ 41 „	—	—	0 „ 31 „	0 „ 02 „	0 „ 41 „
8.	0 „ 20 „	1 „ 02 „	1 „ 10 „	1 „ 52 „	1 „ 20 „	2 „ 02 „
9.	1 „ 43 „	2 „ 19 „	2 „ 33 „	3 „ 09 „	2 „ 43 „	3 „ 19 „
10.	2 „ 55 „	3 „ 25 „	3 „ 45 „	4 „ 15 „	3 „ 55 „	4 „ 25 „
11.	3 „ 55 „	4 „ 21 „	4 „ 45 „	5 „ 11 „	4 „ 55 „	5 „ 21 „
12.	4 „ 47 „ ○	5 „ 11 „	5 „ 37 „	6 „ 01 „	5 „ 47 „	6 „ 11 „
13.	5 „ 34 „	5 „ 56 „	6 „ 24 „	6 „ 46 „	6 „ 34 „	6 „ 56 „
14.	6 „ 18 „	6 „ 38 „	7 „ 08 „	7 „ 28 „	7 „ 18 „	7 „ 38 „
15.	6 „ 58 „	7 „ 17 „	7 „ 48 „	8 „ 07 „	7 „ 58 „	8 „ 17 „
16.	7 „ 36 „	7 „ 55 „	8 „ 26 „	8 „ 45 „	8 „ 36 „	8 „ 55 „
17.	8 „ 13 „	8 „ 33 „	9 „ 03 „	9 „ 23 „	9 „ 13 „	9 „ 33 „
18.	8 „ 53 „	9 „ 14 „	9 „ 43 „	10 „ 04 „	9 „ 53 „	10 „ 14 „
19.	9 „ 36 „ ●	10 „ 02 „	10 „ 26 „	10 „ 52 „	10 „ 36 „	11 „ 02 „
20.	10 „ 29 „	11 „ 03 „	11 „ 19 „	11 „ 53 „	11 „ 29 „	—
21.	11 „ 37 „	—	—	0 „ 27 „	0 „ 03 „	0 „ 37 „
22.	0 „ 15 „	0 „ 53 „	1 „ 05 „	1 „ 43 „	1 „ 15 „	1 „ 53 „
23.	1 „ 28 „	2 „ 03 „	2 „ 18 „	2 „ 53 „	2 „ 28 „	3 „ 03 „
24.	2 „ 32 „	3 „ 01 „	3 „ 22 „	3 „ 51 „	3 „ 32 „	4 „ 01 „
25.	3 „ 24 „	3 „ 47 „	4 „ 14 „	4 „ 37 „	4 „ 24 „	4 „ 47 „
26.	4 „ 07 „	4 „ 26 „	5 „ 57 „	5 „ 16 „	5 „ 07 „	5 „ 26 „
27.	4 „ 44 „ ●	5 „ 02 „	5 „ 34 „	5 „ 52 „	5 „ 44 „	6 „ 02 „
28.	5 „ 20 „	5 „ 37 „	6 „ 10 „	6 „ 27 „	6 „ 20 „	6 „ 37 „

1) ○ Vollmond; 2) ◔ — Letztes Viertel; 3) ● — Neumond; 4) ◑ — Erstes Viertel.

Meteorologische Beobachtungen.

Datum. Jan.	Barometer (mm) reduz. auf 0°C., Seehöhe 24.03m 7 Vm 2 Nm 9 Nm	Temperatur (Centigrade)					Dunstspannung in mm			Relat. Feuchtigkeit in Prozenten		
		trock. Therm.			feucht. Therm.		Min. Max.					
		7 Vm	2 Nm	9 Nm	7 Vm	2 Nm	9 Nm	7 Vm	2 Nm	9 Nm	7 Vm	2 Nm	9 Nm
22	765,2 764,4 764,4	6,7	9,4	8,2	6,3	8,1	9,7	2,5 7,6	6,9	7,3	7,8	94	83	96
23	63,0 62,4 61,6	8,0	8,4	8,1	7,8	8,1	7,9	6,2 10,0	7,8	7,9	7,8	98	96	98
24	62,6 61,1 64,1	4,1	6,3	4,7	3,8	6,1	4,4	3,3 10,7	5,8	6,9	6,1	95	98	96
25	64,0 65,7 67,0	-1,1	-2,7	-3,7	-1,2	-3,0	-4,1	-1,1 7,5	4,2	3,5	3,1	98	94	91
26	68,2 66,7 69,4	-3,5	-3,1	-5,1	-4,7	-5,7	-5,7	-3,7 -0,4	2,6	3,2	2,6	74	89	85
27	69,1 69,2 70,3	-5,6	-2,8	-5,3	-6,9	-6,5	-6,5	-5,6 -2,0	2,0	2,2	2,1	67	59	71
28	71,6 71,0 74,6	-5,7	-0,2	-7,3	-6,7	-8,1	-8,1	-5,8 -2,0	2,2	3,3	2,0	75	72	78
29	75,6 74,2 73,6	-7,5	-1,3	-5,7	-8,7	-6,6	-6,6	-7,5 0,0	1,7	2,0	2,3	67	50	77
30	73,2 71,4 71,0	-6,4	-1,3	-1,9	-7,5	-2,4	-2,4	-7,4 -1,0	2,0	3,3	3,6	71	80	90
31	70,7 70,6 72,5	-4,9	-0,7	-5,7	-6,0	-0,1	-6,1	-7,0 -0,7	2,3	4,0	2,7	74	89	90
Febr. 1	72,4 70,7 72,5	-6,3	-0,9	-5,0	-7,4	-1,9	-5,6	0,7 -6,3	2,0	3,5	2,7	71	80	86

4. Februar 1903.   Amtsblatt－青島官報   21.

Da-tum. Jan.	Wind Richtung & Stärke nach Beaufort (0—12)			Bewölkung						Niederschläge in mm		
	7 Vm	2 Nm	9 Nm	7 Vm		2 Nm		9 Nm		7 Vm	9 Nm	9 Nm 7 Vm
				Grad	Form	Grad	Form	Grad	Form			
22	O S O 3	O S O 3	O S O 4	6	cum	10	cum-ni	10	nim		0.2	0.4
23	O 4	W 1	O S O 1	10	nim	10	nim	10	nim	0.2	1.6	1.6
24	S S W 3	S O 3	N N W 1	10	Nebel	10	Nebel	10	nim			1.9
25	N N O 6	N N W 5	N N O 5	10	nim	10	nim	10	nim	1.9	4.0	4.0
26	N 6	N N O 7	N N O 8	10	cu ni	10	cu-ni	10	cu-ni			
27	N N O 6	N W 6	N W 5	5	cir-str.	5	nim	3	cum			
28	N W 4	W N W 3	N O 4	—	—	1	cum	—	—			
29	N 4	N 4	N N O 4	2	cir-str	—	—	—	—			
30	N N W 2	N O 2	N N O 2	3	cum-str.	9	cum	10	cu-ni			
31	N N O 3	N 3	N O 6	8	cir-cu	8	cir-cu	1	cir			
Febr 1	N N W 5	N 5	N 4	2	cum	—	—	—	—			

Schiffsverkehr
in der Zeit vom 23. Januar —2. Februar 1903.

Ange-kommen am	Name	Kapitän	Flagge	von	Abgefah-ren am	nach
(9.1)	D. Ambria	Duckstein	Deutsch	Hongkong	23.1.	Schanghai
25.1.	D. Knivsberg	Kayser	„	Schanghai	31.1.	Tschifu
25.1	D. Vorwärts	Sohnemann	„	Tschifu	25.1.	Schanghai
(19.1.)	D. C. Ferd. Laeisz	Fuchs	„	Hongkong	31.1.	Nagasaki
30.1.	D. Tsintau	Hansen	„	Schanghai	31.1.	Tschifu
31.1.	D. Gouv. Jaeschke	Schuldt	„	„	31.1.	Schanghai

Druck der Missionsdruckerei, Tsingtau.

第四年　第四号

1903年2月4日

讣告

　　1902年12月3日,海军少校军医马克斯·威尔姆因心脏病于柏林疗养院病逝。他曾经短期服役于总督府的卫生军官队,由于他在来青岛的途中就已患病,在到达后不久,就必须送回家乡。即便如此,在督署野战医院短期工作期间,他以铁一般的力量和对职业的无限热爱履行职责,展现出作为医生和战友的出色品质,使殖民地对他的回忆充满了敬重。对他的长久怀念也超出了殖民地和海军的范围,遍及东亚,这是由于他在之前担任东亚水域船医的领导工作,以成功的医生工作和令人热爱的品德赢得了更大范围的感激与尊重。在1896年香港瘟疫流行期间,他被借调至英国总督府,在那里,他勇于献身,成就斐然,给他本人、德国医生和东亚的德意志声誉都带来了荣誉。

青岛,1903年1月23日
皇家总督
都沛禄

告白

商业登记号为49号的营业中公司梅尔茨和阿勒斯现已注销。

青岛,1903年1月21日
胶澳皇家审判厅

告白

　　W.悉尼申请经营旅店和酒馆的许可证,地点为弗里德里希大街和海因里希亲王大街街角的地块,编号为地籍册第8页第38号(胶州饭店)。

　　如根据1899年10月10日颁布的总督府告白对此持有异议,可在今年2月18日前递交至本部门。

青岛,1903年1月28日
胶澳皇家巡捕房

大德钦命署理管理中华事宜辅政司崑　为

出示晓谕事：案查青包岛各商董定章，每届中华年节分别各帮更易四人在案。兹已于西正月二十六即中上年十二月二十八日下午三点钟，在青岛天后宫内商务公局，集众公举山东人张颜山又山东人张中连、广东人刘祖乾又广东人罗子明等四人接充新董，如有人与该四新董内有意不佩服者，应按（一千）九百二年四月十五日章程第三款办理，拟限至本年西二月十一即中正月十四日止，可以指名报明本署，以便核办，仰各周知。特谕。

右谕通知
大德一千九百三年正月三十日　告示

告白

启者：现拟招供本局（一千）九百三年分（份）所需之胰子一物，欲阅包办章程，可于每日办公时候赴本局查看可也。如有意欲包供前项胰子者，须书明封呈本局至西三月初十日上午十二点钟止。惟信面宜用德文写明"包办胰子"字样，以便核酌。此布。

德一千九百三年二月初二日
青岛军需局启

广告

原定于今年3月10日举行的为修建胶州湾内贸易港供应1 300 000立方米沙子的投标开标仪式，现推迟至1903年4月10日上午10点。

青岛，1903年2月2日
第一工部局

告白

启者：兹将被窃各物列左：

黄铜电线一百五十四米打、中国造坐钟一架、青洋绉皮袄一件、黑绸皮褂一件、蓝紬子套裤一双。

如有人得或见前列各物，立应报明本署，并晓谕诸人切勿轻买，致干未便。特布。

德一千九百三年正月二十八日
青岛巡捕衙门启

发包

为军营洗衣房供应机器设备的合同,在进一步确定日期后,近期将在柏林由帝国海军部公开发标,日期不会早于今年8月1日。文件可以在今年2月5日起在第三工部局一部营业室内查看,也可以在寄送3元后在那里取走。

报价须密封并标注相应字样后,及时直接递送至位于柏林的帝国海军部(莱比锡广场)。

青岛,1903年1月31日
第三工部局一部

船运

1903年1月23日—2月2日期间

到达日	轮船船名	船长	挂旗国籍	出发港	出发日	到达港
(1月9日)	阿穆布利亚号	达克斯坦	德国	香港	1月23日	上海
1月25日	柯尼夫斯堡号	凯瑟	德国	上海	1月31日	芝罘
1月25日	前进号	索纳曼	德国	芝罘	1月25日	上海
(1月19日)	莱奇号	福克斯	德国	香港	1月31日	长崎
1月30日	青岛号	韩森	德国	上海	1月31日	芝罘
1月31日	叶世克总督号	舒尔特	德国	上海	1月31日	上海

Amtsblatt
für das
Deutsche Kiautschou-Gebiet.

青島官報

Herausgegeben vom Kaiserlichen Gouvernement Kiautschou.

Der Bezugspreis beträgt jährlich $ 0,60=M 1,20.
Bestellungen nehmen sämtliche deutsche Postanstalten entgegen.

Jahrgang 4. Nr. 5. Tsingtau, den 14. Februar 1903.

Bekanntmachung
über Ableistung der Wehrpflicht bei der Besatzung des Kiautschou-Gebietes.

Es wird hierdurch in Erinnerung gebracht, dass den in der Kolonie, sowie im Auslande sich aufhaltenden Militärpflichtigen die Vergünstigung gewährt wird, ihre gesetzlich vorgeschriebene aktive Dienstpflicht, als Ein- bezw. Dreijährig-Freiwillige bei den Besatzungstruppen des Kiautschou-Gebietes abzuleisten. Den freiwillig Eintretenden steht die Wahl des Truppenteils frei.

Diejenigen, welche bei der Marineinfanterie eingestellt zu werden wünschen, haben ihr Gesuch an das Kommando des III. Seebataillons, diejenigen welche bei der Matrosenartillerie (:Küstenartillerie:) eingestellt zu werden wünschen, an das Kommando der Matrosenartillerie—Abteilung und diejenigen, welche als Matrose, Heizer u. s. w. eingestellt zu werden wünschen, an das Gouvernement zu richten

Dem Gesuche um Einstellung sind beizufügen:
1. ein selbstgeschriebener Lebenslauf,
2. die im Besitz befindlichen Ausweispapiere (Geburtsschein, Loosungsschein, Reisepass pp.) und
3. von den ausserhalb der Kolonie wohnenden möglichst ein ärztliches Zeugnis über die Dienstfähigkeit.

Die Einstellungen erfolgen in der Regel am 1. Oktober und 1. April, ausser diesen Zeiten nur ausnahmsweise. Ausserhalb der Kolonie Wohnende werden von den Ablösungstransportdampfern aus Häfen, welche diese anlaufen, unentgeltlich hierher befördert, wenn sie bereits von den genannten Kommandos pp., einen Annahmeschein erhalten haben. Nach abgeleisteter Dienstzeit können dieselben auf ihren Wunsch den in die Heimat gehenden Ablösungstransporten angeschlossen werden.

Die in der Kolonie sich aufhaltenden Militärpflichtigen können durch das Gouvernement die Zurückstellung von der Aushebung bis zu ihrem dritten Militärpflichtjahre erlangen; ferner führt das Gouvernement auf Ansuchen von Militärpflichtigen die endgültige Entscheidung über ihre Militärpflicht herbei.

Personen des Beurlaubtenstandes des Heeres und der Marine können nach Massgabe der verfügbaren Mittel die gesetzlichen Uebungen bei den Truppenteilen der Besatzung des Kiautschou—Gebietes ableisten. Diesbezügliche Anträge sind unter Beifügung der Militärpapiere an das Gouvernement zu richten.

Alle Personen des Beurlaubtenstandes des Heeres und der Marine (Reserve, Land- und Seewehr, Ersatzreserve), welche sich länger als drei Monate im Kiautschou—Gebiet aufzuhalten gedenken, haben sich innerhalb 4 Wochen nach ihrem Eintreffen in Tsingtau beim Gouvernement anzumelden und vor ihrem Weggange aus der Kolonie abzumelden.

Das Bureau, an welches sich die Militärpflichtigen und Personen des Beurlaubtenstandes zu wenden haben, hat die Bezeichnung „Meldestelle für Militärdienst" und befindet sich im Zimmer 58 des Yamens (Dienststunden von 9 Uhr vorm.-1 Uhr nachm. und von 3—5, 30 Uhr nachm.).

Tsingtau, den 2. Februar 1903.

Der Kaiserliche Gouverneur.
Truppel.

Bekanntmachung.

Die chinesische Bevölkerung des Schutzgebietes ist in der Bekanntmachung vom 17. Juni 1902 (Amtsblatt 1902 Seite 105) darauf hingewiesen worden, dass zum Schutze gegen die Blattern alljährlich unentgeltlich öffentliche Schutzpockenimpfungen in Tsingtau und in Litsun stattfinden, damit möglichst viele Personen vor der Erkrankung an Blattern und schwerer Lebensgefahr bewahrt werden.

Diese unentgeltlichen Impfungen finden in diesem Jahre in den Monaten Februar und März jeden Sonnabend von 2 bis 4 Uhr nachmittags im Faberhospital in Tsingtau statt.

In Litsun werden die Impfungen bis auf weiteres an jedem Markttage vorgenommen.

Die Kinder sollen mindestens 1 Jahr alt sein, wenn sie zur Impfung gebracht werden. Alle sollen den Oberkörper, namentlich die Oberarme, gut mit Seife gewaschen haben, und reines Zeug auf dem Leibe tragen, damit nicht durch Eindringen von Schmutz in die Impfstellen gefährliche Wundkrankheiten entstehen.

Wer schon die Blattern überstanden hat, bedarf der Impfung nicht mehr.

Tsingtau, den 11. Februar 1903.

Der Civilkommissar.

Bekanntmachung.

Gestohlene bezw. **verlorene Gegenstände.**

1.) Ein silberner Griff von einem Damenschirm;
2.) 1 kleine Lederkiste mit folgendem Inhalt: 1 chinesische Brille, 1 Tuschschale, 1 Stempelfarbenkasten mit Stempel, 5 Landkarten, Schreibpinsel, Tusche, Papier, Briefumschläge, Esswaren und Arzneien;
3.) 1 Longines-Uhr mit frisch aufgelöteten Sprungdeckel, auf dem inneren Deckel sind 3 goldene und 7 silberne Preismedaillen eingraviert.

Gefunden.

1.) 1 schwarzledernes Cigarrenetui, auf der Innenseite Blumenstickereien und Monogramm: K S;
2.) 1 Paar rotbraune hirschlederne Reithandschuhe.

Vor Ankauf wird gewarnt. Mitteilungen sind an die unterzeichnete Behörde zu richten.

Tsingtau, den 11. Februar 1903.

Kaiserliches Polizeiamt.

14. Februar 1903. Amtsblatt—青島官報 25.

Öffentliche Ladung.

Der Kaufmann Liu hsing aus Tapautau klagt gegen den Kalkhändler Hsüe, früher zu Tapautau wohnhaft, jetzt unbekannten Aufenthalts, wegen Mietforderung von $ 40,62.

Termin zur Verhandlung des Rechtsstreits ist auf
Freitag, den 27. Februar, vormittags 9 Uhr,
im Bezirksamte zu Tsingtau anberaumt

Erscheint der Beklagte nicht, wird Versäumnis-Urteil ergehen.

Tsingtau, den 9. Februar 1903.

Kaiserliches Bezirksamt.

Beschluss.

In der Strafsache gegen den früheren Aufseher Johann Blaumeiser aus Elversberg, Regierungsbezirk Trier, zuletzt in Tsingtau wohnhaft, zur Zeit unbekannten Aufenthalts, wird die von dem Beschuldigten am 3. December 1902 bei dem unterzeichneten Gerichte zur Abwendung der Untersuchungshaft hinterlegte Sicherheit von $ 120 (Einhundertzwanzig Dollar) für der Staatskasse des Schutzgebiets Kiautschou verfallen erklärt. Dem Beschuldigten fallen die Kosten dieses Beschlusses zur Last. Gegen den Beschluss steht ihm das Rechtsmittel der sofortigen Beschwerde zu.

Tsingtau, den 5. Februar 1903.

Kaiserliches Gericht von Kiautschou.

Bekanntmachung

Die unter Nr. 39 des Handelsregisters eingetragene Firma
Alfred I Eggeling
ist erloschen.

Tsingtau, den 23. Januar 1903.

Kaiserliches Gericht von Kiautschou.

青島副按察司慕為飭傳事照得大鮑島商人劉興控告裕昌灰舖薛姓據稱要欠洋銀控於大鮑西島雙元六角二分被告前住居無地大可於本准姓鐘姓薛票宣傳今無踪跡薛姓傳此現二十七日早九點鐘到本署本月二十七如不到案末時即斷懷疑違特不審因其聽德一千九百三年二月初九日

Bekanntmachung.

Die unter Nr. 38 des hiesigen Handelsregisters eingetragene offene Handelsgesellschaft

Franz Bierbaum & Co.

ist aufgelöst.

Zum Liquidator ist der bisherige Gesellschafter **Franz Bierbaum in Tsingtau** bestellt.

Tsingtau, den 23. Januar 1903.

Kaiserliches Gericht von Kiautschou.

Amtliche Mitteilungen.

Die bisherige amtliche Bezeichnung der Deutschen Konsularbehörde in Kobe „Kaiserlich Deutsches Konsulat in Hiogo-Osaka" ist in „Kaiserlich Deutsches Konsulat in Kobe" abgeändert worden.

* * *

Der Kataster-Landmesser Dessin ist zum Kataster-Kontroleur ernannt worden.

26. Amtsblatt—青島官報 14. Februar 1903.

Postverbindungen mit Europa für 1903.

	Ankommend					Abgehend			
Dampfer	ab Berlin	an Schanghai	ab Berlin	an Schanghai	Dampfer	ab Schanghai	an Berlin	ab Schanghai	an Berlin
	1902	1903	1903	1903		1903	1903	1903	1903
Französisch	27.12.	28. 1.	10. 7.	12. 8.	Deutsch	31. 1.	6. 3.	15. 8.	19. 9.
Englisch	2. 1. (1903)	6. 2.	17. „	19. „	Französisch	5. 2.	10. „	21. „	23. „
Deutsch	6. „	10. „	21. „	24. „	Englisch	10. „	15. „	25. „	28. „
Französisch	9. „	12. „	24. „	27. „	Deutsch	14. „	20. „	29. „	3. 10.
Englisch	16. „	20. „	31. „	2. 9.	Französisch	19. „	24. „	4. 9.	7. „
Deutsch	20. „	24. „	4. 8.	7. „	Englisch	24. „	29. „	8. „	11. „
Französisch	23. „	25. „	7. „	9. „	Deutsch	28. „	3. 4.	12. „	17. „
Englisch	30. „	6. 3.	14. „	16. „	Französisch	6. 3.	8. „	18. „	21. „
Deutsch	3. 2.	10. „	18. „	21. „	Englisch	10. „	12. „	22. „	25. „
Französisch	6. „	12. „	21. „	24. „	Deutsch	14. „	17. „	26. „	30. „
Englisch	13. „	20. „	28. „	30. „	Französisch	20. „	22. „	2. 10.	4. 11.
Deutsch	17. „	24. „	1. 9.	5. 10.	Englisch	24. „	26. „	6. „	8. „
Französisch	20. „	25. „	4. „	7. „	Deutsch	28. „	1. 5.	10. „	13. „
Englisch	27. „	1. 4.	11. „	16. „	Französisch	3. 4.	6. „	16. „	18. „
Deutsch	3. 3.	6. „	15. „	19. „	Englisch	7. „	10. „	20. „	22. „
Französisch	6. „	9. „	18. „	22. „	Deutsch	11. „	15. „	24. „	27. „
Englisch	13. „	15. „	25. „	30. „	Französisch	17. „	20. „	30. „	2. 12.
Deutsch	17. „	20. „	29. „	3. 11.	Englisch	21. „	24. „	3. 11.	6. „
Französisch	20. „	22. „	2. 10.	4. „	Deutsch	25. „	30. „	7. „	11. „
Englisch	27. „	29. „	9. „	13. „	Französisch	1. 5.	3. 6.	13. „	16. „
Deutsch	31. „	4. 5.	13. „	17. „	Englisch	5. „	8. „	17. „	20. „
Französisch	3. 4.	7. „	16. „	19. „	Deutsch	9. „	13. „	21. „	25. „
Englisch	10. „	13. „	23. „	27. „	Französisch	15. „	17. „	27. „	30. „
Deutsch	14. „	18. „	27. „	1. 12.	Englisch	19. „	22. „	1. 12.	3. 1. (1904)
Französisch	17. „	20. „	30. „	2. „	Deutsch	23. „	27. „	5. „	8. „
Englisch	24. „	27. „	6. 11.	11. „	Französisch	29. „	1. 7.	11. „	13. „
Deutsch	28. „	1. 6.	10. „	15. „	Englisch	2. 6.	6. „		
Französisch	1. 5.	4. „	13. „	17. „	Deutsch	6. „	11. „	19. „	22. „
Englisch	8. „	10. „	20. „	25. „	Französisch	12. „	15. „	25. „	27. „
Deutsch	12. „	15. „	24. „	29. „	Englisch	16. „	20. „		
Französisch	15. „	17. „	27. „	30. „	Deutsch	20. „	25. „	2. 1. (1904)	5. 2.
Englisch	22. „	24. „	4. 12.	8. 1. (1904)	Französisch	26. „	29. „	8. „	10. „
Deutsch	26. „	29. „	8. „	12. „	Englisch	30. „	3. 8.		
Französisch	29. „	2. 7.	11. „	14. „	Deutsch	4. 7.	8. „	16. „	19. „
Englisch	5. 6.	8. „	18. „	22. „	Französisch	10. „	12. „	22. „	24. „
Deutsch	9. „	13. „	22. „	26. „	Englisch	14. „	17. „		
Französisch	12. „	15. „	25. „	27. „	Deutsch	18. „	22. „	30. „	4. 3.
Englisch	19. „	22. „			Französisch	24. „	26. „	5. 2.	10. „
Deutsch	23. „	27. „			Englisch	28. „	31. „		
Französisch	26. „	30. „			Deutsch	1. 8.	5. 9.		
Englisch	3. 7.	5. 8.			Französisch	7. „	9. „		
Deutsch	7. „	10. „			Englisch	11. „	14. „		

14. Februar 1903. Amtsblatt —青島官報 27.

Meteorologische Beobachtungen.

Datum. Febr.	Barometer (m m) reduz. auf 0°C., Seehöhe 24.03m			Temperatur (Centigrade)								Dunstspannung in mm			Relat. Feuchtigkeit in Prozenten		
				trock. Therm.			feucht. Therm.			Min.	Max.						
	7 Vm	2 Nm	9 Nm	7 Vm	2 Nm	9 Nm	7 Vm	2 Nm	9 Nm			7 Vm	2 Nm	9 Nm	7 Vm	2 Nm	9 Nm
2	771,5	771,4	771,5	-5,9	-0,7	-3,9	-6,5	-2,6	-4,9	-6,0	-0,7	2,5	2,8	2,6	85	64	86
3	70,6	70,0	70,3	-5,9	1,0	0,5	-7,0	-0,5	-0,9	-6,1	0,4	2,1	3,7	3,6	72	73	75
4	71,1	71,2	74,3	-4,3	0,3	-3,1	-5,3	-0,7	-4,2	-5,5	1,5	2,5	3,8	2,7	77	81	76
5	74,9	73,1	73,4	-5,5	2,3	-1,9	-6,4	0,3	-2,9	-6,0	0,7	2,3	3,5	3,2	77	65	80
6	72,6	70,6	70,8	-1,0	3,3	0,9	-2,4	1,7	-0,1	-6,5	2,4	3,4	4,2	4,1	82	73	82
7	70,6	71,5	75,0	0,1	2,3	-3,2	-1,1	0,3	-5,1	-0,5	3,7	3,6	3,5	2,1	78	65	59
8	77,7	76,5	76,7	-5,2	3,3	-2,5	-6,3	2,7	-3,5	-5,2	2,5	2,2	5,2	3,0	74	90	79
9	74,6	72,0	70,5	-2,1	3,5	2,5	-3,2	0,7	1,3	-4,8	3,5	3,0	3,2	4,4	77	54	79
10	68,0	67,4	68,8	3,2	6,3	3,1	2,6	4,1	2,5	-1,0	4,8	5,2	4,8	5,1	90	68	90
11	69,2	68,7	71,9	2,9	5,5	0,5	2,2	4,7	-1,5	2,8	6,5	5,0	5,9	3,1	88	88	64

Datum. Febr.	Wind Richtung & Stärke nach Beaufort (0—12)			Bewölkung						Niederschläge in mm		
				7 Vm		2 Nm		9 Nm				
	7 Vm	2 Nm	9 Nm	Grad	Form	Grad	Form	Grad	Form	7 Vm	9 Nm	9 Nm / 7 Vm
2	N 3	N 2	N O 2	3	cir-str.	—	—	—	—			
3	NNO 1	NNW 1	N W 1	1	str.	—	—	3	cir-cu			
4	N O 3	NNW 5	NNO 3	1	cir-str	2	cir-str	—	—			
5	NNW 3	N 2	N O 1	3	cir-str	1	cir	—	—			
6	Stille 0	Stille 0	SSW 1	10	cu ni	7	cum	9	cum			
7	NNW 2	N W 6	N O 4	6	cir-cu	2	cum	—	—			
8	NNW 3	NNW 2	NNO 1	—	—	—	—	—	—			
9	N W 1	S W 4	S 4	2	cir	7	cir-cu	9	cu-ni			
10	SSW 1	S W 3	S O 2	1	cu	3	cu-str	9	cu-ni			
11	S O 1	N 1	N O 2	10	cu-str.	10	nim	4	cir-cu			

Schiffsverkehr

in der Zeit vom 3.—12. Februar 1903.

Ange-kommen am	Name	Kapitän	Flagge	von	Abgefahren am	nach
3.2.	D. Knivsberg	Kayser	Deutsch	Tschifu	4.2.	Schanghai
4.2.	D. Maria Rickmers	Bandelin	,,	Hongkong	10.2.	Moji
5.2.	D. Tsintau	Hansen	,,	Tschifu	5.2.	Schanghai
5.2.	D. Vorwärts	Sohnemann	,,	Schanghai	6.2.	Tschifu
6.2.	D. Gouv. Jaeschke	Schuldt	,,	,,	7.2.	Schanghai
9.2.	D. Vorwärts	Sohnemann	,,	Tschifu	9.2.	,,
10.2.	D. Knivsberg	Kayser	,,	Schanghai		
11.2.	D. Singan	Wawele	Englisch	,,	11.2.	Tschifu
12.2.	D. Koyo Maru	—	Japanisch	Moji		

Druck der Missionsdruckerei, Tsingtau.

第四年　第五号

1903年2月14日

关于在胶澳地区占领军中服兵役的告白

谨此提醒在殖民地以及国外停留的有服兵役义务的人员,可以将法律规定的执行现役的义务简化为在胶澳地区占领军中充当一年或者三年志愿兵。志愿加入者可以自由选择军队部门。

希望担任海军陆战步兵的人员,可以向第三水师营申请;希望加入水兵炮队(海岸炮队)的人员,可以向水兵炮队排申请;希望充任水兵、司炉等兵种的人员,请与总督府联系。

申请和入役时需要附加的材料:

1. 亲笔手写的简历;
2. 手中现有的身份证件(出生证、兵役抽签证、旅行证等);
3. 居住在殖民地以外的人员应尽可能提供一份关于服役能力的医生证明。

入役时间一般在10月1日和4月1日,在上述时间以外的入役只能破例进行。在殖民地以外居住的人员,如果已从上述部队收到接收证,则从部队轮换运输船靠岸的港口免费运输至本地。服役期满后,可根据其意愿将其送至前往家乡的运输船上。

在殖民地停留的服兵役医务人员,可以通过总督府将其兵役义务年限延至三年,此外,总督府也可根据服兵役义务人员的申请,做出对于其兵役情况的最终决定。

陆军和海军的休假人员,可以根据现有情况,在胶澳地区占领军各部执行法定训练,与之相关的申请须递交至总督府。

所有陆军和海军的休假人员(预备役、陆海战时后备军、后备兵员),如计划在胶澳地区的停留时间超过3个月,须在到达青岛后4周内向总督府报到,在离开殖民地时报离。

服兵役义务人员与休假人员,其联系的办公室名称是"兵役报到处",位于衙门内的58号房间(工作时间为上午9点至下午1点和下午3点至5点30分)。

青岛,1903年2月2日
皇家总督
都沛禄

大德辅政司崑　为

再通行晓谕华民种痘事：案查曾于德历上年六月十七日，经督署示谕，德境华民可以分别青岛、李村两处投请施种牛痘，毫无费项，俾众赤子免患天花，即所以卫生于未雨。兹者节交春令，拟于本年二、三两月，每逢礼拜六下午两点钟起至四点钟止，其青岛一带可赴青岛花之安医院请种。其李村一带者，每逢集日前往请种。至抱往种痘之孩，年岁至小亦须一周。凡于抱往以前，应将该孩身体、胳臂以及膀子，皆用胰子冲洗洁净，即所穿衣服亦宜洁净，以免污秽射入种痘伤口，致生他病。至已经出过痘者，则勿须重种牛痘，为此谕仰阖属人民一体知悉毋误。特示。

右谕通知
大德一千九百三年二月十一日　告示

告白

启者：兹将或被窃或遗失及送存各物列左：

女人伞之镶银柄一根；小皮箱一个，内有华式眼镜一付（副），墨盒一个，戳记及印色盒一个，舆图五纸并笔墨、信纸、信封、食物、药料等物；时表一枚，新配之闷盖。

送署各物：

黑色皮纸烟夹一个，里系绣花，并有二西字；紫色鹿皮骑马用之手套一对。

以上各物如有人或见或得，立宜报明本署，并晓谕尔诸人，切无轻买。至送存各物，亦可具领。特谕。

德一千九百三年二月十一日
青岛巡捕衙门启

青岛副按察司慕　为

饬传事：照得大鲍岛商人刘兴控告裕昌灰铺薛姓，据要欠洋银四十元六角二分。被告前住居大鲍岛双鹤里，现今无踪无迹，无地可传。所以登此传票，宣传薛姓，准于德本月二十七日早九点钟到本署听审，如不来时，即断薛姓还钱，因其不到案故也。尚其懔遵毋传违。特（谕）。

德一千九百三年二月初九日

决议

来自特里尔行政区艾尔维斯堡的前看守约翰·布劳迈泽尔,之前的居住地为青岛,目前的停留地未知。在对其提起的刑事案件中,被宣布须向胶澳保护地国库缴纳120元,作为对其作为本法庭被告人,免于因案件侦察须拘留而必须缴纳的担保金。这一决议的庭审费用也由被告人承担。如违反此决议,他将被立即起诉。

青岛,1903年2月5日
胶澳皇家审判厅

告白

商业登记号为39号的双和洋行(阿尔弗雷德·J. 艾格零)公司现注销。

青岛,1903年1月23日
胶澳皇家审判厅

告白

本地商业登记号为38号的营业中贸易公司弗朗茨·比尔鲍姆有限责任公司现已解散。

目前在青岛的公司法人弗朗茨·比尔鲍姆担任公司清算人。

青岛,1903年1月23日
胶澳皇家审判厅

官方消息

位于神户的德国领事馆之前的官方名称为"驻大阪兵库县德意志皇家领事馆",现改名为"驻神户德意志皇家领事馆"。

地籍土地测量官德欣(Dessin)已被任命为地籍检查官。

1903年与欧洲的邮政连接

抵达					开出				
轮船	来自柏林	到达上海	来自柏林	到达上海	轮船	来自上海	到达柏林	来自上海	到达柏林
	1902	1903	1903	1903		1903	1903	1903	1903
法国	12.27	1.28	7.10	8.12	德国	1.31	3.6	8.15	9.19
		1903							
英国	1.2	2.6	7.17	8.19	法国	2.5	3.10	8.21	9.23
德国	1.6	2.10	7.21	8.24	英国	2.10	3.15	8.25	9.28
法国	1.9	2.12	7.24	8.27	德国	2.14	3.20	8.29	10.3
英国	1.16	2.20	7.31	9.2	法国	2.19	3.24	9.4	10.7
德国	1.20	2.24	8.4	9.7	英国	2.24	3.29	9.8	10.11
法国	1.23	2.25	8.7	9.9	德国	2.28	4.3	9.12	10.17
英国	1.30	3.6	8.14	9.16	法国	3.6	4.8	9.18	10.21
德国	2.3	3.10	8.18	9.21	英国	3.10	4.12	9.22	10.25
法国	2.6	3.12	8.21	9.24	德国	3.14	4.17	9.26	10.30
英国	2.13	3.20	8.28	9.30	法国	3.20	4.22	10.2	11.4
德国	2.17	3.24	9.1	10.5	英国	3.24	4.26	10.6	11.8
法国	2.20	3.25	9.4	10.7	德国	3.28	5.1	10.10	11.13
英国	2.27	4.1	9.11	10.16	法国	4.3	5.6	10.16	11.18
德国	3.3	4.6	9.15	10.19	英国	4.7	5.10	10.20	11.22
法国	3.6	4.9	9.18	10.22	德国	4.11	5.15	10.24	11.27
英国	3.13	4.15	9.25	10.30	法国	4.17	5.20	10.30	12.2
德国	3.17	4.20	9.29	11.3	英国	4.21	5.24	11.3	12.6
法国	3.20	4.22	10.2	11.4	德国	4.25	5.30	11.7	12.11
英国	3.27	4.29	10.9	11.13	法国	5.1	6.3	11.13	12.16
德国	3.31	5.4	10.13	11.17	英国	5.5	6.8	11.17	12.20
法国	4.3	5.7	10.16	11.19	德国	5.9	6.13	11.21	12.25
英国	4.10	5.13	10.23	11.27	法国	5.15	6.17	11.27	12.30
									1904
德国	4.14	5.18	10.27	12.1	英国	5.19	6.22	12.1	1.3
法国	4.17	5.20	10.30	12.2	德国	5.23	6.27	12.5	1.8
英国	4.24	5.27	11.6	12.11	法国	5.29	7.1	12.11	1.13
德国	4.28	6.1	11.10	12.15	英国	6.2	7.6		
法国	5.1	6.4	11.13	12.17	德国	6.6	7.11	12.19	1.22
英国	5.8	6.10	11.20	12.25	法国	6.12	7.15	12.25	1.27

(续表)

抵达					开出				
轮船	来自柏林	到达上海	来自柏林	到达上海	轮船	来自上海	到达柏林	来自上海	到达柏林
德国	5.12	6.15	11.24	12.29	英国	6.16	7.20		
								1904	
法国	5.15	6.17	11.27	12.30	德国	6.20	7.25	1.2	2.5
				1904					
英国	5.22	6.24	12.4	1.8	法国	6.26	7.29	1.8	2.10
德国	5.26	6.29	12.8	1.12	英国	6.30	8.3		
法国	5.29	7.2	12.11	1.14	德国	7.4	8.8	1.16	2.19
英国	6.5	7.8	12.18	1.22	法国	7.10	8.12	1.22	2.24
德国	6.9	7.13	12.22	1.26	英国	7.14	8.17		
法国	6.12	7.15	12.25	1.27	德国	7.18	8.22	1.30	3.4
英国	6.19	7.22			法国	7.24	8.26	2.5	3.10
德国	6.23	7.27			英国	7.28	8.31		
法国	6.26	7.30			德国	8.1	9.5		
英国	7.3	8.5			法国	8.7	9.9		
德国	7.7	8.10			英国	8.11	9.14		

船运

1903年2月3日—12日期间

到达日	轮船船名	船长	挂旗国籍	出发港	出发日	到达港
2月3日	柯尼夫斯堡号	凯瑟	德国	芝罘	2月4日	上海
2月4日	里克尔梅号	班德林	德国	香港	2月10日	门司
2月5日	青岛号	韩森	德国	芝罘	2月5日	上海
2月5日	前进号	索纳曼	德国	上海	2月6日	芝罘
2月6日	叶世克总督号	舒尔特	德国	上海	2月7日	上海
2月9日	前进号	索纳曼	德国	芝罘	2月9日	上海
2月10日	柯尼夫斯堡号	凯瑟	德国	上海		
2月11日	兴安号	瓦为乐	英国	上海	2月11日	芝罘
2月12日	Koyo 丸		日本	门司		

Amtsblatt
für das
Deutsche Kiautschou-Gebiet.

青島官報

Herausgegeben vom Kaiserlichen Gouvernement Kiautschou.

Der Bezugspreis beträgt jährlich $ 0,60=M 1,20.
Bestellungen nehmen sämtliche deutsche Postanstalten entgegen.

Jahrgang 4.   Nr. 6.   Tsingtau, den 21. Februar 1903.   第六號   第四年

Bekanntmachung.

In der Bekanntmachung vom 3. Januar 1898 ist für die chinesische Bevölkerung des deutschen Gebietes angeordnet worden, dass vor Errichtung von Neubauten in den Ortschaften des deutschen Gebietes die Genehmigung der Behörde einzuholen ist. Diese Bekanntmachung wird hiermit erneut in Erinnerung gebracht. Vor Errichtung von Neubauten in sämtlichen Ortschaften des Schutzgebietes ist die vorherige Genehmigung des Gouvernements in Tsingtau in der Chinesischen Kanzlei nachzusuchen. Neubauten, die ohne Genehmigung des Gouvernements errichtet sind, werden niedergerissen, ohne dass eine Entschädigung geleistet wird; oder bei Ankauf des Landes durch das Gouvernement gehen die Häuser ohne weiteres in das Eigentum des Fiskus über, ohne dass irgend eine Entschädigung gezahlt wird.

Der zuständige Tipau hat die Pflicht, bei Entstehen von Neubauten dem Gouvernement sofort Anzeige zu erstatten.

Diese Bekanntmachung wird aufs strengste durchgeführt werden.

Tsingtau, den 16. Februar 1903.

Der Kaiserliche Civilkommissar.

大德輔政司崑
　　　　　　爲
援案曉諭華民蓋房事照得德境內各村庄修蓋新房應行稟明
准否一節曾於德一千八百九十八年正月初三即中光緒二十
四年十二月十一日經前督棣示諭在案註日久玩生視爲具
文亟宜重申禁令嗣後凡德境各處蓋新房一經察看須先稟准可修
造如在未經督署批准以前擅蓋新房立即行拆毀如於
文卷衙門買用該地時將新房歸公不償房價至該町地保今後
将來有新蓋房屋者立宣報明督署核辦本司言出法隨決不姑寬
昇　　　　　　　
仰闔屬人等一體凜遵勿違特示

大德一千九百三年二月十一日
右諭通知

Bekanntmachung.

Gestohlene Gegenstände.

1) 31 Ballen weisse Leinwand, jeder Ballen ist gezeichnet: Arnhold Karberg & Co. 瑞記洋行 38½ yards;
2) 5 Ballen geblümte schwarze Halbseide;
3) 19 gelbe Schachteln Dynamit gezeichnet: Sprengstoff A. G. Carbonit Schleusch, 82 Zünder und 140 m. Zündschnur.

Gefundene Gegenstände.

1 Eisenkette 9,50 m. lang.

Mitteilungen sind an die unterzeichnete Behörde zu richten.

Tsingtau, den 18. Februar 1903.

Kaiserliches Polizei-Amt.

Bekanntmachung.

In das Handelsregister ist unter Nr. 61 eine Kolonialgesellschaft unter der Firma „**Deutsche Gesellschaft für Bergbau und Industrie im Auslande**" mit dem Sitze zu Tsingtau eingetragen worden.

Die Gesellschaft ist eine Kolonialgesellschaft. Ihr ist durch Beschluss des Bundesrats vom 20. Juni 1901 die Fähigkeit beigelegt, unter ihrem Namen Rechte insbesondere Eigentum und andere dingliche Rechte an Grundstücken zu erwerben, Verbindlichkeiten einzugehen, vor Gericht zu klagen und verklagt zu werden.

Gegenstand des Unternehmens sind:
a. der Betrieb von Bergbau, Hüttenwerken und Industrieen, ferner der Erwerb und die Verwertung von Grundbesitz, Bergrechten und Konzessionen zunächst in Schantung.
b. alle diejenigen Handelsgeschäfte, welche sich aus den zu a bezeichneten Betrieben ergeben, oder mit der dort gedachten Verwertung zusammen hängen.

Mitglieder des Vorstandes sind:
1. der Regierungsrat a. D. Direktor Bernhardt Peters in Tsingtau,
2. der Kaufmann Ludwig von Carben in Berlin (stellvertretendes Mitglied.)

Nach § 23 des Statuts sind Urkunden und Erklärungen des Vorstandes für die Gesellschaft verbindlich, wenn sie unter obiger Firma von zwei Mitgliedern des Vorstandes oder — sofern der Vorstand nur aus einer Person besteht — von dieser oder von denjenigen Beamten der Gesellschaft unterzeichnet sind, welche etwa der Verwaltungsrat durch öffentlich beglaubigte Urkunde zur Zeichnung besonders ermächtigen wird.

Tsingtau, den 14. Februar 1903.

Kaiserliches Gericht von Kiautschou.

Bekanntmachung.

In das Handelsregister ist unter Nr. 4 bei der Firma

Anz & Co.

folgendes eingetragen worden:

Die Prokura des Kaufmanns Otto Boas ist erloschen. Dem Kaufmann Arnold Berg in Tsingtau ist Prokura erteilt.

Tsingtau, den 9. Februar 1903.

Kaiserliches Gericht von Kiautschou.

白 告

啓者茲將被窃證送任各物列左

白竹布三十一包每包皮印有瑞記洋行三十八尺半記號

黑色花羽紬五包

炸藥十九箱該箱係黃色上有洋字記號

火信子八十二個

引火線一百四十米打

鉄鍊一條長九米打半

以上各物如有人或見或得立宜報明木署詎曉諭爾諸人切勿輕買至送存之物亦可具领此諭

送著之物

青島巡捕衙門啓

德一千九百三年二月十八日

21. Februar 1903. Amtsblatt—青島官報 31.

Bekanntmachung.

Auf Antrag des Herrn H. Wolf findet am Freitag, den 6. März 1903, nachmittags 4 Uhr, im Landamt die öffentliche Versteigerung der Parzelle Kartenblatt 8 Nr. $\frac{168}{40}$ gegen Meistgebot statt.

Lage des Grundstücks: an der Luitpold-Strasse.

Grösse: 445 qm. Mindestpreis: $ 752,05.

Benutzungsplan: Geschäftshaus.

Frist zur Ausführung: bis zum 1. März 1905.

Gesuche zum Mitbieten sind bis zum 27. Februar d. Js. hierher zu richten.

Tsingtau, den 14. Februar 1903.

Das Landamt.

Amtliche Nachrichten.

Stabsarzt Dr. Mixius und Oberassistenzarzt Dr. Siebert kehren im Frühjahr in die Heimat zurück.

Als Ersatz kommen Stabsarzt Dr. Mac Lean und Assistenzarzt Dr. Wiens in das Schutzgebiet.

Im Frühjahr kehren vom III. Seebataillon in die Heimat zurück: Hauptmann Fricke, Oberleutnant Hannemann, Freiherr von Dobeneck, Nollau und Leutnant von Ziegner.

Als Ersatz kommen zum III. Seebataillon: Hauptmann Valentini, Leutnant Oldenburg. Magnussen und Kolshorn.

Der Oberschwester Hollenberg und der Schwester Stegemann ist laut telegraphischer Mitteilung des Reichsmarineamts die Rote Kreuz-Medaille verliehen worden.

Die Betriebsdirektion der Schantung-Eisenbahn-Gesellschaft hat unter dem 9. d. Mts. folgende Bekanntmachung erlassen:

Zur Vermeidung von Güteranhäufung und Überfüllung des Güterschuppens in Tsingtau und Kiautschou wird gemäss § 53 der Verkehrsordnung vom 1. März 1903 ab die lagergeldfreie Zeit für Güter, welche zur Ansammlung einer oder mehrerer Wagenladungen niedergelegt werden, auf **drei Tage** festgesetzt. Bei Überschreitung dieser Frist wird Lagergeld nach den Bestimmungen des Nebengebührentarifes erhoben.

Für Güter, welche im Güterschuppen ohne Frachtbrief bezw. Empfangsbescheinigung niedergelegt werden, übernimmt die Eisenbahn nach wie vor keine Haftpflicht.

Meteorologische Beobachtungen.

Datum. Febr.	Barometer (mm) reduz. auf 0°C., Seehöhe 24.03m			Temperatur (Centigrade)								Dunstspannung in mm			Relat. Feuchtigkeit in Prozenten		
				trock. Therm.			feucht. Therm.										
	7 Vm	2 Nm	9 Nm	7 Vm	2 Nm	9 Nm	7 Vm	2 Nm	9 Nm	Min.	Max.	7 Vm	2 Nm	9 Nm	7 Vm	2 Nm	9 Nm
12	772,2	772,0	773,0	-3,5	3,3	-2,1	-4,5	0,9	-3,1	-3,5	6,0	2,7	3,5	3,1	78	59	79
13	73,5	72,3	72,0	-3,7	3,9	0,1	-4,9	1,3	-1,5	-3,7	3,8	2,5	3,5	3,3	73	57	71
14	70,9	69,7	68,6	-0,3	7,1	3,1	-1,7	5,7	2,1	-3,5	4,5	3,3	6,0	4,7	74	80	83
15	68,7	68,8	69,2	1,7	7,9	2,2	0,0	4,9	1,1	0,5	8,0	3,6	4,7	4,2	69	59	79
16	68,5	67,2	68,7	1,2	6,9	2,4	0,6	2,9	1,4	1,0	8,0	4,4	3,3	4,5	89	44	82
17	69,2	68,4	72,5	-1,9	6,9	0,0	-2,9	2,7	-1,4	-2,0	8,5	3,2	3,1	3,4	80	41	74
18	74,5	74,0	75,6	-1,3	4,7	-1,5	-2,5	1,1	-2,5	-2,0	7,0	3,2	2,8	3,3	76	44	80

Datum. Febr.	Wind Richtung & Stärke nach Beaufort (0—12)			Bewölkung						Niederschläge in mm		
				7 Vm		2 Nm		9 Nm				9 Nm
	7 Vm	2 Nm	9 Nm	Grad	Form	Grad	Form	Grad	Form	7 Vm	9 Nm	7 Vm
12	NNO 3	N 3	NNO 4	9	cu-str.	—	—	—	—	—	—	—
13	NNW 2	NNW 1	NNO 1	—	—	—	—	—	—	—	—	—
14	WSW 1	SSW 3	SSW 3	—	—	—	—	—	—	—	—	—
15	Stille 0	S 1	S 1	1	str	—	—	3	cir-cu	—	—	—
16	NNW 1	NNW 1	SW 1	1	str	—	—	—	—	—	—	—
17	N 1	NW 4	NNO 5	—	—	2	cum	—	—	—	—	—
18	NW 4	NW 5	NNO 2	—	—	—	—	—	—	—	—	—

Schiffsverkehr

in der Zeit vom 12.—19. Februar 1903.

Angekommen am	Name	Kapitän	Flagge	von	Abgefahren am	nach
(10.2.)	D. Knivsberg	Kayser	Deutsch	Schanghai	13.2.	Tschifu
12.2.	D. Koyo Maru		Japanisch	Moji	„	„
13.2.	D. Gouv. Jaeschke	Schuldt	Deutsch	Schanghai	14.2.	Schanghai
16.2.	D. Tsintau	Hansen	„	„	17.2.	Tschifu
„	D. Hino Maru		Japanisch	Moji		
18.2.	D. Knivsberg	Kayser	Deutsch	Tschifu	18.2.	Schanghai
„	D. Kinho Maru		Japanisch	Moji		
19.2.	D. Gouv Jaeschke	Schuldt	Deutsch	Schanghai		

Druck der Missionsdruckerei, Tsingtau.

第四年　第六号

1903年2月21日

大德辅政司崑　为

援案晓谕华民盖房事：照得德境内各村庄修盖新房，应行禀明准否一节，曾于德一千八百九十八年正月初三即中光绪二十四年十二月十一日经前督棣示谕在案。讵日久玩生视为具文，亟官重申禁令。嗣后，凡德境各处欲盖新房须先禀准，始可修造。如在未经督署批准以前擅盖新房，一经查出，即行拆毁，或于将来衙门买用该地时，新房归公不偿房价。至该各町地保，今后见有新盖房屋者，立宜报明督署核办。本司言出法随，绝不姑宽。仰阖属人等一体凛遵勿违。特示。

右谕通知

大德一千九百三年二月十一日　告示

告白

启者：兹将被窃并送存各物列左：

白竹布三十一包，每包皮印有"瑞记洋行三十八尺半"记号；黑色花羽紬五包；炸药十九箱，该箱系黄色，上有洋字记号；火信子八十二个；引火线一百四十米打。

送署之物：

铁链一条，长九米打半。

以上各物如有人或见或得，立宜报明本署，并晓谕尔诸人切勿轻买，至送存之物亦可具领。此谕。

德一千九百三年二月十八日

青岛巡捕衙门启

告白

位于青岛的"德国海外矿业与工业殖民公司"在本地审判厅登记，商业登记号为61号。

该公司为殖民公司,根据联盟参议院1901年6月20日的决议,它被赋予以其名义获取各项权力的能力,尤其是财产权和其他在地产方面的物权,以及承担约束力、进行法庭起诉、应诉等事项。

公司的经营项目为:

a. 运营矿业、冶炼厂和各工业门类,此外,首先在山东获取地产、采矿权和特许权,并对其加以利用。

b. 上述a项中提到的所有运营项目或者与在那里计划开展的项目相关的贸易公司。

董事会成员为:

1. 前行政专员、在青岛的经理贝恩哈德·彼得斯;
2. 柏林的商人路德维希·冯·卡本(副董事长成员)。

根据《公司章程》第23条,上述公司名下董事会两名成员签署的证书和声明,或者在董事会只有一名成员时,由该人或者管理委员会通过公开认证证书签名所特别授权的公司管理人员签署时,均具有约束力。

青岛,1903年2月14日

胶澳皇家审判厅

告白

商业登记号为4号的盎斯洋行登记下列事项:

商人奥托·博阿斯的代理权现已撤销,授予青岛的商人阿诺德·贝尔格代理权。

青岛,1903年2月9日

胶澳皇家审判厅

告白

应H.沃尔夫先生申请,将于1903年3月6日星期五下午4点在地亩局公开拍卖地籍册第8页第168/40号地块,价高者得。

地块位置:路易波德大街。

面积:445平方米,最低价:752.05元。

使用规划:商业楼。

规划执行期限:1905年3月1日。

出价申请须最晚于今年2月27日递交至本处。

青岛,1903年2月14日

地亩局

官方新闻

上尉军医米修斯博士和少尉军医齐博特博士将在春天返回家乡。

替换他们前来保护地的是上尉军医马克·雷昂博士和助理医师韦恩斯博士。

将在春天返回家乡的第三水师营人员为：弗里克上尉、哈涅曼中尉、中尉冯·多本耐克男爵、诺劳中尉和冯·齐克纳少尉。

替换他们进入第三水师营的人员为：瓦伦蒂尼上尉、奥尔登堡少尉、玛克努森少尉和科尔斯霍恩少尉。

根据帝国海军部的电报通知，授予护士长霍伦贝尔格和护士施泰戈曼红十字奖章。

山东铁路公司经理部在本月9日发布下列告白：

为避免货物堆积以及青岛和胶州的货物仓库过满，现根据《交通法》第53条的规定，自1903年3月1日起，将为一次或多次火车装载而集中放置货物的免费仓储时间确定为3天。如超出这一期限，将根据附带费用收费表的规定，收取仓储费用。

对于在货物大棚中无寄货凭单或者接收证明的货物，铁路方面自始至终不接受任何赔偿责任。

船运

1903年2月12日—19日期间

到达日	轮船船名	船长	挂旗国籍	出发港	出发日	到达港
（2月10日）	柯尼夫斯堡号	凯瑟	德国	上海	2月13日	芝罘
2月12日	Koyo 丸		日本	门司	2月13日	芝罘
2月13日	叶世克总督号	舒尔特	德国	上海	2月14日	上海
2月16日	青岛号	韩森	德国	上海	2月17日	芝罘
2月16日	Hino 丸		日本	门司		
2月18日	柯尼夫斯堡号	凯瑟	德国	芝罘	2月18日	上海
2月18日	Kinho 丸		日本	门司		
2月19日	叶世克总督号	舒尔特	德国	上海		

Amtsblatt
für das Deutsche Kiautschou-Gebiet.

青島官報

Herausgegeben vom Kaiserlichen Gouvernement Kiautschou.

Der Bezugspreis beträgt jährlich $ 0,60=M 1,20.
Bestellungen nehmen sämtliche deutsche Postanstalten entgegen.

| Jahrgang 4. | Nr. 7. | Tsingtau, den 28. Februar 1903. | 第七號 | 第四年 |

Polizei-Verordnung
betreffend Hundesperre.

§ 1

Nachdem bei einigen Hunden Tollwut festgestellt worden ist, wird für das Stadtgebiet Tsingtau die Festlegung aller Hunde angeordnet.

Der Festlegung ist das Führen der mit einem sicheren Maulkorbe versehenen Hunde an der Leine gleich zu achten.

Hunde, welche frei umherlaufend betroffen werden, können durch das Polizeiamt sofort getötet werden.

§ 2.

Hunde oder sonstige Haustiere, welche der Seuche verdächtig sind, müssen von dem Besitzer sofort getötet oder bis zum Einschreiten der sofort zu benachrichtigenden Polizei in einem sicheren Behältnisse eingesperrt werden.

§ 3.

Die Kadaver der gefallenen oder getöteten wutkranken oder der Seuche verdächtigen Tiere müssen sofort unschädlich beseitigt werden. Das Abhäuten derselben ist verboten.

§ 4.

Wer den Vorschriften dieser Verordnung zuwiderhandelt, wird, sofern er nicht nach den sonst bestehenden gesetzlichen Bestimmungen eine höhere Strafe verwirkt hat, mit Geldstrafe bis zu einhundertfünfzig - 150 - Mark oder im Unvermögensfalle mit Haft bis zu sechs Wochen, bestraft.

§ 5.

Diese Verordnung tritt sofort in Kraft.
Tsingtau, den 25. Februar 1903.

Der Kaiserliche Gouverneur.
Truppel.

Beschluss.

Ueber das Vermögen
1) des Unternehmers Wang tsching schan aus Syfang, zur Zeit unbekannten Aufenthalts,
2) des Unternehmers Huo tsching schin in Syfang

Wird auf Grund glaubhafter Ueberschuldung und Zahlungsunfähigkeit heute, am 20. Februar 1903, mittags 12 Uhr, das Konkursverfahren eröffnet und zugleich über den flüchtigen Gemeinschuldner Wang tsching schan der persönliche Arrest verhängt.

Der Dolmetscher Ferring zu Tsingtau wird zum Konkursverwalter ernannt.

Konkursforderungen sind bis zum 10. März 1903 bei dem Gericht anzumelden.

Allen Personen, welche eine zu den Konkursmassen gehörige Sache in Besitz haben, oder zu den Konkursmassen etwas schuldig sind, wird aufgegeben, nichts an die Gemeinschuldner zu leisten oder zu verabfolgen. Auch wird ihnen die Verpflichtung auferlegt, von dem Besitz der Sache dem Konkursverwalter bis zum 10. März 1903 Anzeige zu machen.

Tsingtau, den 20. Feberuar 1903.

Kaiserliches Gericht von Kiautschou.

Bekanntmachung.

Gestohlene Gegenstände.

1 silberne Remontoiruhr, auf dem hinteren Deckel Monogramm: C. M, auf der Innenseite ist der Name Carl Manthey eingraviert. 1 Opiumpfeife, 1 Opiumlampe, 1 Paar Sammtstiefel, 1 Paar Atlasschuhe mit Blumen, 1 grauseidene Weste, 1 langer schwarzer wattierter Sammtrock, 1 Sammtpelerine.

Gefundene Gegenstände.

1 chinesische Mütze in einem Carton.
Mitteilungen sind an die unterzeichnete Behörde zu richten.

Tsingtau, den 25. Februar 1903.

Kaiserliches Polizeiamt.

28. Februar 1903.   Amtsblatt – 青島官報   35.

Bekanntmachung.

Am 16. d. Mts. abends ist auf hiesiger Aussenreede zwischen Arkonainsel und Leuchtturm eine grüne Ankerboje verloren gegangen.

Derjenige, welcher die Boje bei dem unterzeichneten Kommando abliefert oder mitteilt, dass die Boje abgeholt werden kann, erhält eine Belohnung.

Tsingtau, den 19. Februar 1903.

Kommando S. M. Kreuzer „Seeadler".

Bekanntmachung.

Der Bedarf an Petroleum, Brennholz, Feuedelu, Dochtband, Dochtstrümpfen, Stearinlichten, Kohlenteer, Cresolseifenlösung und Lagerstroh für das Rechnungsjahr 1903 soll verdungen werden.

Bedingungen liegen während der Dienststunden im Geschäftszimmer der Garnisonverwaltung zur Einsicht aus.

Angebote mit entsprechender Aufschrift sind bis zum 6. März d. J., vormittags 11 Uhr, an die Garnisonverwaltung einzureichen.

Tsingtau, den 24. Februar 1903.

Marine-Garnison-Verwaltung.

Bekanntmachung.

Der Bedarf der Gouvernements-Werkstatt an folgenden Materialien soll für das Rechnungsjahr 1903/1904 vergeben werden:

   a) Stückkohlen,
   b) Schmiedekohlen,
   c) Scheibenholz.

Die Lieferungsbedingungen können im Geschäftszimmer der Werkstatt eingesehen werden.

Angebote sind unter Bezeichnung „Material" bis zum **9. März d. J., 11 Uhr vormittags,** verschlossen an die Werkstatt zu richten.

Tsingtau, den 24. Februar 1903.

Kaiserliche Gouvernements-Werkstatt.

Amtliche Nachrichten.

Dem Missionsarzt Dr. med. Dipper ist laut telegraphischer Mitteilung des Reichsmarineamts der Rote Adler-Orden 4. Klasse verliehen worden.

賞 格

啓者本兵輪於中歷本年正月十九日晚在青島口外秤錘島與燈塔中央海面失去綠色錨椿一具爲此懸賞如有人能覓獲送至本兵輪或探明報信經本兵輪派人尋囘者皆賞花紅洋銀決不食言此佈

德一千九百三年二月十九日

大德海鷹兵輪啓

白 告

啓者現欲招商投票承辦備供青島谷營盤一千九百三年分所需物料凡有意欲包辦者可用德又繕票用信封封固信皮用德文書明包辦何物投票字儀限至德本年二月初六日上午十一點鐘止其包辦章程欲閱者可於每日辦公事時赴本局查叅可也

計開欲買各物料

煤油   柴火   抹布   洋燈心   洋
燈心襪   洋臘燭   吧喇油
索兒腰水   馬棚草   格雷

德一千九百三年二月二十四日

青島軍需局啓

Bekanntmachung.

Max Grill hat ein Gesuch um Übertragung der Konzession zum Betriebe einer Gastwirtschaft auf seinen Namen für das von A. Baumann bisher innegehabte Lokal „Hotel Metropole" in der Friedrichstrasse eingereicht.

Einwendungen im Sinne der Gouvernementsbekanntmachung vom 10. Oktober 1899 sind bis zum 15. März d. Js. an die unterzeichnete Behörde zu richten.

Tsingtau, den 25. Februar 1903.

Kaiserliches Polizeiamt.

36.   Amtsblatt—青島官報   28. Februar 1903.

Bekanntmachung.

In das Handelsregister ist unter Nr. 62 eine Kolonialgesellschaft unter der Firma „Deutsch-Chinesische Seiden-Industrie-Gesellschaft" mit dem Sitze zu Tsingtau eingetragen worden.

Der Gesellschaft ist durch Beschluss des Bundesrates vom 13. November 1902 die Fähigkeit beigelegt, unter ihrem Namen Rechte, insbesondere Eigentum und andere dingliche Rechte an Grundstücken zu erwerben, Verbindlichkeiten einzugehen, vor Gericht zu klagen und verklagt zu werden.

Gegenstand des Unternehmens ist der Betrieb der Seidenindustrie und des Seidenhandels in dem Schutzgebiete Kiautschou, dessen Hinterlande (Provinz Schantung) und in den Deutschen Konsularbezirken Chinas.

Der Vorstand besteht aus drei Direktoren, nämlich:

1. Seiner Excellenz dem Oberburggrafen, Grafen August Dönhoff-Friedrichstein auf Friedrichstein,
2. dem Rentier Leo Stein in Darmstadt,
3. Seiner Erlaucht dem Grafen Elias zu Erbach-Fürstenau in Fürstenau.

Erklärungen oder Unterschriften des Vorstandes sind für die Gesellschaft verpflichtend, wenn sie unter dem Namen der Gesellschaft entweder von zwei Direktoren oder von einem Direktor zusammen mit einem von dem Vorstande bestellten Unterschriftsbevollmächtigten geleistet werden.

Prokura ist dem Freiherrn Dr. Rudolf von Erggelet in Tsingtau erteilt worden.

Tsingtau, den 23. Februar 1903.

Kaiserliches Gericht von Kiautschou.

Sonnen-Auf- und Untergang
für Monat März 1903.

Datum	Mittelostchinesische Zeit des scheinbaren Sonnen-Aufgangs.	Sonnen-Untergangs.
1	6 Uhr 29.7 Min.	5 Uhr 53.3 Min.
2	— 28.4	— 54.3
3	— 27.1	— 55.3
4	— 25.8	— 56.2
5	— 24.4	— 57.1
6	— 23.0	— 58.0
7	— 21.6	— 58.9
8	— 20.2	— 59.8
9	— 18.8	6 Uhr 0.7
10	— 17.4	— 1.6
11	— 16.0	— 2.4
12	— 14.6	— 3.3
13	— 13.2	— 4.2
14	— 11.8	— 5.1
15	— 10.4	— 6.0
16	— 9.0	— 6.8
17	— 7.6	— 7.7
18	— 6.2	— 8.6
19	— 4.7	— 9.5
20	— 3.2	— 10.3
21	— 1.7	— 11.1
22	— 0.2	— 12.0
23	5 Uhr 58.7	— 12.9
24	— 57.3	— 13.7
25	— 55.9	— 14.5
26	— 54.5	— 15.3
27	— 53.0	— 16.2
28	— 51.6	— 17.1
29	— 50.1	— 17.9
30	— 48.7	— 18.7
31	— 47.3	— 19.5

Schiffsverkehr
in der Zeit vom 19.—26. Februar 1903.

Angekommen am	Name	Kapitän	Flagge	von	Abgefahren am	nach
(16.2.)	D. Hino Maru		Japanisch	Moji	19.2.	Tschifu
(18.2.)	D. Kinho Maru		„	„	24.2.	Moji
19.2.	D. Gouv. Jaeschke	Schuldt	Deutsch	Schanghai	21.2.	Schanghai
22.2.	D. Vorwärts	Sohnemann	„	„	23.2.	Tschifu
24.2.	D. Tsintau	Hansen	„	Tschifu	24.2.	Schanghai
„	D. Thea	Öhlerich	„	Hongkong	25.2.	Tschifu

28. Februar 1903.　　　　　　　Amtsblatt—青島官報　　　　　　　37.

Hochwassertabelle für Tsingtau, Taputou und Nükukou

für den Monat März 1903.

Datum	Tsingtau.		Taputou.		Nükukou.	
	Vormittags	Nachmittags	Vormittags	Nachmittags	Vormittags	Nachmittags
1.	5U. 55M.	6U. 12M.	6 U. 45M.	7 U. 02 M.	6 U. 55 M.	7 U. 12 M.
2.	6 „ 29 „	6 „ 46 „	7 „ 19 „	7 „ 36 „	7 „ 29 „	7 „ 46 „
3.	7 „ 04 „	7 „ 23 „	7 „ 54 „	8 „ 13 „	8 „ 04 „	8 „ 23 „
4.	7 „ 43 „	8 „ 04 „	8 „ 33 „	8 „ 54 „	8 „ 43 „	9 „ 04 „
5.	8 „ 26 „	8 „ 48 „	9 „ 16 „	9 „ 38 „	9 „ 26 „	9 „ 48 „
6.	9 „ 16 „	9 „ 43 „ ☾	10 „ 06 „	10 „ 33 „	10 „ 16 „	10 „ 43 „
7.	10 „ 16 „	10 „ 49 „	11 „ 06 „	11 „ 39 „	11 „ 16 „	11 „ 49 „
8.	11 „ 28 „	—	—	0 „ 18 „	—	0 „ 28 „
9.	0 „ 07 „	0 „ 46 „	0 „ 57 „	1 „ 36 „	1 „ 07 „	1 „ 46 „
10.	1 „ 25 „	2 „ 02 „	2 „ 15 „	2 „ 52 „	2 „ 25 „	3 „ 02 „
11.	2 „ 38 „	3 „ 08 „	3 „ 28 „	3 „ 58 „	3 „ 38 „	4 „ 08 „
12.	3 „ 37 „	4 „ 02 „	4 „ 27 „	4 „ 52 „	4 „ 37 „	5 „ 02 „
13.	4 „ 26 „	4 „ 49 „ ○	5 „ 16 „	5 „ 39 „	5 „ 26 „	5 „ 49 „
14.	5 „ 11 „	5 „ 31 „	6 „ 01 „	6 „ 21 „	6 „ 11 „	6 „ 31 „
15.	5 „ 52 „	6 „ 11 „	6 „ 42 „	7 „ 01 „	6 „ 52 „	7 „ 11 „
16.	6 „ 30 „	6 „ 49 „	7 „ 20 „	7 „ 39 „	7 „ 30 „	7 „ 49 „
17.	7 „ 08 „	7 „ 27 „	7 „ 58 „	8 „ 17 „	8 „ 08 „	8 „ 27 „
18.	7 „ 45 „	8 „ 05 „	8 „ 35 „	8 „ 55 „	8 „ 45 „	9 „ 05 „
19.	8 „ 24 „	8 „ 45 „	9 „ 14 „	9 „ 35 „	9 „ 24 „	9 „ 45 „
20.	9 „ 05 „	9 „ 28 „	9 „ 55 „	10 „ 18 „	10 „ 05 „	10 „ 28 „
21.	9 „ 50 „ ●	10 „ 20 „	10 „ 40 „	11 „ 10 „	10 „ 50 „	11 „ 20 „
22.	10 „ 50 „	11 „ 26 „	11 „ 40 „	—	11 „ 50 „	—
23.	—	0 „ 03 „	0 „ 16 „	0 „ 53 „	0 „ 26 „	1 „ 03 „
24.	0 „ 40 „	1 „ 17 „	1 „ 30 „	2 „ 07 „	1 „ 40 „	2 „ 17 „
25.	1 „ 48 „	2 „ 19 „	2 „ 38 „	3 „ 09 „	2 „ 48 „	3 „ 19 „
26.	2 „ 44 „	3 „ 10 „	3 „ 34 „	4 „ 00 „	3 „ 44 „	4 „ 10 „
27.	3 „ 32 „	3 „ 54 „	4 „ 22 „	4 „ 44 „	4 „ 32 „	4 „ 54 „
28.	4 „ 13 „	4 „ 32 „	5 „ 03 „	5 „ 22 „	5 „ 13 „	5 „ 32 „
29.	4 „ 51 „ ●	5 „ 09 „	5 „ 41 „	5 „ 59 „	5 „ 51 „	6 „ 09 „
30.	5 „ 28 „	5 „ 46 „	6 „ 18 „	6 „ 36 „	6 „ 28 „	6 „ 46 „
31.	6 „ 06 „	6 „ 26 „	6 „ 56 „	7 „ 16 „	7 „ 06 „	7 „ 26 „

1) ○ — Vollmond; 2) ☽ — Letztes Viertel; 3) ● — Neumond; 4) ☾ — Erstes Viertel.

Meteorologische Beobachtungen.

Datum. Febr.	Barometer (m m) reduz. auf 0°C., Seehöhe 24.03m			Temperatur (Centigrade)								Dunstspannung in mm			Relat. Feuchtigkeit in Prozenten		
				trock. Therm.			feucht. Therm.			Min.	Max.						
	7 Vm	2 Nm	9 Nm	7 Vm	2 Nm	9 Nm	7 Vm	2 Nm	9 Nm			7 Vm	2 Nm	9 Nm	7 Vm	2 Nm	9 Nm
19	774,7	772,2	771,9	-2.1	5,7	2.1	-3,2	3,7	0.9	-2.4	4.9	3,0	4,8	4,2	77	70	78
20	70,9	71,5	75,1	2.1	4,3	-2,5	1,3	2,2	-3.4	-1.7	6.4	4,8	3,9	3,1	89	60	81
21	75,4	73,7	73,3	-3.3	3,9	0.1	-4,7	0.7	-0.9	-4.3	5.4	2,5	2,9	3,8	70	48	81
22	71,9	71,9	72,5	-0.1	7,1	1.9	-2,1	4,7	-0,7	-3.0	4.5	2,9	5,0	3,0	63	66	57
23	72,0	71,0	70,3	-1,9	6,3	3,3	-2,0	4,5	2,3	-2.5	8.5	3,9	5,2	4,8	98	74	83
24	66,7	64,1	61.8	4.3	6,6	4,7	3,7	5,0	4,5	-1.3	6.3	5,6	5,6	6,2	90	77	97
25	63,9	56,1	57,4	4.7	5,9	4.1	4,5	5,7	3,7	4.5	8.0	6,2	6,7	5,7	97	97	93

38.   Amtsblatt — 青島官報   28. Februar 1903.

Da-tum. Febr.	Wind Richtung & Stärke nach Beaufort (0—12)			Bewölkung						Niederschläge in mm		
	7 Vm	2 Nm	9 Nm	7 Vm		2 Nm		9 Nm		7 Vm	9 Nm	9 Nm 7 Vm
				Grad	Form	Grad	Form	Grad	Form			
19	N 1	S 4	SSW 3	—	—	—	—	—	—			
20	Stille 0	NW 6	NNO 6	7	cir-str.	—	—	—	—			
21	NW 4	NW 5	NNO 2	—	—	—	—	—	—			
22	NW 1	NNW 1	N 1	—	—	—	—	—	—			
23	WNW 1	S 3	SO 3	1	cir	—	—	3	cir-cu			
24	SO 3	SO 3	SO 4	10	cu-ni	9	cu-str	10	cu-ni			0,3
25	OSO 1	SO 1	NW 3	10	nim	10	nim	8	cu-ni	0,3	1,3	1,3

Druck der Missionsdruckerei, Tsingtau.

第四年　第七号

1903 年 2 月 28 日

大德钦命总督胶澳文武事宜大臣都　为

晓谕事：照得现查有疯狗数只为害不浅，嗣后青岛、包岛等处养狗之家必须用绳拴在家里，不得外跑。倘必欲在街游历，必得妥人用绳子拴住牵领，狗嘴上必须用笼头将嘴笼好，方可在街上游行，不得任其乱跑。倘巡捕衙门见有散游之狗，立即可以戕毙。凡养狗养牲口之家，若疑似有疯症，自宜先拴在屋内，报明巡捕或自行杀毙。该狗与牲口杀死后，不得剥皮，立即埋在地下以免沾染。倘有不遵者，查出罚洋至一百五十马克之多；或无力缴洋，即监押至六礼拜之久，若按律例亦可重罚。为此晓谕，立宜遵照勿违。特示。

右谕通知

大德一千九百三年二月十五日　告示

钦命德胶桌署　为

清理亏空预行晓谕事：兹据四方工头何清深，因伊伙王清山欠债逃走，呈恳折债摊偿等情到案。据此，已于德历本月二十日上午十二点钟准行，特派翻译官范管理此事。惟王青（清）山蓄谋害人、逃匿无踪，情节实属可恶，拿获后即行监押决不宽宥。此后来报债者，以德历三月初十日为限，过期不准。凡人有债户钱物等项，宜速至翻译公事房禀明，不得擅自扣留，致干未便，仰诸色人等知悉，自示之后，其各恪遵勿违。特谕。

右谕通知

大德一千九百三年二月二十日　告示

告白

启者：兹将据报被窃及送署各物列左：

闷盖银时表一枚，仰面刻有 C.M. 西字，盖里面刻有 Carl Manthey 字样；大烟枪一只；烟灯一盏；绒靴一双；花缎靴一双；灰色砍（坎）肩一件；黑绒棉袍一件；绒围巾一条。

送署之物：

中华帽子一顶，用纸包裹。

以上各物如有人或得或见，皆宜报明本署，并谕诸人切勿轻买，致干未便。至送存之物亦可具领。此谕。

德一千九百三年二月二十五日

青岛巡捕衙门启

赏格

启者：本兵轮于中历本年正月十九日晚，在青岛口外秤锤岛与灯塔中央海面失去绿色锚桩一具，为此悬赏。如有人能觅获送至本兵轮，或探明报信，经本兵轮派人寻回者，皆赏花红洋银，决不食言。此布。

德一千九百三年二月十九日

大德海鹰兵轮启

告白

启者：现欲招商投票承办备供青岛各营盘一千九百三年分（份）所需物料。凡有意欲包办者，可用德文缮票，用信封封固，信皮用德文书明"包办何物投票"字样，限至德本年三月初六日上午十一点钟止。其包办章程欲阅者，可于每日办公事时赴本局查看可也。

计开欲买各物料：

煤油、柴火、抹布、洋灯心、洋灯心袜、洋蜡烛、吧嘛油、格雷索儿胰水、马棚草。

德一千九百三年二月二十四日

青岛军需局启

告白

督署工场在 1903/1904 年度对下列物料的需求将公开发包：

a) 块煤，

b) 锻造用煤，

c) 片状木。

供货条件可以在工场营业室内查看。

报价须注明"物料"字样并密封后，最晚于今年 3 月 9 日上午 11 点递交至工场。

青岛，1903 年 2 月 24 日

皇家督署工场

官方新闻

根据帝国海军部的电报通知,授予教会医生迪帕博士四等红鹰勋章。

告白

马克斯·吉利递交申请,将目前为止由 A.鲍曼拥有、位于弗里德里希大街的饭店"大都会旅店"转至其名下,用于客栈经营。

如根据1899年10月10日颁布的总督府告白对此持有异议,可在今年3月15日前递交至本部门。

青岛,1903年2月25日
皇家巡捕房

告白

一家位于青岛、名为"德华丝绸工业公司"的殖民地公司进行了商业登记,登记号为62号。

根据联盟参议院1902年11月13日的决议,它被赋予以其名义获取各项权力的能力,尤其是财产权和其他在地产方面的物权,以及承担约束力、进行法庭起诉、应诉等事项。

公司的经营项目为在胶澳保护地和德国在中国的领事区内经营丝绸工业和贸易。

公司董事会由3名经理组成:

1. 高等城堡军事长①奥古斯特·顿霍夫-弗里德里希施坦伯爵阁下;
2. 达姆施塔特的年金收入者雷欧·施坦;
3. 福尔斯腾瑙的艾利亚斯·埃尔巴赫-福尔斯腾瑙伯爵阁下。

上述公司名下董事会两名成员签署的证书和声明,或者在董事会只有一名成员时,由该人或者管理委员会通过公开认证证书签名所特别授权的公司管理人员签署时,对其他公司具有约束力。

代理权授予青岛的鲁道夫·冯·埃尔格雷特博士男爵。

青岛,1903年2月23日
胶澳皇家审判厅

---

① 译者注:来自于中世纪德国的职衔。

船运

1903年2月19日—26日期间

到达日	轮船船名	船长	挂旗国籍	出发港	出发日	到达港
（2月16日）	日野丸		日本	门司	2月19日	芝罘
（2月18日）	Kinho 丸		日本	门司	2月24日	门司
2月19日	叶世克总督号	舒尔特	德国	上海	2月21日	上海
2月22日	前进号	索纳曼	德国	上海	2月23日	芝罘
2月24日	青岛号	韩森	德国	芝罘	2月24日	上海
2月24日	忒亚号	厄乐李希	德国	香港	2月25日	芝罘

Amtsblatt
für das
Deutsche Kiautschou-Gebiet.

青島官報

Herausgegeben vom Kaiserlichen Gouvernement Kiautschou.

Der Bezugspreis beträgt jährlich $ 0,60=M 1,20.
Bestellungen nehmen sämtliche deutsche Postanstalten entgegen.

Jahrgang 4.   Nr. 8.   Tsingtau, den 7. März 1903.

Bekanntmachung.

Auf Grund der Verordnung vom 13. März 1899 hat in diesem Monate die Neuwahl von zwei Vertretern der Civilgemeinde stattzufinden.

Ein Vertreter wird gewählt von den im Handelsregister eingetragenen nichtchinesischen Firmen aus ihrer Mitte. Jede Firma hat nur eine Stimme.

Ein Vertreter wird gewählt von den im Grundbuche eingetragenen steuerpflichtigen Grundbesitzern aus ihrer Mitte. Der jährliche Betrag der Grundsteuer muss mindestens 50 Dollar betragen. Für jedes Grundstück gilt nur eine Stimme; kein Grundbesitzer darf zugleich mehr als eine Stimme haben.

Die Listen der Wähler liegen am

Montag, den 16. März d. Js.,

in dem Geschäftszimmer des Civilkommissars zur Einsicht aus. Einwendungen gegen die Richtigkeit der Listen sind bis zum 20. März d. Js. zulässig und schriftlich einzureichen.

Die Wahl erfolgt durch persönliche Stimmenabgabe am

Mittwoch, den 25. März d. Js.,

im Geschäftszimmer des Civilkommissars in den Stunden von 9—12 Uhr vormittags.

Derjenige Kandidat, welcher die meisten Stimmen auf sich vereinigt, gilt als gewählt. Bei Stimmengleichheit entscheidet das Loos.

Tsingtau, den 4. März 1903.

Der Kaiserliche Gouverneur

Truppel.

Bekanntmachung.

Vom Observatorium Zikawei werden der meteorologisch-astronomischen Station Tsingtau täglich Wettertelegramme geschickt, welche bis auf weiteres in einem Kasten am Postgebäude öffentlich ausgehängt werden.

Tsingtau, den 26. Februar 1903.

Der Kaiserliche Gouverneur.

Truppel.

Bekanntmachung.

Der Bedarf an Kasernengeräten für das Rechnungsjahr 1903 soll verdungen werden.

Bedingungen liegen während der Dienststunden im Geschäftszimmer der Garnison-Verwaltung zur Einsicht aus.

Angebote mit der Aufschrift:

„Angebot auf Kasernengeräte"

sind bis zum 14. d. Mts., 11 Uhr vormittags, an die Garnison-Verwaltung einzureichen.

Tsingtau, den 2. März 1903.

Marine-Garnison-Verwaltung.

40.   Amtsblatt —青島官報   7. März 1903.

Bekanntmachung.

Bei der Artillerieverwaltung sind die Transportleistungen für das Rechnungsjahr 1903 zu vergeben.

Die Bedingungen sind bei der genannten Verwaltung einzusehen, werden auf Wunsch auch verabfolgt.

Angebote sind versiegelt und mit der Aufschrift „Fuhrleistung" versehen bis zum 20. März 1903, vormittag 11 Uhr, der Artillerieverwaltung einzusenden.

Tsingtau, den 27. Februar 1903.

Artillerie - Verwaltung.

Amtliche Nachrichten.

Das Allgemeine Ehrenzeichen ist dem Polizeioberwachtmeister Hellmer, den Polizeiwachtmeistern Ackenhausen, Dittert, Schweimer und Zühlsdorf und dem Sanitätsmaat Beinemann verliehen worden.

Eine Allerhöchste Belobigung haben Polizeiwachtmeister Antoschowitz und Jelinski, Marinekrankenwärter Schilling und Hilfskrankenwärter Lippert erhalten.

*   *

Für den beurlaubten Kapitänleutnant Albinus hat Oberleutnant zur See Buchholz die Geschäfte des Hafenkapitäns und Leiters der meteorologisch-astronomischen Station in Vertretung übernommen.

Schiffsverkehr
in der Zeit vom 26. Februar — 5. März 1903.

Angekommen am	Name	Kapitän	Flagge	von	Abgefahren am	nach
26.2.	D. Swatow Maru		Japanisch	Kobe	27.2.	Tschifu
„	D. Gouv. Jaeschke	Schuldt	Deutsch	Schanghai	28.2.	Schanghai
27.2	S. Forester	Däweritz	Amerikan.	Portland		
28.2.	D. Knivsberg	Kayser	Deutsch	Schanghai	1.3.	Tschifu
3.3.	D. Thea	Öhlerich	„	Tschifu	4.3.	Hongkong
4.3.	D. Amigo	Baltzer	„	Hongkong	5.3	Tsch.fu

Meteorologische Beobachtungen.

Datum Febr.	Barometer (mm) reduz. auf 0°C. Seehöhe 24.03m			Temperatur (Centigrade)							Dunstspannung in mm			Relat. Feuchtigkeit in Prozenten		
				trock. Therm.			feucht. Therm.									
	7 Vm	2 Nm	9 Nm	7 Vm	2 Nm	9 Nm	7 Vm	2 Nm	9 Nm	Min.	Max.	7 Vm	2 Nm	9 Nm	7 Vm	2 Nm	9 Nm
26	763,2	765,1	767,0	3,6	10,9	5,7	3,1	7,2	2,5	3,5	6,2	5,4	5,4	3,6	92	55	52
27	68,0	68,3	68,3	2,5	6,9	4,7	0,2	3,9	3,8	-2,5	11,5	3,3	4,3	5,5	60	57	86
28	67,2	64,4	63,5	3,5	8,7	5,9	2,3	6,1	4,7	3,5	9,0	4,7	5,5	5,7	80	65	83
März 1	61,4	59,2	61,6	4,0	9,5	7,1	3,3	7,1	5,9	4,0	10,0	5,4	6,1	6,2	88	69	83
2	62,4	61,8	62,0	5,3	8,9	5,8	4,7	7,5	4,9	4,7	9,5	6,0	6,9	5,9	91	81	87
3	59,9	57,6	56,9	5,9	6,9	6,4	5,1	6,6	5,9	5,2	9,7	6,1	7,1	6,7	88	96	93
4	59,6	62,6	66,6	2,7	4,6	1,1	2,5	2,4	0,0	2,3	7,5	5,4	4,1	3,9	96	65	79

7. März 1903.   Amtsblatt — 青島官報   41.

Datum	Wind Richtung & Stärke nach Beaufort (0—12)			Bewölkung						Niederschläge in mm	
				7 Vm		2 Nm		9 Nm			9 Nm
Febr.	7 Vm	2 Nm	9 Nm	Grad	Form	Grad	Form	Grad	Form	7 Vm 9 Nm	7 Vm
26	NNW 3	NW 2	NO 2	10	cu-ni	6	cir-str	—	—		
27	NNO 1	S 1	S 2	2	cir	10	cu-ni	10	nim		
28	SSO 1	S 1	SSW 2	10	cu-ni	10	cu-ni	—	—		
März											
1	S 2	SW 4	SSW 2	—	—	—	—	—	—		
2	SSO 1	SSO 3	OSO 3	4	cir-str.	4	cir-str	—	—		
3	O 3	O 4	O 1	10	cu-nim	9	nim	9	nim	7.0	7.0
4	NNW 4	N 6	NO 5	4	cir-cu	6	cir-cu	10	cu-ni		

Druck der Missionsdruckerei, Tsingtau.

第四年　第八号

1903年3月7日

告白

根据1899年3月13日的命令,将于本月重新选举两名民政区的代表。

其中一名代表将从商业登记中的非华民公司中选出,每家公司有一票。

另一名代表将从地籍册中登记的有纳税义务的业主当中选出,年度地籍税必须至少为50元。每地块仅有一票,任何地块业主都不能同时有两票。

候选人名单将于今年3月16日星期一起在民政长营业室内张贴,以供查看。对于该名单正确性的异议必须于今年3月20日前得到许可后书面呈交。

选举形式为本人亲自投票,于今年3月25日星期三上午9—12点间在民政长的营业室内进行。

得票最多的候选人视为当选,如得票相同,则抽签决定。

青岛,1903年3月4日
皇家总督
都沛禄

告白

徐家汇天文台将每天向青岛的气象天文站发送天气情况电报,该电报之后将张贴在邮政大楼旁的橱柜上,公开发布。

青岛,1903年2月26日
皇家总督
都沛禄

告白

1903年会计年度对军营设备的需求将发包。

相关条件在管理公家什物局营业室内张贴,可在营业时间查看。报价须注明"对军营设备的报价"字样后,于本月14日上午11点前递交至管理公家什物局。

青岛,1903年3月2日
海军管理公家什物局

告白

炮队管理局将公开发包1903年度的运输服务合同。

条件可在上述管理局查看,也可根据需求取走。

报价须密封并注明"运输服务"字样后,于1903年3月20日上午11点递交至炮队管理局。

青岛,1903年2月27日
炮队管理局

官方新闻

高级警长赫尔默、警长阿肯豪森、警长迪特尔特、警长施未莫和警长举尔斯多夫以及卫生员柏纳曼被授予普通荣誉勋章。

警长安托绍维茨和警长椰林斯基、海军医护希灵和助理医护里帕特收到了敕令表彰。

由于阿尔比努斯中尉休假,海军少尉布赫霍尔茨代理了船政局的业务和气象天文站的领导职位。

船运

1903年2月26日—3月5日期间

到达日	轮船船名	船长	挂旗国籍	出发港	出发日	到达港
2月26日	汕头丸		日本	神户	2月27日	芝罘
2月26日	叶世克总督号	舒尔特	德国	上海	2月28日	上海
2月27日	弗雷斯特号	达维里茨	美国	波特兰		
2月28日	柯尼夫斯堡号	凯瑟	德国	上海	3月1日	芝罘
3月3日	特亚号	厄乐李希	德国	芝罘	3月4日	香港
3月4日	阿米格号	巴尔策	德国	香港	3月5日	芝罘

Amtsblatt
für das
Deutsche Kiautschou-Gebiet.

Herausgegeben vom Kaiserlichen Gouvernement Kiautschou.

Der Bezugspreis beträgt jährlich $ 0,60 = M 1,20.
Bestellungen nehmen sämtliche deutsche Postanstalten entgegen.

Jahrgang 4. | Nr. 9. | Tsingtau, den 14. März 1903.

Polizeiverordnung
betreffend das Feilhalten von Bäumen und Sträuchern im Umherziehen.

§ 1.

Wer im Schutzgebiete Bäume oder Sträucher im Umherziehen verkauft oder feilhält, wird mit Geldstrafe bis zu einhundert und fünfzig Mark oder mit Haft bis zu sechs Wochen bestraft. Gegen Chinesen kann neben oder anstelle der Geld- oder Freiheitsstrafe auf Prügelstrafe bis zu fünfzig Hieben erkannt werden.

Die im Umherziehen feilgehaltenen Bäume und Sträucher unterliegen der Einziehung.

§ 2.

Der Handel im Umherziehen mit Zierbäumen und Ziersträuchern, welche ordnungsmässig in Kübel oder Töpfe verpflanzt sind, fällt nicht unter das Verbot des §1.

§ 3.

Diese Verordnung tritt am 15. März 1903 in Kraft. Mit dem gleichen Tage wird die Verordnung vom 21. Juni 1900 betreffend das Feilhalten von Bäumen und Sträuchern im Umherziehen (Amtsblatt 1900 Seite 13) aufgehoben.

Tsingtau, den 12. März 1903.

Der Kaiserliche Gouverneur.

Truppel.

44. Amtsblatt —膠島官報 14. März 1903.

Bekanntmachung.

In das Handelsregister ist unter Nr. 63 die Firma

Emil Wagner

eingetragen worden, deren alleiniger Inhaber der Kaufmann Emil Wagner in Tsingtau ist.

Tsingtau, den 7. März 1903.

Kaiserliches Gericht von Kiautschou.

Bekanntmachung für Seefahrer.

Zur Erhöhung der Sichtbarkeit ist der Leuchtturm Yu nui san an der Einfahrt zur Kiautschou-Bucht mit je 3 m. breiten roten und weissen Farbstreifen versehen worden.

Tsingtau, den 11. März 1903.

Kaiserliches Hafenamt.

Schiffsverkehr

in der Zeit vom 6.—12. März 1903.

Angekommen am	Name	Kapitän	Flagge	von	Abgefahren am	nach
6.3.	D. Tsintau	Hansen	Deutsch	Schanghai	6.3.	Tschifu
„	D. Gouv. Jaeschke	Schuldt	„	„	7.3.	Schanghai
„	D. Vorwärts	Sohnemann	„	Tschifu	6.3.	„
7.3.	D. Hero	Syvertsen	Norweg.	Schanghai	11.3.	Tientsin
9.3.	D. Knivsberg	Kayser	Deutsch	Tschifu	9.3.	Schanghai
10.3.	D. Aichi Maru		Japan.	Moji		
11.3.	D. Pronto	Grandt	Deutsch	Schanghai	12.3.	Tschifu

Meteorologische Beobachtungen.

Datum März	Barometer (mm) reduz. auf 0° C., Seehöhe 24,03m			Temperatur (Centigrade)								Dunstspannung in mm			Relat. Feuchtigkeit in Prozenten		
				trock. Therm.			feucht. Therm.										
	7Vm	2Nm	9Nm	7Vm	2Nm	9Nm	7Vm	2Nm	9Nm	Min.	Max.	7Vm	2Nm	9Nm	7Vm	2Nm	9Nm
5	770,0	768,0	769,2	-1,9	3,4	1,9	-2,6	1,8	0,9	-1,9	5,0	3,4	4,3	4,3	86	73	82
6	69,1	68,0	68,5	-1,1	5,6	1,9	-2,2	2,8	0,4	-1,5	4,0	3,3	3,9	3,8	78	58	73
7	66,1	64,3	64,0	2,2	5,3	4,2	1,3	4,0	3,4	-0,9	6,0	4,5	5,3	5,4	84	80	87
8	62,0	60,7	60,4	3,7	7,8	3,9	2,9	5,8	3,2	2,5	6,5	5,2	5,7	5,4	87	72	88
9	61,3	61,4	60,9	4,3	9,9	2,3	3,8	7,1	0,5	3,7	7,8	5,7	5,8	3,7	92	64	68
10	66,9	65,7	66,5	-0,6	9,3	1,9	-1,1	6,3	0,4	-0,7	12,0	4,0	5,3	3,8	90	61	73
11	63,4	63,7	63,1	2,7	7,7	4,5	1,3	5,1	3,9	0,1	9,5	4,2	5,0	5,7	75	64	90

14. März 1903.　　　　　　　　　　Amtsblatt — 青島官報　　　　　　　　　　45.

Da-tum. März	Wind Richtung & Stärke nach Beaufort (0—12)			Bewölkung						Niederschläge in mm		
	7 Vm	2 Nm	9 Nm	7 Vm		2 Nm		9 Nm		7 Vm	2 Nm	9 Nm / 7 Vm
				Grad	Form	Grad	Form	Grad	Form			
5	N O 4	N N O 3	N O 3	4	cir-str.	5	cir-cu	3	cir-str.			
6	S W 1	N N W 1	S S W 3	—	—	7	cir-str.	—	—			
7	S 1	S S W 3	S S W 3	9	cir-cu	6	cir-str.	9	cu-ni			
8	S S O 1	S S W 4	S 2	—	—	3	cir	2	cir			
9	S S O 1	S O 2	N N O 4	6	cu-in	9	cu-ni	7	cir-cu			
10	N O 1	S 2	S S W 2	5	cir-str.	—	—	—	—			
11	S S W 1	S 4	S O 2	3	cir-str.	3	cir-str.	3	cir-str.			

Druck der Missionsdruckerei, Tsingtau.

第四年 第九号

1903 年 3 月 14 日

大德钦命总督胶澳文武事宜大臣都　为

再出示禁止事：照得嗣后无论何种树木、何种树棵，在于德境内各街市游卖及招人购买者，一经查获即罚洋至一百五十马克之多，或管押至六礼拜之久，而华人亦可责打至五十板之多，其发卖之树棵等，皆充入官。倘在园中、院内自植之奇花异树、藉慰心目之物如欲出售，须先按规或栽于桶、或种于盆，始不在此禁例。所有此项章程，应自德一千九百三年三月十五日起一律遵行。至于一千九百年六月二十一日所出禁卖花木之示，即自德本年三月十五日作废。仰各懔遵勿违。特示。

右谕通知

德一千九百三年三月十二日　告示

告　白

埃米尔·瓦格纳公司进行了商业登记，登记号为 63 号，其独立所有人为青岛的商人埃米尔·瓦格纳。

青岛，1903 年 3 月 7 日

胶澳皇家审判厅

对海员的告白

为了提高可视度，位于胶州湾入口的游内山灯塔涂上了各 3 米宽的白色和红色彩条。

青岛，1903 年 3 月 11 日

皇家船政局

船运

1903年3月6日—12日期间

到达日	轮船船名	船长	挂旗国籍	出发港	出发日	到达港
3月6日	青岛号	韩森	德国	上海	3月6日	芝罘
3月6日	叶世克总督号	舒尔特	德国	上海	3月7日	上海
3月6日	前进号	索纳曼	德国	芝罘	3月6日	上海
3月7日	英雄号	西维森	挪威	上海	3月11日	天津
3月9日	柯尼夫斯堡号	凯瑟	德国	芝罘	3月9日	上海
3月10日	Aichi 丸		日本	门司		
3月11日	你好号	格兰特	德国	上海	3月12日	芝罘

Amtsblatt
für das Deutsche Kiautschou-Gebiet.

青島官報

Herausgegeben vom Kaiserlichen Gouvernement Kiautschou.

Der Bezugspreis beträgt jährlich $ 0,60=M 1,20.
Bestellungen nehmen sämtliche deutsche Postanstalten entgegen.

Jahrgang 4.   Nr. 10.   Tsingtau, den 21. März 1903.

Bekanntmachung.

Gefundene Gegenstände.
1) Eine Chinadenkmünze mit Schnalle.
2) Ein Balken, 10 m lang; 0,45 m. Durchmesser.

Tsingtau, den 18. März 1903.

Kaiserliches Polizeiamt.

Verdingung.

Für die Kasernenneubauten am Bismarckberge soll im öffentlichen Verfahren vergeben werden:

Die Herstellung der Wasserzu- und ableitungen ausserhalb und innerhalb der einzelnen Gebäude.

Die Verdingungsunterlagen liegen im Geschäftszimmer der Hochbauabteilung III.a vom **24. d. Mts.** zur Einsicht aus; Bietungsformulare und Bedingungen können ebendaher, soweit der Vorrat reicht, gegen Erstattung von 1,50 $ bezogen werden.

Versiegelte und mit entsprechender Aufschrift versehene Angebote sind nebst den erforderlichen Proben bis zu dem auf **Dienstag, den 31. d. Mts.**, vormittags 11 Uhr, festgesetzten Eröffnungstermine an die unterzeichnete Behörde einzureichen. Zuschlagsfrist 4 Wochen.

Tsingtau, den 19. März 1903.

Hochbauabteilung III.a.

告白

啓者茲將拾送存署
德各物列左掛功牌
兵一面胸前所
德木梁一根長五桑十米
員達員四十五
以上各物仰各失主
來署具領可也此佈
青島巡捕衙門啓
一千九百三年三月十八日

Bekanntmachung.

Am 29. März ds. Jrs. findet eine in Tsingtau sichtbare ringförmige Sonnenfinsternis statt.

Anfang nach mittlerer ostasiatischer Zeit um 7 U. 33 M. 20 S. und Ende derselben um 10 U. 9 M. 49 S. vormittags.

Tsingtau, den 19. März 1903.

Meteorologisch-astronomische Station.

Bekanntmachung für Seefahrer.

Die des Winters wegen aufgenommenen Fahrwasserbojen der Kiautschou-Bucht sind wieder ausgelegt worden.

Tsingtau, den 18. März 1903.

Kaiserliches Hafenamt.

48. Amtsblatt—青島官報 21. März 1903.

Amtliche Mitteilungen.

Dem Oberbootsmannsmaaten Gaedtke ist anlässlich des diesjährigen Krönungs- und Ordensfestes das Allgemeine Ehrenzeichen verliehen worden.

*

Nach einer Bekanntmachung der Betriebsdirektion der Schantung-Eisenbahn vom 10. März d. Js. tritt vom 1. April 1903 ab für Personenbeförderung II. und III. Wagenklasse ein um 15 Prozent erhöhter Tarif in Kraft.

Schiffsverkehr

in der Zeit vom 13.—19. März 1903.

Angekommen am	Name	Kapitän	Flagge	von	Abgefahren am	nach
13.3.	D. Tsintau	Hansen	Deutsch	Tschifu	13.3.	Schanghai
„	D. Gouv. Jaeschke	Schuldt	„	Schanghai	14.3.	„
14.3.	D. Vorwärts	Sohnemann	„	„	„	Tschifu
„	D. Katsuyama Maru		Japan.	Moji	15.3.	„
(10.3.)	D. Aichi Maru		„	„	16.3.	„
(27.2.)	S. Forester	Daweritz	Amerik.	Portland	„	Port Townsend
14.3.	D. Sambia	Schmidt	Deutsch	Manila		
17.3.	D. Knivsberg	Kayser	„	Schanghai	19.3	Tschifu

Meteorologische Beobachtungen.

Datum. März.	Barometer (mm) reduz. auf 0° C., Seehöhe 24,30 m			Temperatur.								Dunstspannung in mm			Relat. Feuchtigkeit in Prozenten		
				trock. Therm.			feucht. Therm.										
	7 Vm	2 Nm	9 Nm	7 Vm	2 Nm	9 Nm	7 Vm	2 Nm	9 Nm	Min.	Max.	7 Vm	2 Nm	9 Nm	7 Vm	2 Nm	9 Nm
12	762,2	760,7	763,2	2,9	5,9	3,2	4,3	5,3	2,8	3,5	8,2	5,8	6,3	5,4	90	91	93
13	64,8	64,2	65,2	0,7	9,9	6,5	0,5	5,9	4,3	0,7	7,0	4,7	4,5	4,9	96	50	68
14	63,2	62,4	63,4	6,5	13,7	6,5	2,9	6,3	3,3	0,8	10,3	3,5	2,7	3,9	48	23	54
15	64,2	64,6	65,9	4,7	9,4	3,7	3,1	6,2	1,4	3,5	14,5	4,9	5,2	3,7	78	59	62
16	67,1	66,8	68,6	1,1	7,8	2,0	-0,3	4,7	1,1	1,5	10,0	3,4	4,5	4,4	66	58	84
17	69,2	68,2	68,4	-0,2	6,1	3,7	-1,5	3,9	2,9	-0,5	8,5	3,5	4,7	4,9	78	68	82
18	66,7	65,7	65,4	5,5	7,7	6,6	4,1	5,9	5,2	0,1	6,5	5,3	5,9	5,8	79	75	80

21. März 1903. Amtsblatt—青島官報 49.

Da-tum.	Wind Richtung & Stärke nach Beaufort (0—12)			Bewölkung						Niederschläge in mm		
				7 Vm		2 Nm		9 Nm				9 Nm
März	7 Vm	2 Nm	9 Nm	Grad	Form	Grad	Form	Grad	Form	7 Vm	2 Nm	7 Vm
12	S O 1	S O 2	Stille 0	10	Cu-ni	10	Nim	—	—		0.2	0.2
13	N N O 1	S S O 4	O 5	10	Nebel	7	Cir	10	Nim			
14	O N O 1	N O 4	N O 4	6	Cir-cu	8	Cir-cu	5	Cir-cu			
15	N N O 3	N N O 3	N 5	10	Cu-ni	6	Cir-cu	8	Cu			
16	N N O 4	N W 3	N N O 5	9	Cir-cu	4	Cir	—	—			
17	N N W 1	S S O 3	O S O 1	7	Cir-str.	6	Cu	8	Cu-ni			
18	O 3	O 3	O 3	10	Cu-ni	10	Nim	3	Cum		0.1	0.1

Druck der Missionsdruckerei, Tsingtau.

第四年　第十号

1903年3月21日

告白

启者：兹将拾送存署各物列左：

德兵胸前所挂功牌一面；员（圆）木梁一根，长十米达，员（圆）四十五桑的米达。

以上各物仰各失主来署具领可也，此布。

德一千九百三年三月十八日
青岛巡捕衙门启

发包

俾斯麦山上新军营建筑的下列工程将以公开方式发包：

为各个建筑内部和外部建设给排水设施。

发包文件将于本月24日张贴在第三工部局一部地上建筑部的营业室内，以供查看。出价表格和条件文件也在那里，如果数量足够，可支付1.50元购买。

报价须密封并注明相应字样，附上所需样品，于已定好的本月31日星期二上午11点的开标仪式之前递交至本单位。中标期限为4周。

青岛，1903年3月19日
第三工部局一部地上建筑部

告白

今年3月29日将在青岛出现可观察到的日环食。

日环食开始时间为中亚时间7点33分20秒，结束时间为10点9分49秒。

青岛，1903年3月19日
气象天文站

对海员的告白

因冬季来临而收回的胶州湾航道浮标,现已再次投放设置。

青岛,1903 年 3 月 18 日
皇家船政局

官方消息

高级水手长盖特克在今年的加冕授勋礼仪式上被授予普通荣誉勋章。

根据山东铁路公司经理部今年 3 月 10 日发布的告白,从 1903 年 4 月 1 日起,客车二等和三等车厢的车票将提价 15%。

船运

1903 年 3 月 13 日—19 日期间

到达日	轮船船名	船长	挂旗国籍	出发港	出发日	到达港
3 月 13 日	青岛号	韩森	德国	芝罘	3 月 13 日	上海
3 月 13 日	叶世克总督号	舒尔特	德国	上海	3 月 14 日	上海
3 月 14 日	前进号	索纳曼	德国	上海	3 月 14 日	芝罘
3 月 14 日	仙台丸		日本	门司	3 月 15 日	芝罘
(3 月 10 日)	Aichi 丸		日本	门司	3 月 16 日	芝罘
(2 月 27 日)	弗雷斯特号	达维里茨	美国	波特兰	3 月 16 日	汤森港
3 月 14 日	赞比亚号	施密特	德国	马尼拉		
3 月 17 日	柯尼夫斯堡号	凯瑟	德国	上海	3 月 19 日	芝罘

Amtsblatt für das Deutsche Kiautschou-Gebiet.

Herausgegeben vom Kaiserlichen Gouvernement Kiautschou.

Der Bezugspreis beträgt jährlich $ 0,60=M 1,20.
Bestellungen nehmen sämtliche deutsche Postanstalten entgegen.

Jahrgang 4. | Nr. 11. | Tsingtau, den 28. März 1903.

Verfügung vom 30. November 1902 zur Ausführung der Kaiserlichen Verordnung, betreffend die Rechte an Grundstücken in den deutschen Schutzgebieten, vom 21. November 1902 (Reichsgesetzblatt Seite 283).

Auf Grund der §§. 1, 26 der Kaiserlichen Verordnung, betreffend die Rechte an Grundstücken in den deutschen Schutzgebieten, vom 21. November 1902 (Reichsgesetzblatt Seite 283), und des §. 10 der Kaiserlichen Verordnung, betreffend die Rechtsverhältnisse in den deutschen Schutzgebieten vom 9. November 1900 (Reichsgesetzblatt Seite 1005), wird hierdurch folgendes bestimmt:

§. 1.

Die Bearbeitung der Grundbuchsachen gehört zur Zuständigkeit der Bezirksrichter, welche die Bearbeitung gemäss §. 1 Nr. 4 der Verfügung, betreffend die Ausübung der Gerichtsbarkeit in den Schutzgebieten Afrikas und der Südsee, vom 25. December 1900, anderen Personen übertragen können.

Im Schutzgebiete Kiautschou gehört die Bearbeitung der Grundbuchsachen zur Zuständigkeit des Kaiserlichen Gerichts.

§. 2.

Der Gouverneur (§. 27 Abs. 2 der Kaiserlichen Verordnung vom 21. November 1902) bestimmt, für welche Bezirke und in welchem Zeitpunkt ein Grundbuch anzulegen ist.

Eine Vermessung im Sinne des §. 7 der Kaiserlichen Verordnung vom 21. November 1902 ist, abgesehen von dem Falle des Vorhandenseins einer Flurkarte, als ausführbar anzusehen, wenn die Voraussetzungen vorliegen, die in den anliegenden „Grundsätzen für die Grundstücksvermessung bei mangelndem Anschluss an eine Landestriangulation" aufgestellt sind (nachfolgend).

§. 3.

Die Grundbücher werden nach dem anliegenden, mit Probeeintragungen versehenen Formular eingerichtet (nachfolgend).

Der Gouverneur kann Abänderungen des Formulars vorschreiben und die Vorschriften der §§. 4 bis 21 durch andere ersetzen.

Die bisher geführten Grundbücher gelten als Grundbücher im Sinne dieser Verfügung.

§. 4.

Jedes Grundbuchblatt besteht aus einem Titel und drei Abteilungen.

§. 5.

Der Titel giebt in der ersten Hauptspalte an:
1. Die Bezeichnung des Grundstücks nach Lage und Begrenzung, nach seinem etwaigen besonderen Namen und sonstigen Kennzeichen unter Bezugnahme auf die bei den Grundakten befindliche Karte sowie tunlichst die Eigenschaft des Grundstücks nach Kultur oder Art der Benutzung und dessen Grösse;
2. die Vermerke über Rechte, welche dem jeweiligen Eigentümer des Grundstücks zustehen.

Die für die Bezeichnung des Grundstücks nach dem Steuerbuche bestimmte Unterspalte wird offen gelassen, bis der Gouverneur ein anderes vorschreibt. Sind mehrere Grundstücke in demselben Grundbuchblatte vereinigt, so werden sie unter fortlaufenden Nummern gesondert in der Hauptspalte aufgeführt.

In die zweite Hauptspalte werden die Abschreibungen, die Aenderung der in der ersten Hauptspalte vermerkten Rechte sowie deren Löschungen eingetragen.

§. 6.

In die erste Hauptspalte der ersten Abteilung werden eingetragen:

Der Eigentümer nach Namen, Stand, Gewerbe oder anderen unterscheidenden Merkmalen, Wohnort oder Aufenthaltsort, eine Handelsgesellschaft, eingetragene Genossenschaft oder juristische Person anderer Art unter ihrer Firma oder ihrem Namen und unter Angabe ihres Sitzes;

in die zweite Hauptspalte:

das Datum und der Rechtsgrund (Auflassung, Testament, Erbschein etc.) der Eintragung sowie die Vermerke über Zuschreibungen;

in die dritte Spalte:

auf Antrag des Eigentümers der Erwerbspreis oder die Schätzung des Wertes nach einer öffentlichen Taxe.

§ 7.

In die erste Hauptspalte der zweiten Abteilung werden eingetragen:

1. die auf einem privatrechtlichen Rechtsgrunde beruhenden, das Grundstück belastenden Rechte mit Ausnahme der Hypotheken, Grundschulden und Rentenschulden;
2. die Beschränkungen des Verfügungsrechts des Eigentümers;

in die zweite Hauptspalte, Unterspalte „Eintragungen":

die Veränderungen der in der ersten Hauptspalte vermerkten Rechte und Beschränkungen;

in die zweite Hauptspalte, Unterspalte „Löschungen":

die Löschungen der vorstehend bezeichneten Veränderungen;

in die dritte Hauptspalte:

die Löschungen der in der ersten Hauptspalte vermerkten Rechte und Beschränkungen.

§. 8.

In die erste Hauptspalte der dritten Abteilung werden eingetragen:

1. die Hypotheken, Grundschulden und Rentenschulden;

2. die Vermerke über Ausschliessung der Erteilung eines Briefs (§. 1116 des Bürgerlichen Gesetzbuchs);

in die zweite Hauptspalte, Unterspalte „Eintragungen":

1. die Veränderungen in Ansehung der in der ersten Hauptspalte eingetragenen Rechte;
2. die Vermerke über nachträgliche Ausschliessung der Erteilung eines Briefs oder die Aufhebung der Ausschliessung;

in die zweite Hauptspalte, Unterspalte „Löschungen":

die Löschungen der vorstehend bezeichneten Veränderungen und Vermerke;

in die dritte Hauptspalte:

die Löschungen der in der ersten Hauptspalte eingetragenen Rechte.

§. 9.

Die Eintragung einer Vormerkung erfolgt:

1. wenn die Vormerkung den Anspruch auf Übertragung des Eigentums betrifft, in der ersten Hauptspalte der zweiten Abteilung;
2. wenn die Vormerkung den Anspruch auf Eintragung eines anderen Rechtes am Grundstücke betrifft, in der für die Eintragung des Rechtes bestimmten Abteilung und Spalte;
3. in den übrigen Fällen in der für Veränderungen bestimmten Spalte der Abteilung, in welcher das von der Vormerkung betroffene Recht eingetragen ist.

In den Fällen des Abs. 1, Ziffer 2, 3, ist bei der Eintragung der Vormerkung die rechte Hälfte der Spalte für die endgültige Eintragung freizulassen.

§. 10.

Die Vorschriften des § 9 finden auf die Eintragung eines Widerspruchs entsprechende Anwendung.

§. 11.

Wenn ein Grundstück, welches von einem eingetragenen Grundstück abgezweigt werden soll, auf ein anderes Blatt zu übertragen ist, so muss das einzutragende Grundstück nach den im §. 5 Nr. 1 bestimmten Merkmalen unter Beifügung einer die Lage und Grösse des Grundstücks in beglaubigter Form ergebenden Karte bezeichnet werden.

§. 12.

Die Einsicht des Grundbuches ist öffentlichen Behörden und den von ihnen beauftragten Beamten gestattet, ohne dass es der Darlegung eines berechtigten Interesses bedarf.

Notare, die das Grundbuch im Auftrage des Eigentümers oder eines sonst zur Einsicht Berechtigten einsehen wollen, brauchen den Auftrag nicht nachzuweisen.

Soweit nach Abs. 1, 2 die Einsicht des Grundbuches gestattet ist, kann eine Abschrift gefordert werden; die Abschrift ist auf Verlangen zu beglaubigen.

§. 13.

Soll eine beglaubigte Abschrift nur von einem Teile des Grundbuchblattes erteilt werden, so sind in die Abschrift diejenigen Eintragungen aufzunehmen, welche den Gegenstand betreffen, auf den sich die Abschrift beziehen soll. In dem Beglaubigungsvermerk ist der Gegenstand anzugeben und zu bezeugen, dass weitere, den Gegenstand betreffende Eintragungen in dem Grundbuche nicht enthalten sind.

§. 14.

Für jedes Grundbuchblatt werden besondere Grundakten gehalten.

Bei den Grundakten ist eine Tabelle zu halten, die mit dem Blatte wörtlich übereinstimmen muss. Die Sorge für die Übereinstimmung liegt dem Richter und dem Gerichtsschreiber ob.

§. 15.

Die Urkunden und Abschriften, die nach §. 9 der Grundbuchordnung von dem Grundbuchamt aufzubewahren sind, werden zu den Grundakten genommen.

Ist eine Urkunde, auf die eine Eintragung sich gründet oder Bezug nimmt, in anderen der Vernichtung nicht unterliegenden Akten des das Grundbuch führenden Gerichts enthalten, so genügt statt der Aufbewahrung einer beglaubigten Abschrift der Urkunde eine Verweisung auf die anderen Akten.

§. 16.

Die Einsicht von Grundakten ist, auch soweit es sich nicht um die im §. 11 Abs. 1 Satz 2 der Grundbuchordnung bezeichneten Urkunden handelt, Jedem gestattet, der ein berechtigtes Interesse darlegt. Die Vorschriften des §. 12 finden auf die Einsicht der Grundakten entsprechende Anwendung.

Soweit die Einsicht gestattet ist, kann eine Abschrift gefordert werden; die Abschrift ist auf Verlangen zu beglaubigen.

§. 17.

Der im §. 57 der Grundbuchordnung bezeichnete Auszug aus dem Grundbuche soll ausser den dort vorgeschriebenen Angaben enthalten:
1. die Grösse und tunlichst den Steuerwert des Grundstücks,
2. die letzten im Grundbuche vermerkten Erwerbspreise, falls der Erwerb nicht zehn Jahre zurückliegt, sowie die etwa eingetragenen Schätzungs- oder Versicherungssummen mit Angabe des Jahres.

§. 18.

Die Hypothekenbriefe sind am Kopfe mit einer Überschrift zu versehen, welche die Bezeichnung „Hypothekenbrief" und die Angabe der Hypothek enthält, über die der Brief erteilt wird; die Hypothek ist nach dem Grundbuche, den Nummern des Bandes und Blattes, der Eintragungsnummer und dem Geldbetrage zu bezeichnen.

In den Brief sind in nachstehender Reihenfolge aufzunehmen:
1. der Inhalt der die Hypothek betreffenden Eintragungen nach Massgabe des §. 57 Abs. 2 Nr. 3 und des §. 58 Abs. 2 der Grundbuchordnung;
2. die Bezeichnung des belasteten Grundstücks oder der belasteten Grundstücke nach dem Inhalte des Grundbuches, mit Einschluss der im §. 17 vorgeschriebenen Angaben;
3. die Bezeichnung des Eigentümers;
4. die kurze Bezeichnung der Eintragungen, welche der Hypothek im Range vorgehen oder gleichstehen, unter Angabe des Zinssatzes, wenn dieser fünf vom Hundert übersteigt.

Die Vorschriften der Abs. 1 bis 3 finden auf Grundschuldbriefe und Rentenschuldbriefe entsprechende Anwendung.

§. 19.

Wird eine Hypothek, eine Grundschuld oder eine Rentenschuld teilweise gelöscht, so ist auf dem Briefe der Betrag, für welchen das Recht noch besteht, neben der in der Überschrift enthaltenen Angabe des Rechtes durch den Vermerk ersichtlich zu machen: „Noch gültig auf (Angabe des Betrages)."

In gleicher Weise ist bei der Herstellung eines Teilhypotheken-, Teilgrundschuld- oder Teilrentenschuldbriefs auf dem bisherigen Briefe der Betrag ersichtlich zu machen, auf den sich der Brief noch bezieht.

§. 20.

Die in §. 58 Abs. 1 und in §. 59 Abs 2 der Grundbuchordnung vorgeschriebene Verbindung von Urkunden erfolgt durch Schnur und Siegel.

§. 21.

In den Fällen des §. 69 der Grundbuchordnung ist der Brief in der Weise unbrauchbar zu machen, dass, nachdem die bei dem Rechte bewirkte Eintragung auf dem Briefe vermerkt ist, der Vermerk über die erste Eintragung des Rechtes durchstrichen und der Brief mit Einschnitten versehen wird.

Der Brief ist nach Befolgung der Vorschrift des §. 69 Satz 2. der Grundbuchordnung zurückzugeben, sofern nicht aus besonderen Gründen die Zurückbehaltung des Briefes bei den Grundakten angemessen erscheint.

§. 22.

Alle Vermerke, welche ihre Bedeutung verloren haben, insbesondere die gelöschten Vermerke, sind mit roter Tinte zu unterstreichen.

§. 23.

Die Landregister (§. 19 der Kaiserlichen Verordnung vom 21. November 1902) sind nach Art der Grundbuchtabellen (§. 14) mit der Massgabe zu führen, dass sie nur den Titel und zwei Abteilungen enthalten. In die zweite Abteilung werden die Hypotheken und Grundschulden eingetragen.

Auf die geschäftliche Behandlung der Anträge, deren Form und die Kosten finden die für das Verfahren bei angelegtem Grundbuche gegebenen Vorschriften entsprechende Anwendung.

Der Gouverneur kann allgemein oder im Einzelfalle bestimmen, ob und inwieweit ein bisher geführtes Land- oder Hypothekenregister im als Landregister Sinne der Kaiserlichen Verordnung vom 21. November 1902 und dieser Verfügung zu gelten hat.

§. 24.

Diese Verfügung tritt am 1. April 1903 in Kraft. Gleichzeitig treten die in den einzelnen Schutzgebieten zur Regelung des Grundbuchwesens bisher erlassenen Vorschriften ausser Kraft.

Berlin, den 30. November 1902.

Der Reichskanzler.

Graf v. Bülow.

Anlage I.

Grundsätze für die Grundstücksvermessung bei mangelndem Anschluss an eine Landestriangulation.

Die Vermessung muss folgende Forderungen erfüllen:

1. Die Grenzpunkte müssen sicher und dauerhaft unterirdisch vermarkt sein. Am besten eignen sich für diese unterirdischen Vermarkungen leere Flaschen, deren Boden durchstossen oder abgesprengt ist, um einer Entwendung derselben durch die Eingeborenen vorzubeugen.

2. Es muss über den Grenzpunkten ein leicht als Grenzmarke erkennbares, dauerhaftes, oberirdisches Zeichen angebracht sein. Für die Fälle, in denen natürliche Zeichen als Grenzmarken nicht gewählt werden können, wird je nach den Verhältnissen ein Stein, ein Cementpfeiler, Erdhügel oder eine Steinpyramide anzubringen sein.

3. Als Beigabe zu der Karte des Grundstücks muss vorhanden sein: eine genaue deutliche Beschreibung und eine gute Skizzierung der Lage der Grenzpunkte nach Namen und Charakter des Ortes sowie eine Einmessung mindestens zweier Grenzpunkte in Bezug auf in der Natur vorhandene markante Punkte, welche voraussichtlich unverändert bleiben und immer wieder gefunden werden können. Eine genaue Beschreibung dieser Punkte ist beizufügen.

4. Alle Grenzpunkte des Grundstücks müssen unter sich durch eine gute Vermessung verbunden sein, so dass danach jederzeit von zwei aufgefundenen Grenzpunkten die übrigen wieder ermittelt werden können.

5. Bei der Vermessung von grossen, weit ausserhalb von Ortschaften gelegenen Grundstücken, insbesondere von Farmen, Pflanzungen, bergbaulichen Konzessionsgebieten etc., vornehmlich falls dieselben in unübersichtlichen oder gleichförmigen Gebieten liegen und besonders, wenn den unter 3. enthaltenen Bestimmungen aus in der Natur des vermessenen Geländes begründeten Verhältnissen nicht völlig Genüge geleistet werden kann, ist die geographische Breite eines Grenzpunktes und das Azimut einer anschliessenden Grenzseite wenigstens so genau zu bestimmen, wie es mit Taschenuhren guter Qualität und mit den bei den Vermessungen gebräuchlichen Höhenkreistheodoliten oder Universalinstrumenten möglich ist. Die geographi-

28. März 1903.   Amtsblatt—青島官報   55.

sche Länge des betreffenden Grenzpunktes ist wenigstens näherungsweise dem vorhandenen Kartenmaterial zu entnehmen, falls der Landmesser nicht in der Lage ist, sei es infolge seiner instrumentellen Ausrüstung oder wegen der Kürze der für die Ausmessung zur Verfügung stehenden Zeit oder mangels besonderer Vorbildung die astronomische Länge des betreffenden Grenzpunktes selbst genauer festzulegen.

Die Bedingung zu 5. ist als erfüllt anzusehen wenn die geographische Breite und das astronomische Azimut als geographische Orientierungswerte sich den vorhandenen Landkarten wenigstens so genau entnehmen lassen, als sich bei einer Neubestimmung dieser Werte mit den verfügbaren astronomischen Hilfsmitteln erreichen liesse.

Anlage II.

Grundbuch
des

Schutzgebiets..................

Band..................

Blatt №..................

	Bezeichnung des Grundstücks					Abschreibungen			
№	Bestandteile	№ des Steuerbuchs	Grösse				№ des Steuerbuchs	Grösse	
			ha	a	qm			ha	a	qm
1.	Steinhaus Nr. 1 in K..., am Hafen zwischen der Kaserne und dem unter 2. bezeichneten Grundstücke, nebst Warenschuppen und Gartenland ... Karte und Vermessungsprotokoll Bl. 10 der Grundakten. N. F.		2	—	—					
2.	Kokospalmenwald südöstlich des Grundstücks zu 1. bis zum Grundstücke des Eingeborenen S...., landeinwärts bis zur Kaiserstrasse .... Karte und Vermessungsprotokoll Bl. 15 der Grundakten. N. F.			50	—	—	Aus Nr. 2. ist ein Teil am Südostende des Grundstücks übertragen auf Band III. Bl. 6. .... Karte und Vermessungsprotokoll daselbst. Eingetragen am.......... N. F.		—	70	—

Erste Abteilung.

№	Eigentümer	Zeit und Grund des Erwerbs	Wert	Geldbetrag
1.	Heinrich Schüler, Kaufmann in Bremen	Bei der Anlegung des Grundbuchs auf Grund des Kaufvertrags vom .... eingetragen am .... N. F. Der Palmenwald (Nr. 2 des Titelblatts) ist eingetragen auf Grund der Auflassung vom............ am............ N. F.		
2.	Hermann Schüler, Kaufmann und Pflanzer in P.	Auf Grund des Erbscheins vom............ .... eingetragen am N. F.		

Zweite Abteilung.

| № | Geldbetrag | Dauernde Lasten und Einschränkungen des Eigentums | Veränderungen | | Löschungen Nr. | |
			Eintragung	Löschung		
1.		Ein Vorkaufsrecht auf Nr. 1 des Titelblatts für den Kaufmann Eugen Berner in Hamburg unter Bezugnahme auf die Bewilligung vom............... eingetragen am .... N. F.			1	Gelöscht am .... N. F.
2.		Die Zwangsversteigerung ist angeordnet. Eingetragen am............ N. F.				

28. März 1903.   Amtsblatt—報官島青   57.

Dritte Abteilung.

№	Geldbetrag	1. Hypotheken, Grundschulden, Rentenschulden	2. Veränderungen		Löschungen	
			Eintragungen № | Geldbetrag	Löschungen №	№	Geldbetrag
1.	15000	Fünfzehntausend Mark Darlehen mit fünf vom Hundert jährlich seit . . . . . verzinslich und sechs Monate nach Kündigung rückzahlbar für den Kaffeehändler Franz Hase in Hamburg. Unter Bezugnahme auf die Bewilligung vom . . . . . eingetragen am . . . . . N. F.	1. 5000 — Von den 15000 Mark sind fünftausend Mark mit dem Vorrang vor dem Rest nebst den Zinsen seit . . . . . abgetreten an den Schiffskapitän Jan Harmsen in Lübeck. Eingetragen am . . . . . N. F.			
2.	6000	Vormerkung zur Sicherung des Anspruchs auf Einräumung einer Hypothek im Betrage von sechstausend Mark für den Kaufmann Ernst Heller in B . . . . unter Bezugnahme auf die einstweilige Verfügung des Kaiserlichen Bezirksgerichts zu B. vom . . . . . eingetragen am . . . . . N. F.	Umgeschrieben in eine Hypothek für eine Kaufgeldforderung von sechstausend Mark nebst vier vom Hundert Zinsen jährlich seit . . . . . für den Kaufmann Ernst Heller unter Bezugnahme auf das rechtskräftige Urteil des Kaiserlichen Bezirksgerichts zu B. vom . . . . . eingetragen am . . . . . N. F.		2.	6000 — Gelöscht am . . . . . N. F.
4.	3000	Dreitausend Mark Kaufgeldforderung, zahlbar am 1. April 1904 an den Plantagenbesitzer Heinrich Neumann in C. Die Erteilung eines Hypothekenbriefs ist ausgeschlossen. Eingetragen am . . . . . N. F.	4. 3000 — Umgeschrieben für die Handelsbank in D. Die Ausschliessung der Erteilung eines Briefs ist aufgehoben. Unter Bezugnahme auf die Bewilligung vom . . . . . eingetragen am . . . . . N. F.			
5.	1000	Fünfzig Mark vom 1. April 1903 ab jährlich zahlbare Rentenschuld, ablösbar mit tausend Mark für den Landwirt Karl Müller in S., eingetragen am . . . . . N. F.				

Alarmordnung

für die

Freiwillige Feuerwehr Tsingtau.

1. Bezirkseinteilung.

Zwecks schneller Alarmierung der Freiwilligen Feuerwehr Tsingtau bei Ausbruch von Bränden wird das Gebiet Tsingtau und Vororte in vier Bezirke eingeteilt und zwar:

Bezirk I: „Tsingtau Stadt".

Dazu gehört Tsingtau innerhalb folgender Grenzen einschliesslich der genannten Punkte: Yamenbrücke, Signalberg, Lazarett, Markthalle, Haus Oster, Höhenlager, Feldbatterie.

(Im Plane rot.)

Bezirk II: „Auguste Viktoria-Bucht".

Das ist östlich ausserhalb Bezirk I und südlich der Grenzlinie Ostlager, Friedhof, Forsthaus, Iltisbrunnen, einschliesslich dieser Bauten.

(Im Plane grün.)

Bezirk III: „Tapautau".

Ist Tapautau und Hafen.

(Im Plane gelb.)

Bezirk IV: „Umgegend".

Umfasst alle Orte ausserhalb der vorgenannten Bezirke I, II, III.

(Im Plane weiss.)

Ein Plan der Bezirkseinteilung hängt auf allen besonders kenntlich gemachten Feuermeldestellen aus.

2. Alarmsignale.

Als Alarmsignale gelten:

a. Blasen der Signalhuppen durch alle verfügbaren Mannschaften der Polizei und durch die im Besitz einer Huppe befindlichen Feuerwehrleute.

Das Signal wird während der Dauer von 20 Minuten, eventuell länger, falls es bis dahin nicht allseitig aufgenommen ist, abgegeben.

Zur Bezeichnung der Brandstelle ist das Signal nach den Bezirken, innerhalb deren der Brand ausgebrochen ist, verschieden, und zwar:

Bezirk I: je 1 Ton von ca. 2 Sekunden Länge mit 5 Sekunden Pause. — — —

Bezirk II: 2 Stösse von je 2 Sekunden Länge, zwischen jedem Signal (je 2 Stösse) 5 Sekunden Pause. —— ——

Bezirk III: 3 Stösse von je 2 Sekunden Länge, zwischen jedem Signal (je 3 Stösse) 5 Sekunden Pause. ——— ———

Bezirk IV: 4 Stösse von je 2 Sekunden Länge, zwischen jedem Signal (je 4 Stösse) 5 Sekunden Pause. ———— ————

b. Ferner werden auf der Signalstation bei Tage:

für Bezirk I: 1 grosse grüne Flagge,
„   „   II: 2   „   „   Flaggen,
„   „   III: 3   „   „   „
„   „   IV: 4   „   „   „

aufgezogen;

bei Nacht: treten anstelle der Flaggen grüne Laternen.

c. Ausserdem wird durch die Signalisten der Feuerwehr das frühere Militäralarmsignal geblasen.

Alle signalgebenden Mannschaften haben möglichst an allen Stellen, wo Europäer wohnen bzw. sich aufhalten, unter beständigem Rundgang durch alle Strassen ihres Reviers das Signal oft und laut zu wiederholen.

3. Feuermeldestellen.

Am Tage kann zur Feuermeldung jedes Telephon benutzt werden, das an Yamen oder Post angeschlossen ist, da Post die Meldung sofort an Yamen weitergiebt.

Zur leichteren Auffindbarkeit sind nachstehende Stellen durch weisse Blechschilder mit roter Inschrift „Feuermeldestelle" und darunter dem chinesischen Text besonders kenntlich gemacht:

1. Apotheke,
2. Hotel Krippendorff (als Wohnung des derzeitigen Brandmeisters),
3. Baugeschäft von Lieb & Leu (Tapautau),
4. Bureaugebäude von C. Vering (am grossen Hafen),
5. Ziegelei von Diederichsen, Jebsen & Co. (Tapautau),
6. Geschäft von Ta Tschen Tschan (Tapautau-Telephon Nr. 34),
7. Neues Elektricitätswerk,
8. Singtai & Co. (Hohenzollernstrasse),
9. Andreas Vogt (gegenüber der Fortification),
10. Sägewerk der Tsingtauer Industrie und Handelsgesellschaft,
11. Seemannshaus,
12. Polizeihauptwache,
13. Yamen,
14. Hauptwache (Yamenlager),
15. Iltiskasernenwache,

28. März 1903.   Amtsblatt—青島官報   59.

16. Bismarckkasernenwache (nach Beziehen der Kaserne),
17. Feldbatteriewache.

Um auch bei Nachtzeit ausser durch Vermittelung der milit. Wachen Feuermeldungen an Yamen gelangen lassen zu können, werden die ersten 10 der oben aufgeführten Privattelephonanschlüsse nach Schluss der Posttelephondienststunden bis zum Wiederbeginn derselben seitens der Post durch gemeinschaftlichen Umschalter mit Yamen verbunden. Diese Einrichtung darf nur zu Feuermeldzwecken benutzt werden.

Diese 10 Stellen sind durch Laternen mit der Inschrift „Nachtfeuermeldestelle" gekennzeichnet.

4. Veranlassen des Alarms.

Wer den Ausbruch eines Feuers bemerkt, hat sofort eventuell durch Vermittelung der Telephon- bezw. der besonders bezeichneten Feuermeldestellen das Yamen zu benachrichtigen.

Es wird hierbei darauf aufmerksam gemacht, dass ein missbräuchliches oder mutwillig falsches Melden von Feuer auf Grund des Reichsstrafgesetzbuchs bestraft wird.

Sobald Yamen eine Feuermeldung erhält, hat das dortige Telephonpersonal sofort die Feldbatterie, welche die Bespannung für die Lösch- und Rettungsgeräte stellt, und Polizeiamt, welches den Strassenalarm veranlasst, zu benachrichtigen, ferner auch die Signalstation, damit diese die betr. Signale heisst, dann den Brandmeister, den Platzmajor, dem Offizier von Ortsdienst, den Leiter der Garnisonfeuerwehr, und die Kasernenwachen.

Gleichzeitig mit dem Alarm wird auch seitens der Bauabteilung II. bzw. Nachts direkt durch Yamen die Pumpstation Haipo beauftragt, die Pumpen in Betrieb zu setzen.

Die im Besitz einer Huppe bzw. eines Signalhornes befindlichen Polizisten und Feuerwehrleute sind berechtigt und verpflichtet, das Alarmsignal selbstständig zu blasen:

wenn sie selbst das Feuer bemerken,

sobald das Feuersignal auf der Signalstation geheisst wird,

wenn sie von einer Person, die ihnen bekannt ist, oder die sich ausweisen kann, die Aufforderung dazu bekommen,

wenn die ihnen unbekannten Personen sich bereit erklären, nach Blasen des Alarms zur Feststellung ihrer Persönlichkeit mit zur nächsten Polizeistation zu kommen.

5. Tätigkeit der Feuerwehrleute nach dem Alarm.

Sobald das Alarmsignal geblasen wird, begiebt sich jeder Feuerwehrmann, falls er nicht bedeutend näher am Brandplatze sich aufhält, sofort zum Spritzenhaus, um die Lösch- und Rettungsgeräte zum Brandplatz zu befördern, und sorgt dabei möglichst für Verbreitung des Alarms.

Die Führer und Ordnungsmannschaften begeben sich sofort zur Brandstelle.

Bei Feueralarm für Bezirk IV jedoch gehen sämtliche Wehrmänner zum Spritzenhaus.

Am Spritzenhaus ist eine schwarze Tafel aufgehängt, auf welcher zu notieren ist, wohin die Löschgeräte abgerückt sind. Sobald die Löschgeräte oder Löschzüge abgerückt sind, wird seitens der Feldbatteriewache die Signalstation davon benachrichtigt, die unter die dort gezogenen Signale bei Tage einen roten Wimpel, bei Nacht eine rote Laterne heisst. Nachdem diese Signale sichtbar geworden, begeben sich sämtliche Feuerwehrleute nicht mehr zum Spritzenhaus, sondern sofort zum Brandplatze.

Tsingtau, den 23. März 1903.

Der Kaiserliche Gouverneur.

Truppel.

Garnisonfeuerlöschordnung.

Vorbemerkung:
1. Die Garnisonfeuerwehr sichert das fiskalische Eigentum gegen Brandschaden und unterstützt die Freiwillige Feuerwehr.
2. Bei einer Mobilmachung bildet sie den Stamm für die Aufstellung einer Festungsfeuerwehr.

1. Leitung des Feuerlöschwesens, Zusammenwirken mit der Freiwilligen Feuerwehr.

I. Vorgesetzte der Garnisonfeuerwehr sind nur der Gouverneur und der Chef des Stabes.

Leiter der Garnisonfeuerwehr ist der älteste Subalternoffizier der Fortifikation als Garnisonbranddirektor; sein Stellvertreter ist in erster Linie der Platzmajor, in zweiter der Offizier vom Ortsdienst.

II. Beim Zusammenwirken der Garnison- mit der Freiwilligen Feuerwehr bleibt die Leitung der einzelnen Wehren getrennt. Die Leiter sind jedoch verpflichtet, der Requisiton der Oberleitung nachzukommen.

Die Oberleitung hat:

a, bei Bränden von fiskalischen Gebäuden (ausgenommen sind Munitionsmagazine und solche Gebäude, die nur reine Wohngebäude für Offiziere und Gouvernementsbeamte sind):

der Garnisonbranddirektor;

b. bei Bränden in dem Munitionsmagazinterrain:

der Vorstand der Artillerieverwaltung (bis zu dessen Eintreffen der Garnisonbranddirektor);

c, bei Bränden von Privatgebäuden und den fiskalischen Wohngebäuden für Offiziere und Gouvernementsbeamte:

der Brandmeister.

2. Absperrung des Brandplatzes.

Die Absperrung des Brandplatzes, sowie Bewachung geretteter Gegenstände besorgt stets die Polizei (bei Kasernenbränden das Militär bis zum Eintreffen der Polizei).

Auf den Brandplatz werden nur zugelassen:
1. Löschmannschaften der Garnison,
2. Mitglieder der Freiwilligen Feuerwehr, soweit sie durch ihre Ausrüstung als solche kenntlich sind, aber nur, wenn die Freiwillige Feuerwehr alarmiert ist,
3. dienstlich beteiligte Militärpersonen,
4. Polizeibeamte,
5. der vom Gouverneur bestellte Aufsichtsbeamte (bis auf weiteres der Polizeichef),
6. die Einwohner der gefährdeten Gebäude, falls nicht durch den Aufsichtsbeamten die Entfernung verlangt wird,
7. die Agenten der beteiligten Feuerversicherungsgesellschaften,
8. die durch den Aufsichtsbeamten, Garnisonbranddirektor oder Brandmeister mit Erlaubnis versehenen Personen.

3. Picket und Hilfsmannschaften.

Der Marineteil, der den Offizier vom Ortsdienst stellt, hat auch ein Feuerpicket, bestehend aus einem Offizier, oder Portepeeunteroffizier, 1 Sanitätsunteroffizier und 30 Mann bereit zu halten. Der Sanitätsunteroffizier hat die Sanitätstasche und die gefüllte Umhängetasche für Verbandmittel mitzubringen.

Das Picket rückt, wenn die Löschmannschaften der anderen Lager herangezogen werden, sofort nach dem Brandplatze ab (Anzug: umgeschnallt mit Gewehr), wo es sich unter den Befehl des Garnisonbranddirektors stellt. In allen anderen Fällen erwartet es in Bereitschaft zum Heranrücken die Befehle des Garnisonbranddirektors.

Das Requirieren von Hilfs- und Ablösungsmannschaften hat durch Vermittelung des Garnisonbranddirektors zu erfolgen.

4. Feuer in fiskalischen Gebäuden.

Die Dienststellen und Behörden pp. des Gouvernements haben für ihren Bereich eingehende Vorkehrungen für die Löschung eines bei Tage oder Nacht etwa ausbrechenden Feuers zu treffen, die von Zeit zu Zeit, sowie bei jedem Personalwechsel bekannt zu geben und einzuexerzieren sind.

Löschen kleinerer Brände ist Sache der Bewohner.

Droht das Feuer solchen Umfang anzunehmen, dass die Gefahr mit eigenen Mitteln zu beseitigen nicht mehr möglich scheint, so ist durch Telephon sofort das Gouvernement zu benachrichtigen.

Die Gouvernements-Telephonzentrale hat dann sofort weiter zu benachrichtigen die Feldbatterie, welche die Bespannung für die Lösch-Rettungsgeräte der Freiwilligen Feuerwehr stellt, das Polizeiamt, welches den Strassenalarm veranlasst, die Signalstation, den Brandmeister, den Garnisonbranddirektor, den Platzmajor, den Offizier vom Ortsdienst, den Aufsichtsbeamten und die Kasernenwachen.

Die Kasernen haben dann all ihr Löschmaterial, ohne weitere Befehle abzuwarten, nach der Brandstelle zu entsenden.

5. Feuer bei den Munitionsmagazinen.

Bei Ausbruch eines Feuers, gleichviel welchen Umfanges, dicht bei oder in dem Munitionsmagazinterrain ist das Gouvernement sofort zu benachrichtigen. Die Gouvernements-Telephonzentrale verfährt ebenso wie zu 4.

Die Wachtmannschaft einschliesslich der jeweiligen Posten steht sofort zur Verfügung desjenigen Offiziers oder Beamten, der von der Artillerie-Verwaltung zuerst zur Stelle ist.

Ein Betreten der einzelnen Magazine ist nur auf Befehl gestattet.

28. März 1903.   Amtsblatt—青島官報   61.

Ist Feuer in einem mit Munition belegten Magazin ausgebrochen, so muss der die Löscharbeiten Leitende, sich durch das Personal der Artillerie-Verwaltung über die Natur der im Magazin liegenden Munition unterrichten und entscheiden, ob eine Rettung des Magazins möglich, oder ob die Gefahr einer Explosion vorliegt und die Löschmannschaften aus dem Gefahrbereich zurückzuziehen sind.

Ist der Brand nur ausserhalb des umzäunten Munitionsmagazinterrains entstanden, so dass dieselben zunächst nur durch Flugfeuer bedroht werden, so ist durch Verteilung der Militärmannschaften auf die Dächer bezw. die bedrohten Seiten für das Ablöschen der eventuell haftenbleibenden Funken Sorge zu tragen.

Zur Wasserentnahme dienen in erster Linie die auf dem unteren Terrain des Munitionshofes befindliche Cisterne und der Brunnen, ferner der zwischen den Magazinen und Tapautau liegende Brunnen und der etwa 400 Meter entfernte Hydrant an der Ecke der Kiautschou- und der Tsiningstrasse.

Die erforderlichen Geräte, wie Spritze, Feuereimer, Aexte, Hacken, Spaten, Haardecken pp. sind im Raume C. des Magazins III niedergelegt. Der Schlüssel zu diesem Raume befindet sich auf der Wachtstube.

Die Schlüssel der Magazine der oberen Anlage (Inventar pp. des Gouvernements) befinden sich in dem Schlüsselschrank, der in der Feldwebelstube gegenüber dem Wachstubeneingang angebracht ist. Die Schlüssel der Schiffsmunitionsmagazine hängen im Schlüsselschrank der in dem Häusschen westlich vom Wachtlokal befindlichen Feldwebelstube.

Für den Fall, dass die Schlüssel nicht rechtzeitig zur Stelle sein sollten, sind erforderlichenfalls die Türen mit Aexten einzuschlagen.

6. Feuer im sonstigen Stadtgebiet.

Bricht im sonstigen Stadtgebiet Feuer aus, so ist nach der Alarmordnung für die Freiwillige Feuerwehr zu verfahren.

Auf das Alarmsignal begeben sich sämtliche nicht im Dienst und ausserhalb der Kasernen befindlichen Unteroffiziere und Mannschaften sofort in ihre Quartiere, der Garnisonbranddirektor zur Brandstelle. Die Löschmannschaften halten sich bereit, auf Befehl des Gouverneurs oder Garnisonbranddirektors nach der Brandstelle abzurücken.

7. Abrücken der Mannschaften nach der Brandstelle.

Die in den Lagern bezw. Kasernen vorhandenen Feuerspritzen und Schlauchwagen sind, sobald der Befehl eingetroffen, bezw. bei Bränden von fiskalischen Gebäuden, ohne weiteren Befehl, von den Bedienungsmannschaften schnellstens zur Brandstelle zu schaffen und dem garnisonbranddirektor zur Stelle zu melden. Bei jeder Spritze müssen ein Stadtplan mit den eingezeichneten Hydranten und Brunnen, ein Hydrantenaufsatz, Schlüssel und einige Fakeln vorhanden sein.

Die Löschmannschaften der nicht mit fahrbaren Spritzen ausgerüsteten Kasernen folgen (ausser bei Feuer bei den Munitionsmagazinen) erst auf besonderen Befehl des Garnisonbranddirektors mit den leeren fahrbaren Wassertänks, Eimern, Aexten, Beilpicken, Tauen, Fackeln pp. nach.

Sonstige Ablösungs- und Hilfsmannschaften requiriert der Garnisonbranddirektor.

8. Tätigkeit des Aufsichtsbeamten.

Als Aufsichtsbeamter ist seitens des Gouvernements der Polizeichef bezw. sein Stellvertreter bestellt.

Derselbe hat sich sofort, wenn er Feueralarm hört oder telephonische Meldung davon erhält, nach der Brandstelle zu begeben. Er sorgt für richtige Absperrung des Brandplatzes, ferner dafür, dass gefährdete Häuser pp. rechtzeitig geräumt werden.

Er ist berechtigt, dem Brandmeister und den Mitgliedern der Freiwilligen Feuerwehr, letzteren in der Regel durch den Brandmeister, Anweisungen zu erteilen, sobald sie ihre Befugnisse überschreiten.

Etwaige Wünsche betreffend die militärische Feuerwehr hat er dem Garnisonbranddirektor auszusprechen. In allgemeinen regelt sich das Verhältnis zwischen Militärpersonen und Polizei nach der Allerhöchsten Kabinetsordre v. 6.12. 1855.

9. Feuerlöschgeräte. Ausbildung der Löschmannschaft.

Die mit Löschgeräten ausgerüsteten Dienststellen melden zum 1. I, - 1. IV, - 1. VII, - 1. X, ob
1, die Feuerlöschgeräte in Ordnung,
2. die Mannschaften in der Handhabung derselben unterrichtet sind.

Tsingtau, den 23. März 1903.

Der Kaiserliche Gouverneur,
Truppel.

Bekanntmachung.

Auf Grund der Verordnung vom 13. März 1899 ist der
  Bergbaudirektor Hermann Michaelis
zum Vertreter der Civilgemeinde ernannt worden. Von den im Handelsregister eingetragenen, nichtchinesischen Firmen ist der
  Kaufmann Albert Pfeiffer
und von den Eigentümern der im Grundbuche eingetragenen steuerpflichtigen Grundstücke der
  Kaufmann Conrad Miss
zum Vertreter der Civilgemeinde gewählt worden.

Tsingtau, den 25. März 1903.

Der Kaiserliche Gouverneur

Allerhöchst mit der Stellvertretung beauftragt.

v. Semmern.

Bekanntmachung.

Vom 1. April d. Js. ab wird die Freiwillige Feuerwehr Tsingtau beim Löschen von Bränden in Tätigkeit treten. Die näheren Bestimmungen über ihr Zusammenwirken mit der militärischen Garnisonfeuerwehr sind in der Garnisonfeuerlöschordnung vom 23. d. Mts. und die Bestimmungen über das Feuermeldewesen und die Alarmierung der Freiwilligen Feuerwehr in der Alarmordnung vom gleichen Tage enthalten.

Tsingtau, den 26. März 1903.

Der Civilkommissar.

Bekanntmachung.

Um Verwechselungen mit den Feueralarmsignalen zu vermeiden, werden vom 1. April ds. Jrs. ab die Postdampfer bei Nacht auf der Signalstation wie folgt angezeigt:

1 rote Laterne bedeutet: Postdampfer von Norden in Sicht,

2 rote Laternen bedeuten: Postdampfer von Süden in Sicht.

Die Tafel mit den Einlaufsignalen ist entsprechend zu berichtigen.

Tsingtau, den 20. März 1903.

Kaiserliches Hafenamt.

Verdingungsanzeige.

Für das Wirtschaftsgebäude am Bismarckberge soll im öffentlichen Verfahren vergeben werden: **Die Herstellung der Tischler-, Schlosser- und Glaserarbeiten.**

Die Verdingungsunterlagen liegen im Geschäftszimmer der Hochbauabteilung III^a vom 2. April d. Js. ab zur Einsicht aus; Bietungsformulare und Bedingungen können ebendaher, soweit der Vorrat reicht, gegen Erstattung von $ 1,50 bezogen werden.

Versiegelte und mit entsprechender Aufschrift versehene Angebote sind nebst den erforderlichen Proben bis zu dem auf **Dienstag, den 9. April d. Js., vormittags 12 Uhr,** festgesetzten Eröffnungstermine an die unterzeichnete Behörde einzureichen.

Zuschlagsfrist: 3 Wochen.

Tsingtau, den 26. März 1903.

Hochbauabteilung III^a.

Verdingungsanzeige.

Die bei der Garnison-Verwaltung im Rechnungsjahre 1903 vorkommenden Baureparaturarbeiten, als:

I. Erdarbeiten, Strassenbau-, Kanalisations-, Maurerarbeiten;
II. Zimmerer-, Tischler-, Beschlags-, Glaserarbeiten;
III. Dachdecker-, Klempnerarbeiten;
IV. Schmiede-, Schlosserarbeiten;
V. Maler-, Anstreicher-, Tapezierarbeiten:
VI. Materiallieferung für vorstehend genannte Arbeiten

sollen öffentlich vergeben werden.

Die Verdingungsunterlagen liegen im Geschäftszimmer der Garnison-Verwaltung zur Einsicht aus und sind daselbst gegen Erstattung der Schreibauslagen erhältlich.

Angebote sind verschlossen mit der Aufschrift „Baureparaturarbeiten pp." unter Anerkennung der Verdingungsunterlagen bis **zum 14. April 1903, vormittags 10 Uhr**, dem Zeitpunkte des Verdingungstermins, der unterzeichneten Verwaltung einzureichen

Tsingtau, den 28. März 1903.

Marine-Garnison-Verwaltung.

28. März 1903.   Amtsblatt—報官島青   63.

Bekanntmachung.

Verlorene Gegenstände:
1. Eine kleine Pferdedecke mit Kautschukeinlage, quadratisch auf einer Seite karriert.
2. Ein Füllfederhalter.
Tsingtau, den 25. März 1903.

Kaiserliches Polizeiamt.

Bekanntmachung.

Beim Polizeiamt können täglich von 9-10 Uhr vormittags Rikscha-Fahrscheinhefte zum Preise von 1,-Dollar gekauft werden.
Die Hefte enthalten 20 abtrennbare Bons zu 5 Cents, welche bei Benutzung von Rikschas anstelle von baarem Geld gezahlt werden können.
Tsingtau, den 25. März 1903.

Kaiserliches Polizeiamt.

Bekanntmachung.

Eine in Litsun aufgebaute Deckersche Papierbaracke soll auf Abbruch verkauft werden. Die Baracke muss bis zum 20. April d. Js. abgebrochen und entfernt sein.
Angebote sind bis **zum 6. April d. Js., vormittags 10 Uhr,** bei der unterzeichneten Verwaltung einzureichen.
Aufschrift: „Angebot auf Baracke Litsun."
Tsingtau, den 26. März 1903.

Marine-Garnison-Verwaltung.

Amtliche Mitteilungen.

Dem Hauptmann Conradi ist das Ehrenritter-Kreuz 1. Klasse des Grossherzoglich Oldenburgischen Haus- und Verdienst-Ordens laut telegraphischer Mitteilung des Reichsmarineamts verliehen worden.

Während der Abwesenheit des Gouverneurs Truppel ist der Fregattenkapitän v. Semmern Allerhöchst mit der Stellvertretung des Gouverneurs beauftragt worden.

Das Bezirksamt Tsingtau wird während der Abwesenheit des Dolmetschers Mootz von dem Dolmetscher-Eleven Dr. Krieger verwaltet.

Der Dollarkurs bei der Gouvernementskasse beträgt 1. 69 M.

告白
啓者茲將報失各物列左
小馬衣一件
洋筆一支
以上各物如有人或
見或得均宜分別報
送要本署是勿違此佈
德一千九百三年三月二十五日
青島巡捕衙門啓

告白
啓者本局現訂每日早自九點鐘起至十點鐘止發賣東洋車票部每部價洋一元每部內有易於分型之票二十張每張洋五分用以酌核路程遠近分別給付車價實於現洋無異仲各知悉購買應用可也此佈
德一千九百三年三月二十五日
巡捕局啓

Sonnen-Auf- und Untergang
für Monat April 1903.

Datum	Mittelostchinesische Zeit des scheinbaren	
	Sonnen-Aufgangs.	Sonnen-Untergangs.
1	5 Uhr 45.5 Min.	6 Uhr 20.7 Min.
2	,, 44.0 ,,	,, 21.5 ,,
3	,, 42.5 ,,	,, 22.3 ,,
4	,, 41.1 ,,	,, 23.1 ,,
5	,, 39.7 ,,	,, 24.0 ,,
6	,, 38.3 ,,	,, 24.9 ,,
7	,, 37.0 ,,	,, 25.6 ,,
8	,, 35.7 ,,	,, 26.3 ,,
9	,, 34.5 ,,	,, 27.0 ,,
10	,, 33.3 ,,	,, 27.6 ,,
11	,, 32.1 ,,	,, 28.3 ,,
12	,, 30.8 ,,	,, 29.1 ,,
13	,, 29.5 ,,	,, 29.9 ,,
14	,, 28.1 ,,	,, 30.7 ,,
15	,, 26.8 ,,	,, 31.5 ,,
16	,, 25.4 ,,	,, 32.4 ,,
17	,, 24.0 ,,	,, 33.2 ,,
18	,, 22.6 ,,	,, 34.1 ,,
19	,, 21.2 ,,	,, 35.0 ,,
20	,, 19.9 ,,	,, 35.9 ,,
21	,, 18.6 ,,	,, 36.8 ,,
22	,, 17.2 ,,	,, 37.7 ,,
23	,, 15.9 ,,	,, 38.6 ,,
24	,, 14.6 ,,	,, 39.5 ,,
25	,, 13.3 ,,	,, 40.4 ,,
26	,, 12.0 ,,	,, 41.4 ,,
27	,, 10.9 ,,	,, 42.3 ,,
28	,, 9.8 ,,	,, 43.1 ,,
29	,, 8.7 ,,	,, 43.9 ,,
30	,, 7.6 ,,	,, 44.7 ,,

Schiffsverkehr

in der Zeit vom 19.—26. März 1903.

Ange-kommen am	Name	Kapitän	Flagge	von	Abgefah-ren am	nach
19.3.	D. Pronto	Gandt	Deutsch	Tschifu	19.3.	Schanghai
20.3.	S. Mindoro	Larsen	Amerik.	Portland		
„	D. Thea	Öhlerich	Deutsch	Hongkong	21.3.	Tschifu
21.3.	D. Tsintau	Hansen	„	Schanghai	22.3.	„
23.3.	D. Vorwärts	Sohnemann	„	Tschifu	23.3.	Schanghai
24.3.	D. Koscho Maru		Japan.	Kobe	25.3.	Tschifu
(14.3.)	D. Sambia	Schmidt	Deutsch	Manila	26.3	Moji

Meteorologische Beobachtungen.

Datum. März.	Barometer (mm) reduz. auf 0° C., Seehöhe 24,30 m			Temperatur.						Min.	Max.	Dunst-spannung in mm			Relat. Feuchtigkeit in Prozenten		
				trock. Therm.			feucht. Therm.										
	7 Vm	2 Nm	9 Nm	7 Vm	2 Nm	9 Nm	7 Vm	2 Nm	9 Nm			7 Vm	2 Nm	9 Nm	7 Vm	2 Nm	9 Nm
19	763,2	762,4	764,7	6,3	5,1	5,4	5,9	4,8	4,7	5,9	9,0	6,7	6,2	6,0	94	95	89
20	66,0	65,8	65,8	3,0	9,3	6,7	2,1	7,7	6,1	3,0	7,1	4,8	6,9	6,7	85	79	91
21	65,2	66,1	65,9	4,9	7,4	5,1	3,9	5,3	4,5	2,5	10,9	5,5	5,4	5,9	84	70	90
22	66,6	65,9	66,8	5,5	8,7	6,6	4,9	7,5	5,5	5,1	9,0	6,1	7,0	6,1	91	84	84
23	66,3	64,2	67,4	3,5	5,9	3,3	2,7	4,5	2,6	3,5	9,0	5,1	5,5	5,1	87	79	88
24	68,1	67,8	69,0	1,9	7,4	5,1	0,7	4,9	3,5	1,9	7,0	4,1	5,0	4,9	78	65	75
25	70,2	69,3	70,4	3,7	8,4	6,6	2,2	6,9	5,7	2,5	9,0	4,5	6,5	6,3	75	79	87

Datum. März	Wind Richtung & Stärke nach Beaufort (0—12)			Bewölkung						Niederschläge in mm		
				7 Vm		2 Nm		9 Nm				9 Nm
	7 Vm	2 Nm	9 Nm	Grad	Form	Grad	Form	Grad	Form	7 Vm	2 Nm	7 Vm
19	Stille 0	N W 2	N W 2	10	Cu-ni	10	Nim	10	Nim			
20	N W 4	N 2	S S W 1	1	Cu	—	—	3	Cu			
21	S S O 1	S 4	S O 2	9	Cir-str.	9	Cu	—	—			
22	S O 1	S S W 3	O 4	10	Cu-ni	6	Cir-cu	10	Nim			2.6
23	O N O 2	N N W 2	S S W 1	10	Nim	9	Cu-ni	10	Nim	2.6	0.3	0.3
24	N N O 2	S 2	S S O 2	—	—	7	Cir-cu	4	Cir			
25	N O 1	S 1	Stille 0	8	Cu	9	Cum	10	Cu-ni			

28. März 1903. Amtsblatt—青島官報 65.

Hochwassertabelle für den Monat April 1903.

Datum	Tsingtau. Vormittags	Tsingtau. Nachmittags	T'aput'ou. Vormittags	T'aput'ou. Nachmittags	Nükuk'ou. Vormittags	Nükuk'ou. Nachmittags
1.	6 U. 46 M.	7 U. 07 M.	7 U. 36 M.	7 U. 57 M.	7 U. 46 M.	8 U. 07 M.
2.	7 „ 29 „	7 „ 50 „	8 „ 19 „	8 „ 40 „	8 „ 29 „	8 „ 50 „
3.	8 „ 14 „	8 „ 38 „	9 „ 04 „	9 „ 28 „	9 „ 14 „	9 „ 38 „
4.	9 „ 06 „ ☽	9 „ 33 „	9 „ 56 „	10 „ 23 „	10 „ 06 „	10 „ 33 „
5.	10 „ 06 „	10 „ 39 „	10 „ 56 „	11 „ 29 „	11 „ 06 „	11 „ 39 „
6.	11 „ 17 „	11 „ 54 „	—	0 „ 07 „	—	0 „ 17 „
7.	—	0 „ 33 „	0 „ 44 „	1 „ 23 „	0 „ 54 „	1 „ 33 „
8.	1 „ 11 „	1 „ 46 „	2 „ 01 „	2 „ 36 „	2 „ 11 „	2 „ 46 „
9.	2 „ 20 „	2 „ 48 „	3 „ 10 „	3 „ 38 „	3 „ 20 „	3 „ 48 „
10.	3 „ 16 „	3 „ 40 „	4 „ 06 „	4 „ 30 „	4 „ 16 „	4 „ 40 „
11.	4 „ 03 „	4 „ 25 „	4 „ 53 „	5 „ 15 „	5 „ 03 „	5 „ 25 „
12.	4 „ 47 „ ○	5 „ 07 „	5 „ 37 „	5 „ 57 „	5 „ 47 „	6 „ 07 „
13.	5 „ 27 „	5 „ 46 „	6 „ 17 „	6 „ 36 „	6 „ 27 „	6 „ 46 „
14.	6 „ 05 „	6 „ 24 „	6 „ 55 „	7 „ 14 „	7 „ 05 „	7 „ 24 „
15.	6 „ 42 „	7 „ 00 „	7 „ 32 „	7 „ 50 „	7 „ 42 „	8 „ 00 „
16.	7 „ 18 „	7 „ 37 „	8 „ 08 „	8 „ 27 „	8 „ 18 „	8 „ 37 „
17.	7 „ 55 „	8 „ 15 „	8 „ 45 „	9 „ 05 „	8 „ 55 „	9 „ 15 „
18.	8 „ 34 „	8 „ 55 „	9 „ 24 „	9 „ 45 „	9 „ 43 „	9 „ 55 „
19.	9 „ 16 „	9 „ 41 „ ☾	10 „ 06 „	10 „ 31 „	10 „ 16 „	10 „ 41 „
20.	10 „ 07 „	10 „ 38 „	10 „ 57 „	11 „ 28 „	11 „ 07 „	11 „ 58 „
21.	11 „ 10 „	11 „ 46 „	—	0 „ 00 „	—	0 „ 10 „
22.	—	0 „ 22 „	0 „ 36 „	1 „ 12 „	0 „ 46 „	1 „ 22 „
23.	0 „ 57 „	1 „ 31 „	1 „ 47 „	2 „ 21 „	1 „ 57 „	2 „ 31 „
24.	2 „ 00 „	2 „ 28 „	2 „ 50 „	3 „ 18 „	3 „ 00 „	3 „ 28 „
25.	2 „ 53 „	3 „ 17 „	3 „ 43 „	4 „ 07 „	3 „ 53 „	4 „ 17 „
26.	3 „ 39 „	4 „ 01 „	4 „ 29 „	4 „ 51 „	4 „ 39 „	5 „ 01 „
27.	4 „ 22 „	4 „ 43 „ ●	5 „ 12 „	5 „ 33 „	5 „ 22 „	5 „ 43 „
28.	5 „ 04 „	5 „ 25 „	5 „ 54 „	6 „ 15 „	6 „ 04 „	6 „ 25 „
29.	5 „ 47 „	6 „ 09 „	6 „ 37 „	6 „ 59 „	6 „ 47 „	7 „ 09 „
30.	6 „ 31 „	6 „ 53 „	7 „ 21 „	7 „ 43 „	7 „ 31 „	7 „ 53 „

1) ○ = Vollmond; 2) ☽ = Letztes Viertel; 3) ● = Neumond; 4) ☾ = Erstes Viertel.

Druck der Missionsdruckerei, Tsingtau.

第四年 第十一号

1903年3月28日

1902年11月30日发布的关于执行1902年11月21日《关于在德国保护地的土地权益的皇家法令》(《帝国法律报》第283页)的命令。

根据1902年11月21日的《关于在德国保护地的土地权益的皇家法令》(《帝国法律报》第283页)第1条、第26条,以及1900年11月9日的《关于在德国保护地的法律关系的皇家法令》第10条(《帝国法律报》第1005页),谨此决定下列事项:

第1条

地籍事务的处理由审判厅法官负责,根据1900年12月25日的《关于在非洲和南太平洋执行司法权的命令》第1条第4款,这项工作也可以移交其他人员处理。

在胶澳保护地内,地籍册事务的处理由皇家审判厅负责。

第2条

总督决定(1902年11月21日的皇家法令第27条第二段)为哪些行政区、在何时编制地籍册。

1902年11月21日的皇家法令第7条意义上的丈量,不管是否存在地籍图,如存在附件"在缺少土地三角测量时的土地丈量原则"中的前提条件,则该丈量即被视为是可执行的。

第3条

地籍册按照附件中填写有登记样本的表格(后附)编制。

总督可以下令对表格进行修订,也可以对第4至21条规定另行规定。

目前为止所使用的地籍册也视为本项命令意义上的地籍册。

第4条

每份地籍页均由标题和三个表格部分组成。

第5条

标题在第一个主栏中进行说明:

1. 按照位置和边界、永久特别名称,提及基本档案中的地图,以及尽可能提及地块按照开垦或者使用类型和面积时的其他标志的地块名称。

2. 对地块各业主所拥有权益的备注。

用于按照税簿决定的地块名称的分栏,在总督做出其他规定之前,先留空不填。如多个地块在同一地籍页中合并在一起,则在主栏中对它们特别使用连续编号。

第二个主栏登记的事项是减记,在第一个主栏中备注权益的更改及撤销。

第6条

在第一部分表格的第一个主栏中登记的内容为:

业主的姓名、工作、行业或者其他各种标志。另外还有居住地或者停留地、贸易公司、注册的合作社或者其公司或姓名名下其他类型的法人,并说明所在位置。

在第二个主栏中登记的内容为:

登记的日期和法律原因(转让、遗嘱、继承证书等)以及对归因的备注。

在第三个主栏中登记的内容为:

根据业主申请,登记获取价格或者根据公开估价确定的评估价值。

第7条

在第二个表格部分第一个主栏中登记的内容为:

1. 地块基于私人权益法律原因所负担的权益,抵押、地产债和欠定期地产债务除外;

2. 业主所有权的限制。

在第二个主栏的"登记"分栏中登记的内容为:

第一个主栏中备注的权益和限制的修改。

在第二个主栏的"撤销"分栏中登记的内容为:

前面提到的对修改的撤销。

在第三个主栏中登记的内容为:

第一个主栏中备注的权益和限制的撤销。

第8条

在第三个表格部分的第一个主栏中登记的内容为:

1. 抵押、地产债和定期地产债务;

2. 对授予证书(《公民法》第1116条)情况排除的备注。

在第二个主栏的"登记"分栏中的登记内容为:

1. 涉及第一主栏中登记权益的修改;

2. 对授予证书情况追加或者取消排除的备注。

在第二个主栏的"撤销"分栏中的登记内容为:

前面提到的修改和备注的撤销。

在第三个主栏中登记的内容为:

第一个主栏中登记的权益的撤销。

第 9 条

撤销备注登记的方法：

1. 如果备注涉及财产转让要求，则在第二部分的第一主栏中撤销；
2. 如果备注涉及要求撤销地块的另一项权益，则在登记权益的部分和栏中撤销；
3. 出现其他情况时，则在登记有相关权益备注、用于修订目的的栏中撤销。

第一段的第 2 款和第 3 款的情况出现时，登记备注时要空出用于最终登记的栏的右半部分。

第 10 条

第 9 条规定对于登记异议时做相应适用。

第 11 条

如果一个地块要从一处已登记地块中切分出来并转移至另一地籍页上时，该要登记地块须按照本法令第 5 条第 1 款确定的标志、并附加一份经公证的地块位置和面积地籍图来命名。

第 12 条

允许政府部门及其委托官员查看地籍册，不需说明理由。

受业主或其他被授权查看人员委托查看地籍册的公证员，不需证明该项委托。

只要根据第一、二段许可查看地籍册，可以要求有一份抄件。抄件可以根据要求予以公证。

第 13 条

如果经公证的抄件只有地籍页部分权益，则该抄件所涉及对象的登记事项均应收入该抄件当中。需要在公证备注当中说明这一对象，并证明地籍册中其他涉及该对象的登记未包含在内。

第 14 条

每份地籍页均视为特别基本档案。

在基本档案中，均必须制作一个表格，与地籍页用语上保持一致，由法官和法庭书记官负责审查该一致性。

第 15 条

根据《地籍册法》第 9 条，由地籍处保存的证书和抄件会归入基本档案中。

如果建立在证书基础上或者与之相关的登记，未包含在管理地籍册法院的其他不属于销毁的档案中时，则不需要保管经公证的证书抄件，而只需注明其对其他档案的参照即可。

第 16 条

即使不涉及《地籍册法》第 11 条第一段第 2 款中规定的证书，也允许每个说明具有正当权益的人员查看基本档案。本法律的第 12 条相应地适用于查看基本档案的情况。

只要被允许查看，就可以要求出具抄件，抄件可根据要求进行公证。

第 17 条

《地籍册法》第 57 章中规定的对地籍册的摘录，除当地规定的说明之外，还应包含：

1. 地块面积，并尽可能包含税价；
2. 如地块获取时间不超过 10 年，则需要有地籍册中备注的最近的获取价格，以及说明年份的大致登记估价或者保险价格。

第 18 条

抵押证书开头需要有"抵押证书"字样的名称，并包含对抵押发放证书情况的说明。需要根据地籍册及其编号、地籍页编号、登记号和金额对该项抵押命名。

证书需要按照下列顺序收入内容：

1. 抵押中涉及按照《地籍册法》第 57 条第二段第 3 款和第 58 条第二段所做登记的内容；
2. 抵押地块或者抵押地块按照地籍册内容命名的名称，包含第 17 条中规定的内容；
3. 业主姓名；
4. 在级别上位于抵押之前或者与抵押级别相同的登记的简短名称，利率超过 5% 时须说明。

第 1 款至第 3 款的规定也相应适用于地产债证书和定期地产债务证书。

第 19 条

如果抵押、地产债或者定期地产债务被部分撤销，则需要在证书上通过在证书标题中所包含的情况说明旁边加上备注，来明确仍然负担的权益金额："仍然有效的金额为（说明金额）"。

在制作部分抵押、部分地产债以及部分定期地产债务证书时，须以同样的方式在目前为止使用的证书上注明该证书仍然涉及的金额。

第 20 条

《地籍册法》第 58 条第一段和第 59 条第二段中规定的与证书的连接，通过使用细绳和加盖公章实现。

第 21 条

当出现《地籍册法》第 69 条的情况时，须以同样方式注销证书，即在证书上注明权益方面产生的登记后，要将关于该权益的第一项登记的备注涂抹掉，这时证书要被切开。

按照《地籍册法》第 69 条第 2 款的规定，只要不是出于特殊原因须在基本档案中保留证书，则需要将证书交回。

第 22 条

所有失去意义的备注，尤其是已经撤销的备注，均须用红色墨水在下面划线。

第 23 条

土地登记（1902 年 11 月 21 日的皇家法令第 19 条）须按照地籍册表格（第 14 条）的类型处理，只包含名称以及两部分表格。在第二个表格中登记抵押和地产债。

编制好的地籍册处理方面的规定相应地适用于对申请业务的处理及其形式和费用。

总督可以做出总的或者个别情况的规定,确定目前所使用的土地或者抵押登记是否或者在多大程度上适用于1902年11月21日的皇家法令以及本项命令意义上的土地登记。

第 24 条

此项命令于1903年4月1日生效,同时,目前为止在各保护地用于调节地籍册事务所发布的规定均失效。

柏林,1902年11月30日

帝国总理

冯·布洛夫伯爵

附件一

在缺少土地三角测量时的土地丈量原则

土地丈量必须符合下列要求:

1. 边界点必须可靠,并持续在地下标记。为了避免当地人去除这些标记,用于标记的空瓶子最好适合那些土壤表面已穿开的地下标记。

2. 必须在越过边界点的位置放置一个容易被辨识为边界标志、耐用的地上标志。如果无法选择自然标志作为边界标志,可以根据情况放置一块石头、水泥墩、小土丘或者是石头锥。

3. 地块图上必须有附加说明:准确明晰的描述和根据地点名称及性质对边界点位置的良好概述,以及至少测量两处既特征明显,又预计会保持不变、容易找到的自然存在的点位边界点。需要附加上对这些点位的准确描述。

4. 所有这些地块边界点必须通过准确丈量后连到一起,以便之后随时可以根据两个找出来的边界点来确定剩余点位。

5. 在对大型的、居民点之外的地块,尤其是农场、种植园、矿业开发区域等地进行丈量时,特别是当这些地点无法立刻看明或者形状不规则,以及根据第3款规定中包含的条款,以被丈量土地性质为基础条件的出发点无法得到完全满足的时候,则在确定一个边界点位的纬度和一处相连的界边经度时,至少需要做到使用优质怀表和丈量用经纬仪或通用仪器所能够达到的水平。而如果测量人员因为仪器装备使用不当,或者因为可以用来测量的时间过短,或者对相关边界点的精度没有预备知识做出更准确测量的情况时,则至少应根据已有的地图材料对相关边界点位的经度做出大体确定。

第5款规定的条件被视为已得到满足的情况是:从现存地图中获取作为地理方位值的经度和纬度时,其精度至少要达到使用可用的天文辅助设备对这些值进行重新测量时所达到的准确度。

附件二

_____保护地
地籍册

第_____卷

页码编号第_____号

编号	地块名称 组成部分	税簿编号	面积 公顷	面积 亩	面积 平方米	减记	税簿编号	面积 公顷	面积 亩	面积 平方米
1	地籍册……，第1号石头房，位于兵营和2中描述地块之间的港口边，带有商品大棚和花园用地……地图和丈量记录在基本档案第10页中。下为空白		2			从2号中将该地块东南方末尾的一部分转移至地籍册第3卷第6页……地图和丈量记录。登记日期为……日。下为空白				
2	1号地块指导本地人S……所有地块东南方的椰树林，向内陆方向直到皇帝大街……地图和丈量记录在基本档案第10页中。下为空白		50						70	

第一部分

编号	业主	获取地块的时间和原因	价值	金额
1	海因里希·舒勒,不来梅商人	在设置地籍册时,根据……购地合同,于……日登记。 下为空白 椰树林(标题页第2号)根据从……处转让,登记日期为……日。 下为空白		
2	赫尔曼·舒勒,P城商人和农场主	根据……的继承证书,于……日登记。 下为空白		

第二部分

| 编号 | 金额 | 持续性负担和对财产的限制 | 修改 | | 撤销 | |
			登记	撤销	编号	
1		汉堡的商人欧根·贝尔纳依照……的授权对地籍页第1号的优先购买权,登记日期为……日。 下为空白			1	于……日撤销 下为空白
2		被下令强制拍卖。登记日期为……日。 下为空白				

第三部分

| 编号 | 金额 | 1.抵押、地产债、持续性地产债 | 2.修改 | | | | 撤销 | |
			编号	金额	登记	撤销编号	编号	金额
1	15 000	一万五千马克借款,年利率百分之五,开始时间为……,在提出退还要求六个月后可以偿付给汉堡的咖啡商人弗朗茨·哈泽。依照……的授权于……日登记。 下为空白	1	5 000	从15 000马克中,有带着利息的五千马克优先于其他人转给吕贝克的船长扬·哈姆森。登记日期为…… 下为空白			

(续表)

编号	金额	1.抵押、地产债、持续性地产债		2.修改				撤销		
				编号	金额	登记	撤销编号	编号	金额	
2	6 000	对于确保向B城商人恩斯特·海勒清偿六千马克抵押要求的备注。依照B城皇家审判厅的临时法令，由……于……日登记。下为空白	转为对年利息为百分之四的向商人恩斯特·海勒的购物付款要求的抵押，依照B城皇家审判厅具有法律效力的判决，由……于……日登记。下为空白					2	6 000	于……日撤销。下为空白
4	3 000	三千马克的购物付款要求，须于1904年4月1日支付给C城的农场主海因里希·诺伊曼。排除出具抵押证书的可能。登记日期为……日。下为空白		4	3 000					
5	1 000	从1903年4月1日起每年支付五千马克定期地产债，可以以一千马克分期向S城农场主卡尔·穆勒支付，登记日期为……日。下为空白				转给德国商业银行。对出具证书的排除已取消。依照……的授权于……日登记。下为空白				

关于青岛志愿消防队的警报规定

一、区域划分

一号区域："青岛城"

含所述地点的下列边界之内的青岛区域：衙门桥、信号山、野战医院、市场大厅、奥斯特别墅、小泥洼兵营、野战炮队。

（地图上标注为红色）

二号区域："奥古斯特-维多利亚湾"

一号区域外部东侧和包含东大营、墓地、林业局、伊尔蒂斯矿泉水厂建筑在内的边界线南部。

（地图上标注为绿色）

三号区域："大鲍岛"

大鲍岛和港口。

（地图上标注为黄色）

四号区域："周边区域"

包含上述一号、二号和三号区域之外的所有地点。

（地图上标注为白色）

这个区域划分的地图张贴在所有特别标示的火警报警点。

二、警报信号

警报信号为：

a. 由所有警察局可用人员以及拥有喇叭的消防队员吹信号喇叭。

信号持续时间为 20 分钟，如果届时还未被所有方面接收到，也会延长。

一号区域：每个声音信号时长为大约 2 秒后停顿 5 秒。- - -

二号区域：2 个时长各为约 2 秒的击打，每个信号之间（各 2 下击打）停顿 5 秒。- - - - - -

三号区域：3 个时长各为约 2 秒的击打，每个信号之间（各 3 下击打）停顿 5 秒。- - - - - - - - -

四号区域：4 个时长各为约 2 秒的击打，每个信号之间（各 4 下击打）停顿 5 秒。- - - - - - - - - - - -

b. 此外，白天在信号站上还会有下列信号：

一号区域：悬挂 1 面大绿旗。

二号区域：悬挂 2 面大绿旗。

三号区域：悬挂 3 面大绿旗。

四号区域：悬挂 4 面大绿旗。

在夜间：所有挂旗位置替换为绿色灯笼。

c. 此外，消防队的信号员还会吹起以前使用的军队报警信号。

所有发出信号的人员均应尽可能在所有欧洲人居住或停留的地点往返穿越所有街道及他们的居住区，频繁并大声重复警报信号。

三、火警报警地点

白天报警时可以使用所有连接衙门或者邮局的电话,邮局会立即将报警转给衙门。

为了更容易找到电话,下列地点悬挂带有红色"火警报警点"刻字的白铁牌,下面有中文字,使其非常容易看到:

1. 药房。

2. 克里本多夫饭店(目前消防队长的住处)。

3. 建筑商利来公司(大鲍岛)。

4. 维林公司办公楼(位于大港)。

5. 捷成洋行砖窑(大鲍岛)。

6. 大成栈商号(大鲍岛,电话号码 34)。

7. 新发电厂。

8. 兴泰号(霍亨索伦街)。

9. 安德烈斯·佛克特(炮台局对面)。

10. 青岛工贸公司锯木厂。

11. 水师饭店。

12. 总巡捕房。

13. 衙门。

14. 主哨所(衙门兵营)。

15. 伊尔蒂斯兵营哨所。

16. 俾斯麦兵营哨所(军队搬入兵营后)。

17. 野战炮队哨所。

为了在夜间从军队哨所之外也能够将火警转至衙门,上面所列私人电话中的前十个会在邮局电话服务结束后到再次开启时,由邮局通过共用转接器与衙门连接。此设施只允许用于报火警。

这十个地点悬挂有"夜间火警报告点"字样的灯笼标识。

四、对报警的处理

所有看到起火的人员,均须立即通过电话或者特别指定的报警地点通知衙门。

谨此提请注意:乱报火警或故意报假警将根据《帝国刑法》进行惩处。

一旦衙门收到火警,该处负责电话的人员须立即通知负责为消防和救援设备套牲口的野战炮队和负责街道警报的警察局,此外还有负责悬挂相应信号的信号站,然后通知消防队长、负责常务的军官、现场执勤军官、军营消防队队长以及各军营哨位。

同时委托第二工部局,在夜间直接通过衙门启用海泊河泵站的水泵。

拥有喇叭或者信号小号的警员和消防队员有权、也有义务自主吹响报警信号的情况:

当他们本人注意到起火情况时；

当信号站挂起火警信号时；

当他们被认识的人告知,或者被证实有此要求时；

当他们不认识的人已经声明,在吹警报后会亲自共同前往最近的警察局进行确认时。

五、发出警报后消防员的处理方法

一旦吹响火警信号,每名消防队员只要没有停留在火灾发生地点相当近的位置,均须立即前往消防站,以便将灭火和救援设备运送至起火地点,在此期间,须尽可能地扩大警报范围。

消防队长和维持秩序人员立即前往起火地点。

但是在四号区域发生火灾时,所有消防员均须前往消防站。

消防站悬挂有黑板,上面写着需要将消防设备运送的地点。一旦消防设备和救火车到位,野战炮队哨位方面通知信号站,由信号站在白天悬挂的信号下面加挂红色三角旗,夜间则加挂红色灯笼。在看到这些信号之后,所有的消防队员均须立即前往火灾地点,而不再前往消防站。

青岛,1903年3月23日

皇家总督

都沛禄

军队消防条例

前言：

1. 军队消防队确保国库财产不受火灾损失,并支持志愿消防队的工作。

2. 在动员时,他们组成要塞消防队的主干。

一、消防工作的领导、与志愿消防队的协作

Ⅰ. 军队消防队的上级只由总督和参谋长担任。

军队消防队队长是军队消防局局长的炮台局中年龄最长的下属军官,他的副手首先是负责常务的军官,其次是当地执勤的军官。

Ⅱ. 军队消防队与志愿消防队协作时,管理工作仍由各部承担。但是各队长仍然有义务遵守上级领导的指示。

上级领导指的是：

a. 国有建筑起火时(弹药库以及纯粹由军官和总督府官员居住的建筑除外)：军队消防局局长。

b. 在弹药存储区域起火时：炮队管理局局长(到他与军队消防局局长见面为止)。

c. 私人建筑和军官与总督府官员居住建筑起火时：消防队队长。

二、对火灾发生地的封锁

总是由警方负责封锁起火地点以及监管抢救出的物品（军营起火时，在警方到达之前由军队负责）。

只允许下列人员进入起火地点：

1. 军队消防队成员；
2. 志愿消防队成员，需要通过所携带装备识别确认，但前提为志愿消防队已经被动员；
3. 执勤时参与的军队人员；
4. 警察局官员；
5. 由总督任命的监督官（另行通知之前由警察局局长担任）；
6. 火灾危及建筑的居民（如未被监督官要求撤离）；
7. 涉及的火险公司代理；
8. 带有监督官、军队消防局局长或者消防队队长许可证件的人员。

三、预备队和协助人员

由当地执勤军官管辖的海军分部也有一个火警预备队，由1名军官或者中士、1名卫生员下士和30名士兵组成待命。卫生员下士须携带卫生包和装满绷带的挎包。

当消防队被召唤前往其他兵营时，预备队立即赶往军队消防局局长下令前往的起火地点（启动时：携带步枪）。其他情况时，预备队保持等待军队消防局局长命令的待命状态。

对协助和预备队人员的指令由军队消防局局长下达。

四、所有国有建筑的火灾

总督府的办事部门和机构等须认真预防各自区域可能在白天或夜间出现的火灾，并经常在人员更换时进行告知和演练。

居民负责对小型火灾自行灭火。

如果火灾出现用个人物品无法再清除危险的情况时，须立即打电话通知总督府。

总督府电话中心接报后须立即通知野战炮队，由其将志愿消防队的灭火和救援设备套上牲口，同时通知警察局，由他们启动街道警报，通知信号站、消防队队长、军队消防局局长、负责常务的军官、当地执勤的军官、监督官以及各兵营的岗哨。

各兵营之后不必等待其他命令，携带所有灭火设备前往起火位置。

五、弹药库起火

在紧邻弹药存放区域或其内部发生火灾时，须立即通知总督府。总督府电话中心的处理办法与第四章相同。

包含各哨位的警戒人员须立即接受从炮队管理局赶往现场的军官或官员支配。

只允许根据命令进入储藏室。

如果存放有弹药的储藏室起火，救火工作的领导必须向炮队管理局人员告知存放在储存室中弹药的性质，并做出是否还能抢救该储藏室的决定，或者判断是否存在爆炸危险、是否须将消防人员从危险区域中撤离。

如果火灾只是在弹药储存区域围栏之外的地方发生，该区域暂时只会受空中飘火危及，则将军队人员分配至屋顶或受危及的房屋一侧，负责灭掉可能产生危害的火花。

首先由从位于弹药储存区域下部的取水池和水井中取水，此外可以从位于弹药库和大鲍岛之间的水井，以及大约400米距离之外、位于胶州街和济宁街之间的消防栓取水。

像灭火器、灭火水篮、斧头、锄头、铁锹、毛毯等必需设备均存放在三号储存室的C房间内。该房间的钥匙放在警卫室里。

高层设备（总督府设备等物）储藏室的钥匙放在警卫室入口对面的中士房间钥匙柜中。军舰弹药储藏室的钥匙挂在位于哨位餐厅西面的中士房间小屋内。

如果出现钥匙不能及时送至的情况，如有需要，则使用斧头破门。

六、在其他城区内起火

如果在其他城市区域发生火灾，则根据《警报规定》由志愿消防队处理。

听到警报信号后，所有不执勤以及身处兵营之外的下士和士兵须立即进入其营地，军队消防局局长前往起火地点。消防队整装待发，根据总督或者军队消防局局长的命令前往起火地点。

七、消防队向起火点的进发

一旦命令下达或者国有建筑起火，则不必等待命令，即由操作人员将各兵营内所有可用的灭火和水管车以最快的速度运至起火地点，并向现场的军队消防局局长报告。各消防队必须有一幅标注有消防栓和水井、消防栓附件、钥匙和火炬的城市地图。

未配备可移动的灭火器的兵营消防队，先遵从军队消防局局长的特别命令，携带可移动的空水箱、水篮、斧头、鹤嘴锄、粗绳、火把等物。

军队消防局局长向其他预备队和协助人员下达命令。

八、监督官的工作

由总督府方面指定警察局局长或其副手担任监督官。

监督官须在接到火警或者电话通知后立即赶往起火点，负责正确封锁起火点，此外还负责将危险房屋等及时清空。

监督官有权在消防局局长以及一般情况下由消防局局长领导的志愿消防队成员越过指令行事时，给他们下达指示。

如出现涉及军队消防队的要求，则由监督官向军队消防局局长提出。一般情况下，军队人员和警方之间的关系根据1855年12月6日的《最高内阁命令》调节。

九、消防器材和消防队伍的培训

配备有灭火设备的工作地点要向一.Ⅰ、一.Ⅳ、一.Ⅶ、一.Ⅹ汇报：

1. 灭火设备是否状态正常；

2. 是否已向该处工作地点的执行人员告知情况。

青岛，1903年3月23日
皇家总督
都沛禄

告 白

根据1899年3月13日的法令，矿业公司经理赫尔曼·米夏埃里斯被任命为民政区代表。

从进行过商业注册的非华人公司中选举出商人阿尔伯特·普菲佛，以及从地籍册中登记的有纳税义务的地产业主中选举出商人康拉德·米斯担任民政区代表。

青岛，1903年3月25日
最高敕令任命的代理皇家总督
范·塞默恩

告 白

自今年4月1日起，青岛志愿消防队将开始救火业务。有关他们与军队消防队协作方面的进一步规定，均保留在本月23日的《军队消防条例》以及同日公布的《关于火警报警和火警条例中启用志愿消防队的规定》中。

青岛，1903年3月26日
民政长

告 白

为避免混淆火警信号，从今年4月1日起，夜间信号站将按照如下方式表明邮船信息：

1盏红色灯笼表明：从北面看到邮船；
2盏红色灯笼表明：从南面看到邮船。
写有进港信号的公告牌也须做相应更正。

青岛，1903年3月20日
皇家船政局

发包广告

将以公开方式为俾斯麦山边的小客栈发包下列工程：木匠、铁匠和玻璃活。

发包文件张贴在第三工部局一部地上建筑部的营业室内，自今年 4 月 2 日起可以查看。如果有足够存量，也可以在那里以 1.50 价格购买投标表格和条件。

报价须密封后标明相应字样，另附必需的样品，最晚于本处确定好的开标日期今年 4 月 9 日星期二上午 12 点前递交。

中标期限为 3 周。

青岛，1903 年 3 月 26 日
第三工部局一部地上建筑部

发包广告

管理公家什物局在 1903 年会计年度将公开发包下列建造修理工程：

1. 土石方、街道、下水道和泥瓦工工程；
2. 房屋建造木匠、普通木匠、五金和玻璃工程；
3. 屋顶铺设和水管工程；
4. 铁匠和钳工工程；
5. 粉刷、涂漆和裱糊工程；
6. 为上述工程供应材料。

发包文件张贴在管理公家什物局营业室内，以供查看，也可以在那里支付书写费用后购买。

报价须密封并注明"建造修理等工程"字样，并接受发包文件，最晚于 1903 年 4 月 14 日上午 10 点之前递交至本局。

青岛，1903 年 3 月 28 日
海军管理公家什物局

告白

启者：兹将报失各物列左：

小马衣一件，洋笔一支。

以上各物如有人或见或得，均宜分别报送要本署，是勿违。此布。

德一千九百三年三月二十五日
青岛巡捕衙门启

告白

启者：本局现订每日早自九点钟起，至十点钟止，发卖东洋车票部。每部价洋一元，每部内有易于分擘之票二十张，每张洋五分，用以酌核路程远近分别给付车价，实于现洋无异。仰各知悉，购买应用可也。此布。

德一千九百三年三月二十五日
巡捕局启

告白

德克尔的一处在李村建成的纸板营房将在拆除后出售。这处营房必须在今年 4 月 20 日之前拆除并挪走。

报价须在今年 4 月 6 日上午 10 点前递交至本局。

注明字样为："对李村营房的报价"。

青岛，1903 年 3 月 26 日
海军管理公家什物局

官方消息

根据帝国海军部的电报通知，康拉迪上尉被授予奥尔登堡大公家族和功绩一等荣誉骑士勋章。

在总督都沛禄不在位期间，最高敕令命令范·塞默恩海军少校担任代理总督。

青岛华民审判厅在翻译官慕兴立不在位期间，由见习翻译官克里格博士管理。

总督府财务处的鹰洋汇率为 1.69 马克兑换一元。

船运

1903年3月19日—26日期间

到达日	轮船船名	船长	挂旗国籍	出发港	出发日	到达港
3月19日	准备号	冈特	德国	芝罘	3月19日	上海
3月20日	明多罗号	拉尔森	美国	波特兰		
3月20日	忒亚号	厄乐李希	德国	香港	3月21日	芝罘
3月21日	青岛号	韩森	德国	上海	3月22日	芝罘
3月23日	前进号	索纳曼	德国	芝罘	3月23日	上海
3月24日	小姓丸		日本	神户	3月25日	芝罘
(3月14日)	赞比亚号	施密特	德国	马尼拉	3月26日	门司

Amtsblatt
für das Deutsche Kiautschou-Gebiet.

青 島 官 報

Herausgegeben vom Kaiserlichen Gouvernement Kiautschou.

Der Bezugspreis beträgt jährlich $ 0,60=M 1,20.
Bestellungen nehmen sämtliche deutsche Postanstalten entgegen.

Jahrgang 4.   Nr. 12.   Tsingtau, den 31. März 1903.

Verordnung
betreffend die Rechte an Grundstücken im Kiautschou-Gebiete.

Zur Ausführung der Kaiserlichen Verordnung über die Rechte an Grundstücken in den Deutschen Schutzgebieten vom 21. November 1902 und der dazu erlassenen Verfügung des Reichskanzlers vom 30. November 1902 verordne ich für das Schutzgebiet Kiautschou auf Grund der Ermächtigung des Reichskanzlers vom 27. April 1898 Folgendes:

§. 1.

Die Verordnung betreffend den Landerwerb in dem Deutschen Kiautschou-Gebiete vom 2. September 1898 bleibt bestehen, soweit sie nicht in den folgenden Bestimmungen abgeändert wird.

§. 2.

Die Frist zur Ausführung des Benutzungsplanes wird bei der Versteigerung in den Kaufbedingungen bestimmt.

Der in Ziffer 3 Absatz 4 der Landerwerbsverordnung als Folge der Abweichung vom Benutzungsplane oder seiner Nichtausführung gesetzte Verlust des Eigentums an den Fiskus des Schutzgebiets gegen Rückzahlung der Hälfte des Erwerbspreises tritt für die nach dem 1. April 1903 von dem Fiskus veräusserten Grundstücke nicht mehr ein.

§. 3.

Die Ersteher haben sich zur Sicherung für die Ausführung des Benutzungsplanes einer Vertragsstrafe zu unterwerfen, deren Höhe in den Kaufbedingungen festzusetzen ist. Sie wird nur in Ausnahmefällen auf einen höheren Betrag als das Fünffache des Erwerbspreises bestimmt werden.

§. 4.

Der Ersteher hat für die Vertragsstrafe eine Sicherungshypothek zur ersten Stelle eintragen zu lassen. Die Löschung dieser Hypothek kann nach Ausführung des Benutzungsplanes verlangt werden. Nach teilweiser Ausführung des Benutzungsplanes können Teillöschungen bewilligt werden. Die Kosten für Eintragung und Löschung der Sicherungshypothek bleiben ausser Ansatz.

§. 5.

Das in Ziffer 6 Absatz 3 der Landerwerbsverordnung erwähnte Vorkaufsrecht umfasst alle Verkaufsfälle (§ 1097 des Bürgerlichen Gesetzbuches). Der Ersteher hat das Vorkaufsrecht in das Grundbuch eintragen zu lassen. Dies ist in die Kaufbedingungen aufzunehmen.

Vor der Auflassung muss dem Grundbuchrichter durch eine Bescheinigung des Landamts nachgewiesen werden, dass der Fiskus sein Vorkaufsrecht nicht ausüben will.

§. 6.

Die in Ziffer 6 der Landerwerbsverordnung gedachte Pflicht zur Auskehrung eines Reingewinnes an den Fiskus und die nach Ziffer 7 dieser Verordnung zu entrichtende Abgabe sind öffentliche Lasten des Grundstück. Das Grundstück haftet dafür auch ohne Eintragung in das Grundbuch.

Das Gleiche gilt von der Grundsteuer.

§. 7.

Der Fiskus des Schutzgebietes Kiautschou wird in allen durch die Verordnung betreffend den Landerwerb vom 2. September 1898 geregelten Angelegenheiten durch das Kaiserliche Landamt vertreten.

Bei Verkäufen von Grundstücken im Schutzgebiete durch den Fiskus ist auch der das Landamt verwaltende Beamte für die Beurkundung des im §. 313 des Bürgerlichen Gesetzbuches bezeichneten Vertrages, sowie für die nach §. 873 Absatz 2 des Bürgerlichen Gesetzbuches zur Bindung der Beteiligten erforderliche Beurkundung der Erklärungen zuständig (Artikel 142 des Einführungsgesetzes zum Bürgerlichen Gesetzbuche).

Soweit der das Landamt verwaltende Beamte durch die Vornahme der Beurkundung an der Vertretung des Fiskus verhindert ist, wird der Fiskus durch den Civilkommissar vertreten, welcher berechtigt ist, andere Personen mit der Vertretung zu beauftragen.

§. 8.

Der Ersteher eines Grundstücks in der Landversteigerung hat binnen zwei Monaten vom Tage des Zuschlags seine Eintragung als Eigentümer in das Grundbuch zu beantragen. Die Nichterfüllung dieser Pflicht gilt als auflösende Bedingung für den durch den Zuschlag zu stande gekommenen Kaufvertrag. Dies ist in die Kaufbedingungen aufzunehmen.

§. 9.

Bis auf weiteres können für Grundstücke die der Fiskus an Chinesen verkauft hat, Grundbuchblätter ohne besondere Beschränkungen oder Bedingungen angelegt werden.

§. 10.

Das Grundbuch ist für das gesamte Schutzgebiet anzulegen.

§. 11.

Das Reichsgesetz betreffend die Zwangsversteigerung und Zwangsverwaltung vom $\frac{24.\ \text{März 1897}}{20.\ \text{Mai 1898}}$ (R. G. Bl. 1897 S. 97 und 1898 S. 713) findet auf Grundstücke, für die ein Grundbuchblatt angelegt ist, mit folgenden Massgaben Anwendung.

§. 12.

Wer zur Bestellung einer Sicherheit verpflichtet ist, und welche Werte als Sicherheiten geeignet sind, bestimmt das Vollstreckungsgericht nach freiem Ermessen.

Bei der Umrechnung von Geldbeträgen in Dollarwährung ist der Kurs des Dollars bei der Gouvernementskasse am Tage vor dem Versteigerungstermine massgebend.

Die in §. 6 dieser Verordnung genannten öffentlichen Lasten sind wie die in §. 10 Nr. 3 des Reichsgesetzes betreffend die Zwangsversteigerung und Zwangsverwaltung erwähnten Lasten zu behandeln.

Vor dem Versteigerungstermine hat das Landamt dem Vollstreckungsgerichte den Wert mitzuteilen, welchen es dem Grundstücke beimisst. Das Gericht hat bei Ermittelung dieses Wertes auf Ersuchen des Landamtes mitzuwirken.

Der Richter hat bei Feststellung der Kaufbedingungen darauf hinzuweisen, dass ein Drittel des Unterschiedes zwischen diesem Wert und dem ihn übersteigenden Gebot an den Fiskus baar zu zahlen ist.

Gegebenen Falles ist das geringste Gebot so zu bestimmen, dass es die Gewinnauskehrungspflicht mit umfasst.

§. 13.

Die Zwangsverwaltung eines Grundstücks findet nicht statt.

§. 14.

In den Fällen der §§. 64 und 112 des Reichsgesetzes betreffend die Zwangsversteigerung und Zwangsverwaltung hat das Gericht den Wert der Grundstücke nach freiem Ermessen nötigenfalls unter Zuziehung von Sachverständigen zu bestimmen.

§. 15.

Geldbeträge, die der Berechtigte nicht im Termin zur Verteilung des Versteigerungserlöses abhebt, werden ihm durch Boten oder durch die Post übersandt, sofern er nicht in einer Urkunde, die durch eine siegelführende Behörde beglaubigt ist, andere Bestimmungen trifft.

§. 16.

Diese Verordnung tritt am 1. April 1903 in Kraft.

Tsingtau, den 30. März 1903.

Der Kaiserliche Gouverneur.

Allerhöchst mit der Stellvertretung beauftragt,

van Semmern.

Druck der Missionsdruckerei, Tsingtau.

第四年 第十二号

1903年3月31日

关于在胶澳地区土地权益的法令

为了落实1902年11月21日颁布的《关于在德国保护地的土地权益的皇家法令》以及1902年11月30日就该法令发布的帝国总理令,本人根据帝国总理在1898年4月27日的授权,为胶澳保护地发布下列命令:

第1条

1898年9月2日颁布的《关于在德属胶澳地区土地获取方面的法令》,只要该法中没有与下列规定重合的条款,则保留执行。

第2条

在土地拍卖时执行规划的期限,在购买条件中确定。

在《土地获取法令》第3条第四段中与使用规划存在偏差或者使用规划未执行的后果而产生的向保护地国库支付土地获取价格一半的财产损失,不适用于1903年4月1日之后从国库中让渡出来的土地。

第3条

为了确保使用规划的实施,中标人须签订合同处罚条款,其金额在购买条件中确定。只有在例外情况时,该金额才会被确定为土地购买价五倍的较高金额。

第4条

中标人须同意为合同处罚条款登记一个可立即执行的抵押保证,该抵押可在使用规划执行后申请撤销,使用规划如部分执行,也可批准部分撤销抵押。该抵押的登记和撤销均免费。

第5条

在《土地获取法令》第6条第三段中提及的优先购买权囊括所有出售情况(《公民法》第1097条)。中标人须将此优先购买权登记入地籍册中。该项也写入购买条件当中。

在转让前,地籍法官必须通过地亩局出具的证明来确认国库不准备使用其优先购买权。

第 6 条

在《土地获取法令》第 6 条所规定的向国库支付纯盈利的义务,以及根据该法令第 7 条须缴纳的税款,为该地块须承担的公共费用。该地块不需要将该费用登记入地籍册中。

同样的情况也适用于土地税。

第 7 条

胶澳保护地国库在所有 1898 年 9 月 2 日颁布的《土地获取法令》中涉及管理方面的事务,均由皇家地亩局代表。

在保护地通过国库出售土地时,由管理地亩局的官员负责为《公民法》第 313 条所述合约、以及为根据《公民法》第 873 条第二段中关于权益人确认所需要的声明进行认证(《公民法实施法》第 142 条)。

如果管理地亩局的官员无法代表国库实施认证程序,则由民政长代理国库,其有权委托他人执行代理工作。

第 8 条

土地拍卖中的地块中标人,须在中标当日起两个月内申请将自己注册为地籍册中的业主。如未执行该项义务,则被视为对通过中标而形成的购买合同的解约性条件,这一条款须写入购买条件当中。

第 9 条

在没出台新规定前,国库出售给华民的土地,其地籍册编制没有特别限制和条件。

第 10 条

地籍册编制范围为整个保护地。

第 11 条

1897 年 3 月 24 日和 1898 年 5 月 20 日的《帝国强制拍卖和强制托管法》,对于已编制地籍页的土地,适用以下规定。

第 12 条

由执行庭在自由丈量后确定保证金缴纳义务人以及保证金的合适金额。

在将金额换算为"银元"币值时,"银元"适用总督府财务处在拍卖日期之前一天的汇率。

本法令第 6 条所确定的公共负担,按照《帝国强制拍卖和强制托管法》第 10 条第 3 款所提及的负担处理。

在拍卖日期前,由地亩局通知执行庭所确定的地块价值。法庭须根据地亩局的请求,在查明该价值时共同办理。

法官在确定购买条件时须提请注意,该价值与中标溢价之间差额的三分之一须以现金形式上缴国库。

视情况在确定最小出价时,将盈利上缴部分一并纳入。

第 13 条

不会施行对土地的强制托管。

第 14 条

出现《帝国强制拍卖和强制托管法》第 64 条和第 112 条情况时,由法院在自由丈量后,确定土地价值,必要时可引入专家参与。

第 15 条

权益人在分配拍卖收益日期日未取走的金额时,只要未在由执掌印鉴部门认证的证书中涉及其他条款,将通过信差或者邮局寄递。

第 16 条

本法令于 1903 年 4 月 1 日生效。

青岛,1903 年 3 月 30 日
奉最高敕令代理皇家总督
范·塞默恩

Amtsblatt
für das
Deutsche Kiautschou-Gebiet.

青島官報

Herausgegeben vom Kaiserlichen Gouvernement Kiautschou.

Der Bezugspreis beträgt jährlich $ 0,60=M 1,20.
Bestellungen nehmen sämtliche deutsche Postanstalten entgegen.

Jahrgang 4.   Nr. 13.   Tsingtau, den 11. April 1903.

Bekanntmachung.

Es wird darauf hingewiesen, dass vom 1. April d. Js. ab die Steuer für das Halten von Hunden im Stadtgebiet einschliesslich Tai tung tschen und Sau tschu tan neu zu entrichten ist.

Nach § 2 der Verordnung betreffend Hundesteuer vom 9. April 1902 (Amtsblatt 1902, Seite 43) hat die Zahlung der Steuer bei der Gouvernementskasse im Laufe des Monats April gegen Aushändigung einer Hundemarke zu erfolgen.

Tsingtau, den 8. April 1903.

Der Civilkommissar.

Bekanntmachung.

Gestohlene Gegenstände:
1 silberne Remontoir-Uhr mit Sprungdeckel;
24 stählerne Remontoiruhren „Chronos";
4 versilberte Messinguhren „celebrated chronograph" mit grossem Sekundenzeiger;
1 Fahrrad Adler Nr. 77, auf dem Lenkstangenkopf steht III. S. B. 4.;
1 chinesische silberne Uhr mit Sprungdeckel.
Mitteilungen sind an die unterzeichnete Behörde zu richten.

Tsingtau, den 8. April 1903.

Kaiserliches Polizeiamt.

Öffentliche Ladung.

Der chinesische Kaufmann Tschen k'o lien aus Tapautau klagt gegen den chinesischen Opiumwirt Wang tsch'ing yün, früher in Taitungtschen, jetzt unbekannten Aufenthaltes, auf Zahlung von 83, 65 $ für dem Beklagten geliefertes Opium.

Termin zur Verhandlung des Rechtsstreits ist auf den 19. April 1903, 10 Uhr vormittags, anberaumt.

Beim Nichterscheinen des Beklagten ergeht Versäumnisurteil.

Tsingtau, den 3. April 1903.

Kaiserliches Bezirksamt.

Bekanntmachung.

Am 15. April d. Js., vormittags 10 Uhr, sollen in der Gouvernementswerkstatt verschiedene für die Marine-Verwaltung nicht mehr brauchbare Materialien pp. öffentlich versteigert werden.

Es kommen unter anderen zum Verkauf:
1 Naphta—Bootsmaschine.
1 Dingi,
Fässer, hölzerne und eiserne,
Stahl und Eisenabfälle,
Gelbmetall,
u. s. w.

Die Gegenstände können am Tage der Versteigerung von 8 Uhr morgens ab besichtigt werden.

Tsingtau, den 5. April 1903.

Kaiserliche Gouvernements-Werkstatt.

Bekanntmachung.

Die Hohenzollernstrasse ist von der Friedrichstrasse bis zur Wilhelmshavenerstrasse bis auf weiteres gesperrt.

Tsingtau, den 9. April 1903.

Kaiserliche Bauabteilung II.

青島副臬署為

飭傳事前據商人陳克煉呈控王慶雲拖欠煙案前銀八百差拾傳元慶雲五角被告前一案在台東已王傳鎮

三牛傳在案無踪跡故無地被告可早

是以理現案登傳西票宣傳被告

十點雲准於西聽四月倘屆九日不期

特到即傳以鐘到署

德一千九百三年四月初三日

特傳以懍遵勿違

Bekanntmachung.

Beim Hafenamt zu Tsingtau ist die Stelle eines Leuchtfeuerwärters zu besetzen mit einer Remuneration von 2500 Mark, bei guter Führung steigend, voraussichtlich bis 3500 Mark jährlich.

Es werden nur solche Bewerber berücksichtigt, welche einen tadellosen Ruf besitzen und sich bisher durchaus nüchtern und zuverlässig gezeigt haben. Solche, welche früher in der Marine gedient haben, erhalten den Vorzug.

In den selbstgeschriebenen Gesuchen ist die bisherige Beschäftigung anzugeben.

Etwaige Zeugnisse sind beizufügen.

Tsingtau, den 3. April 1903.

Kaiserliches Hafenamt.

Amtliche Nachrichten.

Laut telegraphischer Mitteilung des Reichsmarineamts ist der Fregattenkapitän van Semmern zum überzähligen Kapitän zur See befördert worden.

*

Vom 1. April d. Js. ab sind für Telegramme nach sämtlichen ausserchinesischen Stationen erhöhte Worttaxen in kraft getreten.

Es beträgt die Wortgebühr für Telegramme nach:

11. April 1903.   Amtsblatt—青島官報   71.

Europa	$	3,50
Europ. Russland via Suez	„	3,50
„ „ „ Teheran	„	3,15
New York	„	4,15
San Franzisko	„	4,45
Korea via Fusan, Chemulpo und Soeul	„	1,86
„ übrige Stationen	„	2,06
Japan	„	1,11
Hongkong	„	0,76
Singapore	„	1,76
Colombo	„	1,81
Java	„	1,96

Die Wortgebühr für Telegramme nach Australien, Afrika, Amerika usw. ist beim Kaiserlichen Postamt (Telegramm-Annahme) zu erfragen.

*

Der mit der Ausübung der Gerichtsbarkeit in Schutzgebiete ermächtigte Amtsrichter Dr. Crusen führt die Amtsbezeichnung: Kaiserlicher Oberrichter.

*

Laut telegraphischer Mitteilung des Reichsmarineamts ist Oberleutnant zur See Loesch zum Kapitänleutnant, Marine-Stabsarzt Dr. Martin zum Marine-Oberstabsarzt, Marine-Oberassistenzarzt Dr. Siebert zum Marine-Stabsarzt und Marine-Assistenzarzt Dr. Wiens zum Marine-Oberassistenzarzt befördert worden.

*

S. M. S. „Thetis" hat die Stationärgeschäfte übernommen.

*

Der Dampfer „Silvia" mit dem Ablösungstransport wird voraussichtlich am 24. d. Mts. hier eintreffen und wahrscheinlich am 6. Mai d. Js. wieder abfahren.

Schiffsverkehr

in der Zeit vom 27. März—9. April 1903.

Angekommen am	Name	Kapitän	Flagge	von	Abgefahren am	nach
30.3.	D. Tsintau	Hansen	Deutsch	Tschifu	30.3.	Schanghai
31.3.	D. Knivsberg	Kayser	„	„	1.4.	„
2.4.	D. Gouv. Jaeschke	Schuldt	„	„	3.4.	„
3.4.	D. Vorwärts	Sohnemann	„	Schanghai	4.4.	Tschifu
4.4.	D. Thea	Öhlerich	„	Newchwang	5.4.	Hongkong
(20.3.)	S. Mindoro	Larsen	Amerik.	Portland	7.4.	Port Townsend
7.4.	D. Hali	Martini	Englisch	Tschifu		
8.4.	D. Gouv. Jaeschke	Schuldt	Deutsch	Schanghai	9.4.	Schanghai
„	D. Knivsberg	Kayser	„	„	„	Tschifu

Meteorologische Beobachtungen.

Datum. März.	Barometer (mm) reduz. auf 0° C., Seehöhe 24.30 m			Temperatur. trock. Therm.			feucht. Therm.					Dunstspannung in mm			Relat. Feuchtigkeit in Prozenten		
	7 Vm	2 Nm	9 Nm	7 Vm	2 Nm	9 Nm	7 Vm	2 Nm	9 Nm	Min.	Max.	7 Vm	2 Nm	9 Nm	7 Vm	2 Nm	9 Nm
26	770,9	769,0	770,4	5,5	8,8	7,0	4,3	7,1	5,2	4,5	8,8	5,5	6,5	5,5	82	77	74
27	69,2	68,4	68,6	5,7	8,7	6,2	4,6	6,5	5,2	5,2	8,8	5,7	5,9	6,0	83	70	86
28	67,9	66,0	65,3	4,9	9,2	6,1	4,3	6,5	4,9	4,3	9,0	5,8	5,6	5,8	90	65	83
29	64,3	64,0	62,0	6,1	6,1	5,2	4,9	4,3	4,8	5,5	11,0	5,8	5,1	6,2	83	74	94
30	55,5	53,8	55,8	5,5	6,8	5,6	5,1	5,2	4,2	5,0	9,5	6,3	5,7	5,3	94	77	79
31	56,1	55,8	58,0	5,7	9,5	7,2	4,3	7,1	6,7	5,0	7,5	5,4	6,1	7,0	79	69	93
April 1	59,1	58,4	61,0	6,5	12,5	8,0	6,1	10,5	7,0	5,5	11,0	6,8	8,3	6,9	94	77	86
2	63,3	65,2	67,1	5,7	11,0	6,9	4,7	10,5	7,9	5,7	14,5	5,8	6,9	5,3	85	70	72
3	68,2	67,0	66,9	5,5	14,8	9,5	3,9	9,3	7,1	5,0	11,5	5,1	5,4	6,1	76	44	69
4	66,5	64,6	64,1	8,8	13,1	9,7	5,9	9,3	7,3	6,2	15,9	5,2	6,5	6,2	62	57	69
5	63,8	63,2	64,4	8,9	17,1	12,7	7,3	14,9	9,8	8,2	13,7	6,7	11,3	7,3	78	78	67
6	64,1	62,1	62,1	10,2	15,9	11,1	8,3	9,5	8,5	9,0	18,0	6,9	5,0	6,7	75	37	68
7	65,5	58,6	58,3	12,9	12,3	12,3	8,5	10,0	9,2	8,7	17,5	5,6	7,8	6,8	51	73	64
8	57,6	56,4	57,4	9,3	14,9	14,9	8,7	11,3	11,6	9,3	16,5	8,0	7,8	8,2	92	62	65

Datum. März.	Wind Richtung & Stärke nach Beaufort (0—12)			Bewölkung						Niederschläge in mm		
				7 Vm		2 Nm		9 Nm				
	7 Vm	2 Nm	9 Nm	Grad	Form	Grad	Form	Grad	Form	7 Vm	2 Nm	9 Nm 7 Vm
26	W 1	O S O 3	O 2	10	Cu-ni	10	Cu-ni	10	Cu-ni		0,5	7.7
27	O S O 4	S O 4	O S O 3	10	Cu-ni	10	Cu-ni	4	Cu-ni	7.2		
28	O N O 1	S 2	S O 1	2	Cir-str.	3	Cir-cu	7	Cir-cu			
29	Stille 0	S S O 1	O 1	10	Cu	10	Nim	10	Nim		2,0	12.0
30	W 1	N W 4	N N W 5	10	Nim	10	Nim	10	Nim	10.0	1.5	1.5
31	W N W 4	S S W 2	S S O 1	3	Cu	9	Cu-ni	3	Cu			
April 1	S S O 1	S 1	N 1	10	Cu-ni	3	Cu	3	Cu			
2	N W 5	N N W 5	N N W 4	10	Cu	6	Ci-cu	3	Cu			
3	N O 2	W N W 1	W S W 3	10	Cu	6	Ci-cu	6	Ci-cu			
4	S W 2	S W 4	S S W 5	—	—	8	Ci-cu	8	Ni			
5	S 2	S W 2	S S O 2	10	Cu-ni	—		8	Cu-ni			
6	S 1	S W 5	S S W 3	2	Str.	—	..	5	Ci			
7	S 2	S 4	S S W 4	5	Cu	10	Ni	—	—			
8	S S O 2	S S O 4	S W 2	2	Ci	6	Ci-cu	5	Ci-cu			

11. April 1903. Amtsblatt—青島官報 73.

Schantung-Eisenbahn.
Fahrplan
für die Strecke
Tsingtau-Weihsien-Tschingtschoufu
gültig vom 12. April 1903 ab.

Zug № 1.		Zug № 3.		Zug № 5.		Stationen	Zug № 2.		Zug № 4.		Zug № 6.	
An.	Ab.	An.	Ab.	An.	Ab.		An.	Ab.	An.	Ab.	An.	Ab.
	8.00				3.11	Tsingtau	5.58		10.05			
8.10	8.13			3.23	3.26	Syfang I.	5.47	5.50	9.52	9.55		
				3.32	3.33	Syfang II.			9.44	9.46		
8.32	8.34			3.51	3.54	Tsangkou	5.26	5.27	9.23	9.26		
				4.09	4.12	Tschoutsun			9.05	9.08		
8.52	8.54			4.22	4.27	Tschengyang	5.06	5.08	8.50	8.55		
				4.47	4.57	Nantschuan	4.50	4.51	8.18	8.28		
9.19	9.21			5.13	5.16	Lantsun	4.36	4.38	8.00	8.04		
				5.25	5.26	Likotschuang			7.50	7.51		
				5.41	5.43	Tahuang			7.34	7.36		
9.49	9.59			5.57	6.27	Kiautschou	3.44	4.09	6.55	7.20		
				6.41	6.42	Tahang			6.41	6.42		
				6.52	6.54	Tselantschuang			6.28	6.31		
				7.05	7.08	Yankotschuang			6.14	6.17		
10.38	11.03		6.13	7.22		Kaumi	2.55	3.05		6.00	7.26	
		6.39	6.40			Tsaitschiatschuang					6.58	7.00
		6.51	6.56			Taerlpu					6.44	6.47
11.37	11.39	7.07	7.12			Tschiangling	2.20	2.21			6.26	6.33
		7.26	7.29			Taibautschuang					6.12	6.14
11.57	12.02	7.39	7.54			Tsoschan	2.01	2.03			5.46	6.01
		8.07	8.11			Huantschipu					5.28	5.33
12.20	12.21	8.19	8.24			Nanliu	1.42	1.43			5.15	5.20
		8.46	8.49			Hamatun					4.54	4.57
12.49	12.59	9.04	9.14			Tschangloyuen	12.40	1.16			4.27	4.37
1.09	1.10	9.28	9.29			Erlschilipa	12.27	12.28			4.10	4.11
1.18	1.28	9.39	10.04			Weihsien	8.35	12.19			3.35	4.00
1.41	1.42	10.20	10.21			Tayüho	8.21	8.22			3.18	3.19
1.52	1.53	10.33	10.36			Tschulintien	8.10	8.12			3.05	3.07
2.06	2.21	10.52				Tschanglo	7.47	7.57				2.49
2.42	2.44					Yankou	7.24	7.26				
3.10	3.12					Tangtschiafeng	6.56	6.58				
3.32	3.34					Yangtschiaschuang	6.34	6.36				
4.08						Tschingtschoufu		6.00				

Anmerkung: Die Zeiten zwischen 6 Uhr abends und 5 Uhr 59 Min. morgens sind durch Unterstreichung der Minutenziffern kenntlich gemacht.

Druck der Missionsdruckerei, Tsingtau.

第四年　第十三号

1903 年 4 月 11 日

大德辅政司崑　为

再谕通知事：案查上年四月初九日已经谕知，"以附近青岛划为内界，即包岛、扫帚滩、台东镇等处，畜养之狗每只按年须纳税课洋银十元，至迟须于每西五月初一以前应赴支应局，即粮台，先纳一年之税，给领准养牌一面"在案。兹又届四月初，应示养狗之人，至迟于本年西五月初一以前，各赴支应局，即粮台，缴纳一年之税，以免干罚，勿误。特示。

右谕通知

大德一千九百三年四月初八日　告示

启者：兹将被窃各物列左：

闷盖柄上弦银质时表一枚，闷盖柄上弦钢制时表二十四枚，Chro.nos 牌；镀银黄铜时表四枚，Cele.brated chronograph 牌；鹰牌脚蹬（踏）车一辆，即第七十七号，其前横柄上有"Ⅲ.S.B.4."字样；中华闷盖银质时表一枚。

以上各物如有人或得或见，皆宜报明本署，并谕诸人切勿轻买，致干未便。此谕。

西一千九百三年四月初八日

青岛巡捕衙门启

青岛副臬署　为

饬传事：前据商人陈克炼呈控王庆云拖欠烟土银八拾三元六角五分一案，前已差传在案。惟被告前在台东镇生理，现无踪无迹，无地可传，是以特登传票宣传。被告王庆云准于西四月十九日早十点钟到署听訊（讯）。倘届期不到，即以误案科断。凛遵勿违。特传。

德一千九百三年四月初三日

告白

今年 4 月 15 日上午 10 点,督署工场将公开拍卖各种海军官署不再需要的材料等物品。出售物品为:

1 台燃油小艇发动机,1 艘小游艇,木桶和铁桶,钢铁废料,黄色金属等。

这些物品可于拍卖日上午 8 点起检视。

青岛,1903 年 4 月 5 日

皇家督署工场

告白

霍亨索伦街从弗里德里希街到威廉港街的路段在另行通知前封闭。

青岛,1903 年 4 月 9 日

皇家第二工部局

告白

青岛船政局现提供一个灯塔看守人职位,报酬为 2 500 马克,如工作表现良好,报酬会增加,预计为最高每年 3 500 马克。

本职位只考虑名声无瑕疵、到目前为止表现完全理智可靠的申请人。优先考虑之前曾经在海军服役的申请人。

申请须由本人亲自书写,说明到目前为止的经历。

青岛,1903 年 4 月 3 日

皇家船政局

官方新闻

根据帝国海军部的电报通知,海军少校范·塞默恩已被晋升为候补海军上校。

从今年 4 月 1 日起,发往全部非中国电报站点的提价后的电报费率生效。

电报每字收费如下:

欧洲	3.50 元
经苏伊士发往俄国欧洲部分	3.50 元
经德黑兰发往俄国欧洲部分	3.15 元

纽约	4.15 元
旧金山	4.45 元
经釜山、济物浦和汉城发往朝鲜	1.86 元
韩国其他站点	2.06 元
日本	1.11 元
香港	0.76 元
新加坡	1.76 元
科伦坡	1.81 元
爪哇	1.96 元

发往澳大利亚、非洲、美洲等地的电报须在皇家邮局(电报接收部)处询问。

被授权执行保护地司法审判权的法官克鲁森博士的头衔为：皇家高级法官。

根据帝国海军部的电报通知，海军中尉罗施被晋升为海军上尉，海军上尉军医马丁博士晋升为海军少校军医，海军高级助理医师希伯特博士晋升为海军上尉军医，海军助理医师韦恩斯博士晋升为海军高级助理医师。

"忒蒂斯号"军舰接手了驻站工作。

运载轮换部队的"西尔维亚号"轮船预计于本月 24 日抵达本地，可能会在今年 5 月 6 日再次启程。

船运

1903 年 3 月 27 日—4 月 9 日期间

到达日	轮船船名	船长	挂旗国籍	出发港	出发日	到达港
3 月 30 日	青岛号	韩森	德国	芝罘	3 月 30 日	上海
3 月 31 日	柯尼夫斯堡号	凯瑟	德国	芝罘	4 月 1 日	上海
4 月 2 日	叶世克总督号	舒尔特	德国	芝罘	4 月 3 日	上海
4 月 3 日	前进号	索纳曼	德国	上海	4 月 4 日	芝罘
4 月 4 日	忒亚号	厄乐李希	德国	牛庄	4 月 5 日	香港
（3 月 20 日）	明多罗号	拉尔森	美国	波特兰	4 月 7 日	汤森港
4 月 7 日	哈里号	马尔蒂尼	英国	芝罘		
4 月 8 日	叶世克总督号	舒尔特	德国	上海	4 月 9 日	上海
4 月 8 日	柯尼夫斯堡号	凯瑟	德国	上海	4 月 9 日	芝罘

山东铁路公司时刻表

青岛—潍县—青州府段

自1903年4月12日起生效

1号车		3号车		5号车		站点	2号车		4号车		6号车	
到达	出发	到达	出发	到达	出发		到达	出发	到达	出发	到达	出发
	8.00				3.11	青岛	5.58		10.13			
8.10	8.13			3.23	3.26	四方1	5.47	5.50	10.01	10.03		
				3.32	3.33	四方2			9.54	9.55		
8.32	8.34			3.51	3.54	沧口	5.26	5.27	9.33	9.36		
				4.09	4.12	赵村			9.15	9.18		
8.52	8.54			4.22	4.27	城阳	5.06	5.08	9.01	9.06		
				4.47	4.57	南泉	4.50	4.51	8.30	8.40		
9.19	9.321			5.13	5.16	蓝村	4.36	4.38	9.09	8.14		
				5.25	5.26	李哥庄			7.59	8.00		
				5.41	5.43	大荒			7.40	7.45		
9.49	9.59			5.57	6.27	胶州	3.44	4.09	7.01	7.26		
				6.41	6.42	腊行			6.47	6.48		
				6.52	6.54	芝兰庄			6.31	6.36		
				7.05	7.08	姚哥庄			6.14	6.18		
10.38	11.03		6.13	7.22		高密	2.55	3.05	6.00		7.26	
		6.39	6.40			蔡家庄					6.58	7.00
		6.51	6.56			塔耳堡					6.44	6.47
11.37	11.39	7.07	7.12			丈岭	2.20	2.21			6.26	6.33
		7.26	7.29			大堡庄					6.12	6.14
11.57	12.02	7.39	7.54			峡山	2.01	2.03			5.46	6.01
		8.07	8.11			黄旗堡					5.28	5.33
12.20	12.21	8.19	8.24			南流	1.42	1.43			5.15	5.20
		8.45	8.49			虾蟆屯					4.54	4.57
12.49	12.59	9.04	9.14			昌乐	12.40	1.16			4.27	4.37
1.09	1.10	9.28	9.29			二十里堡	12.27	12.28			4.10	4.11

(续表)

1号车		3号车		5号车		站点	2号车		4号车		6号车	
到达	出发	到达	出发	到达	出发		到达	出发	到达	出发	到达	出发
1.18	1.28	9.34	10.04			潍县	8.35	12.19			3.35	4.00
1.41	1.42	10.20	10.21			大圩河	8.21	8.22			3.18	3.19
1.52	1.53	10.33	10.36			朱刘店	8.10	8.12			3.05	3.07
2.42	2.44					昌乐	7.47	7.57			3.05	3.20
3.10	3.12					尧沟	7.24	7.26				2.49
3.32	3.34					谭家坊	6.56	6.58				
4.08						杨家庄	6.34	6.36				
						青州府		6.00				

备注：晚上6点和早上5点59分之间的时间段通过在分钟下面画线进行标识。

Amtsblatt
für das
Deutsche Kiautschou-Gebiet.

青島官報

Herausgegeben vom Kaiserlichen Gouvernement Kiautschou.

Der Bezugspreis beträgt jährlich $ 0,60=M 1,20.
Bestellungen nehmen sämtliche deutsche Postanstalten entgegen.

Jahrgang 4. Nr. 14. Tsingtau, den 18. April 1903.

Bekanntmachung für Seefahrer.
Ansteuerung des kleinen Hafens von Tsingtau.

Die Ansteuerung zum kleinen Hafen von Tsingtau wird durch folgende Baken (eiserne Gerüste), beziehungsweise Feuer, welche mit dem 1. April d. Js. in Betrieb genommen sind, gekennzeichnet:

a. Eine rote Bake mit rotem Feuer auf dem Molenkopf der Nordmole. Höhe über mittl. H. W. 5, 8 m.

b. Eine rote Bake mit rotem Feuer auf einem Felsen N. W. lich des Gebäudes der Hafenbauabteilung in N. O. z. O. $^1/_8$ O, ca 810 m von dem roten Molenkopffeuer. Höhe über mittl. H. W. 12 m.

c. Eine grüne Bake mit grünem Feuer auf dem Molenkopf der Südmole. Höhe über mittl. H. W. 5, 8 m.

d. Eine grüne Bake mit grünem Feuer auf der Südmole in S. z. O. $^5/_8$ O, ca 180 m. von dem grünen Molenkopffeuer. Höhe über mittl. H. W. 8 m.

Bei der Ansteuerung von S. W. kommend sind die beiden roten Baken, beziehungsweise Feuer in Linie zu halten. Dieser Kurs führt frei von Hufeisenriff und Barkassfelsen.

Bei der Ansteuerung von N. W. kommend sind die beiden grünen Baken, beziehungsweise Feuer in Linie zu halten. Dieser Kurs führt frei von Hufeisenriff und Tapautaufelsen.

Auf dem Brückenkopf der im kleinen Hafen liegenden Tapautaubrücke befinden sich zwei grüne und zwei rote Brückenkopflaternen untereinander.

Der Kaiserliche Gouverneur.
Allerhöchst mit der Stellvertretung beauftragt.
van Semmern.

Bekanntmachung.

Gestohlene Gegenstände:
12 Flaschen Rum, vieuse Rhum jamaique.
Mitteilungen sind an die unterzeichnete Behörde zu richten.

Tsingtau, den 14. April 1903.

Polizei-Amt.

啟者茲將據報被竊各物
列左
英國屬亞麥嘎島燒酒十
二瓶如有人或得或見宜
報明本署并論諸人切勿
輕買致干未便此諭
西一千九百三年四月十
四日
青島巡捕衙門啟

| 76. | Amtsblatt—青島官報 | 18. April 1903. |

Im hiesigen Handelsregister ist zu der Firma „Filiale der Kiautschau-Gesellschaft mit beschränkter Haftung" heute als Prokurist der Kaufmann Wilhelm Rieck in Tsingtau eingetragen worden.

Tsingtau, den 15. April 1903.

Kaiserliches Gericht von Kiautschou.

Zu der Firma Arnhold, Karberg & Co. ist heute im hiesigen Handelsregister eingetragen worden:

Der Gesellschafter Hans Lehmann ist an 31. December 1902 durch Tod ausgeschieden.

Tsingtau, den 15. April 1903.

Kaiserliches Gericht von Kiautschou.

Bekanntmachung.

Gemäss §. 7 der Verordnung betreffend die provisorische Errichtung eines chinesischen Komitees (Amtsblatt vom 26. April 1902, Seite 59) wird hiermit die Abrechnung über die Fonds des Komitees für das Jahr 1902 bekannt gegeben:
Einnahmen (Abgaben der Hausbesitzer
　und Stiftungen)　　　$ 1503,35
Ausgaben (Instandsetzung des Tempels
　und Besoldungen)　　$ 1198,69
　　　　　　Bestand $ 304,66

Tsingtau, den 16. April 1903.

Der Civilkommissar.

大德輔政司崑　為

通知事案查上年西四月十五日曾發
出設立中華商務公局章程第七欵載
明每屆中華年節必開一經費總單呈
查符合本署亦將此單登入官報示
衆等因該公局遵照已是一千九百二
年之總劃收欵共洋一千九百零三元
三角五分除支經費洋一千一百九十
八元六角九分外應存洋三百零四元
六角六分爲此通諭知之特示

右諭通知

大德一千九百三年四月十六日

告示

Schiffsverkehr

in der Zeit vom 10. — 16. April 1903.

Ange-kommen am	Name	Kapitän	Flagge	von	Abgefahren am	nach
10.4.	D. Amigo	Baltzer	Deutsch	Hongkong	10.4.	Tschifu
„	D. Katsuyama Maru		Japan.	Moji		
11.4.	D. Segovia	Förck	Deutsch	Manila		
12.4.	D. Hideyoshi Maru		Japan.	Nagasaki		
„	D. Vorwärts	Sohnemann	Deutsch	Tschifu	13.4.	Schanghai
14.4.	D. Tsintau	Hansen	„	Schanghai	15.4.	Tschifu
16.4.	D. Sunko Maru	Miyathi	Japan.	Moji		
„	D. Gouv. Jaeschke	Schuldt	Deutsch	Schanghai		

18. April 1903.   Amtsblatt—青島官報   77.

ÜBERSICHT

über den Stand des Vermögens der Kaisers-Geburtstagsstiftung am Schlusse des Rechnungsjahres 1902.

Einnahme	$		Ausgabe	$	
Vortrag laut Abschluss vom 12. 4. 1902.	3197	64	Gewährte Unterstützung	20	—
Kaisers-Geburtstagsbeiträge	601	—	„ „	289	60
Zinsen von 1500,— $	75	—	„ „	250	—
„ „ 787,50 „	39	38	Summe:	559	60
„ „ 500.— „	25	—			
„ „ Konto Kurrent	2	66			
Sonstige Einnahmen (vom Gericht)	50				
Summe:	3990	68			
Ab Ausgaben	559	60			
Bestand am 31. März 1903.	3431	08			
Erläuterung des Bestandes:					
Guthaben bei der Deutsch-Asiatischen Bank:					
Depositen zu 5% Zinsen 525,— $					
dsgl. 826,88 „					
dsgl. 1575,— „					
auf Konto Kurrent zu 2% Zinsen 504,20 „					
SUMME wie oben 3431.08 $					

Geprüft und richtig befunden.

Tsingtau, den 31. März 1903.   Tsingtau, den 11. April 1903.

Der Kassenwart   **Günther**

Solf.   **Schriftführer.**

Vorstehende Übersicht wird gemäss § 4 der Statuten der Kaisers-Geburtstagsstiftung bekannt gegeben.

Am 22. April, 12 Uhr mittags, findet im Sitzungssaale des Yamens eine Versammlung der Zeichner der Kaisers-Geburtstagsstiftung statt. Zweck der Versammlung: Entlastung des Kassenwarts, Neuwahl von Vorstandsmitgliedern.

Tsingtau, den 14. April 1903.

Der Kaiserliche Gouverneur.

Allerhöchst mit der Stellvertretung beauftragt.

van Semmern.

Meteorologische Beobachtungen.

Da-tum. April	Barometer (m m) reduz. auf 0° C., Seehöhe 24,30 m			Temperatur.								Dunst-spannung in mm			Relat. Feuchtigkeit in Prozenten		
				trock. Therm.			feucht. Therm.			Min.	Max.						
	7 Vm	2 Nm	9 Nm	7 Vm	2 Nm	9 Nm	7 Vm	2 Nm	9 Nm			7 Vm	2 Nm	9 Nm	7 Vm	2 Nm	9 Nm
9	758,3	757,7	758,2	11,1	18,2	13,9	9,5	13,9	11,1	9,7	15,2	7,9	9,2	8,2	80	59	69
10	59,2	61,0	63.9	9,7	16,4	8,7	8.3	11,2	6,3	9,5	19,3	7,2	6,8	5,7	82	49	68
11	65,9	65,6	66,4	5,7	12.5	8,1	3,7	7,5	4,3	5,4	17,3	4,8	4,7	3,9	70	44	50
12	66,8	65,8	63,8	8,9	11,5	10,5	5,1	10,1	8,6	6,2	13,0	4,3	8.4	7,2	50	83	75
13	59,7	55,4	59,3	9,5	10,1	6,3	9,1	9,9	5,9	9,5	11,7	8,4	9,0	6,7	95	98	94
14	62,3	63,3	62,5	7,4	9,5	6,3	6,9	8,7	5,9	6,5	12,5	7,1	7,9	6,7	93	89	94
15	61,4	62,2	62,5	6,5	9,9	6,9	6,3	9,3	6,7	6,1	11,5	7,0	8,4	6,6	98	92	88

Datum. April	Wind Richtung & Stärke nach Beaufort (0—12)			Bewölkung						Niederschläge in mm		
				7 Vm		2 Nm		9 Nm				9 Nm / 7 Vm
	7 Vm	2 Nm	9 Nm	Grad	Form	Grad	Form	Grad	Form	7 Vm	2 Nm	
9	S 1	S 2	S 2	10	Cu-ni	6	Cu	4	Cu			
10	N W 2	O N O 2	N O 4	5	Cir-cu	3	Cir-cu	5	Cir-cu			
11	N W 2	S S W 3	S 2	5	Cir-cu	—	—	7	Cir-cu			
12	O S O 2	S O 6	O 7	4	Cir	10	Cu-ni	10	Nim			8,7
13	O 8	O 7	N N W 4	10	Nim	10	Cu-ni	10	Nim	8,7	13,7	13,7
14	N W 4	N N W 1	S S W 2	10	Cu-ni	10	Cu-ni	10	Cu-ni			
15	S 2	S O 2	S 2	10	Nim	—	Nebel	10	Nim			

Druck der Missionsdruckerei, Tsingtau.

第四年 第十四号

1903年4月18日

对海员的告白

关于青岛小港内的船只行驶

通过下列（铁架式）航标，或者从本年4月1日开始使用的灯火标，来标明驶向青岛小港的航道：

a. 在北码头的头部放置有一个红色航标，带有红色灯火，高度为中等潮水位以上5.8米。

b. 在上述码头头部红色灯火东北偏东1/8处大约810米位置的港口建设部建筑西北方向的一处海礁上，放置一个红色航标，带有红色灯火，高度为中等潮水位以上12米。

c. 在南码头头部放置有一个绿色航标，带有绿色灯火，高度为中等潮水位以上5.8米。

d. 在上述码头头部绿色灯火南偏东5/8处大约180米位置的南码头上，放置一个绿色航标，带有绿色灯火，高度为中等潮水位以上8米。

从西南方向驶入时，两个红色航标以及灯火呈直线排列。这个航线从马蹄礁和小艇礁驶入时畅通无阻。

从西北方向驶入时，两个绿色航标以及灯火呈直线排列。这个航线从马蹄礁和大鲍岛礁驶入时畅通无阻。

位于小港的大鲍岛栈桥桥头上，上下叠放各两个绿色和红色的桥头灯笼。

皇家总督
敕令代理总督
范·塞默恩

启者：兹将据报被窃各物列左：

英国属亚麦嘎岛烧酒十二瓶。如有人或得或见，宜报明本署，并谕诸人切勿轻买，致干未便。此谕。

西一千九百三年四月十四日
青岛巡捕衙门启

本地商业今天将青岛的商人威廉·李耶客登记为"罗达利洋行分号"代理人。

青岛,1903 年 4 月 15 日
皇家胶澳审判厅

大德辅政司崑　为

通知事：案查上年西四月十五日曾发出《设立中华商务公局章程》第七款载明，"每届中华年节必开一经费总单，呈查符合，然本署亦将此单登入官报示众"等因，该公局遵照已呈一千九百二年之总单收款，共洋一千九百零三元三角五分，除支经费洋一千一百九十八元六角九分外，应存洋三百零四元六角六分。为此通谕知之。特示。

右谕通知
大德一千九百三年四月十六日　告示

今天本地商业登记对嘉卑世洋行登记入事项：股东汉斯·雷曼因于 1902 年 12 月 31 日去世而撤销登记。

青岛,1903 年 4 月 15 日
皇家胶澳审判厅

船运

1903 年 4 月 10 日—16 日期间

到达日	轮船船名	船长	挂旗国籍	出发港	出发日	到达港
4 月 10 日	朋友号	巴尔策	德国	香港	4 月 10 日	芝罘
4 月 10 日	伊达丸		日本	门司		
4 月 11 日	塞戈维亚号	福尔克	德国	马尼拉		
4 月 12 日	秀吉丸		日本	长崎		
4 月 12 日	前进号	索纳曼	德国	芝罘	4 月 13 日	上海
4 月 14 日	青岛号	韩森	德国	上海	4 月 15 日	芝罘
4 月 16 日	三晃丸	弥亚蒂	日本	门司		
4 月 16 日	叶世克总督号	舒尔特	德国	上海		

皇帝诞辰基金会在1902年会计年度年底财产状况概览

收入	元		支出	元	
1902年4月12日决算后的结转	3 197	64	已承诺资助	20	—
皇帝诞辰基金会会费	601	—	已承诺资助	289	60
1 500.00元的利息	75	—	已承诺资助	250	—
787.50元的利息	39	38	总计：	559	60
500.00元的利息	25	—			
现账户利息	2	66			
其他收入（来自法庭）	50				
总计	3 990	68			
扣除支出	559	60			
1903年3月31日存款	3 431	08			
存款状况备注：					
在德华银行的款项：					
5%利息的定期存款账户 525.00元					
同上： 826.88元					
同上： 1 575.00元					
2%利息的活期账户：504.20元					
上述款项总计：3 431.08元					

经检查，上述金额正确无误。

青岛，1903年3月31日　　　　　　　　　　青岛，1903年4月11日
出纳员：佐尔夫　　　　　　　　　　　　　书记官：冈特

根据《皇帝诞辰基金会章程》第4条之规定，特公开发布上述概览。

4月22日中午12点将在衙门会议室举办皇帝基金会认捐者大会。会议目的：任免出纳员，重新选举董事会成员。

青岛，1903年4月14日
皇家总督
最高敕令任命代理总督
范·塞默恩

Amtsblatt
für das
Deutsche Kiautschou-Gebiet.

青島官報

Herausgegeben vom Kaiserlichen Gouvernement Kiautschou.

Der Bezugspreis beträgt jährlich $ 0,60=M 1,20.
Bestellungen nehmen sämtliche deutsche Postanstalten entgegen.

Jahrgang 4. Nr. 15. Tsingtau, den 25. April 1903.

Öffentliche Ladung.

Der chinesische Kaufmann Chü hsün yü zu Tapautau, Weihsienstrasse 2, klagt gegen den früheren Opiumhändler Wang tschin yün, früher zu Taitungtschen, jetzt unbekannten Aufenthalts, wegen 52,80 $ aus einer Opiumlieferung.

Termin zur Verhandlung des Rechtsstreites ist auf den 16. Mai d. Js. vormittags 11 Uhr, vor dem Kaiserlichen Bezirksamte anberaumt.

Beim Nichterscheinen des Beklagten wird Versäumnisurteil ergehen.

Tsingtau, den 16. April 1903.

Kaiserliches Bezirksamt.

Amtliche Mitteilungen.

Kapitän zur See van Semmern ist in eine etatsmässige Stelle aufgerückt.

*

Der Torpeder a. D. Hermann ist laut telegraphischer Mitteilung des Reichsmarineamts zum Kasernen-Inspektor ernannt.

*

Der Dampfer „Main" mit dem Ablösungstransport für das Kreuzergeschwader wird voraussichtlich am 15. Juni d. Js. hier eintreffen und wahrscheinlich am 25. Juni d. Js. wieder in See gehen.

*

Kurs bei der Gouvernementskasse vom 20. d. Mts. ab: 1 $ = 1,70 M.

Schiffsverkehr

in der Zeit vom 16. — 23. April 1903.

Angekommen am	Name	Kapitän	Flagge	von	Abgefahren am	nach
16.4.	D. Sunko Maru	Miyathi	Japanisch	Moji	20.4.	Niutschuang
„	D. Gouv. Jaeschke	Schuldt	Deutsch	Schanghai	17.4.	Schanghai
„	D. Lienshing	Jong	Englisch	Tschifu	16.4.	„
(10.4.)	D. Katsuyama Maru		Japanisch	Moji	„	Tschifu
(12.4.)	D. Hideyoshi Maru		„	Nagasaki	17.4.	Nagasaki
17.4.	D. Knivsberg	Kayser	Deutsch	Tschifu	18.4.	Schanghai
19.4.	D. Aichi Maru		Japanisch	Moji		
20.4.	D. Swatow Maru		„	Nagasaki	21.4.	Niutschuang
„	D. Vorwärts	Sohnemann	Deutsch	Schanghai	„	Tschifu
„	S. Amaranth	Bowes	Amerik.	Portland		
(11.4.)	D. Segovia	Förck	Deutsch	Manila	22.4.	Yokohama
22.4.	D. Gouv. Jaeschke	Schuldt	„	Schanghai	23.4.	Schanghai

Hochwassertabelle für den Monat Mai 1903.

Datum	Tsingtau - Hauptbrücke		T'aput'ou.		Nükuk'ou.	
	Vormittags	Nachmittags	Vormittags	Nachmittags	Vormittags	Nachmittags
1.	7U. 17M.	7U. 41M.	8 U. 07M.	8 U. 31 M.	8 U. 17 M.	8 U. 41 M.
2.	8 „ 06 „	8 „ 31 „	8 „ 56 „	9 „ 21 „	9 „ 06 „	9 „ 31 „
3.	8 „ 58 „	9 „ 25 „	9 „ 48 „	10 „ 15 „	9 „ 48 „	10 „ 25 „
4.	9 „ 55 „ ●	10 „ 25 „	10 „ 45 „	11 „ 15 „	10 „ 55 „	11 „ 25 „
5.	10 „ 58 „	11 „ 32 „	11 „ 48 „	—	11 „ 38 „	—
6.	—	0 „ 08 „	0 „ 22 „	0 „ 58 „	0 „ 32 „	1 „ 08 „
7.	0 „ 44 „	1 „ 18 „	1 „ 34 „	2 „ 08 „	1 „ 44 „	2 „ 18 „
8.	1 „ 53 „	2 „ 23 „	2 „ 43 „	3 „ 13 „	2 „ 53 „	3 „ 23 „
9.	2 „ 52 „	3 „ 17 „	3 „ 42 „	4 „ 07 „	3 „ 52 „	4 „ 17 „
10.	3 „ 41 „	4 „ 03 „	4 „ 31 „	4 „ 53 „	4 „ 41 „	5 „ 03 „
11.	4 „ 25 „	4 „ 44 „ ○	5 „ 15 „	5 „ 34 „	5 „ 25 „	5 „ 44 „
12.	5 „ 03 „	5 „ 22 „	5 „ 53 „	6 „ 12 „	6 „ 03 „	6 „ 22 „
13.	5 „ 41 „	5 „ 59 „	6 „ 31 „	6 „ 49 „	6 „ 41 „	6 „ 59 „
14.	6 „ 17 „	6 „ 35 „	7 „ 07 „	7 „ 25 „	7 „ 17 „	7 „ 35 „
15.	6 „ 53 „	7 „ 11 „	7 „ 43 „	8 „ 01 „	7 „ 53 „	8 „ 11 „
16.	7 „ 29 „	7 „ 47 „	8 „ 19 „	8 „ 37 „	8 „ 29 „	8 „ 47 „
17.	8 „ 05 „	8 „ 23 „	8 „ 55 „	9 „ 13 „	9 „ 05 „	9 „ 23 „
18.	8 „ 42 „	9 „ 03 „	9 „ 32 „	9 „ 53 „	10 „ 42 „	10 „ 03 „
19.	9 „ 25 „	9 „ 53 „ ◐	10 „ 15 „	10 „ 43 „	10 „ 25 „	10 „ 53 „
20.	10 „ 21 „	10 „ 54 „	11 „ 11 „	11 „ 44 „	11 „ 21 „	11 „ 54 „
21.	11 „ 26 „	—	—	0 „ 16 „	—	0 „ 26 „
22.	0 „ 01 „	0 „ 35 „	0 „ 51 „	1 „ 25 „	1 „ 01 „	1 „ 55 „
23.	1 „ 08 „	1 „ 40 „	1 „ 58 „	2 „ 30 „	2 „ 08 „	2 „ 40 „
24.	2 „ 10 „	2 „ 39 „	3 „ 00 „	3 „ 29 „	3 „ 10 „	3 „ 39 „
25.	3 „ 06 „	3 „ 32 „	3 „ 56 „	4 „ 22 „	4 „ 06 „	4 „ 32 „
26.	3 „ 57 „	4 „ 21 „ ●	4 „ 47 „	5 „ 11 „	5 „ 57 „	5 „ 21 „
27.	4 „ 45 „	5 „ 08 „	5 „ 35 „	5 „ 48 „	6 „ 45 „	6 „ 08 „
28.	5 „ 32 „	5 „ 55 „	6 „ 22 „	6 „ 45 „	6 „ 32 „	6 „ 55 „
29.	6 „ 19 „	6 „ 43 „	7 „ 09 „	7 „ 23 „	7 „ 19 „	7 „ 43 „
30.	7 „ 07 „	7 „ 31 „	7 „ 57 „	8 „ 21 „	8 „ 07 „	8 „ 31 „
31.	7 „ 55 „	8 „ 19 „	8 „ 45 „	9 „ 09 „	9 „ 55 „	9 „ 19 „

1) ○ = Vollmond; 2) ◐ = Letztes Viertel; 3) ● = Neumond; 4) ◑ = Erstes Viertel.

25. April 1903. Amtsblatt—青島官報 81.

Meteorologische Beobachtungen.

Da-tum. April.	Barometer (mm) reduz. auf 0° C., Seehöhe 24,30 m			Temperatur.								Dunst-spannung in mm			Relat. Feuchtigkeit in Prozenten		
				trock. Therm.			feucht. Therm.			Min.	Max.						
	7 Vm	2 Nm	9 Nm	7 Vm	2 Nm	9 Nm	7 Vm	2 Nm	9 Nm			7 Vm	2 Nm	9 Nm	7 Vm	2 Nm	9 Nm
16	765,1	764,7	767,2	8,5	14,7	10,3	8,1	9,6	7,9	6,5	10,0	7,8	5,8	6,6	94	48	70
17	68,4	68,1	65,1	8,2	13,3	8,5	5,2	8,1	5,9	7,5	15,7	4,8	4,9	5,4	60	43	65
18	63,7	61,4	61,3	11,3	14,8	10,7	8,5	11,3	9,3	8,5	15,0	6,6	7,9	7,9	66	63	83
19	61,0	61,1	60,5	10,3	13,2	10,1	9,3	11,0	8,9	9,5	16,0	8,1	8,5	7,8	88	75	84
20	58,6	58,2	58,4	8,9	13,7	9,1	7,9	9,1	7,9	8,5	13,2	7,4	5,9	7,2	87	50	84
21	58,8	58,6	61,0	10,3	14,3	11,3	8,9	11,3	8,5	8,0	13,7	7,7	8,2	6,6	82	67	66
22	61,9	61,2	61,9	11,7	16,2	12,3	8,7	13,2	10,3	10,5	16,1	6,6	9,5	8,1	64	69	77

Da-tum. April	Wind Richtung & Stärke nach Beaufort (0—12)			Bewölkung						Niederschläge in mm		
				7 Vm		2 Nm		9 Nm				9 Nm
	7 Vm	2 Nm	9 Nm	Grad	Form	Grad	Form	Grad	Form	7 Vm	2 Nm	7 Vm
16	NW 1	NW 3	NW 1	10	Nim	6	Cir-cu	—	—			
17	N 1	SW 4	S 2	—	—	—	—	—	—			
18	S 2	SW 4	S 3	2	Cir-cu	4	Cir-cu	7	Cu-ni			
19	SSO 2	SSO 3	SSO 2	—	—	2	Cir-cu	—	—			
20	OSO 2	S 1	SSO 1	10	Cu-ni	3	Cir-str	—	—			
21	S 1	S O 3	SSO 2	1	Cir	—	—	—	—			
22	S O 1	S O 4	OSO 4	6	Cir-str	6	Cir	10	Cu-ni			

Sonnen-Auf- und Untergang
für Monat Mai 1903.

Datum	Mittelostchinesische Zeit des scheinbaren	
	Sonnen-Aufgangs.	Sonnen-Untergangs.
1	5 Uhr 6.3 Min.	6 Uhr 45.5 Min.
2	,, 5.2 ,,	,, 46.3 ,,
3	,, 4.1 ,,	,, 47.1 ,,
4	,, 3.1 ,,	,, 47.9 ,,
5	,, 2.1 ,,	,, 48.8 ,,
6	,, 1.1 ,,	,, 49.7 ,,
7	,, 0.0 ,,	,, 50.6 ,,
8	4 Uhr 59.0 ,,	,, 51.5 ,,
9	,, 58.0 ,,	,, 52.4 ,,
10	,, 57.0 ,,	,, 53.3 ,,
11	,, 56.0 ,,	,, 54.2 ,,
12	,, 55.1 ,,	,, 55.0 ,,
13	,, 54.2 ,,	,, 55.8 ,,
14	,, 53.4 ,,	,, 56.6 ,,
15	,, 52.6 ,,	,, 57.4 ,,
16	,, 51.8 ,,	,, 58.2 ,,
17	,, 51.1 ,,	,, 58.9 ,,
18	,, 50.4 ,,	,, 59.6 ,,
19	,, 49.8 ,,	7 Uhr 0.3 ,,
20	,, 49.2 ,,	,, 1.0 ,,
21	,, 48.6 ,,	,, 1.6 ,,
22	,, 47.9 ,,	,, 2.4 ,,
23	,, 47.2 ,,	,, 3.2 ,,
24	,, 46.5 ,,	,, 4.1 ,,
25	,, 45.8 ,,	,, 5.0 ,,
26	,, 45.1 ,,	,, 5.9 ,,
27	,, 44.7 ,,	,, 6.6 ,,
28	,, 44.3 ,,	,, 7.2 ,,
29	,, 43.9 ,,	,, 7.8 ,,
30	,, 43.5 ,,	,, 8.4 ,,
31	,, 43.2 ,,	,, 9.0 ,,

Druck der Missionsdruckerei, Tsingtau.

第四年 第十五号

1903 年 4 月 25 日

青岛副臬署　为

饬传事：兹据商人曲训玉呈控王庆云拖欠烟土银五十二元八角一案，查被告王庆云前在台东镇生理，现无下落，故无处传訉(讯)。是以特登传票，宣传被告王庆云准于西五月十六，即中四月二十日上午十一点钟到署听訉(讯)。倘届期不到，即以误案科断。仰即遵照勿违。特谕。

德一千九百三年四月十六日

官方消息

范·塞默恩海军上校获得晋升，负责预算方面的职位。

根据帝国海军部的电报通知，退役鱼雷师赫尔曼被任命为军营监察官。

运载巡洋舰队轮换人员的轮船"美因号"预计将于今年 6 月 15 日抵达本地，可能在今年 6 月 25 日再次出航。

总督府财务处自本月 20 日起的汇率为：1 元＝1.70 马克。

船运

1903 年 4 月 16 日—23 日期间

到达日	轮船船名	船长	挂旗国籍	出发港	出发日	到达港
4 月 16 日	Sunko 丸	弥亚蒂	日本	门司	4 月 20 日	牛庄
4 月 16 日	叶世克总督号	舒尔特	德国	上海	4 月 17 日	上海

(续表)

到达日	轮船船名	船长	挂旗国籍	出发港	出发日	到达港
4月16日	联兴号	雍	英国	芝罘	4月16日	上海
(4月10日)	仙台丸		日本	门司	4月16日	芝罘
(4月12日)	秀吉丸		日本	横滨	4月17日	长崎
4月17日	柯尼夫斯堡号	凯瑟	德国	芝罘	4月18日	上海
4月19日	Aichi 丸		日本	门司		
4月20日	汕头丸		日本	横滨	4月21日	牛庄
4月20日	前进号	索纳曼	德国	上海	4月21日	芝罘
4月20日	阿马兰特号	博伊斯	美国	波特兰		
4月11日	塞戈维亚号	福尔克	德国	马尼拉	4月22日	横滨
4月22日	叶世克总督号	舒尔特	德国	上海	4月23日	上海

Amtsblatt
für das
Deutsche Kiautschou-Gebiet.

青 島 官 報

Herausgegeben vom Kaiserlichen Gouvernement Kiautschou.

Der Bezugspreis beträgt jährlich $ 0,60 = M 1,20.
Bestellungen nehmen sämtliche deutsche Postanstalten entgegen.

Jahrgang 4.   Nr. 16.   Tsingtau, den 2. Mai 1903.

Bekanntmachung.

Es wird darauf aufmerksam gemacht, dass für den Baarverkehr an den Postschaltern als Zahlungsmittel lediglich der Dollar mexicanischer Prägung gilt. Scheidemünzen der Dollarwährung werden nur bis zum Betrage von 50 cts. angenommen.

Ausserdem wird von jetzt ab beim Verkauf der Wertzeichen und Formulare, sowie bei der Erhebung von Portobeträgen für in Scheidemünze geleistete Zahlungen ein Zuschlag von 10% erhoben.

Tsingtau, den 30. April 1903.

Kaiserlich Deutsches Postamt.

Amtliche Mitteilung.

Gouverneur Truppel hat am 28. April ds. die Dienstgeschäfte wieder übernommen.

Schiffsverkehr
in der Zeit vom 24. — 30. April 1903.

Ange-kommen am	Name	Kapitän	Flagge	von	Abgefahren am	nach
24.4.	D. Silvia	Jäger	Deutsch	Wilhelmshaven		
(19.4.)	D. Aichi Maru		Japanisch	Moji	26.4.	
26.4.	D. Knivsberg	Kayser	Deutsch	Schanghai	28.4.	Tschifu
"	D. Tsintau	Hansen	"	Tschifu	27.4.	"
27.4.	D. Suyehiro Maru		Japanisch	Moji		Schanghai
28.4.	D. Oyo Maru		"	"		
"	D. Vorwärts	Sohnemann	Deutsch	Tschifu	29.4.	
"	D. Triumpf	Hansen	"		29.4.	Schanghai
30.4.	D. Gouv. Jaeschke	Schuldt	"	Schanghai		Hongkong

Meteorologische Beobachtungen.

Datum. April	Barometer (m m) reduz. auf 0° C., Seehöhe 24,30 m			Temperatur.								Dunstspannung in mm			Relat. Feuchtigkeit in Prozenten		
				trock. Therm.			feucht. Therm.			Min.	Max.						
	7 Vm	2 Nm	9 Nm	7 Vm	2 Nm	9 Nm	7 Vm	2 Nm	9 Nm			7 Vm	2 Nm	9 Nm	7 Vm	2 Nm	9 Nm
23	761,2	760,1	757,6	12,5	12,4	11,1	10,5	10,9	10,5	11,7	17,0	8,3	8,8	9,1	77	83	93
24	50,9	50,0	54,4	11,3	10,0	9,6	10,5	9,5	8,8	11,1	14,0	9,0	8,6	8,0	91	94	89
25	56,3	57,4	61,9	10,0	14,1	10,7	9,0	11,0	8,6	9,5	12,0	8,0	7,9	7,1	87	66	73
26	61,9	60,4	62,6	9,5	13,9	11,1	7,7	11,1	9,5	9,5	15,0	6,8	8,2	7,9	76	69	80
27	62,0	59,7	59,1	10,5	13,7	10,3	9,0	10,9	9,1	9,9	16,7	7,7	8,0	7,9	81	69	85
28	59,4	60,3	62,3	10,9	10,3	9,3	10,3	7,9	7,7	10,3	15,0	9,0	6,6	6,9	93	70	79
29	62,2	60,4	60,4	10,1	15,2	13,1	8,2	11,3	11,3	7,4	11,2	6,9	7,6	8,9	75	59	80

Datum. April	Wind Richtung & Stärke nach Beaufort (0—12)			Bewölkung						Niederschläge in mm		
				7 Vm		2 Nm		9 Nm				
	7 Vm	2 Nm	9 Nm	Grad	Form	Grad	Form	Grad	Form	7 Vm	2 Nm	9 Nm 7 Vm
23	O 4	OSO 5	O 6	10	Nim	10	Nim	10	Nim		2,7	21,2
24	O 5	N 6	NW 7	10	Nim	10	Nim	8	Cum-nim	18,5	15,8	15,8
25	NNW 5	NNO 4	NNW 3	10	Cum-nim	2	Cum	3	Cum			
26	NW 4	S 3	SSW 2	7	Cir-cu	5	Str.	6	Cir-cum			
27	SO 1	O 4	SO 1	10	Cum-nim	7	Cir-cu	10	Cum-nim			
28	NW 4	NW 6	NNW 1	10	Cum-nim	8	Cum-str	—	—		0,4	0,4
29	SW 2	SW 5	SW 5	—	—	3	Str	—	—			

Druck der Missionsdruckerei, Tsingtau.

第四年　第十六号

1903年5月2日

大德青岛邮政局　为

晓谕通知事：照得凡在本局寄信处出入之钱洋，纸（只）收鹰洋，其他项钱洋概不收用。至于零星钱洋，至多用至五角之数。再嗣后凡卖之信票，并各项单式，以及所收之信资，如用小洋缴纳，即须增贴一成始可。仰诸色人等一体周知。特示。

右仰通知

德一千九百三年四月三十日

官方消息

总督都沛禄已于今年4月28日再次回到岗位，处理事务。

船运

1903年4月24日—30日期间

到达日	轮船船名	船长	挂旗国籍	出发港	出发日	到达港
4月24日	西尔维亚号	耶格尔	德国	威廉港		
（4月19日）	Aichi 丸		日本	门司	4月26日	
4月26日	柯尼夫斯堡号	凯瑟	德国	上海	4月28日	芝罘
4月26日	青岛号	韩森	德国	芝罘	4月27日	芝罘
4月27日	Suychiro 丸		日本	门司		上海
4月28日	Oyo 丸		日本	门司		
4月28日	前进号	索纳曼	德国	芝罘	4月29日	
4月28日	胜利号	韩森	德国	芝罘	4月29日	上海
4月30日	叶世克总督号	舒尔特	德国	上海		香港

Amtsblatt
für das
Deutsche Kiautschou-Gebiet.

青島官報

Herausgegeben vom Kaiserlichen Gouvernement Kiautschou.

Der Bezugspreis beträgt jährlich $ 0,60 = M 1,20.
Bestellungen nehmen sämtliche deutsche Postanstalten entgegen.

Jahrgang 4. — Nr. 17. — Tsingtau, den 9. Mai 1903.

Verordnung
betreffend die Dienstaufsicht über die Notare im Kiautschougebiete.

Auf Grund des § 15 des Schutzgebietsgesetzes und des § 11 der Kaiserlichen Verordnung vom 9. November 1900, betreffend die Rechtsverhältnisse in den deutschen Schutzgebieten, wird hierdurch bestimmt:

Die für das Schutzgebiet Kiautschou ernannten Notare unterstehen der Aufsicht des Kaiserlichen Oberrichters.

Berlin, den 18. Februar 1903.

In Vertretung des Reichskanzlers.
v. Tirpitz.

Dienstanweisung
für die Notare im Bezirk des Kaiserlichen Gerichts von Kiautschou.

Auf Grund der §§ 6 und 15 des Schutzgebietsgesetzes vom 25. Juli 1900, des § 11 der Kaiserlichen Verordnung, betreffend die Rechtsverhältnisse in den deutschen Schutzgebieten vom 9. November 1900 und der Ermächtigung des Reichskanzlers vom 27. April 1898 verordne ich über die Dienststellung der Notare im Bezirke des Kaiserlichen Gerichts von Kiautschou folgendes:

§ 1.

Der Notar hat vor dem Oberrichter einen Diensteid dahin zu leisten, „dass er die Pflichten eines Notars treu und gewissenhaft erfüllen werde."

Das über die Vereidigung aufzunehmende Protokoll hat er mit der von ihm bei Amtshandlungen anzuwendenden Unterschrift zu unterzeichnen. Die Aushändigung der Urkunde über die Ernennung zum Notar erfolgt im Anschluss an die Eidesleistung.

§ 2.

Der Notar bedarf zur Übernahme von Nebenämtern oder Nebenbeschäftigungen keiner Genehmigung der Aufsichtsbehörde. Jedoch kann ihm die Verwaltung eines Nebenamtes, sowie die Fortsetzung einer Nebenbeschäftigung untersagt werden, wenn die Verwaltung des Amtes oder die Beschäftigung der Würde der Stellung eines Notars nicht entspricht.

§ 3.

Der Notar darf seine Dienste nicht ohne triftigen Grund verweigern. Nimmt er einen Auftrag nicht an, so ist er verpflichtet, die Ablehnung dem Auftraggeber unverzüglich anzuzeigen.

§ 4.

Auf Amtshandlungen des Notars, die nicht die Beurkundung eines Rechtsgeschäfts zum Gegenstande haben, finden die Vorschriften, die in den §§ 6 bis 9 des Reichsgesetzes über die Angelegenheiten der freiwilligen Gerichtsbarkeit in Bezug auf die Ausschliessung des Richters, in Bezug auf seine Befugnis, sich wegen Befangenheit der Ausübung seines Amtes zu enthalten, sowie in Bezug auf die Gerichtssprache und die Dolmetscher getroffen sind, entsprechende Anwendung.

§ 5.

In einer Sache, in der mehrere Personen beteiligt sind, soll der Notar, der in dieser Sache für einen der Beteiligten als Prozessbevollmächtigter tätig ist oder gewesen ist, keine Amtshandlungen vornehmen, wenn einer der Beteiligten widerspricht. Der Notar soll den Beteiligten von einem solchen Widerspruchsgrund unverzüglich Mitteilung machen; der Widerspruch ist nur zulässig, wenn er unverzüglich nach der Mitteilung erfolgt.

§ 6.

Als Dolmetscher soll der Notar Chinesen oder diesen nach § 2 der Kaiserlichen Verordnung betreffend die Rechtsverhältnisse in den deutschen Schutzgebieten gleichgestellte Farbige nicht zuziehen; das Gericht kann Ausnahmen zulassen.

Die Beeidigung der von dem Notar als Dolmetscher zuzuziehenden Personen erfolgt ausschliesslich durch das Gericht. Der Richter ist befugt, die Beeidigung abzulehnen, wenn er die Überzeugung gewinnt, dass der zu Beeidigende der fremden Sprache nicht genügend mächtig ist.

Bei den ein für alle Mal beeidigten Gerichtsdolmetschern genügt die Berufung auf den früher geleisteten Eid. Sie dürfen, sofern sie Beamte sind, als Dolmetscher eines Notars nur mit Genehmigung des Oberrichters tätig werden. Die Genehmigung kann generell erteilt werden und ist jederzeit widerruflich.

§ 7.

Der Notar ist zuständig, Siegelungen und Entsiegelungen im Auftrage des Gerichts oder des Konkursverwalters vorzunehmen.

§ 8.

Der Notar soll in Ansehung von Geschäften, die er beurkundet, keine Gewährleistung übernehmen.

§ 9.

Der Notar hat, soweit nicht das Gesetz ein anderes bestimmt, über die Verhandlungen, bei denen er mitgewirkt hat, Verschwiegenheit zu beobachten, es sei denn, dass die in der Sache Beteiligten ihn von dieser Verpflichtung entbinden.

§ 10.

Die Dienstaufsicht über die Notare wird von dem Oberrichter geführt (Verordnung des Reichskanzlers vom 18. Februar 1903).

§ 11.

Der Notar ist verpflichtet, dem Oberrichter auf Verlangen die Urkunden und Register zur Einsicht vorzulegen.

§ 12.

Der Notar hat folgende Register und Bücher zu führen:

1. das allgemeine Notariatsregister nach anliegendem Muster, in welches die aufgenommenen Verhandlungen, die angefertigten und beglaubigten Entwürfe und die Beglaubigungen von Unterschriften oder Handzeichen, sowie die sonstigen Zeugnisse mit Ausnahme der Beglaubigung von Abschriften in ununterbrochener Reihenfolge unter fortlaufenden Nummern einzutragen sind. Das Register ist mit fortlaufenden Seitenzahlen zu versehen und die Zahl von dem Oberrichter zu beglaubigen.

   Auf der Urschrift jeder Urkunde sowie auf jeder Ausfertigung oder Abschrift soll der Notar die Nummer angeben, unter der die Urschrift im Register eingetragen ist.

2. das Register über Wechselproteste (Art. 90 der Wechsel-Ordnung) zur Eintragung einer wortgetreuen Abschrift der aufgenommenen Proteste in der Reihenfolge der Vornahme. Die Eintragung ist mit einem durch den Notar eigenhändig vollzogenen Beglaubigungsvermerk zu versehen.

3. das Verwahrungsbuch in zwei Abteilungen nach anliegendem Muster über die bei ihm eingehenden fremden Gelder, geldwerten Papiere und Kostbarkeiten.

Auf die Einrichtung und Führung der Register und des Verwahrungsbuches findet der § 2 der Allgemeinen Verfügung des Preussischen Justizministers betreffend das Notariat vom 21. Dezember 1899 (Justiz-Ministerial-Blatt Seite 834) sinngemässe Anwendung.

§ 13.

Das Dienstsiegel des Notars enthält in der Mitte den heraldischen Adler (Marine-Adler) und in der Umschrift den Vor- und Zunamen des Notars, sowie die Worte „Notar im Bezirk des Kaiserlichen Gerichts von Kiautschou". Notaren, welche einen ihnen verliehenen Titel oder den Doktor-Titel führen, ist gestattet, diese Titel dem Vornamen im Dienstsiegel voranzusetzen. Die Verwendung von Siegelmarken an Stelle des Dienstsiegels ist unzulässig.

§ 14.

Der Notar ist nicht verpflichtet, Urlaub zu nehmen, soll jedoch, wenn er seinen Amtssitz für länger als eine Woche verlässt, dem Oberrichter von Beginn und Beendigung der Abwesenheit Anzeige machen.

Dauert die Abwesenheit länger als sechs Wochen oder ist der Notar für einen sechs Wochen übersteigenden Zeitraum durch Krankheit oder sonst an der Wahrnehmung seiner Geschäfte verhindert, so hat er die sein Amt betreffenden Akten (Urschriften, Register u. s. w.) einem anderen zur Empfangnahme bereiten Notar im Bezirke des Gerichts von Kiautschou oder in Ermangelung eines solchen dem Gericht zur Verwahrung zu übergeben. Von der Übergabe der Akten an einen anderen Notar ist dem Gericht Anzeige zu erstatten.

§ 15.

Hat der Notar für die Zeit, während welcher er an der Wahrnehmung seiner Geschäfte verhindert ist, die Verwahrung seiner Akten in der im § 14 bezeichneten Art nicht veranlasst, so hat, falls ein Antrag auf Erteilung einer Ausfertigung aus den Akten des Notars oder auf Erteilung einer Abschrift oder auf Gewährung der Einsicht gestellt wird, auf Anordnug des Oberrichters das Gericht die Dienstakten in Verwahrung zu nehmen, bis der Notar die Geschäfte übernimmt.

§ 16.

Ist dem Notar auf seinen oder seines nach § 1910 des Bürgerlichen Gesetzbuches bestellten Pflegers Antrag ein Vertreter bestellt, so finden auf ihn die Vorschriften dieser Dienstanweisung sinngemässe Anwendung. Der Anfang sowie die Beendigung der Vertretung ist dem Oberrichter anzuzeigen. Der Vertreter versieht das Amt des Vertretenen unter dessen und seiner eigenen Verantwortlichkeit und auf dessen Kosten. Er hat seiner Unterschrift einen ihn als Vertreter kennzeichnenden Zusatz beizufügen und das Dienstsiegel des Vertretenen zu gebrauchen.

Der Vertreter soll, unbeschadet der aus seiner Person sich ergebenden Hinderungsgründe, auch insoweit keine Amtshandlungen vornehmen, als der von ihm vertretene Notar ausgeschlossen sein würde. Der Vertreter soll während der Dauer der Vertretung keine Amtshandlungen vornehmen.

§ 17.

Bei dem Ausscheiden oder dem Tode des Notars hat auf Anordnung des Oberrichters das Gericht die das Amt betreffenden Papiere in Verwahrung und das Dienstsiegel zum Zwecke der Vernichtung an sich zu nehmen.

§ 18.

Bis zur allgemeinen Regelung des Kostenwesens im Schutzgebiete finden auf die Gebühren der Notare die Vorschriften der Preussischen Gebührenordnung für Notare vom 25. Juni 1895 in der Fassung vom 6. Oktober 1899 (Gesetz-Sammlung 1899 S. 203) Anwendung mit der Massgabe, dass bei der Berechnung des Objekts der mexikanische Dollar zum Werte von 2 Mark gerechnet wird und die Gebühren im Schutzgebiete soviel Dollars und Cents betragen, wie sie in Preussen Mark und Pfennige betragen würden.

§ 19.

Diese Dienstanweisung tritt mit ihrer Verkündung in Kraft.

Tsingtau, den 3. Mai 1903.

Der Kaiserliche Gouverneur.

Truppel.

Das allgemeine Notariatsregister

Jährlich fortlaufende №	Tag der Ausstellung der Urkunde	Gegenstand	Namen der Beteiligten	Stand	Wohnort	Bemerkungen

№ I. Verwahrungsbuch.

Einnahmen

Laufende №	Datum (Monat Tag)	Bezeichnung des Hinterlegers	Es sind hinterlegt				Unterschrift des Notars	Hinweis auf die Eintragung in Abteilung II
			besonders aufzubewahrende Wertpapiere und Kostbarkeiten		bare Gelder,				
			Bezeichnung	Nennwert oder Taxwert	bare Gelder	welche von den eigenen Geldern getrennt aufzubewahren sind	welche mit den eigenen Geldern vermischt werden dürfen		Seite | №
				$ ₰	$ ₰	$ ₰	$ ₰		
1	2	3	4	5	6	7	8	9

Ausgaben

Laufende №	Datum (Monat Tag)	Bezeichnung des Empfängers	Es sind verausgabt				Unterschrift des Notars	Hinweis auf die Eintragung in abteilung II	Bemerkungen
			besonders aufbewahrte Wertpapiere und Kostbarkeiten		bare Gelder,					
			Bezeichnung	Nennwert oder Taxwert	bare Gelder	welche von den eigenen Geldern getrennt aufbewahrt sind	welche mit den eigenen Geldern vermischt sind		Seite | №	
				$ ₰	$ ₰	$ ₰	$ ₰			
1	2	3	4	5	6	7	8	9	10

№ II. Verwahrungsbuch.

Einnahmen

Nummer des Verwahrungsbuches Abteilung I.	Datum Monat Tag	Bezeichnung des Hinterlegers	Es sind hinterlegt				Unterschrift des Notars
			besonders aufzubewahrende Wertpapiere und Kostbarkeiten		bare Gelder,		
			Bezeichnung	Nennwert oder Taxwert $ ₰	bare Gelder $ ₰	welche von den eigenen Geldern getrennt aufzubewahren sind $ ₰	welche mit den eigenen Geldern vermischt werden dürfen $ ₰	
1	2	3	4	5	6	7	8

Ausgaben

Nummer des Verwahrungsbuches Abteilung I.	Datum Monat Tag	Bezeichnung des Empfängers	Es sind verausgabt				Unterschrift des Notars	Nummer der Belege	Bemerkungen
			besonders aufbewahrte Wertpapiere und Kostbarkeiten		bare Gelder,				
			Bezeichnung	Nennwert oder Taxwert $ ₰	bare Gelder $ ₰	welche von den eigenen Geldern getrennt aufbewahrt sind $ ₰	welche mit den eigenen Geldern vermischt sind $ ₰			
1	2	3	4	5	6	7	8	9	10

Bekanntmachung.

Durch Erlass des Reichskanzlers vom 18. Februar 1903 ist der Rechtsanwalt Dr. jur. Gottfried Rapp in Tsingtau zum Notar im Bezirk des Kaiserlichen Gerichts von Kiautschou für die Dauer seiner Zulassung zur Ausübung der Rechtsanwaltschaft bei dem genannten Gericht ernannt.

Tsingtau, den 3. Mai 1903.

Der Kaiserliche Gouverneur

Truppel.

Bekanntmachung.

Die im Amtsblatt Nr. 4 vom 4. Februar d Js., Seite 19, veröffentlichte Verdingung der Lieferung der maschinellen Einrichtung für die Garnison-Waschanstalt wird hiermit aufgehoben.

Tsingtau, den 5. Mai 1903.

Bauabteilung IIIa.

Amtliche Mitteilungen.

Die Geschäfte des Vorstandes des Katasteramtes hat am 2. d. Mts. der Katasterkontroleur Dessin von dem in die Heimat beurlaubten Katasterkontroleur Goedecke übernommen.

*

Die Geschäftsräume des Baudirektors sind nach dem früher Ritthausen'schen Grundstück (neben der Kiautschou-Leichter-Gesellschaft) verlegt und unter Nr. 18 mit der Bezeichnung „Baudirektor" an das Fernsprechnetz des Gouvernements angeschlossen.

*

Dolmetscher Mootz hat die Geschäfte des Bezirksamtes Tsingtau wieder übernommen.

Schiffsverkehr

in der Zeit vom 30. April — 7. Mai 1903.

Angekommen am	Name	Kapitän	Flagge	von	Abgefahren am	nach
30.4.03	D. Gouv. Jaeschke	Schuldt	Deutsch	Schanghai	1.5.	Schanghai
(27.4.03)	D. Suyehiro Maru		Japanisch	Moji	3.5.	Tschifu
3.5.03	D. Tsintau	Hansen	Deutsch	Schanghai	5.5.	„
(24.4.03)	D. Silvia	Jäger	„	Wilhelmshaven	„	Singapore
(28.4.03)	D. Ozo Maru		Japanisch	Moji	„	Tschifu
5.5.03	D. Knivsberg	Kayser	Deutsch	Tschifu	„	Schanghai
6.5.03	D. Gouv. Jaeschke	Schuldt	„	Schanghai	7.5.	Tschifu

9. Mai 1903.   Amtsblatt—青島官報   91.

Meteorologische Beobachtungen.

Da-tum. April	Barometer (mm) reduz. auf 0° C., Seehöhe 24,30 m			Temperatur (Centigrade).								Dunstspannung in mm			Relat. Feuchtigkeit in Prozenten		
				trock. Therm.			feucht. Therm.			Min.	Max.						
	7 Vm	2 Nm	9 Nm	7 Vm	2 Nm	9 Nm	7 Vm	2 Nm	9 Nm			7 Vm	2 Nm	9 Nm	7 Vm	2 Nm	9 Nm
30	760,8	760,6	758,3	11,4	16,7	11,5	9,7	9,5	8,3	10,5	15,6	8,0	4,5	6,3	79	32	62
Mai 1	59,4	63,4	64,2	9,7	19,5	10,5	6,7	10,5	8,3	9,0	17,0	5,5	4,0	6,8	61	24	72
2	64,9	64,8	63,1	12,7	14,4	11,4	9,9	9,6	9,5	10,5	19,7	7,4	6,0	7,7	68	49	77
3	60,2	63,8	58,4	11,8	13,7	11,4	8,9	11,0	10,0	11,0	14,9	6,8	8,2	8,3	66	70	83
4	58,2	59,0	60,4	11,7	17,3	9,4	10,7	12,5	7,9	10,5	15,0	9,0	7,9	7,1	88	54	80
5	60,9	59,0	57,8	11,7	14,7	13,7	8,8	11,3	12,1	9,4	18,0	6,7	7,9	9,6	66	63	82
6	57,1	57,5	58,9	13,3	18,3	14,5	12,1	15,3	13,3	12,0	15,0	9,8	11,1	10,6	87	71	87

Da-tum. April	Wind Richtung & Stärke nach Beaufort (0—12)			Bewölkung						Niederschläge in mm		
				7 Vm		2 Nm		9 Nm				
	7 Vm	2 Nm	9 Nm	Grad	Form	Grad	Form	Grad	Form	7 Vm	2 Nm	9 Nm 7 Vm
30	SSW 1	NW 3	NNW 1	—	—	—	—	—	—			
Mai 1	N 1	NW 1	SSO 1	—	—	—	—	—	—			
2	SSO 1	S 3	S 1	—	—	1	Cu-str.	10	Cu-str.			
3	S 1	SO 3	OSO 2	10	Cu-ni	8	Cir-str.	10	Cu-ni			
4	NO 1	NNW 3	NW 3	7	Cu-str.	1	Cu-str.	7	Cu-str.			
5	OSO 1	SSO 4	S 3	3	Cu-str.	7	Cu-str.	7	Cu-str.			
6	SSO 2	S 2	S 2	10	Cum.	7	Cir-str.	7	Cu-str.			

Druck der Missionsdruckerei, Tsingtau.

第四年 第十七号

1903年5月9日

关于对胶澳地区公证员事务的监督法令

根据1900年11月9日的《保护地法》第15条和第11条涉及德国保护地法律关系方面的规定,谨此决定:

为胶澳保护地任命的公证员受皇家高等法官的监督。

柏林,1903年2月18日
代理帝国总理
冯·提尔皮茨

对胶澳皇家审判厅管辖区域公证员的工作指示

根据1900年7月25日的《保护地法》第6条和第15条、1900年11月9日的《关于在德国保护地的法律关系的皇家法令》和1898年4月27日的帝国总理授权,本人现就胶澳皇家审判厅辖区内公证员的工作发布如下命令:

第1条

公证员须在高等法官面前宣誓,"将忠于并认真履行公证员义务"。

公证员须在收录宣誓的记录上使用其履行工作职务时所使用的本人签名签字。

第2条

公证员在接受其他职位或者从事其他事务时不需监管机构的许可,然而,如果其从事该职位或事务与公证员职位的威望不符时,会被禁止承担兼任该职位或继续从事其他事务。

第3条

如没有充分理由,公证员不得拒绝履行其职务。如不接受某项委托,则有义务立即向委托方表示拒绝。

第4条

对于不属于对法律事务进行公证方面的工作对象的公证员职务行为,适用涉及排除法官业务、因履行职位出现偏袒而放弃职权,以及法庭语言和口译方面的《帝国法》第 6 条至第 9 条的规定。

第 5 条

在有多人参与的案件中,正在或者曾经担任该项案件中单个参与庭审全权授权人的公证员,如果有任一参与人反对,则不得做出职务行为。公证员应立即就此通知所有参与人员,解释原因,该项解释只有在通知做出后、立即被接受时才会通过。

第 6 条

公证员不得请华人或者根据《关于在德国保护地的法律关系的皇家法令》第 2 条中所述的类似肤色人员担任口译,但是法院也可以准许例外情况。

由公证员聘请担任口译的人员只能通过法院进行宣誓。如果法官认为母语为外语的宣誓人员语言水平不够,则有权拒绝其宣誓。

那些经过永久性宣誓的法庭翻译官,只需引证之前已做过的宣誓即可。但是只要其是政府官员身份,就只有在高等法官许可后才能担任翻译工作。该项许可一般都会签发,也可以随时撤销。

第 7 条

公证员负责根据法院或者破产管理员的委托盖章和销章。

第 8 条

公证员在进行公证业务时,不应做出个人保证。

第 9 条

只要法律未做其他规定,公证员须对参与的审判只以沉默状态观看,除非该案件的参与方解除对其的该项义务要求。

第 10 条

由高等法官执行对公证员工作的监督(据 1903 年 2 月 18 日的帝国总理令)。

第 11 条

公证员有义务在高等法官要求时提供证书和登记,以供检查。

第 12 条

公证员须进行下列登记和记账:

1. 按照附带样式制作一般性公证处登记表,其中需要登记所采取的协商、制作完成并经过公证的设计稿、对签名或者手迹的公证,以及除按照不间断顺序、有连续编号的抄件的公证之外的其他证书公证。登记表页码须连续,其数量由高等法官进行公证。

2. 对票据拒绝证书(《兑换法》第 90 条)按照实行的顺序进行与所接收拒绝证书字样原文一致的登记。此项登记执行时,须具有公证员亲笔签名完成的公证备注。

3. 按照附录的存证表样本,分两部分对存入他处的外国现金、有价证券和贵重物品登记。

登记表和存证表的设立和运行,适用1899年12月21日涉及公证处的普鲁士司法部长一般性命令(《司法部报》第834页)中的相应规定。

第13条

公证员公章的中心有鹰徽(海军鹰徽),并在边缘处有公证员的姓名,另有"胶澳皇家审判厅辖区公证员"字样。允许在公章上公证员名字前面加上其所获颁授的头衔或者博士头衔。不允许在公章位置使用封条。

第14条

公证员没有度假义务,然而在其离开职位时间超过一星期时,应在开始和结束时间时,将职位空缺通知高等法官。

如果职位空缺时间超过六周,或者公证员因生病或其他阻碍履职原因出现职位空缺超过六周时,需要将涉及职位的档案(签名、登记表等)移交给准备接收的皇家胶澳审判厅辖区公证员,或者在缺少公证员时移交给法院保管。需要将向其他公证员移交文件事宜向法院报告。

第15条

如果公证员在无法执行业务期间没有按照第14条所指定的方式保管档案,当出现提出申请、要求准许从该公证员工作档案中签发、抄件或者允许查阅时,则根据法院高等法官的命令,由法院保留工作档案,直到该公证员再次接手业务时为止。

第16条

如果申请将公证员代理人指定为按照《公民法》第1910条所确定的代理人时,同样按照本工作指示,适用相关规定。此项代理的开始和结束均须报告高等法官。代理人按照被代理人及其所负责范围履行其职务,承担其费用。他在签名时需要补充说明其是代理人,使用被代理人的公章。

代理人出现由其本人所导致的妨碍原因,以及其代理的公证员被排除的情况时,不应做出任何职务行为。代理人在代理期间不应做出任何职务行为。

第17条

公证员被除名或者死亡时,法庭根据高等法官命令,保存涉及其职务方面的档案以及公章,以便将其销毁。

第18条

有关公证员的费用,适用1895年6月25日制定、1899年10月6日版本的《普鲁士公证员费用法》(《法律合集》,1899年第203页)的规定,涉及范围包括对保护地收费事务的一般性规定,附带的规定是在对墨西哥鹰洋标价物品计价时,按照一鹰洋兑2马克计算,在保护地的费用按照对应普鲁士马克和芬尼的鹰洋元和分计算。

第19条

本工作指示宣布后立即生效。

青岛,1903年5月3日
皇家总督
都沛禄

通用公证处登记表

按照年度排列的连续编号	证书签发日	证书涉及对象	参与方姓名	参与方工作状况	参与方居住地	备注

1号存证表

收入								
连续编号	日期 月 日	存入人姓名	需特别保管的有价证券或贵重物品		需特别保管的现金 元 分	从自有资金中分离保管的现金 元 分	可以和自有资金合并保管的资金 元 分	公证员签字	II处登记内容提示	
			名称	票面价值或估值					页码	编号
1	2	3	4		5	6	7	8	9	

支出									
连续编号	日期 月 日	接收人名称	已支出款项和物品					公证员签字	II处登记内容提示	备注
			需特别保管的有价证券或贵重物品		需特别保管的现金 元 分	从自有资金中分离保管的现金 元 分	可以和自有资金合并保管的资金 元 分		页码	编号	
			名称	票面价值或估值							
1	2	3	4		5	6	7	8	9	10

2 号存证表

收入							
连续编号	日期 月 日	存入人姓名	需特别保管的有价证券或贵重物品		需特别保管的现金 元 分	从自有资金中分离保管的现金 元 分	可以和自有资金合并保管的资金 元 分	公证员签字
			名称	票面价值或估值				
1	2	3	4		5	6	7	8

支出									
连续编号	日期 月 日	接收人名称	已支出款项和物品				公证员签字	凭单编号	备注
			需特别保管的有价证券或贵重物品		需特别保管的现金 元 分	从自有资金中分离保管的现金 元 分	可以和自有资金合并保管的资金 元 分			
			名称	票面价值或估值						
1	2	3	4		5	6	7	8	9	10

告 白

帝国总理于 1903 年 2 月 18 日发布命令，任命在青岛的法学博士歌特弗里德·拉普在执行皇家胶澳审判厅法律事务期间，担任该法庭辖区的公证员。

青岛，1903 年 5 月 3 日
皇家总督
都沛禄

告 白

今年 2 月 4 日发行的《青岛官报》第 4 期第 19 页上发布的关于为军营洗衣房供应机器设备的供货招标谨此撤销。

青岛，1903 年 5 月 5 日
第三工部局一部

官方消息

本月2日,地籍监察官德欣接手了返回家乡度假的地籍监察官歌戴克的工作。

工部局局长办公室移至以前的李特豪森地块上(在胶澳驳船公司旁边),号码为第18号,名称为"工部局局长",与总督府电话网相邻。

翻译官慕兴立接管了青岛华民审判厅的事务。

船运

1903年4月30日—5月7日期间

到达日	轮船船名	船长	挂旗国籍	出发港	出发日	到达港
1903年4月30日	叶世克总督号	舒尔特	德国	上海	5月1日	上海
(1903年4月27日)	Suyechiro 丸		日本	门司	5月3日	芝罘
1903年5月3日	青岛号	韩森	德国	上海	5月5日	芝罘
(1903年4月24日)	西尔维亚号	耶格尔	德国	威廉港	5月5日	新加坡
(1903年4月28日)	Ozo 丸		日本	门司	5月5日	芝罘
1903年5月5日	柯尼夫斯堡号	凯瑟	德国	芝罘	5月5日	上海
1903年5月6日	叶世克总督号	舒尔特	德国	上海	5月7日	芝罘

Amtsblatt
für das
Deutsche Kiautschou-Gebiet.

青 島 官 報

Herausgegeben vom Kaiserlichen Gouvernement Kiautschou.

Der Bezugspreis beträgt jährlich $ 0,60=M 1,20.
Bestellungen nehmen sämtliche deutsche Postanstalten entgegen.

Jahrgang 4. Nr. 18. Tsingtau, den 16. Mai 1903.

Bekanntmachung.

Zum Aufstellen von Badehäusern am Strande der Auguste Viktoria-Bucht ist die Genehmigung des Gouvernements (Civilkommissars) erforderlich. Die Genehmigung erstreckt sich nur auf das laufende Jahr. Für die bereits bestehenden Badehäuser ist die Genehmigung für die diesjährige Badezeit neu zu beantragen.

Als Beitrag zur Deckung der Unkosten für Säuberung, Instandhaltung und Verschönerung des Strandes sind, wie im vergangenen Jahre, bei der Erteilung der Genehmigung für jedes Badehaus 10 $ zu entrichten.

Bei günstiger Witterung werden in der Badezeit regelmässig mindestens zweimal wöchentlich Konzerte am Strande stattfinden.

Für das Baden am westlichen Teile des Strandes bleibt, wie bisher, vollständiger Badeanzug vorgeschrieben. Während der Badezeit ist das Reiten zwischen der Strandstrasse und dem Wasser, sowie das Baden von Hunden untersagt.

Tsingtau, den 13. Mai 1903.

Der Civilkommissar.

Bekanntmachung.

Im Stadtgebiet Tsingtau und der näheren Umgebung ist ein Präcisions-Nivellement ausgeführt worden.

Verzeichnisse der Höhenangaben können im Katasteramt gegen Zahlung von $ 2,— für das Stück bezogen werden.

Tsingtau, den 8. Mai 1903.

Kaiserliches Katasteramt.

Amtliche Nachrichten.

Marine-Oberzahlmeister Solf ist zum Bureau des Gouvernements-Intendanten kommandiert worden. An seiner Stelle hat Marine-Oberzahlmeister Brodmeyer die Geschäfte des Rendanten der Gouvernementskasse übernommen. Ferner ist der Marine-Zahlmeister Moebest der Gouvernementskasse überwiesen. Marine-Oberzahlmeister Gelbricht führt die Geschäfte des Vorstandes des Rechnungsamtes des III. See-Bataillons.

*

Die Geschäfte des Konsulats in Manila hat während der Heimatsbeurlaubung des Konsuls Dr. Krueger der Konsul Dr. Grunewald in Vertretung übernommen.

Schiffsverkehr

in der Zeit vom 7. — 14. Mai 1903.

Ange-kommen am	Name	Kapitän	Flagge	von	Abgefah-ren am	nach
7.5.	D. Amico	Hansen	Deutsch	Tschifu	8.5.	Hongkong
(20.4.)	S. Amaranth	Bowes	Amerika-nisch	Portland	„	Port Townsend
8.5.	D. Jungping	Messer	Englisch	Tientsin	10.5.	Schanghai
11.5.	D. Vorwärts	Sohnemann	Deutsch	Schanghai	12.5.	Tschifu
13.5.	D. Tsintau	Hansen	„	Tschifu	14.5.	Schanghai
14.5.	D. Genzan Maru II		Japanisch	Moji		
„	D. Marburg	Stern	Deutsch	„		

Meteorologische Beobachtungen.

Datum. Mai.	Barometer (m m) reduz. auf 0°C., Seehöhe 24,30 m			Temperatur (Centigrade).								Dunst-spannung in mm			Relat. Feuchtigkeit in Prozenten		
				trock. Therm.			feucht. Therm.			Min.	Max.						
	7 Vm	2 Nm	9 Nm	7 Vm	2 Nm	9 Nm	7 Vm	2 Nm	9 Nm			7 Vm	2 Nm	9 Nm	7 Vm	2 Nm	9 Nm
7	759,3	759,6	761,4	14,7	20,3	14,7	13,6	14,3	12,1	13,5	19,3	10,9	8,5	8,9	88	48	72
8	59,2	57,6	57,5	15,6	21,1	22,1	12,3	15,5	14,5	14,0	23,9	8,7	9,7	7,7	65	52	39
9	59,7	59,4	59,5	15,2	17,3	15,7	12,1	14,7	12,9	14,3	24,7	8,6	10,9	9,4	67	74	70
10	59,6	59,3	59,6	14,9	17,7	15,3	13,3	14,7	13,3	14,6	18,2	10,4	10,6	10,2	83	70	79
11	59,1	58,1	59,2	14,1	16,3	14,5	13,0	14,7	13,7	14,0	18,0	10,5	11,5	11,2	88	83	92
12	57,9	57,1	56,8	13,0	15,9	14,7	12,5	14,3	13,3	12,6	17,0	10,5	11,2	10,5	95	83	85
13	56,1	54,9	54,8	13,1	15,5	13,5	12,9	14,3	12,7	13,0	16,8	11,0	11,4	10,5	98	87	90

Datum. Mai	Wind Richtung & Stärke nach Beaufort (0—12)			Bewölkung						Niederschläge in mm		
				7 Vm		2 Nm		9 Nm				9 Nm
	7 Vm	2 Nm	9 Nm	Grad	Form	Grad	Form	Grad	Form	7 Vm	2 Nm	7 Vm
7	NNW 2	S 3	SSW 1	8	Str	1	Str	1	Str			
8	SSO 2	SSO 3	NW 1	—	—	1	Cum	7	Cu-str.			
9	SO 2	SSO 4	SSO 4	9	Cu-str.	2	Cum	—	—			
10	SSO 2	SSO 3	S 3	5	Str	4	Str	4	Str			
11	SSO 4	S 4	S 3	2	Cir-str.	7	Cir-str.	7	Cir-cu			
12	SSO 2	S 3	S 3	7	Cir-cu	8	Cir-cu		Nebel			
13	S 4	SO 4	S 4		Nebel		Nebel		Nebel			

Druck der Missionsdruckerei, Tsingtau.

第四年　第十八号

1903 年 5 月 16 日

告白

在奥古斯特-维多利亚湾海滩上设置更衣室需要总督府(民政长)的许可,该项许可只在当年有效。现有的更衣室须重新申请今年的游泳季许可。

今年同去年一样,为海滩清理、维护和美化方面所支付的费用,每间更衣室的许可签发费用为 10 元。

只要天气允许,游泳季将在沙滩上定期举办每周两次的音乐会。

与目前的规定一样,在沙滩西半部分游泳,须穿着全身游泳衣。游泳季时,在沙滩街和海边之间禁止骑马,也不允许狗在此处游泳。

青岛,1903 年 5 月 13 日
民政长

告白

在青岛城区以及近郊已实施精准测量。

各山头说明绘图可在地籍处购买,每份 2.00 元。

青岛,1903 年 5 月 8 日
皇家地籍处

官方新闻

海军高级军需官佐尔夫已经调任总督府军需办公室,由海军高级军需官布罗德迈耶尔接任其在总督府财务处的会计职务。此外,海军军需官摩贝斯特转调总督府财务处。海军高级军需官葛尔普里希特担任第三水师营会计处处长。

马尼拉领事馆在领事克鲁格博士回国度假期间,由领事格鲁纳瓦尔特代理。

船运

1903年5月7日—14日期间

到达日	轮船船名	船长	挂旗国籍	出发港	出发日	到达港
5月7日	朋友号	韩森	德国	芝罘	5月8日	香港
（4月20日）	阿马兰特号	博伊斯	美国	波特兰	5月8日	汤森港
5月8日	永平号	麦瑟尔	英国	天津	5月10日	上海
5月11日	前进号	索纳曼	德国	上海	5月12日	芝罘
5月13日	青岛号	韩森	德国	芝罘	5月14日	上海
5月14日	Genzan 丸		日本	门司		
5月14日	马堡号	斯坦恩	德国	门司		

Amtsblatt
für das Deutsche Kiautschou-Gebiet.

青島官報

Herausgegeben vom Kaiserlichen Gouvernement Kiautschou.

Der Bezugspreis beträgt jährlich $ 0,60=M 1,20.
Bestellungen nehmen sämtliche deutsche Postanstalten entgegen.

Jahrgang 4. Nr. 19. Tsingtau, den 23. Mai 1903.

Bekanntmachung für Seefahrer.

Einrichtung von provisorischen Nebelsignalstationen vor Tsingtau.

Am 16. Mai werden folgende provisorische Nebelsignalstationen in Betrieb gesetzt, deren Signale im Abfeuern von Knallpatronen bestehen:

1) Tschalientau, Signal: Alle 10 Minuten 1 Schuss.

2) Jltishuk, Signal: Alle 10 Minuten 1 Schuss. Wird von der Station Jltishuk das Nebelsignal eines Schiffes gehört, so werden die Schüsse in Pausen von 5 Minuten abgegeben, bis das Schiff die Nebelsignalstation passiert hat.

Tsingtau, den 14. Mai 1903.

Der Kaiserliche Gouverneur

Truppel.

Bekanntmachung für Seefahrer.

Auf dem blinden Felsen zwischen der Arkona-Insel und Petroleum-Halbinsel, sowie auf dem vor der Aufschlepphelling der Marine-Werkstatt gelegenen Felsen und der sich nördlich der Arkona-Insel erstreckenden Sandbank sind zur grösseren Sicherheit für den Botsverkehr folgende Seezeichen ausgelegt worden:

a. Östlich der Arkona-Insel, ungefähr in der Mitte zwischen dieser und der Petroleum-Halbinsel, zur Kennzeichnung des Steins ein Pricken auf 0,5 m. Wasser. Dieser Pricken ist von Süd einlaufend 15 m. an Steuerbord zu lassen.

Zur Bestimmung der Lage wurden folgende Doppelwinkel gemessen: Q Tsingtau (Höhe 34.5 beim Höhenlager, cfr. Karte Kiautschou, Nr. 157 [Tit. XIV. Nr. 37]) 76° 16' Signalberg 51° 2' Iltisberg.

b. Ein Pricken zur Kennzeichnung des blinden Felsens, welcher ungefähr 150 m. westsüdwestlich von der Abschlepphelling der Marine-Werkstatt liegt. Der Pricken liegt in 1.1 m Wasser und ist von Boten, welche von Süden kommend nach der Jamenbrücke fahren, ebenfalls gut frei an Steuerbord zu lassen. Es wurden zur Feststellung der Lage dieses Prickens Doppelwinkel gemessen: Leuchtturm 41° 21' Q Tsingtau 89° 31' Signalberg.

c. Zur Umsteuerung der sich von der Arkona-Insel nach Nord erstreckenden Sandbank ist auf 2,2 m. Wassertiefe, 200 m. vom Nordrande der Insel entfernt, eine rote Spierentonne mit Besentopfzeichen ausgelegt.

Lage derselben: Leuchtturm 46° 44' Q Tsingtau 93° 41' Signalberg.

Tsingtau, den 16. Mai 1903.

Der Kaiserliche Gouverneur

Truppel.

Verordnung

betreffend Aufhebung der Hundesperre.

Die Verordnung betreffend Hundesperre vom 25. Februar 1903 (Amtsblatt 1903 Seite 33) tritt am 25. Mai 1903 ausser Kraft.

Tsingtau, den 19. Mai 1903.

Der Kaiserliche Gouverneur
Truppel.

Verordnung

betreffend Maulkorbzwang.

Im Stadtgebiete Tsingtau ist es verboten, Hunde, welche nicht mit Maulkörben versehen sind, frei umherlaufen zu lassen. Maulkörbe, welche das Beissen nicht unbedingt verhindern oder leicht abgestreift werden können, sind unzulässig.

Zuwiderhandlungen gegen diese Verordnung werden mit Geldstrafe bis zu 20 Mark, im Nichtbeitreibungsfalle bis zu 4 Tagen Haft bestraft. Die Polizei ist berechtigt, Hunde, welche ohne Maulkorb umherlaufen, auf der Stelle zu töten.

Unter Stadtgebiet ist zu verstehen das Gelände vom Leuchtturm Yu nui san an nach Osten bis an die Linie Iltishalbinsel-Iltisberg-Haipofluss, einschliesslich der Orte Tai tung tschen und Sautschutan.

Tsingtau, den 19. Mai 1903.

Der Kaiserliche Gouverneur
Truppel.

Verdingungsanzeige.

Die Lieferung von 2500 - zweitausend fünfhundert - cbm Packlagesteinen für die hiesigen Strassenbefestigungen soll auf Grund der im Geschäftszimmer der Bauabteilung II ausliegenden Bedingungen vergeben werden.

Die Bedingungen sind ebendaselbst auch für 0,50 $ für das Exemplar käuflich.

Verschlossene und mit der Aufschrift „Submission auf Packlagesteine" versehene Angebote sind zu dem am 3. Juni ds. Js., vorm. 11 Uhr, stattfindenden Verdingungstermin einzureichen.

Tsingtau, den 19. Mai 1903.

Kaiserliche Bauabteilung II.

大德欽命總督膠澳文武事宜大臣都為
曉諭註銷告示事案查前因
有瘋狗數隻故於本年西二
月二十八日示禁凡養狗之
家必須用繩將狗拴在家
不得任其外跑等因在案茲
擬將該示註銷弛禁仰各
知特諭

大德一千九百三年五月十九日

右諭通知

告示

大德欽命總督膠澳文武事宜大都為
出示曉諭事照得凡在青島內界各養狗者其狗
非有嘴籠不得任其外跑惟籠頭須在外遊即
人或狗不能自行脫落始可倘此章一經
查出即罰洋至二十馬克之多倘無力繳洋即監
禁至四日之久設有狗無嘴籠即罰洋即監
者巡捕可以立即擊斃查青島內界線西自團
島燈樓處起沿海邊至宮山西南島止再由該界
直溯大山至海泊其台東鎮掃等灘處皆隸界
內仰各週知勿違特諭

大德一千九百三年五月十九日

右諭通知

告示

23. Mai 1903. Amtsblatt –報官島青 97.

Bekanntmachung.

Gestohlene und verlorene Gegenstände:
1 Weckeruhr in eichenem Gehäuse; auf der Vorderseite befindet sich eine aus Messing geprägte Blume;
1 schwarzer langer Gehrock aus Kammgarn;
1 europ. graue Tuchhose.

Gefundene Gegenstände:
1 Rollenmetermass (15 m.);
1 chinesisches Beil;
1 Zange.

Tsingtau, den 20. Mai 1903.

Kaiserliches Polizeiamt.

Verdingungsanzeige.

Die Lieferung von 2000 - zweitausend - Fass deutschem Portland Cement soll auf Grund der im Geschäftszimmer der Bauabteilung II zur Einsicht ausliegenden Bedingungen verdungen werden.

Die Bedingungen sind ebendaselbst auch für 0,50 $ für das Exemplar käuflich.

Verschlossene und mit der Aufschrift: „Submission auf Portlandcement" versehene Angebote sind zu dem am 2. Juni ds. Js., vorm. 11 Uhr, stattfindenden Verdingungstermin einzureichen.

Tsingtau, den 19. Mai 1903.

Kaiserliche Bauabteilung II.

德一千九百三年五月二十日青島巡捕衙門啓

中物亦可具領特佈買如見宜報本署存

外國丈量一皮尺一盤物列左

青色布獲送外國長褲子各一件

外鑲木架列左警晨鐘一座該鐘面鑲有鋼花

啓者茲將據報遺失被竊並送署各物

Amtliche Mitteilungen.

Der Kurs bei der Gouvernementskasse beträgt vom 16. Mai d. Js. ab: 1 $ = 1,82 ℳ.

Schiffsverkehr

in der Zeit vom 14. — 22. Mai 1903.

Angekommen am	Name	Kapitän	Flagge	von	Abgefahren am	nach
15.5.	D. Koyo Maru		Japanisch	Moji	16.5.	Tschifu
16.5.	D. Knivsberg	Kayser	Deutsch	Schanghai	18.5.	"
19.5.	D. Vorwärts	Sohnemann	"	Tschifu	20.5.	Schanghai
22.5.	D. Tsintau	Hansen	"	Schanghai	22.5.	Tschifu

98.   Amtsblatt—青島官報   23. Mai 1903.

Meteorologische Beobachtungen.

Datum. Mai.	Barometer (mm) reduz. auf 0° C., Seehöhe 24,30 m			Temperatur (Centigrade).								Dunst-spannung in mm			Relat. Feuchtigkeit in Prozenten		
				trock. Therm.			feucht. Therm.			Min.	Max.						
	7 Vm	2 Nm	9 Nm	7 Vm	2 Nm	9 Nm	7 Vm	2 Nm	9 Nm			7 Vm	2 Nm	9 Nm	7 Vm	2 Nm	9 Nm
14	754,0	753,2	752,7	15,0	19,7	17,7	14,5	17,1	15,3	12,5	15,5	12,0	12,9	11,5	94	76	76
15	52,4	56,5	60,7	17,9	10,1	11,3	16,1	9,5	7,9	15,6	23,0	12,5	8,5	5,9	82	92	59
16	62,3	61,2	60,5	11,1	14,5	12,1	9,3	10,1	9,9	9,2	19,5	7,7	6,6	7,8	78	53	74
17	57,1	54,0	51,8	11,7	13,3	13,3	8,6	12,5	12,7	11,3	15,9	6,5	10,3	10,6	63	91	94
18	48,3	49,6	52,7	12,7	13,5	13,3	12,3	12,7	12,7	11,7	14,1	10,4	10,5	10,6	96	90	94
19	53,9	53,9	54,6	14,7	17,9	16,3	13,8	15,9	14,9	13,0	14,8	11,2	12,2	11,8	90	80	85
20	55,5	55,4	56,8	15,7	20,1	16,9	11,7	13,3	14,9	15,0	19,6	7,8	7,3	11,4	59	42	80

Datum. Mai	Wind Richtung & Stärke nach Beaufort (0—12)			Bewölkung						Niederschläge in mm		
				7 Vm		2 Nm		9 Nm				
	7 Vm	2 Nm	9 Nm	Grad	Form	Grad	Form	Grad	Form	7 Vm	9 Nm	9 Nm 7 Vm
14	S O 2	SSO 2	SSW 3	—	—	3	Cir	4	Cir-cu			
15	S 2	N 6	NNW 3	7	Cir-cu	10	Cu-nim	5	Cir-str.		5,4	5,4
16	NNO 1	SSO 2	ONO 1	5	Cir-cu	7	Cum	10	Cu-ni			0,1
17	ONO 4	NNO 1	N 1	10	Nim	10	Nim	10	Nim	0,1	8,0	13,5
18	NNW 4	WNW 6	N W 1	10	Nim	10	Cu-ni	3	Cir-str	5,5	1,5	1,5
19	S 3	S O 3	S O 1	3	Cir-str.	10	Cu-ni	7	Cu-ni			
20	WNW 3	WNW 5	WNW 2	—	—	3	Cum	3	Cum			

Druck der Missionsdruckerei, Tsingtau.

第四年 第十九号

1903 年 5 月 23 日

关于在青岛前方设置临时大雾信号站的海员告白

5 月 26 日开始使用下列临时大雾信号站,由爆裂弹发射信号:

1) 潮连岛,信号:每十分钟发射一次。

2) 伊尔蒂斯角①,信号:每十分钟发射一次。如果伊尔蒂斯角的站点听到了船只发送的大雾信号,则改为每间隔 5 分钟发射信号,直到船只经过大雾信号站为止。

青岛,1903 年 5 月 14 日

皇家总督

都沛禄

对船员的告白

为使小型船只交通更加安全,在阿克纳岛②和煤油半岛③之间的暗礁、位于水师工艺局船只滑道前方的礁石和在阿克纳岛北面突出的沙滩上,均已放置下列海标:

a. 阿克纳岛以东面、大约在该岛与煤油半岛的中间位置,为了标记水中礁石,在水面以上 0.5 米处放置海标。船只从南面驶入时,海标须至少距离船舷 15 米。

以下列双角测量确定其位置:Q 青岛(小泥洼兵营附近 34.5 高地,参照胶澳地图第 157 号,地图编号为:XIV 第 37 号)信号山 76 度 16 分伊尔蒂斯山 51 度 2 分。

b. 一处海标用于标记暗礁,暗礁位于水师工艺局船只滑道西南偏西大约 150 米处。海标位于水中 1.1 米水深,从南面驶向衙门桥的船只,同样需要在经过时不发生船舷接触。以下列双角测量确定其位置:灯塔 41 度 21 分青岛 Q89 度 31 分信号山。

c. 为了绕过从阿克纳岛向北延伸的沙滩,在水下 2.2 米处、距离该岛北面边缘 200 米处放置了一个红色圆形浮标,上有扫帚标志。

---

① 译者注:即今太平角。
② 译者注:即今小青岛。
③ 译者注:指德占青岛早期的煤油接收地点,位于当时的海军修船厂(今莱阳路一带)东侧。

位置是：灯塔 46 度 44 分青岛 Q93 度 41 分信号山。

青岛，1903 年 5 月 16 日
皇家总督
都沛禄

大德钦命总督胶澳文武事宜大臣都　为

晓谕注销告示事：案查前因有疯狗数只，故于本年西二月二十八日示禁，凡养狗之家必须用绳将狗栓在家中，不得任其外跑等因在案，兹拟将该示注销弛禁。仰各周知。特谕。

右谕通知
大德一千九百三年五月十九日　告示

大德钦命总督胶澳文武事宜大（臣）都　为

出示晓谕事：照得凡在青岛内界各养狗者，其狗非有嘴笼头，不得任其外跑。惟笼头须能阻狗吠人，或狗不能自行脱落始可。倘有违此章者，一经查出，即罚洋至二十马克之多。倘无力缴洋，即监禁至四日之久。设有狗无箍嘴，即笼头，在外游逸者，巡捕可以立即击毙。查青岛内界界线，西自团岛灯楼处起，沿海边至官山西南岛止，再由该处直溯大山至海泊。其台东镇、扫帚滩等处皆隶界内。仰各周知，勿违。特谕。

右谕通知
大德一千九百三年五月十九日　告示

发包广告

供应用于本地街道硬化的 2 500 吨路基石的合同将依据张贴在第二工部局营业室内的条件发包。

上述条件也可以在该处以每份 0.50 元价格购买。

报价须密封并注明"对路基石的报价"字样后，递交至在今年 6 月 3 日上午 11 点举办的发包仪式。

青岛，1903 年 5 月 19 日
皇家第二工部局

启者：兹将据报遗失、被窃并送署各物列左：

外镶木架警晨钟一座，该钟面镶有钢花；青布外国长褂一件；灰色布外国裤子一条。

拾获送存本署各物列左：

外国丈量皮尺一盘；中国斧子一把、钳子一把。

以上各物切勿轻买。如见，宜报本署存物，亦可具领。特布。

德一千九百三年五月二十日
青岛巡捕衙门启

发包广告

供应2 000桶德制波特兰水泥的合同将依据张贴在第二工部局营业室内的条件发包。

上述条件也可以在该处以每份0.50元价格购买。

报价须密封并注明"对波特兰水泥的报价"字样后，递交至在今年6月2日上午11点举办的发包仪式。

青岛，1903年5月19日
皇家第二工部局

官方消息

总督府财务处的汇率自今年5月16日起定为：1元＝1.82马克。

船运

1903年5月14日—22日期间

到达日	轮船船名	船长	挂旗国籍	出发港	出发日	到达港
5月15日	光洋丸		日本	门司	5月16日	芝罘
5月16日	柯尼夫斯堡号	凯瑟	德国	上海	5月18日	芝罘
5月19日	前进号	索纳曼	德国	芝罘	5月20日	上海
5月22日	青岛号	韩森	德国	上海	5月22日	芝罘

Amtsblatt
für das
Deutsche Kiautschou-Gebiet.

青島官報

Herausgegeben vom Kaiserlichen Gouvernement Kiautschou.

Der Bezugspreis beträgt jährlich $ 0,60 = M 1,20.
Bestellungen nehmen sämtliche deutsche Postanstalten entgegen.

Jahrgang 4. Nr. 20. Tsingtau, den 30. Mai 1903.

Bekanntmachung für Seefahrer.

Die Tagesmarken auf dem Barkass- und dem Tapautau-Felsen in der Kiautschou-Bucht haben einen schwarz und weissen Anstrich und als Toppzeichen eine Trommel erhalten.

Der Name wird bezeichnet durch die Buchstaben B. F. (Barkass-Felsen) und T. F. (Tapautau-Felsen) in lateinischer Schrift.

Tsingtau, den 23. Mai 1903.

Kaiserliches Hafenamt.

Bekanntmachung.

Gestohlene und verlorene Gegenstände:

1 rote seidene Steppdecke,
1 hellgraue Decke,
1 Kopfkissen mit der Aufschrift: „ Nur ein Viertelstündchen ".

Entlaufene Pferde:

1 kleiner Fuchs mit weisser Stirnblesse,
1 brauner Ponny, Vorderhufe stehen etwas nach innen,
1 kleiner Fuchswallach,
1 langgebauter Falbe.

Tsingtau, den 27. Mai 1903.

Kaiserliches Polizeiamt.

Amtliche Nachrichten.

Laut telegraphischer Mitteilung des Reichsmarineamts ist der Rossarzt Eggebrecht zum Gouvernements-Tierarzt, der Unterrossarzt Pfeiffer zum Rossarzt und der Wallmeister Moslehner zum Festungsbau-Leutnant ernannt.

白　　　　告

啓者茲將據報被竊及遺失各物列左

紅綢子棉被一床
灰色布被單一件
枕頭一個上面綉有外國字樣
遺失之物
赤毛馬一匹額有白毛
絳紫毛馬駒一匹
赤毛小騾馬一匹
黃毛長身馬一匹均皆走失
以上所列各物爾諸人切勿輕買如見宜報明本署特佈

德一千九百三年五月二十七日

青島巡捕衙門啓

Schiffsverkehr

in der Zeit vom 22. — 28. Mai 1903.

Ange-kommen am	Name	Kapitän	Flagge	von	Abgefahren am	nach
(14.5)	D. Marburg	Stern	Deutsch	Moji	22.5.	Hongkong
(14.5)	D. Genzan Maru II		Japanisch	„	22.5.	Niutschuang
23.5.	D. Aichi Maru		„	„		
25.5.	D. Suevia	Börck	Deutsch	„		
26.5.	D. Lienshing	Joung	Englisch	Tschifu	27.5.	Schanghai
27.5.	D. Knivsberg	Kaiser	Deutsch	„	28.5.	„

Meteorologische Beobachtungen.

Datum. Mai.	Barometer (mm) reduz. auf 0° C., Seehöhe 24,30 m			Temperatur (Centigrade).							Dunst-spannung in mm			Relat. Feuchtigkeit in Prozenten		
				trock. Therm.			feucht. Therm.									
	7 Vm	2 Nm	9 Nm	7 Vm	2 Nm	9 Nm	7 Vm	2 Nm	9 Nm	Min.	Max.	7 Vm	2 Nm	9 Nm	7 Vm	2 Nm	9 Nm
21	758,0	756,9	758,6	15,2	20,3	16,3	9,4	12,9	12,9	14,8	21,8	5,3	6,6	9,0	41	37	65
22	58,2	56,9	57,2	16,1	18,9	14,9	12,3	13,3	12,7	13,5	21,5	8,4	8,0	9,6	61	49	76
23	56,3	55,6	56,4	15,9	17,7	16,3	14,1	15,1	14,7	14,4	20,5	10,9	11,2	11,5	81	74	83
24	57,9	57,7	58,1	16,2	17.1	16,6	14,4	15,1	14,7	14,9	18,5	11,1	11,6	11,3	81	80	80
25	58,0	59,8	60,4	16,9	20.1	14,9	15,1	16,3	14,3	15,0	18,1	11,7	11,5	11,8	82	66	93
26	61,5	61,2	60,7	14,6	16,3	14,7	14,3	15,5	14,3	14,6	20,2	12,0	12,6	11,9	97	92	96
27	59,7	58,4	57,6	14,5	15,9	16,1	14,3	15,3	15,3	14,3	17,0	12,0	12,6	12,5	98	93	91

Datum. Mai	Wind Richtung & Stärke nach Beaufort (0—12)			Bewölkung						Niederschläge in mm		
				7 Vm		2 Nm		9 Nm				
	7 Vm	2 Nm	9 Nm	Grad	Form	Grad	Form	Grad	Form	7 Vm	9 Nm	9 Nm / 7 Vm
21	WNW 3	WNW 4	NW 1	1	Cir	2	Cir-cu	3	Cir-cu			
22	W 1	SO 2	SO 2	9	Cir-str.	10	Cu-nim.	8	Cum			
23	OSO 2	SO 4	SO 6	—	—	2	Str.	6	Cu-ni			
24	S 3	SO 4	OSO 4	9	Cu-ni	10	Cu-ni	8	Cu-ni		0.1	0.4
25	SSW 4	SSO 3	OSO 4	0	Cu-ni	3	Cir-str.	10	Nebel	0,3		
26	OSO 3	SO 3	OSO 4	10	Nebel	10	Nebel	10	Nebel			
27	SO 3	OSO 4	OSO 4	10	Nebel	10	Nebel	10	Cu-ni			

30. Mai 1903. Amtsblatt — 青島官報 101.

Hochwassertabelle für den Monat Juni 1903.

Datum	Tsingtau - Hauptbrücke		T'aput'ou.		Nükuk'ou.	
	Vormittags	Nachmittags	Vormittags	Nachmittags	Vormittags	Nachmittags
1.	8U. 43M.	9U. 07M.	9 U. 33 M.	9 U. 57 M.	9 U. 43 M.	10 U. 07 M.
2.	9 „ 34 „	10 „ 00 „ ☽	10 „ 24 „	10 „ 50 „	10 „ 34 „	11 „ 00 „
3.	10 „ 31 „	11 „ 02 „	11 „ 21 „	11 „ 52 „	11 „ 31 „	—
4.	11 „ 37 „	—	0 „ 27 „	0 „ 02 „	0 „ 37 „	
5.	0 „ 12 „	0 „ 47 „	1 „ 02 „	1 „ 37 „	1 „ 12 „	1 „ 47 „
6.	1 „ 22 „	1 „ 54 „	2 „ 12 „	2 „ 44 „	2 „ 22 „	2 „ 54 „
7.	2 „ 26 „	2 „ 53 „	3 „ 16 „	3 „ 45 „	3 „ 26 „	3 „ 53 „
8.	3 „ 19 „	3 „ 42 „	4 „ 09 „	4 „ 32 „	4 „ 19 „	4 „ 42 „
9.	4 „ 05 „	4 „ 25 „	4 „ 55 „	5 „ 15 „	5 „ 05 „	5 „ 25 „
10.	4 „ 44 „ ○	5 „ 03 „	5 „ 34 „	5 „ 53 „	5 „ 44 „	6 „ 03 „
11.	5 „ 22 „	5 „ 40 „	6 „ 12 „	6 „ 30 „	6 „ 22 „	6 „ 40 „
12.	5 „ 57 „	6 „ 15 „	6 „ 47 „	7 „ 05 „	6 „ 57 „	7 „ 15 „
13.	6 „ 32 „	6 „ 49 „	7 „ 22 „	7 „ 39 „	7 „ 32 „	7 „ 49 „
14.	7 „ 05 „	7 „ 22 „	7 „ 55 „	8 „ 12 „	8 „ 05 „	8 „ 22 „
15.	7 „ 39 „	7 „ 57 „	8 „ 29 „	8 „ 47 „	8 „ 39 „	8 „ 57 „
16.	8 „ 15 „	8 „ 34 „	9 „ 05 „	9 „ 24 „	9 „ 15 „	9 „ 34 „
17.	8 „ 54 „	9 „ 16 „	9 „ 44 „	10 „ 06 „	9 „ 54 „	10 „ 16 „
18.	9 „ 38 „ ●	10 „ 06 „	10 „ 28 „	10 „ 56 „	10 „ 38 „	11 „ 06 „
19.	10 „ 34 „	11 „ 07 „	11 „ 24 „	11 „ 57 „	11 „ 34 „	—
20.	11 „ 40 „	—	0 „ 30 „	0 „ 07 „	0 „ 40 „	
21.	0 „ 16 „	0 „ 52 „	1 „ 06 „	1 „ 42 „	1 „ 16 „	1 „ 52 „
22.	1 „ 28 „	2 „ 03 „	2 „ 18 „	2 „ 53 „	2 „ 28 „	3 „ 03 „
23.	2 „ 35 „	3 „ 07 „	3 „ 25 „	3 „ 57 „	3 „ 35 „	4 „ 07 „
24.	3 „ 35 „	4 „ 03 „	4 „ 25 „	4 „ 53 „	4 „ 35 „	5 „ 03 „
25.	4 „ 28 „ ●	4 „ 54 „	5 „ 18 „	5 „ 44 „	5 „ 28 „	5 „ 54 „
26.	5 „ 19 „	5 „ 44 „	6 „ 09 „	6 „ 34 „	6 „ 19 „	6 „ 44 „
27.	6 „ 09 „	6 „ 33 „	6 „ 59 „	7 „ 23 „	7 „ 09 „	7 „ 33 „
28.	6 „ 56 „	7 „ 18 „	7 „ 46 „	8 „ 08 „	7 „ 56 „	8 „ 18 „
29.	7 „ 41 „	8 „ 04 „	8 „ 31 „	8 „ 54 „	8 „ 41 „	9 „ 04 „
30.	8 „ 26 „	8 „ 48 „	9 „ 16 „	9 „ 38 „	9 „ 26 „	9 „ 48 „

1) ○ = Vollmond; 2) ☽ = Letztes Viertel; 3) ● = Neumond; 4) ☾ = Erstes Viertel.

Sonnen-Auf-und Untergang
für Monat Juni 1903.

Dt.	Mittelostchinesische Zeit des			
	wahren	scheinbaren	wahren	scheinbaren
	Sonnen-Aufgangs		Sonnen-Untergangs.	
1.	4 U. 48.5 M.	4 U. 42.7 M.	7 U. 4.1 M.	7 U. 9.9 M.
2.	48.1	42.3	4.8	10.6
3.	47.8	42.0	5.5	11.3
4.	47.5	41.7	6.1	11.9
5.	47.2	41.4	6.7	12.5
6.	46.9	41.1	7.3	13.1
7.	46.7	40.9	7.9	13.7
8.	46.5	40.7	8.5	14.3
9.	46.3	40.5	9.1	14.9
10.	46.1	40.3	9.6	15.4
11.	45.9	40.1	10.1	15.9
12.	45.7	39.9	10.6	16.4
13.	45.7	39.9	11.1	16.9
14.	45.7	39.9	11.5	17.3
15.	45.7	39.9	11.9	17.7
16.	45.7	39.9	12.3	18.1
17.	45.8	40.0	12.7	18.5
18.	45.9	40.1	13.0	18.8
19.	46.0	40.2	13.3	19.1
20.	46.1	40.3	13.6	19.4
21.	46.3	40.5	13.9	19.7
22.	46.5	40.7	14.1	19.9
23.	46.7	40.9	14.3	20.1
24.	47.0	41.2	14.5	20.3
25.	47.3	41.5	14.7	20.5
26.	47.6	41.8	14.8	20.6
27.	47.9	42.1	14.9	20.7
28.	48.3	42.5	14.9	20.7
29.	48.7	42.9	14.9	20.7
30.	49.1	43.3	14.9	20.7

Druck der Missionsdruckerei, Tsingtau.

第四年 第二十号

1903 年 5 月 30 日

对海员的告白

胶州湾内汽艇礁和大鲍岛礁①上的标记已经涂抹上黑白颜色,顶部标志为一个鼓形物。

其名称用拉丁文字母标记为 B.F.(汽艇礁)和 T.F.(大鲍岛礁)。

青岛,1903 年 5 月 23 日
皇家船政局

告白

启者:兹将据报被窃及遗失各物列左:

红绸子棉被一床;灰色布被单一件;枕头一个,上面绣有外国字样。

遗失之物:

赤毛马一匹,额有白毛;绛紫毛马驹一匹;赤毛小骟马一匹;黄毛长身马一匹,均皆走失。

以上所列各物,尔诸人切勿轻买,如见,宜报明本署。特布。

德一千九百三年五月二十七日
青岛巡捕衙门启

官方新闻

根据帝国海军部的电报通知,马医艾格布莱希特被任命为总督府兽医,初级马医普菲佛被晋升为马医,筑墙师莫斯雷纳被任命为要塞建筑少尉。

---

① 译者注:汽艇礁和大鲍岛礁均为胶州湾内的岩礁,位于湾内航道附近,会影响船只通航,因此加上标志物。

船运

1903年5月22日—28日期间

到达日	轮船船名	船长	挂旗国籍	出发港	出发日	到达港
（5月14日）	马堡号	史坦恩	德国	门司	5月22日	香港
（5月14日）	Genzan 丸		日本	门司	5月22日	牛庄
5月23日	Aichi 丸		日本	门司		
5月25日	苏维亚号	波尔克	德国	门司		
5月26日	联兴号	雍	英国	芝罘	5月27日	上海
5月27日	柯尼夫斯堡号	凯瑟	德国	芝罘	5月28日	上海

Amtsblatt
für das
Deutsche Kiautschou-Gebiet.

青島官報

Herausgegeben vom Kaiserlichen Gouvernement Kiautschou.

Der Bezugspreis beträgt jährlich $ 0,60=M 1,20.
Bestellungen nehmen sämtliche deutsche Postanstalten entgegen.

Jahrgang 4. Nr. 21. Tsingtau, den 6. Juni 1903.

Nachruf.

Am 29. Mai d. Js. verstarb im Gouvernements-Lazarett zu Tsingtau nach langem Leiden der Gärtner

Robert Zimmermann

im 40. Lebensjahre. Seit dem Mai 1900 befand er sich als Gouvernementsgärtner im Dienst des Schutzgebiets von Kiautschou, nachdem er vorher im Königlichen Botanischen Garten zu Berlin und mehrere Jahre in Siam als wissenschaftlicher Pflanzensammler beschäftigt gewesen war. Durch seinen ausdauernden Fleiss, seine umfangreichen Kenntnisse, und seine Berufsfreudigkeit, mit der er sich über alle Entbehrungen und Anstrengungen seines Dienstes hinwegsetzte, sowie durch sein schlichtes, bescheidenes Wesen hat er sich die Achtung aller erworben, die mit ihm in Berührung gekommen sind. Besonders verdienstvoll ist seine Tätigkeit als Tier- und Pflanzensammler gewesen, die viel zur wissenschaftlichen Erforschung des Schutzgebiets beigetragen hat. Ihm wird dauernd ein ehrenvolles Andenken gesichert sein.

Tsingtau, den 2. Juni 1903.

Der Kaiserliche Gouverneur

Truppel.

Bekanntmachung.

Die Bekanntmachung vom 12. Dezember 1901 (Amtsblatt 1901 Seite 300) erhält folgende Fassung:

Erlaubnisscheine zum Steinebrechen werden nur vom Landamte erteilt und zwar auf jederzeitigen Widerruf. Eine Gebühr hierfür wird nicht erhoben. Auch ohne Widerruf verlieren diese Scheine mit Ablauf des Kalenderjahres, für welches sie ausgestellt sind, ihre Gültigkeit. Die Erlaubnis bezieht sich auf ein bestimmtes vom Katasteramt versteintes Gelände. Die Kosten der Versteinung trägt der um die Erlaubnis Nachsuchende.

Es wird darauf hingewiesen, dass das unbefugte Brechen von Steinen nach §370 Ziffer 2 des deutschen Reichsstrafgesetzbuches mit Geldstrafe bis zu 150 M. oder Haft bis zu 6 Wochen bestraft wird.

Tsingtau, den 4. Juni 1902.

Der Kaiserliche Civilkommissar.

Bekanntmachung.

Gestohlene und verlorene Gegenstände:
1 weiss metallene Weckeruhr mit gelben Zeigern und grünem Zifferblatt.

Tsingtau, den 3. Juni 1903.

Kaiserliches Polizeiamt.

Amtliche Mitteilungen.

Die Geschäfte der Gesandtschaft in Peking hat der Kaiserliche ausserordentliche Gesandte und bevollmächtigte Minister Dr. Freiherr Mumm von Schwarzenstein wieder übernommen.

*

Legationsrat von Saldern ist zum Kaiserlichen Minister-Residenten in Soeul ernannt worden und hat die Geschäfte der dortigen Legation übernommen.

*

Die Geschäfte des Konsulates in Kobe hat während der Heimatsbeurlaubung des Konsuls Krien der Dolmetscher-Eleve Dr. jur. Müller übernommen.

*

Die Stationärgeschäfte sind von S. M. S. „Thetis" an S. M. S. „Hertha" abgegeben.

*

Dem Oberrichter Dr. Crusen ist die Erlaubnis zur Anlegung des Japanischen Ordens des heiligen Schatzes dritter Klasse erteilt.

大德輔政司崑為

出示曉諭政章事案查准否打石一事曾於德歷一千九百一年十二月十二日出示在案茲有酌定章程再示諭仰嗣後凡欲鑿打石頭者必須投地畝之處合有准鑿打之處應按丈量局員可以領有鑿銷如未先經調銷票地畝局領掣銷票並無費用惟此項准單者即於每年底作廢至隨時敷銷應按丈量局劃出界內不得亂打但丈量局定界者宜出界一經查出即罰洋至一百五十馬克於所准領之界石或打越丈量局定界者償款此無准打票竟敢打石竪立之界者一經查出即罰洋至一百五十馬克德律第三百七十條第二欵罰洋至一百五十馬克之多或監押至六禮拜之久仰各週知勿違特示

大德一千九百三年六月初四日

右諭通知告示

白告

啓者茲將據報被竊之物列左

其係鋼質警晨鐘一架

其針係綠色

黃色該鐘面

子係黃色

仰爾諸人切勿輕買如見此物宜報

本署特佈

大德一千九百三年

六月初三日

青島巡捕衙門啓

6. Juni 1903. Amtsblatt—青島官報 105.

Schiffsverkehr

in der Zeit vom 28. Mai — 4. Juni 1903.

Ange-kommen am	Name	Kapitän	Flagge	von	Abgefahren am	nach
(23.5)	D. Aichi Maru		Japanisch	Moji	29.5.	Niutschuang
29.5	D. Vorwärts	Sohnemann	Deutsch	Schanghai	30.5.	Tschifu
30.5.	D. Tsintau	Hansen	„	Tschifu	30.5.	Schanghai
(25.5.)	D. Suevia	Börck	„	Moji	29.5.	Moji
3.6.	D. Knivsberg	Kaiser	„	Schanghai	4.6.	Tschifu
4.6.	D. Setsuyo Maru		Japanisch	Moji		

Meteorologische Beobachtungen.

Datum. Mai.	Barometer (mm) reduz. auf 0° C., Seehöhe 24,30 m			Temperatur (Centigrade).								Dunstspannung in mm			Relat. Feuchtigkeit in Prozenten		
				trock. Therm.			feucht. Therm.										
	7 Vm	2 Nm	9 Nm	7 Vm	2 Nm	9 Nm	7 Vm	2 Nm	9 Nm	Min.	Max.	7 Vm	2 Nm	9 Nm	7 Vm	2 Nm	9 Nm
28	758,0	756,5	756,5	17,3	16,5	16,5	17,1	16,3	16,3	14,8	17,5	14,4	13,7	13,7	98	98	98
29	53,0	51,6	52,2	17,7	19,3	15,9	17,7	18,5	15,3	16,3	18,4	15,1	15,4	12,6	100	92	93
30	52,6	52,4	54,5	16,9	22,3	19,1	16,8	20,5	17,9	15,9	21,5	14,2	16,8	14,5	99	84	88
31	56,2	55,3	56,4	18,7	22,5	20,3	15,3	16,1	15,7	16,6	24,6	10,9	9,7	10,5	68	48	58
Juni 1	55,0	54,5	54,3	17,9	19,1	18,3	15,5	15,7	15,1	17,9	26,5	11,7	11,2	10,8	76	68	69
2	54,2	53,2	54,1	20,1	23,3	20,1	17,6	18,5	17,9	17,2	21,2	13,4	12,9	13,9	77	61	80
3	56,8	57,5	59,7	20,5	27,3	21,7	15,4	17,5	17,3	19,3	25,0	9,9	8,9	12,0	55	33	62

Datum. Mai	Wind Richtung & Stärke nach Beaufort (0—12)			Bewölkung						Niederschläge in mm		
				7 Vm		2 Nm		9 Nm				9 Nm 7 Vm
	7 Vm	2 Nm	9 Nm	Grad	Form	Grad	Form	Grad	Form	7 Vm	9 Nm	7 Vm
28	O S O 3	O S O 3	O 4	10	Nebel	10	Nebel	10	Nim		3,0	4,0
29	N O 1	S S O 1	S S O 1	10	Nim	8	Cu-str.	9	Cu-nim	1,0	0,4	0,4
30	N O 1	O S O 1	O S O 1	10	Cu-ni	9	Cu-ni	8	Cum			
31	N 2	S O 3	O S O 1	9	Cu-str.	2	Str.	2	Str.			
Juni 1	N W 2	S O 2	S O 1	10	Cu-str.	9	Cum	9	Cum			
2	O S O 1	S S O 2	S S O 1	5	Str.	6	„	2	Str.			
3	W N W 2	W N W 3	N N W 1	—	—	7	Cir-cu	7	Cir-cu			

Schantung-Eisenbahn.

Fahrplan

für die Strecke

Tsingtau-Tsehotien

giltig ab 1. Juni 1903.

Zug 1.		Zug 3.		Zug 5.		Kilo-	Stationen	Zug 2.		Zug 4.		Zug 6.	
An.	Ab.	An.	Ab.	An.	Ab.	meter		An.	Ab.	An.	Ab.	An.	Ab.
	8.00				3.00		Tsingtau	5.59		10.13			
8.11	8.14			3.12	3.14	5	Syfang I.	5.47		10.01	10.03		
8.20	8.21			3.20	3.21	7	Syfang II.	5.39	5.41	9.54	9.55		
8.37	8.40			3.39	3.42	17	Tsangkou	5.20	5.23	9.33	9.36		
8.53	8.54			2.57	4.00	26	Tschoutsun	5.05	5.07	9.15	9.18		
9.02	9.04			4.10	4.15	31	Tschengyang	4.55	4.57	9.01	9.06		
9.22	9.23			4.36	4.46	43	Nantschuang	4.35	4.37	8.30	8.40		
9.37	9.39			5.02	5.05	52	Lantsun	4.19	4.21	8.09	8.14		
				5.14	5.15	57	Likotschuang			7.59	8.00		
				5.30	5.32	65	Tahuang			7.40	7.45		
10.11	10.21			5.46	6.16	73	Kiautschou	3.22	3.47	7.01	7.26		
				6.30	6.31	81	Tahang			6.47	6.48		
				6.42	6.44	86	Tselantschuang			6.31	6.56		
				6.57	7.00	91	Yaukotschuang			6.14	6.18		
11.07	11.32		6.13	7.14		99	Kaumi	2.26	2.36	6.00		7.45	
		6.39	6.40			115	Tsaitschia'schuang					7.18	7.19
		6.51	6.56			121	Taerlpu					7.04	7.07
12.14	12.16	7.07	7.12			127	Tschiangling	1.42	1.44			6.48	6.53
		7.26	7.29			135	Taibautschuang					6.34	6.36
12.36	12.38	7.39	7.54			141	Tsoschan	1.20	1.22			6.13	6.23
		8.07	8.11			146	Huantschipu					5.55	6.00
12.58	1.00	8.19	8.24			150	Nanliu	12.55	1.00			5.42	5.47
		8.45	8.49			161	Hamatun					5.17	5.20
1.34	1.44	9.04	9.19			170	Tschangloyuen	12.13	12.21			4.45	5.00
1.57	1.58	9.33	9.34			178	Frlschilipi	11.59	12.00			4.28	4.29
2.06	2.16	9.43	10.08			184	Weihsien	9.46	11.51			4.04	4.19
2.29	2.30	10.23	10.24			193	Tayüho	9.32	9.33			3.48	3.49
2.40	2.41	10.36	10.38			196	Tschuliutien	9.21	9.22			3.35	3.37
2.54	3.09	10.53	11.08			208	Tschanlo	8.53	9.08			3.05	3.20
3.30	3.32	11.29	11.31			214	Yaukou	8.30	8.32			2.42	2.44
3.58	4.00	11.57	11.59			223	Tantschiafang	8.02	8.04			2.14	2.16
4.20	4.22	12.19	12.21			229	Yangtschiatschuang	7.40	7.42			1.52	1.54
4.56	5.16	12.55				240	Tschingtschoufu	6.46	7.06				1.18
5.40	5.42					248	Putung	6.20	6.22				
6.02						255	Tsehotien		6.00				

Anmerkung: Die Zeiten zwischen 6 Uhr abends und 5 Uhr 59 Min. morgens sind durch Unterstreichung der Minutenziffern kenntlich gemacht.

Druck der Missionsdruckerei, Tsingtau.

第四年　第二十一号

1903 年 6 月 6 日

讣告

园丁罗伯特·齐默尔曼在长期患病之后，于今年 5 月 29 日于青岛督署野战医院去世，享年 40 岁。自 1900 年 5 月起，他就在胶澳保护地担任总督府园丁，之前他在柏林皇家植物园工作，后来又数年在暹罗做科学研究方面的植物收集。由于他坚持不断的勤奋、广博的学识以及对于工作的热爱，他克服了所有的物资贫乏和劳顿，同样地，由于他淳朴和谦逊的品质，获得了所有与他接触过的人们的尊重。他尤为卓越的成就体现在其作为动物和植物收集者方面的工作，为保护地的科学研究做出诸多贡献。人们会永远尊敬他、纪念他。

青岛，1903 年 6 月 2 日
皇家总督
都沛禄

大德辅政司崑　为

出示晓谕改章事：案查准否打石一事，曾于德历一千九百一年十二月十二日出示在案。兹有酌改之处，合再示谕。仰嗣后凡欲凿打石头者，必须投地亩局领有准票，并无费用。惟此项准票，地亩局员可以随时撤销。如未先经调销者，即于每该年底作废。至于所准凿打之处，应按丈量局划出界内，不得乱打。但丈量局竖立之界石，该领票者宜偿费款。此无准票，竟敢打石或打越丈量局定界者，一经查出，即按德律第三百七十端第二条，罚洋至一百五十马克之多，或监押至六礼拜之久。仰各周知勿违。特示。

右谕通知
大德一千九百三年六月初四日　告示

告白

启者：兹将据报被窃之物列左：

白钢质警晨钟一架，其针系黄色，该钟面子系绿色。

仰尔诸人，切勿轻买。如见此物，宜报本署。特布。

大德一千九百三年六月初三日
青岛巡捕衙门启

官方消息

皇家特别公使以及全权大使、男爵穆姆·冯·施瓦岑施坦博士再次接掌北京公使馆的工作。

参赞冯·萨尔登已被任命为驻汉城的皇家大使衔代办，接掌了那里的使馆事务。

神户领事馆的事务在科里恩领事回国度假期间由见习口译、法学博士穆勒接掌。

驻站工作由"忒蒂斯"号军舰移交给"赫尔塔"号军舰。

高等法官克鲁森博士被允许佩戴日本勋三等瑞宝勋章。

船运

1903年5月28日—6月4日期间

到达日	轮船船名	船长	挂旗国籍	出发港	出发日	到达港
（5月23日）	Aichi 丸		日本	门司	5月29日	牛庄
5月29日	前进号	索纳曼	德国	上海	5月30日	芝罘
5月30日	青岛号	韩森	德国	芝罘	5月30日	上海
（5月25日）	雪维亚号	波尔克	德国	门司	5月29日	门司
6月3日	柯尼夫斯堡号	凯瑟	德国	上海	6月4日	芝罘
6月4日	三菱丸		日本	门司		

山东铁路公司时刻表

青岛—泽河店段

1903年6月1日起生效

站台1		站台3		站台5		公里	站点	站台2		站台4		站台6	
到达	出发	到达	出发	到达	出发			到达	出发	到达	出发	到达	出发
	8.00				3.00		青岛	5.59		10.13			
8.11	8.14			3.12	3.14	5	四方1	5.47	5.50	10.01	10.03		
8.20	8.21			3.20	3.21	7	四方2	5.39	5.41	9.54	9.55		
8.37	8.40			3.39	3.42	17	沧口	5.20	5.23	9.33	9.36		
8.53	8.54			2.57	4.00	26	赵村	5.05	5.07	9.15	9.18		
9.02	9.04			4.10	4.16	31	城阳	4.55	4.57	9.01	9.06		
9.22	9.23			4.36	4.46	43	南泉	4.35	4.37	8.30	8.40		
9.37	9.39			5.02	5.05	52	蓝村	4.19	4.21	9.09	8.14		
				5.14	5.15	57	李哥庄			7.59	8.00		
				5.30	5.32	65	大荒			7.40	7.45		
10.11	10.21			5.46	6.16	73	胶州	3.22	3.47	7.01	7.26		
				6.30	6.31	81	腊行			6.47	6.48		
				6.42	6.44	86	芝兰庄			6.31	6.36		
				6.57	7.00	91	姚哥庄			6.14	6.18		
11.07	11.32		6.13	7.14		99	高密	2.26	2.36	6.00		7.45	
		6.39	6.40			115	蔡家庄					7.18	7.19
		6.51	6.56			121	塔耳堡					7.04	7.07
12.14	12.16	7.07	7.12			127	丈岭	1.42	1.44			6.48	6.53
		7.26	7.29			135	大堡庄					6.34	6.36
12.36	12.38	7.39	7.54			141	岞山	1.20	1.22			6.13	6.23
		8.07	8.11			146	黄旗堡					5.55	6.00
12.58	1.00	8.19	8.24			150	南流	12.55	1.00			5.42	5.47
		8.45	8.49			161	虾蟆屯					5.17	5.20
1.34	1.44	9.04	9.19			170	昌乐	12.13	12.21			4.45	5.00
1.57	1.58	9.33	9.34			178	二十里堡	11.59	12.00			4.28	4.29
2.06	2.16	9.43	10.08			184	潍县	9.46	11.51			4.04	4.19

(续表)

站台1		站台3		站台5		公里	站点	站台2		站台4		站台6	
到达	出发	到达	出发	到达	出发			到达	出发	到达	出发	到达	出发
2.29	2.30	10.23	10.24			193	大圩河	9.32	9.33			3.48	3.49
2.40	2.41	10.36	10.38			196	朱刘店	9.21	9.22			3.35	3.37
2.54	3.09	10.53	11.08			208	昌乐	8.53	9.08			3.05	3.20
3.30	3.32	11.29	11.31			214	尧沟	8.30	8.32			2.42	2.44
3.58	4.00	11.57	11.59			223	谭家坊	8.02	8.04			2.14	2.16
4.20	4.22	12.19	12.21			229	杨家庄	7.40	7.42			1.52	1.54
4.56	5.16	12.55				240	青州府	6.46	7.06				1.18
5.40	5.42					248	普通	6.20	6.22				
6.02						255	泽河店		6.00				

备注：晚上6点和早上5点59分之间的时间段通过在分钟下面画线进行标识。

Amtsblatt
für das
Deutsche Kiautschou-Gebiet.

青島官報

Herausgegeben vom Kaiserlichen Gouvernement Kiautschou.

Der Bezugspreis beträgt jährlich $ 0,60 = M 1,20.
Bestellungen nehmen sämtliche deutsche Postanstalten entgegen.

Jahrgang 4.   Nr. 22.   Tsingtau, den 13. Juni 1903.

Konkursverfahren.

Ueber das Vermögen des Restaurateurs Othon Köhler in Tsingtau ist am 10. Juni 1903 der Konkurs eröffnet.

Verwalter: Referendar Dr. Bessert-Nettelbeck.

Anmeldefrist bis 15. Juli 1903.

Erste Gläubigerversammlung und allgemeiner Prüfungstermin am 31. Juli 1903.

Offener Arrest mit Anzeigefrist bis zum 15. Juli 1903.

Tsingtau, den 10. Juni 1903.

Kaiserliches Gericht von Kiautschou.

Bekanntmachung.

Beschlagnahmte und gefundene Gegenstände:
1 chinesische silberne Uhr mit Kette und Tasche,
1 grosser lederner Hundemaulkorb,
1 graue europäische Hose.

Tsingtau, den 10. Juni 1903

Kaiserliches Polizeiamt.

欽命德膠澳署為

斷債事茲有開酒店德人喀來生意虧空本署定於本年六月初十日准行當派繙譯官聶管理此事各債主報債以七月十五日為限至七月三有欠債戶錢者亦於七月十五日至本署查明債數虛實凡十一日齊赴本署明報各恪遵勿違特諭

右諭仰知

大德壹千九百三年六月十二日告示

告白

啓者茲將本署所獲及送存各物列左及銀質華人時表一枚銀鍊一條並袋一個皮做大狗嘴籠頭一個灰色布西褲一條以上各物准失者來署具領特佈

大德一千九百三年六月初十日

青島巡捕衙門啓

In das Handelsregister des unterzeichneten Gerichts ist unter Nr. 64 ein Baugeschäft mit der Firma Lieb & Leu eingetragen worden.

Alleinige Inhaber sind die Architekten Hans Emil Lieb und Hugo Leu.

Tsingtau, den 6. Juni 1903.

Kaiserliches Gericht von Kiautschou.

Bekanntmachung.

Am Dienstag, den 16. Juni d. Js., wird an der hiesigen Gouvernementsschule ein öffentlicher Schultag abgehalten.

Den Eltern der Schüler und sonstigen Interessenten ist es gestattet, an diesem Tage dem Unterrichte in der Schule beizuwohnen.

Tsingtau, den 9. Juni 1903.

Der Civilkommissar.

Bekanntmachung für Seefahrer.

Die Bake auf dem Betonblock des Hufeisenriffs in der Kiautschou-Bucht ist wegen des Baues des Leuchtfeuers daselbst entfernt worden

Tsingtau, den 6. Juni 1903.

Kaiserliches Hafenamt.

Bekanntmachung für Seefahrer.

Die auf dem Nord- und Südflach liegenden $\frac{NF}{S}$ und $\frac{SF}{N}$ Bojen, sowie die in der Kiautschou-Bucht westlich vom Hufeisenriff liegende $\frac{HR}{W}$ Boje werden zur Konservierung aufgenommen und durch kleinere gleichgestaltete ersetzt werden.

Die alten Bojen werden Ende Juni d. Js. wieder ausgelegt.

An der Lage der Bojen ist nichts geändert worden.

Tsingtau, den 5. Juni 1903.

Kaiserliches Hafenamt.

Der Dampfer Thea der Gouvernement-Werkstatt ist am 4. Mai ds. Js. nahe dem Leuchtturm Ju nui san gesunken.

Derjenige, welcher innerhalb 3 Monaten, vom Tage dieser Bekanntmachung an gerechnet, anzugeben vermag, an welcher Stelle der Dampfer liegt, erhält eine Belohnung von 500 $-Fünfhundert Dollar mex.

Tsingtau, den 11. Juni 1903.

Gouvernements-Werkstatt.

Bekanntmachung.

C. Fiedler hat ein Gesuch um Genehmigung zum Ausschank von alkoholischen Getränken auf dem Grundstücke Kartenblatt 8 Nr. 99/11 in der Friedrichstrasse eingereicht.

Einwendungen im Sinne der Gouvernements-Bekanntmachung vom 10. Oktober 1899 sind bis zum 28. d. Mts. an die unterzeichnete Behörde zu richten.

Tsingtau, den 11. Juni 1903.

Kaiserliches Polizeiamt.

Der von dem unterzeichneten Gerichte gegen den früheren Eisenbahnarbeiter Josef Jelitto erlassene Steckbrief ist erledigt.

Tsingtau, den 28. Mai 1903.

Kaiserliches Gericht von Kiautschou.

Amtliche Mitteilungen.

Laut telegraphischer Mitteilung des Reichsmarineamts ist dem früheren Oberrichter Wilke und dem Bankdirektor Homann der Königliche Rote Adlerorden IV. Klasse und dem Kaufmann Carl Rohde der Königliche Kronenorden IV. Klasse verliehen.

*

Der Marine-Maschinenbaumeister Breymann hat am 12. d. Mts. die Leitung der Gouvernements-Werkstatt wieder übernommen.

Der Marine-Schiffsbaumeister Hartmann ist zum Stabe des Kreuzergeschwaders kommandiert worden.

13. Juni 1903.   Amtsblatt—青島官報   109.

Schiffsverkehr

in der Zeit vom 4. — 11. Juni 1903.

Angekommen am	Name	Kapitän	Flagge	von	Abgefahren am	nach
4.6.	D. Setsuyo Maru		Japanisch	Moji	5.6.	Tschifu
„	D. Gouv. Jaeschke	Schuldt	Deutsch	Schanghai	6.6.	Schanghai
„	D. Liengshing	Ioung	Englisch	„	5.6.	Tschifu
7.6.	D. Hino Maru		Japanisch	Kobe	8.6.	Port Arthur
„	D. Vorwärts	Sohnemann	Deutsch	Tschifu	7.6.	Schanghai
„	D. Jacob Diederichsen	Ohlsen	„	Hongkong	8.6.	Tschifu
8.6.	D. Tsintau	Hansen	„	Schanghai	9.6.	„
11.6.	D. Genzan Maru II		Japanisch	Moji		

Meteorologische Beobachtungen.

Datum. Juni.	Barometer (mm) reduz. auf 0° C., Seehöhe 24,30 m			Temperatur (Centigrade).								Dunstspannung in mm			Relat. Feuchtigkeit in Prozenten		
				trock. Therm.			feucht. Therm.			Min.	Max.						
	7 Vm	2 Nm	9 Nm	7 Vm	2 Nm	9 Nm	7 Vm	2 Nm	9 Nm			7 Vm	2 Nm	9 Nm	7 Vm	2 Nm	9 Nm
4	761,3	759,9	759,4	20,1	21,9	19,8	16,5	17,3	14,7	18,4	27,8	11,8	11,9	9,4	67	61	54
5	58,2	57,6	57,7	16,9	17,7	14,5	14,9	14,5	13,3	16,9	23,6	11,4	10,3	10,6	80	68	87
6	57,5	57,5	57,2	17,1	19,9	16,7	14,6	16,1	15,1	13,9	18,8	10,9	11,3	11,8	75	65	83
7	56,8	56,5	57,1	18,3	21,3	18,1	15,7	17,7	16,7	14,9	20,1	11,7	12,9	13,3	74	68	86
8	55,3	53,7	53,3	19,5	19,5	17,3	16,2	17,3	16,1	17,0	23,0	11,7	13,3	12,9	70	80	88
9	52,1	50,9	50,7	17,6	19,1	20,1	16,7	17,1	18,3	15,9	22,0	13,6	13,3	14,5	91	81	83
10	50,9	51,1	52,6	21,1	22,9	21,5	19,4	18,3	15,3	16,5	21,6	15,7	12,8	9,8	85	62	54

Datum. Juni.	Wind Richtung & Stärke nach Beaufort (0—12)			Bewölkung						Niederschläge in mm		
				7 Vm		2 Nm		9 Nm				9 Nm ÷ 7 Vm
	7 Vm	2 Nm	9 Nm	Grad	Form	Grad	Form	Grad	Form	7 Vm	9 Nm	
4	SSO 1	S 2	S 2	8	Cir-tsr.	9	Cu-str.	9	Cu-nim			1.4
5	WSW 3	OSO 1	OSO 2	10	Cu-nim	9	„	9	Cu-nim	1,4	0,3	0.3
6	O 1	S 2	S 2	8	Cir	5	Cir-cu	5	Str.			
7	S 1	SSO 2	SSW 1	1	Cir	1	Cu-str.	3	Cum-str.			
8	NW 1	S 3	S 3	8	Cir-str.	10	Cum	3	Str.			
9	SSO 2	S 4	SO 3	—	—	8	Cu-nim	10	Cu-ni			
10	S 1	SSW 4	NNW 3	3	Cir-str.	5	Cu-str.	10	Cu-ni			

Druck der Missionsdruckerei, Tsingtau.

第四年　第二十二号

1903 年 6 月 13 日

钦命德胶奥属　为

断债事：兹有开酒店德人喀来生意亏空，本署定于本年六月初十日准行，当派翻译官聂管理此事。各债主报债以七月十五日为限，至七月三十一日齐赴本署查明债数虚实。凡有欠债户钱者，亦于七月十五日至本署报明。其各恪遵勿违。特谕。

右谕仰知

大德一千九百三年六月十二日　告示

告白

启者：兹将本署所获及送存各物列左：

银质华人时表一枚，银链一条并袋一个，皮做大狗嘴笼头一个，灰色布西裤一条。

以上各物准失者来署具领。特布。

德一千九百三年六月初十日

青岛巡捕衙门启

一家名为李普和罗伊（Lieb & Leu）的建筑公司在本法庭进行商业登记，登记号为第 64 号。

建筑师汉斯·爱米尔·李普和雨果·罗伊为公司唯一所有者。

青岛，1903 年 6 月 6 日

皇家胶澳审判厅

告白

今年 6 月 16 日星期二将在本地督署学校公开举办学校日。

学生父母以及其他感兴趣的人可于当日校内听课。

青岛,1903 年 6 月 9 日
民政长

对海员的告白

胶州湾内马蹄礁上的水泥块上面的浮标,因建造信标灯而去除。

青岛,1903 年 6 月 6 日
皇家船政局

对海员的告白

位于南北浅滩上的 NF/S 号浮标和 SF/N 号浮标,以及位于胶州湾内马蹄礁以西的 HR/W 号浮标,因保养而被取回,替换为较小的相同形式浮标。

今年 6 月底将再次放置原来的浮标。

浮标所在位置处,没有做任何变动。

青岛,1903 年 6 月 5 日
皇家船政局

今年 5 月 4 日督署工场的轮船特亚号在游内山灯塔附近沉没。

自本告白发布之日起的三个月内,能够说明轮船沉没位置者,将获得 500 个墨西哥鹰洋的奖励。

青岛,1903 年 6 月 11 日
督署工场

告白

C.费德勒递交申请,请求准许在弗里德里希大街的地籍册编号为第 8 地籍页第 99/11 号的地块上经营酒精饮料的零售业务。

如根据 1899 年 10 月 10 日颁布的总督府告白对此持有异议,可在本月 28 日前递交至本部门。

青岛,1903 年 6 月 11 日
皇家巡捕房

由本法庭针对前铁路工约瑟夫·叶力托发出的通缉令现已完结。

青岛,1903 年 5 月 28 日
皇家胶澳审判厅

官方消息

根据帝国海军部的电报通知,授予前高级法官维尔克和银行经理何曼四等皇家红鹰勋章,授予商人卡尔·罗德四等皇冠勋章。

海军机械建造师布莱曼在本月 12 日再次接任督署工场场长职务。
海军造船师哈特曼已被命令担任巡洋舰队参谋。

船运

1903 年 6 月 4 日—11 日期间

到达日	轮船船名	船长	挂旗国籍	出发港	出发日	到达港
6月4日	摄阳丸		日本	门司	6月5日	芝罘
6月4日	叶世克总督号	舒尔特	德国	上海	6月6日	上海
6月4日	联兴号	雍	英国	上海	6月5日	芝罘
6月7日	日野丸		日本	神户	6月8日	旅顺
6月7日	前进号	索纳曼	德国	芝罘	6月7日	上海
6月7日	捷成号	奥尔森	德国	香港	6月8日	芝罘
6月8日	青岛号	韩森	德国	上海	6月9日	芝罘
6月11日	Genzan 丸 II		日本	门司		

Amtsblatt
für das
Deutsche Kiautschou-Gebiet.

青島官報

Herausgegeben vom Kaiserlichen Gouvernement Kiautschou.

Der Bezugspreis beträgt jährlich $ 0,60=M 1,20.
Bestellungen nehmen sämtliche deutsche Postanstalten entgegen.

Jahrgang 4.   Nr. 23.   Tsingtau, den 20. Juni 1903.

Verdingung.

Für die Schlachthofanlage (zwischen Arconabrücke und kleinem Hafen) soll die

Ausführung der gesamten Bauarbeiten nebst Materiallieferungen zum Bau des Pförtner- und Kulihauses

im öffentlichen Verfahren vergeben werden.

Die Verdingungsunterlagen liegen im Geschäftszimmer der Bauabteilung III^b vom 20. ds. Mts. an zur Einsicht aus und können von dort, soweit der Vorrat reicht, gegen Erstattung von $ 1,50 bezogen werden.

Versiegelte und mit der Aufschrift: „Kuli- und Pförtnerhaus Schlachthof" versehene Angebote sind bis zu dem

auf Sonnabend, den 27. Juni, vormittags 10 Uhr,

festgesetzten Eröffnungstermine an die unterzeichnete Behörde einzureichen.

Zuschlagsfrist 14 Tage.

Tsingtau, den 16. Juni 1903.

Kaiserliche Hochbauabteilung III^b.

Bekanntmachung.

Gefundene Gegenstände:
1 Remontoir Uhr mit Kette (auf der Arbeitsstelle der Firma Vehring.)

Tsingtau, den 18. Juni 1903.

Kaiserliches Polizeiamt.

Verdingung von Proviant und Furage.

Die Lieferung des Bedarfs an Proviant und Furage für die Besatzung des Schutzgebiets für 1. Oktober 1903 - 30. September 1904 soll verdungen werden.

Die Lieferungsbedingungen können beim III. Seebataillon eingesehen oder gegen eine Gebühr von 0,50 $ bezogen werden.

Die Angebote sind in einem besonderen Umschlag, mit der Aufschrift „Angebot auf Proviant und Furage" versehen, mit den etwaigen Proben bis zum 15. Juli 1903, 11 Uhr vormittags, dem III. Seebataillon einzureichen.

In dem Angebote sind die Lieferungsbedingungen ausdrücklich anzuerkennen.

Angebote, die den Bedingungen nicht entsprechen, bleiben unberücksichtigt.

Tsingtau, den 12. Juni 1903.

Kommando des III. Seebataillons.

白 告

啓者茲將拾獲送存之物列左由維林洋行工廠拾獲練一條咇枝並錶一個失主來署具領可也此佈
德一千九百零三年六月十八日青島巡捕衙門啓

112.　　　　　　　　　　　Amtsblatt—報官島青　　　　　　　　　　20. Juni 1903.

Bekanntmachung.

In der Strafsache gegen die Waschleute Scheng meng hsin und Genossen ist den Angeklagten eine grössere Anzahl gestohlener Wäschestücke (Taschentücher, Strümpfe) abgenommen worden.

Die Wäschestücke können an Wochentagen von 10 - 12 Uhr vormittags auf dem Bezirksamt Tsingtau besichtigt und von den Eigentümern in Empfang genommen werden.

Tsingtau, den 15. Juni 1903.

Das Kaiserliche Bezirksamt.

Amtliche Mitteilung.

Der Legationsrat Eckardt ist zum Kaiserlichen Konsul in Tientsin ernannt.

Schiffsverkehr

in der Zeit vom 11. — 18. Juni 1903.

Angekommen am	Name	Kapitän	Flagge	von	Abgefahren am	nach
11.6.	D. Genzan Maru II		Japanisch	Moji	18.6.	Moji
12.6.	D. Gouv. Jaeschke	Schuldt	Deutsch	Schanghai	14.6.	Schanghai
„	D. Knivsberg	Kayser	„	Tschifu	13.6.	„
13.6.	D. Liengshing	Joung	Englisch	„	„	„
14.6.	D. Vorwärts	Sohnemann	Deutsch	Schanghai	15.6.	Tschifu
„	D. Main	v. Borell	„	Bremerhaven		
17.6.	D. Tsintau	Hansen	„	Tschifu	18.6.	Schanghai

Meteorologische Beobachtungen.

Datum Juni.	Barometer (mm) reduz. auf 0° C., Seehöhe 24,30 m			Temperatur (Centigrade).								Dunstspannung in mm			Relat. Feuchtigkeit in Prozenten		
				trock. Therm.			feucht. Therm.										
	7 Vm	2 Nm	9 Nm	7 Vm	2 Nm	9 Nm	7 Vm	2 Nm	9 Nm	Min.	Max.	7 Vm	2 Nm	9 Nm	7 Vm	2 Nm	9 Nm
11	754,1	752,2	751,0	19,5	25,1	18,7	14,9	19,1	15,5	17,5	23,5	9,8	12,8	11,2	58	55	70
12	52,4	53,9	55,2	20,1	25,1	20,7	14,8	17,5	14,7	18,7	26,9	9,3	10,2	8,8	53	43	49
13	56,0	54,9	55,9	19,7	22,7	19,5	15,9	17,9	17,3	18,1	25,5	11,1	12,3	13,3	65	60	80
14	57,1	56,0	56,6	19,7	23,4	18,5	16,3	19,3	16,7	17,5	23,7	11,7	14,1	13,0	69	66	82
15	55,1	53,5	52,3	19,3	20,7	18,9	17,4	18,7	17,5	18,5	26,0	13,6	14,8	14,0	82	82	87
16	52,1	51,1	50,6	20,1	22,5	18,7	18,9	20,1	18,1	18,7	22,1	15,5	16,0	15,1	89	79	94
17	50,3	48,7	52,2	18,5	21,5	20,7	18,2	19,7	16,3	18,5	22,8	15,4	16,0	11,1	97	84	62

20. Juni 1903. Amtsblatt—膠州官報 113.

Da-tum. Juni.	Wind Richtung & Stärke nach Beaufort (0—12)			Bewölkung						Niederschläge in mm		
	7 Vm	2 Nm	9 Nm	7 Vm		2 Nm		9 Nm		7 Vm	9 Nm	9 Nm / 7 Vm
				Grad	Form	Grad	Form	Grad	Form			
11	WNW 2	SSW 5	SO 2	5	Cir-tsr.	5	Cir-str.	2	Cir			
12	NW 3	NW 4	NO 1	—	—	—	—	—	—			
13	SSO 2	S 3	SSO 1	1	Cu-str.	3	Cum	—	—			
14	N 1	SSO 3	SO 2	—	—	—	—	—	—			
15	SSO 2	SSO 3	S 3	2	Cu-str.	4	Cu-str.	—	—			
16	SO 1	SSO 3	S 4	7	Str.	3	Str.	6	Str.			
17	SSO 3	S 5	O 6	10	Nebel	8	Cu-ni	10	Nim		3,7	3,7

Druck der Missionsdruckerei, Tsingtau.

第四年　第二十三号

1903年6月20日

发包

将以公开发包方式为屠宰场设施（位于阿克纳桥和小港之间）招标，包括整个建造工程以及用于建设门房和苦力住房的材料供应。

发包文件从本月20日起张贴在第三工部局二部的营业室内，以供查看，如有足够数量，也可以支付1.50元购买。

报价须密封注明"屠宰场苦力住房和门房"字样后，在已定好的开标日期6月27日星期六上午10点前递交到本部门。

中标期限为14天。

青岛，1903年6月16日
皇家第三工部局二部

告白

启者：兹将拾获送存之物列左：

由维林洋行工厂拾获时表一枝（只），并练（链）一条。仰失主来署具领可也。此布。

德一千九百三年六月十八日
青岛巡捕衙门启

给养粮草发包

1903年10月1日至1904年9月30日之间保护地占领军的给养和粮草需求将发包。

供货条件可以在第三水师营查看，也可以支付0.50元后购买取走。

报价须放入特制信封内，注明"给养和粮草的报价"字样后，附上可能提供的样品，在1903年7月15日上午11点前递交至第三水师营。

报价中必须明确接受供货条件。不符合条件的报价不会被考虑。

青岛，1903 年 6 月 12 日

第三水师营

告白

在对洗衣工盛孟欣（注：音译）及其同伙起诉的刑事案件中，从被告人处起获较大数量的被盗清洗物品（手绢、长袜）。

这些物品可以在工作日上午 10—12 点前往青岛华民审判厅查看，可以由物主认领。

青岛，1903 年 6 月 15 日

皇家华民审判厅

官方消息

公使馆参赞艾卡特已被任命为驻天津皇家领事。

船运

1903 年 6 月 11 日—18 日期间

到达日	轮船船名	船长	挂旗国籍	出发港	出发日	到达港
6 月 11 日	Genzan 丸 II		日本	门司	6 月 18 日	门司
6 月 12 日	叶世克总督号	舒尔特	德国	上海	6 月 14 日	上海
6 月 12 日	柯尼夫斯堡号	凯瑟	德国	芝罘	6 月 13 日	上海
6 月 13 日	联兴号	雍	英国	芝罘	6 月 13 日	上海
6 月 14 日	前进号	索纳曼	德国	上海	6 月 15 日	芝罘
6 月 14 日	美因号	博雷尔	德国	不来梅		
6 月 17 日	青岛号	韩森	德国	芝罘	6 月 18 日	上海

Amtsblatt
für das
Deutsche Kiautschou-Gebiet.

青 島 官 報

Herausgegeben vom Kaiserlichen Gouvernement Kiautschou.

Der Bezugspreis beträgt jährlich $ 0,60=M 1,20.
Bestellungen nehmen sämtliche deutsche Postanstalten entgegen.

Jahrgang 4.   Nr. 24.   Tsingtau, den 27. Juni 1903.

Bekanntmachung.

Der Gottesdienst in der evangelischen Kapelle findet vom 28. d. Mts. ab in der Zeit vom 9 bis 10 Uhr Vormittags statt.

Tsingtau, den 26. Juni 1903.

Der Kaiserliche Gouverneur.
Truppel

Bekanntmachung.

Der Betriebskontrolleur Hugo Dietrich und der Stationsassistent Franz Noffke sind gemäss § 12 der Bahnpolizeiordnung vom 20. Dezember 1901 zu Bahnpolizeibeamten ernannt worden.

Tsingtau, den 19. Juni 1903.

Der Kaiserliche Gouverneur.
In Vertretung
Hofrichter.

Bekanntmachung.

Paul Richter hat ein Gesuch um Uebertragung der Konzession zum Betriebe einer Gastwirtschaft auf seinen Namen für das von O. Köhler bisher innegehabte Lokal auf dem Grundstücke Kartenblatt 8 Nr. 93/60, Ecke der Hohenzollern- und Wilhelmshavener Strasse, eingereicht.

Einwendungen im Sinne der Gouvernements-Bekanntmachung vom 10. Oktober 1899 sind bis zum 12. Juli d. Js. an die unterzeichnete Behörde zu richten.

Tsingtau, den 19. Juni 1903.

Kaiserliches Polizeiamt.

Sturmwarnungssignale.

Mit dem 25. Juni d Js. tritt eine Erweiterung der bisher gebräuchlich gewesenen Taifun- und Sturmwarnungssignale in Kraft.

Die Erweiterung erklärt sich durch Anschluss der Karolinen- und Marianen-Inseln an das meteorologische Beobachtungsnetz und Einführung genauerer Bezeichnungen für den Weg des Centrums. Die Zusammenstellungen der neuen Signale hängen am Kaiserlichen Postamt öffentlich aus, auch können dieselben von Schiffahrtsinteressenten bei der meteorologischen Station in Empfang genommen werden.

Tsingtau, den 24. Juni 1903.

Meteorologisch-Astronomische Station.

Verdingung.

Der Transport von ca. 320 000 Stück Ziegelsteinen von der Ziegelei von Diederichsen, Jebsen & Co in Tapautau nach dem Bauplatz der Schlachthofanlage, zwischen der Arconabrücke und dem kleinen Hafen, soll im öffentlichen Verfahren vergeben werden.

Verschlossene und mit der Aufschrift: „Ziegeltransport für Schlachthofanlage" versehene Angebote sind zu dem auf

Mittwoch, den 1. Juli d. Js., vormittags 9½ Uhr,

festgesetzten Eröffnungstermin an die unterzeichnete Behörde einzureichen, von welcher auch die Angebotsformulare gegen Erstattung von 20 cts. zu beziehen sind.

Tsingtau, den 20. Juni 1903.

Kaiserliche Bauabteilung III h.

Oeffentliche Ladung.

Der Kaufmann Ku Ta tsch'eng aus Tapautau klagt gegen die Kaufleute Tschang Tse k'o und Tschang tsch'un früher zu Tapautau wohnhaft, jetzt unbekannten Aufenthalts, wegen Forderung von $ 242,87 für gelieferte Waren.

Termin zur Verhandlung des Rechtsstreites ist auf den 27. Juli 1903, vormittags 10 Uhr, anberaumt.

Erscheint der Beklagte nicht, wird Versäumnis-Urteil ergehen.

Tsingtau, den 24. Juni 1903.

Kaiserliches Bezirksamt.

Verdingungsanzeige.

Für die Garnisonwaschanstalt sollen die gesamten Planierungs- nnd Zuwegungsarbeiten im öffentlichen Verfahren vergeben werden.

Die Verdingungsunterlagen liegen im Geschäftszimmer der Bauabteilung III.ᵃ vom 1. n. Mts. ab zur Einsicht aus und können ebendaher, soweit der Vorrat reicht, gegen Erstattung von 1 $, bezw. einschl. der Blaupausen gegen 1, 50 $ bezogen werden.

Versiegelte und mit entsprechender Aufschrift versehene Angebote sind bis zu dem auf **Donnerstag, den 9. Juli ds. Js., vormittags 11½ Uhr**, festgesetzten Eröffnungstermine an die unterzeichnete Behörde einzureichen.

Zuschlagsfrist 4 Wochen.

Tsingtau, den 27. Juni 1903.

Hochbauabteilung III.ᵃ

Bei der unter Nr. 36 des Handelsregisters verzeichneten Firma
 Tsingtau Hotel Aktiengesellschaft
ist anstelle des Kaufmanns Hermann Andersen der Hoteldirektor Wilhelm Buschendorff in Tsingtau als Vorstand der Gesellschaft eingetragen worden.

Tsingtau, den 23. Juni 1903.

Kaiserliches Gericht von Kiautschou.

青島副案察司慕爲
飭傳事茲據大鮑島商人古大成
呈控張澤珂張春欠貨洋式百四
拾式元八角七分一案查被告張
澤珂張春前在大鮑島開設永春
茂生理現無下落無處傳訊是以
登此傳票宣傳被告張澤珂張
准於德七月二十七日早十點鐘
到署聽訊倘屆期不到即斷被告
還錢向其懷遵勿違特傳
德一千九百三年六月二十四日

Verdingungsanzeige.

Für das Kasernement am Bismarckberge sollen die gesamten Planierungs- und Zuwegungsarbeiten im öffentlichen Verfahren vergeben werden.

Die Verdingungsunterlagen liegen im Geschäftszimmer der Bauabteilung III.ᵃ zur Einsicht aus und können ebendaher, soweit der Vorrat reicht, gegen 1 $, bezw. einschl. der Blaupausen gegen 1, 50 $ bezogen werden.

Versiegelte und mit entsprechender Aufschrift versehene Angebote sind bis zu dem auf **Sonnabend, den 4. Juli ds. Js., vormittags 11½ Uhr**, festgesetzten Eröffnungstermine an die unterzeichnete Behörde einzureichen.

Zuschlagsfrist 4 Wochen.

Tsingtau, den 27. Juni 1903.

Hochbauabteilung III.ᵃ

Bei der Firma F. H. Schmidt, Nr. 32 des Handelsregisters, ist eingetragen, dass die Gesamtprokura des Ingenieurs Lothar Marcks und des Kaufmanns Conrad Miss erloschen und anstelle dessen dem Kaufmann Conrad Miss und dem Ingenieur Christian Sievertsen in Tsingtau Gesamtprokura erteilt ist.

Tsingtau, den 18. Juni 1903.

Kaiserliches Gericht von Kiautschou.

27. Juni 1903. Amtsblatt—青島官報 117.

Gericht des Kreuzergeschwaders.
Tsingtau, den 18. Juni 1903.

Steckbrief.

Gegen den unten beschriebenen Matrosen August Böhm, früher zur Besatzung S. M. S. „Tiger" gehörig, welcher seit 16. Juni fahnenflüchtig ist, ist die Untersuchungshaft wegen Diebstahls verhängt.

Es wird ersucht, ihn zu verhaften und an den nächsten Deutschen Konsul, an die nächste Militärbehörde oder an das nächste Deutsche Gericht abzuliefern.

Der Gerichtsherr.

Geissler.

Beschreibung:

Alter: 24 Jahre. Grösse: 1 m. 53 cm.
Statur: schlank. Haare: dunkel.
Augen: blau. Nase: gewöhnlich.
Mund: gewöhnlich Bart: —
Zähne: vollständig. Sprache: deutsch.

Sonnen-Auf-und Untergang für Monat Juli 1903.

Dt.	Mittelostchinesische Zeit des			
	wahren	scheinbaren	wahren	scheinbaren
	Sonnen-Aufgangs		Sonnen-Untergangs.	
1.	4 U. 49.5 M.	4 U. 43.9 M.	7 U. 14.9 M.	7 U. 20.5 M.
2.	49.9	44.3	14.8	20.4
3.	50.4	44.8	14.7	20.3
4.	50.9	45.3	14.6	20.2
5.	51.4	45.8	14.5	20.1
6.	51.9	46.3	14.3	19.9
7.	52.5	46.9	14.1	19.7
8.	53.1	47.5	13.8	19.4
9.	53.7	48.1	13.5	19.1
10.	54.3	48.7	13.2	18.8
11.	54.9	49.3	12.9	18.5
12.	55.5	49.9	12.6	18.2
13.	56.1	50.5	12.3	17.9
14.	56.7	51.1	11.9	17.5
15.	57.3	51.7	11.5	17.1
16.	57.9	52.3	11.1	16.7
17.	58.5	52.9	10.6	16.2
18.	59.2	53.6	10.1	15.7
19.	59.9	54.3	9.6	15.2
20.	5 U. 0.6	55.0	9.1	14.7
21.	1.3	55.7	8.5	14.1
22.	2.0	56.4	7.9	13.5
23.	2.7	57.1	7.2	12.8
24.	3.5	57.9	6.5	12.1
25.	4.3	58.7	5.8	11.4
26.	5.1	59.5	5.1	10.7
27.	5.8	5 U. 0.2	4.4	10.0
28.	6.5	0.9	3.7	9.3
29.	7.2	1.6	3.0	8.6
30.	7.9	2.3	2.3	7.9
31.	8.5	2.9	1.5	7.1

Schiffsverkehr

in der Zeit vom 18. — 24. Juni 1903.

Angekommen am	Name	Kapitän	Flagge	von	Abgefahren am	nach
(14.6.)	D. Main	v. Borell	Deutsch	Bremerhaven	24.6.	Nagasaki
19.6.	D. Knivsberg	Kayser	„	Schanghai	21.6.	Tschifu
„	D. Swatow Maru		Japanisch	Moji	„	„
20.6.	D. Gouv. Jaeschke	Schuldt	Deutsch	Schanghai	23.6.	Schanghai
21.6.	S. Amazon	Aas	Amerikanisch	Portland		
23.6.	D. Vorwärts	Sohnemann	Deutsch	Tschifu	24.6.	Schanghai
24.6.	D. Aichi Maru		Japanisch	Moji	„	Tschifu

Amtsblatt—報官島青   27. Juni 1903.

Hochwassertabelle für den Monat Juli 1903.

Datum	Tsingtau - Hauptbrücke Vormittags	Nachmittags	T'aput'ou. Vormittags	Nachmittags	Nükuk'ou. Vormittags	Nachmittags
1.	9U. 11M.	9U. 33M. ☾	10 U. 01M.	10 U. 23 M.	10 U. 11 M.	10 U. 33 M.
2.	10 „ 00 „	10 „ 26 „	10 „ 50 „	11 „ 16 „	11 „ 00 „	11 „ 26 „
3.	10 „ 58 „	11 „ 31 „	11 „ 48 „	—	11 „ 58 „	—
4.	—	0 „ 07 „	0 „ 21 „	0 „ 57 „	0 „ 31 „	1 „ 07 „
5.	0 „ 43 „	1 „ 19 „	1 „ 33 „	2 „ 09 „	1 „ 43 „	2 „ 19 „
6.	1 „ 54 „	2 „ 24 „	2 „ 44 „	3 „ 14 „	2 „ 54 „	3 „ 24 „
7.	2 „ 54 „	3 „ 18 „	3 „ 44 „	4 „ 08 „	3 „ 54 „	4 „ 18 „
8.	3 „ 42 „	4 „ 04 „	4 „ 32 „	4 „ 54 „	4 „ 42 „	5 „ 04 „
9.	4 „ 25 „	4 „ 44 „ ○	5 „ 15 „	5 „ 34 „	5 „ 25 „	5 „ 44 „
10.	5 „ 03 „	5 „ 21 „	5 „ 53 „	6 „ 11 „	6 „ 03 „	6 „ 21 „
11.	5 „ 38 „	5 „ 55 „	6 „ 28 „	6 „ 45 „	6 „ 38 „	6 „ 55 „
12.	6 „ 11 „	6 „ 27 „	7 „ 01 „	7 „ 17 „	7 „ 11 „	7 „ 27 „
13.	6 „ 43 „	6 „ 59 „	7 „ 33 „	7 „ 49 „	7 „ 43 „	7 „ 59 „
14.	7 „ 15 „	7 „ 32 „	8 „ 05 „	8 „ 22 „	8 „ 15 „	8 „ 32 „
15.	7 „ 49 „	8 „ 07 „	8 „ 39 „	8 „ 57 „	8 „ 49 „	9 „ 07 „
16.	8 „ 25 „	8 „ 45 „	9 „ 15 „	9 „ 35 „	9 „ 25 „	9 „ 45 „
17.	9 „ 05 „	9 „ 29 „ ●	9 „ 55 „	10 „ 19 „	10 „ 05 „	10 „ 29 „
18.	9 „ 53 „	10 „ 25 „	10 „ 43 „	11 „ 15 „	10 „ 53 „	11 „ 25 „
19.	10 „ 57 „	11 „ 35 „	11 „ 47 „	—	11 „ 57 „	—
20.	—	0 „ 13 „	0 „ 25 „	1 „ 03 „	0 „ 35 „	1 „ 13 „
21.	0 „ 52 „	1 „ 31 „	1 „ 42 „	2 „ 21 „	1 „ 52 „	2 „ 31 „
22.	2 „ 07 „	2 „ 43 „	2 „ 57 „	3 „ 33 „	3 „ 07 „	3 „ 43 „
23.	3 „ 14 „	3 „ 45 „	4 „ 04 „	4 „ 35 „	4 „ 14 „	4 „ 45 „
24.	4 „ 12 „	4 „ 39 „ ●	5 „ 02 „	5 „ 29 „	5 „ 12 „	5 „ 39 „
25.	5 „ 04 „	5 „ 29 „	5 „ 54 „	6 „ 19 „	6 „ 04 „	6 „ 29 „
26.	5 „ 53 „	6 „ 16 „	6 „ 43 „	7 „ 06 „	6 „ 53 „	7 „ 16 „
27.	6 „ 39 „	7 „ 01 „	7 „ 29 „	7 „ 51 „	7 „ 39 „	8 „ 01 „
28.	7 „ 22 „	7 „ 43 „	8 „ 12 „	8 „ 33 „	8 „ 22 „	8 „ 43 „
29.	8 „ 03 „	8 „ 23 „	8 „ 53 „	9 „ 13 „	9 „ 03 „	9 „ 23 „
30.	8 „ 44 „	9 „ 05 „	9 „ 34 „	9 „ 55 „	9 „ 44 „	10 „ 05 „
31.	9 „ 28 „ ☾	9 „ 52 „	10 „ 18 „	10 „ 42 „	10 „ 28 „	10 „ 52 „

1) ○ = Vollmond; 2) ◐ = Letztes Viertel; 3) ● = Neumond; 4) ☾ = Erstes Viertel.

Meteorologische Beobachtungen.

Datum Juni.	Barometer (m m) reduz. auf 0° C., Seehöhe 24,30 m			Temperatur (Centigrade). trock. Therm.			feucht. Therm.					Dunstspannung in mm			Relat. Feuchtigkeit in Prozenten		
	7 Vm	2 Nm	9 Nm	7 Vm	2 Nm	9 Nm	7 Vm	2 Nm	9 Nm	Min.	Max.	7 Vm	2 Nm	9 Nm	7 Vm	2 Nm	9 Nm
18	750,0	750,9	753,1	20,3	21,1	18,5	18,5	19,5	17,7	19,3	29,3	14,7	15,9	14,6	83	86	92
19	54,8	54,9	55,3	19,7	21,1	19,7	18,6	19,6	19,1	18,5	22,7	15,3	16,0	16,1	90	87	94
20	55,7	55,2	55,4	19,8	21,9	20,1	19,5	20,3	18,7	19,5	22,6	16,6	16,7	15,.	97	86	87
21	55,4	54,7	54,0	20,4	22,1	20,1	18,9	19,7	18,9	19,9	22,6	15,3	15,6	15,5	86	79	89
22	51,8	52,7	53,7	19,9	22,3	19,7	18,4	19,3	18,5	19,7	24,3	14,8	14,8	15,1	86	74	89
23	54,8	53,4	53,9	19,9	27,5	21,5	18,7	21,5	18,7	18,8	24,2	15,3	15,4	14,3	89	57	75
24	54,5	53,9	54,3	20,1	27,3	21,6	15,9	18,5	18,3	19,4	28,8	10,9	10,5	13,6	62	39	71

27. Juni 1903. Amtsblatt—青島官報 119.

Da-tum. Juni.	Wind Richtung & Stärke nach Beaufort (0—12)			Bewölkung						Niederschläge in mm		
				7 Vm		2 Nm		9 Nm				9 Nm
	7 Vm	2 Nm	9 Nm	Grad	Form	Grad	Form	Grad	Form	7 Vm	9 Nm	7 Vm
18	SSW 5	S 4	SO 4	9	Cu-str.	8	Cu-str.	10	Nim	0,7	5,0	5,1
19	SO 2	SO 3	OSO 3	10	Cum	10	Cu-ni	10	Cu-ni	0,1		0,2
20	OSO 2	S 2	SO 2	10	Nebel	4	Cir-cu	7	Cu-ni	0,2		
21	OSO 2	SO 4	O 3	9	Str.	10	Cu-ni	10	Cu-ni			2,2
22	OSO 4	ONO 4	OSO 2	10	Cu-ni	9	Cu-ni	3	Cir-cu	2,2		
23	N 1	SSW 2	SSO 2	7	Cir-cu	5	Cir-cu	2	Cu-str.			
24	NNO 3	NNO 4	N 4	3	Cir	2	Cir-str.	2	Cir-str.			

Druck der Missionsdruckerei, Tsingtau.

第四年　第二十四号

1903 年 6 月 27 日

告白

从本月 28 日起，每天上午 9 点到 10 点在新教小教堂里举办弥撒。

青岛，1903 年 6 月 26 日
皇家总督
都沛禄

告白

根据《铁路警察条例》第 12 条的规定，运营监理雨果·迪特里希和车站助理弗朗茨·诺福克自 1901 年 12 月 20 日起被任命为铁路警官。

青岛，1903 年 6 月 19 日
代理皇家总督
霍夫里希特

告白

保罗·李希特递交申请，请求将位于霍亨索伦街与威廉港街拐角处的地籍页第 8 页第 93/60 号地块上、目前由 O.科勒所有的餐馆许可证转至他名下，用于饭店经营。

如根据 1899 年 10 月 10 日颁布的总督府告白对此持有异议，可在今年 7 月 12 日前递交至本部门。

青岛，1903 年 6 月 19 日
皇家巡捕房

风暴警报信号

今年 6 月 25 日起,目前使用的台风和风暴警报信号将延伸范围。

该延伸意为:将加洛林群岛和马里亚纳群岛连接到气象观察网,以更准确地标注风暴中心途径路径。这些新信号汇编公开张贴于皇家邮政局,航运界人士也可以在气象站接收这些信息。

青岛,1903 年 6 月 24 日
皇家气象天文站

发包

从大鲍岛的捷成洋行砖瓦厂向位于阿克纳桥与小港之间的屠宰场建设工地运送大约 320 000 块砖头的工作将以公开方式发标。

报价密封后,注明"为屠宰场运送砖头"字样后,递交至定于今年 7 月 1 日上午 9 点 30 分举办的本部门开标仪式,同样在该部门处支付 20 分后取得报价表。

青岛,1903 年 6 月 20 日
皇家第三工部局二部

青岛副案察司慕　为

饬传事:兹据大鲍岛商人古大成呈控张泽珂、张春欠货洋二百四十二元八角七分一案。查被告张泽珂、张春,前在大鲍岛开设永春茂生理,现无下落,无处传訉(讯),是以登此传票,宣传被告张泽珂、张春,准于德七月二十七日早十点钟到署听訉(讯)。倘届期不到,即断被告还钱。尚其懔遵勿违。特传。

德一千九百三年六月二十四日

发包广告

军营洗衣房的全部土地平整和通道工程将以公开方式发标。

工程条件文件从下月 1 日起张贴在第三工部局一部的营业室内,如果存量足够,也可以 1 元购买,或者支付 1.50 元购买带有蓝图的文件。

报价密封并注明相应字样后,递交至定于今年 7 月 9 日星期四上午 11 点 30 分举办的本部门开标仪式。

中标期限为4周。

青岛，1903年6月27日
第三工部局一部地上建筑部

商业登记号为第36号的青岛饭店股份公司，将在青岛的饭店经理威廉·布申多夫登记为公司董事会成员，代替商人赫尔曼·安德森。

青岛，1903年6月23日
皇家胶澳审判厅

发包广告

俾斯麦兵营的全部土地平整和通道工程将以公开方式发标。

工程条件文件从下月1日起张贴在第三工部局一部的营业室内，如果存量足够，也可以1元购买，或者支付1.50元购买带有蓝图的文件。

报价密封并注明相应字样后，递交至定于今年7月4日星期六上午11点30分举办的本部门开标仪式。

中标期限为4周。

青岛，1903年6月27日
第三工部局一部地上建筑部

商业登记号为第32号的贸易公司F.H.施密特公司（中文行名"广包公司"），取消工程师罗塔·马尔克斯和商人康拉德·米斯的全部代理权，由在青岛的商人康拉德·米斯和工程师克里斯蒂安·西佛岑全权代理。

青岛，1903年6月18日
皇家胶澳审判厅
巡洋舰队法庭
青岛，1903年6月18日

通缉令

现下令通缉符合下列外貌特征的前"老虎"号军舰水兵奥古斯特·伯姆，该人自6月16日起因盗窃擅自逃离，须关押调查。

请将该人抓获后递解至最近的德国领事、军事部门或者德国法院处。

法官
盖斯勒

描述：

年龄：24　　　　　　　　身高：1米53厘米

体形：苗条　　　　　　　头发：黑色

眼睛：蓝色　　　　　　　鼻子：普通类型

嘴：普通类型　　　　　　胡子：÷

牙齿：完整　　　　　　　语言：德语

船运

1903年6月18日—24日期间

到达	轮船船名	船长	挂旗国籍	出发港	出发日	到达港
（6月14日）	美因号	博雷尔	德国	不来梅	6月24日	长崎
6月19日	柯尼夫斯堡号	凯瑟	德国	上海	6月21日	芝罘
6月19日	汕头丸		日本	门司	6月21日	芝罘
6月20日	叶世克总督号	舒尔特	德国	上海	6月23日	上海
6月21日	亚马逊号	阿斯	美国	波特兰		
6月23日	前进号	索纳曼	德国	芝罘	6月24日	上海
6月24日	Aichi 丸		日本	门司	6月24日	芝罘

Amtsblatt
für das
Deutsche Kiautschou-Gebiet.

青島官報

Herausgegeben vom Kaiserlichen Gouvernement Kiautschou.

Der Bezugspreis beträgt jährlich $ 0,60 = M 1,20.
Bestellungen nehmen sämtliche deutsche Postanstalten entgegen.

Jahrgang 4. Nr. 25. Tsingtau, den 4. Juli 1903.

Bekanntmachung.

Die Auszahlung von weiteren 19,3 % der Entschädigungsansprüche deutscher Staatsangehöriger gegen die chinesische Regierung aus Anlass der Wirren im Jahre 1900 findet vom 3. d. Mts. ab in Schanghai durch die Deutsch — Asiatische Bank unter Abzug von $1/5$ % Provision in Markckek auf Berlin oder nach Wahl zum Tageskaufkurs in Silber statt.

Schanghai, den 1. Juli 1903.

Der Kaiserliche Generalkonsul

In Vertretung

Dr. Boyé.

Vorstehendes Telegramm ist dem Gouvernement mit der Bitte um Bekanntmachung zugegangen.

Tsingtau, den 1. Juli 1903.

Kaiserliches Gouvernement.

Bekanntmachung.

Die Sommerferien für die Gouvernementsschule beginnen am Sonnabend, den 11. Juli d. Js..
Der Wiederbeginn des Unterrichts ist auf Montag, den 7. September d. Js., festgesetzt worden.

Tsingtau, den 1. Juli 1903.

Der Civil-Kommissar.

Bei der unter Nr. 52 des Handelsregisters verzeichneten offenen Handelsgesellschaft H. Kliene & Krogh ist eingetragen, dass der bisherige Gesellschafter Kaufmann Martin Krogh aus der Firma ausgeschieden ist.

Tsingtau, den 30. Juni 1903.

Kaiserliches Gericht von Kiautschou.

Bei der Firma Otto Ritthausen & Co., Nr. 19 des Handelsregisters, ist eingetragen, dass die Prokura des Kaufmanns Walther Schmidt in Tsingtau erloschen ist.

Tsingtau, den 23. Juni 1903.

Kaiserliches Gericht von Kiautschou.

Bekanntmachung.

G. Haase hat ein Gesuch um Genehmigung zum Betriebe einer Gastwirtschaft auf dem Grundstücke Kartenblatt 9 Nr. 61, Ecke Litsun- und Tschifustrasse, eingereicht.

Einwendungen im Sinne der Gouvernements-Bekanntmachung vom 10. Oktober 1899 sind bis zum 18. Juli d. Js. an die unterzeichnete Behörde zu richten.

Tsingtau, den 26. Juni 1903.

Kaiserliches Polizeiamt.

122. Amtsblatt －報官島青 4. Juli 1903.

Bekanntmachung.

Gefundene Gegenstände:
1 braunes Etui mit zwei chinesischen Schlipsnadeln.

Tsingtau, den 1. Juli 1903.

Kaiserliches Polizeiamt.

白 告

德一千九百三年七月初一日

青島巡捕衙門啓

紫色中國領針二枝

也特佈仰失主具領可

啓者茲將拾獲列左送署匣一個內儲

Amtliche Mitteilungen.

Stabszahlmeister Fichtner hat die Geschäfte als Rendant der Gouvernementskasse und Oberzahlmeister Brodmeyer als Kontrolleur am 20. Juni d. Js. übernommen.

*

Dem Marine-Oberzahlmeister Solf ist laut telegraphischer Mitteilung des Reichsmarineamts mit dem 1. Juli d. Js. der erbetene Abschied bewilligt unter Verleihung des Charakters als Stabszahlmeister und gleichzeitiger Ernennung zum Geheimen expedierenden Sekretär.

*

Vom 1. Juli 1903 ab betragen die Wortgebühren für Telegramme nach

Europa	$ 3,40
New York	„ 4,—
San Franzisko, Portland (Oregon)	„ 4,30
Korea via Fusan, Chemulpo, Soeul	„ 1,81
„ übrige Stationen	„ 1,96
Japan	„ 1,11
Hongkong	„ 0,76
Singapore	„ 1,71
Colombo	„ 1,76
Port Arthur, Dalny	„ 0,30

Ueber die Wortgebühr nach anderen Orten erteilt das Kaiserliche Postamt (Telegramm-Annahme) Auskunft.

Schiffsverkehr

in der Zeit vom 25. Juni — 2. Juli 1903.

Angekommen am	Name	Kapitän	Flagge	von	Abgefahren am	nach
26.6.	D. Tsingtau	Hansen	Deutsch	Schanghai	26.6.	Tschifu
28.6.	D. Knivsberg	Kayser	„	Tschifu	29.6.	Schanghai
30.6.	D. Badenia	Rörden	„	Jokohama		
1.7.	D. Setsuyo Maru		Japanisch	Moji	2.7.	Tschifu
2.7.	D. Vorwärts	Sohnemann	Deutsch	Schanghai		
„	D. Fuping		Englisch	Weihaiwei	2.7.	Schanghai
„	D. Gouv. Jaeschke	Schuldt	Deutsch	Schanghai		

4. Juli 1903. Amtsblatt—青島官報

Meteorologische Beobachtungen.

Da-tum. Juni.	Barometer (mm) reduz. auf 0° C., Seehöhe 24,30 m			Temperatur (Centigrade).								Dunst-spannung in mm			Relat. Feuchtigkeit in Prozenten		
				trock. Therm.			feucht. Therm.										
	7 Vm	2 Nm	9 Nm	7 Vm	2 Nm	9 Nm	7 Vm	2 Nm	9 Nm	Min.	Max.	7 Vm	2 Nm	9 Nm	7 Vm	2 Nm	9 Nm
25	753,3	752,1	752,3	17,5	23,5	19,3	14,3	16,7	17,2	17,0	27,5	10,2	10,0	13,3	68	47	80
26	52,6	53,2	54,2	19,3	22,6	19,5	16,2	18,7	17,3	18,1	26,4	11,8	13,7	13,3	71	67	80
27	56,1	55,0	55,8	19,1	26,1	21,1	16,7	17,7	16,7	18,5	22,7	12,7	9,9	11,5	77	40	62
28	57,3	57,1	57,7	18,7	24,3	20,3	15,9	18,5	17,5	18,4	27,2	11,7	12,3	12,9	73	54	73
29	57,5	56,5	56,4	20,7	22,7	19,7	19,1	20,1	18,1	18,9	25,1	15,5	15,9	14,5	85	78	85
30	55,1	54,3	54,0	20,2	23,0	19,8	17,7	19,3	18,6	18,5	23,9	13,5	14,4	15,2	77	69	89
Juli 1	53,6	53,7	53,8	20,5	24,1	21,8	18,8	20,5	19,6	18,4	24,0	15,1	15,7	15,6	84	71	80

Da-tum. Juni.	Wind Richtung & Stärke nach Beaufort (0—12)			Bewölkung						Niederschläge in mm		
				7 Vm		2 Nm		9 Nm				9 Nm
	7 Vm	2 Nm	9 Nm	Grad	Form	Grad	Form	Grad	Form	7 Vm	9 Nm	7 Vm
25	NNW 2	S O 3	SSO 1	3	Str.	4	Cum-str.	7	Cum-ni			
26	O 2	S O 3	S 1	9	Cum-str.	6	Cir-cu	6	Cum-str.			0,8
27	NNO 2	NW 1	NNW 2	3	Cum-str.	6	Cum	2	Cir-cu	0,8		
28	N 1	S 3	SSW 2	2	Cir	1	Cum-str.	2	Cum-str.			
29	S O 1	S 3	S 2	8	Cum	8	Cir-str.	5	Cum-str.			
30	OSO 1	OSO 3	S O 2	9	Cum-str.	6	Cir-cu	9	Cum-ni			
Juli 1	WNW 1	S 3	S 3	4	Cir-str.	2	Cum-str.	6	Cum-str.			

Druck der Missionsdruckerei, Tsingtau.

第四年 第二十五号

1903 年 7 月 4 日

告白

有关德国公民就 1900 年动乱对中国政府提出赔偿要求的另外 19.3‰ 部分的兑付，将从本月 3 日起通过上海的德华银行执行，兑付可以马克支票汇往柏林，也可选择按照每日汇率以白银兑付，抽取佣金 0.2%。

上海，1903 年 7 月 1 日
代理皇家总领事
博耶博士

上述电报发往了总督府，并请求予以公告。

青岛，1903 年 7 月 1 日
皇家总督府

告白

督署学校的暑假将于今年 7 月 11 日星期六开始。

再次开课时间定为今年 9 月 7 日星期一。

青岛，1903 年 7 月 1 日
民政长

商业登记号为第 52 号的标注为营业中的贸易公司 H. 克里纳与克罗格合伙公司名下登记入事项：目前的公司股东商人马丁·克罗格已从公司中撤销。

青岛，1903 年 6 月 30 日
胶澳皇家审判厅

商业登记号为第 19 号的贸易公司大森洋行名下登记入事项：青岛商人瓦尔特·施

密特的代理权已被撤销。

青岛,1903年6月23日
胶澳皇家审判厅

告白

G.哈泽递交申请,请求准许在李村街和芝罘街街角的地籍册编号为第9地籍页第61号的地块上经营餐馆业务。

如根据1899年10月10日颁布的总督府告白对此持有异议,可在7月18日前递交至本部门。

青岛,1903年6月26日
皇家巡捕房

告白

启者:兹将拾获送署之物列左:

紫色匣一个,内储中国领针二枝。仰失主具领可也。特布。

德一千九百三年七月初一日
青岛巡捕衙门启

官方消息

少校军需官费希特那已于今年6月20日接手了督署财务处出纳的业务,高级军需官布罗德迈耶尔接手了检察员业务。

根据电报通知,海军高级军需官佐尔夫于今年7月1日离职后,被晋升为少校军需官,同时被任命为枢密货物运送秘书。

从1903年7月1日起,电报每字收费标准为:

欧洲	3.40元
纽约	4.00元
旧金山、波特兰(俄勒冈)	4.30元
经釜山、济物浦、汉城发往朝鲜	1.81元
经其他站点发往朝鲜	1.96元

日本	1.11元
香港	0.76元
新加坡	1.71元
科伦坡	1.76元
旅顺、大连	0.30元

向其他地方发送电报的收费情况，请咨询皇家邮政局（电报接收处）。

船运

1903年6月25日—7月2日期间

到达日	轮船船名	船长	挂旗国籍	出发港	出发日	到达港
6月26日	青岛号	韩森	德国	上海	6月26日	芝罘
6月28日	柯尼夫斯堡号	凯瑟	德国	芝罘	6月29日	上海
6月30日	巴德米亚号	罗尔德	德国	横滨		
7月1日	三菱丸		日本	门司	7月2日	芝罘
7月2日	前进号	索纳曼	德国	上海		
7月2日	阜平号		英国	威海卫	7月2日	上海
7月2日	叶世克总督号	舒尔特	德国	上海		

Amtsblatt
für das
Deutsche Kiautschou-Gebiet.

青島官報

Herausgegeben vom Kaiserlichen Gouvernement Kiautschou.

Der Bezugspreis beträgt jährlich $ 0,60 = M 1,20.
Bestellungen nehmen sämtliche deutsche Postanstalten entgegen.

Jahrgang 4. | Nr. 26. | Tsingtau, den 11. Juli 1903.

Bekanntmachung.

Am Badestrande in der Auguste Viktoria-Bucht werden bis auf Weiteres Konzerte regelmässig Dienstags und Freitags in der Zeit von 5—6½ Uhr nachmittags stattfinden.

Tsingtau, den 8. Juli 1903.

Der Civilkommissar.

Bekanntmachung.

Das Gouvernement beabsichtigt, vertragsmässig einem Unternehmer die Abnahme der dienstunbrauchbaren Pferde und Maultiere, beziehungsweise Kadaver in dem Falle, dass der Versteigerungserlös die Versteigerungskosten oder den ortsüblichen Preis von 6 $ für einen Pferdekadaver nicht erreicht, gegen eine noch zu vereinbarende Entschädigung zu übertragen.

In den Angeboten sind zu unterscheiden:
1) lebende Pferde und Maultiere oder Pferde- und Maultierkadaver, deren Fleisch durch Krankheit, beziehungsweise durch andere Umstände (starke Abmagerung) nicht verdorben ist,
2) ebensolche Tiere, von denen nur das Fell zu verwenden ist.

Die unschädliche Beseitigung von Tieren, deren Fell nur zu verwenden ist, hat im Gouvernementsschlachthause zu erfolgen.

Angebote sind an das Gouvernement einzureichen.

Tsingtau, den 7. Juli 1903.

Kaiserliches Gouvernement.

126.   Amtsblatt—青島官報   11. Juli 1903.

Oeffentliche Ladung.

Tschu Tsy hsing, Kaufmann aus Tapautau, klagt gegen den Dschunkenbesitzer Hsü Hung tschou, früher zu Tapautau wohnhaft, jetzt unbekannten Aufenthalts, wegen Forderung von $ 104, 65 für Kohlen.

Termin zur Verhandlung des Rechtsstreits ist auf Dienstag, den 11. August 1903, vormittags 10 Uhr, anberaumt.

Erscheint der Beklagte nicht, wird Versäumnisurteil ergehen.

Tsingtau, den 7. Juli 1903.

Kaiserliches Bezirksamt.

Amtliche Mitteilungen.

Dem Korvetten-Kapitän Funke ist das Dienstauszeichnungskreuz verliehen worden.

*

Der Kurs bei der Gouvernementskasse beträgt vom 9. d. Mts. ab: 1 $ =1, 80 M.

*

青島副案察司慕爲

飭傳事茲據朱子興呈控徐鴻洲欠煤

價洋銀一百零四元六角五分一案被

告前在包島駛艕販爲生現無下落無

處可傳是以登此傳票宣傳被告徐鴻

洲准於德八月十一日早十點鐘到案

聽訊倘屆期不到即斷被告徐鴻洲還

錢以不到案故也尚其懍遵勿誤特傳

德一千九百三年七月初七日

Schiffsverkehr

in der Zeit vom 2 — 9. Juli 1903.

Angekommen am	Name	Kapitän	Flagge	von	Abgefahren am	nach
2.7.	D. Vorwärts	Sohnemann	Deutsch	Schanghai	2.7	Tschifu
”	D. Gouv. Jaeschke	Schuldt	”	”	4.7	Schanghai
4.7.	D. Thea	Öhlerich	”	Hongkong	”	Tschifu
(21.6.)	S. Amazon	Aas	Amerikan.	Portland	”	Hakadati
4.7.	D. Tsingtau	Hansen	Deutsch	Tschifu	”	Schanghai
(30.6.)	D. Badenia	Rörden	”	Yokohama	8.7	Kobe
8.7.	D. Knivsberg	Kayser	”	Schanghai	9.7	Tschifu

11. Juli 1903. Amtsblatt－膠州官報

Meteorologische Beobachtungen.

Da-tum. Juli.	Barometer (mm) reduz. auf 0° C., Seehöhe 24,30 m			Temperatur (Centigrade).								Dunst-spannung in mm			Relat. Feuchtigkeit in Prozenten		
				trock. Therm.			feucht. Therm.										
	7 Vm	2 Nm	9 Nm	7 Vm	2 Nm	9 Nm	7 Vm	2 Nm	9 Nm	Min.	Max.	7 Vm	2 Nm	9 Nm	7 Vm	2 Nm	9 Nm
2	753,2	753,4	754,0	22,5	25,3	21,7	20,3	22,1	20,3	20,5	24,5	16,4	17,8	16,9	81	75	87
3	54,9	53,8	53,5	20,7	22,7	20,5	19,9	20,0	19,5	20,6	27,4	16,8	15,7	16,3	93	77	91
4	54,1	53,3	54,2	20,3	23,5	20,9	19,7	20,5	17,3	20,2	23,9	16,7	16,1	12,5	94	75	68
5	55,2	54,2	55,3	18,3	21,5	20,7	16,2	18,1	18,3	16,9	24,1	12,4	13,4	14,2	80	71	78
6	56,2	55,6	55,5	19,0	22,8	19,9	16,9	18,9	18,5	17,4	25,0	13,0	13,8	15,0	80	67	87
7	55,5	54,7	54,4	19,6	24,5	19,9	18,3	19,9	18,3	18,9	24,5	14,9	14,5	14,7	88	63	85
8	54,8	53,9	53,8	21,6	25,8	21,5	19,1	21,5	19,3	19,9	24,6	14,9	16,4	15,3	78	67	80

Da-tum. Juli.	Wind Richtung & Stärke nach Beaufort (0—12)			Bewölkung						Niederschläge in mm		
				7 Vm		2 Nm		9 Nm				
	7 Vm	2 Nm	9 Nm	Grad	Form	Grad	Form	Grad	Form	7 Vm	9 Nm	9 Nm / 7 Vm
2	S O 1	S 2	S S O 2	2	Cir-cu	6	Cir-str	4	Cir-str			1,1
3	S S W 2	S 3	S 3	10	Cum-ni	5	Cir-cu	4	Cir-str.	1,1		0,4
4	S S O 2	S S W 4	N O 1	10	Cum-ni	6	Cum-ni	3	Cum-str.	0,4		
5	N N W 2	S S O 2	O S O 1	5	Cum-str.	9	Cum	9	Cum			
6	N O 1	O N O 4	O 3	5	Cum-str.	7	Cum	5	Cum-str.			
7	N N O 2	S S W 2	S S W 1	5	Cir-str.	5	Cir-str.	3	Cir-str.			
8	N W 1	S S O 3	S S O 2	4	Cir-str.	1	Cir-str.					

Druck der Missionsdruckerei, Tsingtau.

第四年 第二十六号

1903年7月11日

告白

如无另行通知,将定期于每周二、周五下午 5 点至 6 点 30 分在奥古斯特-维多利亚湾沙滩上举办音乐会。

青岛,1903 年 7 月 8 日
民政长

告白

启者:本总署向规,凡马匹、骡子或已死之尸身,有不适于用者,皆分别拍卖。但拍卖时常有不足拍卖经费,或按本地寻常价值六元之谱者,兹本总署拟欲招人订立合同,定明价值承买此项。当拍卖时,不及六元之各骡马,如愿包办者,可具禀呈递本总署,书明"每匹欲出价若干"。但此项骡马应分两种:一生骡生马及已死之骡马各尸身,其肉并未因病或因枯瘦损伤以致不堪于用者;一生骡生马或已死之尸身,仅其皮毛尚堪用者。惟仅用其皮之骡马,均应在官督宰杀厂将该骨肉毁弃。仰各周知。特布。

德一千九百三年七月初七日
德总署启

青岛副案察司慕　为

饬传事:兹据朱子兴呈控徐鸿洲欠煤价洋银一百零四元六角五分一案,被告前在包岛驶舢舨为生,现无下落,无处可传,是以登此传票,宣传被告徐鸿洲准于德八月十一日早十点钟到案听讯(讯)。倘届期不到,即断被告徐鸿洲还钱,以不到案故也。尚其懔遵勿误。特传。

德一千九百三年七月初七日

官方消息

封克海军少校被授予卓越勤务十字勋章。

本月 9 日的总督府财务处汇率为：1 元＝1.8 马克。

船运

1903 年 7 月 2 日—9 日期间

到达日	轮船船名	船长	挂旗国籍	出发港	出发日	到达港
7月2日	前进号	索纳曼	德国	上海	7月2日	芝罘
7月2日	叶世克总督号	舒尔特	德国	上海	7月4日	上海
7月4日	忒亚号	厄乐李希	德国	香港	7月4日	芝罘
（6月21日）	亚马逊号	阿斯	美国	波特兰	7月4日	博多
7月4日	青岛号	韩森	德国	芝罘	7月4日	上海
（6月30日）	巴德米亚号	罗尔登	德国	横滨	7月8日	神户
7月8日	柯尼夫斯堡号	凯瑟	德国	上海	7月9日	上海

Amtsblatt
für das
Deutsche Kiautschou-Gebiet.

青島官報

Herausgegeben vom Kaiserlichen Gouvernement Kiautschou.

Der Bezugspreis beträgt jährlich $ 0,60 = M 1,20.
Bestellungen nehmen sämtliche deutsche Postanstalten entgegen.

Jahrgang 4.   Nr. 27.   Tsingtau, den 18. Juli 1903.

Auf Grund des Schutzgebietsgesetzes vom 10. September 1900 (Reichsgesetzblatt Seite 812) bestimme ich:

Dem zur Wahrnehmung richterlicher Geschäfte nach Kiautschou entsandten Königlich Preussischen Gerichtsassessor Dr. jur. Behme wird die Ermächtigung zur Ausübung der Gerichtsbarkeit in allen zur Zuständigkeit des Kaiserlichen Gerichts von Kiautschou gehörigen Angelegenheiten erteilt.

Die durch meinen Erlass vom 20. September 1902 dem Amtsrichter Dr. jur. Crusen in Tsingtau erteilte Ermächtigung zur Ausübung der Gerichtsbarkeit bleibt in Kraft; in Fällen rechtlicher oder tatsächlicher Behinderung wird derselbe durch den Gerichtsassessor Dr. jur. Behme, und, wenn auch dieser behindert ist, durch den Kaiserlichen Civilkommissar vertreten.

Bezüglich der Verteilung der Geschäfte unter die beiden Richter wird der Gouverneur ermächtigt, vorläufige Anordnungen zu treffen.

Berlin, den 20. April 1903.

Der Reichskanzler

v. Bülow.

Unter Nr. 1 des Handelsregisters ist anstelle des bisherigen Geschäftsführers, Kaufmanns Carl Rohde, der Kaufmann Carl Weiss in Tsingtau als Geschäftsführer der Kiautschau Gesellschaft m. b. H. eingetragen worden.

Tsingtau, den 7. Juli 1903.

Kaiserliches Gericht von Kiautschou.

Aufgebot.

Es wird hiermit bekannt gemacht, dass Johann **Karl Schlachtbauer**, seines Standes Sattlermeister, geboren zu Mönchsroth in Bayern, 26 Jahre alt, wohnhaft in Tsingtau, Sohn des in Mönchsroth verstorbenen Bauers Johann Karl Schlachtbauer und seiner 66 Jahre alten, in Mönchsroth wohnhaften Ehefrau Friederike, geborenen Engelhardt,

und

Anna **Maria Richter**, ohne Gewerbe, geboren zu Schwabach in Bayern, 25 Jahre alt, wohnhaft in Tsingtau, Tochter des 52 Jahre alten Maurermeisters Johann Richter und seiner 49 Jahre alten Ehefrau Margaretha Barbara, geborenen Wimmersberger, beide in Schwabach wohnhaft,

beabsichtigen, sich mit einander zu verheiraten und diese Ehe in Gemässheit des Reichsgesetzes vom 4. Mai 1870 vor dem unterzeichneten Beamten abzuschliessen.

Tsingtau, den 11. Juli 1903.

Der Kaiserliche Standesbeamte.

Günther.

Die unter Nr. 43 des Handelsregisters eingetragene Firma

„Landmann & Kell"

ist gelöscht.

Tsingtau, den 7. Juli 1903.

Kaiserliches Gericht von Kiautschou.

130. Amtsblatt—報官島青 18. Juli 1903.

Bekanntmachung.

Vom 18. Juli d. Js. ab unterliegen im Verkehr der Postanstalten des Deutschen Kiautschougebietes und der Deutschen Postanstalten in China die Postpackete und Postfrachtstücke der Zollkontrolle.

Vom genannten Zeitpunkte ab müssen daher sämtliche hier aufzuliefernde Packete nach Orten ausserhalb des Schutzgebietes von Zollinhaltserklärungen begleitet sein.

Die näheren Bestimmungen über die Handhabung der Zollkontrolle werden noch bekannt gegeben.

Tsingtau, den 16. Juli 1903.

Kaiserlich Deutsches Postamt.

Henniger.

告 白

啓者本局及德境內各
局與夫中國各埠德國郵
局往來寄帶箱包等件茲
自西歷本年七月十八日
起凡一律議歸海關驗看
後郵局將往德境以外箱
包由寄者均應另具報單一
處註明該箱內裝何物各
紙於海關辦理查驗詳細章
容當後佈仰各知悉此告
德一千九百三年七月十六日
青島德郵政局啓

Amtliche Mitteilungen.

Admiralitätsrat Dr. Schrameier ist in die Kolonie zurückgekehrt und hat die Geschäfte des Kommissars für chinesische Angelegenheiten wieder übernommen.

*

Regierungs-Baumeister Blaich hat die Geschäfte einer dritten Hochbauabteilung (B. V. III c.) übernommen.

Anträge in Baupolizeisachen sind fortan an diese Bauabteilung zu richten.

Die Diensträume befinden sich bis auf weiteres im Reuterschen Hause in der Bismarckstrasse.

*

Von 15. Juli d. Js. ab beträgt die Wortgebühr für Telegramme nach Europa, Algier, Tunis und Tanger 2,65 Dollar.

Bekanntmachung.

Für Entbindungen durch die Pflegeschwester des Lazaretts einschliesslich der nachher noch erforderlichen Besuche ist eine Gebühr von 12 $ festgesetzt.

Für Unbemittelte kann auf Antrag die Gebühr ermässigt oder gänzlich erlassen werden.

Tsingtau, den 11. Juli 1903.

Der Civilkommissar.

Schiffsverkehr
in der Zeit vom 8 — 16. Juli 1903.

Angekommen am	Name	Kapitän	Flagge	von	Abgefahren am	nach
9.7.	D. Vorwärts	Sohnemann	Deutsch	Tschifu	9.7.	Schanghai
„	D. Gouv. Jaeschke	Schuldt	„	Schanghai	11.7.	„
10.7.	S. Eldorado	Smith	Amerikan.	Portland		
14.7.	D. Tsintau	Hansen	Deutsch	Schanghai	15.7.	Tschifu
15.7.	D. Knivsberg	Kayser	„	Tschifu	„	Schanghai

18. Juli 1903. Amtsblatt—青島官報 131.

Meteorologische Beobachtungen.

Da-tum. Juli.	Barometer (m m) reduz. auf 0° C., Seehöhe 24,30 m			Temperatur (Centigrade).								Dunst-spannung in mm			Relat. Feuchtigkeit in Prozenten		
				trock. Therm.			feucht. Therm.										
	7 Vm	2 Nm	9 Nm	7 Vm	2 Nm	9 Nm	7 Vm	2 Nm	9 Nm	Min.	Max.	7 Vm	2 Nm	9 Nm	7 Vm	2 Nm	9 Nm
9	753,9	753,9	754,5	22,7	25,8	22,9	20,9	22,5	21,1	21,0	27,5	17,3	18,2	17,5	84	74	85
10	55,0	54,3	54,9	24,0	29,1	23,1	20,7	23,3	20,5	22,1	26,4	16,1	17,7	16,3	73	59	78
11	55,6	55,3	56,0	23,7	25,3	21,3	21,3	22,5	20,3	22,1	29,4	17,4	18,5	17,1	80	77	91
12	57,1	56,5	56,3	22,1	23,7	21,3	21,1	22,1	20,5	21,3	26,8	18,0	18,8	17,4	91	86	93
13	56,0	55,3	55,5	22,7	25,5	22,7	21,2	22,1	21,7	21,0	25,0	17,8	17,7	18,7	88	73	92
14	55,8	54,8	53,7	23,1	25,3	22,5	22,1	23,3	22,1	22,0	26,2	19,2	20,0	19,5	91	84	96
15	51,2	47,3	50,0	24,6	22,9	23,1	22,4	22,5	22,3	22,4	26,0	20,0	20,0	19,5	98	96	93

Da-tum. Juli.	Wind Richtung & Stärke nach Beaufort (0—12)			Bewölkung						Niederschläge in mm		
				7 Vm		2 Nm		9 Nm				9 Nm 7 Vm
	7 Vm	2 Nm	9 Nm	Grad	Form	Grad	Form	Grad	Form	7 Vm	9 Nm	
9	SSO 1	SSO 3	SSW 3	—	—	4	Cir-str.	2	Cir-str.			
10	S 1	S 2	SO 3	6	Cum-str.	2	Cum-str	—	—			
11	S 2	SSO 3	S 3	—	--	1	Cum	1	Str			
12	SSO 2	SSO 3	OSO 2	5	Cir-str.	3	Cum-str.	2	Str			
13	OSO 2	SO 3	OSO 2	2	Cum	2	Cum-str.	3	Cum-str.			
14	OSO 2	SO 3	SSO 4	10	Cum-str.	—	Nebel	10	Cum-ni			5,3
15	S 2	NNO 3	WSW 1	10	Nim	7	Cum-str.	3	Cum	5,3	61,7	

Druck der Missionsdruckerei, Tsingtau.

第四年 第二十七号

1903 年 7 月 18 日

根据 1900 年 9 月 10 日的《殖民地法》(《帝国法律报》第 812 页),本人决定:

授权为执行法官业务而派往胶澳的皇家普鲁士陪审员、法学博士贝麦,执行全部皇家胶澳审判厅所管辖事务的司法审判权。

本人 1902 年 9 月 20 日授权给青岛的法官克鲁森法学博士的司法审判权继续有效。当出现法律或者事实上的干扰情况时,其审判权由法庭陪审员贝麦博士代理,如再出现干扰情况,则由皇家民政长代理。

由总督授权分配上述两名法官之间的临时业务。

柏林,1903 年 4 月 20 日
帝国总理
冯·布洛夫

商业登记号为第 1 号的公司,由青岛的商人卡尔·魏思代替目前担任公司经理的商人卡尔·罗德,登记为罗达利洋行经理。

青岛,1903 年 7 月 7 日
胶澳皇家审判厅

公告

卡尔·什拉赫特鲍尔,职业为马鞍师,出生于巴伐利亚的明希斯洛特,现年 26 岁,居住地为青岛,是在明希斯洛特去世的农夫约翰·卡尔·什拉赫特鲍尔和在明希斯洛特生活的 66 岁妻子弗里德里科的儿子,她出生时姓恩格尔哈特。

安娜·李希特,无业,出生于巴伐利亚的施瓦巴赫,现年 25 岁,居住地为青岛,是 52 岁的泥瓦匠约翰·李希特与他 49 岁的妻子、出生时姓维默斯贝尔格的妻子玛格丽特·芭芭拉的女儿,二人均生活在施瓦巴赫。

谨此宣布二人结婚，婚约按照1870年5月4日颁布的法律规定在本官员前缔结。

青岛，1903年7月11日
皇家户籍官
冈特

商业登记号为第43号的公司"兰特曼与科尔合伙公司"现已注销。

青岛，1903年7月7日
胶澳皇家审判厅

告白

启者：本局及德境内各分局与夫中国各埠德国邮局往来、寄带箱包等件，兹自西历本年七月十八日起，一律议归海关验看。嗣后凡有将无论何项箱包由邮局寄往德境以外各处者，均应另具报单一纸，注明该箱包内装何物。至于海关办理查验详章容当后布。仰各知悉。此告。

德一千九百三年七月十六日
青岛德邮政局启

告白

由野战医院护士助产以及之后必须继续的探访的费用现确定为12元。

经申请批准，可对贫困人士部分或全部减免该项费用。

青岛，1903年7月11日
民政长

官方消息

海军枢密顾问单威廉博士已返回殖民地，再次接手了华民事务专员的工作。

政府建筑师布莱希接手了地上建筑部（第三工部局三部）的业务。稽查修造房楼局业务方面的申请继续递交给该建造科。其办公室在另行通知前，仍位于俾斯麦街上罗伊特的房子里。

今年7月15日起，发往欧洲、阿尔及尔、突尼斯和汤加的电报收费改为每字2.65元。

船运

1903年7月8日—16日期间

到达日	轮船船名	船长	挂旗国籍	出发港	出发日	到达港
7月9日	前进号	索纳曼	德国	芝罘	7月9日	上海
7月9日	叶世克总督号	舒尔特	德国	上海	7月11日	上海
7月10日	埃尔多拉多号	史密斯	美国	波特兰		
7月14日	青岛号	韩森	德国	上海	7月15日	芝罘
7月15日	柯尼夫斯堡号	凯瑟	德国	芝罘	7月15日	上海

Amtsblatt
für das
Deutsche Kiautschou-Gebiet.

青島官報

Herausgegeben vom Kaiserlichen Gouvernement Kiautschou.

Der Bezugspreis beträgt jährlich $ 0,60=M 1,20.
Bestellungen nehmen sämtliche deutsche Postanstalten entgegen.

Jahrgang 4. | Nr. 28. | Tsingtau, den 25. Juli 1903.

Bekanntmachung.

Durch den Chinesen Sun Chang (Komprador der Kiautschou-Gesellschaft m. b. H.) sind in der Innenbucht folgende Gegenstände geborgen worden:

1 Kiste mit Eisenteilen,
1 Stück Brückenteil,
3 Bund Eisenteile (für Eisenbahn-bezw. Brückenbau),
1 Stück T-Eisen,
2 „ Doppelwinkeleisen,
2 „ eiserne Leitungsrohre,
11 „ Eisenbahnschienen,
3 „ Rundeisen,
3 „ Sampan-Anker,
4 „ Dschunken-Anker,
2 „ kupferne Trichter,
1 „ kupferner Deckel.

Eigentumsberechtigte haben bis zum 1. September d. Js., 12 Uhr mittags, ihre Ansprüche bei dem Kaiserlichen Hafenamt anzugeben, widrigenfalls die Eigentumsberechtigung zu Gunsten des Bergers verfällt.

Tsingtau, den 22. Juli 1903.

Kaiserliches Hafenamt.

In das Handelsregister ist unter Nr. 65 die Firma

Martin Krogh

eingetragen. Alleiniger Inhaber ist der Kaufmann Martin Krogh in Tsingtau.

Tsingtau, den 21. Juli 1903.

Kaiserliches Gericht von Kiautschou.

白 告

啟者茲將羅達利洋行買辦隋童在於
內口海底撈起之各物列左
鐵器一箱
碼料一件
T字鐵一件
雙角形鐵二件
鐵物三包
筒二個鐵道
鐵軌十一條 圓鐵三件
杉板錨三件 民船錨四件 銅漏子
兩把 銅蓋一面
以上各物凡有失主憑有確據者可
限至西歷本年九月初一即中七月
初十日午十二點鐘止准投本局具
領至期滿後該各物即均歸撈者收
領則與原失主無涉仰各週知此佈
德一千九百三年七月二十二日
青島船政局 啟

Cementlieferung.

Die Lieferung von 2000 Fass deutschen Portlandcements soll am 1. August d. Js., vormittags 11 Uhr, öffentlich verdungen werden.

Die Lieferungsbedingungen liegen auf dem Geschäftszimmer der Fortifikation zur Einsicht aus oder können von dort gegen Erstattung der Kosten bezogen werden.

Die Angebote müssen ausdrückliche Anerkennung der Bedingungen enthalten und sind mit der Aufschrift „Angebot auf Cementlieferung" zum Verdingungstermin einzureichen.

Tsingtau, den 21. Juli 1903.

Fortifikation.

Amtliche Mitteilungen.

Reisenden nach Port Arthur und Dalny ist anzuraten, ihre Pässe oder genügende (gestempelte) Ausweispapiere über ihre Persönlichkeit mit sich zu führen. Die dortige russische Polizei verlangt die Vorweisung zuweilen von allen, zuweilen nur von einzelnen der zu Schiff ankommenden Fremden, und zwar noch an Bord selbst.

Ein russisches Visum ist nicht nötig.

*

Zum Vertreter der Staatsanwaltschaft bei dem Kaiserlichen Gericht von Kiautschou ist der Dolmetscher-Eleve Referendar Krieger bestellt. Die Vertretung in Fällen der Behinderung übernimmt der Dolmetscher-Eleve Referendar Weinholtz und wenn auch dieser behindert ist, der Gerichtssekretär Bergemann.

*

Die Diensträume des Bezirksamtes Tsingtau befinden sich von jetzt an im Hennschen Hause, Ecke Friedrich- und Bremerstrasse, Eingang von der Bremerstrasse aus.

*

Dolmetscher H. von Varchmin hat die Geschäfte der Konsulate Pakhoi und Hoikow übernommen.

Sonnen-Auf-und Untergang für Monat August 1903.

Dt.	Mittelostchinesische Zeit des			
	wahren	scheinbaren	wahren	scheinbaren
	Sonnen-Aufgangs		Sonnen-Untergangs.	
1.	5 U. 9.2 M.	5 U. 3.9 M.	7 U. 0.8 M.	7 U. 6.1 M.
2.	10.1	4.8	6 U. 59.7	5.0
3.	11.0	5.7	58.6	3.9
4.	11.9	6.6	57.5	2.8
5.	12.8	7.5	56.5	1.8
6.	13.7	8.4	55.5	0.8
7.	14.5	9.2	54.5	6 U. 59.8
8.	15.2	9.9	53.5	58.8
9.	15.9	10.6	52.5	57.8
10.	16.6	11.3	51.6	56.9
11.	17.3	12.0	50.7	56.0
12.	18.1	12.8	49.6	54.9
13.	18.9	13.5	48.5	53.8
14.	19.6	14.2	47.4	52.7
15.	20.3	14.9	46.3	51.6
16.	21.0	15.7	45.2	50.5
17.	21.8	16.5	44.0	49.3
18.	22.6	17.3	42.8	48.1
19.	23.3	18.0	41.5	46.8
20.	24.0	18.7	40.3	45.5
21.	24.8	19.5	39.4	44.7
22.	25.8	20.5	37.9	43.2
23.	26.8	21.5	36.4	41.7
24.	27.8	22.5	34.9	40.2
25.	28.7	23.4	33.4	38.7
26.	29.6	24.3	32.0	37.3
27.	30.4	25.1	30.6	35.9
28.	31.2	25.9	29.2	34.5
29.	32.0	26.7	27.9	33.2
30.	32.8	27.5	26.6	31.9
31.	33.5	28.2	25.3	30.6

Schiffsverkehr

in der Zeit vom 17.—23. Juli 1903.

Angekommen am	Name	Kapitän	Flagge	von	Abgefahren am	nach
17.7.	D. Gouv. Jaeschke	Schuldt	Deutsch	Schanghai	18.7	Schanghai
„	D. Thea	Öhleritz	„	Tschifu	„	Hongkong
20.7.	D. Vorwärts	Sohnemann	„	Schanghai	20.7	Tschifu
„	D. Swatow Maru		Japanisch	Moji	22.7	„
22.7.	D. Else	Petersen	Deutsch	Tschifu	23.7	Hongkong
„	D. Tsintau	Hansen	„	„	22.7	Schanghai
„	D. Aichi Maru		Japanisch	Moji		

Meteorologische Beobachtungen.

Da-tum. Juli.	Barometer (mm) reduz. auf 0° C., Seehöhe 24,30 m			Temperatur (Centigrade).								Dunst-spannung in mm			Relat. Feuchtigkeit in Prozenten		
				trock. Therm.			feucht. Therm.										
	7 Vm	2 Nm	9 Nm	7 Vm	2 Nm	9 Nm	7 Vm	2 Nm	9 Nm	Min.	Max.	7 Vm	2 Nm	9 Nm	7 Vm	2 Nm	9 Nm
16	750,5	748,7	751,9	22,5	25,1	22,0	21,9	23,7	22,0	21,7	25,1	19,2	20,9	19,6	95	88	100
17	47,0	52,6	54,9	23,8	28,5	24,5	23,7	26,9	23,9	22,0	25,4	21,7	25,4	21,7	99	88	95
18	49,5	49,1	49,8	20,9	22,6	21,7	20,7	22,6	21,7	20,9	29,5	18,9	20,4	19,3	98	100	100
19	50,6	51,3	52,4	22,7	25,1	23,1	22,5	24,3	22,7	21,7	24,4	20,1	22,1	20,3	98	93	96
20	51,1	48,9	48,5	23,9	25,9	25,3	23,3	24,9	24,1	22,9	26,8	20,9	22,8	21,6	95	92	90
21	50,0	49,6	49,8	24,1	25,7	24,9	23,1	24,3	23,7	24,0	26,6	20,4	21,7	21,1	91	89	90
22	49,5	49,9	50,6	24,4	26,1	25,3	21,3	23,6	23,1	23,4	28,4	16,9	20,1	19,7	75	80	82

Da-tum. Juli.	Wind Richtung & Stärke nach Beaufort (0—12)			Bewölkung						Niederschläge in mm		
				7 Vm		2 Nm		9 Nm				9 Nm
	7 Vm	2 Nm	9 Nm	Grad	Form	Grad	Form	Grad	Form	7 Vm	9 Nm	7 Vm
16	S S O 1	S S O 3	S S O 3	10	Cum-str.	4	Cir-cu	10	Nim		50,8	53,1
17	S W 1	N W 1	S S O 1	8	Cum-str.	9	Cum-str	8	Cum-ni	2,3		36,3
18	O 5	N N O 1	S 1	10	Nim	10	Nim	10	Nim	36,3	44,0	52,3
19.	N 2	S 2	S S O 1	10	Cum-str	2	Cum-str.	1	Cum-str.	8,3		2,9
20	S O 2	S S O 3	W 3	8	Cum-ni	9	Cum-ni	7	Cum-ni		2,9	
21	N W 2	S W 1	S W 1	7	Cum-str.	10	Cum-str.	7	Cum-str.			
22	S S O 1	S S W 1	W N W 1	5	Cum-str	9	Cum-str.	2	Cum-str.			

Hochwassertabelle für den Monat August 1903.

Datum	Tsingtau - Hauptbrücke Vormittags	Nachmittags	T'aput'ou. Vormittags	Nachmittags	Nükuk'ou. Vormittags	Nachmittags
1.	10U. 21M.	10U. 50M.	11 U. 11M.	11 U. 40 M.	11 U. 21 M.	11 U. 50 M.
2.	11 „ 26 „	—	—	0 „ 16 „	—	0 „ 26 „
3.	0 „ 02 „	0 „ 40 „	0 „ 52 „	1 „ 30 „	1 „ 02 „	1 „ 40 „
4.	1 „ 16 „	1 „ 50 „	2 „ 06 „	2 „ 40 „	2 „ 16 „	2 „ 50 „
5.	2 „ 24 „	2 „ 52 „	3 „ 14 „	3 „ 42 „	3 „ 24 „	3 „ 52 „
6.	3 „ 19 „	3 „ 41 „	4 „ 09 „	4 „ 31 „	4 „ 19 „	4 „ 41 „
7.	4 „ 03 „	4 „ 21 „	4 „ 53 „	5 „ 11 „	5 „ 03 „	5 „ 21 „
8.	4 „ 39 „ ○	4 „ 57 „	5 „ 29 „	5 „ 47 „	5 „ 39 „	5 „ 57 „
9.	5 „ 14 „	5 „ 31 „	6 „ 04 „	6 „ 21 „	6 „ 14 „	6 „ 31 „
10.	5 „ 47 „	6 „ 03 „	6 „ 37 „	6 „ 53 „	6 „ 47 „	7 „ 03 „
11.	6 „ 19 „	6 „ 34 „	7 „ 09 „	7 „ 24 „	7 „ 19 „	7 „ 34 „
12.	6 „ 50 „	7 „ 07 „	7 „ 40 „	7 „ 57 „	7 „ 50 „	8 „ 07 „
13.	7 „ 24 „	7 „ 43 „	8 „ 14 „	8 „ 33 „	8 „ 24 „	8 „ 43 „
14.	8 „ 01 „	8 „ 22 „	8 „ 51 „	9 „ 12 „	9 „ 01 „	9 „ 22 „
15.	8 „ 42 „	9 „ 05 „	9 „ 32 „	9 „ 55 „	9 „ 42 „	10 „ 05 „
16.	9 „ 29 „ ◐	10 „ 01 „	10 „ 19 „	10 „ 50 „	10 „ 29 „	11 „ 00 „
17.	10 „ 31 „	11 „ 09 „	11 „ 21 „	11 „ 59 „	11 „ 31 „	—
18.	11 „ 47 „	—	—	0 „ 37 „	0 „ 09 „	0 „ 47 „
19.	0 „ 27 „	1 „ 08 „	1 „ 17 „	1 „ 58 „	1 „ 27 „	2 „ 08 „
20.	1 „ 47 „	2 „ 25 „	2 „ 37 „	3 „ 15 „	2 „ 47 „	3 „ 25 „
21.	2 „ 57 „	3 „ 29 „	3 „ 47 „	4 „ 19 „	3 „ 57 „	4 „ 29 „
22.	3 „ 56 „	4 „ 23 „ ●	4 „ 46 „	5 „ 13 „	4 „ 56 „	5 „ 23 „
23.	4 „ 47 „	5 „ 11 „	5 „ 37 „	6 „ 01 „	5 „ 47 „	6 „ 11 „
24.	5 „ 34 „	5 „ 56 „	6 „ 24 „	6 „ 46 „	6 „ 34 „	6 „ 56 „
25.	6 „ 16 „	6 „ 37 „	7 „ 06 „	7 „ 27 „	7 „ 16 „	7 „ 37 „
26.	6 „ 57 „	7 „ 16 „	7 „ 47 „	8 „ 06 „	7 „ 57 „	8 „ 16 „
27.	7 „ 36 „	7 „ 56 „	8 „ 26 „	8 „ 46 „	8 „ 36 „	8 „ 56 „
28.	8 „ 16 „	8 „ 37 „	9 „ 06 „	9 „ 27 „	9 „ 16 „	9 „ 37 „
29.	8 „ 59 „	9 „ 21 „ ◑	9 „ 49 „	10 „ 11 „	9 „ 59 „	10 „ 21 „
30.	9 „ 48 „	10 „ 15 „	10 „ 38 „	11 „ 05 „	10 „ 48 „	11 „ 15 „
31.	10 „ 49 „	11 „ 23 „	11 „ 39 „	—	11 „ 49 „	—

1) ○ = Vollmond; 2) ◐ = Letztes Viertel; 3) ● = Neumond; 4) ◑ = Erstes Viertel.

Druck der Missionsdruckerei, Tsingtau.

第四年 第二十八号

1903年7月25日

告白

启者：兹将罗达利洋行买办隋章在于内口海底捞起之各物列左：

铁器一箱、桥料一件、铁物三包、T字码铁一件、双角形铁两件、铁筒两个、铁道铁轨十一条、圆铁三件、杉板锚三件、民船锚四件、铜漏子两把、铜盖一面。

以上各物凡有失主实有确据者，可限至西历本年九月初一，即中七月初十日午十二点钟止，准投本局具领。至期满后，该各物即均归捞者收领，则与原失主无涉。仰各周知。此布。

德一千九百三年七月二十二日
青岛船政局启

在商业登记号第65号上登记了马丁·克罗格公司，青岛的商人马丁·克罗格是其唯一所有人。

青岛，1903年7月21日
胶澳皇家审判厅

水泥供应

供应2 000桶德国产波特兰水泥的合同将在今年8月1日上午11点公开发包。供货条件张贴于炮台局营业室内以供查看，或者也可以在那里支付费用后获取。报价必须明确包含相关条件，注明"对水泥供货的报价"字样后，在发包日期内递交。

青岛，1903年7月21日
炮台局

官方消息

建议前往旅顺和大连的旅客随身携带护照或者完整(盖章)的本人信息的身份证件。当地的俄国警方可能要求所有的、或只要求个别的乘船抵达乘客出示证件,也可能在船上就要出示相关证件。

没有必要拥有俄国签证。

口译见习克里格被任命担任胶澳皇家审判厅的检察院代表。当出现干扰情况时,其代表职位由口译见习韦恩霍尔茨接任,如再出现类似情况,则由法院秘书贝尔格曼接任。

青岛华民审判厅办公室从现在起位于海恩商业大楼内,地点为弗里德里希街和不来梅街①街角,入口面向不来梅街。

口译译员 H.冯·瓦尔希明已接手北海和海口的两处领事馆业务。

船运

1903 年 7 月 17 日—23 日期间

到达日	轮船船名	船长	挂旗国籍	出发港	出发日	到达港
7 月 17 日	叶世克总督号	舒尔特	德国	上海	7 月 18 日	上海
7 月 17 日	忒亚号	厄乐李希	德国	芝罘	7 月 18 日	香港
7 月 20 日	前进号	索纳曼	德国	上海	7 月 20 日	芝罘
7 月 20 日	汕头丸		日本	门司	7 月 22 日	芝罘
7 月 22 日	艾尔莎号	彼得森	德国	芝罘	7 月 23 日	香港
7 月 22 日	青岛号	韩森	德国	芝罘	7 月 22 日	上海
7 月 22 日	Aichi 丸		日本	门司		

---

① 译者注:即今肥城路。

Amtsblatt für das Deutsche Kiautschou-Gebiet.

青島官報

Herausgegeben vom Kaiserlichen Gouvernement Kiautschou.

Der Bezugspreis beträgt jährlich $ 0,60=M 1,20.
Bestellungen nehmen sämtliche deutsche Postanstalten entgegen.

Jahrgang 4. Nr. 29. Tsingtau, den 1. August 1903.

Bekanntmachung.

Gestohlene Gegenstände:
1. Ein gebrauchter, 3 Ctr. schwerer Amboss mit runder, vorn spitzer, hinten abgeflachter Nase.
2. Eine ungefähr 2 m lange rohe Zinkblech-Badewanne, im Boden derselben (etwa in der Mitte) befinden sich einige Löcher.
3. Ein kupferner, weiss angestrichener Aborttrichter von ungefähr 0,50 m Breite und 0,60 m Höhe.
4. Zwei paar neue ungetragene Hosen (Cheviot.) Jm Gurt der Hosen befindet sich die Marke: „C. II. Meyer Hamburg in goldenen Buchstaben.

Gefundene Gegenstände:
Ein Kneifer mit bläulichen Gläsern und weissem Metallrahmen. Die Halter sind mit grauem Gummi besetzt.

Tsingtau, den 29. Juli 1903.

Kaiserliches Polizei-Amt.

Amtliche Nachrichten.

Der mit der Wahrnehmung der Geschäfte des Oberrichters beauftragte Königliche Preussische Amtsrichter Dr. Crusen ist zum Kaiserlichen Oberrichter auf Lebenszeit ernannt.

*

Dolmetscher-Eleve Referendar Dr. Bessert-Nettelbeck scheidet mit Ende August d. Js. aus dem Dienste des Gouvernements aus und ist bis zu seinem Ausscheiden beurlaubt worden.

*

Der Kurs bei der Gouvernementskasse beträgt vom 30. Juli d. Js. ab: 1 $=1,87 M.

Schiffsverkehr
in der Zeit vom 23. — 30. Juli 1903.

Ange-kommen am	Name	Kapitän	Flagge	von	Abgefah-ren am	nach
(22.7.)	D. Aichi Maru		Japanisch	Moji	23.7	Niutschuang
(10.7.)	S. Eldorado	Smith	Amerik.	Portland	25.7	Port Townsend
23.7.	D. Gouv. Jaeschke	Schuldt	Deutsch	Schanghai	25.7	Schanghai
24.7.	D. Setsuyo Maru		Japanisch	Moji	25.7	Tschifu
26.7.	D. Knivsberg	Kayser	Deutsch	Schanghai	27.7	„
28.7.	D. Vorwärts	Sohnemann	„	Tschifu	29.7	Schanghai

Meteorologische Beobachtungen.

Datum Juli.	Barometer (m m) reduz. auf 0° C., Seehöhe 24,30 m			Temperatur (Centigrade).								Dunst-spannung in mm				Relat. Feuchtigkeit in Prozenten		
				trock. Therm.			feucht. Therm.											
	7 Vm	2 Nm	9 Nm	7 Vm	2 Nm	9 Nm	7 Vm	2 Nm	9 Nm	Min.	Max.	7 Vm	2 Nm	9 Nm	7 Vm	2 Nm	9 Nm
23	751,5	751,9	752,0	23,3	26,9	23,7	22,3	22,1	22,4	22,8	27,9	19,4	16,8	19,3	91	64	89
24	52,2	52,1	52,5	23,1	24,3	23,7	21,4	22,7	23,9	22,9	28,2	17,9	19,5	20,3	86	87	93
25	52,1	51,3	51,7	22,8	25,8	23,3	21,9	23,5	22,3	21,8	25,7	19,0	20,1	19,4	92	82	91
26	51,4	50,8	51,8	22,8	26,5	24,2	21,8	23,3	22,3	22,1	26,5	18,8	19,3	18,8	91	75	84
27	54,4	54,3	55,2	22,9	28,8	23,9	21,7	23,9	22,3	21,9	28,4	18,6	19,0	19,0	90	65	86
28	55,9	55,8	56,0	23,5	25,3	23,7	22,5	23,5	22,5	22,6	28,8	19,7	20,4	19,5	91	85	90
29	55,3	54,7	54,7	23,7	25,4	23,3	22,9	23,6	22,2	22,5	26,8	20,3	20,6	19,2	93	85	90

Datum Juli.	Wind Richtung & Stärke nach Beaufort (0—12)			Bewölkung						Niederschläge in mm	
				7 Vm		2 Nm		9 Nm			9 Nm / 7 Vm
	7 Vm	2 Nm	9 Nm	Grad	Form	Grad	Form	Grad	Form	7Vm	9Nm
23	N 1	SSO 3	SO 2	3	Cir-str.	1	Cum-str.	2	Cum-str.		
24	ONO 2	SSO 2	SSO 1	9	Cum-str.	8	Cum	5	Cum-str.		
25	N 1	S 1	S 1	3	Cum-str.	8	Cum-ni	8	Cum-ni	1,7	1,7
26	NNW 2	NW 2	NW 2	10	Cum-ni	3	Cum	1	Cum-str.		
27	NW 2	NNW 1	S 1	3	Cum-str.	2	Cum-str.	1	Cum-str.		
28	S 1	S 1	SSO 1	10	Cum-ni	7	Cum-str.	3	Cum-str.		
29	Stille	S 1	S 1	10	Str.	10	Cum-str.	3	Str.		

第四年 第二十九号

1903年8月1日

告白

启者：兹将据报被窃及送署各物列左：

已用之铁锚一个，重三百斤，形式前尖后圆；锡质澡盆一个，长约二米打，盆底有孔；铜造恭桶漏子一个，宽约半米打，高约六十桑的米打，用白色涂染；新裤子两条，上有西国"C. H. Meyer Hamburg"字样。

送署之物：

黑料夹鼻眼镜一副。

以上各物幸勿轻买，如见宜报本署。送存之物，亦准具领。特布。

德一千九百三年七月二十九日
青岛巡捕衙门启

官方新闻

被委托执行高等法官业务的皇家普鲁士法官克鲁森博士被任命为终生皇家高等法官。

口译见习贝瑟特-奈特尔贝克博士于今年8月底离开了总督府的职务，直到离开前，其处于度假状态。

今年7月30日起，督署财务处的汇率为：1元＝1.87马克。

船运

1903年7月23日—30日期间

到达日	轮船船名	船长	挂旗国籍	出发港	出发日	到达港
（7月22日）	Aichi 丸		日本	门司	7月23日	牛庄
（7月10日）	黄金岛号	史密斯	美国	波特兰	7月25日	汤森港
7月23日	叶世克总督号	舒尔特	德国	上海	7月25日	上海
7月24日	三菱丸		日本	门司	7月25日	芝罘
7月26日	柯尼夫斯堡号	凯瑟	德国	上海	7月27日	芝罘
7月28日	前进号	索纳曼	德国	芝罘	7月29日	上海

Amtsblatt
für das
Deutsche Kiautschou-Gebiet.

青島官報

Herausgegeben vom Kaiserlichen Gouvernement Kiautschou.

Der Bezugspreis beträgt jährlich $ 0,60=M 1,20.
Bestellungen nehmen sämtliche deutsche Postanstalten entgegen.

Jahrgang 4. — Nr. 30. — Tsingtau, den 8. August 1903.

Verfügung über die Führung des Güterrechts- Handels- Genossenschafts- und Seeschiffsregisters im Schutzgebiete Kiautschou.

Für die Einrichtung und Führung des Güterrechts- Handels- Genossenschafts- und Seeschiffsregisters im Schutzgebiete Kiautschou finden die Allgemeinen Verfügungen des preussischen Justizministers vom 6. 7. und 8. November, sowie vom 11. Dezember 1899 (Justizministerialblatt 1899 S. 299, 313, 334 und 753) sinnentsprechende Anwendung. Der § 10 der Verfügung vom 7. November 1899 findet nicht Anwendung.

Diese Verordnung tritt sofort in Kraft.

Tsingtau, den 4. August 1903.

Der Kaiserliche Gouverneur.

Truppel.

Bekanntmachung.

Der Rechtsanwalt Dr. Vorwerk in Schanghai hat auf die Rechte aus der Zulassung als Rechtsanwalt bei dem Kaiserlichen Gericht von Kiautschou verzichtet und ist infolgedessen in der Rechtsanwaltsliste gelöscht.

Tsingtau, den 1. August 1903.

Der Kaiserliche Oberrichter.

Dr. Crusen.

Die unter Nr. 46 des Handelsregisters eingetragene offene Handelsgesellschaft

Henn & Co.

ist aufgelöst. Zum Liquidator ist der bisherige Gesellschafter Kaufmann Ernst Siemssen hier bestellt.

Tsingtau, den 1. August 1903.

Kaiserliches Gericht von Kiautschou.

Verdingungsanzeige.

Für das Gouvernementslazarett soll die Ausführung der gesamten Bauarbeiten zum

Bau eines Pförtnerhauses

öffentlich vergeben werden.

Die Verdingungsunterlagen liegen im Geschäftszimmer der Bauabteilung IIIc. vom 10. d. Mts. an zur Einsicht aus und können von dort, soweit der Vorrat reicht, gegen Erstattung von $ 2,00 bezogen werden.

Versiegelte und mit der Aufschrift „Pförtnerhaus Lazarett" versehene Angebote sind bis zu dem auf

Freitag, den 14. August d. Js. vormittags 10 Uhr,

festgesetzten Eröffnungstermin an die unterzeichnete Behörde einzureichen.

Tsingtau, den 4. August 1903.

Kaiserliche Hochbauabteilung IIIc.

140. Amtsblatt—報官島青 8. August 1903.

Verdingung.

Für die Schlachthofanlage (zwischen Arkonabrücke und dem kleinen Hafen), sollen
Loos 1. die Erd — und Maurerarbeiten
Loos 2. die Steinmetzarbeiten
Loos 3. die Zimmer — und Stackerarbeiten
Loos 4. die Dachdecker — und Klempnerarbeiten
Loos 5. die Schmiede — und Eisenarbeiten
zum Bau eines Gebäudes für die Schlachthofverwaltung und Wohnungen für die Beamten im öffentlichen Verfahren vergeben werden.

Die Verdingungsunterlagen liegen im Geschäftszimmer der Bauabteilung III b vom 10. d Mts. an zur Einsicht aus und können dort, soweit der Vorrat reicht, gegen Erstattung von
Loos 1. = 2,00 $
„   2. = 1,00 $
„   3. = 1,50 $
„ 4&5. = je 1,00 $
bezogen werden.

Versiegelte mit der Aufschrift:
Schlachthofanlage Tsingtau Wohngebäude
versehene Angebote sind bis zum Eröffnungstermin am Montag, den 17. August 1903, vormittags 11 Uhr, an die unterzeichnete Behörde einzureichen. Zuschlagsfrist: 3 Wochen.

Tsingtau, den 6. August 1903.

Kaiserliche Hochbauabteilung III b.

Schiffsverkehr

in der Zeit vom 30. Juli — 6. August 1903.

Angekommen am	Name	Kapitän	Flagge	von	Abgefahren am	nach
30.7.	D. Gouv. Jaeschke	Schuldt	Deutsch	Schanghai	2.8	Schanghai
31.7.	D. Tsintau	Hansen	„	„	1.8	Tschifu
3.8.	D. Knivsberg	Kayser	„	Tschifu	4.8	Schanghai
6.8.	D. Vorwärts	Sohnemann	„	Schanghai	6.8	Tschifu

Meteorologische Beobachtungen.

Datum	Barometer (mm) reduz. auf 0° C., Seehöhe 24,30 m			Temperatur (Centigrade).								Dunstspannung in mm			Relat. Feuchtigkeit in Prozenten		
				trock. Therm.			feucht. Therm.										
	7 Vm	2 Nm	9 Nm	7 Vm	2 Nm	9 Nm	7 Vm	2 Nm	9 Nm	Min.	Max.	7 Vm	2 Nm	9 Nm	7 Vm	2 Nm	9 Nm
Juli																	
30	754,3	753,7	753,9	24,4	26,7	23,7	23,1	23,5	22,3	22,2	26,0	20,2	19,6	19,2	89	75	88
31	53,5	52,8	52,8	23,6	27,3	25,0	22,7	24,5	23,7	22,4	28,0	20,0	21,1	21,0	92	78	89
Aug.																	
1	50,6	49,9	47,5	24,1	25,9	25,3	23,6	24,9	24,5	23,5	27,7	21,3	22,8	22,4	96	92	93
2	45,6	43,4	45,1	24,2	26,1	25,3	23,8	24,3	23,9	24,0	27,2	21,7	21,5	21,2	97	85	88
3	48,1	48,6	49,0	22,5	27,5	25,5	21,6	25,1	23,3	21,7	29,0	18,6	22,2	19,9	92	81	82
4	53,0	53,2	53,9	25,3	26,7	24,3	24,5	24,8	23,1	22,8	28,0	22,4	22,1	20,3	93	85	90
5	55,3	54,8	55,0	25,7	27,8	25,5	24,5	25,9	24,9	24,2	27,7	22,1	23,7	23,0	90	85	95

8. August 1903.　　　　　　　Amtsblatt—青島官報　　　　　　　141

Da-tum. Juli.	Wind Richtung & Stärke nach Beaufort (0—12)			Bewölkung						Niederschläge in mm		
	7 Vm	2 Nm	9 Nm	7 Vm		2 Nm		9 Nm		7 Vm	9 Nm	9 Nm 7 Vm
				Grad	Form	Grad	Form	Grad	Form			
30	S S O 1	S O 4	S O S 2	5	Str.	5	Cum-str.	3	Cum-str.			
31	O 2	S O 4	S O 2	5	Cum-ni	6	Cum-str.	10	Cum-ni		0.2	2,9
Aug. 1	S S O 3	S O 3	O 2	10	Cum-ni	10	Nim	10	Nim	2,7		50.0
2	N 2	N N W 4	N W 3	10	Nim	4	Cir-cu	7	Cum	50,0		
3	N N W 1	S S O 2	S S O 2	7	Cum-str.	5	Cir-str.	3	Cir-str.			
4	S S O 2	S S O 2	S O 2	7	Cum-str.	8	Cum-str.	1	Str.			
5	S 1	S O 3	S 1	3	Cir-str.	7	Cir-cu	10	Nebel		0,1	0,1

Druck der Missionsdruckerei, Tsingtau.

第四年　第三十号

1903年8月8日

关于在胶澳保护地进行物权贸易协作社和海船登记方面的命令

对于在胶澳保护地设立和登记物权贸易协作社和海船事宜,适用普鲁士司法部长在1899年11月6、7、8日以及12月11日的一般性命令(《司法部报》1899年合订本,第299、313、334和753页)中的相应含义。1899年11月7日命令中的第10条不适用。

本命令立即生效。

青岛,1903年8月4日

皇家总督

都沛禄

告白

上海的律师佛威博士放弃了被准许担任胶澳皇家审判厅律师而享有的权益,因此其被从律师名单中删除。

青岛,1903年8月1日

皇家高等法官

克鲁森博士

商业登记号为第46号的营业中的贸易公司海恩有限责任公司现已解散。任命目前的股东、本地商人恩斯特·希姆森为清算人。

青岛,1903年8月1日

胶澳皇家审判厅

发包广告

督署野战医院门房建造工程的全部工作将公开发包。

供货条件自本月10日起张贴于第三工部局三部营业室内,以供查看,如果数量足够,也可以在那里支付2.00元费用后获取。

报价须密封并注明"野战医院门房"字样后,在已定好的开标日期今年8月14日星期五上午10点前递交至本部门。

青岛,1903年8月4日
皇家第三工部局三部

发包

为屠宰场(位于阿克纳桥和小港之间)建造管理大楼以及为此处官员建造住宅的工程将以公开方式发包,子项目包括:项目1. 土石方和泥瓦活;项目2. 石匠活;项目3. 木工和堆垛活;项目4. 屋顶铺设和水管作业;项目5. 铁器和锻打活。

供货条件自本月10日起张贴于第三工部局二部营业室内,以供查看,如果数量足够,也可以在那里支付费用后获取:

项目1	2.00元
项目2	1.00元
项目3	1.50元
项目4和5	各1.00元

报价须密封并注明"青岛屠宰场居住楼"字样,在已定好的开标日期今年8月17日星期一上午11点前递交至本部门。

中标期限:3周。

青岛,1903年8月6日
皇家第三工部局二部

船运

1903年7月30日—8月6日期间

到达	轮船船名	船长	挂旗国籍	出发港	出发日	到达港
7月30日	叶世克总督号	舒尔特	德国	上海	8月2日	上海
7月31日	青岛号	韩森	德国	上海	8月1日	芝罘
8月3日	柯尼夫斯堡号	凯瑟	德国	芝罘	8月4日	上海
8月6日	前进号	索纳曼	德国	上海	8月6日	芝罘

Amtsblatt
für das
Deutsche Kiautschou-Gebiet.

青島官報

Herausgegeben vom Kaiserlichen Gouvernement Kiautschou.

Der Bezugspreis beträgt jährlich $ 0,60=M 1,20.
Bestellungen nehmen sämtliche deutsche Postanstalten entgegen.

Jahrgang 4.   Nr. 31.   Tsingtau, den 15. August 1903.

Verordnung
betreffend das Bergwesen im Kiautschougebiete.

Auf Grund des §. 3 des Schutzgebietsgesetzes (Reichsgesetzblatt 1900, Seite 813) in Verbindung mit §. 21 des Gesetzes über die Konsulargerichtsbarkeit (Reichsgesetzblatt 1900, Seite 213) und §. 3 der Kaiserlichen Verordnung, betreffend die Rechtsverhältnisse in den deutschen Schutzgebieten, vom 9. November 1900 (Reichsgesetzblatt Seite 1005) wird verordnet:

Im Schutzgebiete Kiautschou sind die in §. 1 des Allgemeinen Berggesetzes für die preussischen Staaten vom 24. Juni 1865 (Gesetzsammlung Seite 705) bezeichneten Mineralien von der Verfügung des Grundeigentümers ausgeschlossen.

Das Recht, solche Mineralien aufzusuchen und zu gewinnen, steht ausschliesslich dem Fiskus des Schutzgebietes zu.

Berlin, den 16. Mai 1903.

In Vertretung des Reichskanzlers.

v. Tirpitz.

Verdingung.

Die Gesamtarbeiten zum Neubau eines „Pferdestalles, Wagenremise und Wohnungen für Chinesenarbeiter der Garnison-Waschanstalt" sollen im öffentlichen Verfahren vergeben werden.

Verdingungsunterlagen nebst Zeichnung liegen vom 18. d. Mts. ab im Geschäftszimmer der unterfertigten Abteilung zur Einsicht aus; auch können solche ebendaher, soweit der Vorrat reicht, gegen Erstattung von 3 $ bezogen werden.

Verschlossene und mit entsprechender Aufschrift versehene Angebote sind bis zum **Dienstag, den 25. d. Mts., 10 Uhr vormittags**, an die unterfertigte Stelle einzureichen.

Zuschlagsfrist 3 Wochen.

Tsingtau, den 15. August 1903.

Hochbauabteilung IIIa.

Verdingung.

Die gesamten Bauarbeiten, ausschliesslich Dachdecker-Tischler- und Anstreicherarbeiten, zu einem Pferdestall beim Bismarckkasernement sollen im öffentlichen Verfahren vergeben werden.

Verdingungsunterlagen nebst Zeichnungen liegen im Geschäftszimmer der Bauabteilung IIIa zur Einsicht aus; auch können solche, soweit der Vorrat reicht, vom 24. d. Mts. ab ebendaher gegen Erstattung von 3 $ bezogen werden.

Versiegelte und mit entsprechender Aufschrift versehene Angebote sind bis zu dem auf **Montag, den 31. August d. Js.**, vormittags 9 Uhr, festgesetzten Eröffnungstermin an die unterzeichnete Behörde einzureichen.

Zuschlagsfrist 3 Wochen.

Tsingtau, den 15. August 1903.

Bauabteilung IIIa.

144.　　　　　　　　　　Amtsblatt—青島官報　　　　　　　　　15. August 1903.

Oeffentliche Ladung.

Sun tschin fa aus Tsingtau klagt gegen den Unternehmer Ling Tien en, früher zu Tsingtau, jetzt unbekannten Aufenthalts, auf Grund eines gegebenen Darlehns mit dem Antrage, den Beklagten zur Zahlung von $ 210,00 zu verurteilen.

Der Kläger ladet den Beklagten zur mündlichen Verhandlung des Rechtsstreits vor das Kaiserliche Bezirksamt zu Tsingtau auf den 12. September 1903, vormittags 10 Uhr.

Zum Zwecke öffentlicher Zustellung wird dieser Auszug der Klage bekannt gemacht.

Tsingtau, den 6. August 1903.

Kaiserliches Bezirksamt.

Amtliche Mitteilungen.

Der Kurs bei der Gouvernementskasse beträgt vom 10. d. Mts. ab: 1 $ = 1, 88 M.

青島副案察司慕為
飭傳事茲據孫進發呈控凌天
恩自前年十二月間暨去年三
月間借到洋銀二百十元未還
一案該被告前在青島包工為
業現無下落無處可傳為此登
報宣傳仰被告凌天恩准於
九月十二日早十點鐘來署聽
訊倘屆期不到即斷被告還
以不到案故也勿悞特傳
錢
大德一千九百二年八月初六日

Schiffsverkehr

in der Zeit vom 7.—13. August 1903.

Angekommen am	Name	Kapitän	Flagge	von	Abgefahren am	nach
7.8.	D. Gouv. Jaeschke	Schuldt	Deutsch	Schanghai	8.8	Schanghai
8.8.	D. Tsintau	Hansen	"	Tschifu	8.8	"
11.8.	D. C. Ferd. Laeisz	Sachs	"	Kobe		
12.8.	D. Knivsberg	Kayser	"	Schanghai	12.8	Tschifu
12.8.	D. Koyo Maru		Japanisch	Kobe	13.8	"

15. August 1903.   Amtsblatt—青島官報   145.

Meteorologische Beobachtungen.

Da-tum. Aug.	Barometer (m m) reduz. auf 0° C., Seehöhe 24,30 m			Temperatur (Centigrade).								Dunst-spannung in mm			Relat. Feuchtigkeit in Prozenten		
				trock. Therm.			feucht. Therm.										
	7 Vm	2 Nm	9 Nm	7 Vm	2 Nm	9 Nm	7 Vm	2 Nm	9 Nm	Min.	Max.	7 Vm	2 Nm	9 Nm	7 Vm	2 Nm	9 Nm
6	754,9	754,4	753,5	25,7	27,2	25,8	25,3	25,8	24,9	25,4	28,6	23,7	23,8	22,9	97	89	93
7	52,4	51,1	50,0	25,7	26,5	25,5	24,9	25,3	24,9	25,3	27,8	22,9	23,2	23,0	93	90	95
8	50,3	49,4	50,1	25,5	28,5	26,7	24,8	26,1	24,9	25,1	27,6	22,8	23,7	22,3	94	82	85
9	51,5	51,4	52,6	25,1	26,3	24,5	24,5	24,1	22,5	24,6	28,5	22,5	21,0	19,0	95	82	83
10	53,1	52,7	52,8	24,1	27,6	25,1	22,9	22,5	22,1	22,7	27,0	20,0	17,1	17,9	90	63	76
11	52,8	52,4	53,7	24,6	28,1	26,1	22,5	24,7	24,1	23,6	28,6	18,9	17,2	21,1	83	61	84
12	55,2	56,1	56,8	23,5	26,5	23,7	21,1	18,7	20,5	23,4	28,7	17,1	11,3	16,0	80	44	74

Da-tum. Aug.	Wind Richtung & Stärke nach Beaufort (0—12)			Bewölkung						Niederschläge in mm	
				7 Vm		2 Nm		9 Nm			9 Nm
	7 Vm	2 Nm	9 Nm	Grad	Form	Grad	Form	Grad	Form	7 Vm 9 Nm	7 Vm
6	S 1	S 2	SSO 4	7	Cum-str.	10	Cum	10	Cum-ni	0,1	
7	S 2	S 5	S 5	10	Cum	10	Cum-ni	9	Cum-ni		
8	SSO 1	S 1	NW 1	8	Cum-str.	1	Cir-str.	8	Cum		
9	NO 1	S 1	SSW 2	10	Cum-str.	6	Cir-cu	7	Cir-cu	0,9	0,9
10	NO 1	O 3	O 2	5	Cir-str.	4	Cum-str.	9	Cum-ni		
11	Stille 0	S 2	SSW 1	10	Cum-str.	7	Cum-str.	9	Cum-ni		
12	NW 4	NW 1	Stille 0	10	Str.	10	Cum-ni	2	Str.		

Druck der Missionsdruckerei, Tsingtau.

第四年 第三十一号

1903年8月15日

关于胶澳地区采矿业方面的法令

根据《保护地法》第 3 条(《帝国法律报》1900 年合订本第 813 页),并结合《领事裁判权法》(《帝国法律报》1900 年合订本第 213 页)第 21 条,以及 1900 年 11 月 9 日的《关于在德国保护地的土地权益的皇家法令》(《帝国法律报》第 1005 页),现命令:

在胶澳保护地内,将 1865 年 6 月 24 日的《普鲁士邦一般性矿业法》(《法律合集》第 705 页)第 1 条中描述的物质从不动产保有人支配权中排除。

勘探并开采此类物质的权力仅为保护地国库所有。

青岛,1903 年 5 月 16 日
代理帝国总理
冯·提尔皮茨

发包

为军营洗衣房的华工新建造一处马厩、车棚和多个住所的全部工作将以公开方式发包。

包含图纸的供货条件自本月 18 日起张贴于本部门的营业室内以供查看,如果数量足够,也可以在那里支付 3 元费用后获取。

报价须密封并注明相应字样后,于本月 25 日星期二上午 10 点前递交至本部门。

中标期限为 3 周。

青岛,1903 年 8 月 15 日
第三工部局一部

发包

为俾斯麦兵营附近的一处马厩的屋顶铺设、木匠和粉刷工作将以公开方式发包。

包含图纸的供货条件自本月18日起张贴于第三工部局一部营业室内以供查看,如果数量足够,也可以在本月24日起在那里支付3元费用后获取。

报价须密封并注明相应字样后,在已定好的开标日期8月31日星期一上午9点前递交至本部门。

中标期限为3周。

青岛,1903年8月15日
第三工部局一部

青岛副案察司慕　为

饬传事：兹据孙进发呈控凌天恩,自前年十二月间暨去年三月间,借到洋银二百十元未还一案。该被告前在青岛包工为业,现无下落,无处可传,为此登报宣传。仰被告凌天恩准于德九月十二日早十点钟来署听讯(讯)。倘届期不到,即断被告还钱,以不到案故也。勿误。特传。

大德一千九百三年八月初六日

官方消息

自本月10日起,督署财务处的汇率为：1元＝1.88马克。

船运

1903年8月7日—13日期间

到达日	轮船船名	船长	挂旗国籍	出发港	出发日	到达港
8月7日	叶世克总督号	舒尔特	德国	上海	8月8日	上海
8月8日	青岛号	韩森	德国	芝罘	8月8日	上海
8月11日	莱切船长号	萨克斯	德国	神户		
8月12日	柯尼夫斯堡号	凯瑟	德国	上海	8月12日	芝罘
8月12日	光洋丸		日本	神户	8月13日	芝罘

Amtsblatt
für das
Deutsche Kiautschou-Gebiet.

青島官報

Herausgegeben vom Kaiserlichen Gouvernement Kiautschou.

Der Bezugspreis beträgt jährlich $ 0,60 = M 1,20.
Bestellungen nehmen sämtliche deutsche Postanstalten entgegen.

Jahrgang 4. Nr. 32. Tsingtau, den 22. August 1903.

Unter Nr. 66 des Handelsregisters ist heute folgendes eingetragen:

„Seemannshaus für Unteroffiziere und Mannschaften der Kaiserlichen Marine, gemeinnützige Gesellschaft mit beschränkter Haftung" in Kiel. Zweigniederlassung in Tsingtau. Gegenstand des Unternehmens ist die Bereitstellung und der Betrieb von Seemannshäusern für Unteroffiziere und Mannschaften der Marine, zunächst in Kiel, demnächst in Wilhelmshaven und wenn angängig, auch in den kleineren Marinegarnisonen.

Das in Tsingtau errichtete Seemannshaus darf auch als Erholungsheim für Genesende der in Ostasien stationierten Marine- und Truppenteile Verwendung finden, soweit die Hauptaufgaben es zulassen. Ferner dürfen Geschäftsführer bei den von ihnen verwalteten Seemannshäusern den Besuch von Mannschaften der Kauffahrteimarine zulassen, falls die Umstände es angezeigt erscheinen lassen und der örtliche Aufsichtsratausschuss sich einverstanden erklärt.

Die Gesellschaft ist eine Gesellschaft mit beschränkter Haftung. Gesellschaftsvertrag vom 25. Ok ober 1895. Erklärungen, welche die Gesellschaft verpflichten, bedürfen der Unterschrift zweier Geschäftsführer unter der Firma der Gesellschaft. Das Stammkapital beträgt 230800 Mark. Geschäftsführer sind: Kontreadmiral z. D. Stubenrauch, Frau Generalarzt Globig geb. Elendt, sämtlich zu Kiel. Für das Seemannshaus in Tsingtau: Marine-Baurat Georg Gromsch, Kaufmann Carl Rohde, Frau Admiralitätsrat Günther in Tsingtau.

Tsingtau, den 11. August 1903.

Kaiserliches Gericht von Kiautschou.

In das hiesige Handelsregister ist unter Nr 67 heute eingetragen worden:

„Internationale Gesellschaft Carl Boediker & Co. mit beschränkter Haftung"

mit dem Sitze in Bremen. Eine Zweigniederlassung ist in Tsingtau errichtet worden. Geschäftsführer der Gesellschaft ist der Kaufmann Carl Boediker in Geestemünde.

Gegenstand des Unternehmens ist der Betrieb eines Ein- und Ausfuhrgeschäftes, die Lieferung von Armee- und Marine-Bedarf, der Betrieb aller damit in Verbindung stehenden Geschäfte, sowie die Beteiligung an Unternehmungen mit gleichen oder ähnlichen Zwecken. Das Stammkapital beträgt 30000 Mark. Der Gesellschaftsvertrag ist vom 22. Mai 1903.

Tsingtau, den 11. August 1903.

Kaiserliches Gericht von Kiautschou.

Bekanntmachung.

In dem Konkurse über das Vermögen des Gastwirtes Othon Köhler hier soll eine Abschlagsverteilung stattfinden.

Dazu sind $ 253, 65 verfügbar.

Zu berücksichtigen sind $ 2536, 54 nicht bevorrechtigte Forderungen.

Das Verzeichnis der zu berücksichtigenden Forderungen kann auf der Gerichtsschreiberei des Kaiserlichen Gerichts hier, Zimmer 9, eingesehen werden.

Tsingtau, den 15. August 1903.

Der Verwalter
Bergemann.

Bekanntmachung.

Folgende Gegenstände sind in der Kiautschou Bucht geborgen worden:

1) von der Kiautschou-Leichter-Gesellschaft.
    7 Stück Brückenteile,
    9 „ Eisenbahnschwellen,
    1 kleiner Leichteranker.

Diese Gegenstände lagern bei der Kiautschou Leichter-Gesellschaft.

2) von dem Chinesen Sui tsi Lin
    8 Stück Eisen,
    1 „ Ankerkette $14^{1}/_{2}$ m. lang,
    7 „ eiserne Platten.

Diese lagern bei dem Chinesen in Tapautau.

3) anf der Jnsel Huang tau
    eine 10 m. lange, alte Bohle.

Diese lagert beim Kaiserlichen Hafenamt.

Eigentumsberechtigte haben ihre Ansprüche bis zum 15. Oktober d. Js. beim Kaiserlichen Hafenamt anzuzeigen, widrigenfalls das Eigentumsrecht verfällt.

Tsingtau, den 19. August 1903.

Kaiserliches Hafenamt.

Bekanntmachung.

Am Dienstag, den 25. d. Mts., findet das Anschiessen der Geschütze in der Batterie Tsingtau statt. Am genannten Tage von 7—10 Uhr vormittags und 11—1 Uhr mittags ist das Passieren des Auguste Victoria-Ufers von der Marine Werkstatt bis zur Villa Ohlmer nicht gestattet. Für die Absperrung sind Posten ausgestellt, deren Weisungen nachzukommen ist.

Tsingtau, den 18. August 1903.

Artillerie-Verwaltung.

Amtliche Mitteilungen.

Nach einer Mitteilung der Kaiserlichen Gesandtschaft in Peking erlischt das Verbot der Einfuhr von Waffen, Munition pp. nach China am 25. d. Mts.

*

Der Kurs bei der Gouvernementskasse beträgt vom 18. d. Mts. ab: 1 $ = 1,94 M.

白 告

啓者茲將由膠澳海底撈獲各物列左
駁船公司撈起之物橋料七件鐵
路料九條小駁船錨一件
以上各物現存駁船公司經隨熙
麟撈起之物鐵料八件錨鍊一條
長十四米打半鐵板七面以上各條
物現存大包島隋寓在黃島撈起之
木樑一根長十米打現存船政局
以上各物仰各失主如寔有確據者
限至西本年十月十五即中八月二十
五日止如逾期該
物卽與原失主無涉仰各週知切
特佈

德一千九百三年八月十九日
青島船政局啓

青島炮隊軍需局　為
出示禁止行走事照得青島炮台茲定
於西本月二十五卽中七月初二日早
自七點鐘起至十點鐘止又自十一點
鐘起至一點鐘止初次演放大炮期內
嚴禁行人由水師工務廠至稅務司住
樓中間海沿往來範圍該處派有兵丁
攔阻諸人前進居時均宜遵照有兵丁
等指示庶免自罹禍端爲此仰諸色人
等一體凛遵勿違特示

告示

右諭通知

大德一千九百三年八月十八日

15. August 1903.   Amtsblatt — 青島官報   149.

Schiffsverkehr

in der Zeit vom 13. — 20. August 1903.

Ange-kommen am	Name	Kapitän	Flagge	von	Abgefah-ren am	nach
13.8.	D. Gouv. Jaeschke	Schuldt	Deutsch	Schanghai	15.8	Schanghai
13.8.	D. Vorwärts	Sohnemann	„	Tschifu	13.8	„
17.8.	S. Alster	Auhagen	„	Portland		
18.8.	D. Korana	Colario	Österreichisch	Singapore		
19.8.	D. Bygdo	Gunderson	Norwegisch	Tschifu	20.8	Hongkong
19.8.	D. Knivsberg	Kayser	Deutsch	„	20.8	Schanghai
(11.8.)	D. C. Ferd. Laeisz	Sachs	„	Kobe	20.8	Kobe
20.8.	D. Tsintau	Hansen	„	Schanghai	21.8	Tschifu
20.8.	D. Helena	Borg	Norwegisch	Kobe		

Meteorologische Beobachtungen.

Da-tum. Aug.	Barometer (mm) reduz. auf 0° C., Seehöhe 24,30 m			Temperatur (Centigrade).								Dunst-spannung in mm			Relat. Feuchtigkeit in Prozenten		
				trock. Therm.			feucht. Therm.										
	7Vm	2Nm	9Nm	7Vm	2Nm	9Nm	7Vm	2Nm	9Nm	Min.	Max.	7Vm	2Nm	9Nm	7Vm	2Nm	9Nm
13	757,7	757,3	756,4	22,3	22,3	20,7	18,1	17,7	18,7	22,3	27,9	12,9	12,4	14,8	65	63	82
14	59,5	59,7	58,9	20,7	23,7	23,1	18,3	19,7	18,9	19,5	24,5	14,2	14,6	13,7	78	67	65
15	58,5	57,3	56,4	22,7	26,3	24,1	20,3	22,3	22,9	20,9	25,1	16,2	17,6	20,0	79	69	90
16	50,4	48,2	50,0	23,1	23,9	21,1	22,9	23,3	20,3	21,6	27,0	20,7	20,9	17,2	98	95	93
17	54,5	54,9	55,9	21,7	25,9	23,7	20,9	23,7	22,9	21,0	25,1	17,9	20,4	20,3	93	82	93
18	57,0	56,8	56,9	24,1	27,5	23,9	23,5	25,6	23,3	22,1	27,2	21,2	23,2	20,9	95	85	95
19	57,5	56,4	56,9	24,1	26,4	24,1	23,5	25,0	23,5	23,2	28,0	21,2	22,7	21,2	95	89	95

Da-tum. Aug.	Wind Richtung & Stärke nach Beaufort (0—12)			Bewölkung						Niederschläge in mm		
				7 Vm		2 Nm		9 Nm				9 Nm
	7 Vm	2 Nm	9 Nm	Grad	Form	Grad	Form	Grad	Form	7 Vm	9 Nm	7 Vm
13	N N O 1	N N O 2	N N W 2	10	Cum-str.	10	Cum-ni	10	Cum-ni		1,3	2,4
14	N 2	O S O 3	O 2	10	Cum-str.	10	Cum-ni	9	Cum-ni	1,1		
15	N N O 1	O N O 1	O 5	9	Cir-str.	9	Cum-ni	10	Nim		7,3	107,0
16	O 6	W N W 1	W 2	10	Cum-ni	10	Cum-ni	10	Nim	99,7	6,2	6,3
17	W N W 4	N W 2	S W 1	10	Cum-ni	6	Cum-str.	1	Str.	0,1	0,1	0,1
18	S S O 1	S 2	S 1	8	Cir-str.	3	Cum-str.	4	Cum-str.			
19	S 1	S S O 2	S S O 2	8	Cum	3	Cum-str.	10	Cum			

Druck der Missionsdruckerei, Tsingtau.

第四年 第三十二号

1903年8月22日

商业登记号第 66 号名下今天登记入下列事项：

"基尔皇家海军士官和士兵的水师饭店公益有限责任公司青岛分店，企业经营对象为建造并运营海军士官和士兵的水师饭店，最初在基尔，此后在威廉港，如果条件允许，也会在小型海军驻防地实施。

只要主要任务许可，在青岛设立的水师饭店也同样用作驻扎东亚的海军和登陆部队康复人员的休养所。此外，如果条件合适，并且当地的监事会声明同意，业务经理也可以允许商业船队的人员拜访其所管理的水师饭店。

公司形式为有限责任公司，公司合同于 1895 年 10 月 25 日签订，规定公司义务的声明需要公司名下的两名经理签名确认。资本金为 230 800 马克。经理为：现役海军少将施图本豪赫，军医总监、出生时姓埃伦特的葛洛比西夫人，二人均在基尔。青岛的水师饭店经理为：海军工程师格奥尔格·格罗姆施、商人卡尔·罗德和青岛的海军部顾问冈特夫人。"

青岛，1903 年 8 月 11 日
胶澳皇家审判厅

本地商业登记号第 67 号名下今天登记入下列事项：

"卡尔·伯迪克国际有限责任公司，位于不来梅，已设立青岛分号。公司经理为在格斯特明德的商人卡尔·伯迪克。

公司经营对象为进出口业务、为陆军和海军供货、运营所有与之相关的业务，以及参与运营相同或者类似目的的业务。公司资本金为 30 000 马克。公司合同为 1903 年 5 月 22 日签订。

青岛，1903 年 8 月 11 日
胶澳皇家审判厅

告 白

对本地的饭店店主奥通·科勒开启破产程序，将做一次财物分配。

可分配金额为 253.65 元。

考虑范围内的非优先索款要求金额为 2 536.54 元。

被考虑在内的索款要求目录可以在皇家审判厅 9 号房间的法庭书记处查看。

青岛，1903 年 8 月 15 日
管理人
贝尔格曼

告 白

启者：兹将由胶澳海底捞获各物列左：

驳船公司捞起之物：桥料七件、铁路木料九条、小驳船锚一件。以上各物现存驳船公司。

经隋熙麟捞起之物：铁料八件；锚链一条，长十四米打半；铁板七面。以上各物现存大包岛隋寓。

在黄岛捞起之物：木梁一根，长十米打。现存船政局。

以上各物仰各失主，如实有确据者，限至西本年十月十五，即中八月二十五日止，期内准投本局具领，至逾期该各物即与原失主无涉，仰各周知。切切特布。

德一千九百三年八月十九日
青岛船政局启

青岛炮队军需局　为

出示禁止行走事：照得青岛炮台[①]兹定于西本月二十五，即中七月初二日早自七点钟起至十点钟止，又自十一点钟起至一点钟止，初次演放大炮。期内严禁行人由水师工务厂至税务司住楼中间海沿往来，并在该处派有兵丁拦阻诸人前进。届时均宜遵照该兵丁等指示，庶免自罹祸端。为此仰诸色人等一体凛遵勿违。特示。

右谕通知
大德一千九百三年八月十八日　告示

---

① 译者注：即位于青岛八关山上的礼炮炮台。

官方消息

根据北京皇家公使馆通知,向中国进口武器、弹药等的禁令于本月 25 日撤销。

自 3 月 18 日起,督署财务处的汇率为:1 元=1.94 马克。

船运

1903 年 8 月 13 日—20 日期间

到达日	轮船船名	船长	挂旗国籍	出发港	出发日	到达港
8月13日	叶世克总督号	舒尔特	德国	上海	8月15日	上海
8月13日	前进号	索纳曼	德国	芝罘	8月13日	上海
8月17日	阿尔斯特号	奥哈根	德国	波特兰		
8月18日	科拉纳号	柯拉里奥	奥地利	新加坡		
8月19日	比格多号	贡德森	挪威	芝罘	8月20日	香港
8月19日	柯尼夫斯堡号	凯瑟	德国	芝罘	8月20日	上海
(8月11日)	莱茨号	萨克斯	德国	神户	8月20日	神户
8月20日	青岛号	韩森	德国	上海	8月21日	芝罘
8月20日	海伦娜号	博尔格	挪威	神户		

Amtsblatt
für das
Deutsche Kiautschou-Gebiet.

青島官報

Herausgegeben vom Kaiserlichen Gouvernement Kiautschou.

Der Bezugspreis beträgt jährlich $ 0,60=M 1,20.
Bestellungen nehmen sämtliche deutsche Postanstalten entgegen.

Jahrgang 4. Nr. 33. Tsingtau, den 29. August 1903.

Seepolizeiverordnung
während der Geschütz-Schiessübung der Matrosenartillerie-Abteilung Kiautschou im Jahre 1903.

In der Zeit vom 3. bis 17. September 1903 findet eine Schiessübung der Matrosenartillerie-Abteilung Kiautschou von der Tsingtau-Batterie und Hui tschüen Huk nach See zu statt. Das Schussfeld wird begrenzt durch die Linien:

Arkona-Insel, Cap Jaeschke, Tschutschatau Inseln, Tai kung tau, Tschy tau Insel.

Während der Schiesszeiten vom 3. - 17. September wird auf dem Signalmast in der Batterie Tsingtau und Signalstation ein roter Doppelstander (internationale Signalflagge B) geheisst sein.

An diesen Tagen in der Zeit von 6 Uhr vormittags bis 5 Uhr nachmittags ist das Schussfeld von Segelschiffen, Fischerfahrzeugen pp. nicht zu passieren, es sei denn, dass sie durch die Polizeidampfer Erlaubnis zum Passieren erhalten.

Zum Ein- und Auslaufen von Dampfern und Segelfahrzeugen werden nachfolgende Schiesspausen angesetzt: Von 11 Uhr vormittags bis 3 Uhr nachmittags.

Die Schiesspausen werden markiert durch eine schwarze Flagge und eine entsprechende Anzahl Wimpel darunter auf Signal-Station und Tsingtau-Batterie. Die Anzahl der Wimpel giebt die Stundenzahl an.

Die Sicherheitsdampfer führen stets dieselben ale wie das schiessende Werk.

Postdampfer, wenn sie mit der Postflagge versehen sind, können zu jeder Zeit passieren. Wehen an genannten Tagen und Zeiten nicht die entsprechenden Signale, so gilt dies als Zeichen, dass nicht geschossen wird und kann dann das Schussfeld passiert werden; jedoch muss auf Scheibenflösse und Schlepptrossen pp. geachtet werden.

Zuwiderhandlungen gegen diese Festsetzungen werden auf Grund des § 2 des Reichskriegshafengesetzes vom 9. Juni 1883 mit Geldstrafen bis zu 150 Mark bezw. entsprechender Haft bestraft und sind die betreffenden Schiffsführer für den entstandenen Schaden verantwortlich.

Es wird streng gewarnt, blindgegangene scharfe Granaten beim Auffinden mitzunehmen oder zu versuchen den Zünder herauszuschrauben, da die Geschosse bei jeder Bewegung krepieren können.

Ueber den Fund scharfer nicht krepierter Granaten ist dem Polizeiamt in Tsingtau oder der Kaiserlichen Artillerieverwaltung in Tapautau sofort Anzeige zu machen.

Während der Dauer des Schiessens aus der Tsingtau-Batterie wird das Kaiser Wilhelm Ufer für den Verkehr von der Petroleum Halbinsel bis Villa Ohlmer abgesperrt.

Tsingtau, den 26. August 1903.

Der Kaiserliche Gouverneur.

Truppel.

欽命德膠臬司 為

曉諭斷債事案據青島德商
羅達被人控告前已將伊管
押以候查辦茲據該商賬簿
月二十五日照虧空案斷特
派參贊柏根滿承理此事各
債主報債以西歷九月三十
日為限至西歷十月十六日
各債主再赴本署候確查債
數虛實如本埠商民人等有
欠該商錢項者亦須於西歷
九月三十日至本署報明勿
得隱匿致干未便自示之後
其各遵照勿違特諭

右諭仰知

大德一千九百三年八月二十五日

大德管理青島地畝局 為

拍賣地畝事今據德商伯自尼克特稟稱欲買青島柏靈街及漢
埠街之第八號第一百七十四段地共計一千九百十七
米打暫擬價洋二千五百三十元零五角定於西歷本年
九月十一日早十一点鐘在局拍賣買定後限至一千九
百六年九月初一日期內修蓋成功勿得逾期該買主強
墊按照新章在桌署地畝冊內簽明此地押款五千元元藉
保其屆期蓋房如有他人亦欲買者則限於西九月初四
日投票稟依期同赴本局面議可也勿誤特諭

右諭通知

告示

大德一千九百三年八月二十七日

Bekanntmachung.

Auf Antrag der Firma Bernick & Pötter findet am Freitag den 11. September vormittags 11 Uhr im Landamt die öffentliche Versteigerung der Parzelle Kbl. 8 Nr. $\frac{174}{30}$ gegen Meistgebot statt.

Lage: südwestliche Ecke Berliner- und Hamburgerstrasse. Grösse 1917 qm., Mindestpreis $ 2530,50.

Benutzungsplan: Wohnhaus und Lagerräume. Frist zur Ausführung bis zum 1. September 1906.

Sicherungshypothek für Einhaltung der Bebauungsfrist $ 5000,00 Gesuche zum Mitbieten sind bis zum 4. September d. Js. hierher zu richten.

Tsingtau, den 27. August 1903.

Das Landamt.

29. August 1903.   Amtsblatt－報官島青   153.

Bekanntmachung.

Gestohlene Gegenstände:
1. Zwei goldene Ringe, einer der Ringe ist aus chinesischem Gold. Der zweite ist ein Ehering mit den Buchstaben: „E. H. 16. 3. 02" versehen. Gesammtwert der Ringe $ 42,50
2. Eine silberne, alte, kleine Uhr, am rechten äusseren Rand eine kleine Beule.

Gefundene Gegenstände:
Ein weiss metallener Kneifer mit bläulichen Gläsern, ein goldener Ring (europäisches Muster) mit dem chinesischen Zeichen 福 im Feld.

Verlorene Gegenstände:
1. Eine weiss metallene Uhr mit goldenen Zeigern, über dem Zifferblatt mit dem Wort „Longines". An der Uhr ist eine kurze goldene Kette mit 2 in Gold eingefassten Hirschhörnern. Die Vorderseite der Uhr ist mit einem Sprungdeckel versehen.
2. Eine goldene Uhr mit der Aufschrift „Longines" auf dem Zifferblatt, im hinteren Deckel steht „Grand prix Paris" auch sind einige Medaillen darin. An der Uhr befindet sich eine doppelte Damenuhrkette mit rundem Anhängsel. Auf der Rückseite der Uhr ist an der oberen Kante eine kleine Beule, die Zeiger sind von Gold und durch hämmern etwas verbeult.

Tsingtau, den 26. August 1903.

Kaiserliches Polizei-Amt.

Konkursverfahren.

Ueber das Vermögen des Kaufmanns Hermann M. F. Ch. Rohde, in Tsingtau, z. Zt. im Gerichtsgefängnis in Untersuchungshaft ist am 25. August 1903 der Konkurs eröffnet.

Verwalter: Gerichtssekretär Bergemann.

Anmeldefrist: bis zum 30. September 1903.
Erste Gläubigerversammlung und allgemeiner Prüfungstermin am 16. Oktober 1903.
Offener Arrest mit Anzeigefrist bis zum 30. September 1903.

Tsingtau, den 25. August 1903.

Kaiserliches Gericht von Kiautschou.

白 告

啓者茲將據報或遺失或被竊以及送署各物列左

被竊各物
金戒指兩個一係中國金所造其一有 E. H. 16. 3. 02 字樣價值共合
金戒指兩個一係中國金所造其一有 E. H. 16. 3. 02 字樣價值共合
四十二元五角銀質舊小表一枚右邊有凹拾獲送存各物
夾鼻眼鏡一副洋式金戒指一枚上面鏨有福字遺失谷物
白金表一枚其針係金的該表面書有 Longines 字樣帶蓋並帶有金短
鍊該鍊並鏨有鍍金鹿角兩個
金表一枚上有 Longines 字樣背蓋裏面有 Grand prix Paris 字樣針係金的
背面係有小凹子並帶有女人所用之雙鍊
以上各物仰諸人切物輕買如見亦應報明本署至送存各物亦准具
領特佈

德一千九百三年八月二十六日

青島巡捕衙門 啓

Bekanntmachung.

Beginn des neuen Schuljahres Montag, den 7. September früh 9 Uhr. Schriftliche Anmeldungen neuer Schüler werden schon jetzt entgegengenommen. Mädchen können nur in die 3 Vorschulklassen aufgenommen werden.

Tsingtau, den 27. August 1903.

Kaiserliche Gouvernements-Schule.

154.   Amtsblatt—報官島靑   29. August 1903.

Die unter Nr. 67 des Handelsregisters eingetragene Firma heisst nicht
„Internationale Gesellschaft Carl Boediker & Co. mit beschränkter Haftung"
sondern
„Internationale Handelsgesellschaft Carl Boediker & Co. mit beschränkter Haftung."

Tsingtau, den 26. August 1903.

Kaiserliches Gericht von Kiautschou.

Mit dem 1. September d. Js. wird eine vierte Hochbauabteilung - B. V. III d. - eingerichtet. Abteilungsvorstand: Regierungs - Baumeister Stoessel.

Dieser Abteilung werden übertragen: Schlachthofbau und Polizeineubauten.

Die Diensträume derselben befinden sich vorläufig in der Bureaubaracke am Lazarettberg.

Amtliche Mitteilungen.

Der Kurs bei der Gouvernementskasse beträgt vom 24. d. Mts. ab: 1 $=1,98 M.

Sonnen-Auf-und Untergang für Monat September 1903.

Dt.	Mittelostchinesische Zeit des			
	wahren	scheinbaren	wahren	scheinbaren
	Sonnen-Aufgangs		Sonnen-Untergangs.	
1.	5 U. 34.1 M.	5 U. 29.1 M.	6 U. 23.9 M.	6 U. 28.9 M.
2.	34.9	29.9	22.5	27.5
3.	35.7	30.7	21.1	26.1
4.	36.4	31.4	19.7	24.7
5.	37.1	32.1	18.3	23.3
6.	37.8	32.8	17.0	22.0
7.	38.5	33.5	15.7	20.7
8.	39.1	34.1	14.4	19.4
9.	39.7	34.7	13.1	18.1
10.	40.3	35.3	11.8	16.8
11.	40.9	35.9	10.5	15.5
12.	41.7	36.7	9.0	14.0
13.	42.5	37.5	7.5	12.5
14.	43.3	38.3	6.0	11.0
15.	44.1	39.1	4.5	9.5
16.	45.0	40.0	3.0	8.0
17.	45.8	40.8	1.5	6.5
18.	46.6	41.6	0.0	5.0
19.	47.4	42.4	5 U. 58.5	3.5
20.	48.2	43.2	57.0	2.0
21.	49.0	44.0	55.4	0.4
22.	49.8	44.8	53.9	5 U. 52.9
23.	50.6	45.6	52.4	57.4
24.	51.4	46.4	50.9	55.9
25.	52.2	47.2	49.4	54.4
26.	53.2	48.1	47.9	52.9
27.	53.9	48.9	46.4	51.4
28.	54.7	49.7	44.9	49.9
29.	55.5	50.5	43.4	48.4
30.	56.4	51.4	41.9	46.9

Schiffsverkehr

in der Zeit vom 20. — 27. August 1903.

Angekommen am	Name	Kapitän	Flagge	von	Abgefahren am	nach
20.8.	D. Lena	Borge	Norwegisch	Kobe	22.8.	Tschifu
21.8.	D. Gouv. Jaeschke	Schuldt	Deutsch	Schanghai	22.8.	Schanghai
23.8.	D. Genzan Maru II		Japanisch	Moji	24.8.	Tschifu
24.8.	D. Vorwärts	Sohnemann	Deutsch	Schanghai		
25.8.	D. Abessinia	Filler	„	Manila		
26.8.	D. Setsuyo Maru		Japanisch	Moji		

29. August 1903.   Amtsblatt—青島官報   155.

Hochwassertabelle für den Monat September 1903.

Datum	Tsingtau - Hauptbrücke		T'aput'ou.		Nükuk'ou.	
	Vormittags	Nachmittags	Vormittags	Nachmittags	Vormittags	Nachmittags
1.	11U. 59M.	—	—	0 U. 49 M.	—	0 U. 59 M.
2.	0 „ 38 „	1U. 14M.	1 U. 28M.	2 „ 04 „	1 U. 38 M.	2 „ 14 „
3.	1 „ 49 „	2 „ 18 „	2 „ 39 „	3 „ 08 „	2 „ 49 „	3 „ 18 „
4.	2 „ 47 „	3 „ 10 „	3 „ 37 „	4 „ 00 „	3 „ 47 „	4 „ 10 „
5.	3 „ 33 „	5 „ 53 „	4 „ 23 „	4 „ 43 „	4 „ 33 „	4 „ 53 „
6.	4 „ 12 „	4 „ 29 „ ○	5 „ 02 „	5 „ 19 „	5 „ 12 „	5 „ 29 „
7.	4 „ 46 „	5 „ 03 „	5 „ 36 „	5 „ 53 „	5 „ 46 „	6 „ 03 „
8.	5 „ 19 „	5 „ 36 „	6 „ 09 „	6 „ 26 „	6 „ 19 „	6 „ 36 „
9.	5 „ 52 „	6 „ 09 „	6 „ 42 „	6 „ 59 „	6 „ 52 „	7 „ 09 „
10.	6 „ 26 „	6 „ 44 „	7 „ 16 „	7 „ 34 „	7 „ 26 „	7 „ 44 „
11.	7 „ 02 „	7 „ 22 „	7 „ 52 „	8 „ 12 „	8 „ 02 „	8 „ 22 „
12.	7 „ 41 „	8 „ 02 „	8 „ 31 „	8 „ 52 „	8 „ 41 „	9 „ 02 „
13.	8 „ 24 „	8 „ 49 „	9 „ 14 „	9 „ 39 „	9 „ 24 „	9 „ 49 „
14.	9 „ 14 „	9 „ 45 „ ◐	10 „ 04 „	10 „ 35 „	10 „ 14 „	10 „ 45 „
15.	10 „ 16 „	10 „ 54 „	11 „ 06 „	11 „ 44 „	11 „ 16 „	11 „ 54 „
16.	11 „ 32 „	—	—	0 „ 22 „	—	0 „ 32 „
17.	0 „ 12 „	0 „ 52 „	1 „ 02 „	1 „ 42 „	1 „ 12 „	1 „ 52 „
18.	1 „ 30 „	2 „ 08 „	2 „ 20 „	2 „ 58 „	2 „ 30 „	3 „ 08 „
19.	2 „ 39 „	3 „ 10 „	3 „ 29 „	4 „ 00 „	3 „ 39 „	4 „ 10 „
20.	3 „ 36 „	4 „ 02 „	4 „ 26 „	4 „ 52 „	4 „ 36 „	5 „ 02 „
21.	4 „ 26 „ ●	4 „ 49 „	5 „ 16 „	5 „ 39 „	5 „ 26 „	5 „ 49 „
22.	5 „ 10 „	5 „ 31 „	6 „ 00 „	6 „ 21 „	6 „ 10 „	6 „ 31 „
23.	5 „ 51 „	6 „ 12 „	6 „ 41 „	7 „ 02 „	6 „ 51 „	7 „ 12 „
24.	6 „ 31 „	6 „ 50 „	7 „ 21 „	7 „ 40 „	7 „ 31 „	7 „ 50 „
25.	7 „ 10 „	7 „ 29 „	8 „ 00 „	8 „ 19 „	8 „ 10 „	8 „ 29 „
26.	7 „ 49 „	8 „ 09 „	8 „ 39 „	8 „ 59 „	8 „ 49 „	9 „ 00 „
27.	8 „ 29 „	8 „ 50 „	9 „ 18 „	9 „ 40 „	9 „ 29 „	9 „ 50 „
28.	9 „ 15 „	9 „ 39 „ ◑	10 „ 05 „	10 „ 29 „	10 „ 15 „	10 „ 39 „
29.	10 „ 10 „	10 „ 41 „	11 „ 00 „	11 „ 31 „	11 „ 10 „	11 „ 41 „
30.	11 „ 17 „	11 „ 53 „	—	0 „ 07 „	—	0 „ 17 „

1) ○ = Vollmond; 2) ◐ = Letztes Viertel; 3) ● = Neumond; 4) ◑ = Erstes Viertel.

Meteorologische Beobachtungen.

Datum. Aug.	Barometer (mm) reduz. auf 0° C., Seehöhe 24,30 m			Temperatur (Centigrade).							Dunstspannung in mm			Relat. Feuchtigkeit in Prozenten		
				trock. Therm.			feucht. Therm.									
	7 Vm	2 Nm	9 Nm	7 Vm	2 Nm	9 Nm	7 Vm	2 Nm	9 Nm	Min.	Max.	7 Vm	2 Nm	9 Nm	7 Vm	2 Nm	9 Nm
20	756,3	754,9	755,9	25,4	27,5	25,1	24,9	25,9	24,3	23,6	27,2	23,1	23,9	22,1	96	87	93
21	55,1	52,7	50,7	25,3	25,8	25,0	24,3	25,0	24,3	24,6	28,0	22,0	23,0	22,2	92	93	94
22	51,8	52,8	54,9	24,8	29,9	26,3	23,5	25,5	24,3	24,5	27,7	20,7	21,5	21,4	89	68	84
23	55,2	53,3	51,7	24,8	25,4	24,1	23,4	24,3	24,1	24,1	30,4	20,5	21,9	22,3	88	91	100
24	53,1	54,4	55,8	21,1	25,7	23,3	20,9	23,3	22,3	21,1	26,9	18,3	19,8	19,4	98	81	91
25	57,7	58,1	57,8	23,0	23,3	21,5	22,1	22,3	21,3	22,0	28,0	19,2	19,4	18,7	92	91	98
26	56,9	56,0	56,0	24,1	24,8	24,5	23,5	24,1	23,9	21,5	25,4	21,2	21,0	21,7	95	94	95

156. Amtsblatt—青島官報 29. August 1903.

Da-tum. Aug.	Wind Richtung & Stärke nach Beaufort (0—12)			Bewölkung						Niederschläge in mm		
	7 Vm	2 Nm	9 Nm	7 Vm		2 Nm		9 Nm		7 Vm	9 Nm	9 Nm / 7 Vm
				Grad	Form	Grad	Form	Grad	Form			
20	S O 2	S 3	S 4	9	Cum	4	Cum-str.	2	Str.			
21	S S O 2	S 5	S S O 5	10	Cum	9	Cum-ni	10	Cum-ni		2,8	2,8
22	N W 2	N W 2	Stille 0	5	Cum-str.	2	Cir-str.	9	Cum-ni			
23	O 2	S O 1	O 5	8	Cir-cu	9	Cum-ni	10	Nim		50,0	58,5
24	N W 3	N W 1	S W 1	10	Cum-ni	1	Cir-str.	1	Str.	8,5		
25	O 1	O N O 2	O N O 1	8	Cum-str.	10	Cum-ni	10	Cum-ni		24,0	29,3
26	S O 3	S O 3	S O 4	10	Cum-ni	10	Cum-ni	10	Cum-ni	5,5	0,0	

Druck der Missionsdruckerei, Tsingtau.

第四年 第三十三号

1903年8月29日

1903年胶澳水兵炮队火炮射击期间的海警法令

1903年9月3日至17日期间,胶澳水兵炮队将从青岛炮台和会前角向海洋方向进行射击演习。设计区域由连线限定为以下地点:

阿克纳岛、叶世克角、竹岔岛、大公岛、石岛。

在9月3日—17日射击期间,青岛炮台的信号杆和信号站都会悬挂红色双三角旗(国际信号旗B型)。

期间,上午6点至下午5点,帆船、渔船等均不得经过射击场,除非获得警方船只的通行许可。

汽船和帆船进出时间为下列射击间歇时间:从上午11点到下午3点。

射击间歇时间通过信号站和青岛炮台悬挂黑色旗帜表明,下面还会有相应数量的三角旗,以表明小时数。

保障船只与射击单位悬挂同样的信号。

悬挂邮政旗帜的邮船可以在任何时间通行。如果在上述日期和时间段内没有悬挂相应信号,可将其视为区域未封锁、可以通过射击场的信号,但是必须注意木板排和拖船锚链等物。

如果违反这一规定,将根据1883年6月9日的《帝国军港法》第2条罚款,最高金额150马克,或者进行相应拘留,相关船长须对所产生的损失负责。

谨此严肃警告,不得将发现的脱靶实弹带走,或者尝试拔下引信,因为炮弹在任何移动情况下均有可能发生爆炸。

如发现未爆炸实弹,须立即向青岛巡警总局或者大鲍岛的皇家炮队管理局报告。

在青岛炮台射击期间,威廉皇帝海岸将封路,禁止从煤油半岛到阿理文别墅之间的道路通行。

青岛,1903年8月26日
皇家总督
都沛禄

钦命德胶臬司　为

晓谕断债事：案据青岛德商罗达被人控告，前已将伊管押，以候查办。兹据该商账簿欠债甚伙，故本署于西历八月二十五日照亏空案断，特派参赞柏根满承理此事。各债主报债以西历九月三十日为限，至西历十月十六日，各债主再赴本署俟确查债数虚实。如本埠商民人等有欠该商钱项者，亦须于西历九月三十日至本署报明，勿得隐匿，致干未便。自示之后，其各遵照勿违。特谕。

右谕仰知

大德一千九百三年八月二十五日

大德管理青岛地亩局　为

拍卖地亩事：今据德商白尼克·伯特禀称，欲买青岛柏灵街①及汉埠街②之第八号第一百七十四段地，共计一千九百十七米打，暂拟价洋二千五百三十元零五角，定于西历本年九月十一日早十一点钟在局拍卖。买定后，限至一千九百六年九月初一日期内修盖成功，勿得逾期。该买主并须按照新章，在臬署地亩册内签明"此地押款五千元"，藉保其届期盖房。如有他人亦欲买者，则限于西九月初四日投票，依期同赴本局面议可也。勿误。特谕。

右谕通知

大德一千九百三年八月二十七日　告示

告白

启者：兹将据报或遗失或被窃以及送署各物列左：

被窃各物：

金戒指两个，一系中国金所造，其一有"E.H.16.3.02."字样，价值共合四十二元五角；银质旧小表一枚，右边有凹。

拾获送存各物：

夹鼻眼镜一副；洋式金戒指一枚，上面錾有"福"字。

遗失各物：

白金表一枚，其针系金的，该表面书有"Longines"字样，带盖，并带有金短链，该链并

---

① 译者注：即今曲阜路。
② 译者注：即今河南路。

系有镀金鹿角两个;金表一枚,上有"Longines"字样,背盖里面有"Grand prix Pari"字样,针系金的,背面系有小凹子,并带有女人所用之双链。

以上各物仰诸人切物(勿)轻买,如见亦应报明本署,至送存各物亦准具领。特布。

德一千九百三年八月二十六日
青岛巡捕衙门启

破产程序

对目前在法院牢房等待调查的青岛商人赫尔曼·M. F. Ch. 罗德的财产已于 1903 年 8 月 25 日开启破产程序。

管理人:法院书记官贝尔格曼。

登记期限:1903 年 9 月 30 日前。

第一次债主大会以及共同审查日期为 1903 年 10 月 6 日。

公开逮捕以及起诉期限为 1903 年 9 月 30 日前。

青岛,1903 年 8 月 25 日
胶澳皇家审判厅

告白

新学年开学日期为 9 月 7 日星期一上午 9 点。即日起接受新学生的书面报名。只接收女童进入 3 个学前班。

青岛,1903 年 8 月 27 日
皇家督署学校

商业登记号为第 67 号的新登记公司名称不是"卡尔·伯迪克国际有限责任公司",而是"卡尔·伯迪克国际贸易有限责任公司"。

青岛,1903 年 8 月 26 日
胶澳皇家审判厅

今年 9 月 1 日将设立第四工部局,即 B. V. III d。工部局局长为:政府建造师施多塞尔。

该部门承担任务为:屠宰场建筑和新警察局建筑。

其办公地点临时位于野战医院山的办公营房内。

官方消息

自本月 24 日起,督署财务处的汇率为:1 元＝1.98 马克。

船运

1903 年 8 月 20 日—27 日期间

到达日	轮船船名	船长	挂旗国籍	出发港	出发日	到达港
8 月 20 日	蕾娜号	博尔格	挪威	神户	8 月 22 日	芝罘
8 月 21 日	叶世克总督号	舒尔特	德国	上海	8 月 22 日	上海
8 月 23 日	Genzan 丸		日本	门司		
8 月 24 日	前进号	索纳曼	德国	上海	8 月 24 日	芝罘
8 月 25 日	阿比西尼亚号	费勒尔	德国	马尼拉		
8 月 26 日	三菱丸		日本	门司		

Amtsblatt
für das
Deutsche Kiautschou-Gebiet.

青島官報

Herausgegeben vom Kaiserlichen Gouvernement Kiautschou.

Der Bezugspreis beträgt jährlich $ 0,60 = M 1,20.
Bestellungen nehmen sämtliche deutsche Postanstalten entgegen.

Jahrgang 4. Nr. 34. Tsingtau, den 5. September 1903.

Verdingungsanzeige.

Die Lieferung von 25 000 Fass bestem deutschen Portland Cement soll vergeben werden.

Die Verdingungsunterlagen liegen im Geschäftszimmer der Bauabteilung I Tapautau zur Einsicht aus.

Angebote hierauf sind unter ausdrücklicher Anerkennung der Verdingungsunterlagen verschlossen und mit der Aufschrift „Cement" bis zu dem

auf den 20. Oktober d. Js. vormittags 10 Uhr
festgesetzten Eröffnungstermin der unterzeichneten Bauabteilung einzureichen.

Tsingtau, den 31. August 1903.

Bauabteilung I.

Amtliche Mitteilungen.

Der Kurs bei der Gouvernementskasse beträgt vom 2. d. M. ab: 1 $ = 2.00 M.

Schiffsverkehr
in der Zeit vom 28. August — 2. September 1903.

Ange-kommen am	Name	Kapitän	Flagge	von	Abgefahren am	nach
(20.8.)	D. Setsuyo Maru		Japanisch	Moji	28.8.	Tschifu
29.8.	D. Tsingtau	Hansen	Deutsch	Tschifu	29.8.	Schanghai
30.8.	D. Knivsberg	Kayser	„	Schanghai	31.8.	Tschifu
(23.8.)	D. Genzan Maru II		Japanisch	Moji	31.8.	Moji
(18.8.)	D. Korana	Calazio	Oesterreich	Rotterdam	1.9.	Mororan
1.9.	D. Vorwärts	Sohnemann	Deutsch	Tschifu		Schanghai
2.9.	D. Kissho Maru		Japanisch	Moji		

Meteorologische Beobachtungen.

Da-tum. Aug.	Barometer (mm) reduz. auf 0° C., Seehöhe 24,30 m			Temperatur (Centigrade).								Dunst-spannung in mm			Relat. Feuchtigkeit in Prozenten		
				trock. Therm.			feucht. Therm.										
	7 Vm	2 Nm	9 Nm	7 Vm	2 Nm	9 Nm	7 Vm	2 Nm	9 Nm	Min.	Max.	7 Vm	2 Nm	9 Nm	7 Vm	2 Nm	9 Nm
27	756,4	755,9	755,5	24,6	25,8	24,9	24,0	24,7	24,0	24,2	25,7	21,8	22,5	21,6	95	91	93
28	54,7	53,9	53,7	24,5	25,9	25,1	24,3	25,3	24,5	23,5	26,6	22,5	23,6	22,5	98	95	95
29	53,9	53,6	54,2	24,5	26,3	25,2	23,9	26,0	24,7	23,5	27,4	21,7	24,8	22,8	95	97	96
30	54,3	54,2	54,8	24,6	27,7	25,9	25,3	24,0	27,0	24,0	27,0	22,0	25,0	23,6	96	90	95
31	55,6	55,0	55,5	25,9	26,5	26,1	24,4	25,5	25,3	25,0	28,5	21,8	23,6	23,5	88	92	93
Sept. 1	55,5	54,7	56,2	25,9	26,9	23,1	24,9	25,5	22,5	25,6	28,4	22,8	23,4	19,9	92	89	95
2	55,1	53,1	54,7	23,6	24,7	23,3	22,9	24,7	23,1	22,5	28,7	20,3	23,1	20,9	94	100	98

Da-tum Aug.	Wind Richtung & Stärke nach Beaufort (0—12)			Bewölkung						Niederschläge in mm		
				7 Vm		2 Nm		9 Nm				
	7 Vm	2 Nm	9 Nm	Grad	Form	Grad	Form	Grad	Form	7 Vm	9 Nm	9 Nm / 7 Vm
27	S O 3	S O 3	S O 4	10	Cum-str.	10	Cum-ni	10	Cum-ni			13,9
28	S S O 3	S 3	S 4	10	Cum-ni	9	Cum-ni	10	Cum-ni	13,9	0,4	3,8
29	S O 2	S 1	S 2	10	Cum-ni	8	Cum-str.	10	Cum-ni	3,4	4,3	4,4
30	0 2	S S O 2	S S O 2	10	Cum-ni	2	Cum-ni	2	Cum-ni	0,1		
31	S S W 5	S 3	S 3	—	—	10	Nm	8	Cum-ni		1,0	1,0
Sept. 1	S S W 2	S 2	N N O 2	6	Cir-str.	10	Cum-ni	10	Cum-ni		1,6	2,9
2	N 1	W S W 2	N 5	10	Cum	10	Cum-ni	10	Cum-ni	1,3	26,7	30,9

Druck der Missionsdruckerei, Tsingtau.

第四年　第三十四号

1903 年 9 月 5 日

发包广告

供应 25 000 桶最优质德国产波特兰水泥的合同将发包。

供货条件张贴于大鲍岛的第一工部局营业室内以供查看。

报价须明确接受发包文件中的条件，密封并注明"水泥"字样后，于已定好的开标日期今年 10 月 25 日上午 10 点前递交至本工程部门。

青岛，1903 年 8 月 31 日
第一工部局

官方消息

自本月 2 日起，督署财务处的汇率为：1 元＝2.00 马克。

船运

1903 年 8 月 28 日—9 月 2 日期间

到达日	轮船船名	船长	挂旗国籍	出发港	出发日	到达港
（8 月 20 日）	三菱丸		日本	门司	8 月 28 日	芝罘
8 月 29 日	青岛号	韩森	德国	芝罘	8 月 29 日	上海
8 月 30 日	柯尼夫斯堡号	凯瑟	德国	上海	8 月 31 日	芝罘
（8 月 23 日）	Genzan 丸 II 号		日本	门司	8 月 31 日	门司
（8 月 18 日）	科拉纳河号	萨拉齐奥	奥地利	鹿特丹	9 月 1 日	室兰
9 月 1 日	前进号	索纳曼	德国	芝罘		上海
9 月 2 日	吉祥丸		日本	门司		

Amtsblatt
für das Deutsche Kiautschou-Gebiet.

青島官報

Herausgegeben vom Kaiserlichen Gouvernement Kiautschou.

Der Bezugspreis beträgt jährlich $ 0,60 = M 1,20.
Bestellungen nehmen sämtliche deutsche Postanstalten entgegen.

Jahrgang 4. — Nr. 35. — Tsingtau, den 12. September 1903.

Bekanntmachung.

Aus Schanghai und anderen Küstenplätzen sind neuerdings Fälle von Cholera gemeldet worden, die unter Europäern und Chinesen Opfer gefordert haben.

Tsingtau ist bisher verschont geblieben. Es liegt jedoch die Möglichkeit vor, dass die Cholera von den anderen Plätzen hierher übertragen wird. Im öffentlichen Interesse wird deshalb aufgefordert, Kranke, bei welchen auch nur die Möglichkeit einer Choleraerkrankung vorliegt, sofort in das Lazarett, Chinesen in das Faberhospital zu schaffen und dem Gouvernement Anzeige zu erstatten.

Es wird darauf hingewiesen, dass nach der Polizeiverordnung betreffend die Anzeigepflicht bei ansteckenden Krankheiten vom 5 Juli 1900 (Amtsblatt 1900 Seite 16) die Unterlassung der Anzeige mit Geldstrafe bis zu 500 Dollar oder mit Haft bis zu 6 Wochen bestraft wird, sofern nicht nach dem Reichsstrafgesetzbuch eine härtere Strafe verwirkt ist.

Tsingtau, den 10. September 1903.

Der Kaiserliche Civilkommissar.

大德輔政司崑 為

出示通行曉諭事照得邇來訪聞上海龍沿海他口德華人民多有染患霍亂病症青島一埠迄今幸未延及但嗣後難保不無傳染亟宜防患未然為此諭仰關屬諸色人等知悉凡遇有串病者情形疑似霍亂須立即送至醫院華人則送至花之安醫院調治並須從速報明督著查核倘有患此情形之病竟未立即稟報者一經查出即按一千九百年七月初五日之示罰洋至五百元或多如無力繳洋即監押至六禮拜之久或按德律從軍懲辦亦可仲各凜遵勿違特示

大德一千九百三年九月初十日

告示 右諭通知

12. September 1903. Amtsblatt—青島官報 160.

Ladung.

Die Kiautschau-Gesellschaft m. b. H. in Tsingtau klagt gegen den Mitinhaber der chinesischen Firma Yung tschun mau in Tsingtau, Kaufmann Tschang tse k'o aus Litsun, zur Zeit unbekannten Aufenthalts, auf Zahlung von 1055, 55 $ nebst 6 Prozent Zinsen seit 19. Januar 1903 für käuf ich gelieferte Waren.

Der Beklagte wird aufgefordert, in dem auf **Donnerstag, den 1. Oktober 1903 morgens 8 Uhr** anberaumten Verhandlungstermine vor dem unterzeichneten Gerichte zu erscheinen, widrigenfalls ohne ihn nach dem Gesetz entschieden werden wird.

Tsingtau, den 3. September 1903.

Kaiserliches Gericht von Kiautschou.

Die unter Nr. 67 des Handelsregisters eingetragene Firma heisst nicht „Internationale Gesellschaft Carl Boediker & Co. mit beschränkter Haftung" sondern „Internationale Handelsgesellschaft Carl Boediker & Co. mit beschränkter Haftung."

Tsingtau, den 26. August 1903.

Kaiserliches Gericht von Kiautschou.

Amtliche Mitteilungen.

Marine-Hafenbaumeister Troschel hat am 4. d. Mts. die Geschäfte des Vorstandes der Hafenbauabteilung—B. V. I.—übernommen.

S. M. S. „Geier" hat die Stationärgeschäfte übernommen.

Der Kurs bei der Gouvernementskasse beträgt vom 10. d. Mts. ab: 1 $ = 2, 01 M.

Schiffsverkehr
in der Zeit vom 5.—10. September 1903.

Angekommen am	Name	Kapitän	Flagge	von	Abgefahren am	nach
5.9.	D. Gouv. Jaeschke	Schuldt	Deutsch	Schanghai	7.9.	Schanghai
"	D. Tsintau	Hansen	"	"	6.9.	Tschifu
9.9.	D. Swatow Maru		Japanisch	Moji	10.9.	"
(25.8.)	D. Abessinia	Filler	Deutsch	Manila	9.9.	Moji
9.9.	D. Knivsberg	Kayser	"	Tschifu	"	Schangha

Meteorologische Beobachtungen.

Datum Sept.	Barometer (mm) reduz. auf 0° C., Seehöhe 24,30 m			Temperatur (Centigrade).								Dunstspannung in mm					Relat. Feuchtigkeit in Prozenten		
				trock. Therm.			feucht. Therm.												
	7 Vm	2 Nm	9 Nm	7 Vm	2 Nm	9 Nm	7 Vm	2 Nm	9 Nm	Min.	Max.	7 Vm	2 Nm	9 Nm	7 Vm	2 Nm	9 Nm
3	755,8	756,8	758,2	17,8	22,1	20,5	17,4	19,3	18,7	17,3	25,7	14,6	14,9	14,9	96	76	83
4	58,7	58,7	58,8	19,7	23,1	22,0	18,5	20,5	19,8	18,0	23,6	15,1	16,3	15,8	89	78	80
5	59,8	59,8	60,1	19,1	22,7	21,3	17,7	18,5	18,3	18,9	24,5	14,2	12,3	13,8	86	65	74
6	59,6	58,0	57,2	21,1	23,3	17,3	18,9	19,9	16,3	19,3	24,5	14,9	15,2	13,2	80	72	90
7	54,7	54,9	57,4	18,1	22,3	20,5	16,9	19,7	16,9	17,0	24,4	13,6	15,5	12,1	88	77	68
8	58,8	59,1	59,5	16,9	23,3	18,9	14,7	17,9	15,1	16,6	23,1	11,1	12,0	10,5	78	56	64
9	61,5	60,7	61,8	17,9	22,7	19,9	14,9	16,5	16,9	16,2	23,7	10,8	10,2	12,5	71	50	73

12. September 1903.   Amtsblatt—青島官報   161.

Da-tum. Sept.	Wind Richtung & Stärke nach Beaufort (0—12)			Bewölkung						Niederschläge in mm		
	7 Vm	2 Nm	9 Nm	7 Vm		2 Nm		9 Nm		7 Vm	9 Nm	9 Nm 7 Vm
				Grad	Form	Grad	Form	Grad	Form			
3	N 4	N 5	NNO 3	10	Cum	10	Cum-str.	8	Cum-str.	4,2		
4	NNO 2	NNW 1	W 1	10	Cum-str.	6	Cum-str.	8	Cum-str.			2,3
5	WSW 1	N 1	Stille 0	10	Cum-ni	8	Cum	9	Cum-str.	2,3	0,2	0,2
6	N 1	NW 1	ONO 2	9	Cum-str	10	Cum-ni	10	Nm		8,5	15,4
7	NO 2	W 1	NW 5	10	Cum-str	10	Cum	6	Cum-str.	6,9		
8	NNO 2	NW 2	NO 2	2	Str	3	Cum	1	Str			
9	N 0 1	NNW 2	SO 1	5	Cir-str.	1	Cum	1	Cir			

Druck der Missionsdruckerei, Tsingtau.

12. September 1903.　　　Amtsblatt—青島官報　　　161.

Schantung-Eisenbahn.
Fahrplan
für die Strecke Tsingtau-(Maschang-)Tschoutsun.
Vom Tae der Betriebseröffnung ab giltig.

Zug 1.			Zug 3.			Zug 5.			Kilo-	Stationen	Zug 2.			Zug 4.			Zug 6.		
Ank.	Auf.halt	Abf.	Ank.	Auf.halt	Abf.	Ank.	Auf.halt	Abf.	meter		Ank.	Auf.halt	Abf.	Ank.	Auf.halt	Abf.	Ank.	Auf.halt	Abf.
		7.00			2.50					Tsingtau	6.31			10.00					
7.10	3	7.13	3.02	2	3.04				5	Syfang I.	6.18	3	6.21	9.46	2	9.48			
7.18	1	7.19	3.10	1	3.11				7	Syfang II.	6.12	1	6.13	9.39	1	9.40			
7.35	3	7.38	3.29	3	3.32				17	Tsangkou	5.53	3	5.56	9.18	3	9.21			
7.51	1	7.52	3.47	3	3.50				26	Tschoutsun-Nikuku	5.39	1	5.40	9.00	3	9.03			
8.00	2	8.02	4.00	5	4.05				31	Tschengyang	5.29	2	5.31	8.46	5	8.51			
8.20	1	8.21	4.26	10	4.36				43	Nantschuan	5.10	1	5.11	8.15	10	8.25			
8.35	2	8.37	4.52	6	4.58				52	Lantsun	4.54	2	4.56	7.54	5	7.59			
8.45	×	8.45	5.07	1	5.08				57	Likotschuang	4.46	×	4.46	7.44	1	7.45			
8.57	×	8.57	5.23	2	5.25				65	Tahuang	4.34	×	4.34	7.25	5	7.30			
9.09	10	9.19	5.39	10	5.49				73	Kiautschou	4.12	10	4.22	7.01	10	7.11			
9.30	×	9.30	6.03	1	6.04				81	Tahang	4.01	×	4.01	6.47	1	6.48			
9.38	×	9.38	6.13	2	6.15				86	Tselantschuang	3.53	×	3.53	6.33	5	6.38			
9.47	×	9.47	6.25	3	6.28				91	Yaukotschuang	3.44	×	3.44	6.19	4	6.23			
9.59	15	10.14	6.42					6.00	99	Kaumi	3.22	10	3.32			6.05	7.40		
10.36	×	10.36				6.26	1	6.27	115	Tsaitschiatschuang	3.00		3.00				7.13	1	7.14
10.45	×	10.45				6.38	2	6.40	121	Taerlpu	2.51	×	2.51				7.00	2	7.02
10.54	2	10.56				6.51	5	6.56	127	Tschangling	2.40	2	2.42				6.44	5	6.49
11.07	×	11.07				7.10	3	7.13	135	Taibautschuang	2.29	×	2.29				6.30	2	6.32
11.16	1	11.17				7.23	10	7.33	141	Tsoschan	2.19	1	2.20				6.09	10	6.19
11.27	×	11.27				7.44	4	7.48	146	Huantschipu	2.09	×	2.09				5.54	4	5.58
11.34	1	11.35				7.56	5	8.01	150	Nanliu	2.01	1	2.02				5.41	5	5.46
11.55	×	11.55	Zug 7.			8.23	3	8.26	161	Hamatun	1.41	×	1.41	Zug 8.			5.17	2	5.19
12.08	10	12.18			3.41	8.41	5	8.46	170	Tschangloyuen-Fangtse	1.18	10	1.28	10.28			4.55	5	5.00
12.30	1	12.31	3.55	1	3.56	9.00	1	9.01	178	Erlschilipu	1.05	1	1.06	10.11	1	10.12	4.39	1	4.40
12.39	10	12.49	4.05	5	4.10	9.10			184	Weihsien	12.47	10	12.57	9.52	10	10.02			4.30
1.02	×	1.02	4.25	1	4.26				193	Tayüho	12.34	×	12.34	9.35	1	9.36			
1.11	×	1.11	4.37	2	4.39				199	Tschulitien	12.25	×	12.25	9.22	2	9.24			
1.24	10	1.34	4.54	10	5.04				208	Tschanglo	12.02	10	12.12	8.57	10	9.07			
1.44	×	1.44	5.16	2	5.18				214	Yauku	11.52	×	11.52	8.42	2	8.44			
1.56	×	1.56	5.32	2	5.34				223	Tantschiafang	11.40	×	11.40	8.26	2	8.28			
2.06	×	2.06	5.45	2	5.47				229	Yantschiatschuang	11.30	×	11.30	8.13	2	8.15			
2.23	10	2.33	6.10	15	6.25				240	Tschingtschoufu	11.03	10	11.13	7.39	15	7.54			
2.47	×	2.47	6.41	2	6.43				250	Putung	10.49	×	10.49	7.20	2	7.22			
2.57	1	2.58	6.54	5	6.59				257	Tsehotien	10.38	1	10.39	7.03	5	7.08			
3.16	1	3.17	7.17	3	7.20				263	Hsintien	10.19	1	10.20	6.42	3	6.45			
3.44	3	3.47	7.47	5	7.52				274	Tschinlintien	9.49	3	9.52	6.10	5	6.15			
3.59	×	3.59	8.05	1	8.06	Zug 9.			279	Hutien	9.37	×	9.37	5.56	1	5.57	Zug 10.		
4.16	15	4.31	8.24					6.02	285	Tschangtien	9.05	15	9.20			5.38	7.30		
4.45	∧	4.45				6.16	3	6.19	291	Maschang	8.51		8.51				7.13	3	7.16
5.01	×	5.01				6.35	3	6.38	297	Yatschuang	8.35		8.35				6.54	3	6.57
5.18						6.55			303	Tschoutsun	8.18		8.18				6.37		

Die Zeiten zwischen 6 Uhr abends und 5 Uhr 59 Min. morgens sind durch Unterstreichung der Minutenziffern kenntlich gemacht.　　× bedeute Halten der Züge nach Bedarf.

第四年 第三十五号

1903年9月12日

大德辅政司崑 为

出示通行晓谕事：照得迩来访闻上海并沿海他口，德华人民多有染患霍乱病症，青岛一埠迄今幸未延及，但嗣后难保不无传染，亟宜防患未然。为此谕仰阖属诸色人等知悉，凡遇有患病者情形疑似霍乱，须立即送至医院。华人则送至花之安医院调治，并须从速报明督署查核。倘有患此情形之病竟未立即禀报者，一经查出，即按一千九百年七月初五日之示，罚洋至五百元之多，如无力缴洋，即监押至六礼拜之久，或按德律从重惩办亦可。仰各凛遵勿违。特示。

右谕通知
大德一千九百三年九月初十日　告示

传讯

青岛的罗达利洋行起诉青岛的华人商号永春茂（音译，Yung tschun mau），该商号为目前居住地不明、来自李村的商人章梓科（音译，Tschang tse ko）所有。罗达利洋行要求其支付其购买的已供货货款银元计1 055.55元，另加6％的利息，从1903年1月19日开始计算。

现要求被告人在1903年10月1日星期四上午8点到本法庭出庭，如不遵从，则即使本人不在现场，也将按照法律判决。

青岛，1903年9月3日
胶澳皇家审判厅

商业登记号为第67号的新登记公司名称不是"卡尔·伯迪克国际有限责任公司"，而是"卡尔·伯迪克国际贸易有限责任公司"。

青岛，1903年8月26日
胶澳皇家审判厅

官方消息

海军筑港工程师特罗舍尔于本月4日接手筑港工程局(简称：B.V.I.)董事会的业务。

"盖亚"号接手了驻站业务。

自本月10日起,督署财务处的汇率为：1元＝2.01马克。

船运

1903年9月5日—10日期间

到达日	轮船船名	船长	挂旗国籍	出发港	出发日	到达港
9月5日	叶世克总督号	舒尔特	德国	上海	9月7日	上海
9月5日	青岛号	韩森	德国	上海	9月6日	芝罘
9月9日	汕头丸		日本	门司	9月10日	芝罘
(8月25日)	阿比西尼亚号	费勒尔	德国	马尼拉	9月9日	门司
9月9日	柯尼夫斯堡号	凯瑟	德国	芝罘	9月9日	上海

山东铁路公司时刻表

青岛—(马尚)—周村段
自开始营运之日起施行

站台1			站台3			站台5			公里	站点	站台2			站台4			站台6		
到达	停车时间	出发	到达	停车时间	出发	到达	停车时间	出发			到达	停车时间	出发	到达	停车时间	出发	到达	停车时间	出发
		7.00			2.50					青岛	6.31			10.00					
7.10	3	7.13	3.02	2	3.04				5	四方1	6.18	3	6.21	9.46	2	9.48			
7.17	1	7.19	3.10	1	3.11				7	四方2	6.12	1	6.13	9.39	1	9.40			
7.35	3	7.38	3.29	3	3.32				17	沧口	5.53	3	5.56	9.18	3	9.21			
7.51	1	7.52	3.47	3	3.50				26	赵村	5.39	1	5.40	9.00	3	9.03			
8.00	2	8.02	4.00	5	4.05				31	城阳	5.29	2	5.31	8.46	5	8.51			
8.20	1	8.21	4.26	10	4.36				43	南泉	5.10	1	5.11	8.15	10	8.25			

(续表)

站台1			站台3			站台5			公里	站点	站台2			站台4			站台6		
到达	停车时间	出发	到达	停车时间	出发	到达	停车时间	出发			到达	停车时间	出发	到达	停车时间	出发	到达	停车时间	出发
8.35	2	8.37	4.52	6	4.58				52	蓝村	4.54	2	4.56	7.54	5	7.59			
8.45	×	8.45	5.07	1	5.08				57	李哥庄	4.46	×	4.46	7.44	1	7.45			
8.57	×	8.57	5.23	2	5.25				65	大荒	4.34	×	4.34	7.25	5	7.30			
9.09	10	9.19	5.39	10	5.49				73	胶州	4.12	10	4.22	7.01	10	7.11			
9.30	×	9.30	6.03	1	6.04				81	腊行	4.01	×	4.01	6.47	1	6.48			
9.38	×	9.38	6.13	2	6.15				86	芝兰庄	3.53	×	3.53	6.33	5	6.38			
9.47	×	9.47	6.25	3	6.28				91	姚哥庄	3.44	×	3.44	6.19	4	6.23			
9.59	15	10.14	6.42					6.00	99	高密	3.22	10	3.32			6.05	7.40		
10.36	×	10.36				6.26	1	6.27	115	蔡家庄	3.00	×	3.00				7.13	1	7.14
10.45	×	10.45				6.38	2	6.40	121	塔耳堡	2.51	×	2.51				7.00	2	7.02
10.54	2	10.56				6.51	5	6.56	127	丈岭	2.40	2	2.42				6.44	5	6.49
11.07	×	11.07				7.10	3	7.13	135	大堡庄	2.29	×	2.29				6.30	2	6.32
11.16	1	11.17				7.23	10	7.33	141	峡山	2.19	1	2.20				6.09	10	6.19
11.27	×	11.27				7.44	4	7.48	146	黄旗堡	2.09	×	2.09				5.54	4	5.58
11.34	1	11.35				7.56	5	8.01	150	南流	2.01	1	2.02				5.41	5	5.46
11.55	×	11.55	站台7			8.23	3	8.26	161	虾蟆屯	1.41	×	1.41	站台8			5.17	2	5.19
12.08	10	12.18			3.41	8.41	5	8.46	170	昌乐	1.18	10	1.28	10.28			4.55	5	5.00
12.30	1	12.31	3.55	1	3.56	9.00	1	9.01	178	二十里堡	1.05	1	1.06	10.11	1	10.12	4.39	1	4.40
12.39	10	12.49	4.05	5	4.10	9.10			184	潍县	12.47	10	12.57	9.52	10	10.02			4.30
1.02	×	1.02	4.25	1	4.26				193	大坯河	12.34	×	12.34	9.35	1	9.36			
1.11	×	1.11	4.37	2	4.39				199	朱刘店	12.25	×	12.25	9.22	2	9.24			
1.24	10	1.34	4.54	10	5.04				208	昌乐	12.02	10	12.12	8.57	10	9.07			
1.44	×	1.44	5.16	2	5.18				214	尧沟	11.52	×	11.52	8.42	2	8.44			
1.56	×	1.56	5.32	2	5.34				223	谭家坊	11.40	×	11.40	8.26	2	8.28			
2.06	×	2.06	5.45	2	5.47				229	杨家庄	11.30	×	11.30	8.13	2	8.15			
2.23	10	2.33	6.10	15	6.25				240	青州府	11.03	10	11.13	7.39	15	7.54			
2.47	×	2.47	6.41	2	6.43				250	普通	10.49	×	10.49	7.20	2	7.22			
2.57	1	2.58	6.54	5	6.59				257	泽河店	10.38	1	10.39	7.03	5	7.08			
3.16	1	3.17	7.17	3	7.20				263	辛店	10.19	1	10.20	6.42	3	6.45			
3.44	3	3.47	7.47	5	8.52				274	金岭镇	9.49	3	9.52	6.10	5	6.15			
3.59	×	3.59	8.05	1	8.06	站台9			279	湖田	9.37	×	9.37	5.56	1	5.57	站台10		
4.16	15	4.31	8.24					6.02	285	张店	9.05	15	9.20			5.38	7.30		
4.45	×	4.45				6.16	3	6.19	291	马尚	8.51		8.51				7.13	3	7.16
5.01	×	5.01				6.35	3	6.38	297	芽庄	8.35		8.35				6.54	3	6.57
5.08						6.55			303	周村			8.18				6.37		

备注：晚上6点和早上5点59分之间的时间段通过在分钟下面画线进行标识。×表示根据需要。

Amtsblatt
für das Deutsche Kiautschou-Gebiet.

青島官報

Herausgegeben vom Kaiserlichen Gouvernement Kiautschou.

Der Bezugspreis beträgt jährlich $ 0,60=M 1,20.
Bestellungen nehmen sämtliche deutsche Postanstalten entgegen.

Jahrgang 4. | Nr. 36. | Tsingtau, den 19. September 1903.

Bekanntmachung.

Gestohlene Gegenstände:
1. Zwei europäische, gelb und blau durchwirkte Decken und mehrere kleine Sophadecken mit Spitzen.
2. Eine silberne Remontoir Uhr, auf dem Zifferblatt mit der Aufschrift: „Longines" auf dem Staubdeckel steht die Aufschrift: „Longines" „Grand Prix Paris 1900." Ausserdem befinden sich im selben Deckel, 3 goldene und 4 silberne Medaillen.

Verlorene Gegenstände:
Ein goldenes Kettenarmband mit 5 blauen Steinen.

Tsingtau, den 16. September 1903.

Kaiserliches Polizeiamt.

Verdingung.

Für das Gouvernementslazarett soll die Ausführung der Arbeiten zum
Bau einer Umwährung
öffentlich vergeben werden.

Die Verdingungsunterlagen liegen im Geschäftszimmer der Bauabteilung III c vom 21. d. Mts. an zur Einsicht aus und können von dort, soweit der Vorrat reicht, gegen Erstattung von $ 5,00 bezogen werden.

Versiegelte und mit der Aufschrift: „Lazarettumwährung" versehene Angebote sind bis zu dem auf
Sonnabend, den 26. September 1903 vormittags 10 Uhr
festgesetzten Eröffnungstermin an die unterzeichnete Behörde einzureichen.

Tsingtau, den 16. September 1903.

Kaiserliche Hochbauabteilung III c.

In das hiesige Handelsregister ist zu der Firma Siemssen & Co., Nr. 8 des Registers Abteilung A, heute als Teilhaber der Kaufmann Ernst Otto Struckmeyer in Hongkong eingetragen worden.

Tsingtau, den 11. September 1903.

Kaiserliches Gericht von Kiautschou.

Verdingung.

Die Lieferung von 208 Platten Streckmetall zur Umwährung des Lazaretts je 2.43×2,00 gross bei 4×11 cm. Maschenweite soll öffentlich verdungen werden.

Verschlossene Angebote mit der Aufschrift: „Betrifft Streckmetalllieferung" sind mit Probe bis zum **Sonnabend, den 3. Oktober 1903 vormittags 10 Uhr** an die unterzeichnete Behörde einzureichen.

Der Preis ist in Dollars mex. einzusetzen. Lieferungsfrist: 10 Wochen vom Tage der Zuschlagserteilung.

Zuschlagsfrist: 2 Wochen.

Zeichnung der Umwährung und Probestück des Streckmetalls liegen aus.

Tsingtau, den 16. September 1903.

Kaiserliche Hochbauabteilung III c.

Amtliche Mitteilungen.

Durch A. K. O. vom 28. 7. 03 ist dem Marine-Stabsarzt Dr. Mixius der Rote Adler-Orden 4. Klasse verliehen worden.

Schiffsverkehr
in der Zeit vom 10.—16. September 1903.

Angekommen am	Name	Kapitän	Flagge	von	Abgefahren am	nach
11.9.	D. Gouv. Jaeschke	Schuldt	Deutsch	Schanghai	12.9.	Schanghai
„	D. Vorwärts	Sohnemann	„	„	„	Tschifu
(2.9.)	D. Kissho Maru		Japanisch	Moji	„	Moji
13.9.	D. Silvia	Jäger	Deutsch	Hongkong	14.9.	Tschifu
„	D. Süllberg	Bessen	„	Schanghai	15.9.	Chemulpo
„	D. Tsintau	Hansen	„	Tschifu	14.9.	Schanghai
15.9.	D. Musashino Maru		Japanisch	Moji		

Meteorologische Beobachtungen.

Datum Sept.	Barometer (mm) reduz. auf 0° C., Seehöhe 24,30 m			Temperatur (Centigrade).							Dunstspannung in mm			Relat. Feuchtigkeit in Prozenten		
	7 Vm	2 Nm	9 Nm	trock. Therm.			feucht. Therm.			Min.	Max.	7 Vm	2 Nm	9 Nm	7 Vm	2 Nm	9 Nm
				7 Vm	2 Nm	9 Nm	7 Vm	2 Nm	9 Nm								
10	762,6	761,3	762,2	18,7	24,6	18,9	16,8	16,9	16,3	17,5	23,5	13,1	9,6	12,2	82	42	75
11	62,8	62,1	63,4	18,7	24,9	19,9	15,9	19,5	17,5	17,1	25,1	11,7	13,6	13,1	73	58	76
12	62,9	62,1	62,0	19,3	23,7	20,9	17,3	19,3	17,9	18,3	25,6	13,5	14,0	13,4	87	64	74
13	62,2	60,6	60,9	20,5	23,3	21,5	18,1	17,5	18,5	19,7	24,6	14,0	11,3	14,1	78	53	74
14	59,4	57,7	58,2	21,3	23,0	23,3	20,5	22,9	22,9	21,1	23,7	17,4	20,7	20,5	93	99	96
15	58,4	57,2	58,1	20,1	22,1	21,1	19,5	20,7	20,3	20,1	25,0	16,5	17,3	17,2	94	87	93
16	57,7	57,6	58,7	20,3	20,6	20,9	20,1	19,3	19,2	20,2	22,7	15,9	15,5		99	88	85

19. September 1903. Amtsblatt—青島官報 165.

Da-tum. Sept.	Wind Richtung & Stärke nach Beaufort (0—12)			Bewölkung						Niederschläge in mm		
	7 Vm	2 Nm	9 Nm	7 Vm Grad	Form	2 Nm Grad	Form	9 Nm Grad	Form	7 Vm	9 Nm	9 Nm / 7 Vm
10	N O 1	N W 2	O N O 1	6	Cir-str.	7	Cum-str.	10	Cum-ni		0,5	0,5
11	N N O 2	N N W 1	O N O 1	2	Str.	4	Cum	1	Str		0,4	0,4
12	N N O 1	S S O 2	W N W 1	÷	÷	8	Cum-str	7	Cum-str.			
13	S O 1	S 2	S O 2	10	Cum-str.	10	Cum-str.	10	Cum-str.			1,4
14	O 4	S S W 3	S 2	10	Cum-ni	10	Cum	10	Cum-ni	1,4	26,7	29,4
15	N W 2	W N W 3	N W 2	10	Cum-ni	10	Cum-ni	10	Cum-ni	2,7	0,2	0,5
16	N O 2	N O 1	N N O 1	10	Cum-ni	10	Cum-ni	10	Cum-ni	0,3	6,1	

Druck der Missionsdruckerei, Tsingtau.

第四年　第三十六号

1903年9月19日

告白

启者：兹将据报被窃及失去各物列左：

黄蓝杂色洋式毡子两条；花边小卧椅垫子数件；银时表一枚，壳面箍有"Longines"字样，盖之里有"Longines Grand Prix Paris 1900."字样。

失去之物：

金镯一只，镶有蓝色石五块。

以上各物仰勿轻买，致干未便。如见该各物亦宜报明本署查核。特布。

大德一千九百三年九月十六日
青岛巡捕衙门启

发包

为督署野战医院建造一处护栏①的相关工作将公开发包。

含图纸的供货条件自本月21日起张贴于第三工部局三部的营业室内，以供查看。如果数量足够，也可以在那里支付5.00元费用后获取。

报价须密封并注明"野战医院的护栏"字样后，于已定好的开标日期1903年9月26日星期六上午10点前递交至本部门。

青岛，1903年9月16日
皇家第三工部局三部

今天将香港商人恩斯特·奥托·施特鲁克迈耶尔作为合伙人登记入禅臣洋行，本地商业登记为A部门登记号第8号。

青岛，1903年9月11日
胶澳皇家审判厅

---

① 译者注：原文拼写错误，应为Umwehrung，即护栏。

发包

为督署野战医院的护栏应208块拉伸金属的合同将公开发包,规格为2.43×2.00,网孔为4厘米×11厘米。

报价须密封并注明"关于拉伸金属供应"字样并附上样品后,于1903年10月3日星期六上午10点前递交至本部门。

价格以鹰洋计。

供货期限:中标当天起10周。

中标期限:2周。

护栏的图纸以及拉伸金属的样品正在展示。

青岛,1903年9月16日
皇家第三工部局三部

官方消息

1903年7月28日颁布敕令,授予海军上尉军医米修斯博士四等红鹰勋章。

船运

1903年9月10日—16日期间

到达日	轮船船名	船长	挂旗国籍	出发港	出发日	到达港
9月11日	叶世克总督号	舒尔特	德国	上海	9月12日	上海
9月11日	前进号	索纳曼	德国	上海	9月12日	芝罘
(9月2日)	吉祥丸		日本	门司	9月12日	门司
9月13日	西尔维亚号	耶格尔	德国	香港	9月14日	芝罘
9月13日	居尔伯格号	贝森	德国	上海	9月15日	济物浦
9月13日	青岛号	韩森	德国	芝罘	9月14日	上海
9月15日	武藏野丸		日本	门司		

167.

Amtsblatt
für das
Deutsche Kiautschou-Gebiet.

青島官報

Herausgegeben vom Kaiserlichen Gouvernement Kiautschou.

Der Bezugspreis beträgt jährlich $ 0,60=M 1,20.
Bestellungen nehmen sämtliche deutsche Postanstalten entgegen.

Jahrgang 4.   Nr. 37.   Tsingtau, den 26. September 1903.   第三十七號   第四年

Aufgebot.

Es wird hierdurch bekannt gemacht, dass
Heinrich **Paul** Neumeister, seines Standes Baumeister, geboren zu Schlosschemnitz bei Chemnitz, 27 Jahre alt, wohnhaft in Tsingtau, Sohn des 64 Jahre alten, in Chemnitz in Sachsen wohnhaften Privatmannes Christian **Heinrich** Louis Neumeister und seiner 62 Jahre alten, ebendaselbst wohnhaften Ehefrau Marie **Pauline** Neumeister, geborenen Günther

und

Marie **Martha** Güldner, ohne Gewerbe, geboren zu Chemnitz, 23 Jahre alt, wohnhaft in Chemnitz, Tochter des 55 Jahre alten in Chemnitz wohnhaften Wurst- und Konservenfabrikanten Friedrich **Wilhelm** Güldner und seiner in Chemnitz verstorbenen Ehefrau Johanna Helene Güldner, geborenen Sylbe, beabsichtigen, sich mit einander zu verheiraten und diese Ehe in Gemässheit des Reichsgesetzes vom 4. Mai 1870 vor dem Kaiserlich Deutschen Generalkonsul in Schanghai abzuschliessen.

Tsingtau, den 21. September 1903.

Der Kaiserliche Standesbeamte.

Günther.

Aufgebot.

Es wird hierdurch bekannt gemacht, dass
Julius Hermann Wilhelm Kluckow, seines Standes Techniker, geboren zu Harbug an der Elbe, 24 Jahre alt, wohnhaft in Tsingtau, Sohn des 52 Jahre alten, in Neuhof bei Hamburg, Regirungsbezirk Lüneburg, wohnhaften Architekten Ernst Kluckow und seiner 44 Jahre alten, ebendaselbst wohnhaften Ehefrau Emma Kluckow, geborenen Ludewig

und

Elisabeth Henriette Sophie **Elsa** Juchert ohne Gewerbe, geboren zu Hamburg, 21 Jahre alt, wohnhaft in Hamburg, Tochter des in Hamburg wohnhaften Schuhmachermeisters Louis Juchert und seiner ebendaselbst wohnhaften Ehefrau Sophie Juchert, geborenen Lau, beabsichtigen, sich mit einander zu verheiraten und diese Ehe in Gemässheit des Reichsgesetzes vom 4. Mai 1870 vor dem Kaiserlich Deutschen Generalkonsul in Schanghai abzuschliessen.

Tsingtau, den 21. September 1903.

Der Kaiserliche Standesbeamte.

Günther.

Aufgebot.

Es wird hiermit bekannt gemacht, dass Heinrich August **Wilhelm** Röber, seines Standes Techniker, geboren zu Doemnitz, Grossherzogtum Mecklenburg-Schwerin, 23 Jahre alt, wohnhaft in Tsingtau, Sohn des 58 Jahre alten, in Quedlinburg am Harz wohnhaften Zimmermeisters Wilhelm August Christian Röber und seiner 57 Jahre alten, ebendaselbst wohnhaften Ehefrau **Auguste** Louise, geborenen Herzlieb

und

Martha Emilie Marie Brandin, ohne Gewerbe, geboren in Magdeburg, 23 Jahre alt, wohnhaft in Magdeburg, Tochter des 55 Jahre alten, in Magdeburg wohnhaften Eisenbahnbetriebs-Sekretärs Rudolf Brandin und seiner 53 Jahre alten, ebendaselbst wohnhaften Ehefrau Auguste Brandin, geborenen Flacke,

beabsichtigen, sich mit einander zu verheiraten und diese Ehe in Gemässheit des Reichsgesetzes vom 4. Mai 1870 vor dem Kaiserlich Deutschen Generalkonsul in Schanghai abzuschliessen.

Tsingtau, den 21. September 1903.

Der Kaiserliche Standesbeamte.

Günther.

Nachruf.

Am 19. d. Mts. verschied ganz unerwartet nach kurzer Krankheit der Aufseher Paul Asmus im 27. Lebensjahre.

Während seiner mehr als zweijährigen Tätigkeit im Betriebe der Hafenbauverwaltung des Kaiserlichen Gouvernements hat er sich Vertrauen und Achtung bei Vorgesetzten wie Kameraden erworben, die ihm ein ehrendes Andenken bewahren werden.

Tsingtau, den 24. September 1903.

Rollmann

Kaiserlicher Baudirektor.

Bekanntmachung.

Für die Gouvernementsschule sind die Ferien im Schuljahr 1903/1904 wie folgt festgesetzt worden:

	Schulschluss.	Schulanfang.
1. Herbstferien	Sonnabend, den 14. Novbr. 1903.	Donnerstag, den 19. Novbr. 1903.
2. Weihnachtsferien	Sonnabend, den 19. Decbr. 1903.	Montag, den 4. Jan. 1904.
3. Osterferien	Sonnabend, den 26. März 1904.	Montag, den 11. April 1904.
4. Pfingstferien	Sonnabend, den 21. Mai 1904.	Donnerstag, den 26. Mai 1904.
5. Sommerferien	Freitag, den 15. Juli 1904.	Montag, den 12. Septbr. 1904.

Die im §. 14 der Schulordnung vorgesehene Ferienordnung tritt ausser Kraft.

Tsingtau, den 23. September 1903.

Der Kaiserliche Civilkommissar.

26. September 1903.   Amtsblatt - 報官島青   169

Konkursverfahren.

Ueber das Vermögen des Photographen Huang yi nan aus Canton, zuletzt in Tapautau wohnhaft, jetzt unbekannten Aufenthalts ist am 18. September 1903 der Konkurs eröffnet.

Verwalter Referendar Weinholtz.

Anmeldefrist bis zum 10. Oktober 1903.

Erste Gläubigerversammlung und allgemeiner Prüfungstermin am 17. Oktober 1903 vormittags 10 Uhr.

Offener Arrest mit Anzeigefrist bis zum 10. Oktober 1903.

Tsingtau, den 18. September 1903.

Kaiserliches Gericht von Kiautschou.

Bekanntmachung.

Gestohlene Gegenstände:
Eine Bettdecke mit weissen Franzen und rotem Kreuz in der Mitte, blau weiss und gelb gefenstert.

Gefundene Gegenstände:
Eine kleine Nachtlampe, ein Briefbeschwerer aus Glas und ein Metallschreibzeug.

Tsingtau, den 24. September 1903.

Kaiserliches Polizei - Amt.

Bekanntmachung.

In dem Konkurse über das Vermögen des Gastwirtes Othon Köhler hier soll eine Abschlagsverteilung stattfinden.

Dazu sind $ 263,65 verfügbar.

Zu berücksichtigen sind $ 2586,54 nicht bevorrechtigte Forderungen.

Das Verzeichnis der zu berücksichtigenden Forderungen kann auf der Gerichtsschreiberei des Kaiserlichen Gerichts hier, Zimmer 9, eingesehen werden.

Tsingtau, den 21. September 1903.

Der Verwalter.

Bergemann.

欽命德膠㟃署為

曉諭斷債事查有前居包島之粵人照像館主黃逸農茲因生意虧空渺無踪跡本署現定准於西本年九月十八日開辦清理虧空之舉已派繙譯官萬專理此事仰各債主即將被欠債項呈報限至西本年十月十日止並於十月十七日上午十點鐘再行齊集本署查明債數虛實候核凡有欠到該商錢項者亦均限至西十月初十日止一律報明勿得隱匿致干未便自示之後其各凜遵勿違特示

大德一千九百三年九月十八日示

右諭通知

告白

啟者茲將攜報做竊及拾獲送著各物列左

被竊各物

黃藍白三色絨緯線氈子一條氈中織有紅色十字邊上有白色穗子

送署各物

小燈一盞 琉璃壓書尺子一條 金質文具一副

以上各物幸勿輕買如見亦宜報明本署至存署各物亦准失主具領特佈

德一千九百三年九月二十四日

青島巡捕衙門啟

170. Amtsblatt—青島官報 26. September 1903.

Amtliche Mitteilung.

Nach Mitteilung der Kaiserlich Deutschen Postdirektion in Schanghai wird der Leitweg über Sibirien zur Postbeförderung von und nach Ostasien für Briefpostsendungen jeder Art am 1. Oktober eröffnet werden.

Sonnen-Auf-und Untergang für Monat Oktober 1903.

Dt.	Mittelostchinesische Zeit des			
	wahren	scheinbaren	wahren	scheinbaren
	Sonnen-Aufgangs		Sonnen-Untergangs	
1.	5 U. 57.3 M.	5 U. 52.2 M.	5 U. 40.3 M.	5 U. 45.1 M.
2.	58.2	53.1	38.8	43.9
3.	59.1	54.0	37.3	42.4
4.	6 U. 0.0	54.9	35.8	40.9
5.	0.8	55.7	34.4	39.5
6.	1.6	56.5	32.0	38.1
7.	2.3	57.2	31.7	36.8
8.	3.0	57.9	30.4	35.5
9.	3.7	58.6	29.1	34.2
10.	4.4	59.3	27.8	32.9
11.	5.1	6 U. 0.0	26.5	31.6
12.	5.9	0.8	25.2	30.3
13.	6.7	1.6	23.9	29.0
14.	7.5	2.4	22.6	27.7
15.	8.3	3.2	21.3	26.4
16.	9.2	4.1	20.0	25.1
17.	10.1	5.0	18.7	23.8
18.	11.0	5.9	17.4	22.5
19.	11.9	6.8	16.1	21.2
20.	12.8	7.7	14.8	19.9
21.	13.8	8.7	13.6	18.7
22.	15.0	9.9	12.2	17.3
23.	16.1	11.0	10.8	15.9
24.	17.2	12.1	9.4	14.5
25.	18.3	13.2	8.0	13.1
26.	19.4	14.3	6.6	11.7
27.	20.4	15.3	5.4	10.5
28.	21.3	16.2	4.3	9.4
29.	22.2	17.1	3.2	8.3
30.	23.1	18.0	2.1	7.2
31.	24.0	18.9	1.0	6.1

Hochwassertabelle für den Monat Oktober 1903.

Datum	Tsingtau - Hauptbrücke		T'aput'ou.		Nükuk'ou.	
	Vormittags	Nachmittags	Vormittags	Nachmittags	Vormittags	Nachmittags
1.	—	0 U. 29 M.	0 U. 43 M.	1 U. 19 M.	—	1 U. 29 M.
2.	1 U. 05 M.	1 „ 36 „	1 „ 55 „	2 „ 26 „	2 U. 05 M.	2 „ 36 „
3.	2 „ 07 „	2 „ 32 „	2 „ 57 „	3 „ 22 „	3 „ 07 „	3 „ 32 „
4.	2 „ 56 „	3 „ 17 „	3 „ 46 „	4 „ 07 „	3 „ 56 „	4 „ 17 „
5.	3 „ 37 „	3 „ 56 „	4 „ 27 „	4 „ 46 „	4 „ 37 „	4 „ 56 „
6.	4 „ 15 „	4 „ 33 „ ○	5 „ 05 „	5 „ 23 „	4 „ 15 „	5 „ 33 „
7.	4 „ 51 „	5 „ 09 „	5 „ 41 „	5 „ 59 „	5 „ 51 „	6 „ 09 „
8.	5 „ 27 „	5 „ 45 „	6 „ 17 „	6 „ 35 „	6 „ 27 „	6 „ 45 „
9.	6 „ 04 „	6 „ 23 „	6 „ 54 „	7 „ 13 „	7 „ 04 „	7 „ 23 „
10.	6 „ 42 „	7 „ 04 „	7 „ 32 „	7 „ 54 „	7 „ 42 „	8 „ 04 „
11.	7 „ 25 „	7 „ 48 „	8 „ 15 „	8 „ 38 „	8 „ 25 „	8 „ 48 „
12.	8 „ 11 „	8 „ 38 „	9 „ 01 „	9 „ 28 „	9 „ 11 „	9 „ 38 „
13.	9 „ 05 „	9 „ 36 „ ◐	9 „ 55 „	10 „ 26 „	10 „ 05 „	10 „ 36 „
14.	10 „ 07 „	10 „ 43 „	10 „ 57 „	11 „ 33 „	11 „ 07 „	11 „ 43 „
15.	11 „ 19 „	—	—	0 „ 09 „	—	0 „ 19 „
16.	—	0 „ 36 „	0 „ 47 „	1 „ 26 „	0 „ 57 „	1 „ 36 „
17.	1 „ 12 „	1 „ 48 „	2 „ 02 „	2 „ 38 „	2 „ 12 „	2 „ 48 „
18.	2 „ 18 „	2 „ 29 „	3 „ 08 „	3 „ 39 „	3 „ 18 „	3 „ 49 „
19.	3 „ 14 „	3 „ 40 „	4 „ 04 „	4 „ 30 „	4 „ 14 „	4 „ 40 „
20.	4 „ 03 „	4 „ 25 „ ●	4 „ 53 „	5 „ 15 „	5 „ 03 „	5 „ 25 „
21.	4 „ 46 „	5 „ 07 „	5 „ 36 „	5 „ 57 „	5 „ 46 „	6 „ 07 „
22.	5 „ 27 „	5 „ 47 „	6 „ 17 „	6 „ 37 „	6 „ 27 „	6 „ 47 „
23.	6 „ 06 „	6 „ 25 „	6 „ 56 „	7 „ 15 „	7 „ 06 „	7 „ 25 „
24.	6 „ 44 „	7 „ 03 „	7 „ 34 „	7 „ 44 „	7 „ 44 „	8 „ 03 „
25.	7 „ 22 „	7 „ 41 „	8 „ 12 „	8 „ 31 „	8 „ 22 „	8 „ 41 „
26.	8 „ 01 „	8 „ 20 „	8 „ 51 „	9 „ 10 „	9 „ 01 „	9 „ 20 „
27.	8 „ 40 „	8 „ 59 „ ◓	9 „ 30 „	9 „ 49 „	9 „ 40 „	9 „ 59 „
28.	9 „ 25 „	9 „ 51 „	10 „ 15 „	10 „ 41 „	10 „ 05 „	10 „ 51 „
29.	10 „ 24 „	10 „ 58 „	11 „ 14 „	11 „ 48 „	11 „ 24 „	11 „ 58 „
30.	11 „ 34 „	—	—	0 „ 24 „	—	0 „ 34 „
31.	0 „ 11 „	0 „ 46 „	1 „ 01 „	1 „ 36 „	1 „ 11 „	1 „ 46 „

1) ○ = Vollmond; 2) ◐ = Letztes Viertel; 3) ● = Neumond; 4) ◓ = Erstes Viertel.

26. September 1903.   Amtsblatt—青島官報   171.

Meteorologische Beobachtungen.

Datum. Sept.	Barometer (mm) reduz. auf 0° C., Seehöhe 24,30 m			Temperatur (Centigrade).								Dunstspannung in mm					Relat. Feuchtigkeit in Prozenten		
				trock. Therm.			feucht. Therm.												
	7 Vm	2 Nm	9 Nm	7 Vm	2 Nm	9 Nm	7 Vm	2 Nm	9 Nm	Min.	Max.	7 Vm	2 Nm	9 Nm	7 Vm	2 Nm	9 Nm
17	759,8	760,0	761,8	20,1	23,3	20,3	18,3	19,5	16,9	20,1	22,3	14,5	14,5	12,2	83	69	69
18	62,1	61,2	63,3	19,0	23,6	19,5	17,2	18,6	16,3	18,0	25,2	13,5	12,9	11,8	83	59	70
19	63,3	62,8	63,5	20,4	24,9	20,9	18,1	17,7	17,8	18,9	24,4	14,0	10,7	13,3	79	46	73
20	62,4	61,8	62,4	20,6	26,0	21,3	16,4	20,0	19,5	18,5	25,9	11,3	13,7	15,8	63	55	84
21	62,4	61,9	62,5	21,9	24,5	21,5	18,7	19,5	17,7	20,8	26,1	14,1	13,8	12,7	72	60	67
22	62,2	61,2	61,2	20,7	24,3	20,5	16,8	18,5	17,1	19,6	26,0	11,9	12,3	12,5	66	54	70
23	60,9	59,1	60,2	19,3	24,7	19,7	17,0	19,1	17,3	17,6	25,4	13,0	13,0	13,2	78	56	78

Datum. Sept.	Wind Richtung & Stärke nach Beaufort (0—12)			Bewölkung						Niederschläge in mm		
				7 Vm		2 Nm		9 Nm				9 Nm
	7 Vm	2 Nm	9 Nm	Grad	Form	Grad	Form	Grad	Form	7 Vm	9 Nm	÷ 7 Vm
17	NNW 2	NW 2	N 1	10	Cum-ni	9	Str.	7	Str.	0,0	0,0	
18	NNO 1	SSO 1	SO 1	7	Str.	8	Str.	2	Str.			
19	Stille 0	WNW 1	SW 1	—	—	1	Cum	—	—			
20	NNW 1	SSW 2	SSW 1	—	—	1	Cum	1	Str.			
21	SSW 1	S 1	SSW 2	5	Cir-str.	9	Str.	4	Str.			
22	Stille 0	S 1	S 1	4	Cir-str.	5	Cir-cu	4	Str.			
23	NO 1	SSW 2	WNW 2	—	—	3	Cum-str.	9	Nim		0,4	

Schiffsverkehr
in der Zeit vom 16.—23. September 1903.

Angekommen am	Name	Kapitän	Flagge	von	Abgefahren am	nach
16.9.	D. Sanyu Maru		Japanisch	Moji	17.9.	Tschifu
„	D. Knivsberg	Kayser	Deutsch	Schanghai	18.9.	„
17.9.	D. Gouv. Jaeschke	Schuldt	„	„	19.9.	Schanghai
18.9.	D. Katsuyama Maru		Japanisch	Moji		Tschifu
19.9.	D. Vorwärts	Sohnemann	Deutsch	Tschifu	20.9.	Schanghai
21.9.	D. Silvia	Jäger	„	Taku		
23.9.	D. Tsintau	Hansen	„	Schanghai	23.9.	Tschifu

Druck der Missionsdruckerei, Tsingtau.

第四年　第三十七号

1903 年 9 月 26 日

公告

海因里希·保罗·诺伊迈斯特，职业为建筑师，出生于开姆尼茨附近的施洛斯开姆尼茨，现年 27 岁，居住地为青岛，为现年 64 岁的退休者克里斯蒂安·海因里希·路易斯·诺伊迈斯特和现年 62 岁、出生时姓冈特的妻子玛丽·宝琳娜·诺伊迈斯特的儿子，二人均居住在萨克森开姆尼茨。

玛丽·马尔塔·居尔德纳，无业，出生于开姆尼茨，居住地为威尔默斯基尔辛，是现年 55 岁、居住在开姆尼茨的香肠和保鲜剂生产商弗里德里希·威廉·居尔德纳与在开姆尼茨去世、出生时姓吉尔伯的妻子约翰娜·海伦娜·居尔德纳的女儿。

谨此宣布二人结婚，婚约按照 1870 年 5 月 4 日颁布的法律规定在德国上海总领事面前缔结。

青岛，1903 年 9 月 21 日
皇家户籍官
冈特

公告

尤利乌斯·赫尔曼·威廉·克鲁科夫，职业为技术人员，出生于易北河畔的哈尔堡，现年 24 岁，居住地为青岛，为现年 52 岁的建筑师恩斯特·克鲁科夫和现年 44 岁、出生时姓路德维希的妻子爱玛·克鲁科夫的儿子，二人均居住在吕那堡政府所辖的汉堡附近的诺伊霍夫。

伊丽莎白·海恩里特·索菲·爱尔莎·于歇尔特，无业，出生于汉堡，现年 21 岁，居住地为汉堡，是鞋匠路易斯·于歇尔特与出生时姓劳的妻子索菲·于歇尔特的女儿，二人均居住于汉堡。

谨此宣布二人结婚,婚约按照1870年5月4日颁布的法律规定在德国上海总领事面前缔结。

青岛,1903年9月21日
皇家户籍官
冈特

公告

海因里希·奥古斯特·威廉·略伯,职业为技术人员,出生于麦克伦堡—什末林大公国的多姆尼茨,现年23岁,居住地为青岛,为现年58岁的房屋木匠师威廉·奥古斯特·克里斯蒂安·略伯和现年57岁、出生时姓赫尔茨立普的妻子奥古斯特·路易莎的儿子,二人均居住在哈尔茨河畔的克魏德林堡。

玛尔塔·艾米莉·玛丽·布兰丁,无业,出生于马格德堡,现年23岁,居住地为马格德堡,是现年55岁的铁路公司秘书鲁道夫·布兰丁与现年53岁、出生时姓弗拉克的妻子奥古斯特·布兰丁的女儿,二人均居住于马格德堡。

谨此宣布二人结婚,婚约按照1870年5月4日颁布的法律规定在德国上海总领事面前缔结。

青岛,1903年9月21日
皇家户籍官
冈特

讣告

本月19日,监狱看守保罗·阿斯穆斯患病不久后,突然离世,享年27岁。

他在皇家总督府筑港管理部工作了两年多,赢得了上级和同事的信任和尊重,人们回忆他时都饱含尊重之情。

青岛,1903年9月24日
罗尔曼
皇家总工部局局长

告白

督署学校1903/1904学年度的假期确定如下:

	学期结束	开学
1.秋季假期	1903年11月14日星期六	1903年11月19日星期四
2.圣诞节假期	1903年12月19日星期六	1904年1月4日星期一
3.复活节假期	1904年3月26日星期六	1904年4月11日星期一
4.圣灵降临节假期	1904年5月21日星期六	1904年5月26日星期四
5.暑假	1904年7月15日星期五	1904年9月12日星期一

《学校章程》第14条中的放假规定失效。

青岛，1903年9月23日
皇家民政长

钦命德胶澳署　为

晓谕断债事：查有前居包岛之粤人照像馆主黄逸农，兹因生意亏空，渺无踪迹。本署现定准于西本年九月十八日开办清理亏空之举，已派翻译官万专理此事。仰各债主即将被欠债项呈报，限至西本年十月初十日止，并于十月十七日上午十点钟再行齐投本署，查明债数虚实候核。凡有欠到该商钱项者，亦均限至西十月初十日止，一律报明本署。勿得隐匿，致干未便。自示之后，其各凛遵勿违。特示。

右谕通知
大德一千九百三年九月十八日示

告　白

启者：兹将据报被窃及拾获送署各物列左：

被窃各物：

黄蓝白三色经纬线毡子一条，毡中织有红色十字，边上有白色穗子。

送署各物：

小灯一盏，琉璃压书尺子一条，金质文具一副。

以上各物幸勿轻买，如见亦宜报明本署。至存署各物亦准失主具领。特布。

德一千九百三年九月二十四日
青岛巡捕衙门启

告白

对本地的饭店店主奥通·科勒开启破产程序,将做一次财物分配。

可分配金额为 263.65 元。

考虑范围内的非优先索款要求金额为 2 586.54 元。

被考虑在内的索款要求目录可以在皇家审判厅 9 号房间的法庭书记处查看。

青岛,1903 年 9 月 21 日

管理人

贝尔格曼

官方消息

根据上海的皇家德意志邮政局通知,将于 10 月 1 日开启经西伯利亚运送各类往来东亚信件的邮路。

船运

1903 年 9 月 16 日—23 日期间

到达日	轮船船名	船长	挂旗国籍	出发港	出发日	到达港
9 月 16 日	Sanyu 丸		日本	门司	9 月 17 日	芝罘
9 月 16 日	柯尼夫斯堡号	凯瑟	德国	上海	9 月 18 日	芝罘
9 月 17 日	叶世克总督号	舒尔特	德国	上海	9 月 19 日	上海
9 月 18 日	胜山丸		日本	门司	9 月 19 日	芝罘
9 月 19 日	前进号	索纳曼	德国	芝罘	9 月 20 日	上海
9 月 21 日	西尔维亚号	耶格尔	德国	大沽		
9 月 23 日	青岛号	韩森	德国	上海	9 月 23 日	芝罘

Amtsblatt
für das
Deutsche Kiautschou-Gebiet.

青島官報

Herausgegeben vom Kaiserlichen Gouvernement Kiautschou.

Der Bezugspreis beträgt jährlich $ 0,60 = M 1,20.
Bestellungen nehmen sämtliche deutsche Postanstalten entgegen.

Jahrgang 4.　Nr. 38.　Tsingtau, den 3. Oktober 1903.　號八十三第　年四第

Bekanntmachung.

2400 kg. altes Eisen pp,
4 alte Maultierkarren und
2 alte Abfuhrwagen

sollen am Mittwoch, den 7. Oktober d. Js., vormittags 9 Uhr, an den Meistbietenden gegen sofortige bare Zahlung verkauft werden.

Besichtigung der Gegenstände täglich von 9—11 Uhr vormittags auf dem Bauhofe gegenüber Haus Vogt.

Tsingtau, den 29. September 1903.

Marine-Garnison-Verwaltung.

Nachruf.

Am Dienstag den 29. September nachmittags gegen 6 Uhr verschied im hiesigen Gouvernementslazarett, nach 5 wöchentlichem Leiden, der Aufseher im Chinesengefängnis, Georg Scholz, im Alter von 28 Jahren. Das Polizeiamt, bei welchem er seit dem 27. Juli 1901 angestellt war, verliert in ihm einen ausserordentlich pflichttreuen Beamten von tadellosen Charaktereigenschaften.

Sein Andenken wird von der Polizei stets in Ehren gehalten werden.

Tsingtau, den 30. September 1903.

Welzel.

Kaiserlicher Polizei-Chef.

白 告

啓者本局現存有舊鐵物件共重二
千四百吉羅舊騾車四輛舊傾倒航
髒車兩輛以上各物擬於中本月十
七即西十月初七日上午九點鐘拍
賣如有意欲購買者每日可以早自
九點鐘起至十一點鐘止親赴青島
洋木匠務對門本局存物處閱看可
也至拍賣買定後須立何現洋此佈

德一千九百三年九月二十九日
　　青島軍需局啓

Der frühere Rechtsanwalt bei dem Herzoglichen Landgericht Braunschweig

Dr. jur. Rudolf Koch

ist auf seinen Antrag zur Rechtsanwaltschaft bei dem Kaiserlichen Gericht von Kiautschou zugelassen.

Tsingtau, den 30. September 1903.

Der Kaiserliche Oberrichter.

Dr. Crusen.

174. Amtsblatt—青島官報 3. Oktober 1903.

Amtliche Mitteilungen.

Für die Dauer der dienstlichen Abwesenheit des Gouverneurs Truppel hat Major Hofrichter die Vertretung übernommen.

*　　　*

Marine-Generaloberarzt König ist laut telegraphischer Mitteilung des Reichs-Marine-Amts vom 30. v. Mts. zum Marine-Generalarzt befördert worden.

*　　　*

Der Kurs bei der Gouvernementskasse beträgt vom 26. v. Mts. ab: 1 $ = 1,99 M.

Meteorologische Beobachtungen.

Datum. Sept.	Barometer (mm) reduz. auf 0° C., Seehöhe 24,30 m			Temperatur (Centigrade).									Dunstspannung in mm			Relat. Feuchtigkeit in Prozenten		
				trock. Therm.			feucht. Therm.											
	7 Vm	2 Nm	9 Nm	7 Vm	2 Nm	9 Nm	7 Vm	2 Nm	9 Nm	Min.	Max.	7 Vm	2 Nm	9 Nm	7 Vm	2 Nm	9 Nm
24	761,6	761,4	762,4	17,6	22,5	19,3	14,9	21,3	14,5	17,4	25,2	11,0	18,1	9,4	73	90	56
25	61,2	58,7	57,5	20,5	22,6	21,7	15,7	17,3	18,1	16,5	22,9	10,3	11,5	13,2	57	56	69
26	57,3	55,4	57,0	21,1	24,0	22,7	18,1	19,6	20,3	21,0	23,6	13,6	14,3	16,2	74	64	79
27	59,0	59,7	60,6	22,7	24,0	22,4	19,7	19,3	20,3	21,4	24,7	15,2	13,8	15,9	74	62	79
28	61,7	61,6	62,2	22,0	24,3	21,5	20,0	20,3	19,5	21,6	25,4	16,2	15,3	15,6	82	68	82
29	62,6	60,9	61,4	21,7	24,7	21,3	19,4	20,9	20,3	20,7	25,0	15,3	16,0	17,1	80	69	91
30	61,4	60,2	61,7	19,3	22,2	17,5	18,7	19,3	14,7	19,3	25,0	15,7	14,9	10,8	94	75	72

Datum. Sept.	Wind Richtung & Stärke nach Beaufort (0—12)			Bewölkung						Niederschläge in mm		
				7 Vm		2 Nm		9 Nm				9 Nm / 7 Vm
	7 Vm	2 Nm	9 Nm	Grad	Form	Grad	Form	Grad	Form	7 Vm	9 Nm	
24	N 3	NNW 4	NW 3	3	Cum	2	Cir-str.	1	Cum			
25	SSW 2	SW 4	SW 5	3	Cum-str.	8	Cum-ni	1	Cum-str.			
26	SSW 4	S 5	S 4	6	Cum-str.	1	Cum-str.	—	—			
27	SSW 3	SSW 4	S 5	—	—	1	Cum-str.	3	Cum			
28	SSO 2	SSO 3	SO 2	8	Cum	3	Cum	3	Cum-str.			
29	S 3	S 3	SSW 1	7	Cum	1	Str.	1	Str.			
30	NW 3	N 4	NO 6	10	Cum-str.	9	Cum-ni	3	Cum-str.	0,0	0,0	

Schiffsverkehr

in der Zeit vom 24. September — 1. Oktober 1903.

Ange-kommen am	Name	Kapitän	Flagge	von	Abgefahren am	nach
24.9.	D. Knivsberg	Kayser	Deutsch	Tschifu	24.9.	Schanghai
25.9	D. Gouv. Jaeschke	Schuldt	„	Schanghai	26.9.	„
(21.9.)	D. Silvia	Jäger	„	Taku	25.9.	Singapore
(15.9.)	D. Musashino Maru		Japanisch	Moji	26.9.	Moji
26.9.	D. Keelung Maru		„	„	27.9.	Tschifu
27.9.	D. Suychiro		„	Kobe	29.9.	„
29.9.	D. Vorwärts	Sohnemann	Deutsch	Schanghai	30.9.	„

Druck der Missionsdruckerei, Tsingtau.

第四年　第三十八号

1903年10月3日

告白

启者：本局现存有旧铁物件共重二千四百吉罗①，旧骡车四辆、旧倾倒肮脏车两辆。以上各物，拟于中本月十七即西十月初七日上午九点钟拍卖。如有意欲购买者，每日可以早自九点钟起至十一点钟止，亲赴青岛洋木匠房对门本局存物处阅看可也。至拍卖买定后，须立付现洋。此布。

德一千九百三年九月二十九日

青岛军需局启

讣告

9月29日星期二下午6时许，在经历了5个礼拜的痛苦之后，华人监狱看守格奥尔格·硕尔茨在本地的督署野战医院告别人世，享年28岁。自1901年7月27日起雇佣他工作的巡捕局由此失去了一位品行无暇、尤为忠诚的官员。

巡捕局永远敬重地纪念他。

青岛，1903年9月30日

维尔策尔

皇家巡捕局局长

布劳恩施未格公国法庭前律师、司法博士鲁道夫·科赫，申请担任胶澳皇家审判厅律师，现已获准。

青岛，1903年9月30日

皇家高等法官

克鲁森博士

---

① 译者注：德语Kilo，即千克。

官方消息

在总督都沛禄因公务离开职位期间,由霍夫里希特少校代理。

根据帝国海军部的电报通知,海军上校医师柯尼希被晋升为海军军医总监(少将)。

自本月 26 日起,督署财务处的汇率为:1 元＝1.99 马克。

船运

1903 年 9 月 24 日—10 月 1 日期间

到达日	轮船船名	船长	挂旗国籍	出发港	出发日	到达港
9 月 24 日	柯尼夫斯堡号	凯瑟	德国	芝罘	9 月 24 日	上海
9 月 25 日	叶世克总督号	舒尔特	德国	上海	9 月 26 日	上海
(9 月 21 日)	西尔维亚号	耶格尔	德国	大沽	9 月 25 日	新加坡
(9 月 15 日)	武藏野丸		日本	门司	9 月 26 日	门司
9 月 26 日	鸡笼丸		日本	门司	9 月 27 日	芝罘
9 月 27 日	末广号		日本	神户	9 月 29 日	芝罘
9 月 29 日	前进号	索纳曼	德国	上海	9 月 30 日	芝罘

177.

Amtsblatt
für das
Deutsche Kiautschou-Gebiet.

青 岛 官 报

Herausgegeben vom Kaiserlichen Gouvernement Kiautschou.

Der Bezugspreis beträgt jährlich $ 0,60=M 1,20.
Bestellungen nehmen sämtliche deutsche Postanstalten entgegen.

| Jahrgang 4. | Nr. 39. | Tsingtau, den 10. Oktober 1903. | 第三十九號 | 第四年 |

Bekanntmachung.

Erich Matz hat ein Gesuch um Uebertragung der Erlaubnis zum Betriebe einer Gastwirtschaft auf seinen Namen für die von Frau A. Stolz bisher innegehabte Wirtschaft „Keglerheim" in Tapautau eingereicht.

Einwendungen im Sinne der Gouvernements-Bekanntmachung vom 10. Oktober 1899 sind bis zum 25. d. M. an die unterzeichnete Behörde zu richten.

Tsingtau, den 7. Oktober 1903.

Kaiserliches Polizeiamt.

Bekanntmachung für Seefahrer.

Auf der ungefähr 29 Seemeilen ostsüdöstlich von Tsingtau gelegenen Insel Tschalientau ist am 3. Oktober ein neues Leuchtfeuer in Betrieb gesetzt.

Die Höhe des aus grauem Sandstein erbauten Leuchtturms beträgt vom Erdboden bis Kuppeloberkante 15 Meter.

Das Licht ist ein Petroleumglühlicht 80 m. über Hochwasser befindlich und bei dunkler Nacht und klarem Wetter 21 sm. weit sichtbar. Es ist ein nach allen Seiten sichtbares weisses Blitzfeuer, welches alle 10 Sekunden einen kurzen Blitz zeigt.

Tsingtau, den 8. Oktober 1903.

Kaiserliches Hafenamt.

Der geprüfte hanseatische Referendar Friedrich Voigts aus Bremen ist zur Rechtsanwaltschaft bei dem Kaiserlichen Gericht von Kiautschou zugelassen.

Tsingtau, den 24. September 1903.

Der Kaiserliche Oberrichter.

Dr. Crusen.

Verdingungsanzeige.

Für das Gouv. Lazarett soll die Ausführung der gesamten Bauarbeiten zum Bau der

„Frauen- und Kinderklinik"

öffentlich vergeben werden.

Die Verdingungsunterlagen liegen von Donnerstag, den 15. d. Mts. an im Geschäftszimmer der Bauabteilung III c. zur Einsicht aus und können von dort, soweit der Vorrat reicht, gegen Erstattung von 3 $ bezogen werden.

Versiegelte und mit der Aufschrift

„Frauen- und Kinderklinik, Lazarett"

versehene Angebote sind bis zu dem auf Dienstag, den 20. Oktober d. Js., vormittags 10 Uhr, festgesetzten Eröffnungstermin an die unterzeichnete Behörde einzureichen.

Tsingtau, den 7. Oktober 1903.

Hochbauabteilung III c.

178. Amtsblatt—青島官報 10. Oktober 1903.

Bekanntmachung.

Gestohlene Gegenstände:
  2 weisse neue lange Frauenröcke,
  1 blaue neue Frauenhose,
  1 wollene geblümte Decke,
  1 blaue Weste,
  1 double Ankeruhr,
  1 silberne Streichholzschachtel.
Gefundene Gegenstände:
  1 dunkelgrüne lederne Cigarrentasche
Verlorene Gegenstände:
  1 gelblederne Cigarrentasche mit dem Wappen der Stadt Kiel.

Tsingtau, den 8. Oktober 1903.

Kaiserliches Polizei-Amt.

Amtliche Mitteilungen.

Der zur Ausübung der Gerichtsbarkeit im Schutzgebiete ermächtigte und mit Wahrnehmung der Geschäfte eines Kriegsgerichtsrats bei dem Gouvernementsgericht beauftragte Königlich preussische Gerichtsassessor Dr. jur. Behne ist zum Kaiserlichen Richter ernannt. (Telegramm des Reichs-Marine-Amts vom 2. Oktober 1903.)

*   *

Die Stationärgeschäfte vor Tsingtau hat am 30. v. Mts. S. M. S. Seeadler übernommen.

*   *

Der Kurs bei der Gouvernementskasse beträgt vom 6. Oktober d. Js. ab 1 $ = 2,01 Mark.

*   *

Schiffsverkehr

in der Zeit vom 1.—8. Oktober 1903.

Angekommen am	Name	Kapitän	Flagge	von	Abgefahren am	nach
1.10.	D. Tsintau	Hansen	Deutsch	Tschifu	1.10.	Schanghai
„	D. Gouv. Jaeschke	Schuldt	„	Schanghai	3.10.	„
2.10.	D. Yoritomo Maru		Japan	Moji	5.10.	Tschifu
5.10.	D. Knivsberg	Kayser	Deutsch	Schanghai	6.10.	„
(17.8.)	S. Alsternixe	Auhagen	„	Portland	7.10.	Viktoria

10. Oktober 1903. Amtsblatt—青島官報 179.

Meteorologische Beobachtungen.

Da-tum. Okt.	Barometer (m m) reduz. auf 0° C., Seehöhe 24,30 m			Temperatur (Centigrade).								Dunst-spannung in mm				Relat. Feuchtigkeit in Prozenten		
				trock. Therm.			feucht. Therm.											
	7 Vm	2 Nm	9 Nm	7 Vm	2 Nm	9 Nm	7 Vm	2 Nm	9 Nm	Min.	Max.	7 Vm	2 Nm	9 Nm	7 Vm	2 Nm	9 Nm
1	761,6	759,7	760,6	15,9	21,3	16,5	12,7	14,5	12,7	15,9	24,5	9,0	8,2	8,6	66	43	62
2	61,5	61,1	62,3	13,7	21,3	18,3	10,7	14,1	15,0	13,1	21,7	7,8	7,6	10,7	67	41	68
3	64,4	63,9	65,3	16,1	21,9	19,7	14,7	16,7	15,5	14,3	22,2	11,6	11,0	10,5	85	56	61
4	66,6	65,3	66,1	17,9	22,0	20,3	15,1	17,1	15,7	16,2	23,0	11,1	11,5	10,5	73	59	58
5	65,4	63,5	63,2	18,5	22,4	19,7	15,8	17,6	17,5	17,0	24,0	11,7	12,0	13,5	74	60	80
6	61,8	60,8	61,4	19,3	21,3	19,5	17,1	17,8	17,3	18,6	23,0	13,2	13,0	13,3	79	69	80
7	61,7	62,8	64,8	17,5	14,9	11,7	16,7	11,2	8,7	16,7	21,9	13,7	7,7	6,6	92	61	64

Da-tum. Okt.	Wind Richtung & Stärke nach Beaufort (0—12)			Bewölkung						Niederschläge in mm		
				7 Vm		2 Nm		9 Nm				
	7 Vm	2 Nm	9 Nm	Grad	Form	Grad	Form	Grad	Form	7 Vm	9 Nm	9 Nm / 7 Vm
1	NNO 4	NNW 6	N 5	2	Cir-str.	1	Str.	—	—			
2	N O 2	N 1	NW 1	2	Cir-str.	7	Str.	5	Str.			
3	N O 1	OSO 3	OSO 2	3	Cum	5	Str	9	Cum-ni		0,0	0,0
4	ONO 1	S O 3	S O 1	6	Cir-cum	8	Cum	3	Str			
5	ONO 1	S O 2	OSO 1	1	Cir	7	Cum-str.	8	Cum			
6	ONO 1	NNW 1	N O 1	10	Cum-ni	10	Cum-ni	10	Nim			6,4
7	N 3	NNO 7	NNO 7	10	Nim	9	Cum-ni	10	Cum-ni	6,4		

Druck der Missionsdruckerei, Tsingtau.

第四年　第三十九号

1903 年 10 月 10 日

告白

艾里希·马茨递交申请，请求将目前由 A.施多尔茨女士拥有的、位于大鲍岛的保龄球爱好者之家的饭店经营许可转至他的名下。

如根据 1899 年 10 月 10 日颁布的总督府告白对此持有异议，可于本月 25 日前递交至本部门。

青岛，1903 年 10 月 7 日
皇家巡捕房

对船员的告白

10 月 10 日，将在位于青岛东南偏东方向、大约 29 海里处的潮连岛上设置一座新的灯塔。

这座用灰色砂砾岩建造的灯塔，从地面到拱形塔顶上角的高度为 15 米。

灯塔灯光为煤油灯，可在高潮水位 80 米以上看到，在天气晴朗的深夜可以从 21 海里以外看到。从各个方向都可以看到它的闪光，灯塔每隔 10 秒钟会短时间闪烁。

青岛，1903 年 10 月 8 日
皇家船政局

来自不来梅、已通过考核的见习律师弗里德里希·沃伊茨已被准许担任胶澳皇家审判厅的律师。

青岛，1903 年 9 月 24 日
皇家高等法官
克鲁森博士

发包广告

督署野战医院所属的"妇女儿童医院"全部建造工程将公开发包。

发包文件自本月15日起在第三工部局三部营业室内张贴,以供查看,如果数量足够,也可以在该处以每份3元价格购买。

报价须密封并注明"野战医院妇女和儿童医院"字样后,于今年10月20日星期二上午10点举办的发包仪式上递交给本部门。

青岛,1903年10月7日
第三工部局三部

告白

启者:兹将据报或被窃、或遗失以及送署各物分别列左:

被窃各物:

白色新女长褂二件,蓝色新女裤一条,绒被一床,蓝色坎肩一件,时表一枚,银料洋火盒一个。

遗失之物:

黄皮料烟卷夹子一个。

送存之物:

绿皮料烟卷夹子一个。

以上各物切勿轻买,致干未便,如见亦宜报明本署。至送署各物,亦准具领。此布。

德一千九百三年十月初八日
青岛巡捕衙门启

官方消息

被授权执行保护地司法裁判权,并被委托执行督署法庭所辖的一个战争法庭委员会业务的皇家普鲁士司法陪审员、法学博士贝麦,已被任命为皇家法官(帝国海军部1903年10月2日电报)。

军舰海鹰号自本月30日起接手在青岛的驻站工作。

自10月6日起,督署财务处的汇率为:1元=2.01马克。

船运

1903年10月1日—8日期间

到达日	轮船船名	船长	挂旗国籍	出发港	出发日	到达港
10月1日	青岛号	韩森	德国	芝罘	10月1日	上海
10月1日	叶世克总督号	舒尔特	德国	上海	10月3日	上海
10月2日	源丸		日本	门司	10月5日	芝罘
10月5日	柯尼夫斯堡号	凯瑟	德国	上海	10月6日	芝罘
（8月17日）	阿尔斯特尼克斯号	奥哈根	德国	波特兰	10月7日	维多利亚

181.

Amtsblatt
für das
Deutsche Kiautschou-Gebiet.

青島官報

Herausgegeben vom Kaiserlichen Gouvernement Kiautschou.

Der Bezugspreis beträgt jährlich $ 0,60=M 1,20.
Bestellungen nehmen sämtliche deutsche Postanstalten entgegen.

Jahrgang 4.   Nr. 40.   Tsingtau, den 17. Oktober 1903.

Verdingungsanzeige.

Für das Baudirektions-Wohngebäude soll die Ausführung der gesamten Bauarbeiten zum „Bau eines Pferdestalles mit Boyräumen" öffentlich vergeben werden.

Die Verdingungsunterlagen liegen im Geschäftszimmer der Hochbauabteilung III. c vom 22. d. Mts. an zur Einsicht aus und können von dort gegen Erstattung von 1$ bezogen werden.

Der ganze Bau wird in runder Summe vergeben.

Versiegelte und mit der Aufschrift
„B. D. Pferdestall"
versehene Angebote sind bis zu dem auf Montag, den 26. Oktober d. Js., vormittags 10 Uhr, festgesetzten Eröffnungstermin an die unterzeichnete Behörde einzureichen.

Tsingtau, den 14. Oktober 1903.

Hochbauabteilung III. c.

Im hiesigen Handelsregister Abteilung A Nr. 13 ist zu der Firma H. v. Koslowski & Linke eingetragen:

Die Handelsgesellschaft ist aufgelöst. Liquidatoren sind die bisherigen Gesellschafter Kaufmann Hans von Koslowski und Kaufmann Otto Linke in Tsingtau.

Tsingtau, den 6. Oktober 1903.

Kaiserliches Gericht von Kiautschou.

Bekanntmachung.

Gestohlene Gegenstände:
  3 blaue Hosen,
  2 blaue wattierte Decken
  1 dünne blau und rot gestreifte und
  2 weisse Unterjacken.
Verlorene Gegenstände:
  1 schwarze lederne Briefmappe mit Papieren.
Gefundene Gegenstände:
  1 Bettlaken,
  1 Rohrzange,
  1 goldene Brille mit Etui.

Tsingtau, den 15. Oktober 1903.

Kaiserliches Polizeiamt.

Die im hiesigen Handelsregister Abteilung A Nr. 29 eingetragene Firma „Hermann Wolf" ist gelöscht.

Tsingtau, den 6. Oktober 1903.

Kaiserliches Gericht von Kiautschou.

Amtliche Mitteilungen.

Rechtsanwalt und Notar Dr. Rapp hat eine auf mehrere Monate berechnete Reise nach Europa angetreten. Seine Vertretung in Anwaltssachen hat Rechtsanwalt Voigts übernommen.

Amtsblatt—青島官報

Meteorologische Beobachtungen.

Datum. Okt.	Barometer (mm) reduz. auf 0° C., Seehöhe 24,30 m			Temperatur (Centigrade).								Dunstspannung in mm			Relat. Feuchtigkeit in Prozenten		
				trock. Therm.			feucht. Therm.										
	7 Vm	2 Nm	9 Nm	7 Vm	2 Nm	9 Nm	7 Vm	2 Nm	9 Nm	Min.	Max.	7 Vm	2 Nm	9 Nm	7 Vm	2 Nm	9 Nm
8	766,2	765,1	766,1	9,5	14,8	11,3	6,3	8,4	7,9	8,8	17,9	5,2	4,4	5,9	59	35	59
9	66,8	65,0	65,2	11,5	18,5	15,1	8,6	13,3	12,1	9,0	15,2	6,6	8,2	8,7	65	52	68
10	64,1	61,7	61,7	14,3	19,7	17,9	11,1	14,7	9,3	11,5	19,9	7,9	9,4	3,6	65	55	23
11	61,2	59,9	60,3	16,9	22,1	19,3	14,3	17,5	16,7	15,0	20,4	10,6	12,1	12,6	74	61	75
12	61,0	62,5	66,0	16,9	19,0	16,1	15,5	14,9	9,9	16,6	22,1	12,3	10,1	5,4	86	62	40
13	67,5	65,3	65,4	11,1	18,7	16,5	9,6	13,5	12,9	9,5	20,6	8,0	8,4	8,9	81	52	64
14	63,3	61,3	61,6	15,7	19,5	17,3	13,2	14,7	13,9	10,8	19,0	9,8	9,5	9,8	74	56	67

Datum. Okt.	Wind Richtung & Stärke nach Beaufort (0—12)			Bewölkung						Niederschläge in mm		
				7 Vm		2 Nm		9 Nm				
	7 Vm	2 Nm	9 Nm	Grad	Form	Grad	Form	Grad	Form	7 Vm	9 Nm	9 Nm / 7 Vm
8	N O 4	NNW 5	N O 3	—	—	1	Str.	6	Str.			
9	N 2	WNW 1	WSW 1	—	—	1	Cum	3	Cum			
10	WNW 1	S 4	SW 3	1	Cum	1	Str.	2	Str.			
11	S W 1	S 3	SSW 3	8	Cir-str.	—	—	—	—			
12	NNW 3	NNO 5	N O 5	6	Cum-str.	3	Cum	6	Cum			
13	N W 2	N W 2	SW 2	—	—	5	Str.	1	Str.			
14	WSW 1	SW 3	SSW 2	9	Cum-str.	3	Cum-str.	3	Str.			

Schiffsverkehr
in der Zeit vom 8.—15. Oktober 1903.

Angekommen am	Name	Kapitän	Flagge	von	Abgefahren am	nach
8.10.	D. Freiburg	Prösch	Deutsch	Kobe		
9.10.	D. Gouv. Jaeschke	Schuldt	„	Schanghai	10.10.	Schanghai
10.10.	D. Vorwärts	Sohnemann	„	Tschifu	10.10.	„
11.10.	D. Najata Maru		Japanisch	Moji	12.10.	Tschifu
„	D. Tsintau	Hansen	Deutsch	Schanghai	12.10.	„
12.10.	D. Helios	Saloesen	Norwegisch	Utaru		
13.10.	D. Chizoda Maru		Japanisch	Moji	14.10.	Tschifu
15.10.	D. Knivsberg	Kayser	Deutsch	Tschifu		

Druck der Missionsdruckerei, Tsingtau.

第四年　第四十号

1903年10月17日

发包广告

为建设指挥部居住楼建造"带有侍童房间的一处马厩"的全部工程将会公开发包。

发包文件张贴于第三工部局三部的营业室内,本月22日起可以查看,也可以支付1元购买。

整个建造工程以大致金额发包。

报价须密封并注明"B.D.马厩"字样后,最晚在确定好的开标日期今年的10月26日上午10点前递交至本部门。

青岛,1903年10月14日
第三工部局三部

在本地商业登记部门一处13号登记中,对冯·柯斯洛夫斯基和凌基公司登记入下列事项:

该贸易公司已经解散。清算人为目前的公司股东青岛商人汉斯·冯·柯斯洛夫斯基和商人奥托·凌基。

青岛,1903年10月6日
胶澳皇家审判厅

告白

下列物品被盗:
3条蓝色裤子,2床棉床单,1件薄蓝红条纹内衣和2件白色内衣。

丢失物品:
1个黑色皮信夹,内含纸张。

找到物品:

1件床单,1个管扳手,1个带盒子的金色眼镜。

青岛,1903年10月15日
皇家巡捕房

在本地商业登记部门一处13号登记的"赫尔曼·沃尔夫公司"现已注销。

青岛,1903年10月6日
胶澳皇家审判厅

官方消息

律师和公证员拉普博士已经启程前往欧洲,旅程时间为数月。由律师沃伊特代理他的法律业务。

船运

1903年10月8日—15日期间

到达日	轮船船名	船长	挂旗国籍	出发港	出发日	到达港
10月8日	弗莱堡号	普罗施	德国	横滨		
10月9日	叶世克总督号	舒尔特	德国	上海	10月10日	上海
10月10日	前进号	索纳曼	德国	芝罘	10月10日	上海
10月11日	Najata 丸		日本	门司	10月12日	芝罘
10月11日	青岛号	汉森	德国	上海	10月12日	芝罘
10月12日	赫利奥号	萨洛森	挪威	小樽		
10月13日	Chizoda 丸		日本	门司	10月14日	芝罘
10月15日	柯尼夫斯堡号	凯瑟	德国	芝罘		

Amtsblatt
für das
Deutsche Kiautschou-Gebiet.

报官岛青

Herausgegeben vom Kaiserlichen Gouvernement Kiautschou.

Der Bezugspreis beträgt jährlich $ 0,60=M 1,20.
Bestellungen nehmen sämtliche deutsche Postanstalten entgegen.

Jahrgang 4. Nr. 41. Tsingtau, den 24. Oktober 1903.

Verordnung
betreffend Hasenjagd.

Die Jagd auf Hasen wird vom 2. November d. Js. an freigegeben.

Mit dem gleichen Tage tritt die Verordnung betreffend Schonzeit der Hasen vom 20. Januar d. Js. (Amtsblatt 1903, Seite 14) ausser Kraft.

Tsingtau, den 22. Oktober 1903.

Der Kaiserliche Gouverneur.

In Vertretung

Hofrichter.

Aufgebot.

Es wird hierdurch bekannt gemacht, dass

Heinrich **Hildebrand**, seines Standes Königlicher Baurat, geboren zu Bitburg, wohnhaft zu Tsingtau, Sohn des Rentners Johann Hildebrand und seiner Ehefrau Margaretha, geborenen Staudt, beide zu Bitburg verstorben,

und

Ellen Pietra Carolina **Schumacher**, ohne Gewerbe, geboren zu Wermelskirchen, Regierungsbezirk Düsseldorf, wohnhaft in Wermelskirchen, Tochter des verstorbenen Kommerzienrats Julius Schumacher und seiner in Wermelskirchen wohnhaften Ehefrau Augusta, geborenen Behrens,

beabsichtigen, sich mit einander zu verheiraten und diese Ehe in Gemässheit des Reichsgesetzes vom 4. Mai 1870 vor dem Kaiserlich Deutschen Generalkonsul in Schanghai abzuschliessen.

Tsingtau, den 17. Oktober 1903.

Der Kaiserliche Standesbeamte.

Aufgebot.

Es wird hierdurch bekannt gemacht, dass

Ludwig **Friedrich Staatsmann**, seines Standes Materialienverwalter, geboren zu Konstanz, 28 Jahre alt, wohnhaft in Tsingtau, Sohn des 60 Jahre alten Steuereinnehmers Ludwig Staatsmann und seiner 50 Jahre alten Ehefrau Bertha, geborenen Maier, beide in Heidelberg wohnhaft,

und

Johanna **Wilhelmine Seitz**, ohne Gewerbe, geboren in Neckargemünd, 24 Jahre alt, wohnhaft in Neckargemünd, Tochter des 61 Jahre alten, in Neckargemünd wohnhaften Seilermeisters Ludwig Seitz und seiner ebenda vorstorbenen Ehefrau Barbara, geborenen Hoffmann,

beabsichtigen, sich mit einander zu verheiraten und diese Ehe in Gemässheit des Reichsgesetzes vom 4. Mai 1870 vor dem Kaiserlich Deutschen Generalkonsul in Schanghai abzuschliessen.

Tsingtau, den 21. Oktober 1903.

Der Kaiserliche Standesbeamte

In Vertretung

Dr. Crusen.

184.   Amtsblatt—青島官報   24. Oktober 1903.

Oeffentliche Ladung.

In Sachen des chinesischen Unternehmers Tsch'iau ling hsiu, zur Zeit unbekannten Aufenthalts, gegen Max Schierwagen in Tsingtau wegen mex. $ 2535,50 ist Termin zur Fortsetzung der mündlichen Verhandlung auf

Donnerstag, den 10. Dezember 1903, morgens 8 Uhr, anberaumt worden, zu welchem der Kläger hiermit öffentlich vor das Kaiserliche Gericht von Kiautschou in Tsingtau, Zimmer Nr. 1. geladen wird.

Tsingtau, den 21. Oktober 1903.

                Bergemann, Sekretär

        Gerichtsschreiber
des Kaiserlichen Gerichts von Kiautschou.

Bekanntmachung.

Beim hiesigen Postamte werden demnächst **verschliessbare Abholungsfächer** (letterboxes) eingeführt. Diese Fächer - etwa 20 cm breit und 20 cm hoch, für Abholer mit lebhaftem Postverkehr 10 cm breiter - sollen in die Wand zwischen Dienstzimmer und Hausflur eingebaut werden und den Inhabern täglich von 7 Uhr Morgens bis 9 Uhr Abends, bei ankommenden Posten u. U. noch länger zugänglich sein.

Für die Ueberlassung eines Faches nebst zwei Schlüsseln wird eine Jahresgebühr erhoben, welche für die kleinen Fächer auf 12, für die grossen auf 18 $ festgesetzt ist. Die Gebühr ist vierteljährlich im voraus zu entrichten. Die Ueberlassung geschieht zunächst auf die Dauer eines Jahres. Fällt der Endpunkt nicht mit dem Ablauf eines Kalendervierteljahrs zusammen, so dauert die Ueberlassung bis zum Ablaufe des Vierteljahrs. Erfolgt nicht drei Monate vorher eine schriftliche Kündigung, so verlängert sich die Ueberlassung auf unbestimmte Zeit unter Vorbehalt einer dreimonatigen, nur zum Ende eines Kalendervierteljahres zulässigen schriftlichen Kündigung.

Eine Verpflichtung zur Ueberlassung von Schliessfächern besteht für die Postverwaltung nicht. Diese ist auch berechtigt, die Ueberlassung eines Faches jederzeit ohne Kündigung zurückzuziehen; alsdann wird die erhobene Gebühr u. U. anteilmässig zurückgezahlt.

欽命德膠澳署 為
登票宣傳事照得前攬包工人喬
秀投本署呈控青島德商色瓦
令其欠洋銀二千五百三十五元
政欠其在案茲又定於西歷本年十
二月初十日早八點鐘在本署第
一號房間内續訊此案惟該原告宣
覺無踪跡無地查傳相應諾登
傳仲喬令秀屆期務當投案候審
勿違特傳
德一千九百三年十月二十一日

Anträge auf Ueberlassung von Schliessfächern werden schriftlich erbeten.

Tsingtau, den 22. Oktober 1903.

    Kaiserlich Deutsches Postamt
             Henniger.

Bekanntmachung für Seefahrer.

Im nordöstlichen Teile der inneren Bucht von Kiautschou, im sogenannten „Ts'ang k'ouer Tief", sind zur Bezeichnung dieses Tiefs folgende Bojen ausgelegt:

1) An der Grenze der Wassertiefe von 6 m im Osten des Tiefs in 6,4 m Wassertiefe eine rote Spierentonne, welche in weissen Buchstaben die Bezeichnung C/C trägt, und von Schiffen mit einem Tiefgange bis zu 6 m einlaufend eben frei an Steuerbord gelassen werden muss.

Die geographische Lage dieser Boje ist:
    36° 8′ 21″ Nord-Breite und
    120° 19′ 1″ Ost-Länge.

2) Zur Begrenzung des Tiefs im Norden desselben in 6 m Wassertiefe eine schwarz-rot horizontal gestreifte Bakentonne mit Kugeltoppzeichen; diese Tonne trägt in weissen Buchstaben die Bezeichnung D/D.

Ihre geographische Lage ist:
    36° 10′ 4″ Nord-Breite und
    120° 19′ 40″ Ost-Länge.

Tsingtau, den 20. Oktober 1903.

    Kaiserliches Hafenamt.

24. Oktober 1903.   Amtsblatt—報官島青   185.

Verdingung.

Die Lieferung von Natureis für das Gouvernements-Lazarett soll öffentlich verdungen werden.
Die Lieferungsbedingungen können vom 26. d. Mts. ab beim Gouvernementslazarett eingesehen werden. Versiegelte Angebote mit der Aufschrift „Angebot auf Natureis" sind bis Sonnabend, den 14. November 1903, vormittags 10 Uhr, an die unterzeichnete Behörde einzureichen.

Tsingtau, den 19. Oktober 1903.

Kaiserliches Gouvernements-Lazarett.

Amtliche Mitteilungen.

Der Rechtsanwalt Dr. jur. Koch in Tsingtau ist für die Dauer seiner Zulassung zur Rechtsanwaltschaft zum Notar für den Bezirk des Kaiserlichen Gerichts von Kiautschou ernannt (telegraphische Mitteilung des Reichs-Marine-Amts vom 13. Oktober 1903).

Sonnen-Auf-und Untergang für Monat November 1903.

Dt.	Mittelostchinesische Zeit des			
	wahren	scheinbaren	wahren	scheinbaren
	Sonnen-Aufgangs		Sonnen-Untergangs	
1.	6 U. 24.9 M.	6 U. 19.4 M.	6 U. 0.1 M.	5 U. 5.6 M.
2.	25.8	20.3	5 U. 59.1	4.6
3.	26.7	21.2	58.1	3.6
4.	27.6	22.1	57.2	2.7
5.	28.6	23.1	56.3	1.8
6.	29.6	24.1	55.4	0.9
7.	30.5	25.0	54.5	0.0
8.	31.5	26.0	53.6	4 U. 59.1
9.	32.5	27.0	52.7	58.2
10.	33.5	28.0	51.9	57.4
11.	34.5	29.0	51.1	56.6
12.	35.6	30.1	50.2	55.7
13.	36.7	31.2	49.4	54.9
14.	37.8	32.3	48.6	54.1
15.	38.9	33.4	47.8	53.3
16.	40.0	34.5	47.0	52.5
17.	41.0	35.5	46.4	51.9
18.	42.0	36.5	45.8	51.3
19.	42.9	37.4	45.3	50.8
20.	43.8	38.3	44.8	50.3
21.	44.7	39.2	44.3	49.8
22.	45.7	40.2	43.8	49.3
23.	46.7	41.2	43.3	48.8
24.	47.7	42.2	42.8	48.3
25.	48.7	43.2	42.3	47.8
26.	49.7	44.2	41.8	47.3
27.	50.7	45.2	41.5	47.0
28.	51.7	46.2	41.2	46.7
29.	52.7	47.2	41.0	46.5
30.	53.7	48.2	40.8	46.3

Hochwassertabelle für den Monat November 1903.

Datum	Tsingtau - Hauptbrücke		T'aput'ou.		Nükuk'ou.	
	Vormittags	Nachmittags	Vormittags	Nachmittags	Vormittags	Nachmittags
1.	1 U. 20 M.	1 U. 48 M.	2 U. 10 M.	2 U. 38 M.	2 U. 20 M.	2 U. 48 M.
2.	2 „ 17 „	2 „ 40 „	3 „ 07 „	3 „ 30 „	3 „ 17 „	3 „ 40 „
3.	3 „ 03 „	3 „ 23 „	3 „ 53 „	4 „ 13 „	4 „ 03 „	4 „ 23 „
4.	3 „ 44 „	4 „ 04 „	4 „ 34 „	4 „ 54 „	4 „ 44 „	5 „ 04 „
5.	4 „ 24 „ ○	4 „ 44 „	5 „ 14 „	5 „ 34 „	5 „ 24 „	5 „ 44 „
6.	5 „ 04 „	5 „ 25 „	5 „ 54 „	6 „ 15 „	6 „ 04 „	6 „ 25 „
7.	5 „ 46 „	6 „ 07 „	6 „ 36 „	6 „ 57 „	6 „ 46 „	7 „ 07 „
8.	6 „ 28 „	6 „ 51 „	7 „ 18 „	7 „ 41 „	7 „ 28 „	7 „ 51 „
9.	7 „ 13 „	7 „ 38 „	8 „ 03 „	8 „ 28 „	8 „ 13 „	8 „ 38 „
10.	8 „ 02 „	8 „ 27 „	8 „ 52 „	9 „ 17 „	9 „ 02 „	9 „ 27 „
11.	8 „ 51 „	9 „ 20 „	9 „ 41 „	10 „ 10 „	9 „ 51 „	10 „ 20 „
12.	9 „ 48 „ ◐	10 „ 23 „	10 „ 38 „	11 „ 13 „	10 „ 48 „	11 „ 23 „
13.	10 „ 59 „	11 „ 35 „	11 „ 49 „	—	11 „ 59 „	—
14.	—	0 „ 11 „	0 „ 25 „	1 „ 01 „	0 „ 35 „	1 „ 11 „
15.	0 „ 47 „	1 „ 24 „	1 „ 37 „	2 „ 14 „	1 „ 47 „	2 „ 24 „
16.	1 „ 56 „	2 „ 27 „	2 „ 46 „	3 „ 17 „	2 „ 56 „	3 „ 27 „
17.	2 „ 53 „	3 „ 19 „	3 „ 43 „	4 „ 09 „	3 „ 53 „	4 „ 19 „
18.	3 „ 41 „	4 „ 03 „	4 „ 31 „	4 „ 53 „	4 „ 41 „	5 „ 03 „
19.	4 „ 25 „ ●	4 „ 46 „	5 „ 15 „	5 „ 36 „	5 „ 25 „	5 „ 46 „
20.	5 „ 06 „	5 „ 27 „	5 „ 56 „	6 „ 17 „	6 „ 06 „	6 „ 27 „
21.	5 „ 46 „	6 „ 04 „	6 „ 36 „	6 „ 54 „	6 „ 46 „	7 „ 04 „
22.	6 „ 22 „	6 „ 40 „	7 „ 12 „	7 „ 30 „	7 „ 22 „	7 „ 40 „
23.	6 „ 58 „	7 „ 16 „	7 „ 48 „	8 „ 06 „	7 „ 58 „	8 „ 16 „
24.	7 „ 34 „	7 „ 52 „	8 „ 24 „	8 „ 42 „	8 „ 34 „	8 „ 52 „
25.	8 „ 10 „	8 „ 29 „	9 „ 00 „	9 „ 19 „	9 „ 10 „	9 „ 29 „
26.	8 „ 48 „	9 „ 07 „	9 „ 38 „	9 „ 57 „	9 „ 48 „	10 „ 07 „
27.	9 „ 31 „ ◑	9 „ 56 „	10 „ 21 „	10 „ 46 „	10 „ 31 „	10 „ 56 „
28.	10 „ 30 „	11 „ 04 „	11 „ 20 „	11 „ 54 „	11 „ 30 „	—
29.	11 „ 39 „	—	—	0 „ 29 „	0 „ 04 „	0 „ 39 „
30.	0 „ 15 „	0 „ 49 „	1 „ 05 „	1 „ 39 „	1 „ 15 „	1 „ 49 „

1) ○ = Vollmond; 2) ◐ = Letztes Viertel; 3) ● = Neumond; 4) ◑ = Erstes Viertel.

186.   Amtsblatt—報官島青   24. Oktober 1903.

Meteorologische Beobachtungen.

Datum. Okt.	Barometer (mm) reduz. auf 0° C., Seehöhe 24,30 m			Temperatur (Centigrade).								Dunstspannung in mm			Relat. Feuchtigkeit in Prozenten		
				trock. Therm.			feucht. Therm.										
	7 Vm	2 Nm	9 Nm	7 Vm	2 Nm	9 Nm	7 Vm	2 Nm	9 Nm	Min.	Max.	7 Vm	2 Nm	9 Nm	7 Vm	2 Nm	9 Nm
15	760,8	759,0	758,9	17,3	21,8	19,7	14,6	17,9	17,3	16,5	20,0	10,7	12,9	13,2	73	67	78
16	56,9	54,3	54,0	19,5	22,5	21,1	16,1	18,5	18,1	17,4	22,4	11,5	13,4	13,6	69	66	74
17	58,9	60,9	63,5	13,3	13,1	9,8	10,1	9,8	5,9	13,3	23,4	7,3	7,0	4,6	64	63	51
18	63,3	63,5	66,8	8,7	10,7	9,7	5,9	8,1	5,5	7,0	16,5	5,3	6,5	4,2	63	68	47
19	68,7	68,1	68,7	7,5	14,9	10,3	3,9	9,5	4,9	5,8	16,1	3,9	5,6	3,3	51	45	35
20	69,1	67,4	67,1	11,7	16,6	15,8	8,1	12,1	11,9	7,7	15,9	5,9	7,8	8,0	57	56	60
21	63,9	60,9	60,9	15,9	18,3	15,3	13,7	15,3	13,5	12,9	18,3	10,3	11,1	10,4	77	71	81

Datum Okt.	Wind Richtung & Stärke nach Beaufort (0—12)			Bewölkung						Niederschläge in mm		
				7 Vm		2 Nm		9 Nm				
	7 Vm	2 Nm	9 Nm	Grad	Form	Grad	Form	Grad	Form	7 Vm	9 Nm	9 Nm / 7 Vm
15	S W 2	S 4	S S W 4			1	Str.	1	Str.			
16	S S W 3	S S W 5	S W 5					1	Str.			
17	N W 6	N W 6	N W 4	1	Str	1	Str.					
18	O N O 1	N W 4	N W 5									
19	N N W 3	N W 1	N O 1									
20	Stille 0	S O 2	S 2	4	Cir-str.	5	Cum-str.	10	Cum-ni			
21	W N W 1	S S W 3	W S W 1	10	Cum-str.	10	Cum-ni					

Schiffsverkehr
in der Zeit vom 15.—22. Oktober 1903.

Angekommen am	Name	Kapitän	Flagge	von	Abgefahren am	nach
15.10.	D. Knivsberg	Kayser	Deutsch	Tschifu	15.10.	Schanghai
15.10.	D. Gouv. Jaeschke	Schuldt	„	Schanghai	17.10.	„
(8.10.)	D. Freiburg	Prösch	„	Moji	16.10.	Hongkong
(12.10.)	D. Helios	Salvesen	Norwegisch	Utaru	17.10.	Moji
17.10.	D. Vorwärts	Sohnemann	Deutsch	Schanghai	17.10.	Tschifu
20.10.	D. Katsuyama Maru		Japanisch	Kobe	21.10.	„
„	D. Artemisia	Gronmeyer	Deutsch	Hongkong		
21.10.	D. Clara Jebsen	Bendiksen	„	Tschifu	21.10.	Hongkoug
„	D. Niigata Maru	Yada	Japanisch	Moji	22.10.	Tschifu

Druck der Missionsdruckerei, Tsingtau.

第四年　第四十一号

1903年10月24日

关于猎兔方面的法令

将于今年11月2日起开放猎兔。

此外,今年1月20日公布的《关于保育兔子的法令》(《官报》1903年,第14页)失效。

青岛,1903年10月22日
代理皇家总督
霍夫里希特

公告

海因里希·锡乐巴,皇家土木工程监督官,出生于比特堡,居住地为青岛,是已退休的约翰·锡乐巴和出生时姓施陶特的妻子玛格丽塔的儿子,二人均已在比特堡去世。

爱伦·彼特拉·卡罗利娜·舒马赫,无业,出生于隶属于杜塞尔多夫政府区域内的威尔默斯基尔辛,居住地为威尔默斯基尔辛,是已去世的商务顾问①尤利乌斯·舒马赫与居住在威尔默斯基尔辛、出生时姓贝伦斯的妻子奥古斯特的女儿。

谨此宣布二人结婚,婚约按照1870年5月4日颁布的法律规定在德国上海总领事面前缔结。

青岛,1903年10月17日
皇家户籍官

公告

弗里德里希·施塔茨曼,职业为材料管理员,出生于康斯坦茨,现年28岁,居住地为青岛,是现年60岁的税务员路德维希·施塔茨曼和现年50岁、出生时姓迈耶尔的妻子贝

---

① 译者注:商务顾问为1919年前德国巨商和工业家的荣誉称号。

尔塔的儿子,二人均居住在海德堡。

约翰娜·威廉娜·塞茨,无业,出生于内卡格明特,居住地为内卡格明特,是现年61岁、居住在内卡格明特的制绳索师路德维希·塞茨与在那里去世、出生时姓霍夫曼的妻子芭芭拉的女儿。

谨此宣布二人结婚,婚约按照1870年5月4日颁布的法律规定在德国上海总领事面前缔结。

青岛,1903年10月21日
代理皇家户籍官
克鲁森博士

钦命德胶臬署　为

登票宣传事:照得前据包工人乔令秀投本署呈控青岛德商色瓦改,欠其洋银二千五百三十五元五角在案。兹又定于西历本年十二月初十日早八点钟,在本署第一号房间内续讯(讯)此案。惟该原告觅无踪迹,无地差传,相应登票宣传。仰乔令秀届期务当投案候审。勿违。特传。

德一千九百三年十月二十一日

告白

本地邮政局将在近期引入可上锁的取件箱(信箱)。这些信箱大约为20厘米宽,20厘米高。邮政局还为信件往来较多的取件者设立了加宽10厘米的信箱。它们被内置在营业室与房子过道之间的墙壁内,租用人可以从每天早上7点至晚9点取件,在邮件到达日时间还可以延长。

每个邮箱附带两把钥匙,租用按年度收费,费率定为小型邮箱12元,大型邮箱18元,该项费用按季度提前缴纳。租用邮箱的时间最初为一年起,如果邮箱租用的最后时间点没有超过一个日历季度,则该租用持续至日历季度结束为止。如果没有提前三个月进行书面退租,则邮箱租用时间延长为非特定时间,但是保留三个月内,只有在日历季度最后才被允许进行书面退租的规定。

邮局管理方对上锁邮箱的租用不承担任何安全义务。此外,邮局管理方还有权在任何时间不经解约就收回邮箱租用权,而此时将按照比例退回已收取的费用。

租用上锁邮箱须书面申请。

青岛,1903年10月22日
皇家德意志邮政局
海尼格

对海员的告白

在胶州湾内湾的东北部,即在所谓的"沧口深水位",放置了下列浮标,以标注该处深水位:

1. 在深水位东部 6 米水深的边界处 6.4 米水深的位置,放置了一个红色的圆形浮标,上面用白色字母 C/C 标记了名称,吃水 6 米以内的船只经过浮标时,须保持船舷不与其接触。

该处浮标的地理方位为:北纬 36 度 8 分 21 秒,东经 120 度 19 分 1 秒。

2. 为了标记此处深水的北部边界,在 6 米水深处放置了一个黑红色竖条纹浮标,顶部为球形标志,浮标上用白色字母 D/D 标记了名称。

该处浮标的地理方位为:北纬 36 度 10 分 4 秒,东经 120 度 19 分 40 秒。

青岛,1903 年 10 月 20 日
皇家船政局

发包

为督署野战医院供应天然冰的合同将公开发包。

供货条件于本月 26 日起可在督署野战医院查看。报价须密封并注明"对天然冰的报价"字样后,在 1903 年 11 月 14 日星期六上午 10 点前递交至本部门。

青岛,1903 年 10 月 19 日
皇家督署野战医院

官方消息

青岛的律师、法学博士科赫在他被许可担任律师期间,被任命为胶澳皇家审判厅辖区内的公证员(帝国海军部 1903 年 10 月 13 日的电报通知)。

船运

1903年10月15日—22日期间

到达日	轮船船名	船长	挂旗国籍	出发港	出发日	到达港
10月15日	柯尼夫斯堡号	凯瑟	德国	芝罘	10月15日	上海
10月15日	叶世克总督号	舒尔特	德国	上海	10月17日	上海
（10月8日）	弗莱堡号	普罗施	德国	门司	10月16日	香港
（10月12日）	赫利俄斯号	萨尔韦森	挪威	乌塔鲁	10月17日	门司
10月17日	前进号	索纳曼	德国	上海	10月17日	芝罘
10月20日	胜山丸		日本	横滨	10月21日	芝罘
10月20日	阿特米西娅号	格隆迈耶尔	德国	香港		
10月21日	克拉拉·捷成号	本迪克森	德国	芝罘	10月21日	香港
10月21日	新潟丸	Yada	日本	门司	10月22日	芝罘

Amtsblatt für das Deutsche Kiautschou-Gebiet.

青島官報

Herausgegeben vom Kaiserlichen Gouvernement Kiautschou.

Der Bezugspreis beträgt jährlich $ 0,60 = M 1,20.
Bestellungen nehmen sämtliche deutsche Postanstalten entgegen.

Jahrgang 4. — Nr. 42. — Tsingtau, den 31. Oktober 1903.

Amtliche Nachrichten.

Die Betriebsdirektion der Schantung-Eisenbahn-Gesellschaft hat folgende Bekanntmachung erlassen:

Mit dem **1. November d. Js.** tritt eine festgelegte **Tarifkilometer-Tabelle** in Kraft. Die Personen-Fahrpreise der einzelnen Wagenklassen erleiden hierdurch teilweise geringe Preiserhöhungen bezw. Preisermässigungen. Zugleich wird der Fahrpreis für die letzte Wagenklasse um 10 % erhöht.

Vom gleichen Tage ab wird die **Gepäckfracht** in der Weise berechnet, dass für je 10 kg und jeden Kilometer eine Gebühr von 0,002 $ erhoben wird.

Ferner wird ab **1. November d. Js.** die Bezeichnung der einzelnen **Wagenklassen** in der Weise geändert, dass

die jetzige II. Wagenklasse fortan I. Wagenklasse,
„ „ III. „ „ II. „
und „ „ IV. „ „ III. „

genannt wird.

Meteorologische Beobachtungen.

Datum Okt.	Barometer (mm) reduz. auf 0° C., Seehöhe 24,30 m			Temperatur (Centigrade).								Dunstspannung in mm			Relat. Feuchtigkeit in Prozenten		
				trock. Therm.			feucht. Therm.										
	7 Vm	2 Nm	9 Nm	7 Vm	2 Nm	9 Nm	7 Vm	2 Nm	9 Nm	Min.	Max.	7 Vm	2 Nm	9 Nm	7 Vm	2 Nm	9 Nm
22	761,4	760,9	762,3	12,9	19,3	16,5	11,2	14,1	11,9	12,6	19,0	8,9	8,8	7,6	81	53	55
23	63,4	62,9	63,5	15,3	20,5	16,8	12,8	14,9	13,0	12,9	20,0	9,5	9,2	8,8	73	51	63
24	64,2	62,4	62,7	17,1	20,6	18,9	13,7	15,9	17,7	15,9	20,6	9,6	10,6	14,3	66	58	88
25	62,4	61,6	63,3	18,9	18,5	13,3	18,1	17,6	12,5	17,4	20,6	15,0	14,4	10,3	92	91	91
26	65,4	65,9	68,3	7,3	6,7	5,5	6,7	4,7	3,3	7,0	10,0	7,0	5,2	4,5	91	72	67
27	70,8	69,7	7,2	5,2	8,8	5,7	2,7	6,7	2,7	5,0	8,0	4,1	6,1	3,8	61	72	55
28	71,7	73,4	74,4	4,9	9,5	4,7	2,6	6,3	2,7	4,6	9,0	4,2	5,2	4,4	64	59	68

Da-tum. Okt.	Wind Richtung & Stärke nach Beaufort (0—12)			Bewölkung						Niederschläge in mm		
	7 Vm	2 Nm	9 Nm	7 Vm		2 Nm		9 Nm		7 Vm	9 Nm	9 Nm 7 Vm
				Grad	Form	Grad	Form	Grad	Form			
22	N N W 2	N W 1	S 1									
23	Stille 0	S S O 2	S O 3					3	Str.			
24	O S O 2	O S O 3	S 3	8	Cum	2	Cum	10	Cum-ni		5,3	13,5
25	Stille 0	N N W 1	N N O 4	8	Cum	10	Nim	10	Nim	8,2	2,7	2,7
26	N N O 6	N N O 6	N N O 7	10	Nim	10	Nim	10	Cum-ni			
27	N N O 3	N W 3	N W 7	10	Cum-ni	7	Cum-ni	3	Str.			
28	N W 7	N 3	N O 1			3	Cum	1	Cum-str.			

Schiffsverkehr

in der Zeit vom 23.—29. Oktober 1903.

Ange-kommen am	Name	Kapitän	Flagge	von	Abgefah-ren am	nach
23.10.	D. Gouv. Jaeschke	Schuldt	Deutsch	Schanghai	23.10.	Schanghai
„	D. Knivsberg	Kayser	„	„	23.10.	Tschifu
25.10.	D. Kweilin	Intosch	Englisch	„	29.10.	„
28.10.	D. Vorwärts	Sohnemann	Deutsch	Tschifu	28.10.	Schanghai
29.10.	D. Strassburg	Madsen	„	Singpore		

Druck der Missionsdruckerei, Tsingtau.

第四年 第四十二号

1903 年 10 月 31 日

官方新闻

山东铁路公司发布了下列告白：

自今年 11 月 1 日起，下列已确定的每千米收费表生效。各等级车厢的人员运输价格会部分轻微上涨，也会有部分优惠。同时，末等车厢的乘坐价格涨价 10%。

同日起，行李运输的价格表示方式改为按照每 10 千克以及每千米收费 0.002 元。

此外，从今年 11 月 1 日起，各车厢级别的名称更改为：

现二等车厢改为一等车厢，现三等车厢改为二等车厢，现四等车厢改为三等车厢。

船运

1903 年 10 月 23 日—29 日期间

到达日	轮船船名	船长	挂旗国籍	出发港	出发日	到达港
10 月 23 日	叶世克总督号	舒尔特	德国	上海	10 月 23 日	上海
10 月 23 日	柯尼夫斯堡号	凯瑟	德国	上海	10 月 23 日	芝罘
10 月 25 日	桂林号	因托什	日本	上海	10 月 29 日	芝罘
10 月 28 日	前进号	索纳曼	德国	芝罘	10 月 28 日	上海
10 月 29 日	史特拉斯堡号	麦德森	德国	新加坡		

Amtsblatt
für das
Deutsche Kiautschou-Gebiet.

青島官報

Herausgegeben vom Kaiserlichen Gouvernement Kiautschou.

Der Bezugspreis beträgt jährlich $ 0,60 = M 1,20.
Bestellungen nehmen sämtliche deutsche Postanstalten entgegen.

Jahrgang 4. Nr. 43. Tsingtau, den 7. November 1903.

Oeffentliche Ladung.

In Sachen des chinesischen Unternehmers Tsch'iau ling hsiu, zur Zeit unbekannten Aufenthalts, gegen Max Schierwagen in Tsingtau wegen mex. $ 2535, 50 ist Termin zur Fortsetzung der mündlichen Verhandlung auf Donnerstag, den 10. Dezember 1903, morgens 8 Uhr, anberaumt worden, zu welchem der Kläger hiermit öffentlich vor das Kaiserliche Gericht von Kiautschou in Tsingtau, Zimmer Nr. 1, geladen wird.

Tsingtau, den 21. Oktober 1903.

Bergemann, Sekretär
Gerichtsschreiber
des Kaiserlichen Gerichts von Kiautschou.

Bekanntmachung für Seefahrer.

Am Signalmast auf dem Diederichsberge (Signalstation Tsingtau) brennt für die Zeit von Sonnenuntergang bis Sonnenaufgang in 100, 4 Meter Höhe über Hochwasser eine weisse Laterne. Diese ist von Nord über West und Süd bis Ost bei klarer Luft ca. 9 Seemeilen weit sichtbar.

Die geographische Lage ist:
36° 4' 0, o" Nord-Breite
120° 19' 17, o" Ost-Länge.

Tsingtau, den 30. Oktober 1903.

Kaiserliches Hafenamt.

Amtliche Mitteilungen.

Der Kurs bei der Gouvernementskasse beträgt vom 3. d. Mts. ab: 1 $ = 1, 97 M.

190. Amtsblatt—青島官報 7. November 1903.

Meteorologische Beobachtungen.

Datum Okt.	Barometer (mm) reduz. auf 0° C., Seehöhe 24,30 m			Temperatur (Centigrade).							Dunstspannung in mm			Relat. Feuchtigkeit in Prozenten		
				trock. Therm.			feucht. Therm.									
	7 Vm	2 Nm	9 Nm	7 Vm	2 Nm	9 Nm	7 Vm	2 Nm	9 Nm	Min.	Max.	7 Vm	2 Nm	9 Nm	7 Vm	2 Nm	9 Nm
29	773,7	771,6	771,5	4,3	9,8	6,5	3,1	5,6	4,0	3,9	10,5	5,0	4,3	4,6	80	47	64
30	70,0	69,1	70,2	7,5	12,1	8,3	4,7	7,7	6,1	4,6	9,9	4,7	5,2	5,7	61	50	70
31	71,9	71,6	72,5	5,9	12,8	7,7	4,5	8,4	5,5	5,5	12,9	5,5	5,6	5,4	79	51	69
Nov. 1	72,6	70,9	71,0	6,5	12,7	12,3	5,5	9,3	7,7	5,8	13,4	6,2	6,7	5,1	86	61	48
2	68,9	67,8	67,6	10,3	13,9	12,5	7,3	9,6	9,5	6,9	14,3	5,8	6,3	7,0	63	54	65
3	66,6	65,5	65,4	10,5	15,5	13,1	8,4	11,1	9,8	10,0	15,0	6,8	7,2	7,0	73	55	63
4	65,3	64,7	65,7	10,8	17,1	14,1	10,1	12,7	11,1	10,8	16,0	8,8	8,3	8,0	92	57	67

Datum Okt.	Wind Richtung & Stärke nach Beaufort (0—12)			Bewölkung						Niederschläge in mm		
				7 Vm		2 Nm		9 Nm				
	7 Vm	2 Nm	9 Nm	Grad	Form	Grad	Form	Grad	Form	7 Vm	9 Nm	9 Nm 7 Vm
29	N O 1	N W 1	O N O 1	5	Str.	4	Str.	—	—			
30	N N O 1	N W 1	N O 1	—	—	5	Cum	—	—			
31	N 2	N N O 4	N N O 1	—	—	2	Cum	—	—			
Nov. 1	N N O 1	N W 1	S W 1	—	—	—	—	—	—			
2	S S W 1	S W 2	S S W 2	2	Cir	10	Cum	9	Cum			
3	W 1	S S W 2	S S W 1	—	—	—	—	3	Cum			
4	S O 1	S 2	S O 2	6	Cum-str.	4	Cum-str	6	Cum			

Schiffsverkehr

in der Zeit vom 29. Oktober—5. November 1903.

Angekommen am	Name	Kapitän	Flagge	von	Abgefahren am	nach
(25.10.)	D Kweilin	Intosch	Englisch	Schanghai	29.10.	Tschifu
29.10.	D. Kisagata Maru		Japanisch	Moji	31.10.	”
30.10.	D. Tsingtau	Hansen	Deutsch	Schanghai	29.10.	”
31.10.	D. Gouv. Jaeschke	Schuldt	”	”	”	Schanghai
”	D Ching Ping	Harvey	Englisch	Tschifu	”	”
1.11.	D. Dampfprahm II	Amundsen	Russisch	Schanghai	1.11.	Tschifu
(20.10.)	D. Artemisia	Gronmeyer	Deutsch	Hongkong	3.11.	Moji
4.11.	D. Knivsberg	Kayser	”	Tschifu	4.11.	Schanghai
5.11.	D. Vorwärts	Sohnemann	”	Schanghai	5.11.	Tschifu

Druck der Missionsdruckerei, Tsingtau.

第四年　第四十三号

1903 年 11 月 7 日

钦命德胶澳署　为

登票宣传事：照得前据包工人乔令秀投本署呈控青岛德商色瓦改，欠其洋银二千五百三十五元五角在案。兹又定于西历本年十二月初十日早八点钟，在本署第一号房间内续訊(讯)此案。惟该原告觅无踪迹，无地差传，相应登票宣传。仰乔令秀届期务当投案候审。勿违。特传。

德一千九百三年十月二十一日

对海员的告白

棣德利山①上的信号旗杆（青岛信号站）在日落到日出期间将在高潮水位 100.4 米位置悬挂灯笼。天气情况良好时，从北面经西面，以及从南面到东面，均可从大约 9 海里外看到。

它的地理方位为：

北纬 36 度 4 分 0.0 秒，东经 120 度 19 分 17.0 秒。

青岛，1903 年 10 月 30 日
皇家船政局

官方消息

自本月 3 日起，督署财务处的汇率为：1 元＝1.97 马克。

---

① 译者注：即今信号山。

船运

1903年10月29日—11月5日期间

到达日	轮船船名	船长	挂旗国籍	出发港	出发日	到达港
（10月25日）	桂林号	因托什	英国	上海	10月29日	芝罘
10月29日	吉祥丸		日本	门司	10月31日	芝罘
10月30日	青岛号	韩森	德国	上海	10月29日	芝罘
10月31日	叶世克总督号	舒尔特	德国	上海	10月29日	上海
10月31日	清平号	哈维	英国	芝罘	10月29日	上海
11月1日	蒸汽动力驳船Ⅱ	阿蒙森	俄国	上海	11月1日	芝罘
（10月20日）	阿特米西亚号	格隆迈耶尔	德国	香港	11月3日	门司
11月4日	柯尼夫斯堡号	凯瑟	德国	芝罘	11月4日	上海
11月5日	前进号	索纳曼	德国	上海	11月5日	芝罘

Amtsblatt
für das
Deutsche Kiautschou-Gebiet.

青 島 官 報

Herausgegeben vom Kaiserlichen Gouvernement Kiautschou.

Der Bezugspreis beträgt jährlich $ 0,60=M 1,20.
Bestellungen nehmen sämtliche deutsche Postanstalten entgegen.

| Jahrgang 4. | Nr. 44. | Tsingtau, den 14. November 1903. |

Der am Kaiserlichen Gerichte von Kiautschou zugelassene Rechtsanwalt Friedrich Voigts ist zum Vertreter des Kaiserlichen Notars Dr. jur. Gottfried Rapp für die Dauer der Beurlaubung desselben ernannt worden.

Tsingtau, den 12. November 1903.

Der Kaiserliche Oberrichter.

Im hiesigen Handelsregister Abt. A Nr 18 ist zu der offenen Handelsgesellschaft Bierbaum & Co. in Liquidation eingetragen, dass die Liquidation beendet und die Firma erloschen ist.

Tsingtau, den 9. November 1903.

Kaiserliches Gericht von Kiautschou.

In das Handelsregister des unterzeichneten Gerichts ist unter A Nr. 38 die offene Handelsgesellschaft Reinhard & Roeper mit dem Sitze in Tsingtau eingetragen. Alleinige Inhaber sind der Techniker Joseph Reinhard und der Malermeister Albert Roeper, beide in Tsingtau.

Tsingtau, den 7. November 1903.

Kaiserliches Gericht von Kiautschou.

Meteorologische Beobachtungen.

Datum Nov.	Barometer (mm) reduz. auf 0° C., Seehöhe 24,30 m			Temperatur (Centigrade).								Dunstspannung in mm			Relat. Feuchtigkeit in Prozenten		
				trock. Therm.			feucht. Therm.										
	7 Vm	2 Nm	9 Nm	7 Vm	2 Nm	9 Nm	7 Vm	2 Nm	9 Nm	Min.	Max.	7 Vm	2 Nm	9 Nm	7 Vm	2 Nm	9 Nm
5	764,1	762,8	762,5	14,1	13,3	11,9	10,5	12,3	11,0	12,1	17,4	7,3	10,1	9,2	61	89	90
6	61,4	62,4	66,2	10,2	11,5	7,3	9,6	9,6	5,2	10,2	15,4	8,6	7,8	5,4	93	77	70
7	67,5	66,1	66,9	5,5	10,3	7,9	3,1	5,1	4,6	5,4	12,3	4,3	3,5	4,4	64	37	56
8	67,6	66,3	65,7	6,8	12,9	7,9	3,9	5,3	4,1	6,2	11,1	4,3	2,1	3,9	59	19	49
9	62,8	60,6	62,4	10,1	13,4	9,1	6,0	9,3	5,7	6,5	13,1	4,5	6,1	4,8	49	52	56
10	64,4	65,6	68,5	5,3	8,3	6,9	3,5	3,8	2,9	4,5	14,1	3,8	3,3	3,3	57	40	44
11	70,8	70,5	70,4	3,7	10,3	7,7	1,9	5,7	3,8	3,3	9,0	4,2	4,1	3,7	70	44	47

Da-tum. Nov.	Wind Richtung & Stärke nach Beaufort (0—12)			Bewölkung						Niederschläge in mm		
				7 Vm		2 Nm		9 Nm			9 Nm	
	7 Vm	2 Nm	9 Nm	Grad	Form	Grad	Form	Grad	Form	7 Vm	9 Nm	7 Vm
5	O 2	O 1	O 3	10	Cum-ni	10	Nim	10	Nim	13,1	13,1	
6	N W 4	NNW 7	N W 5	6	Cum-str.	8	Cum-ni					
7	WNW 1	N W 4	N 2									
8	NNW 1	N W 2	N O 1									
9	WSW 1	N W 4	WNW 2	10	Str.	4	Cum-ni					
10	N W 8	N W 8	N W 7									
11	N W 4	WNW 5	N W 3									

Schiffsverkehr

in der Zeit vom 5.—12. November 1903.

Ange-kommen am	Name	Kapitän	Flagge	von	Abgefah-ren am	nach
6.11.	D. Gouv. Jaeschke	Schuldt	Deutsch	Schanghai	7.11.	Schanghai
7.11.	D. Chiyoda Maru		Japanisch	Kobe	8.11.	Tschifu
7.11.	D. Tsintau	Hansen	Deutsch	Tschifu	7.11.	Schanghai
11.11.	D. Knivsberg	Kayser	"	Schanghai		

Druck der Missionsdruckerei, Tsingtau.

第四年 第四十四号

1903 年 11 月 14 日

在皇家公证员、法律博士歌特弗里德·拉普休假期间,任命已被批准担任胶澳皇家审判厅律师的弗里德里希·沃伊茨担任其代理。

青岛,1903 年 11 月 12 日
皇家高等法官

在本地商业登记 A 科登记号为第 18 号的营业中的贸易公司比尔鲍姆有限责任公司已进行清盘,待清盘结束后,该公司注销。

青岛,1903 年 11 月 9 日
胶澳皇家审判厅

在本地本法庭商业登记 A 科登记号为第 38 号的营业中的贸易公司莱因哈特和罗帕公司已登记,该公司位于青岛。其唯一所有人为工程师约瑟夫·莱因哈特和粉刷匠阿尔伯特·罗帕,二人均在青岛。

青岛,1903 年 11 月 7 日
胶澳皇家审判厅

船运

1903 年 11 月 5 日—12 日期间

到达日	轮船船名	船长	挂旗国籍	出发港	出发日	到达港
11 月 6 日	叶世克总督号	舒尔特	德国	上海	11 月 7 日	上海
11 月 7 日	末广号		日本	神户	11 月 8 日	芝罘
11 月 7 日	青岛号	韩森	德国	芝罘	11 月 7 日	上海
11 月 11 日	柯尼夫斯堡号	凯瑟	德国	上海		

Amtsblatt
für das
Deutsche Kiautschou-Gebiet.

青島官報

Herausgegeben vom Kaiserlichen Gouvernement Kiautschou.

Der Bezugspreis beträgt jährlich $ 0,60=M 1,20.
Bestellungen nehmen sämtliche deutsche Postanstalten entgegen.

| Jahrgang 4. | Nr. 45. | Tsingtau, den 21. November 1903. | 第四十五號 | 第四年 |

Amtliche Nachrichten.

Der Kurs bei der Gouvernementskasse beträgt vom 16. d. Mts. ab: 1 $ 1,88 M.

In Tschoutsun ist eine deutsche Postagentur eröffnet worden, welche von einem chinesischen Beamten verwaltet wird.

Schiffsverkehr

in der Zeit vom 12.—19. November 1903.

Angekommen am	Name	Kapitän	Flagge	von	Abgefahren am	nach
(29.10.)	D. Strassburg	Madsen	Deutsch	Singapore	14.11.	Moji, Calkutta
(11.11.)	D. Knivsberg	Kayser	”	Schanghai	13.11.	Tschifu
12.11.	D. Eva	Petersen	”	Portland		
13.11.	D. Gouv.- Jaeschke	Schuldt	”	Schanghai	14.11.	Schanghai
”	D. Segovia	Förk	”	Moji		
”	D. Yechigo Maru		Japanisch	”	14.11.	Tschifu
”	D. Nagata Maru		”	”	14.11.	Dalny
”	D. Columbia	Anderson	Englisch	Schanghai	16.11.	Schanghai
14.11.	D. Vorwärts	Sohnemann	Deutsch	Tschifu	14.11.	”
17.11.	D. Tsintau	Hansen	”	Schanghai	17.11.	Tschifu
”	D. Katsuyama Maru		Japanisch	Moji		

Meteorologische Beobachtungen.

Da-tum. Nov.	Barometer (mm) reduz. auf 0° C., Seehöhe 24,30 m			Temperatur (Centigrade).								Dunstspannung in mm			Relat. Feuchtigkeit in Prozenten		
				trock. Therm.			feucht. Therm.										
	7 Vm	2 Nm	9 Nm	7 Vm	2 Nm	9 Nm	7 Vm	2 Nm	9 Nm	Min.	Max.	7 Vm	2 Nm	9 Nm	7 Vm	2 Nm	9 Nm
12	768,5	765,5	763,9	7,1	11,5	11,9	4,0	6,9	6,1	3,4	10,6	4,2	4,6	9,2	56	46	56
13	60,9	58,7	61,3	10,0	15,1	7,3	16,7	12,3	8,3	7,6	12,5	5,4	9,0	5,4	58	70	60
14	67,3	68,2	68,1	6,0	9,5	7,9	3,9	5,3	2,5	5,9	15,1	4,8	4,2	4,4	69	47	51
15	67,0	64,0	62,6	8,2	12,9	7,9	5,8	9,5	6,3	5,3	10,4	5,5	6,8	3,9	67	66	55
16	62,0	60,5	61,1	11,9	15,3	9,1	11,3	13,5	13,5	8,6	14,0	9,6	10,4	14,8	94	81	92
17	58,4	60,6	64,1	12,0	11,3	6,9	1,4	10,9	7,9	10,3	17,5	9,7	9,5	3,3	94	96	76
18	68,3	68,9	72,0	2,6	6,3	7,7	0,8	2,3	0,9	2,5	12,5	3,8	3,0	3,7	69	42	72

Da-tum. Nov.	Wind Richtung & Stärke nach Beaufort (0—12)			Bewölkung						Niederschläge in mm		
				7 Vm		2 Nm		9 Nm				
	7 Vm	2 Nm	9 Nm	Grad	Form	Grad	Form	Grad	Form	7 Vm	9 Nm	9 Nm / 7 Vm
12	S 1	SW 4	SW 4	4	Str.	4	Cum-str					
13	SSW 3	SSW 4	WNW 3									
14	NNO 4	NNW 3	N O 1									
15	S O 2	SSO 3	S 4	5	Cum-str.	6	Cum					
16	NNW 1	NNO 1	OSO 1	7	Cum-ni	8	Cum-ni					0,6
17	N 1	NW 4	N 4	10	Nim	10	Nim	10	Nim	0,6	2,5	2,5
18	NNO 4	WNW 3	WNW 3	4	Cir-str.	3	Cir-str.	5	Cum			

Druck der Missionsdruckerei, Tsingtau.

第四年　第四十五号

1903年11月21日

官方新闻

自本月16日起,督署财务处的汇率为:1元＝1.88马克。

一家德国邮政代办所在周村开业,由一名华人雇员打理。

船运

1903年11月12日—19日期间

到达日	轮船船名	船长	挂旗国籍	出发港	出发日	到达港
(10月29日)	史特拉斯堡号	麦德森	德国	新加坡	11月14日	门司 加尔各答
(11月11日)	柯尼夫斯堡号	凯瑟	德国	上海	11月13日	芝罘
11月12日	夏娃号	彼得森	德国	波特兰		
11月13日	叶世克总督号	舒尔特	德国	上海	11月14日	上海
11月13日	塞戈维亚号	福尔克	德国	门司		
11月13日	越后丸		日本	门司	11月14日	芝罘
11月13日	永田丸		日本	门司	11月14日	大连
11月13日	哥伦比亚号	安德森	英国	上海	11月16日	上海
11月14日	前进号	索纳曼	德国	芝罘	11月14日	上海
11月17日	青岛号	韩森	德国	上海	11月17日	芝罘
11月17日	仙台丸		日本	门司		

Amtsblatt
für das
Deutsche Kiautschou-Gebiet.

青島官報

Herausgegeben vom Kaiserlichen Gouvernement Kiautschou.

Der Bezugspreis beträgt jährlich $ 0,60 = M 1,20.
Bestellungen nehmen sämtliche deutsche Postanstalten entgegen.

Jahrgang 4.   Nr. 46.   Tsingtau, den 28. November 1903.

Meteorologische Beobachtungen.

Datum. Nov.	Barometer (mm) reduz. auf 0° C., Seehöhe 24.30 m			Temperatur (Centigrade).								Dunstspannung in mm			Relat. Feuchtigkeit in Prozenten		
				trock. Therm.			feucht. Therm.										
	7 Vm	2 Nm	9 Nm	7 Vm	2 Nm	9 Nm	7 Vm	2 Nm	9 Nm	Min.	Max.	7 Vm	2 Nm	9 Nm	7 Vm	2 Nm	9 Nm
19	772,9	770,9	771,0	1,7	6,3	3,7	1,1	1,8	0,0	1,5	7,4	2,8	2,5	2,4	53	35	40
20	70,8	67,8	69,2	2,9	10,1	8,7	0,3	6,1	5,9	1,6	7,0	3,2	4,6	5,3	56	50	63
21	69,5	68,6	74,5	5,4	9,2	0,7	4,3	5,3	0,7	3,4	10,7	5,6	4,3	3,6	83	50	75
22	74,8	75,2	76,8	0,7	6,5	2,7	2,9	3,3	0,5	1,9	10,0	2,5	3,9	3,5	58	54	62
23	74,9	73,1	73,1	5,9	7,6	7,9	3,5	4,9	5,7	0,3	7,0	4,5	4,9	5,5	65	62	69
24	71,8	71,1	74,1	6,3	5,3	1,3	5,1	4,3	0,1	6,2	8,6	5,9	5,6	3,9	83	85	75
25	74,3	74,1	75,4	0,0	3,7	1,3	0,2	0,6	0,7	0,9	6,8	4,4	3,0	3,3	96	49	65

Datum. Nov.	Wind Richtung & Stärke nach Beaufort (0—12)			Bewölkung						Niederschläge in mm	
				7 Vm		2 Nm		9 Nm			9 Nm
	7 Vm	2 Nm	9 Nm	Grad	Form	Grad	Form	Grad	Form	7Vm 9Nm	7 Vm
19	NW 4	WNW 1	N O 1	2	Cir-str.	1	Str.	1	Str.		
20	N O 1	S W 3	W 1			8	Cum-ni	2	Cum-ni		
21	N W 1	NNO 3	NNO 2								
22	N O 2	O 2	ONO 2			3	Cum				
23	OSO 2	SSO 2	S 3	8	Cir-cu	7	Cum-ni	10	Nim		3,4
24	N W 2	N W 5	N O 4	10	Cum-ni	9	Cum-ni	8	Cum-ni	3,4	
25	NNO 3	NNW 4	N 3	3	Cir-cu	9	Cum-ni	5	Cum		

196. Amtsblatt—報官島靑 28. November 1903.

Schiffsverkehr

in der Zeit vom 19.—26. November 1903.

Ange-kommen am	Name	Kapitän	Flagge	von	Abgefahren am	nach
(12.11.)	D. Eva	Petersen	Deutsch	Portland	26.11.	Schanghai
(13.11.)	D. Segovia	Förck	„	Moji	21.11.	Moji
(17.11.)	D. Katsuyama Maru	Yanagi	Japanisch	„	22.11.	Niutschuang
20.11.	D. Gouv. Jaeschke	Schuldt	Deutsch	Schanghai	21.11	Schanghai
21.11.	D. Keelung Maru	Mikusi	Japanisch	Moji	22.11.	Tschifu
22.11.	D. Knivsberg	Kayser	Deutsch	Tschifu	23.11.	Schanghai
23.11.	D. Vorwärts	Sohnemann	„	Schanghai	24.11.	Tschifu
24.11.	D. Columbia	Anderson	Englisch	„	26.11.	„

Hochwassertabelle für den Monat Dezember 1903.

	Tsingtau - Hauptbrücke		Grosser Hafen, Kohlemole.		Nükuk'ou.	
Datum	Vormittags	Nachmittags	Vormittags	Nachmittags	Vormittags	Nachmittags
1.	1 U. 23 M.	1 U. 52 M.	1 U. 53 M.	2 U. 22 M.	2 U. 23 M.	2 U. 52 M.
2.	2 „ 21 „	2 „ 46 „	2 „ 51 „	3 „ 16 „	3 „ 21 „	3 „ 46 „
3.	3 „ 12 „	3 „ 36 „	3 „ 42 „	4 „ 06 „	4 „ 12 „	4 „ 36 „
4.	3 „ 59 „	4 „ 23 „ ○	4 „ 29 „	4 „ 53 „	4 „ 59 „	5 „ 23 „
5.	4 „ 46 „	5 „ 10 „	5 „ 16 „	5 „ 40 „	5 „ 46 „	6 „ 10 „
6.	5 „ 33 „	5 „ 56 „	6 „ 05 „	6 „ 26 „	6 „ 33 „	6 „ 56 „
7.	6 „ 19 „	6 „ 42 „	6 „ 49 „	7 „ 12 „	7 „ 19 „	7 „ 42 „
8.	7 „ 05 „	7 „ 28 „	7 „ 35 „	7 „ 58 „	8 „ 05 „	8 „ 28 „
9.	7 „ 52 „	8 „ 17 „	8 „ 22 „	8 „ 47 „	8 „ 52 „	9 „ 17 „
10.	8 „ 41 „	9 „ 06 „	9 „ 11 „	9 „ 36 „	9 „ 41 „	10 „ 06 „
11.	9 „ 30 „ ●	10 „ 00 „	10 „ 00 „	10 „ 30 „	10 „ 30 „	11 „ 00 „
12.	10 „ 29 „	11 „ 02 „	11 „ 59 „	11 „ 32 „	11 „ 29 „	—
13.	11 „ 36 „	—	0 „ 06 „	0 „ 02 „	0 „ 36 „	
14.	0 „ 12 „	0 „ 48 „	0 „ 24 „	1 „ 18 „	1 „ 12 „	1 „ 48 „
15.	1 „ 24 „	2 „ 00 „	1 „ 54 „	2 „ 30 „	2 „ 24 „	3 „ 00 „
16.	2 „ 29 „	2 „ 57 „	2 „ 59 „	3 „ 27 „	3 „ 29 „	3 „ 57 „
17.	3 „ 22 „	3 „ 46 „	3 „ 52 „	4 „ 16 „	4 „ 22 „	4 „ 46 „
18.	4 „ 08 „	4 „ 29 „ ●	4 „ 38 „	4 „ 59 „	5 „ 08 „	5 „ 29 „
19.	4 „ 49 „	5 „ 09 „	5 „ 19 „	5 „ 30 „	5 „ 49 „	6 „ 09 „
20.	5 „ 28 „	5 „ 46 „	5 „ 58 „	6 „ 16 „	6 „ 28 „	6 „ 46 „
21.	6 „ 04 „	6 „ 22 „	6 „ 34 „	6 „ 52 „	7 „ 04 „	7 „ 22 „
22.	6 „ 39 „	6 „ 55 „	7 „ 09 „	7 „ 25 „	7 „ 39 „	7 „ 55 „
23.	7 „ 12 „	7 „ 28 „	7 „ 42 „	7 „ 58 „	8 „ 12 „	8 „ 28 „
24.	7 „ 45 „	8 „ 01 „	8 „ 15 „	8 „ 31 „	8 „ 45 „	9 „ 01 „
25.	8 „ 18 „	8 „ 36 „	9 „ 48 „	9 „ 06 „	9 „ 19 „	9 „ 36 „
26.	8 „ 55 „	9 „ 15 „	9 „ 25 „	9 „ 45 „	9 „ 55 „	10 „ 15 „
27.	9 „ 39 „ ◐	10 „ 03 „	10 „ 09 „	10 „ 33 „	10 „ 39 „	11 „ 03 „
28.	10 „ 36 „	11 „ 09 „	11 „ 06 „	11 „ 39 „	11 „ 36 „	—
29.	11 „ 46 „	—	—	0 „ 16 „	0 „ 09 „	0 „ 46 „
30.	0 „ 23 „	1 „ 00 „	0 „ 53 „	1 „ 30 „	1 „ 23 „	2 „ 00 „
31.	1 „ 36 „	2 „ 00 „	2 „ 06 „	2 „ 39 „	2 „ 36 „	3 „ 09 „

1) ○ Vollmond; 2) ● Letztes Viertel; 3) ● Neumond: 4) ◐ Erstes Viertel.

Anmerkung: In Ta pu t'ou tritt das Hochwasser 10 Minuten früher als in Nükuk'ou auf.

28. November 1903.   Amtsblatt—青島官報   197.

Sonnen-Auf-und Untergang
für Monat Dezember 1903.

Dt.	Mittelostchinesische Zeit des			
	wahren	scheinbaren	wahren	scheinbaren
	Sonnen-Aufgangs.		Sonnen-Untergangs.	
1.	6 U. 54.6 M.	6 U. 48.8 M.	4 U. 40.6 M.	4 U. 46.4 M.
2.	55.5	49.7	40.4	46.2
3.	56.4	50.6	40.2	46.0
4.	57.3	51.5	40.1	45.9
5.	58.2	52.4	40.0	45.8
6.	59.1	53.3	40.0	45.8
7.	7 U. 0.0	54.2	40.0	45.8
8.	0.9	55.1	40.0	45.8
9.	1.8	56.0	40.0	45.8
10.	2.6	56.8	40.0	45.8
11.	3.4	57.6	40.0	45.8
12.	4.2	58.4	40.2	46.0
13.	5.0	59.2	40.4	46.2
14.	5.8	7 U. 0.0	40.6	46.4
15.	6.5	0.7	40.8	46.6
16.	7.2	1.4	41.0	46.8
17.	7.9	2.1	41.3	47.1
18.	8.5	2.6	41.6	47.4
19.	9.1	3.2	41.9	47.7
20.	9.7	3.8	42.3	48.1
21.	10.3	4.5	42.7	48.5
22.	10.8	5.0	43.2	49.0
23.	11.3	5.5	43.7	49.5
24.	11.8	6.0	44.2	50.0
25.	12.2	6.4	44.8	50.6
26.	12.6	6.8	45.4	51.2
27.	13.0	7.2	46.0	51.8
28.	13.3	7.5	46.7	52.5
29.	13.6	7.8	47.4	53.2
30.	13.9	8.1	48.1	53.9
31.	14.2	8.4	48.8	54.6

Druck der Missionsdruckerei, Tsingtau.

第四年 第四十六号

1903年11月28日

船运

1903年11月19日—26日期间

到达日	轮船船名	船长	挂旗国籍	出发港	出发日	到达港
（11月12日）	夏娃号	彼得森	德国	波特兰	11月26日	上海
（11月13日）	塞戈维亚号	福尔克	德国	门司	11月21日	门司
（11月17日）	仙台丸	柳	日本	门司	11月22日	牛庄
11月20日	叶世克总督号	舒尔特	德国	上海	11月21日	上海
11月21日	鸡笼丸	Mikusi	日本	门司	11月22日	芝罘
11月22日	柯尼夫斯堡号	凯瑟	德国	芝罘	11月23日	上海
11月23日	前进号	索纳曼	德国	上海	11月24日	芝罘
11月24日	哥伦比亚号	安德森	英国	上海	11月26日	芝罘

Amtsblatt
für das
Deutsche Kiautschou-Gebiet.

Herausgegeben vom Kaiserlichen Gouvernement Kiautschou.

Der Bezugspreis beträgt jährlich $ 0,60 = M 1,20.
Bestellungen nehmen sämtliche deutsche Postanstalten entgegen.

Jahrgang 4.   Nr. 47.   Tsingtau, den 5. Dezember 1903.

Aufgebot.

Es wird hiermit bekannt gemacht, dass

Walter Reichau, seines Standes Bautechniker, geboren zu Konitz in Westpreussen, 34 Jahre alt, wohnhaft in Tsingtau, Sohn des Zimmermeisters Johann Reichau und seiner Ehefrau Wilhelmine, geborenen Behrend, beide zu Konitz verstorben,

und

Elwira Cornelia Ella **Liebert**, geboren zu Danzig, 17 Jahre alt, wohnhaft in Tsingtau, Tochter des zu Danzig verstorbenen Privatsekretärs Carl Georg Liebert und seiner in Danzig lebenden Ehefrau Anna Marie, geborenen Nickel,

beabsichtigen, sich mit einander zu verheiraten und diese Ehe in Gemässheit des Reichsgesetzes vom 4. Mai 1870 vor dem unterzeichneten Beamten abzuschliessen.

Tsingtau, den 2. December 1903.

Der Kaiserliche Standesbeamte.

In Vertretung.

Dr. Crusen.

Bekanntmachung.

Gestohlene Gegenstände:

Eine goldene Herren-Remontoiruhr mit Sprungdeckel und Doppelkapsel. Die Deckel sind mit Blumenciselierung versehen. Jm Mittelfelde befinden sich zwei Wappenschilder, welche schräg zu einander stehen; über den Schildern befindet sich die Grafenkrone. Das Glas fehlt.

Eine Kleiderkiste, enthaltend eine blaue, wattierte und eine weissblaue Bettdecke, einen Käschbeutel aus weisser Leinwand, eine schwarze halbseidene Jacke, zwei weisse Unterjacken, zwei blaue Röcke, zwei blaue Hosen, eine blaue Weste und zwei rote Decken.

Verlorene Gegenstände:

Eine kleine goldene Damen-Remontoiruhr mit der Jnschrift „Laue Berlin". Dem Finder sind 10 $ Belohnung ausgesetzt.

Ein Packet mit zwei langen Tabackspfeifen. Die Umhüllung bestand aus braunem Papier und trug die Aufschrift „J. Mussen Canton Road Shanghai."

Gefundene Gegenstände:

Auf der Tsingtaubrücke wurden am 20. November d. Js. gefunden: 1 Stück wasserdichter Stoff, 1 gefütterte Decke, 1 Bettlaken, 1 wollene Decke, 1 baumwollene Decke gezeichnet C. S. Champness. Ferner eine Kiste enthaltend einen Lampen-Cylinder, einen Lampenschirm und einen Klappstuhl.

Tsingtau, den 27. November 1903.

Kaiserliches Polizeiamt.

告白

啓者茲將本署據報彼竊並遺失以及送署各物分別列左

彼竊各物

金料男人所佩之柄上絃時表一枚蓋常簧另有亮蓋面墊有花牌該牌內墊有晁旒衷面無玻璃衣服一箱內有藍色被一床藍色褥子一條鏱袋一個黑紬掛子一件白色掛二件藍色長掛二件藍色褲子兩條藍色砇肩一件紅色被單二件

遺失各物

女人所佩之金料柄上絃表一枚刻有 Laue Berlin 字樣拾獲送還者業懸賞洋十元 包袱一個內有長烟袋二根包紙上載有 J. Mussen Conton Road Shanghai 字樣

送案各物

西十一月二十日由青島碼頭拾獲沾濕未透之布一疋棉被一床床單一條絨被一床綿布被一床上有 C. S. Champness 字樣箱一隻裝有燈筒一個燈罩一個椅子一把

以上各物仲爾諸人切勿輕買如或得見亦宜報案送存各物亦准具領切切此佈

青島巡捕衙門啓

德一千九百三年十一月二十五日

Bekanntmachung.

Die Diensträume der Hochbauabteilung III c. befinden sich seit dem 2. December 1903 im Erdgeschoss der Wolff'schen Villa in der B.smarckstrasse.

Tsingtau, den 2. December 1903.

Hochbauabteilung IIIc.

Amtliche Nachrichten.

Der Verweser des Kaiserlichen Konsulats in Kobe Dr. Müller hat am 20. Novembr d. Js. einen 2 - 3 wöchigen Urlaub angetreten.

Seine Vertretung hat der stellvertretende Dolmetscher Dr. jur. Fuehr übernommen.

*

Der Dampfer „Syria" mit einem Ablösungstransport für S. M. S. „Möwe" und einem Kommando für das Gouvernement Kiautschou wird am 6. Januar 1904 von Hamburg hier eintreffen und am 10. desselben Monats den Hafen wieder verlassen.

Schiffsverkehr

in der Zeit vom 27. November — 3. Dezember 1903.

Angekommen am	Name	Kapitän	Flagge	von	Abgefahren am	nach
27.11.	D. Gouv. Jaeschke	Schuldt	Deutsch	Schanghai	28.11.	Schanghai
28.11.	D. Germania	Bruhn	„	Tschifu	29.11.	Hongkong
29.11.	D. Tsintau	Hansen	„	„	29.11.	Schanghai
„	D. Knivsberg	Kayser	„	Schanghai	30.11.	Tschifu
30.11.	D. Johanna	Jpland	„	Manila		

5. Dezember 1903.　　　　Amtsblatt—青島官報　　　　201.

Meteorologische Beobachtungen.

Datum. Nov.	Barometer (mm) reduz. auf 0° C., Seehöhe 24,30 m			Temperatur (Centigrade).								Dunstspannung in mm			Relat. Feuchtigkeit in Prozenten		
				trock. Therm.			feucht. Therm.										
	7 Vm	2 Nm	9 Nm	7 Vm	2 Nm	9 Nm	7 Vm	2 Nm	9 Nm	Min.	Max.	7 Vm	2 Nm	9 Nm	7 Vm	2 Nm	9 Nm
26	773,0	771,9	770,4	0,9	1,9	1,9	-0,2	0,3	0,3	-0,6	4,5	4,0	3,7	3,7	80	71	71
27	66,9	63,9	63,7	0,3	5,1	2,3	-1,1	0,8	-1,1	0,3	2,6	3,5	2,3	2,4	74	35	46
28	61,6	66,0	63,8	1,8	9,1	5,8	-0,7	4,3	4,0	0,5	5,9	3,1	3,4	5,0	58	39	73
29	66,1	66,5	67,7	0,3	7,0	5,1	-1,1	4,5	3,9	-1,2	9,2	3,5	4,8	5,3	74	65	82
30	67,5	67,1	69,7	2,9	3,7	0,8	1,4	2,3	-0,3	0,5	7,2	4,2	4,6	3,9	74	77	80
Dez. 1	69,8	68,2	68,6	-2,1	3,7	0,7	-3,9	-0,5	-1,7	-2,1	5,2	2,5	2,2	2,8	63	37	58
2	69,2	69,0	72,0	1,3	5,7	0,0	-0,2	3,1	-0,2	-2,3	3,9	3,7	4,2	4,4	73	61	96

Datum. Nov.	Wind Richtung & Stärke nach Beaufort (0—12)			Bewölkung						Niederschläge in mm		
				7 Vm		2 Nm		9 Nm				
	7 Vm	2 Nm	9 Nm	Grad	Form	Grad	Form	Grad	Form	7 Vm	9 Nm	9 Nm 7 Vm
26	NW 1	NW 2	NW 2	7	Cir-cu.	1	Cum-str	8	Str.			
27	NW 3	NW 4	WNW 1			1	Cum					
27	WNW 1	SSW 1	WNW 1			2	Cum					
29	N 1	NW 1	NNO 1	1	Cir.	3	Cum-str	3	Cum-str.			
20	N O 1	NNO 2	NW 4	10	Cum	10	Nim	7	Cum-ni			
Dez. 1	NW 4	NW 2	NNO 1									
2	Stille 0	NNW 1	NNO 4			3	Cum-ni	10	Cum-ni			

Druck der Missionsdruckerei, Tsingtau.

第四年 第四十七号

1903年12月5日

公告

瓦尔特·莱肖,职业为建造技师,出生于西普鲁士的柯尼茨,现年34岁,居住地为青岛,是房屋建造木匠约翰·莱肖和出生时姓贝伦德的妻子威廉娜的儿子,二人均在柯尼茨去世。

埃尔维拉·科内利亚·艾拉·利伯特,出生于但泽,现年17岁,居住地为青岛,是已在但泽去世的私人秘书卡尔·格奥尔格·利伯特与在但泽生活、出生时姓尼科尔的妻子安娜·玛丽的女儿。

谨此宣布二人结婚,这一婚约按照1870年5月4日颁布的法律规定在本官员面前缔结。

青岛,1903年12月2日
代理皇家户籍官
克鲁森博士

告白

启者:兹将本署据报被窃并遗失以及送署各物分别列左:

被窃各物:

金料男人所佩之柄上弦时表一枚,盖带簧,另有壳,盖面錾有花牌,该牌内錾有冕旒表面,无玻璃;衣服一箱,内有蓝色被一床、蓝色褥子一条、钱袋一个、黑紬裤子一件、白色裤二件、蓝色长裤二件、蓝色裤子两条、蓝色砍(坎)肩一件、红色被单二件。

遗失各物:

女人所佩之金料柄上弦表一枚,刻有"Laue Berlin"字样,拾获送还者业悬赏洋十元;包袱一个,内有长烟袋二根,包纸上载有"J. Mussen Conton Road Shanghai"字样。

送案各物:

西十一月二十日,由青岛码头拾获:沾湿未透之布一匹;棉被一床;床单一条;绒被一床;绵(棉)布被一床,上有"C. S. Champness"字样;箱一只,装有灯筒一个、灯罩一个;椅子一把。

以上各物仰尔诸人切勿轻买,如或得见亦宜报案,送存各物亦准具领。切切此布。

德一千九百三年十一月二十五日
青岛巡捕衙门启

告白

自1903年12月21日起,第三工程局三部的营业室设置在位于俾斯麦街的沃尔夫别墅一楼。

青岛,1903年12月2日
第三工程局三部

官方新闻

驻神户皇家领事馆代理领事穆勒博士在今年11月20日开始为期2—3周的假期。由副口译官、法律博士富尔代理他的职位。

轮船"叙利亚"号将于1904年1月6日从汉堡抵达本地,船上运载着军舰"穆佛"号的轮换士兵以及胶澳总督府的一支部队。它将于同月10日再次离开本港。

船运

1903年11月27日—12月3日期间

到达日	轮船船名	船长	挂旗国籍	出发港	出发日	到达港
11月27日	叶世克总督号	舒尔特	德国	上海	11月28日	上海
11月28日	日耳曼尼亚号	布鲁恩	德国	芝罘	11月29日	香港
11月29日	青岛号	韩森	德国	芝罘	11月29日	上海
11月29日	柯尼夫斯堡号	凯瑟	德国	上海	11月30日	芝罘
11月30日	约哈娜号	衣普兰	德国	马尼拉		

Amtsblatt
für das
Deutsche Kiautschou-Gebiet.

Herausgegeben vom Kaiserlichen Gouvernement Kiautschou.

Der Bezugspreis beträgt jährlich $ 0,60=M 1,20.
Bestellungen nehmen sämtliche deutsche Postanstalten entgegen.

Jahrgang 4. Nr. 48. Tsingtau, den 12. Dezember 1903.

Bekanntmachung für Seefahrer.

I. In der Verbindungslinie zwischen Kap Jäschke und dem Leuchtturm von Ju nui san bezw. in dessen Nähe sind zu Versuchszwecken 5 rote Fasstonnen ausgelegt; dieselben liegen in folgenden missweisenden Peilungen:

von Boje 1, ungefähre Lage 420 m N. O. $^3/_4$ O. von Kap Jäschke, peilt;

Höchste Spitze auf Huang tau N. W. $^3/_4$ W.

Leuchtturm von Ju nui san N. $^3/_4$ W.;

von Boje 2, ungefähre Lage 1170 m N. $^1/_4$ O. von Kap Jäschke, peilt:

Höchste Spitze auf Huang tau N. W z. W. $^1/_4$ W.

Leuchtturm von Ju nui san N. $^1/_2$ W.;

von Boje 3, ungefähre Lage 540 m S. $^3/_8$ W. vom Leuchtturm, peilt:

Höchste Spitze auf Huang tau W. N. W. $^3/_8$ W.

Leuchtturm von Ju nui san N. $^3/_8$ O.;

von Boje 4, ungefähre Lage 600 m O. $^7/_8$ S. vom Leuchtturm, peilt:

Höchste Spitze auf Hai hsi (A Hai hsi) S. $^1/_2$ W.

Leuchtturm von Ju nui san W. $^7/_8$ N.;

von Boje 5, ungefähre Lage 280 m N. W. z. W. vom Leuchtturm, peilt:

Höchste Spitze auf Hai hsi (A Hai hsi) S. z. O.

Leuchtturm von Ju nui san S. O. z. O.

II. Die in der inneren Bucht liegenden Fahrwasserbojen werden mit einigen Ausnahmen Anfang December für die Winterzeit eingezogen und Anfang April nächsten Jahres wieder auf den alten Stellen ausgelegt.

Folgende Bojen bleiben auch wärend des Winters liegen:

Boje A, Boje 1 und 2, Mittelgrundboje und die Hufeisenriffbojen $\frac{H.R.}{W.}$, $\frac{H.R.}{N.}$ und $\frac{H.R.}{O.}$

Tsingtau, den 3. December 1903.

Kaiserliches Hafenamt.

Bekanntmachung.

Gestohlene Gegenstände.

1 grosser Sampan, ohne Nr. mit Stempel B. V. I. versehen.

1 kleiner Sampan Nr. 2390.

1 Scheck über 24 $ (Tenniskasse).

1 Stahluhr (schwarz) Rückseite gez. C. F.

3 silberne Signalpfeifen.

3 Paar silberne Manschettenknöpfe mit chinesichen Schriftzeichen.

1 silberne Schachtel mit den Buchstaben H. H.

1 Stück einer seidenen Uhrkette mit goldenem Wappen (auf der Rückseite C. F.)

1 goldener Kettenring.

Chinesische Schmuckstücke von Silber (Ohrringe, Armspangen und Haarpfeile.)
1 silberner Schmuckkasten.
2 blaue chinesische Decken.
1 rote „ „
1 schwarze „ „
1 weissgeblümte „
2 weisse Leinentücher.
2 blaue chinesische Kopfpolster.
1 Handtuch.
1 schwarzer Leibgurt.
2 blaue Bettdecken (1 geblümt, 1 mit grünem Einsatz).
1 wollene Decke.
1 Fussteppich, rot und schwarz gemustert.
1 Wasserpfeife.
1 kleiner dunkelblauer Rock mit grünen Aermelaufschlägen für Frauen.
3 blaue Jacken für Frauen.
2 kleine Säcke, enthaltend Flick- etc. Material.
1 Stahluhr. Wert 5 $.

Gefundene Gegenstände.

1 vernickelte Stahlbrille mit Futteral (darauf Firma Hirsbruner & Co. Schanghai).
1 altes Klappportemonnaie mit $ 0,20 und 10 Briefmarken zu 10 Pfennig Inhalt.

Tsingtau, den 9. Dezember 1903.

Kaiserliches Polizeiamt.

Amtliche Nachrichten.

Der Kurs bei der Gouvernementskasse beträgt vom 6. d. Mts. ab: 1 $ = 1,91 M. und vom 12. d. Mts. ab: 1 $ = 1,88 M.

*

Gouverneur Truppel ist vom Urlaub zurückgekehrt und hat am 7. d. Mts. die Dienstgeschäfte wieder übernommen.

白 告

啓者茲將據報被竊及送著各物分別列左

被竊各物 無號數大舢板一艘刻有 B. V. I 字樣 二千三百九十號小舢板一隻

票匯一紙計洋二十四元 鋼表一枚背面鏨有 C. F. 字樣 銀哨子三個 銀料鈕子三對上面造有中

華文字 銀盒一個刻有 H. H. 字樣 絲練表鍊一條繋有金花牌一面牌上刻有 C. F. 字樣

金鍊式戒指一枚 華式銀首飾多件 銀首飾箱一隻 藍色中國被兩竹 紅巴被一床

黑色一床 花白色一床 白色被單二條 藍色枕頭兩個 手巾一條

黑色一腰帶一條 黑色被兩床 絨被一床 紅黑花地毯一張 水哨子一個

綠袖藍身女褂一件 藍色女褂子三件 小口袋兩個裝有零星物件 鋼表一枚值洋五元

送署各物列左 鋼框眼鏡一副盒有 Hirsbruner & Co. Schanghai 字樣 錢夾一個內有小洋二角及

十分少信票一個

以上各物仰爾諸人切勿輕買如或得見亦宜報著送案之物亦准其領切切特佈

德一千九百三年十二月初十日

青島巡捕衙門啓

12. Dezember 1903.   Amtsblatt—青島官報   205.

Meteorologische Beobachtungen.

Datum. Dez.	Barometer (mm) reduz. auf 0° C., Seehöhe 24,30 m			Temperatur (Centigrade).								Dunstspannung in mm			Relat. Feuchtigkeit in Prozenten		
				trock. Therm.			feucht. Therm.										
	7 Vm	2 Nm	9 Nm	7 Vm	2 Nm	9 Nm	7 Vm	2 Nm	9 Nm	Min.	Max.	7 Vm	2 Nm	9 Nm	7 Vm	2 Nm	9 Nm
3	774,4	775,2	775,2	-6,3	1,4	-4,7	-7,9	0,1	-6,5	-6,6	6,0	1,6	3,9	1,8	58	76	58
4	69,4	64,9	66,4	-4,7	2,1	0,3	-5,9	0,3	-2,1	-7,0	1,4	2,3	3,2	2,7	72	61	57
5	67,5	65,8	65,7	-0,1	6,1	5,3	-1,7	2,3	1,7	-4,5	2,9	3,2	3,1	3,0	71	45	46
6	67,7	67,6	68,2	3,5	9,1	7,3	1,1	6,1	4,5	-0,1	6,5	3,5	5,2	4,6	60	61	61
7	67,6	64,3	64,8	4,9	9,3	8,1	3,9	6,5	6,0	1,6	9,3	5,5	5,6	5,7	84	63	71
8	60,9	59,4	61,6	7,2	10,9	4,7	5,3	7,9	2,5	5,4	10,6	5,5	6,2	4,2	73	63	65
9	63,4	63,0	65,6	1,9	5,3	3,6	1,5	2,7	1,8	1,6	11,0	4,9	4,0	4,2	93	60	70

Datum. Dez.	Wind Richtung & Stärke nach Beaufort (0—12)			Bewölkung						Niederschläge in mm		
				7 Vm		2 Nm		9 Nm				
	7 Vm	2 Nm	9 Nm	Grad	Form	Grad	Form	Grad	Form	7 Vm	9 Nm	9 Nm 7 Vm
3	WNW 9	N W 8	N W 4	2	Str.	3	Cum					
4	S W 4	WSW 4	N W 4	1	Cum							
5	WNW 4	S W 2	S W 2					1	Str.			
6	WNW 3	N W 1	SSW 1									
7	SSW 1	S 4	SSW 4			4	Str.	4	Str.			
7	SSW 3	SSW 3	N 2									
9	N W 2	N W 2	NNE 2	10	Cum-ni	10	Cum-ni	9	Cum-ni			

Schiffsverkehr
in der Zeit vom 4. — 10. Dezember 1903.

Angekommen am	Name	Kapitän	Flagge	von	Abgefahren am	nach
(30.11.)	D. Johanne	Jpland	Deutsch	Manila	4.12.	Tschifu
4.12.	D. Gouv. Jaeschke	Schuldt	„	Schanghai	5.12.	Schanghai
5.12.	D. Vorwärts	Sohnemann	„	Tschifu	„	„
„	D. Tsintau	Hansen	„	Schanghai	7.12.	Tschifu
„	D. Niigata Maru	Jada	Japanisch	Moji	„	„
8.12.	D. Chuyetsu Maru	Nasu	„	„		
9.12	D. Ikuta Maru	Hamasaky	„	Kobe	9.12.	„
„	S. J. H. Lunsmann	Johnsen	Amerikanisch	Portland Oregon		
„	D. Shenking	Dewo	Englisch	Weihaiwei	9.12.	Schanghai

Druck der Missionsdruckerei, Tsingtau.

第四年 第四十八号

1903 年 12 月 12 日

对海员的告白

一、出于实验目的，在叶世克角和游内山灯塔的连接线及其附近海域放置了 5 个红色浮标，它们位于下列磁偏角方向：

1 号浮标，大体方位为叶世克角东北方偏东 3/4 方向 420 米处，定位：尖顶指向黄岛西北偏西 3/4 方向，游内山灯塔北偏西 3/4 方向；

2 号浮标，大体方位为叶世克角北偏东 1/4 方向 1 170 米处，定位：尖顶冲向黄岛西北偏西 1/4 方向，游内山灯塔北偏西 1/2 方向；

3 号浮标，大体方位为灯塔南偏西 3/8 方向 540 米处，定位：尖顶指向黄岛西北偏西 3/8 方向，游内山灯塔北偏东 3/8 方向；

4 号浮标，大体方位为灯塔东偏南 7/8 方向 600 米处，定位：尖顶指向海西（海西 A）南偏西 1/2 方向，游内山灯塔西偏北 7/8 方向；

5 号浮标，大体方位为灯塔西北偏西方向 280 米处，定位：尖顶指向海西（海西 A）南偏东方向，游内山灯塔东南偏东方向。

二、除少数特殊浮标外，放置在内湾的浮标将因冬季到来的原因于 12 月初收回，明年 4 月初会再次放置到原位置。

下列浮标即使在冬季期间也保持原位：

浮标 A，1 号和 2 号浮标，航道中心浅滩浮标，以及马蹄礁的 H.R./W 号、H.R./N 号、H.R./O 号浮标[①]。

青岛，1903 年 12 月 3 日
皇家船政局

告白

启者：兹将据报被窃及送署各物分别列左：

---

① 译者注：此三个浮标号中的 W、N 和 O 分别代表西、北和东三个方向。

被窃各物：无号数大舢板一艘，刻有"B.V.I"字样；二千三百九十号小舢板一只；票汇一纸，计洋二十四元；钢表一枚，背面錾有"C.F."字样；银哨子三个；银料钮子三对，上面造有中华文字；银盒一个，刻有"H.H."字样；丝绳表链一条，系有金花牌一面，牌上刻有"C. F."字样；金链式戒指一枚；华式银首饰多件；银首饰箱一只；蓝色中国被两件；红色被一床；黑色一床；花白色一床；白色被单二条；蓝色枕头两个；手巾一条；黑一（色）腰带一条；蓝色被两床；绒被一床；红黑花地毯一张；木哨子一个；绿袖蓝身女褂一件；蓝色女褂子三件；小口袋两个，装有零星物件；钢表一枚，值洋五元。

送署各物列左：钢框眼镜一副，盒有"Hirsbruner & Co. Schanghai)."字样；钱夹一个，内有小洋二角及十分之信票一个。

以上各物仰尔诸人切勿轻买。如或得见，亦宜报署。送案之物亦准具领。切切特布。

德一千九百三年十二月初十日
青岛巡捕衙门启

官方新闻

自本月 6 日起，督署财务处的汇率定为：1 元＝1.91 马克，从本月 12 日起定为：1 元＝1.88 马克。

总督都沛禄已经结束度假返回，自本月 7 日起再次接掌工作。

船运

1903 年 12 月 4 日—10 日期间

到达日	轮船船名	船长	挂旗国籍	出发港	出发日	到达港
（11 月 30 日）	约哈娜号	衣普兰	德国	马尼拉	12 月 4 日	芝罘
12 月 4 日	叶世克总督号	舒尔特	德国	上海	12 月 5 日	上海
12 月 5 日	前进号	索纳曼	德国	芝罘	12 月 5 日	上海
12 月 5 日	青岛号	韩森	德国	上海	12 月 7 日	芝罘
12 月 5 日	新潟丸	Jada	日本	门司	12 月 7 日	芝罘
12 月 8 日	信越丸	Nasu	日本	门司		
12 月 9 日	生田丸	Hamasaky	日本	神户	12 月 9 日	芝罘
12 月 9 日	伦斯曼号	约翰森	美国	波特兰俄勒冈		
12 月 9 日	盛京号	德沃	英国	威海卫	12 月 9 日	上海

Amtsblatt
für das
Deutsche Kiautschou-Gebiet.

青島官報

Herausgegeben vom Kaiserlichen Gouvernement Kiautschou.

Der Bezugspreis beträgt jährlich $ 0,60=M 1,20.
Bestellungen nehmen sämtliche deutsche Postanstalten entgegen.

Jahrgang 4. Nr. 49. Tsingtau, den 19. Dezember 1903.

Aufgebot.

Es wird hiermit bekannt gemacht, dass

Emil Schankat, seines Standes Hafenmeister, geboren zu Memel, 31 Jahre alt, wohnhaft in Tsingtau, Sohn des Schiffszimmermannes Michael Schankat und seiner Ehefrau Amalie, geborenen Adomeit, beide zu Memel verstorben,

und

Alwine Papendorf, geboren zu Wolfenbüttel, 24 Jahre alt, wohnhaft in Tsingtau, Tochter des Gärtners Christian Papendorf und seiner Ehefrau Henriette, geborenen Dammeier, beide in Wolfenbüttel wohnhaft, beabsichtigen, sich mit einander zu verheiraten und diese Ehe in Gemässheit des Reichsgesetzes vom 4. Mai 1870 vor dem unterzeichneten Beamten abzuschliessen.

Tsingtau, den 16. Dezember 1903.

Der Kaiserliche Standesbeamte.

Günther.

Zu der unter Abteilung A Nr. 9 vermerkten Firma

Arnhold, Karberg & Co.

ist heute im hiesigen Handelsregister eingetragen worden:

Der Gesellschafter Jakob Arnhold ist am 3. Juli 1903 durch Tod ausgeschieden.

Tsingtau, den 3. Dezember 1903.

Kaiserliches Gericht von Kiautschou.

Bei der unter Nr. 11 Abteilung B des Handelsregisters vermerkten Firma „Seemannshaus für Unteroffiziere und Mannschaften der Kaiserlichen Marine, gemeinnützige Gesellschaft mit beschränkter Haftung" ist heute folgendes eingetragen worden:

Für den früher ausgeschiedenen Kapitän zur See z. D. Sarnow sind der Universitätsprofessor Dr. jur. Theoder Niemeyer in Kiel für das Seemannshaus in Kiel und für die gleichzeitig ausscheidenden Marinebaurat Georg Gromsch und Kaufmann Carl Rohde der Kapitänleutnant Max Loesch und der Kaufmann Wilhelm Grage in Tsingtau zu Geschäftsführern für das Seemannshaus in Tsingtau bestellt worden.

Durch Beschluss der Generalversammlung vom 28. April 1903 in Kiel sind die §§ 30 und 18 Abs. 2 des Gesellschaftsvertrages über Abschreibungen und den Wohnsitz der Mitglieder der örtlichen Aufsichtsratsausschüsse geändert.

Tsingtau, den 1. Dezember 1903.

Kaiserl. Gericht von Kiautschou.

Amtliche Mitteilungen.

Die gegenwärtig fast fertig gestellte Mole im Handelshafen wird als Mole I bezeichnet; die östlich davon im Bau befindliche zweite Mole erhält die Bezeichnung Mole II.

208.   Amtsblatt—青島官報   19. Dezember 1903.

Meteorologische Beobachtungen.

Datum Dez.	Barometer (mm) reduz. auf 0° C., Seehöhe 24,30 m			Temperatur (Centigrade).							Dunstspannung in mm			Relat. Feuchtigkeit in Prozenten		
				trock. Therm.			feucht. Therm.									
	7 Vm	2 Nm	9 Nm	7 Vm	2 Nm	9 Nm	7 Vm	2 Nm	9 Nm	Min.	Max.	7 Vm	2 Nm	9 Nm	7 Vm	2 Nm	9 Nm
10	765,8	763,1	762,5	2,6	7,0	3,9	1,0	3,5	2,3	1,9	5,7	4,0	3,8	4,5	72	51	73
11	63,2	61,2	62,0	1,1	8,3	6,1	-0,3	3,8	3,7	0,5	7,0	3,8	3,3	4,5	75	40	65
12	60,5	59,3	60,8	5,8	10,5	8,3	3,7	7,1	6,3	0,6	9,0	4,7	5,5	5,9	69	58	73
13	61,2	61,9	63,1	4,7	10,7	8,5	3,3	6,5	7,7	4,3	11,0	5,0	4,7	7,4	78	49	89
14	62,5	58,7	57,8	9,6	10,1	9,3	8,9	9,1	7,9	4,9	11,0	8,1	8,0	7,1	91	87	82
15	59,3	61,6	68,2	5,9	8,1	2,5	5,5	6,7	1,3	5,9	10,1	6,5	6,5	4,4	94	81	79
16	71,9	72,0	71,8	-1,1	-1,1	-3,5	-2,9	-1,9	-4,7	-1,2	8,2	2,7	3,6	2,6	65	84	74

Datum Dez.	Wind Richtung & Stärke nach Beaufort (0—12)			Bewölkung						Niederschläge in mm		
				7 Vm		2 Nm		9 Nm				9 Nm
	7 Vm	2 Nm	9 Nm	Grad	Form	Grad	Form	Grad	Form	7 Vm	9 Nm	7 Vm
10	NNW 3	N W 1	Stille 0	10	Cum-ni	—	—	6	Cum-ni			
11	N W 1	S S W 3	S S W 2	—	—	—	—	—	—			
12	S W 3	S 2	S S W 3	—	—	—	—	10	Cum-ni			
13	Stille 0	N 1	O S O 2	—	—	4	Str.	—	—			1,9
14	O 4	O N O 6	O N O 6	10	Cum-ni	10	Nim	10	Nim	1,9	3,7	3,7
15	N 3	N N W 4	N 6	10	Cum-ni	10	Cum-ni	4	Cum-ni			
16	N W 8	N W 7	N W 3	1	Cum	3	Cum	—	—			

Schiffsverkehr

in der Zeit vom 10. — 17. Dezember 1903.

Angekommen am	Name	Kapitän	Flagge	von	Abgefahren am	nach
(8.12.)	D. Chuyetsu Maru	Nasu	Japanisch	Moji	11.12.	Schanghai
11.12.	D. Knivsberg	Kayser	Deutsch	Tschifu	11.12.	„
„	D. Vorwärts	Sohnemann	„	Schanghai	12.12.	Tschifu
„	D. Eldorado	Smith	Englisch	„	11.12.	„
„	D. Dunao	Thianich	Österreichisch	Singapore		
12.12.	D. Kingsing	Leask	Englisch	Tschifu	12.12.	Schanghai
„	D. Gouv. Jaeschke	Schuldt	Deutsch	Schanghai	13.12.	„
13.12.	D. Eldorado	Smith	Englisch	Tschifu	15.12.	„
16.12.	D. Tsintau	Hansen	Deutsch	„	16.12.	„

Druck der Missionsdruckerei, Tsingtau.

第四年　第四十九号

1903 年 12 月 19 日

公告

爱米尔·尚卡特,职业为港务长,出生于梅莫尔,现年 31 岁,居住地为青岛,是造船木匠米夏埃尔·尚卡特和出生时姓阿多麦特的妻子亚玛利的儿子,二人均在梅莫尔去世。

阿尔维娜·帕本多夫,出生于沃尔芬比特,现年 24 岁,居住地为青岛,是园丁克里斯蒂安·帕本多夫与出生时姓达迈耶尔的妻子恩利埃特的女儿,二人均居住在沃尔芬比特。

谨此宣布二人结婚,婚约按照 1870 年 5 月 4 日颁布的法律规定在本官员面前缔结。

青岛,1903 年 12 月 16 日
皇家户籍官
冈特

登记号为 A 处第 9 号的嘉卑世洋行已于今天为商业登记添加备注:

公司股东雅各布·安霍尔德因 1903 年 7 月 3 日去世而从公司注销。

青岛,1903 年 12 月 3 日
胶澳皇家审判厅

商业登记号为 B 处第 11 号的公司"皇家海军士官及士兵水师饭店公益有限责任公司"今天添加了下列备注:

由基尔的大学教授、法律博士特奥多·尼迈耶尔接替已撤销登记的现役海军上校萨尔诺夫,登记入基尔的水师饭店,由海军中校马克斯·罗施和青岛的商人威廉·格拉格代替已经撤销登记的海军土木工程监督官格奥尔格·格罗姆施和商人卡尔·罗德,担任青岛的水师饭店经理。

根据 1903 年 4 月 28 日在基尔召开的全体大会决议,已经修改公司合同中关于折旧和当地监事会成员居住地方面的第 30 条和第 18 条第二段。

青岛,1903 年 12 月 1 日
胶澳皇家审判厅

官方消息

贸易港内目前接近完工的码头被命名为1号码头,其东面正在建设中的第二座码头被命名为2号码头。

船运

1903年12月10日—17日期间

到达日	轮船船名	船长	挂旗国籍	出发港	出发日	到达港
(12月8日)	信越丸	Nasu	日本	门司	12月11日	上海
12月11日	柯尼夫斯堡号	凯瑟	德国	芝罘	12月11日	上海
12月11日	前进号	索纳曼	德国	上海	12月12日	芝罘
12月11日	黄金城号	史密斯	英国	上海	12月11日	芝罘
12月11日	多瑙号	蒂安尼西	奥地利	新加坡		
12月12日	金星号	李斯克	英国	芝罘	12月12日	上海
12月12日	叶世克总督号	舒尔特	德国	上海	12月13日	上海
12月13日	黄金城号	史密斯	英国	芝罘	12月15日	上海
12月16日	青岛号	韩森	德国	芝罘	12月16日	上海

Amtsblatt
für das Deutsche Kiautschou-Gebiet.

青島官報

Herausgegeben vom Kaiserlichen Gouvernement Kiautschou.

Der Bezugspreis beträgt jährlich $ 0,60 = M 1,20.
Bestellungen nehmen sämtliche deutsche Postanstalten entgegen.

Jahrgang 4.   Nr. 50.   Tsingtau, den 31. Dezember 1903.

Zollamtliche Bekanntmachung Nr. 44.

In Abänderung der zollamtlichen Bekanntmachung Nr. 44 treten für die

Zollamtliche Behandlung der Post-und Frachtpackete

folgende Bestimmungen vom 1. Januar 1904 in Kraft.

1. Packete nach dem Hinterlande und Peking sind bei der Packetabfertigungsstelle des Hauptzollamts unter Einreichung einer Inhaltserklärung zu verzollen.
2. Packete nach chinesischen Häfen sind am Bestimmungsorte verzollbar und brauchen dem hiesigen Zollamt nicht vorgezeigt zu werden.
3. Packete nach Deutschland und dem Auslande sind bei der Packetabfertigungsstelle des Hauptzollamts unter Einreichung einer Inhaltserklärung zu deklarieren bezw. zu verzollen.

Der tarifmässige Ausfuhrzoll wird erhoben auf alle aus dem Hinterlande stammenden nach Deutschland oder dem Auslande ausgeführten Waren. Auf Waren nichtchinesischen Ursprungs, die bereits Ausfuhrzoll in China entrichtet haben, wird bei der Ausfuhr nach Deutschland oder dem Auslande Zoll nicht erhoben. Im Falle der Nichtöffnung eines Packetes wird Zoll in der Höhe von 5% des angegebenen Wertes erhoben. Beträgt der Zoll weniger als $ 0,75, so wird er nicht erhoben. Mehrere Packete desselben Absenders an dieselbe Adresse und gleichen Inhalts sind zollpflichtig, wenn der Gesamtzoll $ 0,75 übersteigt.

4. Inhaltserklärungsformulare sind im Zollamt zu erhalten; einzelne Exemplare kosten 10 Käsch, 10 Exemplare kosten $ 0,10. Der Zoll ist zahlbar in Dollarwährung. Für den bezahlten Betrag wird eine Quittung verabfolgt. Die Zollabfertigung erfolgt durch Abstempelung. Abgefertigte Packete sind vom Absender der Post oder der Dampferagentur zu überreichen.
5. Der Packetschalter des Hauptzollamts ist geöffnet für den Packetverkehr an Werktagen von 9—12 und 1—5 Uhr.

Tsingtau, den 23. December 1903.

Kiautschou-Zollamt

E. Ohlmer.

Kaiserlich Chinesischer Seezolldirektor.

Genehmigt.

Tsingtau, den 25. December 1903.

Der Kaiserliche Gouverneur.

Truppel.

Bekanntmachung.

Im Anschluss an die von dem Kaiserlich Chinesischen Seezollamte erlassene Bekanntmachung Nr. 44 über die zollamtliche Behandlung der Postpackete wird folgendes bekannt gemacht:

I. Aufgelieferte Packete
1) nach dem Hinterlande, nach Deutschland und dem Auslande, sowie nach Peking müssen vor der Auflieferung beim Zollamte vorgezeigt sein und einen entsprechenden Vermerk tragen;

210.   Amtsblatt—青島官報   31. Dezember 1903.

2) nach chinesischen Häfen gelangen ohne Zollkontrolle zur Annahme und Absendung.
II. Eingehende Packete
1) aus Peking, welche nicht in Tientsin verzollt sind, werden dem Zollamt überwiesen. Der Empfänger erhält eine Benachrichtigung, das Packet beim Zollamte abzuholen;
2) alle übrigen im Schutzgebiete verbleibenden Packete werden dem Empfänger zugeführt, ohne dass eine Zollkontrolle stattfindet.
III. Durchgangspackete
1) aus dem Innern nach chinesischen Häfen gehen ohne Zollkontrolle weiter;
2) **aus** dem Innern nach Deutschland, dem Auslande und Peking, sowie **nach** dem Innern unterliegen der Zollkontrolle.

Die Verzollung der unter III, 2 aufgeführten Packete wird für den im Innern wohnenden Absender bezw. Empfänger durch das Postamt in Tsingtau wahrgenommen, welches den Zollbetrag verauslagt und später wieder einzieht. Als Entgelt für die Mühewaltung wird eine Verzollungsgebühr von 20 Cents für jedes Packet erhoben. Verlangt das Zollamt die Oeffnung eines Packetes, so holt das Postamt vorher die Genehmigung des Absenders oder Empfängers dazu ein.

Tsingtau, den 25. Dezember 1903.

Kaiserlich Deutsches Postamt.
Henniger.

Die öffentlichen Bekanntmachungen des Kaiserlichen Gerichts von Kiautschou erfolgen im Jahre 1904
1. durch den Deutschen Reichsanzeiger in Berlin, soweit die Veröffentlichung durch diesen gesetzlich vorgeschrieben ist,
2. durch das Amtsblatt für das Deutsche Kiautschougebiet in Tsingtau,
3. durch den Ostasiatischen Lloyd in Schanghai,
4. nach Ermessen des Gerichts, jedoch ohne Einfluss auf ihre Wirksamkeit, auch in der Deutsch-Asiatischen Warte zu Tsingtau, sofern in Fällen, wo eine Partei die Kosten der Bekanntmachung zu erstatten hat, der Zahlungspflichtige nicht widerspricht.

Tsingtau, den 23. Dezember 1903.

Kaiserliches Gericht von Kiautschou.
Dr. Crusen.

Zu Beisitzern des Kaiserlichen Gerichts von Kiautschou werden für das Jahr 1904 ernannt:
1. der Direktor der Schantung-Bergbaugesellschaft Michaelis,
2. der Betriebsdirektor der Schantung-Eisenbahngesellschaft Schmidt,
3. der Kaufmann Alfred Siemssen,
4. der Prokurist Miss.

Zu Hülfsbeisitzern werden ernannt:
5. der Ingenieur Stickforth,
6. der Kaufmann Berg,
7. der Dolmetscher Mootz,
8. der Kaufmann Reuter,
9. der Kaiserliche Baudirektor Rollmann,
10. der Prokurist Schmidt-Decarli,
11. der Kaufmann Hamm,
12. der Königliche Regirungsbaumeister Kühn,
13. der Königliche Kataster-Kontroleur Goedecke,
14. der Bankdirektor Homann,
15. der Kaufmann Schomburg,
16. der Kaufmann Walther,
17. der Kaufmann Heinrich Plambeck,
18. der Brauereidirektor Seifart.

Tsingtau, der 18. Dezember 1903.

Der Kaiserliche Oberrichter
Dr. Crusen.

Bekanntmachung.

Das unterzeichnete Kommando macht hierdurch bekannt, dass es den Mannschaften verboten ist, Waren gegen Chits auf Kredit zu entnehmen.

Das Kommando lehnt es ab, irgendwie bei Bezahlung der ohne Erlaubnis gemachten Schulden mitzuwirken.

Tsingtau, den 23. Dezember 1903.

Kommando der Matrosenartillerie-Abteilung Kiautschou.

Bekanntmachung.
Gestohlene Gegenstände.

1 braunrote Tuchjacke, 1 Atlasumhang, 1 blauer Mantel, 1 seidener Rock, 3 weisse, seidene Röcke, 1 Jacke mit Stehkragen, 1 Atlasjacke, 1 Jacke mit Fuchspelzkragen, 1 blaue Leinwand-Frauenjacke, noch nicht ganz fertig, 3 kleine weisse Jacken, 2 schwarze seidene Jacken, 2 rote Winterhauben, 2 blaue Frauenhosen, 1 blauer

31. Dezember 1903.　　　　　　　　　　Amtsblatt—青島官報　　　　　　　　　　　211.

langer Rock, 3 Paar Ueberhosen, 3 Unterjacken, eine gestreift, die beiden anderen weiss mit Kragen, 1 altes Mosquitonetz, 1 blaue alte Jacke, 1 Paar blaue Unterhosen, 1 schwarze Hose, 1 Paar Strümpfe, 1 Tuch, 1 Frauenkopftuch, 1 Frauenhaube, 1 lederne Cigarrentasche, 1 kleines Schloss, 1 blauer Kinderrock, 3 Fuss rauhe Leinwand, 1 kleines rotes Tuch, 1 Decke mit Löwen auf der einen Seite, 1 dunkelblaue Pferdedecke mit roten Fäden durchzogen, in der Mitte und an den Kanten mit hirschbrauner Borte eingefasst, 2 blaue lange Röcke, 1 blaue Jacke, 1 blaue Hose, 3 Paar Strümpfe, 1 grauer langer Rock, 1 halbseidener Rock, 1 halbseidene Hose, 1 Leinwandhose, 2 schwarze halbseidene Westen, 1 Messer, 1 Spiegel, 1 schwarzer Umhang, 1 Weste mit Fuchspelz gefüttert, 1 schwarze wattierte Weste, 1 geblümte ausländische Decke, 1 halbseidener, langer Rock, 1 grün wattierte Haube, 1 Mosquitonetz, ein grüner wattierter Rock, 3 weisse Hosen, 1 kleine blaue Jacke, 1 dünne blaue Netzhose, 1 schwarze Leinwandjacke, 1 wattierte geblümte Decke, 3 blaue Hosen, 3 blaue Jacken, 1 weisse Jacke, 1 Leinwandjacke 1 schwarze Mütze, 1 wattierte Hose, 1 blaue Leinwandjacke, 1 schwarzer langer Rock, 1 blaue Leinwandhose, 1 weisse Kiste mit 2 Messingschlössern, 1 blauer halbseidener Mantel mit Blumen, 1 graue wattierte Weste, 1 schwarzer wattierter Rock, 1 blaue wattierte Jacke, 1 Paar gelbliche europäische Strümpfe, 1 weisse Decke, 2 blaue Hosen, 1 langer blauer Mantel, 1 schwarze wattierte Weste, 1 wollene dunkelblaue Weste, 3 blaue Jacken, 1 weisse Flanellunterjacke, 1 schwarze Halbhose, 1 Paar weisse Strümpfe, 1 wattierte Hose, 1 rote wollene Decke mit gelben Streifen, 1 gelbe wattierte Decke, 2 blaue Decken, eine mit weissen und eine mit roten Blumen, 1 wattierte Bettdecke, 2 Hosen, 1 Paar Strümpfe, 1 silberne Remontoiruhr mit Sprungdeckel, 1 schwarze halbseidene Hose.

Tsingtau, den 29. December 1903.

Kaiserliches Polizeiamt.

啓者茲將本署據報被竊各物分別列左

洋毯子一雙
洋毯子一條
白毯一條
藍褲二條
藍長袍一條
黑棉坎肩一件
黑棉坎肩一件
藍棉坎肩一件
刀子一把
麻布褲十一條
黑布祓肩一件
黑色祓肩一件
花布棉被一牀
藍粗布褲子一條
藍布粗褲子二條
綠棉襖一頂
綢子棉襖一件
藍色袍一件
紫布掛子一條
綢子披肩一件

藍布掛子一件
白毯一條
洋花毯一條
棉褲一件
麻布掛子一件
麻布掛子三件
綢掛子三件
藍掛三件
硬領掛子一件
狐狸皮領襖一件

藍布小掛一件
白布小掛一件
布掛一件
未作完
狐狸皮小掛一件
綢掛一件

蚊帳一架
綢子一架
棉褲棉袄一件
藍小掛子一件
青麻袄掛一件
白麻布掛子一頂
藍帽袄掛子一頂
黑帽子一件
黑麻布長掛一件
藍麻布長掛子一條
白帽子一件
青布掛一頂
藍掛子一件
白棉褲一件
白背心一件
黑布掛子一條
白布祓子一雙
坎肩一件

女帽一頂
小鎮頭一把
粗麻布三尺上織獅
眠毡一條

套褲三件
背心一件
舊蚊帳一架
舊藍布掛子一件
藍色長掛一件
紅色暖帽一頂
棉布祓子一條
麻布掛子一件
紅布掛子三件
黑褲子一條
蚊帳一架
綢子一架
青小掛一件
藍帽子一頂
白帽子一件
黃棉褲一條
絨毡一牀
棉褲祓一牀
藍睡毡二牀
褲子一雙

藍布褲子一件
稜子一件
黑布褲一條
女帽巾一條
皮烟夾子一個
藍皮孩子掛一件
紅布一小塊
藍色馬衣一件

鏡子二面
狐狸皮坎肩一件

藍布褲子一件
灰色長掛一條
綢子棉褲一條
灰色棉褲坎肩一條
藍布褲子一件
青綢棉坎肩二件
皮烟夾子一個
藍布孩子掛一件
紅布一小塊
藍色馬衣一件

藍綢帶花棉袍一件
鋼銭二把
白袍子一個上帶
黑綢棉褲一條
稜子一雙
褲子一條
棉褲祓一牀
藍睡毡二牀
黃棉褲一條
絨毡一牀
棉褲一件
白布稜子一雙
坎肩一件
藍佈稜子一雙
黑綢棉褲一條
蓋帶窗帘上絲銀質時表一枚繫有銀鍊

以上各物仰爾諸人切勿輕買如或得見亦宜報署幸勿嘗試致干未便

德一千九百三年十二月二十九日

青島巡捕衙門啓

Bekanntmachung.

Der Tischler Friedrich Knothe, der zuletzt im Sommer 1902 unter der Firma Knothe & Co. eine Wäscherei „Edelweiss" betrieb, hat am 9. Juli 1902 Tsingtau unter Hinterlassung von Schulden verlassen. Da sein Aufenthalt jetzt ermittelt ist, werden alle diejenigen, die durch Knothe etwa geschädigt worden sind, ersucht, dieses umgehend unter Darlegung der näheren Umstände dem unterzeichneten Gericht schriftlich oder mündlich mitzuteilen.

Tsingtau, den 27. Dezember 1903.

Kaiserliches Gericht von Kiautschou.

Unter Nr. 13 des Handelsregisters Abteilung B. ist heute eine Aktiengesellschaft unter der Firma

„The Anglo-German Brewery Company Limited in Hongkong, Zweigniederlassung in Tsingtau" eingetragen worden.

Gegenstand des Unternehmens ist die Errichtung und der Betrieb einer Bierbrauerei und verwandter Betriebe, sowie Ausführung von Handelsgeschäften gemäss Ziffer 3 der Statuten.

Das Stammkapital beträgt 400 000 Dollar mex. eingeteilt in 4 000 Shares von je 100 Dollar.

Vorstand ist:
1. John Prentice,
2. Alexander Mc. Leod,
3. Clarance Ward Wrightson,
4. Max Slevogt,
5. Jürgen J. Block,
   sämtlich in Schanghai.

Geschäftsführer ist der Kaufmann Heinrich Seifart in Tsingtau.

Die Gesellschaft ist eine englische Aktiengesellschaft („Company Limited by Shares") gemäss den „Companies Ordinances" 1865/1899 für Hongkong. Der Gesellschaftsvertrag datiert vom 15. August 1903 und befindet sich in beglaubigter Abschrift Blatt 9-28 der Akten.

Der Vorstand besteht aus 3-7 Personen gemäss den Beschlüssen der Generalversammlung.

Urkunden und Erklärungen sind für die Gesellschaft verbindlich, wenn sie von einem Mitgliede des Vorstandes und dem jeweiligen Geschäftsführer unterschrieben sind und die Firma der Gesellschaft tragen.

Tsingtau, den 21. Dezember 1903.

Kaiserliches Gericht von Kiautschou.

Die unter Nr. 24 der Abteilung A im Handelsregister eingetragene Firma

Seaman Shokwai Tsingtau Shiten

ist erloschen.

Tsingtau, den 21. Dezember 1903.

Kaiserliches Gericht von Kiautschou.

Sonnen-Auf-und Untergang
für Monat Januar 1904.

Dt.	Mittelostchinesische Zeit des			
	wahren	scheinbaren	wahren	scheinbaren
	Sonnen-Aufgangs.		Sonnen-Untergangs.	
1.	7 U. 14.4 M.	7 U. 8.8 M.	4 U. 49.6 M.	4 U. 55.2 M.
2.	14.4	8.8	50.4	56.0
3.	14.4	8.8	51.3	56.9
4.	14.4	8.8	52.2	57.8
5.	14.4	8.8	53.1	58.7
6.	14.4	8.8	54.0	59.6
7.	14.4	8.8	54.9	5 U. 0.5
8.	14.3	8.7	55.8	1.4
9.	14.3	8.7	56.7	2.3
10.	14.3	8.7	57.6	3.2
11.	14.3	8.7	58.5	4.1
12.	14.1	8.5	59.4	5.0
13.	13.9	8.3	5 U. 0.4	6.0
14.	13.7	8.1	1.4	7.0
15.	13.4	7.8	2.4	8.0
16.	13.1	7.5	3.4	9.0
17.	12.8	7.2	4.4	10.0
18.	12.5	6.9	5.4	11.0
19.	12.2	6.6	6.4	12.0
20.	11.9	6.3	7.4	13.0
21.	11.6	6.0	8.4	14.0
22.	11.1	5.5	9.4	15.0
23.	10.6	5.0	10.4	16.0
24.	10.1	4.5	11.4	17.0
25.	9.6	4.0	12.4	18.0
26.	9.0	3.4	13.4	19.0
27.	8.4	2.8	14.4	20.0
28.	7.8	2.2	15.4	21.0
29.	7.2	1.6	16.4	22.0
30.	6.6	1.0	17.4	23.0
31.	6.0	0.	18.4	24.0

31. Dezember 1903. Amtsblatt—膠州官報 213.

Hochwassertabelle für den Monat Januar 1904.

Datum	Tsingtau - Hauptbrücke		Grosser Hafen, Mole I.		Nükuk'ou.	
	Vormittags	Nachmittags	Vormittags	Nachmittags	Vormittags	Nachmittags
1.	2 U. 41 M.	3 U. 08 M.	3 U. 11 M.	3 U. 38 M.	3 U. 41 M.	4 U. 08 M.
2.	3 „ 36 „	4 „ 03 „	4 „ 06 „	4 „ 33 „	4 „ 36 „	5 „ 03 „
3.	4 „ 30 „ O	4 „ 56 „	5 „ 00 „	5 „ 26 „	5 „ 30 „	5 „ 56 „
4.	5 „ 22 „	5 „ 46 „	5 „ 52 „	6 „ 16 „	6 „ 22 „	6 „ 46 „
5.	6 „ 09 „	6 „ 32 „	6 „ 39 „	7 „ 02 „	7 „ 09 „	7 „ 32 „
6.	6 „ 54 „	7 „ 18 „	7 „ 24 „	7 „ 48 „	7 „ 54 „	8 „ 18 „
7.	7 „ 41 „	8 „ 02 „	8 „ 11 „	8 „ 32 „	8 „ 41 „	9 „ 02 „
8.	8 „ 23 „	8 „ 46 „	8 „ 53 „	9 „ 16 „	9 „ 23 „	9 „ 46 „
9.	9 „ 08 „	9 „ 32 „ ◐	9 „ 38 „	10 „ 02 „	10 „ 08 „	10 „ 32 „
10.	9 „ 55 „	10 „ 25 „	10 „ 25 „	10 „ 55 „	10 „ 55 „	11 „ 25 „
11.	10 „ 56 „	11 „ 33 „	11 „ 26 „		11 „ 56 „	—
12.	—	0 „ 10 „	0 „ 05 „	0 „ 40 „	0 „ 33 „	1 „ 10 „
13.	0 „ 48 „	1 „ 26 „	1 „ 18 „	1 „ 56 „	1 „ 48 „	2 „ 26 „
14.	2 „ 01 „	2 „ 35 „	2 „ 31 „	3 „ 05 „	3 „ 01 „	3 „ 35 „
15.	3 „ 02 „	3 „ 29 „	3 „ 32 „	3 „ 59 „	4 „ 02 „	4 „ 29 „
16.	3 „ 51 „	4 „ 13 „	4 „ 21 „	4 „ 43 „	4 „ 51 „	5 „ 13 „
17.	4 „ 32 „	4 „ 51 „ ●	5 „ 02 „	5 „ 21 „	5 „ 32 „	5 „ 51 „
18.	5 „ 10 „	5 „ 28 „	5 „ 40 „	5 „ 58 „	6 „ 10 „	6 „ 28 „
19.	5 „ 45 „	6 „ 02 „	6 „ 15 „	6 „ 32 „	6 „ 45 „	7 „ 02 „
20.	6 „ 17 „	6 „ 33 „	6 „ 47 „	7 „ 03 „	7 „ 17 „	7 „ 33 „
21.	6 „ 48 „	7 „ 04 „	7 „ 18 „	7 „ 34 „	7 „ 48 „	8 „ 04 „
22.	7 „ 20 „	7 „ 37 „	7 „ 50 „	8 „ 07 „	8 „ 20 „	8 „ 37 „
23.	7 „ 54 „	8 „ 11 „	8 „ 24 „	8 „ 41 „	8 „ 54 „	9 „ 11 „
24.	8 „ 29 „	8 „ 47 „	8 „ 59 „	9 „ 17 „	9 „ 29 „	9 „ 47 „
25.	9 „ 08 „	9 „ 30 „ ◔	9 „ 38 „	10 „ 00 „	10 „ 08 „	10 „ 30 „
26.	9 „ 58 „	10 „ 26 „	10 „ 28 „	10 „ 56 „	10 „ 58 „	11 „ 26 „
27.	11 „ 00 „	11 „ 33 „	11 „ 30 „		0 „ 00 „	
28.	—	0 „ 12 „	0 „ 03 „	0 „ 42 „	0 „ 33 „	1 „ 12 „
29.	0 „ 51 „	1 „ 29 „	1 „ 21 „	1 „ 59 „	1 „ 51 „	2 „ 29 „
30.	2 „ 08 „	2 „ 41 „	2 „ 38 „	3 „ 11 „	3 „ 08 „	3 „ 41 „
31.	3 „ 14 „	3 „ 44 „	3 „ 44 „	4 „ 14 „	4 „ 14 „	4 „ 44 „

1) O = Vollmond; 2) ◐ = Letztes Viertel; 3) ● = Neumond; 4) ◔ = Erstes Viertel.

Anmerkung: In T'a pu t'ou tritt das Hochwasser 10 Minuten früher als in Nükuk'ou auf.

Meteorologische Beobachtungen.

Datum Dez.	Barometer (mm) reduz. auf 0° C., Seehöhe 24,30 m			Temperatur (Centigrade).							Dunstspannung in mm			Relat. Feuchtigkeit in Prozenten		
				trock. Therm.			feucht. Therm.									
	7 Vm	2 Nm	9 Nm	7 Vm	2 Nm	9 Nm	7 Vm	2 Nm	9 Nm	Min.	Max.	7 Vm	2 Nm	9 Nm	7 Vm	2 Nm	9 Nm
17	768,7	766,6	768,3	-0,5	1,9	-1,7	-1,1	0,7	-3,5	-4,0	0,0	3,9	4,1	2,6	88	78	64
18	68,1	68,3	72,1	-1,5	3,6	-0,9	-2,5	-0,5	-2,0	-2,5	3,0	3,3	2,3	3,4	80	38	78
19	75,1	74,4	75,2	-4,5	-2,1	-2,5	-5,3	-3,9	-3,9	-4,6	4,5	2,6	2,5	2,7	81	63	70
20	74,5	73,1	75,1	-2,5	1,1	-0,9	-3,7	-0,3	-1,6	-4,6	-1,3	2,8	3,8	3,7	74	75	86
21	73,9	71,4	71,2	-3,7	3,5	1,7	-4,1	-0,3	-1,0	-3,9	1,5	3,1	2,5	2,8	91	42	55
22	70,7	69,1	68,8	0,3	5,3	2,3	-1,3	3,7	0,9	-4,1	3,9	3,3	5,0	4,1	71	75	75
23	70,0	70,2	72,5	-1,5	3,1	-0,3	-2,3	-0,1	-1,7	-2,0	5,4	3,5	2,9	3,3	84	50	74
24	72,9	71,5	71,5	-4,1	0,9	0,9	-4,9	-0,1	-0,4	-4,5	3,5	2,7	4,1	3,8	82	82	77
25	69,1	66,7	68,6	0,7	4,9	0,1	-0,1	2,8	-1,7	-4,2	1,5	4,1	4,4	3,1	85	67	67
26	70,9	72,0	73,5	-2,1	-0,3	-3,5	-3,1	-1,6	-4,7	-2,1	5,5	3,1	3,4	2,6	79	76	74
27	73,1	69,4	68,6	-4,5	1,1	1,1	-5,1	-0,5	-0,3	-5,1	0,2	2,8	3,6	3,8	86	72	75
28	65,6	62,6	65,0	0,9	7,0	2,5	-0,5	3,7	1,1	-4,4	2,0	3,7	4,0	4,2	75	53	75

Datum. Dez.	Wind Richtung & Stärke nach Beaufort (0—12)			Bewölkung						Niederschläge in mm		
				7 Vm		2 Nm		9 Nm				9 Nm
	7 Vm	2 Nm	9 Nm	Grad	Form	Grad	Form	Grad	Form	7 Vm	9 Nm	7 Vm
17	S W 2	N W 4	N N O 1									
18	N O 1	N N O 4	N 4			3	Cum-str					
19	N W 7	N W 8	N W 6									
20	W N W 7	W N W 6	N W 4									
21	N 1	N W 1	S W 2									
22	S W 1	S S W 3	W S W 2			1	Cum					
23	N W 6	N W 5	N N W 2	8	Cum	1	Cum					
24	N N W 1	W S W 1	Stille 0	6	Cir-cum							
25	O S O 1	S O 3	N W 1	2	Cum-str	4	Str.	9	Cum			
26	N N O 5	N N O 4	N N O 3	3	Str	10	Cum-ni					
27	N N W 2	S 2	S W 2	2	Str	9	Cum	3	Cum			
28	W S W 1	W 1	W N W 1	1	Str							

Schiffsverkehr

in der Zeit vom 17. — 29. Dezember 1903.

Angekommen am	Name	Kapitän	Flagge	von	Abgefahren am	nach
(9.12.)	S. J. H. Lunsmann	Johnson	Amerikanisch	Portland	29.12.	Moji
(11.12.)	D. Dunao	Thianich	Österreichisch	Singapore	24.12.	"
18.12.	D. Knivsberg	Kayser	Deutsch	Schanghai	18.12.	Tschifu
"	D. Bintang	Jugemann	Dänisch	Hankau	"	Dalny
"	D. Vorwärts	Sohnemann	Deutsch	Tschifu	"	Schanghai
19.12.	D. Gouv. Jaeschke	Vogel	"	Schanghai	19.12.	"
"	D. Germania	Bruhn	"	Hongkong	21.12.	Tschifu
22.12.	D. Tungshing	Selby	Englisch	Schanghai	22.12.	Dalny
23.12.	D. Tsintau	Hansen	Deutsch	"	23.12.	Tschifu
"	D. Jse Maru	Higo	Japanisch	Moji	24.12.	"
24.12.	D. Knivsberg	Kayser	Deutsch	Tschifu	"	Schanghai
"	D. Gouv. Jaeschke	Vogel	"	Schanghai	26.12.	"
26.12.	D. Prosper	Christiansen	Norwegisch	Hongkong		
29.12.	D. Vorwärts	Sohnemann	Deutsch	Schanghai	29.12.	Tschifu

Druck der Missionsdruckerei, Tsingtau.

第四年　第五十号

1903年12月31日

第44号海关告白

海关第44号告白涉及邮件和货物包裹方面的下列规定修订案将于1904年1月1日生效。

1. 寄往腹地和北京的包裹通过在主要海关的包裹处理单位递交邮寄包裹物品声明进行清关。

2. 寄往中国海关的包裹可以在寄达地清关，不需要在本地海关出示有关材料。

3. 寄往德国和国外的包裹通过在主要海关的包裹处理单位递交邮寄包裹物品声明，并进行报关以及清关。

对所有来自腹地、出口至德国或者国外的商品按照税率表征收出口税。对于非中国来源、已在中国缴纳出口税的商品，在向德国或者国外出口时，不再征收出口税。在不打开包裹检查时，海关按照声明价值的5％征收关税。如果关税金额不超过0.75元时，将不征收关税。同一包裹寄出者向同一地址寄出的内含相同物品的多个包裹时，如果总关税超过0.75元时，则有缴纳关税的义务。

4. 包裹内含物品声明表单可以在海关内获取，单个表单价格为10个铜钱，10个表单价格为0.10元。关税可以用银圆货币支付。盖章后即完成报关。处理完毕的包裹由寄出者递交给邮局或者轮船代理。

5. 海关的包裹窗口处理包裹业务的开放时间为工作日的上午9—12点和下午1—5点。

青岛，1903年12月23日
胶海关
阿理文
大清海关税务司
同意施行。

青岛，1903年12月25日
皇家总督
都沛禄

告白

就大清海关公布的第44号海关告白，现公布下列事宜：

一、已交付的包裹

1. 寄往内陆、德国、国外以及北京的包裹，在交付给海关之前，必需打开查验，并进行相应标注；

2. 寄往中国港口的包裹可以不经海关检查就接收并发送。

二、进口包裹

1. 来自北京、未在天津清关的包裹，将发往海关，收件人会收到前往海关取包裹的通知；

2. 所有其他停留在保护地的包裹，将不会有海关的查验，直接发给收件人。

三、过路包裹

1. 来自内陆、寄往中国港口的包裹，不经海关检查，直接继续进行下一步处理；

2. 来自内陆寄往德国、外国、北京以及内陆其他地方的包裹，需要海关查验。

第3条第2款中列明的包裹，由青岛邮局为居住在内陆的发送人和接收人处理，邮局垫付关税，之后再征收。对每一个包裹将征收20分，作为清关劳务费用。如果海关要求打开包裹，邮局将事先征询寄件人或者收件人的许可。

青岛，1903年12月25日

皇家德意志邮政局

海尼格

胶澳皇家审判厅在1904年度的公开告白将以下列方式进行：

1. 如果法律规定信息公开须通过柏林的《德意志帝国报》进行，则采取此方式；

2. 通过青岛的《青岛官报》进行；

3. 通过上海的《德文新报》进行；

4. 如出现一方不得不缴纳告白费用，而有缴费义务的人不反对时，则由审判厅自行判定，在《德属胶州官报》上发布，但是不影响其效力。

青岛，1903年12月23日

胶澳皇家审判厅

克鲁森博士

皇家胶澳审判厅为1904年度任命下列陪审员：

1. 山东矿业公司经理米夏埃里斯；2. 山东铁路公司经理施密特；3. 商人阿尔弗雷德·希姆森；4. 代理人米斯。

任命下列人员为助理陪审员：5.工程师斯蒂克佛特；6.商人贝尔格；7.翻译官慕兴立；8.商人罗伊特；9.皇家总工部局局长罗尔曼；10.代理人施密特-德卡利；11.商人哈姆；12.皇家政府建筑师科恩；13.皇家地籍查验官歌戴克；14.银行经理何曼；15.商人朔姆布尔格；16.商人瓦尔特；17.商人海因里希·普拉姆贝克；18.啤酒厂经理赛法特。

青岛，1903年12月18日
胶澳皇家审判厅
克鲁森博士

告白

本部队谨此宣布，禁止士兵打欠条赊账取走物品。

本部队拒绝以任何方式参与未经许可的欠债偿付。

青岛，1903年12月23日
胶澳水师炮台炮队

启者：兹将本署据报被窃各物分别列左：

紫布褂子一件、洋花毡一条、蓝布褂子一件、洋袜子一双、绸子披肩一件、绿棉女帽一顶、袜子三双、白毡一条、蓝色袍子一件、绿棉袄一件、绸子棉袄一件、蓝裤二条、绸子褂一件、蓝粗布裤子二条、麻布裤子一条、蓝长袍一件、白绸褂子三件、蓝布裤子一条、刀子一把、黑棉坎肩一件、硬领褂子一件、花布棉被一床、黑色披肩一件、蓝绒坎肩一件、绸褂一件、蓝褂三件、黑棉坎肩一件、蓝褂子三件、狐狸皮领袄一件未作完、麻布褂子一件、绸子棉长褂一件、白背心一件、棉裤子一条、蚊帐一架、黑布裤一条、蓝布女褂一件、红色暖帽二顶、白裤子三条、坎肩一件、白布小褂三件、蓝色女裤二条、蓝小褂一件、白布袜子一双、布一块、蓝色长褂一件、青麻布褂子一件、棉裤一条、女帽一顶、套裤三副、白布褂一件、绒毡一床、小锁头一把、背心三件、黑帽子一顶、黄棉被一床、粗麻布三尺、旧蛟（蚊）帐一架、蓝麻布褂子一件、蓝睡毡二床、眠毡一条上织狮子、旧蓝布褂一件、黑布长褂一件、棉被一床、蓝睡裤一条、蓝麻布裤一条、裤子二条、蓝长褂二件、黑布裤一条、白箱子一个上带钢锁二把、袜子一双、蓝布裤子一条、袜子一双、黑绸棉裤一条、灰色长褂一件、女帽巾一条、蓝绸带花棉袍一件、盖带簧柄上弦银质时表一枚系有银链、绸子棉裤一条、皮烟夹子一个、青绸棉坎肩二件、蓝色孩子褂一件、灰色棉坎肩一件、镜子二面、红布一小块、黑色棉褂一件、狐狸皮坎肩一件、蓝色马衣一件、蓝棉褂一件。

以上各物仰尔诸人切勿轻买。如或得见，亦宜报署，幸勿尝试，至干未便，切切特布。

德一千九百三年十二月二十九日
青岛巡捕衙门启

钦命德胶臬署　为

出示晓谕事：照得前有德木匠姓郭耨德名飞利芝者，自一千九百二年夏季在包岛开设洗衣铺。其洗衣铺等字系德文如下"Edelweiss"，铺号亦系德文如下"Knothe & Co."。伊因欠债甚多，故于其年七月初八日乘间逃走，现已查明伊在何处。为此晓谕各债主知悉，或函达本署，或迳至本署禀明，并将凭据当堂呈缴，以凭核办。各宜遵照勿违。特谕。

大德一千九百三年十二月廿七日　告示

商业登记号为B处第13号的"香港盎格鲁—日耳曼啤酒有限公司青岛分公司"今天将股份公司加入公司名称：

公司经营对象是设立并运营啤酒厂以及相关企业，并按照公司章程第3款进行出口业务。

公司资本金为400 000墨西哥鹰洋，按照每股100元，分为4 000股股份。

公司董事会为全部在上海的下列人士组成：

1. 约翰·普伦提斯；
2. 亚历山大·麦克列欧德；
3. 克拉伦斯·沃德·莱特森；
4. 马克斯·斯莱沃克特；
5. 于尔根·J.布洛克。

公司经理为在青岛的商人海因里希·赛法特。

根据1865/1899年的香港《公司法》，本公司为一家英国股份公司（"股份有限公司"）。公司合同日期为1903年8月15日，其经公证的档案抄件号为第9—28页。

证书与声明在经过一名公司董事会成员以及相应的经理签字、写上公司名称后，对于本公司均具有约束力。

青岛，1903年12月21日
胶澳皇家审判厅

商业登记号为A处第24号的青岛海员商会公司已注销。

青岛，1903年12月21日
胶澳皇家审判厅

船运

1903年12月17日—29日期间

到达日	轮船船名	船长	挂旗国籍	出发港	出发日	到达港
（12月9日）	伦斯曼号	约翰森	美国	波特兰	12月29日	门司
（12月11日）	多瑙号	蒂安尼西	奥地利	新加坡	12月24日	门司
12月18日	柯尼夫斯堡号	凯瑟	德国	上海	12月18日	芝罘
12月18日	斌唐号	余格曼	丹麦	汉口	12月18日	大连
12月18日	前进号	索纳曼	德国	芝罘	12月18日	上海
12月19日	叶世克总督号	福格尔	德国	上海	12月19日	上海
12月19日	日耳曼尼亚号	布鲁恩	德国	香港	12月21日	芝罘
12月22日	东兴号	塞尔比	英国	上海	12月22日	大连
12月23日	青岛号	韩森	德国	上海	12月23日	芝罘
12月23日	伊势丸	肥后	日本	门司	12月24日	芝罘
12月24日	柯尼夫斯堡号	凯瑟	德国	芝罘	12月24日	上海
12月24日	叶世克总督号	福格尔	德国	上海	12月26日	上海
12月26日	普罗斯佩尔号	克里斯蒂森	挪威	香港		
12月29日	前进号	索纳曼	德国	上海	12月29日	芝罘

附录

1903年青岛大事记

1月15日,青岛开始使用东经120度的格林威治时间。

1月26日,中华商务公局公举山东人张颜山、山东人张中连、广东人刘祖乾、广东人罗子明等四人接任董事。

2月11日,辅政司发布《再通行晓谕华民种痘事》,拟于二、三两月在青岛、李村给中国儿童免费种牛痘。

2月11日,辅政司发布《援案晓谕华民盖房事》,再次重申,德境各处欲盖新房须先禀准,始可修造。

2月14日,位于青岛的"德国海外矿业与工业殖民公司"在胶澳皇家审判厅进行了商业登记。

2月18日,帝国总理发布《关于对胶澳地区公证员事务的监督法令》,决定为胶澳保护地任命的公证员受皇家高等法官的监督。

2月23日,位于青岛的"德华丝绸工业公司"在胶澳皇家审判厅进行了商业登记。

2月26日,胶澳督署发布告白,徐家汇天文台将每天向青岛的气象天文站发送天气情况电报。

3月12日,胶澳督署发布《禁止毁坏树林花草告示》,不准在德境内各街市买卖树木。

3月23日,胶澳督署发布《关于青岛志愿消防队的警报规定》,对区域划分、警报信号、火警报警地点、对报警的处理和发出警报后消防员的处理方法进行了规定。

3月30日,胶澳督署发布《关于在胶澳地区土地权益的法令》,对保护地内的土地权益进行了规定。

3月30日,胶澳督署发布《关于胶州湾地区地产法的规定》,对批准土地使用计划进行重大更动的地产,提高税金。

3月,德国亨宝洋行(又称汉堡轮船公司、汉美轮船公司)在青岛设立分公司,位于今中山路与肥城路交汇处。该公司开辟第一条欧洲至青岛的远洋航线。

4月,胶济铁路增设区间列车,往返于青岛—高密、高密—潍县、张店—昌乐和张店—周村之间。4月12日,胶济铁路通车至青州。

5月8日,皇家地籍处发布告白,在青岛城区以及近郊已实施精准测量。

5月16日,德国总理发布《关于胶澳地区采矿业方面的法令》,由德国垄断胶澳地区的矿产开采。

6月4日,辅政司发布《出示晓谕改章事》,要求凡欲凿打石头者,必须投地亩局领有准票,不收费用。

6月16日,总督府屠宰场工程(位于阿克纳桥和小港之间)公开发包。该工程当年动工,1906年建成,地址在今观城路,是青岛第一个全面实施现代卫生检疫检验的屠宰加工企业。

夏,汇泉湾(当时称"维多利亚海湾")开辟海水浴场,泳客骤增,成为远东著名的海水浴场。

夏,第一艘大型远洋轮在煤码头停靠。

夏,俾斯麦兵营建成使用,兵营建筑里有专门的盥洗室,也设有冲水厕所,这是在东亚地区第一次大规模地修建此类设施。兵营位于今鱼山路5号中国海洋大学鱼山校区内。

夏,霍乱在中国沿海地区流行,青岛只观察到5个携入病例,其中有1名德国人,1名日本人,3名华人。青岛将此病例限制在局部范围,并通过实施严格检疫规定防止了瘟疫的传播。

7月,青岛电厂投产。

8月4日,胶澳督署发布《关于在胶澳保护地进行物权贸易协作社和海船登记方面的命令》。

8月15日,益格鲁-日耳曼啤酒有限公司青岛分公司在香港注册成立。12月21日,皇家胶澳审判厅发布告白,该公司改为股份公司。

9月,胶济铁路通车至周村。

10月1日,德国开通经西伯利亚连接胶澳与德国的邮路。

10月7日,督署野战医院所属的"妇女儿童医院"全部建造工程公开发包。

10月10日,在位于青岛东南偏东方向、大约29海里(约54千米)处的潮连岛上开工兴建一座新的灯塔。

11月,英商怡和轮船公司开通青岛至上海的定期航线,此后其他轮船公司相继开通青沪航线。青沪航线成为青岛最重要的国内定期航线,青岛与上海的贸易关系日趋密切。

同年,叶世克纪念碑开建。该碑面向青岛湾,位于市政广场南端,成前海一景。

同年,市政当局将市区分为四个污水排放区域,各于其最低之处建立四个排水泵站:广州路泵站、乐陵路泵站、太平路泵站、南海路泵站,内设沉淀池及排水泵,将污水经过简单处理后转输入海。

同年,中国剧院落成,地址在今中山路北端。这是青岛第一家由中国人出资兴建的戏园,即华乐大戏院的前身。

同年,浮山所设立蒙养学堂,设修身、国文、算学、地理、历史等课程。

同年,台东镇至柳树台的公路开工,翌年修通,全长30.3千米。此路系山东省第一条公路。